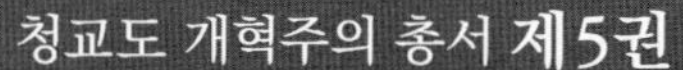

청교도 개혁주의 총서 **제5권**

스코틀랜드 종교개혁과 신앙고백 해설

청교도개혁주의연구소

위거찬 편저

부록1 존 낙스 이후의 스코틀랜드 언약도의 종교개혁

부록2 칼 바르트의 신(神)인식론과 교회론

도서출판

청교도개혁주의총서 제5권
스코틀랜드 종교개혁과 신앙고백 해설

초판 1쇄 인쇄 | 2024년 4월 30일
초판 1쇄 발행 | 2024년 4월 30일

지은이 | 위거찬
펴낸이 | 청교도개혁주의연구소
주　소 | 서울특별시 영등포구 신길로 40길 10

디자인 | 부성
펴낸곳 | 도서출판 풀잎
등　록 | 제2-4858호
주　소 | 서울시 중구 필동로 8길 61-16
전　화 | 02-2274-5445/6
팩　스 | 02-2268-3773

ISBN 979-11-93104-05-7 03230

청교도 개혁주의 총서 제5권

스코틀랜드 종교개혁과 신앙고백 해설

위거찬 편저

청교도개혁주의연구소

추천사

은퇴하신 후에도 이전과 같이 늘 열심히 공부하시면서 그 내용을 교회를 위해 제공하시는 위거찬 교수님께서 스코틀랜드 신앙고백서(the Scottish Confession of Faith 또는 the Scots Confession of Faith)에 대한 강해서를 내주셨습니다. 얼마 전에 하이델베르크 요리문답에 담긴 신앙과 신학을 잘 제시하신 것에 이어서, 이것은 초기 개혁파 신앙고백과 그 신학이 어떤 것인지 잘 제시하는 귀한 작업이라고 할 수 있습니다.

1560년 스코틀랜드 전역에 걸친 종교개혁이 하나님의 은혜로 놀랍게 시작되었습니다. 의회의 요청으로 공교롭게도, 하나님의 섭리 가운데서 여섯 명의 요한(John) 목사님들이 4일 만에 초안을 작성하여 1560년 8월 17일에 스코틀랜드 의회에서 승인된 스코틀랜드 교회의 신조가 되었습니다.

이 여섯 명의 요한은 중심인물이었던 John Knox, 훗날 로디언의 감독이 된 John Spottiswoode, 이전에 프란시스파 사제였으나 대륙의 개혁자들을 잘 알고 친교 하며 훗날 글라스고우와 서부 지역의 감독이 된 John Willock, 파두아에서 법학을 공부한 법학 박사로서 후에 퍼스의 목사인 John Row, 세인트 앤드류스의 목사인 John Douglas, 세인트 앤드류스의 부수도원장이었고 1547년에는 낙스의 이단자 혐의 재판을 했지만 후에는 교황은 적그리스도이고 천주교 미사는 우상숭배라고 강하게 주장한 John Winram입니다.

이 스코틀랜드 신앙고백서는 매우 귀한 개혁신앙의 고백입니다. 이와 함께 나온 제1치리서와 함께 이 신앙고백서는 스코트란드 전역을 천주교 신앙과 교회로부터 종교개혁 교회인 장로교회로 변혁시켰습니다. 이전의 종교개혁 운동(특히 스위스에서의 종교개혁)이 그곳의 특성을 따라서 각 도시를 중심으로 진행된 것과 비교하면, 마치 루터의 종교개혁이 결국 독일 전역을 대상으로 종교개혁이 일어나게 했던 것과 비슷하게 그러나 더 효과적으로 스코틀랜드 전역의 걸친 종교개혁이 일어나게 한 것은 매우 큰 의미가 있습니다. 그래서 이 일에 앞장섰던 존 낙스는 하나님께 "나에게 스코틀랜드를 주소서 아니면 죽음을 주소서"라고 기도하면서 이 일에 헌신했던 것입니다.

이런 스코틀랜드 신앙고백서에 대한 소개는 그동안 많이 있었지만, 이 스코트란드 신앙고백서에 대한 강해서 발간은 이광호 목사님께서 2015년에 제시하신 후에 위거찬 교수님의 이 책이 두 번째 시도가 아닌가 생각합니다. 오랜 전에 스코틀랜드의 4개 대학에서 돌아가면서 개최되는 기포드 강좌에 초청받은 칼 바르트가 아주 놀랍게 스코트란드 신앙고백서를 강해하는 기포드 강좌를 한 일이 있었습니다.

자연신학적인 방법으로 하나님을 변증 하도록 하던 기포드 강좌의 특성에도 불구하고, 바르트는 이 신앙고백서의 의미를 한편으로는 드러내면서도, 자신의 신학의 특성대로 오직 그리스도만을 계시로 여기는 입장, 그래서 자연계시도 인정하지 않는 입장을 표현하기도 했습니다. 바르트의 이 강연을 잘 아시는 위거찬 교수님께서는 그런 입장도 잘 비판하시면서 본래 스코틀랜드 신앙고백서의 진의를 드러내는 작업을 하셨고, 이제 그것을 우리 앞에 제시하시는 것입니다.

이 귀한 일을 해 주신 것에 대해서 위거찬 교수님께 깊이 감사하지 않을 수 없습니다. 그 감사를 표현하는 길은 이 강해서는 잘 읽어 가는 일로 표현될 수 있습니다. 책을 잘 읽지 않으려는 이 시대에 이 책을 읽는 사람들이 많이 나타나기 바랍니다. 이 책을 제대로 읽으면 우리는 참으로 성경 중심의 신앙, 삼위일체 하나님 중심의 생활, 성경이 말하는 교회 중심의 생활을 하게 됩니다.

그 결과 우리들이 이름만 장로교회가 아니라 진정 성경이 말하는 그런 장로교회, 칼빈이 성경으로부터 제시한 그런 교회, 낙스와 그의 동료 개혁자들이 스코틀랜드에 세우기를 원했던 그런 장로교회가 되었으면 합니다. 그리고 우리나라 전체에 그런 개혁이 일어나서 다른 곳에도 많은 영향을 미치게 되기를 기도합니다. 그것이 이 강해서를 한국교회 잎에 제공하시는 위거찬 교수님의 뜻이기도 할 것입니다.

2024년 3월 28일

남송 석좌 신학교수, 합동신학대학원 대학교/조직신학 **이 승 구**

추천사

『스코틀랜드 종교개혁과 신앙고백』은 서울성경신학대학원 직전 이사장이면서 청교도개혁주의연구소장인 위거찬 박사가 편저한 책이다. 이 책은 우리나라에서 발전한 장로교의 뿌리를 스코틀랜드 종교개혁자인 존 낙스와 신앙고백에서 찾고 있다. 장로교회의 원리를 주장한 인물은 칼빈이지만, 장로교회를 당회, 노회, 대회, 총회의 제도를 갖추어 국가 규모로 발전시킬 수 있는 토대를 정착시킨 인물은 존 낙스다. 존 낙스가 스코틀랜드 장로교회의 토대를 놓았고 앤드류 멜빌이 완성시켰다.

그리고 스코틀랜드 장로교인들이 여러 나라로 이민을 가면서 장로교회는 전 세계로 퍼져 나갔다. 우리나라 장로교회와 스코틀랜드 장로교회의 인연은 1873년부터 만주에서 선교활동을 했던 스코틀랜드 연합장로교회 선교사 존 로스와 매킨타이어가 1876년 조선인들에 선교활동을 하면서 시작되었다. 그 이후 존 로스와 매킨타이어는 백홍준과 서상륜 등에게 세례를 주었고 이들은 의주와 소래에 교회를 개척하였다.

이후에 스코틀랜드의 장로교회의 영향을 받은 미국의 칼빈주의 신학을 가진 선교사들이 들어와 우리나라에 복음을 전해 주었다. 그러므로 우리나라 장로교회의 뿌리를 제대로 이해하려면 스코틀랜드 종교개혁자인 존 낙스와 그를 중심으로 작성된 스코틀랜드 신앙고백서를 깊이 있게 이해할 필요가 있다.

본서는 존 낙스와 스코틀랜드 신앙고백서를 한 권의 책으로 묶어서 이해할 수 있는 길을 제공하고 있다. 제1부는 존 낙스의 신앙과 그가 진행한 종교개혁사를 알기 쉽게 이해할 수 있는 내용을 제공하고 있다. 그리고 존 낙스의 신학사상의 진수인 언약사상을 이어받은 17세기 스코틀랜드 언약도들의 종교개혁을 김재성 교수의 글을 통해 소개하여, 16세기부터 17세기까지 의 스코틀랜드의 종교개혁을 언약사상을 통해 이해할 수 있도록 했다.

제2부에서는 존 낙스의 종교개혁 사상의 핵심이 녹아있는 스코틀랜드 신앙고백서를 신정통주의자인 칼 바르트의 해설을 통해 이해할 수 있도록 하면서 동시에 칼 바르트를 이해할 수 있는 글들을 첨가하였다. 그리고 마지막 부분에 편저자는 스코틀랜드 신앙고백서를 직접 해설하는 내용을 제공하였다.

스코틀랜드 종교개혁자 존 낙스의 신앙과 종교개혁 활동, 언약도들의 종교개혁, 스코틀랜드 신앙고백서의 바르트 해설, 그리고 위박사의 직접적인 해설이 들어있는 본서의 일독을 통해서 한국장로교회의 뿌리를 깊이 있게 이해할 수 있으리라 기대하면서 기쁜 마음으로 이 책을 추천합니다.

2024년 3월 28일

백석대학교 기독교학부 초빙교수 **이 은 선**

서론

스코틀랜드의 종교개혁자이고 장로교회의 창립자로 불리는 존 낙스(John Knox)는, 칼빈주의 신앙과 신학을 구체적으로 역사 속에서 실현한 신학자이고 설교가였다. 그는 칼빈을 만나기 전에 종교개혁 진영에서 반(反)로마가톨릭 운동을 펼쳤지만, 칼빈의 『기독교강요』가 출판된 1536년 이후 여러 모양으로 칼빈의 영향권 안에서 칼빈과 일치된 관점에서 개혁 운동을 전개했다.

존 낙스는 어려운 상황 속에서도 칼빈주의 신학과 그 신앙에 기초한 장로교 전통을 수립하기에 이르렀다. 그로 말미암아 대륙의 칼빈주의가 영어권으로 확산되고 마침내 미국으로 건너가 장로교의 전통을 발전시켰으며, 구(舊)프린스톤 신학과 웨스트민스터 신학을 통해 한국 장로교회 신학의 기초가 놓이게 되었다. 스코틀랜드에서 개혁 운동은 후일 장로교로 발전했고, 그 개혁 운동이 세계장로교회의 원류가 되었다는 점에서 매우 중요하다.

널리 알려진 바지만 스코틀랜드 개혁운동(즉 장로교 신앙운동)은 후일 미국·캐나다·호주·뉴질랜드 등지로 전파되어 그곳에서 장로교회가 세워졌고 또 이 영어권의 장로교회는 1880년대 이후 한국에 선교사를 파송함으로써 한국에 장로교회가 설립되었다. 이런 점에서 스코틀랜드 장로교회는 한국 장로교회의 원류라고 할 수 있다.

초기 한국교회 선교사들의 신앙은 16세기 개혁주의 전통 속에서 파생된 17세기 독일의 경건주의, 18세기 영국의 복음주의와 미국의 대각성 운동의 영향을 받은 자들이었다. 이 운동은 19세기에 더욱 위세를 떨치면서, 유럽의 여러 나라(영국·아일랜드·프랑스·스위스·네덜란드)에서 「새 생활 운동」(New Life Movement)으로 발전했다. 이 시기 미국에서는 초기의 신앙 회복을 위한 종교적인 각성 운동이 일어났다.

특히 1880년대 무디의 부흥 운동으로 신학생들 사이에 선교열이 고조되었다. 그 결과 1883년 10월 24일 미국의 커네티컷의 하트포드(Hartford)

에서 학생들이 자치적으로 특별 금식 기도회를 통해 「전국신학교연맹」(The American Inter Seminary Alliance)을 창립하였다. 마침 이 연맹은 1882년 한미 통상조약의 체결에 따라, 1885년 4월 5일 북장로교 소속의 언더우드를 한국 선교사로 파송하였다.

당시 한국에 파송된 장로교 선교사들은 미국의 북장로교 외에 남장로교(1892), 호주 장로교(1889), 캐나다 장로교(1898)였다. 이 시기에 한국에 파송된 선교사 대부분은 미국의 시카고 소재 맥코믹(McCormick) 신학교, 뉴저지의 프린스톤(Princeton) 신학교, 버지니아의 리치몬드 소재 유니온(Union) 신학교 출신들이었다.

1909년 8월 27일 이들 선교사들은 한국 개신교 선교 25주년 기념 대회를 평양에서 개최하였다. 당시 평양은 북장로회 소속의 마포삼열(Samuel A. Moffett)의 맥코믹 신학교 출신들이 주도하였다. 당시 긴급 소집된 선교대회에서 이들의 활약이 현저했는데, 한국에서 활동한 안수받은 동교단 소속 선교사는 모두 39명이었다.

당시 선교사였으나 아직 안수받지 않은 커티스를 포함하면 모두 40명이었다. 이들 선교사들은 프린스톤과 맥코믹을 포함한 5개의 각기 다른 신학교를 졸업했다. 선교 진행 중에 특별히 1896년부터 1906년까지 선교사들의 보수적인 신앙과 신학은 향후 한국 교회에 결정적으로 영향을 끼쳤다.

특히 이들 선교사들은 1907년에 「평양 대부흥 운동」을 주도했다. 당시 선교사들은 보수주의적인 경건주의를 표방했으며 축자영감설을 신봉했다. 이것은 1907년 독노회가 채택한 12신조에 잘 표현되었다. 그리고 이 때 설립된 평양신학교는 「웨스트민스터 표준문서(웨스트민스터 신앙고백, 대·소요리문답, 예배모범, 정치문답)」에 따라 목회자를 양성하였다.

당시 신학교 교수들은 프린스톤과 맥코믹 출신의 보수주의자들로, 그들 중에 대표적으로 1923년부터 1937년까지 봉직한 남장로교 선교사 레이놀즈(W.D. Reynolds, 이눌서)는 다음과 같이 말했다;

> "나는 종교와 경전의 관계는 절대적이라고 본다... 성경의 문자나 구절을 고친다거나 그 정신을 덮어 놓는다거나 그 의미를 굽혀서는 안 된다. 성경은 그 원형 그대로 보존하고 그 정신을 그대로 발휘하지 않으면 안 된다."

따라서 한국 교회는 초기 선교사들의 칼빈주의적인 신앙 전통과 가르침에 따라서 보수적인 성격을 띠게 되었다. 그리고 신학교의 교과과정은 성경 중심의 보수적인 훈련에 맞추어 진행되었다. 이런 성경에 대한 강조는 1920년 채택된 평양 신학교의 신앙고백서에 잘 표현되었다;

> "성경은 하나님의 영감 된 말씀이며 모든 행위의 기초로 신실하게 받아들이는 본 신학교의 목적은, 성경을 진실하게 믿고 적절히 이해하고 진정으로 사랑하고 명쾌하게 주해하는 복음 사역자, 그리고 성경에서 가르치는 복음적인 구속을 철저히 그리고 단순히 전력을 다해 설파하는 복음 사역자를 훈련시키는데 있다. 상당히 많은 양의 시간을 성경을 집중적으로 연구하는데 투자하여, 한국 교회에 진리의 말씀을 옳게 분별하는 능력 있고 충성스러운 자격 갖춘 사역자들을 충분히 공급하는 데 있다. 학생들의 충분한 교육을 위해 충실히 준비하기 위해 이 목적에 더하여 성경 원어 실력을 갖추도록 할 것이다."

이런 성경관은 신학교 교리 강령 제1조에서 "우리는 신구약 원본의 초자연적인 영감과 무오성을 믿고, 그것들을 신앙과 삶의 모든 문제에서 최종적인 권위로 받아들인다"고 명시되었다. 이런 경향은 이후 한국의 보수적인 모든 장로교 신학교에 크게 영향을 미쳤다. 내한 선교사들의 전도를 받은 초기의 신자들 중에서, 서상륜과 백홍준은 신앙공동체를 결성하여 전도에 주력하였다.

그 과정에서 일부 수구파가 선교사들을 폭행하고 배척함으로써 어려움을 맞기도 했지만 교회와 학교와 병원이 설립되었다. 시간이 흐르면서 선교의 자유를 획득한 한국 교회는 초기 개척자들과 선교사들의 헌신적인 노력으로 안정적으로 발전했다. 그 중에 1907년 1월 평양의 부흥운동이 기폭제였다.

그러나 부흥운동의 열기가 해를 넘기면서 급속히 냉각될 즈음, 일단의 선교사들이 이를 되살리기 위해 힘을 쏟았다. 이를 기점으로 교회에 구령 운동이 전개되어 5만 명에서 20만 명 그 후 「100만 명 구령 운동」으로 확대되었다. 이와 함께 같은 해 9월 17일 평양신학교 출신 7명이 목사 안수를 받았다. 이후 장로교 노회가 최초로 결성되었고 노회는 장로교 신조를 채택하였다.

한편 초기 해외 선교사들의 한국 선교에 보수신학의 전수와 함께, 해외 유학파 출신 학자들의 귀국으로 개혁주의 장로교 신학이 폭넓게 전개되었다. 귀국 후 평양신학교에서 강의를 시작한 죽산 박형룡 박사는 정통신학(즉 성경을 영감된 하나님의 말씀으로 믿고 그것을 신앙과 행위의 정확무오한 법칙이라고 믿음)으로 가르쳤다.

박형룡은 사도들이 물려준 초대 교회의 신앙에, 종교개혁자들의 전통과 신앙고백적인 규범 아래 개혁주의 신학의 확립에 주력하였다. 그는 한국 장로교회의 신학 전통을 "유럽 대륙의 칼빈의 개혁주의에 영미의 청교도 사상을 가미하여 웨스트민스터 표준문서로 구현된 신학"으로 규정하였다.

따라서 그는 미국 북장로교의 신학을 기초로, 자유주의와 신정통주의에 맞서 개혁주의 신학의 정착에 헌신했다. 정암 박윤선 박사는 설교와 기도로 진리 운동을 전개하고, 네덜란드의 개혁주의 전통을 지속적으로 추구한 박형룡과 동일한 신학을 견지하였다.

그 후 한국 개혁주의 전통은 1960~1980년대 대한 예수교 장로회 총회[예를 들면 예장 합동과 통합(1960년대 W.C.C를 수용), 고신, 합신, 정통 교단 등]가 웨스트민스터 표준문서를 채택하였다. 상기 교단 중에서 통합을 제외한 예장 교단들은, 이 시기에 신학적인 자유주의와 신정통주의에 맞서 오직 성경만이 하나님의 말씀임을 선포하였다.

본서는 한국 장로교회의 원류인 스코틀랜드 장로교회의 종교개혁과 신앙고백을 1·2부로 나누어 소개하고 있다. 제1부는 「존 낙스의 신앙과 스코틀랜드 종교개혁」을 다루고, 제2부는 「스코틀랜드 신앙고백 해설」을 다룬다. 제1부는 매케인 (James S. McEWEN)의 『The Faith of John Knox』와 렌윅(A. M. Renwick)의 『The Story of the Scottish Reformation』을 요약·번역한 것이다.

한편 제1부 제1장 1절과 제2장 1절은, 김중락 교수의 『종교개혁사』 1장 2장을 그대로 인용하였다.

그리고 제2부는 존 낙스 등이 작성한 「스코틀랜드 신앙고백」(Scots Confession;1560)을 칼 바르트가 1938년에 해설한 『Gotteserkenntnis und Gottesdienst nach reformatorischer Lehre』(개혁 교리에 따른 하나님 인식과 하나님 예배)를 번역한 것이다. 이 책을 1987년 백철현 교수가 『하나님·교회·예배』라는 제목으로 훌륭하게 번역한 바 있어서, 필자는 독일어 원서와 비교해 가면서 별 수정 없이 번역할 수 있었다.

바르트는 이 책을 쓰기 전에 스코틀랜드 애버딘(Aberdeen) 대학에서 1937년에 「하나님 인식」 1938년에 「하나님 예배」라는 제목 아래 각각 10 항목씩 구별하여 강연한 것을 한데 묶어 1938년에 총 20개 항목이 출판되었다(원래 스코틀랜드 신앙고백은 총 25조로 구성되었음). 필자는 바르트의 의도를 따라 제2부를 제1장(하나님 인식)과 제2장(교회와 예배)으로 나누어 설명했다.

그리고 독자들의 이해를 돕기 위해 제1부 끝에서 세 편의 부록을 추가했고, 제2부 끝에서 세 편의 부록을 추가했다. 제1부의 부록인 『스코틀랜드 언약도의 종교개혁』은 김재성 박사의 독보적인 연구물을 요약정리한 것이다(지면상 인용 문헌을 생략). 합신 동문인 김재성 박사께 깊은 감사를 드린다.

제2부의 부록은 모두 칼 바르트와 관련된 것이다. 그 중에서 부록 1은 David Müller의 『Karl Barth』 제2장을 번역한 것이고, 부록 2는 이신권 교수의 『칼 바르트의 교회론』의 일부를 소개한 것이고, 부록 3은 이상은 교수의 논문을 요약한 것이다. 이신권 교수와 이상은 교수에게 깊은 감사를 드린다.

제3부는 성령과 종교개혁자의 뜨거운 숨결이 쏟아진 「스코틀랜드 신앙고백」 25조에서 청교도 개혁주의의 신앙과 신학을 요약하여 개혁교회의 신앙 기초를 확고히 하고자 한다.

아무쪼록 본서를 통해 한국에서 청교도 신앙과 개혁주의(장로교회)의 전통이 굳게 세워지기를 기원한다.

2024년 4월

순장학원 직전 이사장·청교도개혁주의연구소장 **위거찬** 拜

목차

제1부

존 낙스의 신앙과 스코틀랜드 종교개혁

제1장 존 낙스의 신앙

1. 16세기 스코틀랜드 사회와 교회

1) 고지대와 저지대

「그레이트 브리튼」(GB; Great Britain) 섬의 북부 지역을 차지하는 스코틀랜드는, 평지로 이루어진 남부의 잉글랜드와 달리 산간 지대가 많고 토지가 척박하고 기후조차 음습하고 추운 나라였다. 특히 북서부의 「고지대」(Highlands)와 남부의 국경 지대는 경치가 아름답지만, 산과 골짜기 그리고 호수로 이루어진 지형이어서 농사에 부적합하고 목축만 가능할 정도로 험한 곳이었다. 서해안은 수많은 섬들로 구성되어 있다.

그나마 평탄한 지역은 「저지대」(Lowlands)라고 불리는 남동부였다. 저지대는 농업이 가능했기 때문에 대부분의 인구가 밀집되어 있었다. 16세기 전반의 고지대와 저지대는 지형만큼이나, 인종과 언어 그리고 사회 구조가 크게 달랐다.

저지대인들은 영어를 사용하는 앵글족이었고, 고지대인들은 켈트인으로 아일랜드인의 언어인 게일어(Gaelic)를 사용하고 있었다. 이런 언어적인 분열은 로마제국 이후의 정치 상황과 관련있다. AD 1세기경 로마제국이 브리튼 섬을 정복할 당시에 로마인들은 스코틀랜드 지역을 '칼레도니아'(Caledonia)라고 불렀고, 여기에 사는 켈트인들을 문신을 했다는 이유로 '픽트족'(the Picts)이라고 불렀다.

당시 픽트족은 문자가 없는 픽트어를 사용하고 있었지만, AD 4-5세기경 스코틀랜드 서해의 섬들과 서해안에 아일랜드로부터 건너온 '스코트족'(the Scots)이 정착하면서 스코트족의 언어인 게일어를 수용했다. 스코트족은 기독교를 믿고 있었으며 문자를 갖고 있었는데, 픽트족들이 이 문화를 받아들였고 나라 이름도 스코틀랜드라고 부르게 된 것이다. 픽트족에게 기독교와 문자를 전한 사람은 성 콜롬바(Saint Columba, 540-615)로 알려져 있다.

오늘날의 잉글랜드 북부 지역과 스코틀랜드 남부 지역에는, 영어를 사용하는 앵글족이 정착하면서 영어 사용권이 되었다. 12세기 이전 스코틀랜드의 중심은 게일어를 사용하는 고지대였으나, 12세기 이후 점차 잉글랜드의 영향을 받아들이면서 그 중심이 영어를 사용하는 저지대로 바뀐 것이다. 이후 스코틀랜드의 저지대와 고지대는 언어와 문화로만 분리된 것이 아니라 정치적으로 단절되었다.

저지대인들은 고지대인들을 「에어스」(Erse=Irish) 즉 아일랜드어를 사용하는 자들이라고 불렀고 고지대인들의 문화를 무시했다. 고지대인들은 스코틀랜드의 정치 중심이 저지대로 옮겨가고, 자신들이 주변으로 취급당하는 데 소외감을 느끼고 있었다.

사회 구조면에서도 마찬가지였다. 저지대에는 12세기 중반 데이비드 1세(David I, 1124-1153)가 노르만화(즉 봉건화) 개혁을 단행하면서, 유럽의 다른 나라와 마찬가지로 봉건제 사회구조가 정착되었다. 데이비드는 프랑스와 잉글랜드를 모방하여 봉건제를 도입하고, 노르만 기사들을 저지대 군사 요충지의 봉건 영주로 세웠다.

그러나 고지대에는 봉건제 대신 「친족제」(clan system)라는 사회 구조가 뿌리내리고 있었다. 친족은 친족장(clan chief)과 동일한 조상을 가졌거나, 동일한 조상의 후손임을 자발적으로 또는 강제적으로 수용하는 사람들의 공동체(즉 인위적인 요소가 결부된 씨족 공동체)라고 할 수 있다.

이것은 한 지역에 거주하는 모든 사람들이 그 지역의 가장 유력한 가문의 성을 따르면서 만들어진 공동체라는 뜻이다. 예를 들면 아가일(Argyll) 지역에 산다면 모두 캠벨(Campbell)이란 성을 갖는다. 이런 친족 공동체가 나타나기 시작한 것은 12세기경이었으며, 종교개혁 직전에 가장 크게 성행하고 있었다. 각 친족은 특정 지역을 중심으로 친족장의 지도하에 강력한 내부 결속을 이루었다.

저지대의 봉건제도가 토지를 매개로 한 사회조직인 것에 반해, 친족제도는 토지 뿐만 아니라 혈연적인 요소까지 포함하므로, 봉건제도보다 훨씬 강력한 공동체를 형성하였다. 친족들은 국왕보다는 친족의 수장인 친족장에게 자발적으로 충성했다. 그들은 친족장과 왕권이 충돌할 때 주저 없이 친족장의 편에 섰다.

16세기 전반에 고지대 친족들은 개별적으로 또는 연합하여 왕권에 도전하는 일이 일상이었다. 그러나 당시 스코틀랜드의 국왕은 잉글랜드와 전쟁을 치르고 있어서, 이런 친족들을 완전히 제압하지 못하는 상황이었다. 친족들 간의 싸움(즉 친족 전쟁)도 고지대의 일상이었다.

강한 친족은 항상 이웃의 약한 친족 지역을 침략하여 세력을 확장하려고 했고, 고질적인 자원 부족으로 인해 이웃 친족의 「가축을 훔치거나 약탈하는 일」(Cattle Raiding)도 성행했다. 재미있게도 이런 문화는 게일릭의 연회(feasting)와 밀접한 관련이 있다. 게일릭 사회에서 연회 문화는 친족 제도를 유지하는 중요한 수단이었다.

농토가 거의 없는 사회에서 음식과 술은 전사 그룹(즉 친족원들)의 충성을 유지하는 데 필수적이었다. 친족장은 연회를 통해 친족원들의 생계를 해결해줄 뿐만 아니라, 자신의 능력과 영향력을 공적으로 과시하는 기회로 삼았던 것이다. 이런 고지대의 친족 문화와 친족 갈등은 저지대인들에게 매우 야만적인 것으로 보였다.

종교개혁 이전인 16세기 초 스코틀랜드 역사가 존 메이저(John Major)는 그의 저서(History of Great Britain)에서 다음과 같이 스코틀랜드 고지대를 기술하고 있다;

> "숲에 사는 스코틀랜드인들은 주택에 거주하는 스코틀랜드인들보다 의복과 삶의 태도 그리고 도덕에서 훨씬 뒤져 있고 싸우기를 더 좋아한다. 산에서 태어나 숲에서 거주하기 때문에 그들의 본성은 전투적이다. 야생적인 스코틀랜드인들의 일부는, 소와 양과 말을 많이 소유하고 있는데, 이 가축들을 잃을 가능성 때문에 법과 왕에게 복종하지만 다른 일부는 뛰어다니고 노는 것을 좋아한다. 그들은 쓸데없는 야만적인 친족장을 쫓아다니면서, 항상 서로 분쟁을 일으키

고 평화보다는 전쟁을 좋아했다."

16세기 전반 스코틀랜드는 저지대와 고지대로 구분된 두 개의 국가와 같았다. 이런 차이와 대립은 이후 종교개혁을 수용하는 데 큰 영향을 미치게 된다.

2) 정치와 사회

스코틀랜드는 정치적으로 독립 왕국이었으나, 이웃의 강력한 잉글랜드와 14세기 초부터 적대적인 관계에 있었다. 13세기 말까지 스코틀랜드는 어느 정도 잉글랜드의 지배나 우위를 인정해야 했다. 그러나 14세기 초 잉글랜드의 침입에 맞서 독립을 쟁취한 이후, 스코틀랜드는 16세기 중반까지 잉글랜드와 대립을 지속했다. 스코틀랜드인들에게 잉글랜드는 「오랜 적」(auld enemy)이었다. 반면에 프랑스는 전통적으로 우호 내지 동맹 관계였기 때문에 「오랜 동맹」(auld alliance)으로 불렸다.

프랑스와 스코틀랜드는 잉글랜드라는 공동의 적을 두고 동맹을 맺었는데, 이것은 약소국인 스코틀랜드가 잉글랜드의 침입으로부터 살아남는 방법이기도 했다. 특히 스코틀랜드의 왕실은 잉글랜드와의 오랜 싸움으로 미약한 상태였다. 많은 경우 스코틀랜드 왕들은 전사하거나 잉글랜드의 포로가 되었는데, 이 경우 나이 어린 왕들이 승계하면서 섭정이 정치를 농단하는 일이 다반사였다.

14세기 이후 16세기 초까지 스코틀랜드 왕위는 일곱 번 교체되었는데, 그 중 네 왕은 어린 나이에 즉위했고, 나머지 두 명은 십 년 이상 잉글랜드에 포로로 잡혀 있었다. 종교개혁 시기였던 16세기에도 상황은 비슷했다. 1512년 제임스(James) 5세는 태어난 지 일곱 달 만에 왕위에 올라 1528년에야 비로소 친정을 시작했다. 그러나 1542년 12월 6일 스코틀랜드가 잉글랜드와의 「솔웨이 모스」(Solway Moss) 전투에서 대패한 직후 열병에 걸려 사망했다. 그 후계자인 메리(Mary) 여왕은 태어난 지 6일 만에 왕이 되었고 스코틀랜드의 통치는 귀족들에게 맡겨졌다. 미약한 왕권에 비해 스코틀랜드 귀족들은 강력한 힘을 가졌고, 그래서 왕권에 맞서는 일이 다반사였다.

귀족들은 호시탐탐 섭정의 자리를 노렸고 이것은 항상 분쟁의 씨앗이었다. 당시 왕권이 강화되고 있던 유럽의 상황과는 전혀 다른 모습이다. 게다가 1542년 메리 여왕이 즉위할 당시 스코틀랜드 귀족들은 프랑스파와 잉글랜드파로 분열되어 있었다. 프랑스파는 비톤(Beaton) 추기경을 중심으로 확고한 가톨릭 정책을 주장했고, 잉글랜드파는 섭정인 아란(Arran) 백작을 중심으로 개신교도 관용 정책을 주장하고 있었다.

사회경제적으로도 스코틀랜드는 유럽의 다른 나라들(특히 남부의 잉글랜드)과 비교했을 때 약소국이었다. 인구도 1500년경에 약 50만 명, 16세기 말경에는 70-80만 명, 1700년에도 겨우 1백만 명에 불과했다. 당시 잉글랜드의 인구는 스코틀랜드보다 4-5배가 더 많았다. 1520년에는 250만 명, 1580년에는 350만 명, 1680년경에는 500만 명으로 증가했다.

이것은 스코틀랜드가 잉글랜드와의 장기적인 전쟁에서, 얼마나 고통을 당했는지를 가늠케 해 준다. 16세기 중반에는 도시로의 인구 집중이 이루어졌는데, 이것은 종교개혁에 매우 유리한 환경으로 작용했다. 많은 면에서 도시인들이 농민들보다 새로운 사상에 개방적이었다.

3) 교회와 대학

종교개혁 이전 스코틀랜드는 가톨릭 국가였다. 스코틀랜드 전국은 총 13개의 주교구(Diocese)[즉 애버딘(Aberdeen), 아가일(Argyll), 브레친(Brechin), 케이스네스(Caithness), 던블레인(Dunblane), 던켈트(Dunkeld), 갈로웨이(Galloway), 글래스고(Glasgow), 모레이(Moray), 오크니(Orkney), 로스(Ross), 세인트앤드류스(St. Andrews), 아이슬(The Isles) 주교구]로 구성되어 있었다.

그러나 중세 초기에는 잉글랜드 교회의 지배권 주장으로 스코틀랜드 교회는 독립성을 갖지 못했다. 당시 대주교들은 교황으로부터 주교 임명권을 허락받고 있었는데, 주교구가 확립된 12세기 스코틀랜드에는 대주교가 없었다. 따라서 잉글랜드의 요크(York) 대주교는 스코틀랜드 주교들의 서임권을 주장하고 있었고 교황청도 이를 동조하고 있었다.

그러나 스코틀랜드 주교들은 그들의 교회가 세인트앤드류스(St. Andrews)가 세운 교회임을 주장하면서 독립을 요구했다. 14세기 초부터 시작된 스코틀랜드 독립전쟁은 더욱 더 교회의 독립을 추구하게 만들었고, 결국 그들은 교황청을 설득해 1472년과 1492년에 각각 세인트앤드류스 주교구와 글래스고 대주교구(archbishopric)가 만들어지면서 스코틀랜드 교회도 독립을 얻게 된다.

16세기 전반 스코틀랜드에서 가장 중요한 직책은 세인트앤드류스 대주교였다. 다른 나라에서와 마찬가지로 종교개혁 이전 주교들은 「주교좌 성당」(Cathedral)을 갖고 있었고, 주교좌 성당에는 주교를 보좌하는 참사회가 있었다. 주교들은 주교구 내의 소속 교구(parish)의 사제(rector 또는 vicar)들을 서임했으며, 많은 경우 정치적인 요직을 맡아 국왕을 돕기도 했다.

교구 사제들은 일부 도시 지역을 제외하고는 인구가 적었기 때문에 매우 가난했고, 생계가 힘들 정도로 적은 수입으로 살고 있었다. 당시 적절한 1년 생계비가 80-100파운드 정도였지만, 대부분의 교구 사제들은 20파운드 이하로 직분을 감당해야 했다. 이런 상황은 사제들로 하여금 제대로 된 교구 봉사보다는 다른 세속적인 생계 수단을 찾도록 만들었다.

그리고 이와 함께 사제로 입문하는 사람들의 학문적·도덕적인 수준도 낮았다. 그러나 일부 부유한 교구 사제직이나 수도원의 경우 특정 가문에 종속되어 있는 경우도 있었고, 세습되는 경우도 적지 않아서 당시 교회의 상황은 심각한 지경에 있었다. 이런 경제적인 문제는 사제가 되고자 하는 사람들의 수준을 추락하게 만들었다. 교인들 뿐만 아니라 대부분 사제들도 라틴어를 쓰거나 읽지 못했다.

사실 중세 가톨릭교회가 시각적인 효과를 위해 의복·오르간·기름·향료·성수·행렬·제스처 등을 동원한 것은, 이처럼 성직자들의 낮은 지적 수준을 감추기 위한 측면도 있었음을 부인하기 어렵다. 그러나 다른 가톨릭 국가와 달리 중세 스코틀랜드에는 수도원이 번성하고 있었다. 이것은 스코틀랜드에 기독교가 처음 도입되던 무렵에 아일랜드의 수도원 중심 기독교를 받아들였기 때문이다.

대부분의 수도원은 12세기와 13세기에 설립되었는데, 16세기 전반에는 수도원 본래의 기능보다는 건물과 토지를 경영하는 기구로 변질되어 있는 경우가 많았다. 그럼에도 불구하고 수도원은 재산이 많았기 때문에 수도사들은 안락한 삶을 유지하고 있었다. 하지만 그들의 평판은 매우 부정적이었다.

13, 14세기에 집중적으로 설립된 프란체스코회(the Franciscans)와 도미니크회(the Dominicans)의 탁발 수도사들도, 탁발은 커녕 건물을 차지하고 안락한 삶을 추구하고 있었다. 스코틀랜드에는 '부성당'(collegiate church)이라는 다른 시설이 있었는데, 이것은 도시의 주교좌 성당의 참사회원과 교구 사제들의 규율을 개선하기 위해 준수도원적인 계율을 부과한 일종의 공동체였다.

이들은 '수사 사제단'(community of regular canons)이라고 불렸고, 중세 말에 유행한 아우구스티누스 교단의 시초가 되기도 하였다. 후일 종교개혁의 중심 교회가 되는 에든버러의 성자일스(St. Giles) 교회도 부성당 중의 하나였다. 이처럼 종교개혁 이전 스코틀랜드 교회는 전반적으로 열악한 상태였다. 교회의 고위직은 타락했고, 교구 사제들은 경제적으로 허덕이고 교구민들에게 제대로 봉사하지 못하고 있었다.

고지대는 저지대보다 상황이 더 심각했다. 교구도 제대로 설립되어 있지 못했고, 수도원 같은 다른 기구도 거의 없었다. 교회의 주된 봉사인 성사(聖事)가 제대로 이루어지지 못했다. 이런 상황에서 교구민들은 유럽의 다른 지역에서처럼 교회에 큰 불만을 갖고 있었다. 16세기 전반 스코틀랜드의 유일한 희망은 대학이었다. 스코틀랜드는 유럽의 변방에 있었고 정치적·사회경제적·종교적으로 후진 국가였지만, 문화적으로는 유럽의 어느 나라에도 뒤지지 않을 정도로 앞서 있었다.

특히 사상과 학문에 있어서 16세기 스코틀랜드는 결코 후진국이 아니었다. 당시 잉글랜드에는 옥스퍼드 대학과 캠브리지 대학밖에 없었지만, 스코틀랜드에는 대학이 3개나 있었다. 1412년에 세워진 세인트앤드류스(St. Andrews) 대학과 1451년에 세워진 글래스고(Glasgow) 대학, 그리고 1495년에 설립된 애버딘(Aberdeen) 대학은, 유럽의 대학들과 많은 교류를 하고 있었고 학문적인 수준에서 대륙의 어느 대학보다 뒤처지지 않았다.

당시 스코틀랜드인들 가운데는 유럽의 대학에 유학하던 자들도 적지 않았고, 그들이 귀국하여 스코틀랜드 대학에서 가르치는 일들을 감당했다. 따라서 스코틀랜드 대학은 종교개혁 사상이 유입되는 가장 중요한 통로였다.

2. 존 낙스의 약력과 스코틀랜드 종교개혁 약사

1) 존 낙스(John Knox)의 약력

① 스코틀랜드에서의 초기 생애

1514년 해딩턴(Haddington)에서 태어나다.
1536년 세인트앤드루스(St. Andrews) 대학교를 졸업하고 사제 서품을 받다.
1540년 공증인과 개인 교사로 활동하다.
1543년 그리스도를 영접하고 개혁 신앙을 받아들이다.
1545년 조지 위셔트의 제자이자 경호인으로 활동하다.
1546년 위셔트가 세인트앤드루스에서 순교의 이슬로 사라지고 비톤(Beaton) 추기경이 살해되다.
1547년 개신교 신자들과 함께 세인트앤드루스 성으로 피신하여 그곳에서 처음 설교하다. 성이 함락되고, 낙스가 붙잡혀 19개월 동안 프랑스 갤리선의 노예로 지내다.

② 잉글랜드에서의 사역

1549년 잉글랜드 버릭(Berwick)에서 큰 능력으로 말씀을 전해 성공을 거두다.
1550년 엘리자베스 보우스(Elizabeth Bowes) 부인과 그녀의 딸 마조리 보우스(Marjory Bowes)를 만나다.

1552년 런던에서 성찬식 때 무릎을 꿇는 관습에 대해 논쟁을 벌이다. 로체스터 주교직을 거부하다.

1553년 튜더 왕조의 메리(Mary) 여왕이 왕위에 오르자 유럽 대륙으로 망명하다.

③ 박해를 피해 망명한 유럽에서의 사역

1554년 프랑스로 건너간 뒤 취리히를 거쳐 칼빈이 있는 제네바로 망명하다. 독일의 프랑크프루트에서 잉글랜드 신자들을 대상으로 목회 활동을 전개하다.

1555년 예전(Liturgical) 논쟁으로 목회 활동을 중단하고, 제네바로 돌아와 잉글랜드 신자들을 상대로 목회 활동을 전개하다. 마조리 보우스와 결혼하고 광범위한 설교 활동을 펼치다.

1556년 스코틀랜드에서 이단으로 단죄되다. 아내와 장모와 함께 제네바로 돌아가다.

1558년 『여성들의 극악한 통치를 반대하는 첫 번째 나팔 소리』(The First Blast of the Trumpet Against the Monstrous Regiment of Women)를 저술해 경건하지 못한 통치자들에 대한 반역을 옹호하다.

④ 스코틀랜드에서의 마지막 생애

1559년 스코틀랜드로 돌아오다. 우상숭배를 비판하는 설교를 하다. 그의 설교가 반란의 계기가 되다.

1560년 개혁 의회가 「스코틀랜드 신앙고백」을 채택하다. 아내 마조리가 사망하다.

1561년 「제1치리서」의 작성에 참여하다. 가톨릭 신자인 스코틀랜드 여왕 메리가 고국 잉글랜드로 돌아오다. 낙스는 에든버러의 세인트자일스 교회에서 말씀을 전하다. 스코틀랜드 여왕 메리와 첫 면담을 갖다.

1564년 마가렛 스튜어트(Margaret Stewart)와 재혼하다.

1566년 『스코틀랜드 종교개혁사』(History of the Reformation of Religion in Scotland)의 대부분을 집필하다.

1572년 에든버러에서 별세하여 세인트자일스 교회당에 묻히다.

튜더 왕가

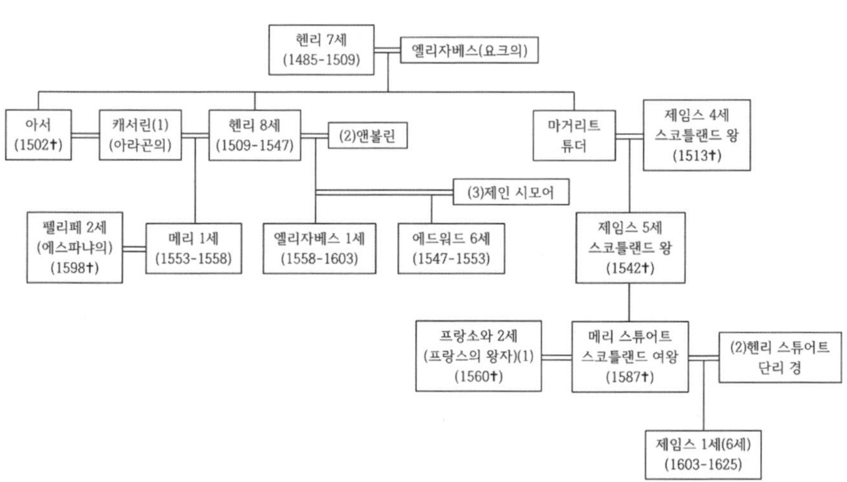

2) 스코틀랜드 종교개혁 약사

스코틀랜드 왕국은 전통적으로 자주 영토를 침입하는 잉글랜드인들에 대항하여, 프랑스의 지원을 구하는 정책을 취해 왔다. 그러나 16세기에 스코틀랜드는 양분되어 일부는 전통적인 정책을 고수한 데 반해, 또 다른 사람들은 상황이 변했으므로 잉글랜드와 밀접한 유대를 확립하는 것이 국가를 위한 최선의 방책이라고 주장하기 시작했다. 새로운 정책의 주창자들은 1502년 스코틀랜드의 제임스 4세(James Ⅳ)가, 잉글랜드의 왕 헨리 7세의 딸 「마가렛 튜더」(Margaret Tudor)와 결혼했을 때 큰 승리를 거두었다.

따라서 헨리 8세가 잉글랜드 왕이 되었을 때, 스코틀랜드와 잉글랜드가 평화롭게 공존하게 될 희망이 생겼다. 제임스 4세와 「마가렛 튜더」 사이에 태어난 제임스 5세는 헨리 8세의 조카였는데, 헨리 8세는 자기 딸 메리를 제임스 5세와 결혼시켜 밀접한 관계를 맺으려고 했다. 그러나 스코틀랜드는 프랑스와의 전통적인 동맹 관계로 선회했으며, 이를 위해 제임스 5세는 프랑스의 「기즈의 메리」(Mary of Guise)와 결혼했다. 이때부터 브리튼 제도(諸島)에 자리잡은 이 두 왕국은, 특히 교회개혁과 교황청과의 관계에서 정반대 길을 걸었다.

이런 사건들이 벌어지는 동안 개신교 사상이 스코틀랜드로 스며들기 시작했다. 그 이전부터 롤라드파와 후스파의 사람들이 있었지만 도저히 이들을 근절시킬 수 없었다. 이제 개신교 신앙은 이런 교리를 신봉하는 사람들 가운데 급속히 퍼져 가기 시작했다. 또 독일에서 유학했던 많은 스코틀랜드인들은, 루터를 비롯한 다른 개혁자들의 사상과 저서를 갖고 고국으로 돌아왔다.

스코틀랜드 의회는 이런 서적들을 법으로 금했으며, 개신교의 가르침을 전파하는 사람들을 처벌했다. 1528년 최초의 순교자가 발생했으며 그 이후에도 처형되는 사람들이 증가했다. 박해에도 불구하고 새로운 교리를 신봉하는 자들이 증가했다. 특히 날로 증가하는 왕실의 권력과 자기들이 이전에 누렸던 권리들이 박탈되는 데 대해 반감을 품고 있던 귀족들에게 개혁 신앙은 거세게 전파되어 갔다. 밀수입된 개신교 저술가들의 서적들을 구해 읽고 토론을 벌인 대학생들 사이에서도 마찬가지 모습을 볼 수 있었다.

1542년 제임스 5세가 사망했을 때 왕위를 이을 계승자는, 아직 어린아이였던 메리 스튜어트(Mary Stuart)였기 때문에 권력 투쟁이 발생했다. 헨리 8세는 아직 젖먹이인 공주를 자신의 맏아들 에드워드와 결혼시키려고 했다. 스코틀랜드의 개신교 귀족들은 대부분 친잉글랜드파(Anglophiles)였기 때문에 이 계획에 찬성했다. 반면에 친프랑스파(Francophiles)인 가톨릭은 메리를 프랑스로 보내 교육시킬 뿐만 아니라 「프랑스 왕자」(프랑소와 2세)와 결혼시키기를 원했다. 결국 친프랑스파가 성공하여 헨리 8세의 계획은 수포로 돌아갔다.

개신교인들은 세인트앤드류스 성을 점거하고 대주교를 살해했다. 당시 내홍에 시달리던 정부는 별다른 대책을 취할 수 없었다. 반란자들을 체포하고 처벌하기 위해 군대가 파견되었지만 잠시 포위했다가 철수했다. 그리하여 왕국

내의 개신교도들은 세인트앤드류스 성을 신앙의 본거지로 생각하게 되었다.

이때 존 낙스(John Knox)가 등장했다. 곧 스코틀랜드의 개신교 지도자가 된 이 불같은 성품의 개혁자의 초기 생애는 거의 알려져 있지 않다. 그는 1515년 경 출생하여 신학을 공부했고, 1540년 이전에 사제 서품을 받았다. 그는 세인트앤드류스 성 점령을 주도한 두 귀족의 아들들의 가정교사가 되었고, 신앙을 위해 순교한 프로테스탄트 설교가 조지 위샤트(George Wishart)의 추종자가 되었다. 반란자들이 세인트앤드류스 성을 점령했을 때, 그는 자기가 가르치고 있는 소년들을 이 성으로 데려가라는 명령을 받았다.

낙스는 이 소년들을 성에 데려다 준 후 개신교 신학을 공부하기 위해 독일로 갈 계획이었으나, 세인트앤드류스 성에 도착하자마자 나라를 뒤흔들고 있는 사건들에 깊이 연루되었다. 그는 원하지 않았음에도 불구하고 이곳 개신교 공동체의 목회자가 되었으며, 그 후로 스코틀랜드 종교개혁의 주요 대변자로 활동했다.

잉글랜드와 프랑스가 내정 문제 때문에 스코틀랜드에 관심을 돌릴 수 없었으므로, 세인트앤드류스 성의 개신교 신자들은 계속 이곳을 점령할 수 있었다. 그러나 여유가 생긴 프랑스가 스코틀랜드로 응원군을 파견했기 때문에, 정부는 다시 이 성에 강력한 군대를 파견했으며 개신교 신자들은 항복할 수 밖에 없었다. 프랑스측은 약속을 어기고 낙스와 그 주모자들을 갤리선(galley)의 노예로 삼았으며, 그들은 19개월 동안 중노동에 시달렸다. 그들은 결국 잉글랜드의 중재로 풀려났고, 에드워드 6세가 통치하던 잉글랜드에 가서 목회를 시작했다.

그러나 에드워드가 죽고 메리 튜더가 잉글랜드의 왕위에 오르면서 개신교 신자들을 박해하기 시작했다. 낙스는 스위스로 가서 제네바에서는 칼빈, 취리히에서는 츠빙글리의 후계자인 불링거(Bullinger)와 함께 시간을 보냈다. 불링거는 개신교 공동체의 사기를 양양하기 위해 두 차례 스코틀랜드를 방문했다. 한편 스코틀랜드에서는 중요한 사건들이 발생하고 있었다. 프랑스로 보내진 어린 메리 스튜어트(Mary Stuart)는, 기즈가에서 친척들의 보호를 받으면서 양육되었다.

그리고 기즈가 출신인 그녀의 어머니는 스코틀랜드에서 섭정을 하고 있었다. 1558년 4월 메리 스튜어트는 프랑스의 황태자와 결혼했는데, 황태자는 약 1년 후 프랑소와 2세로 왕위에 등극했다. 그리하여 겨우 16세인 메리가 프랑스의 왕비이자, 스코틀랜드의 명목상 여왕이 되었다. 그것 뿐만 아니라 그녀는 스스로 잉글랜드의 합법적인 여왕이라고 주장했다.

메리 튜더가 1558년에 사망하자, 이복 동생 엘리자베스가 그 뒤를 이었다. 만약 가톨릭 측에서 주장하듯이 엘리자베스가 불법으로 왕위를 차지했다면, 헨리 7세의 증손녀인 메리 스튜어트가 정당한 계승자가 될 수 있었다. 따라서 메리 튜더가 사망하자 메리 스튜어트는 곧 잉글랜드 여왕이라는 공식 칭호를 사용하기 시작했다. 이 때문에 그녀는 사촌인 엘리자베스와 원수가 되었다.

스코틀랜드에서는 계속 태후인 「기즈의 메리」가 섭정으로 통치하고 있었다. 그녀의 친가톨릭 정책에 따라 개신교 지도자들은 1557년 말 엄숙한 서약을 하게 되었다. 그들은 스스로 "복된 하나님의 말씀과 그의 회중"을 섬기겠다고 서약했기 때문에 「회중의 지도자들」(Lords of the Congregation)이라고 알려졌다. 그들은 자기들의 목표가 잉글랜드 개신교들과 비슷함을 깨닫고 그들과 동맹하는 데 성공했다. 섭정은 이 "이단자들"에 대한 박해를 가중시켰지만, 그들은 굴하지 않고 버티어 1558년 교회를 조직했다.

이 사건이 발생하기 직전 그들은 스위스로 편지를 보내 낙스에게 귀국할 것을 요청했다. 낙스는 망명 기간에 당시 유럽을 통치하고 있던 여성들(스코틀랜드의 섭정, 잉글랜드의 메리 튜더, 프랑스의 캐서린 드 메디치)을 맹렬히 공격했다. 그런데 그의 저서 『괴물 같은 여성 통치에 대항하는 최초의 나팔소리』(The First Blast of the Trumpet Against the Monstrous Regiment of Women)는 좋지 않은 시기에 출판되었다. 왜냐하면 그 책이 잉글랜드에서 출판되자마자, 메리 튜더가 사망하고 엘리자베스가 그 뒤를 이었기 때문이다.

그 책은 죽은 그녀의 이복 자매(메리 튜더)를 겨냥한 것이었지만 엘리자베스는 그 내용에 분개했다. 왜냐하면 근본적으로 반(反)여성적인 편견에 기초한 이 책의 논거들이, 엘리자베스에게 적용될 수 있었기 때문이었다. 낙스는 이 문제로 여러 번 자신의 본의를 해명했지만, 엘리자베스를 무마하지 못했다.

따라서 엘리자베스와 낙스 사이에 이루어졌을 지도 모르는 동맹 관계는 끝내 실현되지 못했다.

상황은 스코틀랜드 개신교 신자들에게 불리했다. 섭정은 프랑스 지원군의 힘으로 「회중의 지도자들」을 공격했다. 후자는 침입자들에 대항하여 약간의 승리를 거둘 수 있었지만, 결국 물자가 부족하여 전투를 계속할 수 없게 되었다. 그들은 만약 가톨릭군이 스코틀랜드의 개신교 반란을 궤멸시켜 잉글랜드가 프랑스와 동맹 관계에 있는 가톨릭파의 수중에 놓인다면, 엘리자베스의 왕위가 위험하게 된다는 점을 들어 잉글랜드의 지원군을 요청했다.

이런 사건들이 발생하기 직전에 귀국한 낙스는, 설교와 신앙의 힘으로 개신교 신자들을 격려했다. 마침내 1560년 초 엘리자베스는 스코틀랜드에 지원군을 파견했다. 잉글랜드와 스코틀랜드 개신교 사이에 연합군이 결성됨으로써 전쟁은 장기화될 전망이었다. 이때 섭정이 사망했고 프랑스는 평화를 원했다. 그 결과 프랑스와 잉글랜드 양국은 모두 군대를 철수시켰다.

위험이 지나가자마자 낙스와 귀족들 사이의 갈등이 포면화 되기 시작했다. 여러 가지 이유가 있었지만 가장 큰 문제는 경제적인 것이었다. 귀족들은 교회 재산을 차지하려고 했는데 반해, 낙스와 그의 추종자들은 이런 자금을 이용해서 국립교육제도를 확립하고 교회를 유지하려고 했다. 이런 갈등 속에서 귀족들은 메리 스튜어트(스코틀랜드 여왕)를 귀국시켜 아버지의 왕위를 차지하게 했다.

원래 메리는 여왕으로서 프랑스에 남기를 원했지만, 남편의 사망(1560)으로 꿈이 무산되었다. 이에 따라 그녀는 스코틀랜드의 요청을 수락했다. 그녀는 처음부터 인기를 누리지 못했지만, 초기에는 이복 오빠인 모레이 백작 「제임스 스튜어트」(James Stuart)의 의견을 따랐다. 개신교 지도자였던 모레이 백작은, 그녀와 개신교 지도자들 사이가 벌어지는 것을 막았다.

낙스는 처음부터 여왕과의 대결이 불가피하다고 확신하고 있었던 것같다. 이 점에 있어서는 메리도 같은 생각이었을 것이다. 메리는 도착하자마자 자신의 개인 예배실에서 미사 드리기를 고집했다. 이 열정적인 개혁자(존 낙스)는 "새 이세벨"의 우상숭배를 대적하는 설교를 시작했다. 두 사람은 수 차례에 걸쳐 독설들이 오고 가는 회견을 가졌다. 그러나 당시의 상황에 만족하고 있었던 귀족들은 낙스의 과격한 정책을 따르지 않았다.

낙스와 그의 추종자들은 여왕과 일부 개신교 지도자들과의 긴장이 고조되었음에도 불구하고, 스코틀랜드 개혁 교회를 조직했는데 이 교파의 형태는 그 후에 등장한 장로교회와 유사하다. 각 교회마다 목사와 장로들이 선출되었는데, 장로는 목사들에 의한 시험을 거쳐야 임명될 수 있었다. 새로운 교회의 기둥 역할을 한 것은 『치리서』(Book of Discipline)와 『공동의식서』(Book of Common Order)와 『스코틀랜드 신앙고백』(Scots Confession)이었다.

결국 메리 스튜어트는 스스로 몰락을 초래했다. 그녀는 잉글랜드 왕위를 차지하려는 욕망을 버리지 못했기 때문에, 결국 스코틀랜드의 왕위와 목숨까지 잃었다. 그녀는 자신의 영국 왕권 주장을 강화하기 위해, 역시 왕족이자 사촌인 단리 경(Lord Darnley) 헨리 스튜어트(Henry Stuart)와 결혼했다. 모레이는 이 결혼과 메리가 이 나라의 개신교를 뿌리뽑기 위해서 스페인과 합의한 계획에 반대했다.

모레이는 메리가 자기 말을 듣지 않자 반란을 일으켰다. 메리는 보스웰 경(Lord Bothwell)과 연합했는데, 유능한 전략가였던 보스웰은 모레이를 패배시켰고 모레이는 런던으로 망명했다. 이 승리에 용기를 얻은 메리는 곧 자기가 런던에서 왕위에 오를 것이라고 선언했다. 더 이상 모레이의 조언을 받을 수 없게 된 메리의 정책은 크게 어리석은 길을 걷기 시작했다.

단리와의 결혼이 불만이었던 메리는, 이 사실을 보스웰과 몇몇 측근들에게 불평하였다. 얼마 후 단리가 살해되었는데, 보스웰이 주모자로 의심받게 되었다. 그런데 검사 측을 위해서는 증인들이 허용되지 않은 재판을 통해, 그는 법적으로는 무죄 판결을 받았다. 그러나 사람들의 의심은 사라지지 않았다. 왜냐하면 메리가 몇 달 후 보스웰과 결혼했기 때문이었다.

보스웰을 증오하고 있었던 스코틀랜드 귀족들은 곧 반란을 일으켰다. 군대의 충성을 받을 수 없었던 메리는 반란을 진압하는 데 실패했고, 곧 귀족들의 수중에 자신의 운명이 달려 있음을 발견했다. 귀족들은 단리 살해 사건에 메리가 가담되었다는 증거를 갖고 있다고 통지하고, 그녀에게 양위와 살인

혐의에 의한 기소 중에서 하나를 택하라고 요구했다.

그리하여 그녀는 자신과 단리 사이에 출생한 한 살짜리 아들 제임스 6세에게 왕위를 물려 주었다. 어린 국왕을 보좌하기 위해서, 잉글랜드에서 귀국한 모레이가 스코틀랜드의 섭정이 되었다. 메리는 탈옥하여 자기 편을 드는 군대를 일으켰지만, 모레이의 병사들에게 패배했기 때문에 잉글랜드로 도망하여 그녀가 증오했던 사촌 엘리자베스에게 피신했다. 그 후 메리의 망명 생활과 죽음을 둘러싸고 낭만적인 많은 이야기들이 조작되었다. 그녀가 마치 잔인하고 탐욕스런 사촌의 손에 순교당한 인물인 것처럼 묘사되었다.

그러나 실제로 엘리자베스는 오랫동안 자신의 왕위를 부정했던 인물에게 기대할 수 없는 대우를 했다. 메리는 그녀의 성 밖을 마음대로 출입할 수 없다는 점에서는 죄수였지만, 엘리자베스의 엄격한 명령 아래 여왕으로 대우받았다. 그녀는 또 30명에 달하는 하인들을 마음대로 선택하여 가질 수 있었다.

그러나 그녀는 많은 음모의 중심이 되었다. 먼저 이 음모들은 엘리자베스를 제거하고 메리를 왕위에 올려 잉글랜드 안에 로마 가톨릭을 복구하려는 목적을 가진 것들이 대부분이었다.

그리고 이런 음모들 중 일부는 메리를 위해 스페인 군대가 잉글랜드로 침입한다는 것이었다. 그리고 이런 음모가 발각되었을 때, 메리는 음모의 주동자는 아니었지만 자발적으로 가담했다는 것이 밝혀져 재판에 회부되어 사형선고를 받았다. 그녀는 사형장에 이르러서도 왕의 기품을 잃지 않았다. 메리가 망명한 후에도 스코틀랜드에서는 당파 분쟁이 그치지 않았다.

낙스는 모레이의 섭정을 지지했다. 그러나 낙스가 건강상 거의 은퇴 상태에 들어간 당시에도 반대 세력이 상당히 강했다. 그는 프랑스에서 많은 개신교 신자들이 학살된 「성 바돌로매 축일 학살」 소식을 듣고, 마지막으로 강단에 올라가 스코틀랜드인들에게 이와 비슷한 운명을 피하기 위해선 투쟁을 계속할 수밖에 없다고 역설했다. 낙스는 이 설교를 하고 며칠 후 죽었다. 그러나 이때는 이미 스코틀랜드가 개혁주의 신앙 전통에 굳게 섰음이 거의 확실시되었다.

3. 낙스 이전의 신앙

1559년 5월부터 1560년 7월까지 14개월동안 질질 끌어온 스코틀랜드 종교개혁과 같은 사건은, 번쩍이는 불길처럼 갑자기 일어나지는 않는다. 거기에는 반드시 선행(先行)하는 동기들이 있기 마련이다. 그리고 대개 보면 사건이 급작스럽고 극적일수록, 그 근원은 예상 외로 아득한 과거 속에 뿌리박고 있음을 알게 된다. 다시 말하면 여러 압력은 서서히 축적되어 오다가, 그 잠재세력을 격변적으로 방출될 기회가 다가오기를 기다리고 있는 법이다.

1559년 5월 낙스가 스코틀랜드에 도착한 것이, 그동안 눌렸던 세력을 폭발시키는 계기가 되었다는 것은 두말 할 것도 없다. 그러나 이 세력이 그 근원이나 형태가 섞이면서, 거의 200년 동안 점차적으로 축적되어 왔다는 것을 간과해서는 안 된다. 물론 여기에는 정치적·사회적·도덕적·종교적인 요소들이 복잡하게 얽혀져 있었다.

먼저 정치적인 동기가 이 종교개혁을 준비하고 성취하는데 중요한 소임을 다했다는 사실을 살펴 보자. 그러나 우리가 이 책에서 문제시 하고 있는 것이 신앙에 관한 것이기 때문에, 정치적인 요소들에 대해서는 간단한 줄거리만 갖고 설명을 대신하려고 한다. 스튜어트 왕가(Stuart Kings)의 역사는, 제임스 1세부터 제임스 5세까지 왕실과 귀족들의 권력 투쟁을 엮어 놓은 역사다.

그러나 제임스 5세 때에 와서는 이 권력 투쟁이 일층 종교적인 의미를 내포하기 시작했다. 왜냐하면 파란 많은 왕국에 상당수의 「비성직계 귀족들」(Temporal Lords)을 거세시키면서까지 왕권의 권위를 배타적으로 확립하려고 시도한 제임스 5세가, 자연히 「성직계 귀족들」(Lords Spiritual)의 지지에 의존하지 않을 수 없게 되었기 때문이다. 그러나 공교롭게도 잉글랜드의 헨리 8세가 교황과 단교하고, 많은 성직자들을 자기에게 절대 복종하도록 격하시킬 무렵에 그런 사건이 일어났다. 이것은 우연한 일이지만 제임스 왕에게는 불행이었다.

왕권과 교회가 이처럼 귀족들에게 적대하여 동맹을 맺게 되자 그 여파는 심상치 않았다. 첫째로 상당수 귀족들과 권력을 잡고 있던 교직자들 사이가,

불구대천의 원수지간처럼 험악해지고 서로 반목·질시하는 정도가 형언하기 어려웠다. 둘째로 이렇게 거세된 귀족들이 반발할 수 있는 길은 결국 수 세기를 두고 스코틀랜드의 불평 많은 귀족들이 취해 왔던 똑같은 해결책을 뒤풀이하는 길밖에 없었다. 즉 잉글랜드에 붙어 아첨하고 거기서 위로와 지지를 받는 일이었다. 더구나 헨리 8세가 이제 교황의 교회와 반목했기 때문에, 스코틀랜드 귀족들은 어느 때보다 더 큰 희망을 걸고 잉글랜드에 추파를 보냈다.

반면에 스코틀랜드의 교권자들은 잉글랜드와는 오래 전부터 원수지간인 스코틀랜드의 동맹국인 프랑스의 가톨릭 세력에 구원의 희망을 걸었다. 당시 스코틀랜드 교회의 영도자 비톤(Beaton)은 프랑스에 수년동안 외교관으로 머물러 있었기 때문에 프랑스 왕과 절친한 사이였고, 더구나 그는 자기 수입의 실질적인 원천인 프랑스의 녹(祿)을 받고 사는 처지였다. 비톤은 「보험 붙은 귀족들」(The Assured Lords)이 잉글랜드의 돈을 받고 산 것처럼 프랑스의 돈에 매달려 산 인물들이지만, 아마도 잉글랜드와 내통했던 「보험 붙은 귀족들」이 무색할 만큼 더 절조 없이 스코틀랜드를 프랑스의 침략 놀음의 저당물로 이용하려고 했을 것이다.

대다수의 스코틀랜드 국민에게는 왕에 대한 충성과 잉글랜드에 대한 적대감 및 프랑스와의 우호 관계는 전통적인 것이었기 때문에, 교회의 정책이 애국적이란 인상을 주기에는 아무 난관이 없었다. 형편이 이러했기 때문에 개신교 신앙(즉 영국 기독교)의 거족적인 운동은 기대하기 힘들었다. 더욱이 교회는 설상가상으로 왕을 설복해서, 이단을 억압하는 단호한 수단을 수시로 사용하고 있었다.

그러나 비톤의 무모한 반영정책(反英政策)으로 인해 불운이 닥쳐 왔다. 스코틀랜드 국민들은 프랑스의 종주권이 스코틀랜드의 독립에 대해서는, 잉글랜드로부터 닥쳐 올지도 모르는 위협보다 더 무서운 것이 될 가능성이 많다는 것을 점차 인식하게 되었다. 바로 이 때부터 교회와 프랑스의 동맹에 대한 반감이 휩쓸게 되었다. 이런 반감은 자연히 개신교 교회와 잉글랜드에 대한 우호적인 감정을 수반했다.

이처럼 스코틀랜드의 독립이 성숙해 갈 무렵(곧 1560년)에, 잉글랜드 원정군이 출동하여 스코틀랜드에서 프랑스 군대를 완전히 축출했다. 이것이 계기가 되어 스코틀랜드의 미래는 개신교 교회와 깊은 인연을 맺게 되었고, 잉글랜드와 스코틀랜드의 왕위는 마침내 병합되기에 이르렀다.

다음 종교개혁의 사회적인 요인들 중에서는, 상업 확장에 의해 초래된「중소 영주」(中小領主)들과 시민 계급이 점차 득세하는 비중을 들지 않을 수 없다. 가난했던 노동자들은 빈곤에서 헤어 나와 생각할 여유를 갖게 되었고, 적어도 새 시대의 교육을 받아 인사(人事)와 사리(事理)를 냉정하게 판단하고, 또 그 판단에 따라 행동할 수 있다는 것을 자각하게 되었다.

그리고 억압받은 소시민들은 책임을 이행하고 권리를 행사하는 시민이나 치안관으로서도 손색이 없음을 입증하고 있었다. 그들은 나라의 중추(中樞)가 되어가던 계급이었고, 또 종교개혁의 가장 견실한 지지가 나올 수 있던 계급이었다. 이런 실정은 스코틀랜드에만 국한된 것이 아니었다.

잉글랜드에서는 이 신흥 계급이 의회에서 정치적으로 발언권이 컸다. 그러나 스코틀랜드 의회는 그 성립이 완전히 연방식(聯邦式)이었기 때문에, 대의원을 위한 아무 조항도 새로 만들지 못했다. 만약 그렇게 했더라면 군민일체(君民一體)로 교회개혁을 훨씬 더 빨리 수행할 수 있었을 것이다.

전체적으로 보면 교회에 대한 신흥 계급의 비판은 대단했다. 교회의 그칠 줄 모르는 악정(惡政)과 교직자들의 엄청난 공금 사용은, 그들의 상업 도의나 건전한 경영에 대한 본능을 불쾌하게 만들었다. 모든 부류의 교직자들과 수도원의 성직자들에게 공통된 악명 높은 부도덕은, 부르조아 계급에서 흔히 찾아볼 수 있는 뿌리 깊은 도덕주의(道德主義)에 용납되지 못했고, 더구나 세상이 다 알고 있는 성직자들의 무지(無知)는 이들의 조소거리가 되지 않을 수 없었다.

이 때 그들의 마음에 새로운 신앙이 전파되었다. 이 신흥 계급은 옛 교회에 그런 신앙이 없음을 발견하고, 일시에 교회를 등지고 나오게 되었다. 반면에 개혁 교회는 그들이 존중하는 것을 제공해 줄 수 있었다. 교회는 만인이 우러러볼 수 있는 점을 갖고 있어야 하는데, 그것이 결여되었다면 교회의 기본적인 존재 조건이 없어졌다고 해도 과언이 아니다.

그 뿐만 아니라 개혁 교회 총회는, 스코틀랜드 의회가 아직 구성하지 못한

민의원(民議院)의 구실을 하고 있었다. 이리하여 이 사회 계급은 종교개혁을 통해 그 이상(理想)의 일부를 완성할 방도를 발견했던 것이다. 사회 신분의 최상부에 있었던 귀족들은 우리가 이미 살펴본 것처럼, 정부의 고관직에서 교직자들을 추출하려고 애쓰고 있었다. 더구나 스코틀랜드 귀족들은 교회처럼 부유하지 못했다. 많은 귀족들이 교회 문제에 대해 심각하게 생각하게 된 것은, 귀족들 보다 교회 재산이 더 넉넉했기 때문이었다.

반면에 사회의 하층부에서 살던 가난한 사람들은, 교회의 가혹한 착취에 못이겨 도탄 속에서 신음하고 있었다. 유럽의 여러 국가들 중에는 교회가 선정을 베풀어 빈궁한 자들의 벗이 되어서 그래서 성직자들에게 사랑받는 나라들이 꽤 있었다. 그러나 스코틀랜드에서는 도처에 악정이 휩쓸어 재정적으로나 정신적으로, 가난한 사람들에게 자선을 베푸는 본거지가 될 만한 수도원이 많지 못했다.

「부재 수도원장」(不在 修道院長)이나 스코틀랜드 의회의 법령을 무시하고 '위탁 성직'(委託聖職)에 앉아 있는 평신도까지, 갸륵한 기증자가 빈민 구제를 위해 수도원에 바친 영지나 그 수입을 종종 무자비하게 가로채 사복을 채웠다. 따라서 이런 기생충들의 탐욕을 채우기 위해서는 마지막 한 푼까지, 수도원 토지의 소작을 맡고 있는 가난한 백성들로부터 착취하지 않으면 안 되었다. 이런 「수도원 영주」들이 자신들의 생계를 챙겨주는 그런 종교 공동체의 안녕과 치리에 관심을 쓸 리가 만무했다.

따라서 레슬리(Lesely)는 신실한 가톨릭 추종자이면서도, 자기가 아는 대로 스코틀랜드의 수도원 생활에 대해 음울한 묘사를 하지 않을 수 없었다. 종교개혁이 수도원의 몰락을 가져 왔을 때, 가난한 사람들은 그 몰락 때문에 형편이 더 악화되지는 않았다. 사실 스코틀랜드는 수도원의 몰락을 방지하기 위해 「은총의 순례」(Pilgrimage of Grace)를 떠나지 않아도 무방했다. 수도원은 어차피 몰락할 수밖에 없었던 것이다.

이런 몇몇 중요한 정치적, 사회적인 압력들이 쌓여 오다가, 그것이 마침내 1559년부터 1560년 초에 걸쳐 마지막으로 폭발하고 말았다. 이것에 대해서는 기록이 잘 정리되어 있어서 누구에게나 잘 알려져 있다. 그러나 개혁 운동의 종교적인 원인들을 검토하려고 일단 손을 대면 당장 어려움에 빠지고 만다. 왜냐하면 종교개혁 이전에 이단적인 의견을 품고 있었던 사람들은, 그 사실을 세상에 알리지 않으려고 해서 자료가 거의 남아 있지 않았기 때문이다.

그러므로 그 때 교회의 「이단 조사관」(異端調査菅)의 눈초리를 피해 조심스럽게 숨겨졌던 사실이, 이후 세기의 역사가들에게 쉽게 발견될 리가 없다. 대부분의 사료들은 우리 손이 미칠 수 없는 황무지에서 없어진지 이미 오래였다. 그러나 다행히도 어쩌다 한 번씩 이단자가 붙잡히면, 그 이단자에 관한 기록과 그를 심문한 문답의 기록을 통해서 사실상 이단자들이 실재했다는 사실을 알게 된다.

그러나 이 사건들은 마치 안개 위에 솟아 있는 산 꼭대기들과 다름이 없다. 우리는 그 위에 우뚝 서서 안개 밑에 있는 평지에 대해 짐작을 더듬어야 된다. 그러나 종교개혁 자체에 점점 가까이 가면 우리들은 사료들을 어느 만큼 충분히 모을 수 있기 때문에 다행히 좀 더 확실한 윤곽을 그려볼 수 있다. 또 정통적인 종교의식에 관한 자료만은 워낙 풍부하기 때문에, 당시의 일반적인 경건이 어떤 것이었는지를 거기서 추측하기는 어렵지 않다.

스코틀랜드에 최초로 이단이 나타났다고 보고된 것은, 로마교회 분열 시대의 종말이 가까와올 무렵이었다. 이것은 의미심장한 일이다. 중세 초기에 강력한 세력을 유지해 오던 교황권은 유럽 전역에 흩어져 있는 교회의 세속화를 막는 데 크게 공헌해 왔고, 또 유능한 인물들을 교회의 고위직에 앉힘으로써 교회의 번영에 크게 이바지해 왔다.

그러나 이노센트 3세(Innocent Ⅲ)가 1216년 세상을 떠난 다음부터, 교황의 세력은 1309년에 시작된 소위 「바벨론 포수(捕囚)」 시대에 와서 실질적으로 몰락하고 말았다. 그리고 나서 1378년에 로마 교회의 분열이 시작되고 1415년까지 계속되었다. 그런데 스코틀랜드에서만은 반교황(反敎皇) 도당들의 세력을 꺾는 데 느렸기 때문에 1418년까지 이 분열이 계속되었다.

이 로마 교회의 분열 시대는 스코틀랜드 교회에 대해서는 파괴적인 시대라고 볼 수 있었다. 그러나 왕후들에게는 절호의 기회였다. 왜냐하면 교회는 당시 유일한 부(富)의 곡창이었기 때문이다. 우리는 1550년을 전후해서 스코틀랜드 세입의 절반이 교회의 손에 있었다는 것을 알고 있다. 고든 도날드슨(Gordon Donaldson)은 왕실의 년(年)수입이 근근히 17,000파운드 남짓했는데 반해, 교회의 수입은 300,000파운드 가량 되었다고 계산하고 있다. 이 수입의 차이는 한두 세기 전후에도 별로 다르지 않았다.

그 때문에 야심있는 교황들은 어떻게 하든지 스코틀랜드의 지지를 받아야 한다고 믿고, 저마다 모든 종류의 불법적인 교직 임명이나 「캐논 법」(Canon Law)의 위반을 용서해 주겠다고 앞다투어 제안했을 정도였다. 부유한 성직록은 총애에 대한 보상으로서 왕후들의 뇌물 거리가 되어 왔고, 이것으로 왕의 어린 왕자들과 서자(庶子)들의 생계를 보충할 수 있었다. 영적인 문제에 전혀 관심이 없는 졸장부들과, 때로는 행정에 아무 소질이 없는 인사들이 이렇게 해서 교회의 높은 감투를 쓰게 되었다.

그러므로 교회의 규율이 민망할 정도로 침체하고, 정치에 관여한 성직자든 수도원의 성직자든 다 태만과 방종에 빠져 들었다고 해서 놀랄 것이 하나도 없었다. 반면에 말단 교직자들의 실정은 실로 가련했다. 상층부에서 이처럼 굉장한 액수의 금액이 빠져 나가자, 교구에서 써야 할 재정의 부족은 고사하고 수도원 자체의 연명도 어려웠다. 그들의 생활은 실로 알거지나 다를 바 없었다.

로마 교회의 분열 시대가 종말을 고하고 난 다음에도 형편은 피지 못했다. 그 이유는 곤궁에 빠진 교황청이 자체의 회복을 위한 기금이 아쉬운 때여서, 몇 푼의 수수료를 받아 먹을 뜻으로 무질서한 교직자 임명을 묵인할 용의를 갖고 있었기 때문이다. 물론 여기 저기 몇몇 착실한 성직자들이 나타나, 국부적으로나 일시적으로 개선을 도모하긴 했다. 그러나 일반적인 태만과 방종은 종교개혁의 횃불이 들릴 때까지 그대로 계속되었다.

스코틀랜드 스튜어트 왕가의 다섯 제임스 왕들도 부패 일색이었다. 교회가 그 면목을 잃고 있는 것을 뻔히 알고 또 때때로 굉장히 분개하는 척하고 교회 권위자들에게 교회 질서를 확립하라고 요청하면서도, 여전히 그 잘못을 뉘우치지 않고 또 실제로 영적이지 않은 인물을 높은 성직에 떠밀어 앉힌 악습의 장본인들이 바로 그들이었다. 이런 일이 그치지 않는 한은 교회개혁이 불가능했다. 그러나 왕실에서나 교회청 어디에서도, 부패와 악덕을 청산하려는 의지는 보이지 않았다.

이런 교회 분열 후반기에 존 위클리프(John Wyclif)가 잉글랜드에서 활동하고 있었다. 그러나 그가 세상을 떠난 지 20년도 채 못되어, 스코틀랜드에서는 그의 추종자인 롤라드파(Lollards)가 상당수에 이르고 있었다. 1406년에는 롤라드파의 사제 레스비(Resby)가 붙잡혀 퍼어스(Perth)에서 화형을 받은 일이 있었다.

바우어(Bower)가 "레스비는 그의 설교를 통해 소박한 농민들에게 존경받고 있었다"고 논평한 것을 보면, 레스비는 외로운 여행길을 혼자 날아가던 새가 아니었음을 알 수 있다. 바우어는 레스비가 화형당한지 40년이 지났지만 롤라드적인 견해가 비밀리에 전파되고 있다고 말하면서, "이 이단자들은 성경의 지평선 위를 날아 용(龍)처럼 자기들의 고향 위를 두루 다녔다"는 묘한 글을 남겼다.

레스비가 소박한 백성들에게 설교했다는 언급은 의미가 있다. 왜냐하면 교회의 부(富)와 탐욕 과 착취에 대한 위클리프의 공격은, 수많은 평민들에게는 틀림없이 깊은 인상을 줄 수 있었을 것이기 때문이다. 그러나 잉글랜드에서 롤라드파는 아마 1381년의 농민반란으로까지 발전한 사회 불안과 관련되어 파멸되었기 때문에, 스코틀랜드의 교회나 정부의 의혹을 샀을 것이 틀림없다. 결국 1425년 의회는 이단(즉 롤라드)들을 체포할 것을 모든 주교들에게 고지하는 법안을 통과시켰다.

1433년 즈음에 세인트앤드류스 대학교에서 후스파(Hussite)의 밀사인 파울 크로우(Paul Craw)가 체포되었다. 당시 후스파는 유럽 전역에 흩어져 있는 동조자들과 유대를 강화하려고 했기 때문에, 크로우의 스코틀랜드 방문도 선교사로서 왔다기 보다 이미 존재했다고 알려진 동조자들에게 사절로 파견되었다고 보는 것이 옳을 것이다.

1416년에 벌써 세인트앤드류스 대학교의 학생들이 강제로 롤라드파에 반대할 것을 서약하게 되었다거나, 또 대사교(大司教) 케네디(Kennedy)가 희사한 기부금으로 유해한 이단 교설과 맞설 만한 지식을 갖춘 성직자들을 양성하기 위해 세인트앤드류스에 「세인트 살바톨 칼리지」(St Salvator's College)를 설립했다는 사실을 전술한 사건과 연관시켜 보면, 우리는 롤라드 신앙이 스코틀랜드 동부 지방에서는 15세기 초부터 일종의 지역적인 현상이었고, 또 100년 후에 루터교에 대치될 때까지 계속 존재해 왔다는 사실을 쉽게 짐작할 수 있다.

1494년 카일(Kyle) 지방 롤라드들의 유명한 사건은, 스코틀랜드 남서 지역에도 상당수의 롤라드가 침투해 있었다는 증거를 제공해 준다. 헤이 플레밍(Hay Fleming)은 몇 가지 실례와, 또 무우도우 니스벳(Murdoch Nisbet)이 시사하고 있는 것과 같은 전설들을 인용하는데, 거기에 보면 방언으로 된 가정용 성경이 오래 읽혀져 왔고, 또 롤라드파와 유사한 반성직적(反聖職的)인 신앙이 「아이르주」(Ayrshire)에 오랫동안 전파되어 왔다는 사실이 암시되어 있다. 낙스는 이곳을 가리켜 「옛날 하나님의 종들이 모여 살던 곳」(a place of God's servants)이라고 서술하고 있다,

종교개혁은 단순한 부정(否定)만으로는 성립할 수 없다. 이렇게 보면 롤라드파에 대한 교회의 공포는 과장된 것같다. 왜냐하면 롤라드는 부정적인 운동에 헌신하는 데 불과했기 때문이다. 그 신앙 조항들을 보아도 지금까지 수락되어 온 교리들과 그 실천을 벼락치듯이 부정하긴 했지만, 적극적인 주장은 눈에 띄지 않는다. 성경을 읽는 데 대한 지식도 산만하고 건설적인 데가 없다.

롤라드파는 성경을 단일적으로 이해한다는 데까지 이르지 못했다. 다시 말하면 「신앙의인」(信仰義認)의 교리가 성경의 모든 부분을 일관되게 의미있고 활기찬 전체로 집중시킨다는 이해가 전혀 없었다. 롤라드 신앙이 스코틀랜드 종교개혁에 기여한 공헌이 있었다면, 그것은 아마 적극적인 주장에서보다는 교회의 교리나 의식에 대한 비판적인 태도를 조성하고 그것을 사람들에게 널리 보급했다는 데 있을 것이다. 비록 소극적인 공헌이 있었다고 하더라도, 그것이 결과적으로는 지극히 미미했을 뿐이라고 단정하지 않을 수 없다,

교회가 롤라드의 교리 가운데서 특별히 위협이 될 수 있다고 분별한 한 가지 조항이 있었다. 그것은 교직자는 모름지기 도덕적으로나 영적으로, 그 직위에 해당한 인품과 신앙을 가진 자들이어야 한다는 교리다. 만약 이 생각이 긍정된다면 구원에 대한 교회의 전체계는 산산이 부서지고, 아무도 구원에

대한 확신을 가질 수 없게 되었을 것이다. 왜냐하면 구원은 성례(sacrament)를 통해 주어지는 은총에 근거하고 있고, 또 은총은 주교 자신이 성례를 집행하는 데서만 주어진다고 믿어 왔기 때문이다.

만약 주교의 직분이 의당 주어지는 안수가 아니고 도덕적이고 영적인 적격 여부에 따라 임명된다면, 그 때는 오직 하나님만 사람의 속 마음을 들여다 볼 수 있기 때문에 그 성례가 유효한 것인지 아닌지를 말씀하실 분은 하나님 한 분 밖에 안 계실 것이다. 이렇게 되면 아무도 자기가 받고 있는 성례가 영혼의 구원에 유효한 것인지 아닌지 알 수 없게 될 것이다.

이런 생각이 실감을 갖고 육박한다면, 롤라드파의 교리가 경건한 평신도들에게 차지하고 있었던 인기에 대해서는 불리한 것이 되었을 것임에 틀림없다. 왜냐하면 누가 생사의 문제에 대해서 회의주의와 구원의 확실성을 교환하려 하겠는가. 개혁운동이 한 걸음 더 나가기 전에, 세상은 은총과 성례에 관한 새 교리가 나타나기를 기다리고 있었다. 루터의 음성이 절실히 요구된 까닭이 그것이다.

이러는 동안에 탁발교단[托鉢教團; 도미니크 교단이나 엄수회 수도사(嚴修會 修道士)] 사이에서 진행되고 있었던 부흥 운동에서 볼 수 있듯이, 평신도들은 교회 체제 안에는 아직도 통속적인 일반 민중의 경건이 자리잡고 있을 여유가 있음을 알게 되었다. 이 부흥은 15세기 초에 시작되었는데, 그 중엽에 와서는 확고부동한 운동으로 전개되었다. 이 부흥 운동의 특징은 철저한 금욕, 생활의 결백, 학문의 부흥, 목회에 대한 관심, 설교에 중점을 둔다는 것이었다.

이들의 설교는 대개 교회의 교리를 대중화하고, 동정녀 마리아를 예배하고, 인류 도덕을 고조하는 문제에 중심을 갖고 있었다. 탁발교단이 전하는 메시지는 우리가 지금 이해하고 있는 것과 같은 의미에서 복음적인 것이라고 할 수 없었다. 이들은 놀랄 만한 힘을 갖고 지옥과 연옥을 설교하면서 다가오는 하나님의 진노를 피할 수 있는 유일한 길은, 성례를 행하고 순례를 떠나고 고행(苦行)을 되풀이하는 데 있다고 가르쳤다.

사람들은 이들을 한 없이 추앙하고, 성직자들에게는 티끌 만큼의 존경도 베풀지 않았다. 당시에 사람들이 사고 싶어한 면죄부(Indulgence)는 교구 사제에게 돌리지 않고, 설교하면서 다니는 탁발 수도사에게 직접 고회(告悔)하고 그에게서 성찬을 받는 특권을 인정하고 있었던 면죄부였다. 스코틀랜드에서는 이 부흥이 한 시대 이상 더 지속하지 못했지만, 부흥이 종막을 내리자 훌륭한 몇 가지 결과를 가져 왔다. 제임스 1세가 처음으로 네덜란드로부터 엄수회 수도사들을 스코틀랜드에 끌여들인 것은, 수도원 개혁을 위해 세워 놓은 모든 일들이 완전히 실패로 돌아간 1447년의 일이었다.

이 수도사들 가운데서 60명 내외의 수도사들은 실로 손색 없는 훌륭한 일들을 남길 수 있었다. 던켈트(Dunkeld) 지방의 브라운이나 세인트앤드류스의 케네디 같은 꽤 유능한 주교들은, 등한시 되어 온 「교구 교회들」(Parishes)을 돌보게 하기 위해서 그들을 배치한 일이 있었다. 도시에는 엄수회 수도사들을 위해 수도원이 새로 세워졌고, 수많은 사람들이 그들의 설교를 들으려고 구름처럼 몰려 왔다.

어떤 사람들은 이 수도사들이 얼굴에 초연하고 거룩한 기쁨의 빛을 띠면서 성직자들의 비행을 규탄할 때 마음으로부터 동감했으며, 교회가 베풀어 주는 은총의 수단에 의하지 않으면 죄악의 결과를 면할 수 없다고 외칠 때 싸늘한 공포를 전신에 느끼면서 경청하고 있었다. 제임스 4세는 스스로 「엄수회 수도사들의 보호자」(Protector of the Observants)라고 자처했고, 자기 자신의 영혼 뿐만 아니라 스코틀랜드의 운명이 그들의 손에 쥐어져 있다고 믿고 그들에게 완전히 몰두하고 있었다.

제임스 4세는 이런 경건의 전형적인 인물이었다. 그러나 이 경건에는 강점도 있었지만 약점도 있었다. 그는 아침마다 두 번씩 미사를 드리지 않으면 정사에 손을 대지 않았다. 그는 주일을 엄격하게 지켰고, 전심을 기울여 스코틀랜드를 유럽에서도 이름난 안식일 엄수주의 국가로 만들려고 노력했다.

제임스 4세는 금식일과 종교적인 여러 절기들을 철저하게 지키고 헌금도 꽤 많이 냈다. 매 년 부활절이 되면 스털링(Stirling)에 있는 수도원에 찾아가 금식과 고행으로 외롭게 주일을 보내거나, 세인트니니안에 있는 휘톤(Whithorn)과 세인트더삭스(St. Duthac's)의 성지에도 때를 따라 순례를 떠나는 것이 그의 신앙 생활의 일부였다.

그러나 어디를 가든지 경건한 순례의 길을 떠나면서도, 제임스 4세는 상당수의 궁녀(宮女)들을 수행하게 하고, 하루 종일 성지에 가서 기도드리고 재를 무릅쓰다가도 밤이면 거리낌 없이 궁녀들을 불러냈다. 그의 부도덕이 이제는 공개적인 추문 거리가 되었지만, 그보다도 교회의 녹(祿)을 갖고 돈벌이를 한다거나 염치 없는 자들을 마음대로 성직에 임명하는 행실은 실로 교회에 대한 모욕이 아닐 수 없었다.

그는 「병들고 마비된 양심」(a diseased and can kered conscience)을 가진 사람이었다. 당시 교회에서 그래도 좀 선량하다는 사람들이 제임스 4세에게 들려줄 수 있었던 유일한 복음은, 그의 이 상처 입은 심금(心琴)을 한 없이 반복해 퉁기는 것에 불과했다. 이 사람들은 이렇게 마음이 흩어진 영혼을 위로할 말이 없었고, 모든 죄를 용서하시는 하나님의 사랑을 확신하게 하고 참 자유를 누리게 할 만한 말을 갖고 있지 못했다.

더구나 왕을 권해서 백성들을 따르게 할 만한 결백한 생활을 하고 있는 성직자들을 찾기는 까마귀 떼에서 백노를 찾는 것보다 더 힘들었다. 왜냐하면 스코틀랜드에 「침울한 칼빈주의」(gloomy Calvinism)가 전래되었다고 불평하는 것은, 칼빈주의가 없앤 영혼의 비애와 공포에 대해서는 아무 것도 아는 것이 없었기 때문이다.

루터의 사상이 스코틀랜드에 건너오기 시작한 것은, 이 「엄수회 수도사들의 운동」(a Observant Movements)이 몰락하고 있을 때였다. 사실 이 수도원의 몇몇 우수한 수도사들은 루터교에 가담했다. 루터교는 하나님의 은총은 로마교회의 성직자들이 집행하는 성례에만 꼭 수반되는 것이 아니라고 주장함으로써, 공교회에서 조금씩 빗나가기 시작한 경건이 잘못된 것이 아니라는 점을 암시했다. 값없이 주시는 하나님의 구속적인 사랑에 대한 루터의 메시지는, 하나님의 진노에 대한 공포로 말미암아 전률하고 있는 영혼들에게는 한없는 매력이었다. 여러 사람들이 이제는 성경을 읽고 이해할 수 있는 빛을 루터의 중심적인 「신앙의인」의 교리에서 얻을 수 있었고, 교회와 별도로 참 경건이 획득될 수 있다고 믿게 되었다. 이렇게 해서 새로운 형태의 경건이 서서히 출현하기 시작했다.

의회는 루터의 종교개혁 활동이 시작되고 8년도 채 못되어 스코틀랜드 동부 지역에 그의 책들이 범람하는 것을 보고, 1525년에는 그의 책들이 들어오지 못하도록 금수 조치를 서둘렀고 또 법령으로 아무도 루터의 사상을 입밖에 내지 못하도록 강경책을 썼다. 맨 처음으로 이 법령에 걸려 사형받은 사람은 성품이 고상했던 패트릭 해밀톤(Patrick Hamilton)이었다. 그는 살아서 한 일이 별로 없었다.

그러나 해밀톤은 순교(세인트안드류스에서 1528년에 순교)를 통해서 새로운 신앙에 대해 주의를 환기시켰고, 또 자기 자신 뿐만 아니라 자기가 목숨을 바치면서까지 전파한 메시지에 깊이 동정하는 사람들을 포섭할 수 있었다. 많은 사람들은 "왜 해밀톤이 화형되었는가"라고 의심을 품었다. 틴데일(Tyndale)의 신약성경(영역)이 다량으로 스코틀랜드에 흘러들어 온 것이 바로 이 때였다. 사람들은 비로소 성경에 있는 하나님의 말씀과, 해밀톤을 처형한 교회의 주장을 비교해 볼 수 있는 기회를 얻었다.

동부 스코틀랜드에 전해진 루터교는 괄목할 만한 결과를 남겼다. 나중에 종교개혁의 지도자가 된 대부분의 인사들 즉 「던의 에르스킨」(Erskine of Dun)이나 발나베스(Balnaves) 그리고 다분히 존 낙스 자신도, 처음에는 루터교 신앙 속에서 성장했음을 봐도 그 결과가 컸음은 짐작할 수 있다. 이것은 종교적인 「열정주의」(Experientialism)와 「복음주의적인 열심」(evangelical warmth)인 스코틀랜드적인 칼빈주의의 엄연한 특징이 되어 있기 때문일 것이다. 사실 『기독교 강요』의 칼빈주의와 「스코틀랜드 신앙고백」의 칼빈주의에 대해 웬만한 조예를 가진 사람이라면, 누구나 이것들 사이에 가로 놓인 차이점과 유사점을 쉽게 분별할 수 있을 것이다.

그러나 종교개혁의 세력으로서의 루터교가 스코틀랜드에서 성공할 수 있는 확률이 희박했다. 그 이유 가운데 하나로 루터교가 별로 성과도 나지 않을 문을 두드리고 있었다는 것을 들 수 있다. 제임스 4세의 치세를 통해서 반영(反英) 감정이 절정에 달했기 때문에, 개신교가 「영국의 종교」라는 의혹을 받아왔다. 또 한 가지 이유가 있다면 그것은 루터교가 개인의 경건에 관해서는 설명을 반복하고 있었지만, 정치적으로는 정숙주의(Quietism)에 그치고 말았다는 사실이다.

루터교는 정치는 군주나 정부에서 할 일이라고 가르쳤다. 사실 루터교는 어떤 우호적인 군주가 뒤를 밀어 주지 않는 한, 한 번도 전진다운 전진을 한 적이 없다. 그런데 당시의 스코틀랜드에서는 그렇게 뒤를 밀어줄 만한 군주가 없었고, 단 한 가지 희망이 있다면 「기즈의 메리」(Mary of Guise; 메리 여왕의 모친, 1554년부터 1560년까지 섭정)를 개종시키는 것이었는데, 그것은 하늘에서 별 따기보다 어려웠다. 칼빈주의는 스코틀랜드에서 루터교를 대체한 것이 아니라, 단순히 루터교가 실패한 그 곳에 들어 앉았을 뿐이다.

마지막 대변동이 일어나기 전에 칼빈주의를 몰아낼 또 다른 계획이 세워졌다. 대주교 하밀튼은 비톤을 승계하자 종교개혁을 모면할 마지막 비상한 노력으로서, 필요한 교회내의 개혁파 성직자들의 부도덕을 청산할 목적으로 일련의 법령을 발표했다. 그리고 얼마 후 낙스와 함께 『스코틀랜드 신앙고백』을 쓰게 된 윈람(Wynram)이 작성했을지 모를 『교리문답』을 출판했다. 이 교리문답서는 무식한 사제들을 교육시키기 위해 만든 것이었다.

그런데 주목할 만한 것은 여기에는 교황에 대해 일언반구도 없고, 그리고 전체적으로는 로마 가톨릭적인 것에는 변함이 없지만 어딘지 복음주의적인 측면을 포함하고 있다는 사실이다. 만약 이 계획이 다 완수되고 또 한 세기 전에 성취되었다면, 스코틀랜드는 성공회(聖公會) 형태의 종교개혁을 이루었을 것이다. 그러나 이 개혁의 실현을 앞두고 서둘렀을 때는 역사의 방향이 이미 결정되어 있었다. 계획이 구체화 되었어도 소기의 개혁이 이루어지지 못한 이유가 바로 이것이다.

교직자들은 자신의 방탕한 생활을 그치지 못하는 대주교가 부르짖는 도덕교육을 일소(一笑)에 붙였고, 따라서 더 악화되지는 않았을망정 개선될 가능성이 보일 리 없었다. 세상은 교회가 스스로 개혁을 단행하지 못할 것을 알고 있었다. 이처럼 교회는 개신교 종교개혁을 불가피하게 만든 동시에, 몰락하는 최후 순간까지 타락을 면치 못하고 있었다. 그러나 역사는 변환기에 도달했다.

1546년에 이르러 조지 위샤트(George Wishart)를 통해 스위스 종교개혁 사상이 스코틀랜드에 손을 뻗기 시작했다. 이 사상은 성경에 명문화되지 않은 의식(儀式)이나 제례(祭禮)를 다 거부하는 쯔빙글리의 경향을 따랐기 때문에, 루터교보다 훨씬 더 비타협적인 데가 많았다. 따라서 이 영향을 받아 개혁 의지를 품은 사람들은 점점 더 교회에서 멀리 떠나는 경향이 있었고, 그 때문에 개혁교회의 모습도 어렴풋이나마 그 윤곽을 밝히기 시작했다.

이런 경향은 물론 시대 상황에 앞선 것이 아니었다. 왜냐하면 옛 교회의 악평은 종교 자체를 스스로 짓밟아 버린지 이미 오래되었기 때문이다. 종교를 무시하는 경향이 널리 퍼지고, 또 종교를 조소하고 모욕하는 일들이 세인들 사이에 증가해 갔다는 증거는 많다. 미사에 참여하려는 사람들은 극소수에 불과했다. 따지고 보면 수행되어야 할 일은 비단 종교개혁만이 아니었다.

악덕한 성직자들의 도덕적인 생활이 타락해 버린 반(半)이교화된 나라를 다시 개종시키는 일도 이것 못지 않게 중요했다. 칼빈주의는 낙스 때가 되어서 비로소 밀물처럼 흘러 들어왔다. 역사가 일을 다 성취할 때까지 기다리는 것이 우리의 의무가 아니고, 그 역사를 창조해야 한다는 칼빈주의의 확신이 시대가 갈망했던 신앙이었다.

1559년은 스코틀랜드에서는 정치적으로나 영적으로 종교개혁이 도래하는 시간을 한 시간 앞둔 밤 11시와도 같았다. 이 때는 기성 교회가 프랑스의 군사 원조를 충분히 받아들여 교회를 견고하게 재건하고, 개신교 신앙이 다시 머리를 들 수 없도록 완전히 근절해 버리려고 계획했던 때다. 다른 신앙과 다른 선택의 여유가 여기에 있을 수 없었다. 스코틀랜드는 칼빈주의로 줄곧 달려가든가 아니면 영원히 로마 교회로 돌아가든가 하지 않으면 안 되었다. 1559년은 "낙스냐 아니면 아무 것도 아니냐"가 결정된 때였다.

4. 성경과 성령

성경의 재발견이 종교개혁의 수원(水源) 가운데 하나였고, 또 개혁자들이 로마 교회나 교황의 세력을 논박할 때 사용한 주요 무기가 성경의 「최고 권위」

에 대한 확신이었다는 것은 누구나 잘 알고 있다. 여기에는 잘못이 없다. 그러나 이 재발견의 성격이 어떤 것이었는지에 대해서는 말할 것이 없지만, 개혁자들이 성경 안에서 발견한 권위의 성질에 대해서는 바른 인식이 성립되어 있지 못한 것같다.

종교개혁 당시의 성경의 재발견은 아직 성경을 넘겨다 볼 수 없었던 많은 사람들이 성경을 읽기 시작했다는 사실보다 더 큰 의미를 내포하고 있다. 다시 말하면 그것은 성경을 완전히 새로운 안목과 정신으로 읽었다는 것을 의미한다. 우리는 중세 가톨릭 교회의 성경관과 개혁교회의 성경관 사이에 놓인 심연(深淵)이 얼마나 컸는지를 이해하기 전에는, 성경이 종교개혁의 정신 안에서 차지하고 있었던 비중을 측정할 수 없을 것이다.

개혁자들 자신도 가끔 이 심연의 양쪽 끝에 두 발을 내딛고 있는 전혀 불가능한 태도를 취하고 있었다고 솔직히 시인하지 않을 수 없다. 그러나 어쨌든 심연이 있었던 것만은 사실이다. 그리고 비록 개혁자들이 그 절벽 첨단에서 아슬아슬하게 이쪽 저쪽에 넘나들고 있었다고 하더라도, 중세 교회 신학자들과는 반대 쪽에 서 있었던 것도 사실이다. 우리가 만약 이런 간격이 있었다는 것을 수긍한다면, 안드류 랑과 같은 피상적인 판단[즉 존 낙스는 성경에 대한 태도나 그 사용에서 그의 스승인 존 메이조(John Major) 못지 않게 중세적이었다고 보는 오류]에 빠지지는 않을 것이다.

물론 필요에 따라서 낙스는 중세기적인 견해로 일보(一步) 뒷걸음쳐 갈 수도 있었다. 그러나 낙스는 루터와 칼빈과 마찬가지로 엄연히 이 심연의 다른 편에 속해 있었다. 우리는 종교개혁자들이 성경 안에서 발견했던 권위의 본질에 대해 적지 않은 오해도 많았고, 허튼 비난도 그치지 않았다는 사실을 시인하면서 이것을 먼저 재음미하지 않으면 안 될 것이다.

일부 식자들은 번번히 종교개혁자들이(고등비평이 성경 연구에 의혹의 씨를 뿌리기 시작한 이전 시대에 살았기 때문에) 교황무오설(教皇無誤說)을 성경무오설과 간단하게 대치해 버린 단순한 성서직역주의자(聖書直譯主義者)들에 불과했다고 가정하고는, 그 이유를 설명하기를 메리 여왕도 낙스를 처음 대면했을 때 프로테스탄트의 이급소를 찔러 구구한 해석이 백만 사람의 입에서 나올 것이니 성경만이 유일한 권위가 될 수 없는 것이 아니냐고 시비한 것이라고 주장하고 있다.

이 설명이 옳다면 성경을 궁극적인 권위로 내세우는 것은, 결국 종교 문제에서 완전한 무정부 상태를 조성하는 처사가 되었어야 했을 것이 아닌가. 로마 가톨릭의 논쟁가들은 메리의 시대부터 오늘날까지 프로테스탄트는 비극적으로 천 갈래 만 갈래 분열하여, 저마다 자기들만의 교리나 그 실천이 성경적인 권위에 근거했다고 주장하게 될 것이라고 예언하고 가슴을 펴고 그것이 실현될 날도 멀지 않았다고 다짐한 메리의 입장에서 물러설 필요가 뭐냐고 장담하고 있다. 대주교 스팔딩의 다음 말이 그 일단을 보이고 있다;

> "열매가 썩은 것을 보아서 그 뿌리가 건전하지 못했다는 것을 우리 가톨릭 교회는 확신할 수 있다."

프로테스탄트 내부에서도 최근에 비평적인 성경연구가 대두하자, 종교개혁이 기초하고 있었던 성경무오설에 대한 확신이 크게 동요받았다고 생각하는 사람이 적지 않다. 어떻게 어느 누가 종교개혁은 단순한 성경직역주의에 기초해 있었고, 또 개혁자들은 고등 비평에 대해서는 전혀 아는 바가 없었다고 상상할 수 있는지 실로 궁금한 문제가 아닐 수 없다.

낙스의 저작들과 그의 업적을 재검토하면, 아마 성경과 그 권위에 대한 종교개혁적인 견해가 어떤 것이었는지 어느 정도 분명한 윤곽을 그려볼 수 있을 것이고, 또 우리 프로테스탄트 분열의 불명예를 씻을 수 있는 빛을 조금이라도 발견할 수 있을 것이라고 믿는다. 그러나 이 일에 착수하기 전에 우리는 먼저 출발점 주변을 정돈하지 않으면 안 된다. 우리는 중세의 성경관에 대한 프로테스탄트의 반동을 이해하기에 앞서, 중세 교회에서 성경은 어떻게 인식되어 왔는지 알아야 하고, 또 그러기 위해서는 종교개혁 이전 시대로 잠깐 눈을 돌리지 않을 수 없다.

4세기 말까지는 성경을 읽는 것이 모든 기독교인에게 하나의 의무로 간주되었다. 물론 글을 읽을 줄 아는 사람의 경우를 말하는 것이지만, 당시의 기독교인들 중에서 문맹은 별로 없다. 이리하여 '사도들의 전기와 서신'을 공부하는 것은 기독교인들의 계발(啓發)을 위해서도 불가결한 것이라고 간주되어 왔다. 오리겐은 그리스도인이라면 누구나 다 개인 기도와 성서 연구에 날마다 두 시간 쯤은 보내야 한다고 생각했다.

4세기 중엽에 와서 아다나시우스는 가톨릭 교회가 아니라 이단들이, 예수 믿기로 작정한 사람들의 성경 연구를 방해한다고 불평하고 있다. 한 세기가 지나서 크리소스톰은 평신도들에게 성경을 좀 더 부지런히 공부해서, 수도사들이나 사제들이 성경을 독점하지 못하게 하라고 권유하고 있다. 이처럼 4세기 말까지 평신도들은 성경을 읽도록 장려받고 있었다.

평신도들의 성경 연구에 종지부를 찍게 된 것은, 교회 지도자들 편에서 마음이 변했기 때문은 아니었다. 그것은 5세기에 있었던 야만족의 침입과 거기에 따른 암흑 시대 때문이었다. 다시 말하면 교회의 평신도들이 이제 다 문맹이 되어서 글을 읽지 못하게 되었다는 간단한 이유 이외에 아무 것도 없었다. 여러 세기를 두고 서방교회는 문맹 대중에 대한 전도 기관이 되어 버렸고, 평신도들은 성경 지식의 획득을 전적으로 성직자들에게 의존하는 형편이 되고 말았다. 평신도는 이제 제눈으로 성경을 못 읽게 되었다.

그러나 학문이 부흥하고 글을 읽고 쓸 줄 아는 평신도들이 점점 다시 출현하기 시작했을 때는, 성경에 대한 교회의 태도가 변하고 있었다. 교회는 성경을 평신도들에게 다시 돌려 주게 된 기회를, 달갑게 여기지 않고 오히려 두렵게 생각하게 되었다. 처음 4세기 동안에 평신도들에게는 건전하고 의무적인 것이라고 인정된 것이, 지금에 와서는 영혼을 한없이 어지럽히는 액(厄)처럼 경계 대상이 되었다.

그러나 교회가 성경에 대한 색다른 의혹을 품고 있었더라도, 어쨌든 중세 전체를 통해서 성경 연구를 전반적으로 금지하는 강경책을 찾아보기 힘들고 설사 있었다고 해도 그것은 지역적인 데 불과했다. 교회는 카타리(Cathari), 왈덴시스, 위클리드파 및 후스파와 같은 교파들이 우후죽순처럼 도처에 풍미하게 된 것은 평신도들의 성경 연구에 있었다는 것을 잘 알고 있다. 13세기부터 이런 이단 사상에 접촉하고 있었던 지방에서, 성경 읽는 것이 엄중히 단속된 이유가 여기 있었다. 이단이 퍼지고 있다는 소문이 나기만 하면, 대주교들은 때를 놓치지 않고 성경 「금독령」(禁讀令)을 공포했다.

그러나 이런 조치가 취해진 곳에서는 어디서나 예외 없이, 독실하고 정통적인 신자들을 희생시키는 일이 비일비재했다. 돌라 지방 교구 사제 토마스 포렛(Thomas Forret)의 심문을 보더라도, 성경을 읽었다는 것이 이단이라고 고발된 사람에 대해서 사제든 평신도든 얼마나 불리하고 억울한 반증 거리가 되었던가를 잘 알 수 있다.

전에 없던 성경에 대한 교회의 이 혐의를 어떻게 설명해야 될 것인가. 도브슈즈(Dobschütz)가 이 혐의는 평신도들을 성직자에게 의존케 하려는 시도의 일부분에 지나지 않았다고 설명한 것은 지극히 피상적인 해석이다. 이런 동기도 작용했으리라는 것을 무시할 수는 없다. 그러나 이것이 중요한 동기는 아니었다. 또 성경읽는 것을 방해한 것은 이단을 억제하려는 실제적인 방편 때문도 아니었다. 1560년 이전의 스코틀랜드에서처럼, 이단이 잇달아 대두했을 때 그런 동기가 실제로 고려된 일이 있었다.

그러나 본래의 원인은 좀 더 깊은 데(즉 중세 교회가 성경을 읽으면 당황하게 될 위험한 책으로 보게 되었다는 데) 있다. 중세 교회는 성경을 읽는 사람과 불멸의 영혼을 다시 건져내지 못할 위험에 빠뜨린 사람과는 다른 점이 조금도 없다고 믿었다. 교황 이노센트 3세는 1210년경 메츠(Metz)의 주교에게 편지하면서 교회의 태도를 아주 명백하게 진술했다;

> “사람이 성경 안에 있는 하나님의 말씀을 자기 마음대로 공부하고 싶어하는 것은 말할 것도 없이 칭찬할 만한 일이다. 그러나 그런 일이 쉬운 것은 아니다. 왜냐하면 성경을 오해할 가능성이 많고, 일단 그런 과오를 범하고 나면 그 결과는 상상 외로 가공할 만한 것이기 때문이다. 무릇 체계적인 신학 훈련을 받아 미리 준비하지 않은 이상, 아무리 그런 일에 손을 대는 모험을 삼가야 할 것이다.”

여기에 곧 성경을 이해한다는 일은 대단히 어려운 것이고, 또 과오의 가능성이 크고 이 과오의 결과는 가공할 만한다는 말 속에는, 성경을 읽는 데 대한 중세 교회의 기우가 깃들어 있었다고 볼 수 있다. 이렇게 해서 성경은 당황케 하는 위험한 책이 되고 말았다.

그러나 1556년 스코틀랜드에 보낸 낙스의 편지는 이와 좋은 대조를 이루고 있다. 곧 그는 영주(領主) 계급이나 시민 그리고 공상인(工商人)들도 똑같이 성경을 들고 앉아 성경의 각 페이지에서 하나님의 진리를 배우라고 강조하는 한편, 그 때 목사가 없다고 해서 반드시 큰 지장이 있는 것이 아니라고 설명했다.

이것이 바로 중세 교회와 다른 점이다. 개혁자들이나 중세 교회는 이구동성으로 성경의 권위를 운운하고 있었지만, 개혁자의 성경과 중세 교회의 성경 사이에는 큰 차이가 있었다. 그러면 중세 교회 신학자들이 성경 안에서 찾아 낸 난관이나 위험이 사실상 어떤 것이었는지 살펴 보자. 난관은 성경은 삼중 내지 사중의 의미를 포함하고 있다고 생각한 데서 자연적으로 발생했다.

중세 초기에는 성경에 삼중 의미가 있다고 생각했고, 후기에 와서는 사중 의미가 있다고 생각했다. 성경의 본문 하나 하나는 조금도 중요하지 않은 평범한 의미 이외에 배후에 숨겨진 중대한 의미를 최소한 둘 혹은 세 가지가 있는데, 이 숨겨진 뜻은 비유적인 해석방법과 예표론(typology)을 기술적으로 사용해야 해명될 수 있다고 믿었다.

오리겐은 플라톤주의와 기독교의 종합을 구상할 때, 삼중 의미의 해석이 매우 유용하다는 것을 깨달았다. 바꿔 말하면 지나치게 플라톤적이어서 성경의 평범한 본문에 그대로 조화시키기 어려운 것은, 성경을 비유적으로 해석해서 쉽게 부합시킬 수 있었다. 중세 교회는 아리스토텔레스를 끌어 올리는 데도, 이와 똑같은 방식으로 사중 해석 방법을 사용해 왔다. 그 결과 중세 신학의 중심이 성경 해석에 근거하고 있었기 때문에, 예표론과 비유적인 해석 방법을 원용(援用)할 줄 아는 극소수의 학자들만 이런 신학 구조를 어느 정도 이해할 수 있었던 것이다.

이런 해석 방법에 대해서 변변히 교육받지 못한 범인들이, 오직 성경의 외형적인 글만 읽다보면 어떤 구절에 가서 그 의미를 이해하지 못하고 방황할지도 모르고, 심지어는 가톨릭 교회의 진리가 하나님의 진리인지 의심하는 데까지 끌려 갈지도 모르는 일이었다. 로마 가톨릭 교회가 두려워한 것은 바로 이것이었다.

이런 위험이 성경해석에 수반될는지 모른다는 견해는, 신앙이란 말의 의미가 이 때에 와서 달라진 것과 관계 있었다. 신앙은 원래 교의(dogma)를 찬동하는 것과 관계 없다. 예수 그리스도 안에서 우리에게 말씀하시는 하나님께 우리 자신을 맡기는 데 신앙의 본질이 있다는 것이 성경의 교훈이다. 그러나 우리 자신을 진실하게 하나님께 맡긴다고 할 때, 거기에는 언제나 지적(知的)으로 납득할 만한 요소가 다소 동반되기 마련이다. 그런 까닭에 신조라든가 신앙고백 같은 것은 일종의 필요악이라고 할 수 있었다.

그러나 중세 교회에서 문서화된 신조들을 보면 그 강조점을 하나님께 대한 신뢰와 인격적인 위임에서, 교의에 대한 이지적인 동의로 옮겨 놓으려는 유혹이 표면화되어 있음을 여실히 볼 수 있다. 그래서 "주 예수 그리스도를 믿으라 그리하면 구원받을 것이라"는 말로 시작한 사람은 "니케아 신조의 주장에 찬동하라 그렇지 않으면 너는 저주받으리라"는 말로 끝을 맺어 조금도 이상할 것이 없을 정도였다.

루터 때에 와서도 그의 논적 테첼(Tetzell)은 아무 어려움 없이 이럭 저럭 총 60개 이상의 신학 명제들을 제시해서, 이것들 중 어느 하나를 부인해도 파멸에 휩쓸려 들어갈 수 밖에 없다고 주장한 일이 있다. 이렇게 해서 신앙은 이제 하나님께 대한 신뢰와는 인연이 먼 것이 되었고 교의의 승인이 되고 말았다.

교회가 성경을 읽는 것이 위험한 일이라고 보게 된 것은, 이처럼 신앙의 개념이 이지적인 것이 되어 버렸기 때문이다. 어떤 지도도 받지 못한 평신도는 어떤 구절을 잘못 이해하고 있으면서도 그런 범과를 저지르고 있다고 깨닫지 못할 만큼 순진할는지는 모르지만, 그로 말미암아 믿음에 대한 치명적인 과오를 범하고 그리고 성경 연구 때문에 구원은 고사하고 지옥에 떨어질는지도 모른다고 교회는 믿었다.

교회는 많은 사람이 열탕처럼 끓고 있는 진리에 모험을 걸고 가까이 가기보다는, 오래 인준되어 온 정통적인 신학 서적들만 읽는 것이 훨씬 안전할 것이라고 어린애처럼 믿고 있었다. 중세 교회는 전형적인 비유적인 해석 방법과 예표론을 사용해서, 이런 교회의 태도를 뒷받침해 줄 수 있는 성경 구절을 무난히 발견했다.

출애굽기 19장이 그것이다. 곧 시내산은 성경을 나타내고 있어서 우연히든 외람되게든, 이 거룩한 산에 침입한 평신도는 반드시 죽을 것이라는 구절에서다. 성경의 권위에 대한 강조를 철회하고, 교회의 권위에 그 강조점을 옮기는 독특한 중세적인 태도를 초래하게 된 것은, 이처럼 성경이 난해하고 위험하다는 의식이 증대해 갔기 때문이다;

> "로마 교회와 로마 교황청의 교리가 성경까지도 능력과 권위를 갖게 하는 무오한 신앙의 법으로 믿지 않는 자는 이단이다."

아무도 이 강조점이 바뀌는 과정을 의식하지 못했다. 중세 교회는 교회의 교리가 성경적이고, 또 성경이 최고의 종교적인 권위라는 데는 추호의 의심도 없다. 그러나 성경이 각 구절마다 문자적, 도덕적, 비유적, 신비적인 의미를 따로 갖고 있어서, 평신도가 갈피를 잡을 수 없고 그리고 진리는 찾기 힘든데다가 한 번 오류라도 범하면 그것은 치명적인 것이 된다는 위험을 세상이 다 알고 있는 처지에, 교회가 간섭해서 어떤 특정한 해석이 올바른 것인지 판단한다는 것은 확실히 고맙고도 필요한 일이 아닐 수 없었다.

그리고서도 성경의 권위를 낮추고 교회 전통의 권위를 높이지 않게 된다면 오히려 이상할 것이 아닌가. 물론 아무도 이런 입장을 끝내 유지할 수는 없다. 왜냐하면 만약 성경이 교회가 시인하는 유일하고 궁극적인 권위라고 한다면, 어느 한 특정한 해석만이 진리이고 다른 모든 해석들은 다 허위라고 보증하거나 판단할 수 없을 것이고, 오히려 「말씀」으로부터 새로운 빛이 나타났을 때 겸손하게 이것을 가르칠 수 있고 또 교회 교리들을 재검토할 용의를 갖고 있지 않으면 안 되었기 때문이다.

이것이 바로 개혁자들이 교회가 몸소 해 주기를 바랐던 일들이고, 또 자기들이 개혁교회 안에서 실현하려고 시도했던 일들이다. 이 사실은 「스코틀랜드 신앙고백」의 전문(前文)에 분명히 드러나 있다;

> "만약 어떤 분이 우리 이 고백서에서 하나님의 거룩한 말씀에 모순되는 조항

이나 글을 발견했을 때… 우리는 그 분이 나쁘다고 증언한 그 부분을 개혁할 것을 약속해 드립니다."

그러나 중세 교회는 성경에 대한 불완전한 이해로 말미암아 그런데 발을 들여 놓을 수 없었다. 왜냐하면 교회 권위의 견고한 반석에서 한 발 옮겨 놓기만 하면, 거칠고 위험한 모래 밭과 같은 구구한 성서해석 속에 휩쓸려 들어갈 수밖에 없었기 때문이다. 위대한 종교개혁의 주장만이 마침내 로마 교회가 그 전에 깨닫지 못했던 사실(즉 그 교리나 실천이 반드시 다 성경에 근거해 있는 것이 아니라는 사실)을 공개할 수 있었다.

16세기 중엽의 「트렌트 공의회」에서 로마 교회는 교회의 전통과 성서의 권위가 대등한 것이라는 운명적인(그러나 원칙적으로 불가피한) 결정을 내리고 있었지만, 내용적으로는 성경보다 높은 교회의 절대적인 권위를 확인하는 입장을 세웠던 것이고, 교회가 전통에 의해 성경이 의미하는 것이 무엇인지를 결정하는 권위가 있다고 암암리에 시인하고 있었다.

이것이 개혁자들이 성경에 대한 자신들의 교리를 형성하면서 대항해 일어났던 당시의 형편이었다. 그러나 낙스는 다른 개혁자 못지 않게 종교개혁의 원리를 명백하게 제시할 수 있었다. 종교개혁의 기본 교리는 「명료성」(明瞭性, persoicuitas)의 교리(다시 말하면 성경은 경건한 마음을 가진 사람에게는 누구를 막론하고 쉽게 이해될 수 있다는 원리)다.

이 교리는 낙스가 메리 여왕을 처음 만났을 때 한 말 속에 명료하게 표현되어 있다. 낙스는 다음과 같이 말했다;

"하나님의 말씀은 자명한 것이다. 설사 어떤 구절에 불분명한 점이 보인다고 하더라도 그것은 성경을 처음부터 끝까지 영감(靈感)으로 쓰게 한 성경의 다른 구절 가운데서 더 분명하게 밝혀 준다. 그런 까닭에 낫 놓고 기역 자도 모르는 사람 외에는 의심이 남아 있을 여지가 없다."

「스코틀랜드 신앙고백」 제18조도 이와 똑같은 점을 아울러 명시하고, 덧붙여서 어떤 성경 구절에 모호한 점이 있으면 그것은 성경에 나타나 있는 계시의 대의를 참고해서 해석해야 한다고 설명하고, 또 이와 같이 성경 구절들을 비교해 보는 것은 주석가들의 견해를 모아다가 대조하는 것보다 훨씬 더 중요한 일이라고 지적하고 있다. 쯔빙글리도 이에 못지 않은 말을 했다;

"나는 말씀의 의미는 반드시 말씀 자체로부터 배워야 한다는 사실을 발견했다. 그래서 나는 하나님께 성경을 바로 이해할 수 있는 빛을 내려 달라고 간구했다. 그 다음부터 성경을 여러 가지 주석과 해석을 읽어가면서 이해하는 것보다, 오직 성경만 읽어야 이해가 더 잘된다는 사실이 밝혀지기 시작했다."

종교개혁자들은 성경의 명료성(다시 말하면 성경 자체가 성경의 의미를 계시해 준다는 원칙)을 이구동성으로 증언하고 있다. 이것과 관련해서 우리는 낙스가 1556년 「건전한 권고의 편지」 속에서 준 몇 가지 충고를 살펴보는 것이 좋을 것이다. 낙스는 이 편지를 통해서 성경을 광범위하게 읽어야지 단편적으로 몇 군데만 훑어 보아서는 안 된다고 지적하고, 가능하면 신·구약성경 전체를 동시에 읽으면서 이 구절이 다른 구절에 어떤 암시를 주는지 살펴 가면서 통독해야 될 것이라고 가르치고 있다. 그 중에서 몇 마디를 인용하면 다음과 같다;

"태초부터 우리 조상들에게 말씀하시는 성경의 고운 노래 소리를 들으며… 남편되신 그리스도 예수의 얼굴과 아벨 때로부터 오늘까지 계속해서 내려온 거룩한 교회의 모습을 눈 앞에서 볼 수 있다는 것은 여러분을 여간 위로하지 않을 것이다."

종교개혁의 골자가 「성경의 명료성」에 있다는 것을 이 이상 더 요령있게 진술한 말도 없을 것이다. 성경은 중세 교회가 생각했던 것처럼, 교회의 교리나 의식을 정당화하는 증거품들이 들어 있는 넝마 자루는 아니다. 성경은 계시의 결합체요, 따라서 그 계시 자체가 전해 주는 빛 안에서 읽어야 될 그런 책이다. 어느 부분이든지 좋다. 읽고 싶은 곳을 열어 보면 틀림없이 거기에는,

구원에 대한 하나님의 계획이 분명하게 기록되어 있을 것이다.

본문 하나 하나를 성경의 전체 내용에서 분리시켰을 때에는 이해가 안 가고 십중팔구 진실을 왜곡하게 될 것이다. 그러나 전체 내용의 일부로 읽을 때는 그 의미가 명료하게 제시될 것이다. 그러므로 단일한 본문 한 구절의 의미를 캐묻기 전에, 전체를 광범위하게 읽어서 거기에 나타나 있는 전체의 의미를 발견하는 것이 필요하다.

낙스는 훈련을 잘 받은 주석가들이나 신학자들의 봉사가 필요하지 않다고 시사한 적은 한 번도 없다. 오히려 그 반대다. 낙스에 의하면 성경의 명료성은 재세례파들이 생각했던 것처럼, 예배당에 들어와 앉아 있는 평신도들이 강단에 서 있는 목사를 파면하고, 오직 성령의 감동을 받아 성경의 모든 수수께끼를 풀 수 있다는 태도와는 아무 관계도 없다.

낙스는 평신도들이 어떤 특별한 구절에 대한 균형있는 해석이나 교리를 형성하는 데 뒷받침이 되는 성경 전체의 개요를 파악하는 데, 손이 미칠 만큼 시간이나 능력이 있을 수 없다는 것을 누구보다도 잘 알고 있었다. 신앙의 본질을 성경적으로 나타내 주고 교회의 질서를 바로 잡고 또 신자 개개인이 믿음 안에서 하나님의 말씀을 듣고 높은 성품을 쌓아 올리도록 지도하는 데에는, 훈련받은 주석가들이나 신학자들이나 재능있는 설교자들의 노력이 반드시 요청된다.

그러나 성경의 명료성이 의미하는 것은 비록 신학적인 훈련을 받지 않은 사람이라 할지라도, 성경 안에서 하나님을 대면하고 그의 음성을 듣고 그의 약속과 위로와 견책을 개인적으로 직접적으로 받고, 오직 믿음으로 말미암아 구원받는다는 것이 무엇인지를 충분히 알 수 있게 된다는 사실이다.

또 신앙으로 말하더라도 그것은 성경에 있는 하나님을 우리가 인격적으로 대면해서 그 분에게 모든 것을 맡기는 것을 의미하지, 어떤 교리에 대한 찬성 같은 것을 의미하는 것이 아니기 때문에 사람이 일시적인 과실을 범했다거나 신념을 결여했다고 해서 치명적인 해를 받게 되는 것이 아니다. 이런 경우에 그 사람이 신앙적으로 자기를 지도하고 있는 사람의 지시를 따라, 보다 나은 성경해석 방법을 배울 수 있는 겸손한 마음을 가져야 한다는 것은 말할 필요도 없다.

「성경의 명료성」의 교리에 대한 낙스의 다른 한 조건은 우리의 주목을 끌 만하다. 그는 이 점을 그의 「건전한 권고의 편지」에서 취급하고 있다. 명료성은 불경스러운 사람까지도 성경에서 하나님의 계시를 읽어낼 수 있다는 뜻으로 해석되어서는 안 된다. 성경은 맨 처음 성경 저자들에게 영감을 주셨던 똑같은 성령이 들어와 거하시는 사람에게는 명료하게 이해되는 것이다.

그러나 성령의 은사는 특별히 거룩하다거나 남달리 총명한 사람에게 주어지는 천부적인 재능이 아니다. 성령은 신앙으로 살아가는 신자들의 마음 속에는 어디든지 들어와 계신다. 따라서 믿는 사람은 누구든지 말씀을 듣게 되는 것이다. 성령이 성경에 영감을 주지 않았는가. 만약 우리가 성경을 우리 속에 모시고 있다면 성경 이해는 문제될 것이 없다. 성경 연구에 대한 낙스의 가르침 가운데는, 아직까지 사람들이 등한히 여긴 다른 문제점이 많다. 그 중의 하나가 「그룹 연구」(Group Study)에 대한 낙스의 강조다.

사사로이 성경을 읽거나 예배당에 가서 설교를 듣는 것은 말할 것도 없이 중요한 일이다. 그러나 낙스는 이것만으로는 충분하지 않다고 분명히 말했다. 오늘날의 교회는 낙스의 충고를 잘 명심해야 할 것이다. 그는 「건전한 권고의 편지」에서 다음과 같은 말을 남기고 있다;

> "성(聖) 바울이 교회의 회중을 가리켜 '그리스도의 몸이라'고 말하고 또 한 사람 한 사람이 그 지체(肢體)라고 말한 것을 보면, 모든 지체가 다른 지체의 도움이나 협력을 받지 않고서는 자신을 지탱해 가거나 먹여 살릴 수 없다고 가르친 것을 알 수 있다. 나는 성경을 이해하기 위해서는 형제들이 적어도 한 주일에 한 번씩 모임을 갖는 것이 필요하다고 생각한다."

이와 같은 그룹 연구를 지도하는 데 필요한 몇 가지 요령들이 지적되고 있다. 즉 각 회원들은 자유롭게 자기가 성경을 어떻게 이해했다고 발표할 수 있고, 알기 어려운 구절이라든가 그 밖의 여러 난제들을 해결하는 데 여러 사람들의 의견을 물을 수 있도록 보장되어 있다. 낙스는 어려운 구절을 다룰 때

의견의 불일치가 있으면, 그 문제를 덮은 채 지나가서는 절대 안 된다고 조심스럽게 주장하고 있다.

이렇게 되면 성령이 이 구절에서는 이 사람에게 이런 진리를 그리고 다른 구절에서는 다른 사람에게 아주 다른 진리를 계시하시기 때문에, 비록 이렇게 상이하게 이해된 진리라 할지라도 두 진리가 하나님이 보증하신 것이고 따라서 다 근거있는 것이고 사람마다 성령이 감동하시는 대로 자유롭게 믿을 수 있다고 생각하는 재세례파가 발을 빼 도망갈 길이 없어지고 만다. 만일 재세례파의 생각이 정말 옳다면 성경을 불에 던져버리고, 하늘에서 우리 개개인에게 계시가 내리도록 기다리는 것이 훨씬 좋을 것이다.

그러나 성경 안에 있는 계시는 역사를 통해 주어진 것이고 따라서 그것은 객관적인 진리다. 성경은 스스로 말하고 스스로 의미를 밝혀 준다. 그리고 이 의미를 발견하는 것이 그룹 연구에서 해야 하는 일이다. 만약 거기서도 그 의미를 발견할 수 없다면, 그 문제를 잘 기록해서 좀 더 전문적인 주석가에게 보내 그의 협조를 받아야 한다. 이런 수단을 쓰든 다른 방도를 강구하든, 성경 말씀의 뜻이 모든 사람에게 다 분명하게 납득될 때까지 여럿이 다 함께 이 문제를 두고 그 해결을 모색하지 않으면 안 된다.

스코틀랜드에서 이런 연구 그룹은 오랫동안 존속해 왔다. 얼마 후에는 노회(Presbyteries) 내에서의 한 가지 활동으로 잔류해 왔지만, 「언약 논쟁」(Covenanting Struggle)이 시작될 무렵까지 그 활동은 매우 활발했다. 스코틀랜드가 종교개혁 직후 여러 나라의 개혁 교회들의 결합을 파괴했던 분열 파쟁에서 훌륭히 빠져 나올 수 있었던 이유는, 이 연구 그룹과 또 성경에 대한 일치된 이해를 위해 마지막까지 함께 애써야 한다고 주장한 낙스의 정신에 있다고 단언할 수 있다.

어떤 사람은 여기에 바로 프로테스탄트 재통합(reunion)의 길이 있다고 생각할 수도 있을 것이다. 곧 의견을 달리하는 사람들이 정직하고 겸손한 심정을 갖고 함께 모여 앉아 교리를 따지지 않고 성경을 공부하고, 저들이 다같이 순종해야 할 하나님의 말씀이나 명령을 똑같이 청종할 때까지 그 공부를 그쳐서는 안 된다고 낙스는 주장했다.

이제 성경의 권위에 대한 낙스의 견해를 살펴 보자. 낙스를 비롯하여 초기의 여러 개혁자들이 이 점에서 상당히 오해받아 온 것이 사실이다. 지금까지 일부 역사가들이 말하고 기록한 것처럼, 그들은 「성경 절대무오설」을 「교황무오설」에 대한 반제제로서 주장하지는 않았다. 저들의 관심을 끌었던 것은 성경무오설이 아니라 「성경의 권위」였다. 그리고 그 권위는 교의(dogma)의 문제가 아니라 경험의 문제였다.

이같은 경험이 이들 개혁자들에게 똑같이 찾아 왔었다. 루터는 절망 속에 빠져서 로마서를 읽을 때, 칼빈은 젊은 인문주의 학자로서 도덕의 원리를 찾기 위해 신약성경을 탐독할 때, 그리고 낙스는 요한복음 17장을 읽을 때, 하나님은 그의 말씀을 통해서 직접 그들에게 말씀하셨던 것이다. 그들은 모두 하나님께서 성경 속에서 저들에게 직접 말씀하셨다고 확신했고, 또 하나님의 은총의 복음이 각자의 마음과 양심에 바로 전달되었다고 느꼈다.

그들 한 사람 한 사람에게는 이처럼 성경을 통해 하나님과 대면하는 일이야말로, 모든 기독교적인 신앙과 지식의 근거이자 기반이었다. 이 신앙과 지식의 힘에 의지하고 그 지도를 따라서, 그들은 그들의 여생을 힘 있게 걸어갈 수 있었다. 낙스는 "하나님의 말씀은 모든 영적인 생활의 시초다. 그것이 없으면 우리의 몸은 하나님 앞에서 다 죽은 것이라"고 말하고 있다. 그러나 낙스는 「하나님의 말씀」이 성경의 본문이라고 생각하지는 않았다. 「하나님의 말씀」은 낙스에 의하면 성경을 통해 인간의 경험 속에 찾아오시는 「살아 있는 말씀」이었다.

하나님은 말씀하시고 인간은 듣는다. 이 때 우리는 최고 권위에 머리를 숙이지 않을 수 없을 것이다. 우리에게는 성경이 하나님의 권위라고 확신할 다른 권위가 필요없다. 하나님 스스로가 그 권위이고, 또 사람의 마음 속에 계시는 「하나님의 영(곧 성령)의 내적 증거」(Testimonium Interunm Spiritus Sancti)가 성경을 통해 말씀하시는 음성에 「아멘」이라고 대답하는 이유다.

하나님의 음성은 말씀과 메시지를 전달해 주신다. 그리고 이 메시지는 예수 그리스도를 통한 구원의 복음이다. 이와 같이 사람은 성경 안에서 하나님의 음성을 들을 때, 그 말씀하시는 하나님의 권위만 깨달아 알 뿐만 아니라 그 메시지의 권위, 진실성, 확실성, 절대무오성을 깨닫게 되는 것이다. 하나님의 말씀이 거짓을 말할 수는 없고, 오직 참된 것만 말씀하실 따름이다. 이렇게 성경 안에 내포되어 있는 모든 메시지는 다 하나님의 권위와 진리를 옷 입고 있다.

하나님의 권위 이외에 그 권위를 확립할 교황이나 교회의 증거는 소용 없는 것이다. 되풀이 해서 말하지만 이 복음의 말씀을 듣는 자는, 성령의 내적 증거에 의해 말씀의 진실성과 그 권위를 확신하게 되는 것이다. 그래서 「스코틀랜드 신앙고백」 제19장은 다음과 같이 말한다;

> "우리는 성경의 권위가 하나님께로부터 비롯되었으며, 사람이나 천사에게서 나오지 않았음을 확인하고 서약한다. 그러므로 우리는 성경에 권위가 없다거나 교회가 그 권위를 결정했다는 주장들이, 하나님께 대한 커다란 불경(不敬)이라고 확인하는 것이다."

여기서 우리는 성경 안에서 또 성경을 통해서 주어진 진리가 절대 무오하다는 종교개혁자들의 주장과, 후기에 와서 성경의 한 구절 한 구절이 다 틀림없다는 성경무오설 사이에는, 아무 논리적 관련이 없다는 사실을 살펴 보고 지나가는 것이 좋겠다. 루터와 칼빈이 모두 구절과 문자마다 하나도 틀림이 없다는 「성경축자무오설」(聖經逐字無誤說)을 말한 일은 없다.

낙스도 이런 비평을 받을 만한 「석의」(釋義) 문제들을 하나도 남겨 놓지 않는다. 낙스의 말을 검토해 보면 그가 축자무오설에 기울어졌을 것이라고 생각하는 것은 어리석은 일임을 알게 된다. 그는 논쟁이 극치에 달했을 때 사도바울과 마찬가지로, 성경 구절마다 하나님의 압도적인 권위가 있다고 생각했던 것은 물론 이 문제와는 아무 관계가 없다.

그러나 낙스의 성경관에는 한 가지 중대하고 불행한 약점이 있었다. 우리가 이미 본 것처럼 그는 성경이 계시의 결합체(다시 말하면 신·구약 성경을 불가분리하게 연결시키고 있는 것)가 구원의 계획이자 목적이라는 귀중한 진리를 바르게 식별해 놓기는 했다. 그러나 그는 이 연속성 외에도 성경에는 굉장한 불연속성(즉 예수 그리스도 안에서 모든 것이 다 새롭게 지음받았다는 불연속성)이 있음을 분명하게 인식하지 못하고 있었다.

말할 것도 없이 우리 주님도 연속성을 강조하시면서 "내가 율법을 폐하러 온 줄 생각하지 말라 나는 폐하러 오지 않고 완성하러 왔다"고 말씀하셨다. 그러나 여기서 완성한다는 것은 완성시키는 것을 철저하게 변형시켜 놓는 그런 완성이다. 그래서 우리 주님은 또 "너희는 옛 사람이 말한 것을 들었으나 나는 너희에게 말하노니"라고 말씀하셨던 것이다. 이 말씀이 의미하는 것은 구약성경은 그것이 신자들을 치리하고 지도하는 데 사용되기 전에, 그리스도 안에서 세례받아야 한다는 사실임에 틀림 없을 것이다.

낙스는 이 세례를 실천하지 못했다. 아마 그럴 필요조차 느끼지 못한 것같다. 우리는 낙스가 사사기의 말씀과 복음서에 있는 "그리스도의 말씀"을 완전히 동일시하여 사용하고 있는 것을 볼 수 있다. 우리는 히브리 예언서에서 정치적인 이론을 이끌어내는 낙스의 솜씨에 반대할 의사는 없다. 왜냐하면 정치 이론이 인용되어야 할 곳이 바로 거기이고, 또 정치인들이 히브리 예언서를 연구하면 반드시 큰 도움을 받을 수 있을 것이기 때문이다.

이런 경우 낙스가 예언서를 정치 이론의 자료로 사용한 것은 참으로 추켜줄 만하다. 그러나 열왕기와 같은 구약성경의 어떤 부분에 아무 비판도 없이 손 댄 것은 정말 충격을 줄 정도다, 예를 들면 근대판 이사벨에게 고난받고 있는 형제들을 눈뜨고 보고만 있는 개혁자들이, 예후(Jehu)의 행동을 왜 본받지 못하느냐고 호소한 것이 옳은 생각이라고 볼 수 있겠는가. 피를 흘리는 행위는 새 시대가 그리스도의 오심과 더불어 시작했다는 사실을 모르는 사람에게 대해서는 성경이 인정하는 신성한 방법일 수 있었을 것이다.

그러나 구약시대의 사람들이 행한 일 가운데는, 그리스도의 오심을 믿고 살아가는 사람들에게 감히 용서받을 수 없는 일들이 허다했다. 낙스는 이런 비난에서 모면할 수 없을 것이다. 남달리 허물이 많았다고 할 수 없어도 마찬가지다. 성경을 이렇게 다루었다는 것은, 낙스가 자기 본래의 통찰에 불충실했다는 증거밖에 될 수 없다. 왜냐하면 그는 복음 안에서 그리고 복음에 의해 소명받았을 것이고, 따라서 복음이 그의 권위였을 뿐만 아니라 이 복음의 정신에서 뛰쳐 나와 찾아갈 아무 곳도 없었기 때문이다.

루터의 이 점은 확실히 낙스보다 현명했다. 왜냐하면 그는 복음은 언제나 꼭 율법 위에 놓여 있어야 한다는 사실을 알고 있었고, 그래서 구약성경을 언제나 신약성경의 정신 아래서 읽었기 때문이다. 그러나 공평하게 말해서 낙스는 물지는 않고 무섭게 짖기만 하는 개와 같았다. 사실 낙스의 스코틀랜드에서보다 루터의 독일에서 더 혹심한 유혈과 잔인한 일들이 감행되었다는 것을 부정할 수 없다.

루터는 복음을 율법 위에 올려 놓았지만 정치를 복음과 분리시켰기 때문에, 교회 안에서는 그리스도가 설교되고 있었지만 국가에서는 부정되고 있었다. 루터는 종교의 힘으로 민중의 폭력을 제어할 의무를 사실상 포기했던 것이다. 어느 쪽이 더 나빴는가를 판단하는 것은 쉬운 일이 아니다. 검(劍)을 인정한 낙스가 더 나빴는가, 아니면 국가에 대한 책임을 부정한 루터가 더 나빴는가.

오랜 역사를 더듬어 보면 루터 쪽이 아마 더 비참한 잘못을 저질렀던 것이 아닌가라는 생각이 든다. 그러나 모든 공정하다는 비판을 다하고 난 다음에라도 이것 하나는 남는다. 곧 낙스는 성경을 스코틀랜드 사람들에게 손에 들려 주었고, 성경을 사랑하고 성경을 알도록 가르쳐 주었고, 성경에는 이 땅 위에 있는 모든 권위 위에 높이 솟아 있는 하나님의 권위가 있다는 것을 시인하라고 가르쳤다는 사실이다.

5. 성례론(聖禮論)

어떤 일을 해 놓고도 사람의 눈에 띄지 않았을 때, 우리는 무슨 일에 실패했을 때와 똑같은 경험을 한다. 우리는 상점에서나 관청에서 가끔 이런 경험을 하게 된다. 우리보다 훨씬 뒤에 늦게 온 사람들이 새치기를 해서 먼저 일을 끝내는 것을 보면, 화가 나서 견딜 수 없지만 그래도 꾹 참고 내 차례를 기다린다. 다른 사람들이 다 일을 끝내고 돌아가고 나 혼자만 남아서야, 비로소 내가 거기 있다는 것이 점원 눈에 뜨이게 된다.

그러나 사태는 묘하게 전개된다. 점원은 나를 보자마자 양 미간을 잔뜩 찌푸리고 다가서서는 "왜 뭘 사고 싶어 기다리고 있었습니까. 그렇지 않으면…" 라고 능청맞은 질문을 꺼내 놓는다. 이런 경우 당장 그 같은 질문에 알맞는 대답을 하기가 무척 힘들다. 대답 대신 욕이 나올지도 알 수 없다. 어떤 저명한 캠브리지 신학자가 쓴 성례에 관한 논문을 보면 루터, 쯔빙글리, 칼빈, 성공회(聖公會) 신부들과 재세례파가 그들의 서로 다른 성령론에 관해 논했다.

거기에는 현대의 여러 교파들이 믿고 지키는 성례가 훌륭하게 재검토되고 있었을 뿐만 아니라, 성례를 하나도 지키지 않는 퀘이커교도들이나 구세군에 대해서도 상당한 글이 실려 있었다. 그러나 면밀하게 요약한 16페이지 속에 겨우 한 줄도 못 되는 반 줄에다가 스코틀랜드 교회의 성례 의식을 평가하고 있었다. 그것도 세 마디 뿐이었다;

> "스코틀랜드는 칼빈을 따랐다."

그러나 우리는 어떤 사람이 말했든지 낙스의 교리와 의식(儀式) 그리고 「스코틀랜드의 신앙고백」의 증언과 4세기에 걸쳐서 스코틀랜드 교회가 강조한 성례의 강조를 "스코틀랜드는 칼빈을 따랐다"는 세 마디에 요약할 수 있다는 제안을 받아들일 수 없다. 우리는 이 모욕적인 글을 쓴 저자가 지적한 점에서부터 이 문제를 검토하기 시작하는 것이 좋겠다. 칼빈주의의 성례가 갖고 있는 특별한 경향을 보여 주기 위해서, 칼빈 자신의 글을 다음과 같이 인용하고 싶다;

> "성례를 지킨다고 해서 하나님의 말씀이나 참된 믿음으로 말미암아 주어진 것 이상의 것이 부여된다고 생각하는 것은 잘못이다… 구원의 확신은 의인(義認)과 달리, 성례를 준수하는 데 따라 오는 것은 아니다. 이 구원의 확신은 성례의 표적 못지 않게 복음의 설교에서도 온다는 것을 우리는 잘 알고 있다. 사실 구원의 확신은 이 표적 없이도 훌륭히 향유될 수 있는 것이다"(『기독교 강요』 Ⅳ, 14, 14).

칼빈의 태도가 성례를 단순히 부수적인 것으로 만들어 버렸고, 신앙을 약화시키는 의식이 되게 하고, 따라서 설교와 견주어 그 가치를 훨씬 낮추게 되었다고 주장하면서 저자는 다음과 같이 말하고 있다;

> "대주교 로드(Archibishop Laud)가 제단을 마련하려고 했을 때 청교도들은 강단을 마련하려고 했다. 이로 미루어 보아서도 알겠지만 오늘날 비국교도들의 교회 생활에서는 설교가 로마 가톨릭 교회의 미사처럼 중심 위치를 차지하고 있다."

우리는 영국의 비국교도들 전부가 이 말을 정당한 판단이라고 받아 들일지에 대해서는 언급하고 싶지 않다. 분명히 몇 사람은 그럴 것이다. 그러나 이 판단은 스코틀랜드의 성례에 관한 믿음이나 그 실천에 대해서는 절대로 공명정대한 것이 못 된다. 현재 스코틀랜드 교회 회중의 기분을 알고 있는 사람이나 지난 세대 스코틀랜드가 지켜온 성찬 예식의 절기에 대해 조금이라도 무엇을 알고 있는 사람은, 아무도 성례가 2차적인 의의를 갖게 된 데 불과하다는 의견에 찬성할 사람이 없을 것이다.

우리는 설교나 성례를 경쟁자처럼 생각해서, 어느 한 쪽이 많이 인정받으면 다른 한 쪽은 덜 인정받게 된다고 생각해 본 적이 한 번도 없다. 스코틀랜드 교회 생활에는 언제나 이 말씀과 성례가 함께 똑같이 중심에 서 있어서, 두 개는 따로 떼어 놓고 생각할 수 없는 불가분리의 인연을 가져 왔던 것이다, 그래서 교회의 목사들은 하나님의 말씀을 설교하는 일에 대해서 엄숙한 경외심을 가질 때에는, 주님의 성찬에 참여하는 성례에 대해서도 반드시 깊은 경외심을 품게 되었던 것이다.

세계 여러 곳을 다니면서 여러 교파 교회에 들러 성찬식에 참여한 일이 있었지만, 스코틀랜드의 교회에서처럼 성례의 신비 앞에서 조용한 경외심을 느껴 본 적이 없었다고 말하는 사람들이 있다. 스코틀랜드 교회는 언제나 설교를 중시하는 만큼 성례도 똑같이 중시해 온 교회다. 낙스는 물론 여러 방면에 걸쳐서 칼빈의 사상을 따랐다. 그러나 그는 성례의 문제에서는 칼빈의 의견에 찬동할 수 없었다. 이것이 스코틀랜드가 칼빈과 결별하고 독자적인 신앙고백을 갖게 된 이유다. "스코틀랜드가 칼빈을 따랐다"고 말할 수 없는 이유가 바로 그것이다.

여기에 대해서는 좀 더 구체적인 논증이 제시되어야 할 것이다. 낙스나 그의 동료 개혁자들은 로마 가톨릭과 쯔빙글리파 및 재세례파에 의식적으로 반대하면서 성례를 정의했다. 그러나 낙스의 이 새 교회가 루터나 칼빈의 영향을 다소 받았으리라는 것은 의심할 여지가 없다. 따라서 우선 로마 교회의 입장과 또 거기서 분열해 나온 여러 개혁 운동을 잠깐 살펴 보고 지나가는 것이 좋을 것이다.

중세 교회의 성례관은 의인(義認)과 은총의 두 가지 개념에 근거하고 있었다. 중세 교회는 '의로 여기신다'란 말을 '의롭게 만든다' 혹은 '바르게 만든다'는 뜻으로 해석했다. 그래서 바울의 「신앙의인」을 해석하여, 구원은 우리가 '바르게 되는 데' 있다고 믿었다. 이렇게 중세 교회에 대해서 의인(義認)은 결국 우리 영혼 안에서 일어나는 점차적인 과정이고, 거기서 거룩하게 성숙해 마침내 하나님의 보좌 앞에 흠없이 서게 된다는 사실을 의미했다.

그러나 인간의 의지가 전력을 기울여 여기에 협력하지 않으면 안 된다. 물론 인간 의지만으로는 아무 효과도 가져 오지 못한다. 사람은 우선 어떤 초자연적인 힘에 의해 거룩하게 되는 길목에 세워지지 않으면 안 된다. 중세 교회에 의하면 은총은 이렇게 사람이 때를 따라 필요로 하는 초자연적인 힘에 불과했다. 그리고 성례는 이 초자연적인 은총이 인간의 본성 속에 새어 들어오는 통로로 생각되었다. 그래서 두 가지 성례만 갖고서는 사람이 일생을 두고 필요로 하는 그 많은 은총을 다 받아들이는 데 불충분하다고 느꼈다.

일곱 가지 성례가 추가된 동기가 바로 이것이다. 그리고 세례는 갈보리의 피 공로를 적용함으로써 원죄의 허물을 깨끗이 씻는다. 세례를 받음으로써 죄인은 하나님 앞에 흠없이 서게 되고 구원의 약속을 받는다. 그러나 세례는 사람이 앞으로 더 죄를 짓지 않는다는 조건을 전제하고 베풀어진다. 따라서 사람이 그 후에 죄를 범할 때에는 고회성사(Sacrament of Penance)를 통해 새 은총을 받아야 하고, 세례받았을 때와 똑같은 결백 상태를 회복하지 않으면 안 된다.

「주님의 성찬식」(Lord's Supper)의 문제는 좀 복잡하다. 이 성찬식은 본래 한 가지밖에 없었다. 그러나 중세 말에 와서는 사실상 두 가지 성례를 내포하고 있었다. 떡과 포도주가 본질적으로 그리스도의 몸과 피로 바뀌는 화체(Transubstantiation)의 기적을 시인했을 때, 이 몸과 피는 아주 다른 두 가지 용도에 쓰여질 수 있었다. 곧 이 몸과 피는 사람에 대해서는 성찬으로, 하나님께 대해서는 희생 제물로 각각 사용될 수 있었다.

이 몸과 피가 사람에게 주어졌을 때에는 영의 힘을 주입하고 하나님의 본성이 인간 내부에 흘러들어가 생기를 주는 통로가 되었고, 하나님에게 바쳐졌을 때에는 미사의 희생 제물이 되었던 것이다. 그러나 미사의 희생 제물이 사실상 무엇을 의미했는지에 대해서 신학자들 사이에 의견이 분분했다. 이 의미를 정확히 알고 있었던 것은 오히려 평신도들이었다. 사람이 끝없이 범하고 있는 죄악 때문에, 갈보리에서 한 번 흘리신 피의 희생은 하나님의 진노를 돌리시기에는 넉넉하지 못하다.

따라서 사제들이 계속해서 그리스도의 피와 몸을 제단에 바치지 않는 한, 아무도 용서받지 못하고 구원얻을 수 없다는 것이 평신도들이 이해했던 희생제사의 의미다. 사제들의 세력이 절정에 이른 것은 물론 성례를 이렇게 이해하게 된 데에 그 원인이 있다. 왜냐하면 사제를 통하지 않고는 떡과 포도주를 변질시키고, 그리스도와 한 몸을 이루고, 또 하나님의 진노를 돌릴 만한 희생제사를 드릴 길이 없었기 때문이다.

이 모든 체계에서 하나님의 말씀은 완전히 이차적인 요소가 되었음을 볼 수 있다. 성경을 읽는다거나 설교를 듣는다거나 복음을 이해한다는 것은 다 부차적인 문제에 지나지 않았다. 초자연적인 은총이 사람에게 흘러 들러오게 하는 통로(즉 성례)가 교회 생활의 중심 사건이었다. 성례 없이는 구원이 없었다. 막다른 골목에 이르면 누구나 말씀 없이도 훌륭히 구원받을 수 있었다. 그러나 초자연적인 은총을 주입해 주는 성례가 없어서는 안 되었다. 말씀이 없어도 되는 교회이지만 성례가 없어선 안 되는 교회가 바로 중세 교회였다.

개혁자들은 '의인'이나 '은총'이란 말의 신약성경적인 의미를 다시 부흥시킴으로써, 이 신학적인 세계의 지형을 전부 변형시켰다. 낡은 이정표가 사라져 없어지자, 개혁자들에게는 성례의 교리를 새로 장만하기 위해서 다시 땅을 측량하고 지도를 작성할 필요가 생겼다. 어떤 교리들은 이들 개혁자들에게 다 공통적이었다. 그러나 이것들이 다른 각도에서 그들의 거대한 (그리고 아직 완성되지 못한) 과제에 손을 대기 시작했고, 또 저마다 실제적인 문제에 여념이 없었기 때문에 자연히 강조점의 차이에서 오는 분열이 불가피했다. 이렇게 성례를 둘러 싸고 비(非)로마 교회들 사이에 비극적인 분열이 시작되었다.

먼저 공통된 교리를 살펴 보면 개혁자들은 일률적으로 '은총'이 원래 죄인을 향하신 하나님의 은혜로우신 태도라고 생각했다. 인간 내부에 흘러 들어와서 인간의 영적인 가치를 구성하는 초자연적인 성질의 것이라고 보지는 않았다. '의인'(義認) 역시 인간 내부에서 일어나는 과정이 아니다. 그것은 죄를 범한 모든 죄인들을 위해 갈보리에서 피를 흘리시고 그리스도의 공로로 사죄해 주시는 하나님의 행위다. 우리를 처음으로 의롭다고 인정하시는 분도 하나님이시고, 계속 의롭게 살게 하시는 분도 하나님이시다.

이처럼 이 은총의 태도는 완전히 하나님께 속한 것이다. 따라서 은총이 반드시 우리 안에 흘러 들어와야 할 필요가 없다. 이 말만 해도 벌써 성례만이 교회 생활의 중심이라는 확신이 동요된다. 왜냐하면 인간의 구원에 필요한 것은 은총의 주입이 아니라 복음(곧 구원의 말씀)이기 때문이다. 사람이 이제 해야 할 일은 말씀을 듣고, 믿음으로 이 말씀을 가슴 깊이 간직해 두는 일이다. 이것은 하나님의 사랑과 그리스도의 고난 및 희생이, 우리를 값없이 용서해 주신다는 확신을 갖는 일이다. 왜냐하면 우리를 거룩하게 자라게 하고 또 계속 그렇게 지탱해 나갈 수 있는 힘이 이 확신에서 비롯되기 때문이다.

이렇게 보면 성례를 반드시 말씀과 관련시켜 정의해야 한다는 사실이 명백해진다. 말씀 없이는 성례가 무의미할 뿐만 아니라, 아무 것도 하지 못하고 아무 것도 전달해 줄 것이 없다. 다시 말하면 말씀이 없이는 성례가 더 이상 교회 생활의 중심이 될 수 없다는 것이다. 성례는 말씀과 더불어 똑같이 교회 생활의 중심을 차지하든지, 아니면 말씀의 중심점이 되고 성례가 제2차적인 것이 되든지 둘 중의 하나를 선택하지 않으면 안 될 것이다.

이 양자택일의 문제에 직면해서 종교개혁의 여러 분파들은 각기 다른 해답을 제공했다. 성례에 참석할 때는 반드시 설교를 들어야 하고, 또 말씀을 참되게 받아들일 때에는 언제나 성례를 드려야 되는지 혹은 말씀이 자족적인 것인지 아니면 좀 더 큰 효과를 얻기 위해 성례를 통해 최소한 어느 정도 도움을 받아야 하는지라는 문제에 따라 그 해답이 별도로 주어졌던 것이다.

그러나 개혁자들이 미사에 대해 공동 전선을 펴고 있었기 때문에, 불행하게도 이 논점은 이래 저래 모호하게 얽히고 말았다. 개혁자들은 제일 먼저 미사를 폐지해야 한다고 생각했다. 그 이유는 세 가지였다. 첫째로 이 미사는 개혁자들이 일어서느냐 넘어지느냐 하는 것이 결정될 사제 세력의 요람이 되었기 때문이다. 둘째로 갈보리의 희생은 구원을 위해서 충분한 것이었고 또 앞으로도 그러하리라는 것이 복음의 핵심인데도 불구하고, 미사는 그 희생이 충분한 것이 못 된다고 암시했기 때문이다. 셋째는 그리스도의 몸과 피를 이제 또 하나님의 진노를 돌이키게 하는 데 바친다고 주장함으로써, 성례와 말씀의 참된 의미(즉 하나님께서는 그리스도의 몸과 피를 우리에게 주시사 영원히 진노를 푸신 증좌로 삼으셨고 지금은 다만 자비와 사랑으로 우리를 대신한다는 의미)를 완전히 전도해 놓았기 때문이다.

이 미사를 폐지시키는 가장 빠른 길은 떡과 포도주의 변질설을 부정하는 것이었다. 그렇지 않고서는 몸과 피를 하나님께 반복해서 드리는 희생 제사를 근절할 수 없었다. 그러나 개혁자들이 바야흐로 태도를 결정해야 할 문제가 한 가지 남아 있었는데, 이것은 떡과 포도주의 실체가 무엇이고 또 무엇을 의미하는지를 분명하게 밝혀 놓아야 하는 것이었다. 그러나 이 작은 문제에 붙들려 논쟁하느라고 말씀과 성례의 관계가 어떤 것인지 밝히지 못한 채, 개혁자들은 제자리 걸음만 되풀이하고 있었다.

루터는 성례에 참석하여 그리스도를 모셔들일 때, 비로소 우리 영혼은 「화목의 말씀」이 진실하고 실질적인 것이라고 믿고 또 그것이 우리에게도 주어지는 것이라고 확신하게 된다고 생각했다. 이같이 성례를 통해 그리스도를 맞아들이지 못한다면, 우리의 신앙은 공중에 매어 달려 있는 것과 다름이 없을 것이다. 이렇게 그의 태도는 정말 말씀과 성례가 "둘 다 중심적"(co-central)이라고 하는 데 있었다. 성례에서 그리스도를 맞아들이는 것을 체계적으로 논술하기 위해서 루터가 주장하게 된 것이 바로 「성체공재론」(Consubstantiation; 떡과 포도주 안에 그리스도의 몸과 피가 물질적으로나 실질적으로 현존하신다)이다.

쯔빙글리는 루터가 가장 중요하게 생각했던 것(즉 성례를 통해 그리스도를 맞아들인다는 것)을 부정할 의향은 없었다. 그러나 「성체 공재론」과 "그리스도가 사람의 입을 통해 받아들여질 수 있다는 생각"은, 그에게는 어불성설이고 더구나 신성을 모독하는 일처럼 보였다. 맞아들인다면 오직 영을 통해서만 맞아들일 수 있을 뿐이고, 믿음에 의해서만 실현되어야 할 것이다. 왜냐하면 떡과 포도주는 갈보리의 희생을 표시하는 표적(sign)에 불과하기 때문이다. 우리는 이 표적을 통해서 눈을 높이 들어 살아계신 영화로우신 그리스도를 쳐다볼 수 있으면 된다는 것이 전부다.

이렇게 해서 쯔빙글리에게서 성례는 부차적인 것으로 격하되고, 그리스도를 영적으로 쳐다보는 신앙을 돕고 이것을 자극하는 수단에 불과한 것이 되었다. 그 뿐만 아니라 신앙도 성례 없이 단독적으로 존재할 수 있는 것이 되었다. 즉 그는 성례에 참석하지 않아도, 훌륭하게 주님을 영적으로 바라볼 수 있다고 믿었다. 성례가 신앙에 정서적인 가치를 부여하고 생생한 현실감을 주기는 했지만, 그것이 반드시 필요한 것이라고는 생각하지 않았다.

재세례파들은 쯔빙글리가 무색하리 만큼 성례를 더 합리화했다. 이들의 성례에는 주님과 한 몸을 이루는 놀랍고 신비스러운 경험이 전혀 없었다. 성례는 단지 성령의 진리를 상징하고 묘사하는 설교의 각색(脚色)에 불과했다. 복음을 우리 마음에 새겨 주는 설교와 성례의 다른 점이 이들에게는 하나도 없었다. 여기서 성례는 완전히 교회 생활의 제2차적인 사건이 되었다. 말씀이면 전부였다. 그리고 이 생각은 이런 외면적인 교리의 극적인 표현이 없어야 확실한 신앙을 갖고 더 훌륭한 일을 해낼 수 있다는 퀘이커 교도들의 입장과 일보(一步)의 차이밖에 없었다.

루터나 쯔빙글리 이후 반(半)세대가 지나서 등장한 칼빈은, 일반적으로 이들의 중간 입장을 취한 것으로 알려져 있다. 쯔빙글리파 신학자들은 칼빈과 의견을 같이하는 데 어려움이 없을 것이라고 믿었다. 그리고 루터도 자기와 칼빈 사이에 장애물이 막혀 있는 것을 불만으로 생각하고 있었지만, 칼빈의 성례 교리에 끌려 깊은 인상을 받았던 것이다. 내 성급한 의견을 말한다면 칼빈이 중간 입장을 취한 것처럼 보이는 것은, 그가 언제나 그렇듯이 정견(定見)이 일정하지 않았기 때문이었거나, 자신의 중심 교리에 대해서는 무척 세심한 관심을 쓰면서도 이 중심 교리 이외의 것을 취급할 때는 장황하게 늘어놓는 버릇이 있었기 때문이라고 생각한다.

칼빈의 관심은 루터와 마찬가지로 성례를 통해 그리스도와 한 몸을 이루는 신비스런 경험을 체계적으로 논술하는 데 있었다. 그러나 그리스도는 이미 부활하시사 영광을 받으신 살아 계신 주님이시고, 지금은 하나님의 우편에 좌정하고 계신 분이시다. 그리스도의 몸은 이제 육신의 몸을 입으시고 이 세상에 계시지 않는다. 만약 그렇다면 그 한 몸(즉 우리와 꼭같은 그 몸)이 우리에게 무슨 소용이 있을까?

그러므로 로마 교회의 변질설과 루터의 공재설은 둘 다 소용 없는 교리들이다. 우리에게 필요한 것은 그리스도의 몸의 본체가 아니라 그 힘이다. 우리는 이 힘을 소유할 수 있어야 한다. 그러나 그것은 어렵지 않다. 왜냐하면 그리스도는 원하시기만 한다면 어느 곳에서나 실재하실 수 있고, 그 때 그는 힘을 갖고 계시고 또 성례 안에 그리고 떡과 포도주를 통해 계시기를 즐겨 원하시기 때문이다.

떡과 포도주는 갈보리에서 오래 전에 상처를 입으신 그 몸의 단순한 기념품 뿐만 아니다. 이 떡과 포도주는 하나님 우편에 계시는 영화로우신 주님의 도구(instrument)다. 다시 말하면 이 떡과 포도주를 통해 그리스도의 몸이 지니신 모든 생명과 힘과 영생이 우리에게 선물로 주어지는 것이고, 그것이 우리 안에서 우리 대신 활동하게 되는 것이다. 이런 의미에서 이 떡과 포도주는 우리에게는 참으로 그리스도의 몸이고 피인 것이다. 달리 표현한다면 이들 떡과 포도주는 '물질적'으로가 아니라 '성례적'으로 그리스도의 몸이고 피라고 할 수 있다.

이것은 루터가 말한 것처럼 말씀과 성례는 '둘 다 중심적'이란 것을 의미한다. 칼빈은 여기서 종교개혁의 입장을 강조하여, 말씀 없이 성례는 공허한 것이라고 말하지 않을 수 없었다. 말씀이 신앙에 의해서 우리들에게 그리스도를 구원자로 제시하지 않았다면, 떡과 포도주를 먹고 마실 필요가 없을 것이다. 우리는 우선 믿어야 한다. 그렇지 않고서는 결코 성례에 참석할 수 없는 것이다. 왜냐하면 성례는 우리가 오직 「말씀의 선포」와 그 메시지에 조인(調印)하는 형식에 불과하기 때문이다.

만일 칼빈이 여기서 멈추고 말았다면 자가당착에 빠졌다는 비난을 받지 않았을 것이다. 그러나 그는 거기서 멈추지 않았다. 성찬(Eucharist)의 비밀을 묘사하는 데 가진 고상한 미사들을 구사하고 나서(『기독교 강요』, Ⅳ, 17, 7, 32) 이 고상한 견해를 중대하게 훼손할 일련의 진술을 하고 있다. 성례를 조인이라고 부르는 것으로 만족하지 않고 그는(물론 로마 가톨릭 교회의 교리를 논박하는 구절에서) 성례를 '단순한' 조인이라고 부르고 만다.

그리고 세례 문제에 언급하면서 "성례는 뒤에 와서 부가된 의식이다. 성례는 하나님의 약속이 그 효과를 스스로 낼 수 없어서 거기에 효력을 주는 것이 아니라, 단지 약속을 우리에게 확인시키기 위해서 주어진 눈에 보이는 증거"(『기독교 강요』, Ⅳ, 15, 22)라고 강조하고 있다.

칼빈의 성례관을 전체적으로 보면 그 논조가 반드시 중심적인 교리와 '별로 의미 없는' 교리 사이를 넘나들고 있는 것을 알 수 있다. 성찬을 「심원한 신비」(그리스도의 몸과 피 안에서의 교통)라고 묘사한 것과, 이것을 신앙의 유용한 것이기는 하지만 반드시 필요하지도 않고 다만 자극제이고 눈에 보이지 않는 실재의 증거라고 묘사한 것 사이에는 위와 같은 현격한 차이가 있는 것이다.

그러나 이것이 전부는 아니다. 행동은 말보다 더 진실한 것이다. 매주 한 번씩 지키는 성찬식의 중요성을 강조하고 있으면서도, 칼빈은 프랑스의 위그노들(Huguenotes)이 핍박을 받아가면서까지 성찬식을 거행하려고 할 때, 그것은 어느 모로 보나 떳떳한 교회를 조직할 때까지 기다렸다가 집행해야 할 것이라는 이유에서 저지한 것은, 쉽사리 납득이 가지 않는 조치라고 아니할 수 없다(『기독교 강요』, Ⅳ, 15, 22의 마지막 구절 참조).

칼빈이 그의 '별로 의미없는' 견해의 극단을 취한다면 성례가 이차적인 것이 되고, 또 말씀과 성례의 결합이 아니라 말씀만이 교회 생활의 중심이 된다는 것은 명약관화한 것이다. 나는 칼빈이 개별 그리스도인들은 불가피한 경우 성례를 지키지 않고도 견디어 낼 수 있다고 말한다고 해서 그를 의심하지는 않는다. 그러나 교회가 성례식을 지키지 않고도 존재할 수 있다고 한다면 그를 의심하지 않을 수 없다. 만약 교회가 성례 없이 존속할 수 없다면 성례는 이차적인 것이 될 수 없을 것이고, 따라서 성례를 이렇게 보는 견해는 모름지기 다 불합리한 이론임에 틀림 없을 것이다.

성례에 대한 낙스의 교리를 고찰하려고 할 때, 우리는 자연히 낙스도 초기에는 종교개혁에 동조했던 대다수의 스코틀랜드 사람과 마찬가지로 루터의 저작에서 배운 것이 많았다는 점을 염두에 두어야 할 것이다. 낙스와 세인트안드류스 성에 체류할 때 최초로 종교개혁적인 사상에 접촉했다는 것은 이미 말한 바 있다. 이 때 낙스가 친교를 맺은 사람들이 바로 루터의 영향을 깊이 받고 있었던 발나베스(Balnaves)의 일단(一團)이었다. 그리고 그 후 포로 생활을 보내면서 이들 몇 사람과 함께 루터의 갈라디아서 주석에 근거해서 의인(義認)에 관한 논문을 썼던 것이다.

만약 낙스가 성례의 문제에서 루터의 영향을 받은 것이 있다면, 그 증거는 낙스가 세인트안드류스(그 성곽 내의 교회당)에서 처음으로 지킨 성찬식에서 찾아내야 할 것이다. 그것은 물론 이 사건에 대해 기록을 남긴 낙스 자신을 통하지 않고서는 이 최초의 성찬식의 성질이 어떤 것이었는지 알 수 없기 때문이기도 하지만, 그보다 더 그 때 지킨 성찬식이 "지금 스코틀랜드 교회에서 지키고 있는 성례와는 그 교리에서나 순수성에서" 조금도 다른 데가 없다고 낙스 자신이 확인하고 있기 때문이다.

낙스의 기억이 정확했다면 그는 성례의 교리나 그 의식(儀式)에서 한 번도 루터의 견해를 따른 일이 없었던 것을 알 수 있다. 그러나 그렇다고 칼빈의 견해를 좇은 것도 아닌 것같다. 칼빈의 『기독교 강요』가 세인트안드류스에서 성찬식을 드리기 전에 한 십년 동안 인쇄에 회부된 채 못 나오고 있었다는 사실을 고려한다면, 낙스가 칼빈의 성례관을 실제로 연구할 수 있는 기회는 1547년에 와서야 비로소 가질 수 있었다는 것을 쉽게 알 수 있다.

세인트안드류스의 성찬식이 어떤 성질의 것이었는지를 해명할 또 하나의 증거가 있다. 제임스 발퍼 경(Sir James Balfour)은 성곽 수비대의 한 사람이었고,

또 거기서 낙스의 성찬식에 계속 참석했던 사람이다. 그러나 낙스가 그의 「역사」 제1권을 집필할 당시에는, 이 발퍼경이 갑자기 자기는 「개혁교회」의 교인이 아니기 때문에 거기서 성례에 참석할 수 없다는 말을 남기고 그 교회에서 떠나고 말았다. 다시 말하면 루터의 말이 그의 신앙 표준이기 때문에, 감히 개혁교회의 의식을 따라 성찬에 참여할 수 없었다는 것이다.

발퍼가 심지가 굳은 위인이었다면, 이것은 세인트안드류스의 성찬식이 낙스가 생각했던 것 이상으로 루터적이었다는 좋은 증거가 될 것이다. 그러나 발퍼는 이름난 임기응변자요 마녀들의 제사 잔치에도 필요하면 갈 수 있었던 사람이었다. 낙스가 발퍼의 퇴장 이유를 설명하여 메리 여왕 아래서 출세를 꿈꾸고 있었던 기회주의자가, 개혁교회와 손잡고 있었다는 사실이 드러나는 것을 좋아했을 리가 없다고 한 것은 지극히 정당하다.

여기서 우리는 만약 낙스의 기억이 신빙할 만한 것이라면 세인트 안드류스의 최초의 성찬식이 분명히 루터적인 것은 아니었고, 구태여 그 유형을 따진다면 칼빈의 교리에 근사했다고 지적하지 않을 수 없다. 이 사실을 입증하는 미소한 증거를 하나 덧붙여 보자. 1550년 오미스톤(Ormiston)에서 낙스의 후임으로 가정 교사로 일했던 아담 월레스(Adam Wallace)가 순교했다.

그런데 만일 폭스(Foxe)의 기사가 공정하다면 월레스는 재판을 받으면서 로마 교회의 교리와 루터의 성례관을 동시에 거부하고 그리스도의 몸은 하나님 우편에 계시고 떡과 포도주 안에 있는 것이 아니라는 칼빈주의의 입장을 시인한 것으로 보지 않을 수 없다. 이렇게 여기 저기 산재한 사료들을 살펴 보면 스코틀랜드에서 루터적인 성찬식이 거행되었다는 증거는 하나도 없고, 개혁 초기의 성찬식들은 대개 그 교리에서 칼빈주의적인 색채가 많았다는 증거만 몇 가지 있다. 확실히 낙스가 잉글랜드에 체류할 때 신봉했던 것은 칼빈주의적인 의식(儀式)과 그 교리였다.

그러나 낙스가 성례 교리에서 칼빈을 추종하긴 했지만, 그 강조점을 약간 변경하는 한편 그 의식(儀式)을 엄청나게 변경했다는 명백한 증거가 있다. 칼빈은 우리가 보아온 바와 마찬가지로 비록 성례에 대해 고상하고 신비적인 개념을 갖고 있기는 했지만, 그것이 교회 생활에서 절대로 필요불가결한 것이라고 인정하지는 않았다. 프로테스탄트 교회가 박해를 받아 해체를 당해 정상적인 처리가 불가능한 곳에서는, 성례시의 집행을 연기하는 것이 현명하다고 칼빈은 믿었다.

다시 말하면 칼빈은 성례는 완전히 조직된 교회의 생활에만 있을 수 있다고 생각했다. 조직된 교회가 아직 없는 곳에서는 성례를 지키지 않는다고 해서, 개인의 경건이 훼손되는 것도 아니고 세례받지 못한 어린이들이 해를 더 받는 것도 아니라는 것이다. 칼빈은 선택받은 자라면 세례를 받았든 못 받았든, 구원의 확실성은 조금도 변하지 않는다고 확신했다.

낙스가 실제적으로 취한 태도는 이와 전혀 달랐다. 1555년부터 일년 동안 스코틀랜드를 방문했을 때와 1562년 카일(Kyle) 지방에 전도하러 갔을 때 실천했던 일을 살펴 보면, 낙스와 칼빈의 차이가 무엇인지를 쉽게 알 수 있을 것이다. 그 때 낙스가 실제로 행한 일은 기회가 있는 대로 여러 신실한 교인들을, 어떤 양반집의 사랑방이나 다른 적당한 장소에 불러 모아 거기서 성찬식을 드린 일이었다.

기구를 갖춘 교회가 조직될 때까지 기다려야 한다는 문제가 생기지는 않았다. 두 세 사람이 함께 모일 수 있는 곳이라면 낙스는 어디서나 성찬식을 거행했고, 그 거행한 날짜와 장소를 아주 중요하고 의미있는 일로 여겨 조심스럽게 기록에 남겨 두곤 했다. 그렇게 한 이유는 다른 데 있지 않았다. 낙스는 칼빈과 달리, 성례가 교회 생활에서 가장 중요하고 필수적인 것이라고 인정하고 있었기 때문이다.

낙스가 이런 태도를 갖게 된 이유에 대해서는 1550년 그가 북부 영국에서 목회하고 있을 때 「북부 회의」(Council of North)에 소환되어, 재판을 받으면서 제출한 작은 변명문을 보면 대개 짐작이 가리라고 생각한다. 이 작은 문서에서 낙스는 아주 유별나게 성례 전체가 그리스도의 행위라는 것을 강조하고 있다. 우리가 할 일이나 교회가 할 일이 전혀 없는 것이다. 성례를 성직자나 교회가 할 어떤 종교 의식이라고 간주해서는 안 된다. 그것은 전부 우리를 위해서 스스로 취하시는 그리스도의 행위다;

"주 예수께서 우리 앞에 놓여 있는 이 땅의 보이는 물건을 통해 우리를 높이사 하늘의 보이지 아니하는 것에 이르게 하시고, 영적인 연회를 준비하시고 스스로가 살아 있는 떡이라고 증언하시고, 떡과 포도주를 마련하여 우리로 먹고 마시게 하시고, 자신을 우리에게 내어 주시는 이 모든 일을 성령의 힘을 입으시고 수행하신다"(Works, Ⅲ, p. 73ff.).

이 말을 하고 나서 낙스는 내가 가장 의미심장한 것이라고 믿고 있는 말을 했다;

"여기서 주 예수께서는 우리를 한 곳에 다 모이게 하시사 우리로 서로 한 지체가 되게 하시고, 거기에 한 몸을 이루게 하사 예수 그리스도는 그 몸의 거룩한 머리가 되시는도다."

이 말을 분석해 보면 결국 그리스도가 사람들을 모아 교회를 이루시는 것이 아니라, 성례에 의해 사람을 모아 이 성례 위에 교회를 세우신다는 것을 의미하고 있음이 밝혀질 것이다.

낙스는 그리스도가 우리를 보이는 한 곳(교회)에 모이게 하시는 것은 성례를 통해 하신다는 것을 역설하고 있다. 그리스도께서 우리를 다 한 지체로 만드시는 것도, 이 성례를 통해서 비로소 가능한 것이다. 우리가 한 몸을 이루어 그리스도를 머리로 모실 수 있는 것도 바로 이 성례 때문인 것이다.

이와 비슷한 교리를 가진 개혁교회가 또 있으리라고 생각하지 않는다. 낙스가 그려내고 있는 성례는 있으나마나 한 그런 성례도 아니고, 또 떳떳한 차림을 갖춘 교회가 조직될 때까지 아무 해(害)도 받지 않고 연기할 수 있는 성례도 아니다. 낙스에 의하면 성례야말로 보이는 교회의 참된 기반이요, 이 기반을 통해서만 그리스도께서 교회를 세우시는 것이라고 말했다. 교회는 물론 말씀 위에 서 있다. 그러나 생계를 통해 역사하시는 그리스도에 의해 완성되고 성취된 말씀 위에 교회는 세워져 있어야 한다.

여기에 칼빈과 달리 낙스가 교회의 설립까지 성례의 거행을 미루지 아니한 이유가 있다. 왜냐하면 교회를 형성하는 것이 성례이기 때문이다. 이것이 바로 낙스가 스코틀랜드에 전도차 방문했을 때, 두 세 사람만 있어도 모여 앉아 주의 성찬식을 올린 이유다. 많은 사람들이 제각기 흩어져 있는 교인이 안 되고 「교회의 낯」(The face of a Kirk)을 형성하기 시작한 것은, 이 성례를 위해 모인 집회 때문이었다. 여기서 그들은 서로 다 한 지체를 이루었고, 또 머리되신 그리스도의 부르심을 입어 교회의 일원으로 참여하게 되었던 것이다.

말씀과 성례에 의해서 교회는 창조되는 것이지만, 성례 없이 말씀만 갖고서는 교회가 존재할 수 없다. 낙스에게 있어서 성례는 교회 생활을 창조하고 그 바탕을 이루는 힘이었다. 그러나 칼빈이나 그 밖의 여러 개혁교회에서는 그렇지 않았다. 루터까지도 예외는 아니었다. 루터에게 성례가 필수적인 것은 사실이었지만, 그것은 오직 개인의 경건 문제로서만 그랬다. 개혁교회의 어느 곳에서도 낙스처럼 성례를 교회의 바탕으로 만든 데는 없었다.

이 강조는 오늘날까지도 조금도 변하지 않고 그대로 내려 왔다. 「언약도들」(Covenanters)의 비밀 성찬식에서나 후기의 성대한 성찬 집회, 그리고 성찬식 절기에 모이는 스코틀랜드 고지대의 집회들에서 이 사실을 역력히 찾아볼 수 있다. 아직도 스코틀랜드 사람들에게 있어서 교회 생활의 중심은, 설교가 끝난 다음 성찬이 차려진 성찬대 앞에 엄숙히 모여 앉는 성례식에 있는 것이다. 퍼어시(Percy)는 낙스전(傳)에서 이 점을 정확하게 지적하고 있기 때문에, 여기 몇 줄 그의 말을 인용하는 것이 좋으리라고 생각한다;

> “기독교 교회 예배의 중심 행사에 대한 낙스의 생각은, 스코틀랜드 교회 위에 다른 모든 프로테스탄트 교회의 성찬식과 다른 낙인(烙印)을 길이 남게 찍어 놓았다. 그것은 엄밀한 의미에서 스코틀랜드 교회를 「성찬예식적인 교회」(Eucharistic Church)로 만들어 놓았다. 여러 사람이 애써 분류해서 결말을 내려다가 실패한 낙스의 수수께끼 같은 정치적인 열정은, 스코틀랜드의 ‘몸’을 한동안 괴롭혀야 했지만 이 한 중심적인 진리에 대한 그의 통찰력은 스코틀랜드의 영혼을 구원할 수 있었다.”

「스코틀랜드 신앙고백」에 눈을 돌려 보면 우리는 거기서 칼빈의 입장과 아주 근사하지만, 루터의 신앙을 방불케 하는 구절들이 힘있고 열정적인 말로 진술되어 있음을 볼 수 있다. 또 거기에는 칼빈의 교리가 긍정되고 있으면서도, 그 강조점이나 정서의 가락이 뜻있게 변경되어 있음을 발견할 수 있을 것이다.

「스코틀랜드 신앙고백」은 쯔빙글리적인 주장에 대해서도 두 번 반복해서 격렬하게 부인하고 있다. 곧 이런 말이 쓰여져 있음을 본다;

> "우리는 성례가 표적(signs)에 불과하다고 주장하는 사람들의 허식을 철저히 규탄한다." 루터의 「성체 공재설」도 암암리에 부정되어 있고, 칼빈의 견해가 그 대신 강조되어 있는 것도 눈에 띈다. 곧 "하늘에서 영광을 받으신 그리스도의 몸과 이 세상에서 죽을 수밖에 없는 우리의 몸 사이에는 지극히 먼 거리가 있다."

그러나 그리스도께서 성례 안에 몸과 피(곧 권능)로 임재해 계신다는 사실(이 교훈은 개혁 교회에 대한 칼빈의 위대한 공헌이다)은, 칼빈 자신의 칼빈주의보다도 그리고 세계에 있는 칼빈의 후계자들이 계승한 어떤 분파의 칼빈주의도 능가할 만한 진지성을 갖고 훌륭하게 진술되어 있다;

> "우리는 다 확신을 갖고 우리가 뗀 떡은 「그리스도의 몸」의 성찬이고, 우리가 축복하고 든 포도주는 「그리스도의 피」의 성찬임을 믿는다. 우리는 주의 성찬을 바로 사용해서 예수 그리스도의 몸과 피를 먹고 마심으로써 주님이 이 성찬 안에 거하시고 성찬이 주님 안에 거하게 됨을 고백하고 의심 없이 믿는다. 떡과 잔은 그리스도의 「살의 살이 되고 뼈의 뼈가 되어」, 마치 영원한 신성이 예수 그리스도의 살(이 살은 본질상 주고 썩을 수밖에 없는 것)에 생명과 영생을 주신 것처럼, 그리스도 예수도 당신의 몸과 피를 우리로 먹고 마시게 하심으로써 우리들에게 그와 똑같은 특권을 내려 주신다."

이 같은 축복은 말씀을 떠나 성례를 통해서만 주어지는 것이 아니고 또한 이 축복이 반드시 성례에 참석할 때만 주어지는 것이 아니라고 경고하고 나서, 이 신앙고백은 계속 "그러나 믿는 자들은 주의 성찬을 바로 사용함으로써 보통 사람이 볼 수 없는 그런 연결을 그리스도 예수와 맺게 된다"고 말하고 있다. 이 구절은 "이것은 내 마음이 이해하고 내 입술이 표현하기에는 너무나 숭고한 신비다… 나는 이것을 이해하느니 차라리 느끼고 있다고 말할 수 있다"(『기독교 강요』, Ⅳ, 17, 32)는 칼빈의 말과 비슷한 데가 있다.

「스코틀랜드 신앙고백」의 이 구절은 성찬식에 대한 또 다른 사실에 언급하고 끝을 맺는다;

> "자유롭고 솔직하게 우리는 그리스도의 본성과 성례에 사용되는 표적의 성분을 확실히 구별해서 이 표적을 그것이 표현하는 것 대신에 예배하거나 이 표적들을 허망한 것이라고 생각해서 멸시하지 않고 모든 경외감을 갖고 이것들을 사용하리라는 것을 고백하지 않으면 안 된다."

나는 결론적으로 낙스와 「스코틀랜드 신앙고백」은 칼빈의 가장 훌륭했던 점에서 출발하긴 했지만, 그를 넘어서 좀 더 훌륭한 곳에 미쳤으며, 칼빈의 무정견한 발언에 휩쓸려 들어간 일이 없었다는 것을 말하고 싶다. 어쨌든 나는 내가 지금까지 시사해 온 사실들이 "스코틀랜드는 칼빈을 따랐다"는 무책임한 말에 동의하지 않았으리라고 믿는다.

이 글을 요약하기에 앞서 간단히 「주의 성찬」과 「교회의 치리」(Ecclesiastical Discipline)의 밀접한 관계에 대해 몇 마디 언급하려고 한다. 이 문제에 대해서는 이해가 별로 잘 되어 있는 것 같지 않다(『기독교 강요』, Ⅳ, 12, 5). 개혁교회가 실천할 것을 주장한 교회의 치리권(治理權)은 어떤 율법주의와도 관계 없다. 이것은 율법주의라든가 하나님께서 어떤 법도와 규율에 엄격하게 순복하는 것을 보시고 기뻐하신다는 생각과는 아무 인연이 없다. 물론 지나치게 신중한 도덕주의자도 아무 상관이 없다.

교회 치리의 기초는 주의 성찬을 받을 때 느끼는 「누미노제적인」(Numinous) 감정이나 '전혀 거룩한'(Altogether Holy) 감정에 있다. 다시 말하면 성찬에 참석하는 사람들이 주님과 '서로 밀착되는' 신성한 순간에, 조심성이 없거나 죄를 알면서 범하는 사람들이 성찬대에 가까이 오는 것을 그냥 내버려두어서, 그 거룩함이 모독되게 해서는 안 된다는 깊은 확신에 교회 치리의 근거가 있다.

이런 염치 없는 사람들을 회개하도록 권유해야 할 것은 물론이지만, 그보다도 그들을 선도해서 좀 더 착한 심지를 갖도록 치리하지 않으면 안 될 것이다. 만약 이런 것들이 다 실패로 돌아간다면, 이들이 깨끗이 회개할 때까지 성찬식에 참석하지 못하게 대책을 강구해야 마땅할 것이다. 이렇게 성례에서 배제하는 것을(물론 개선을 위한 것이고 일시적인 것이어야 하겠지만) 낙스는 '성찬 정지'(Excommunication)라고 불렀다.

낙스의 성찬 정지는 영혼을 영원한 파멸에 내준다는 가톨릭 교회의 소위 '파문'과 그 성질이 근본적으로 다르다는 것은 두 말할 것도 없다. 그것은 교회의 모든 치리와 마찬가지로 한 가지 목표를 갖고 있다. 즉 이 중심적인 교회 생활의 요소를 모독하는 일이 없도록 필요한 조치를 취하자는 것이었다.

다른 한 가지 오해받아 온 문제를 밝히지 않으면 안 되겠다. 낙스는 성찬식에 참석하는 사람 가운데서 바리새인과 같은 태도를 취하는 사람을 무척 싫어했다. 낙스가 바라고 있던 것은 그런 기회에 진실하게 회개하라는 것이었다. 재삼 재사 그는 성례가 "모든 불쌍하고 병든 영혼을 위한 단 하나의 약(藥)"이라고 선언했던 것이다. 죄인이 선한 의원을 찾지 않고 어디를 찾아갈 수 있겠는가. 죄를 물마시듯 범하는 악독한 사람들이나 거만하고 냉담한 사람들과 마찬가지로, 스스로 의롭다고 믿고 있는 사람들이 「주님의 성찬대」(Lord's Table)에 나갈 필요는 없는 것이다. 그 이유는 다음과 같다;

"나는 아무리 죄가 주홍 같을지라도 참으로 그 죄를 뉘우치는 사람은 아무도 따로 분리시켜 놓지 않고, 오로지 계속 회개하지 않고 죄를 짓고 있는 사람만을 분리시켜 놓겠습니다… 우리 주님이 우리에게 원하시는 것은 우리가 갖고 있는 어떤 가치가 아니옵고, 우리가 불완전한 존재요 아무 것도 가진 것이 없다고 고백하는 것입니다… 우리가 여기 나온 것은 우리의 생활이 정직하고 의롭다는 것을 주장하기 위해서가 아니라, 오히려 예수 그리스도 안에서 우리의 참된 생명과 그 완전함을 찾기 위함이라(Works, VI, p. 324; IV, p. 193)는 데 있기 때문입니다"

6. 예정론(豫定論)

세상에는 모든 사람들이 익히 잘 알고 있는 몇 가지 현저한 역사적인 사건들이 있다. 예를 들면 노르만족(Norman)의 영국 정복이 1066년부터 비롯되었다거나 칼빈주의가 예정론적인 신앙이라는 것들이 그런 종류의 사실들이다. 그러나 어떤 사람은 한 걸음 더 나아가서 칼빈주의는 "엄격하고 잔인하고 가혹하게 예정적"이라고 비난하는 사람이 있다.

이런 종류의 형용사를 굳이 사용하는 것은, 독자들로 하여금 순전히 기분에 근거해서 판단하게 하여 사실을 객관적으로 음미하지 못하게 하고, 더 나아가서는 그것과 관련된 여러 문제에는 손을 대지도 않고 논증이나 설명을 생략한 채 급작스럽게 소기의 결론을 끌어내리는 수단에 불과하다. 말할 것도 없이 사실이 엄격하고 잔인하고 가혹하다면, 그것은 잘못된 것이기 때문에 그것에 대한 생각을 더 할 필요가 없을 것이다.

그러나 분별력이 있는 사람이라면 이처럼 불명예스러운 명칭을 듣고 보게 될 때 경계를 게을리하지 않을 것이다. 이런 명칭이나 별명은 가끔 의분을 표현한 점잖은 방도가 되기도 한다. 그러나 대개는 오히려 근거도 없는 혐오를 표현하는 방법으로 쓰여지는 것이 통례다. 칼빈주의 예정론의 경우를 봐도 이들 불유쾌한 별명이나 명칭이 대개는 비합리적인 감정에 호소하고 있음을 쉽게 알 수 있다.

이런 말투들을 사용하는 대부분의 사람들이 예정론에 관해 알고 있는 것은, 선한 자는 아무리 품행이 단정하지 못한 일을 했어도 천국에 들어가고, 악한 자는 어떤 일을 했든지 지옥에 떨어질 수밖에 없다는 막연한 인상 뿐이다. 낙스는 이것이 자신의 신앙을 적절히 묘사한 것이라고 시인하지 않을 것이고, 또 낙스가 이 문제에 대해 전술한 바를 읽은 사람 가운데 어떤 사람도 그렇게 생각할 사람은 없을 것이다.

그러므로 낙스의 예정론 위에 붙이는 형용사가 어떻든지, 우리는 낙스 본래의 견해를 직접 고찰하지 않으면 안 될 것이다. 이것은 그리 쉬운 일이 아닐 것이다. 왜냐하면 낙스가 이 예정 문제에 관해 장황한 논문을 남겨 놓은 것은 사실이지만, 그것은 다 체계적인 것이 못되기 때문이다. 이 논문은 본래 칼빈의 예정론을 공박한 재세례파에 대한 답변으로 쓰여진 글이었는데, 여기서 낙스는 자기 자신의 의견을 순서 있게 전개하지 않고, 재세례파의 책을 한 장 한 장씩 검토해 가면서 일일이 반증하고 있는 것에 불과하다.

결과는 이래 저래 반복만 하게 되었고 또 그 반복이라는 것도 앞 뒤가 일치하는 체계적인 것이 아니어서, 이 글을 읽고도 낙스의 본래 입장이 무엇인지 결정하기는 무척 힘들게 되어 왔다. 그 밖에도 우리는 낙스가 매우 정서적인 사람이고, 또 쉽게 흥분하는 성격의 소유자일 뿐만 아니라 한창 열이 올라 토론한 뒤에 냉정한 기분으로 되돌아 왔을 때 자기 자신도 납득할 수 없어서 후회할 정도로 극단으로까지 밀려 간다는 사실을 염두에 두는 것이 좋을 것이다.

또 하나 복잡하게 될 가능성이 있는 문제는 낙스의 경우, 머리와 가슴이 반드시 일치하는 것도 아니어서 갈등이 전혀 없지는 않았다는 사실이다. 요컨대 지적(知的)으로 그는 칼빈의 신학에 매혹되어 있었다고 할 수 있다. 그러나 목회자로서 말하고 글을 쓸 때는 오히려 루터의 모습이 거기에 나타난다. 낙스는 조직신학에는 별로 큰 관심을 갖지 않고 목회나 설교에 비상한 관심을 갖고 있었던 것같다.

그러다 보면 재세례파에 대한 답변이 곧 낙스 자신의 깊은 확신의 표현이었고, 그가 교회 회중에게 전달해 준 것이 그의 본래의 교훈이라고 믿기는 좀 어려울 것같다. 우리는 낙스의 목회서신이나 그 밖의 여러 곳에 나타나 있는 그의 예정 사상을, 이런 여러 전제들을 병행시키면서 다루지 않으면 안 될 것이다.

그러나 한 마디 덧붙이고 싶은 것은 낙스는 목회자도 아니었고, 목회와 전혀 무관했다는 퍼어시의 판단에 이의를 표명해야 하겠다는 점이다. 낙스의 편지들은 낙스가 시종여일하게 목회자였다는 사실을 웅변적으로 시사하고 있다. 나는 사실 낙스의 예정론 가운데서 어떤 논리적인 일관성을 찾을 수 있다고 생각하지 않는다. 이 문제에서 낙스는 칼빈을 따랐지만, 칼빈 자신도 이 문제 뿐만 아니라 신앙의 여러 문제에서도 일관된 논리적인 서술을 남기고 있지 않다.

우리는 칼빈의 신학을 가리켜서 냉담한 '프랑스 사람의 논리'라는 말을 가끔 듣는다. 다시 말하면 칼빈에게 있어서는 영국 사람들이 상식(common sense)의 절대적인 보증이라고 믿는 무딘 칼날 같은 대범성이나 양털 같은 텁텁한 타협심이 하나도 없었다는 것이다. 어떤 사람은 칼빈의 문학적인 스타일이 무척 조리있고 명료한 것을 미루어 보아, 그것이 표현하는 사상도 명석하고 알뜰하게 논리를 갖추었다고 속단하지만 사실은 그렇지 못하다.

칼빈의 신학을 전체적으로 이해하려고 애쓴 사람들은 그렇지 않다는 사실을 곧 발견한다. 칼빈의 목표는 자기가 이해한 성경적인 진리를 아무 편견도 덧붙이지 않고 그대로 서술해 놓는 데 있었다. 논리적인 일관성을 깨뜨리는 한이 있더라도, 일점 일획 가감하면서까지 메시지를 선포할 수는 없었다.

그의 글을 읽으면 일반적으로 이율배반(二律背反)이나 역리(逆理)에 직면하게 된다. 그는 하나님의 존엄과 그 주권을 선명하게 해설하고 나서, 악의 세력의 가공할 만한 실재를 강조한다. 이율배반에 대한 논리적인 해결을 제공하기 위해서 그렇게 한 것은 아니다. 그럴 필요가 그에겐 없었다. 왜냐하면 이와 같은 모순이 성경의 증거이고 그리스도의 신앙과 경험의 사실인 만큼, 둘 다 명백하게 진술해야 하는 것이 도리였기 때문이다.

어떤 논리적인 사상가는 이 모순의 양쪽을 다 흐리게 해 가면서까지 양자 간의 어떤 조화를 꾸며 보려고 시도할지 모른다. 하나님의 주권에서 어떤 것을 떼어 내고 악의 실재에서 어떤 사실을 왜곡하여 마침내 하나님은 제한된 존재가 되게 하고, 악은 실재적인 것이 아니고 선의 불완전한 상태가 되게 하고, 악은 실재적인 것이 아니고 선의 불완전한 상태가 되게 해서 이 둘 사이에 일종의 논리적인 교량을 가설할 수 있을는지 모른다.

그러나 칼빈은 그런 일을 할 수 없었다. 그는 모순의 양쪽을 다 날카롭게 사실 그대로 진술한다. 왜냐하면 그에게는 둘 다 과소평가해서는 안 될 현저한 실재들이었기 때문이다. 논리를 이용해서 조화를 가져올 수 없기 때문에 논리가 아닌 진리가 그의 목표였다. 그가 예정론을 취급하는 방법도 비슷했다. 한편으로 그는 철저하고 극단적인 예정론을 고집하고, 다른 한편으로는 어느 신학자보다 더 인간의 책임을 강조하고, 그리고 인간의 선택과 결정의 중요성과 그 실재를 높이 강조한다. 칼빈은 양쪽이 다 우리가 감히 경시하거나 등한시해 버릴 수 없는 엄연한 사실이라고 믿었기 때문에, 아무 타협이나 허위를 이용하지 않고 사실 그대로 진술한다. 물론 이 두 주장이 어떻게 궁극적으로 조화하느냐라는 것은 수수께끼로 남는다.

어떤 면에서 우리는 칼빈을 극단적인 사상가라고 부를 수 있을지 모른다. 그러나 우리는 그의 한 극단은 언제나 정반대 극단에 의해 서로 상쇄(相殺)된다는 것을 기억해야 할 것이다. 그는 자기가 진실한 것이라고 생각하는 어떤 사실의 예리한 칼날 끝을 조금도 무디게 해 놓지 않는다. 이런 의미에서라면 우리는 칼빈이 '냉담한 논리'를 이용했다고 비난할 수 있다. 그러나 불편한 사실과 진리를 너무 자주 조화시키는 텁텁한 마음을 가진 사람이 냉담한 논리가가 아닐 수 없다.

예정론에서 낙스는 칼빈의 논리 뿐만 아니라 그 방법까지 그대로 사용했다. 그런 까닭에 낙스가 그와 비슷한 뚜렷한 모순을 진술하게 된 것은 무리가 아니다. 그의 논문 속에서 무수한 모순을 긁어내고 그것을 그의 약점이라고 고발한다고 해도, 그것은 값싸고 소용 없는 승리에 지나지 않을 것이다. 낙스는 칼빈처럼 자신의 목표는 자기가 알고 있는 사실을 진술하는 것이었지, 어떻게 그렇게 존재하게 되었는지를 설명하는 것이 아니었다고 답변할 것이다.

그리고 만약 낙스의 모순점들을 나열하는 것이 값싼 승리라고 한다면 낙스는 정반대의 두 가지 사실 가운데서 한 때는 이쪽 편을 또 한 때는 저 쪽 편을, 그것도 아주 배타적으로 주장한다는 사실을 양심적으로 시인하지 않고 그를 극단주의자라고 낙인을 찍어버리는 것도 잘못이라는 것을 시인해야 할 것이다. 사실상 낙스의 예정론은 정반대의 두 극단을 평형하게 해 놓는 것이라고 할 수 있다. 그의 글을 서둘러 읽거나 조심있게 읽지 못한 독자들은 불행하게도 이 사실을 간과하는 경향이 있다.

낙스나 칼빈주의를 가리켜서 「사악한 운명 예정론」이라고 비난하는 일이 많았기 때문에(이런 비난이 이 문제에 대해서는 지극히 피상적인 지식을 갖고 있으면서도, 신학적인 여러 문제를 완전히 다 아는 척하는 몇몇 스코틀랜드 문필가들에게 특히 심한 것을 보아), 칼빈이나 낙스 어느 누구도 이 교리를 창안해 내지 않았고 또 이 교리가 이 두 사람에게만 국한된 것이 결코 아니라는 사실을 밝혀 놓는 것이 필요할 것같다.

이 교리의 중심은 바로 성경 안에 있다. 이 교리가 성서적이라는 것은 사도 바울이나 이사야나 예레미야와 같은 예언자들의 말 속에서 예정론의 근거를 발견할 수 있다는 의미에서만은 아니다. 사실은 성경이야말로 예정에 관한 글을 쓴 책이라는 것이다. 성경이 일관되게 말하는 주제는 바로 이 예정이다. 성경에서 이 예정이라는 사실을 삭제해 버린다면, 남는 것은 단편적인 글들밖에 없을 것이고 따라서 전체의 의미는 상실되고 말 것이다. 그것은 마치 고운 목걸이의 실을 뽑아 버려서 수십개의 소용 없는 구슬 조각들로 만들어 버리는 것과 같은 우매한 것이다.

성경이 얼마나 예정론적인가를 생각해 보라. 구약성경에는 하나님이 그분이시고 본성으로나 은총에서 절대 주권자로 군림하신다. 그의 이름은 '스스로 계신 자'(I am)이고 하나님이시고, 그 분 외엔 다른 신이 없다. 그의 지고(至高)하신 의지만이 오늘 있는 것과 내일 있는 것을 결정하신다. 그는 이 거대한 우주와 이 작은 티끌까지 창조하셨고, 이 세상과 그 안에 있는 지극히 작은 사건까지 유지하신다.

아침마다 하나님은 해가 그 날의 코스를 가도록 지시하시고, 저녁이 되면 밤 하늘에 별을 그 수대로 나오게 하시어 빛을 내게 하신다. 들의 산 짐승들은 절기에 따라 일용할 양식을 하나님의 손으로부터 받아가고, 또 하나님의 뜻이 계셔서 숨을 거두어 가실 때에는 죽어서 흙으로 돌아간다. 모든 자연과 온갖 자연의 행사가 다 하나님의 의지에 종속해 있으며, 갖가지 사건들은 하나님이 정하시는 대로 생성되기 마련이다(시 104편).

사람도 하나님의 장중에서 살아가고 있고, 그 생명의 존엄도 하나님의 주권적인 의지 속에서 비롯되고 있다. 시편 139편에 장엄하게 묘사되고 있는 하나님의 감시의 눈에서 헤어나올 길은 없는 것이다;

> "여호와여 주께서 나를 살펴 보셨으므로 나를 아시나이다. 주께서 내가 앉고 일어섬을 아시고 멀리서도 나의 생각을 밝히 아시오며 나의 모든 길과 내가 눕는 것을 살펴 보셨으므로 나의 모든 행위를 익히 아시오며 여호와여 내 혀의 말을 알지 못하시는 것이 하나도 없으시나이다 주께서 나의 앞뒤를 둘러싸시고 내게 안수하셨나이다. 이 지식이 내게 너무 기이하니 높아서 내가 능히 미치지 못하나이다. 내가 주의 영을 떠나 어디로 가며 주의 앞에서 어디로 피하리이까. 내가 하늘에 올려갈지라도 거기 계시며 스올에 내 자리르 펼지라도 거기 계시니이다. 내가 새벽 날개를 치며 바다 끝에 가서 거주할지라도 거기서도 주의 손이 나를 인도하시며 주의 오른손이 나를 붙드시리이다"(시 139:1-10).

시편 기자는 자신의 삶에 대한 하나님의 예정 뿐만 아니라 앞날에 대한 예정도 확신하고 있었다;

> "내 형질이 이루어지기 전에 주의 눈이 보셨으며 나를 위하여 정한 날이 하루도 되기 전에 주의 책에 기록이 되었나이다"(시 139:16).

여기에 참 예정론이 있다. 구약성경에 보면[전도서의 냉소(冷笑)를 제외하고] 기회나 요행이하나도 없다. 삼라만상의 백만 가지 사건들이 다 지고자의 뜻에 따라 생성되고, 하나님의 결정에 따라 기복(起伏)한다. 이처럼 하나님께서 종말의 사건을 태초에 미리 아시고 계신 이상, 단순한 '결정'에 의해서만이 아니라 주의 예정에 의해 역사가 지배된다는 것을 알 수 있다. 환난까지도 이와 같은 하나님의 지고하신 예정에서 제외될 수 없다. 그렇다고 해서 하나님의 한결같으신 성성(聖性)이나 선성(善性)에 변동이 있는 것은 아니다;

> "여호와의 시키심이 아니고야 재앙이 어찌 성읍에 임하겠나이까"(암 3:6). "나는

평안도 짓고 환난도 창조하나니 나는 여호와라 이 모든 일을 행하느니라"(사 45:7).

자연세계에서 뿐만 아니라 은총의 영역에서도 마찬가지다. 곧 하나님은 이스라엘 민족이 보잘 것 없을 때 선택하셨고, 순수한 은총과 선한 의지로 이스라엘을 택하사 만민을 축복하실 목표를 완성할 도구로 삼으셨다. 나라의 운명도 하나님에 의해 결정되었다.

물론 이것은 이스라엘이 갖고 있는 어떤 특별한 가치 때문이 아니었다. 하나님은 선택하신 후에 이 가치를 부여하셨고, 하나님의 선택이 이 민족의 운명을 구체적으로 결정하셨던 것이다(레 20:26).

신약성경도 예정 사상으로 흠뻑 젖어 있다. 때가 차매(지명되고 결정된 시각에) 하나님은 그의 독생자를 보내셔서 예정해 놓으신 일을 다하게 하셨다. 그의 일생을 통해 하신 일들 하나하나의 동기는 다 "예언자들이 미리 말했던 것을 성취하려고" 하는 데 있었다. 죽음에 직면하셨을 때 우리 주님은 "이를 위하여 이 시간까지 걸어 왔노라"고 외치셨다.

엠마오로 내려가는 제자들에게 예수님은 "미련하고 선지자들이 말한 모든 것을 더디 믿는 자들이여 그리스도가 이런 고난을 받고 자기의 영광에 들어가야 할 것이 아니냐"고 말씀하셨을 때, 이것은 결국 하나님이 그를 위해 지정하시고 미리 작정하신 그런 소임을 다한 것을 의미한 것이 아니겠는가.

주님의 운명이 미리 작정된 것과 마찬가지로 제자들의 운명도 그러했다. 그리스도는 그의 제사장으로서 하신 기도 가운데서 "세상 중에서 내게 주신 사람들에게 내가 아버지의 이름을 나타내셨나이다… 저희는 아버지의 것이었는데 내게 주셨으며… 아버지께서 아들에게 주신 모든 자에게 영생을 주게 하시려고 만민을 다스리는 권세를 아들에게 주셨음이로소이다"라고 기도하셨다.

그들이 선택한 것이 아니라 "선택받은" 것이다. 마지막 말들은 (의미심장하게도) 낙스가 자신의 '첫 닻줄'을 내려 놓았다고 말한 요한복음 17장에 나오는 말들이다. 닻줄을 여기에 내려놓은 다음에야 어느 누가 이처럼 완전한 예정론적인 신앙에 붙들리지 않을 수 있겠는가.

마지막으로 자연과 은총의 전과정이 지향하고 있는 목표(궁극적인 완성)는, 하

나님의 절대적인 예지(豫知) 속에 숨겨져 있다;

> "그 날과 그 시간은 아무도 모르고 하나님의 천사도 모르고 오직 아버지만 아신다."

예정 교리가 몇몇 애매한 본문에 근거한 것이 아니라는 사실이 충분히 밝혀졌을 줄로 믿는다. 예정이야말로 성경이 말하려는 전부이고, 따라서 이 예정사상에 단서와 연결되지 않은 신학이 성경적이라고 주장할 수는 없을 것이다.

그렇다면 낙스는 자신의 신학에 예정론적인 경향이 두드러지게 나타나 있다고 해서 사죄하고 다닐 필요는 없다. 성경적인 신앙을 해설하는 것이 그의 임무였다. 성경적인 신앙이라는 것은 다름 아닌 이 「예정 신앙」이다. 성경을 동시에 부정하지 않고서야 어떻게 예정 교리를 부정할 수 있겠는지 그 이유를 설명해야 할 사람들이, 바로 낙스의 예정론을 비난할 사람들이다.

그러나 만약 문제가 있다면 낙스가 이 교리를 취급할 때 강조했던 점이 정말 이 성경의 증언이 내포하고 있는 근본적인 요소를 완전히 표현한 것이었던가라는 문제일 것이다. 여기서 당장 한 가지 문제가 떠오른다. 만약 모든 종교개혁자들이 누구나 할 것 없이 다 철저한 예정론자였다면, 왜 칼빈주의만이 과격한 예정론의 신조라는 비난을 받게 되었을까. 그 이유는 주로 칼빈의 신학에 대한 관심과 그 교리적인 형성이 루터의 것보다 훨씬 광범위한 것이었기 때문에, 그가 예정론으로 취급해야 할 문제들이 비교적 많았다는 데 있다.

루터는 수도사였고 사색을 아주 싫어하는 반(反)인문주의자였다. 따라서 그의 관심은 실제적인 것이었고 한 가지 긴급한 문제(인간의 죄와 부족 그리고 이 부족을 메꾸기 위해 하나님이 무엇을 하시느냐)에 집중되고 있었다. 이 점에서는 루터도 예정론적이다. 아마 칼빈보다 더 철저하게 예정론적일 것이다. 그러나 신학의 넓은 분야에서(더구나 사색과 철학의 문제에 봉착하자) 루터는 비교적 할 말이 궁해지고 만다. 그의 예정론은 요컨대 꽤 협소한 문제에만 적용된 것이라고 할 수 있다.

칼빈은 사정이 달랐다. 그는 회개하기 전에는 인문주의자였고, 그 후에도 광범위한 관심을 포기하지 못하고 있었던 인문주의자였다. 그의 신학은 죄

많은 인간의 참상(慘狀) 곧 주관적인 문제에서 시작하지 않았고, 하나님의 무한한 영광과 그 주권에서 시작했다. 그리고는 모든 영역에 걸친 하나님의 창조와 구원의 경륜을 다루고 나서, 비로소 각 죄인에 대한 구원의 적용을 문제삼았다.

그의 사고방식은 이처럼 칼빈으로 하여금 루터가 한 것보다 더 넓은 범위에까지 확장해서 예정 교리를 제시하지 않고서는 못 견디게 했다. 광범위한 신학에 수반되는 광범위한 예정론이 바로 칼빈주의가 비범하게 예정론적이라는 일반적인 인상을 가져 오게 하는 중요한 원인이다. 그러나 낙스는 예정론에서는 칼빈보다 루터의 방법을 모방했다. 다시 말하면 낙스는 우리들 한 사람 한 사람의 구원에 직접 관련을 갖고 있는 예정에서부터 출발하고 있다.

이 중심 지점에서부터 그는 기독교 철학의 넓은 분야에 걸쳐 편력한 후에, 예정이 근거하고 있는 것으로 믿어지는 하나님의 영원한 섭리로 되돌아 온다. 그의 중심적인 관심은 하나님의 「예정」(foreordination)과 우리 구원의 관계를 규명하는 것이고 그의 관심을 일관하고 있는 논지는 선택과 구원, 인간 책임의 한계와 확신의 문제, 성도들에 대한 최후의 구원 문제, 선택 및 그리스도의 중보와의 관련 같은 문제들이었다.

낙스는 모든 개혁자들과 동조해서 구원은 여전히 하나님의 은혜에서 오는 것이지, 우리가 애써 이룬 어떤 공적에 좌우되는 것이 아니라는 확신에서부터 출발한 후에, 이 확신은 죄 많은 인간은 하나님 앞에서 자신을 의롭게 할 만한 선행을 전혀 할 수 없다는 사실에 기초했을 뿐만 아니라, 죄인은 하나님의 자비와 은총을 영원히 빚지고 있다는 사실에도 기초하고 있다. 이것이 바로 루터의 출발점이었다.

그러나 낙스는 한 걸음 더 나아가 확신은, 구원에 불가결한 요소(곧 구원받을 사람이 누리기를 원하는 일종의 부수적인 위안 거리가 아닌 것)라는 신념 위에 확고히 서 있었다. 낙스는 구원에 대한 확신은 필수불가결의 것이라고 말한다. 왜냐하면 그것 없이는 소망과 공포 사이를 가련하게 전전긍긍 다니지 않으면 안 되고, 따라서 우리는 하나님이 받아주실 만한존재라는 확신을 두고 두고 가질 수 없기 때문이다.

그러나 그 대신 우리가 하나님이 받으실 만한 존재라는 것을 확신하지 않고 두려워한다면, 결국 하나님의 구원의 자비와 사랑을 불신하는 것이 된다. 이 같은 불신은 하나님께 자신을 맡기고 모든 것을 신뢰한다는 것과는 상반되는 일이고, 하나님과 그 약속에 대한 신앙의 반제제(反提題)가 되는 것이다.

우리는 하나님을 신뢰함으로써 구원받는다. 그러나 우리가 받아들일 만한 존재라는 것과, 또 그리스도의 공로로 말미암아 용납된 존재라는 것을 확신하지 못하고 의심하면 하나님을 신뢰할 수 없는 것이다. 우리의 깊은 마음 속에 하나님이 '그것'을 말씀해 주신다는 것은, 우리가 구원받았다는 사실과 다름이 없다. 우리가 그 말을 들을 때 그것을 믿는다는 것과 구원받았다는 말은 차이가 없다. 그러므로 확신(즉 하나님이 우리를 받아 주시고 이미 받아 주셨다는 사실을 확신하는 것)이야말로 구원의 참 본질이 되는 것이다.

물론 하나님께 우리가 받아들여질 만한 조건이 우리 자신의 어떤 가치(우리 신앙의 견고성이라든가 우리 행위의 내용)에 좌우된다면, 우리는 좀처럼 확신을 가질 수 없을 것이다. 왜냐하면 우리의 신앙은 허약하고, 우리가 행한 최선의 행위도 악에 감염되어 있기 때문이다. 확신은 우리가 하나님께 수락될 만한 조건이 우리 안에 있는 것에 있지 않고, 오직 하나님의 선택에 있다고 인식할 때에만 찾아온다고 낙스는 말했다.

그리고 이 선택은 하나님의 자유로운 최고 은총에서 연원한 것이고 또 우리 안에 있는 어떤 가치와 상관 없이 마련된 것이기 때문에, 우리의 감정이 아무리 변덕스럽게 바뀌고 성패가 되풀이 하고 신앙과 의심이 간단없이 변전한다고 해도 절대 무변하고 언제나 이 모든 유전(流轉)을 깊이 뚫고 변함 없이 지속해 가는 것이라고 강조했다.

선택이 확신의 참된 근거라고 할 수 있는 것은, 선택에 대한 확신만이 그런 완전한 신뢰를 가져올 수 있기 때문이다. 이 완전한 신뢰는 예수를 믿기 시작하는 시간에만 필요한 것이 아니라, 그 이후 그리스도인의 전생활을 통해서도 없어서는 안 될 기본적인 요소가 되어야 한다. 왜냐하면 참으로 하나님을 섬기는 일은 의심과 공포에서는 솟아날 수 없고, 오직 신뢰와 사랑에서만 힘을 얻을 수 있기 때문이다.

이렇게 되면 선택의 교리가 '확신'(하나님의 사랑과 자비는 이제 우리의 것이라는 환희에 넘친 확실성)을 낳는 셈이 된다. 이것은 개혁자들이 후세에 남길 수 있었던 고귀한 유산 가운데 하나다. 중세 교회는 죄에 대한 심원(深遠)하고 불안한 생각을, 사람들의 마음 가운데 불러 일으키기는 했다. 그래서 죄에 대한 이런 생각이 중세 종교 생활의 지배적인 요소가 되어 왔다.

그러나 중세 교회는 구원에 대한 확신을 일으켜 주지는 못했다. 이것은 치명적인 과실이었다. 교회는 확신을 금욕 수행과 선행을 통해 획득하라고 가르쳤다. 그러나 많은 사람들은 헛수고를 되풀이 했을 뿐이었다. 이들이 참된 기독교인의 생활을 위해 간절히 소원하고 요청했던 확신은, 우리가 구원받는 것이 선행 때문이 아니라 오직 하나님의 은혜로우신 선택 때문이라고 가르친 종교개혁만이 베풀어 줄 수 있었다.

그러나 낙스는 확신의 근거가 우리들의 공적에 있지 않고 선택에 있다고 가르침으로써, 확신의 문제를 한층 더 가공할 만한 것으로 만들었다는 사실을 깨닫지 못했다. 실로 뜻 밖의 일이 아닐 수 없다. 만일 구원이 공적에 좌우된다면 우리의 구원이 의심스러울 경우에 최소한 무슨 일이든지 해 볼 수는 있다. 좀 더 선해지려고 갖은 애를 다 써 볼 수도 있을 것이다. 그러나 그것이 하나님의 선택에 좌우된다면 구원이 의심스럽다고 해도 무엇을 해 볼 나위가 없고, 따라서 완전히 절망적인 마비 상태에 빠지고 말 것이다. 그 때 '내'가 할 수 있는 일은 하나도 없다.

하나님이 나를 선택하지 않으셨다면 나는 확실히 소망과 도움을 소유할 수 있는 것이 하나도 없다. 개혁자들이 살고 있던 당시의 사람들은 아무도 이런 난관이 있다고는 눈치채지 못했다. 낙스도 그 중의 한 사람이었다. 그들은 「로마 교회의 오류」에서 벗어나 복음적인 진리의 은혜로운 광명 아래 활보할 수 있었기 때문에 그럴 겨를이 없었다. 그들은 마음 속 깊이 모든 것을 전부 용서하시는 하나님의 사랑의 실재를 경험하고 있었다. 이런 실정에 처해서 하나님이 나를 선택했을까 않았을까라는 의심을 어떻게 품을 수 있겠는가.

이 새로운 경험의 불길이 다 식어간 다음에야 비로소, 어두운 의혹이 칼빈주의 세계 어느 한 모퉁이에서 머리를 들기 시작했다. 자기가 선택받고 있다면 그 증거는 무엇인가. 「사탄의 회중」에서 벗어났다는 사실을 외치고 또 참 신앙을 위해서 떳떳이 박해받을 때에는, 구원받을 사람 가운데 나도 끼어 있다는 사실을 안 믿을래야 안 믿을 수 없었다. 그러나 프로테스탄트 교회가 설립되고 교인들이 프로테스탄트 교인이 되었을 때, 그들이 어떻게 다 선택받았다고 확신할 수 있겠느냐라는 의심이 머리를 들기 시작했다.

처음으로 이 의혹에 심각하게 맞서지 않을 수 없었던 사람이 존 낙스였다. 그는 신경쇄약으로 앓고 있는 자신의 장모 「바우스 여사」(Mrs. Bowes)의 경우를 골돌하게 생각하면서 이 문제에 당황하지 않을 수 없었다. 그는 장모의 신경통을 비상한 인내와 온순함을 갖고 간호했다. 그러나 장모에게 베푼 몇몇 목사의 권고가 지혜로운 것이었는지, 또 장모가 되풀이하는 의심을 해소하기 위해 진땀을 빼면서 암시한 일들이 현명한 것이었는지에 대해서는 깊은 의심을 품지 않을 수 없었다.

그는 「자기 성찰」(自己省察)이라는 위험한 방법을 창도했다. 선택은 어떤 열매를 맺을 것이고, 이 열매가 맺어졌다면 우리의 구원에 대해 별로 어렵지 않게 확신을 가질 수 있을 것이다. 그러나 우리는 선택받은 사람도 죄를 지을 수 있고, 또 죄를 짓되 의외로 무거운 죄를 지을 수 있다는 것을 기억하지 않으면 안 된다.

바우스 여사는 그런 까닭에 남달리 죄악 속에 깊이 전락해 빠져들어 갔다고 해서 자신의 선택에 절망할 필요가 없었다. 그러나 우리가 어떤 사악한 일에 한결같은 쾌락을 맛보고, 또 변함 없는 악행과 선에 대한 뿌리 깊은 혐오(嫌惡)에 묘한 만족을 느낄 때에는, 우리의 선택을 의심하고 더 나아가서는 이 사실을 심각하게 염려하지 않으면 안 된다. 이것이 낙스의 주장이었다.

그러나 구원이 선택에 완전히 좌우되고 또 이 선택이 하나님의 뜻에 따라 결정된다면, 바우스 여사나 그 이외의 다른 사람들이 무엇 때문에 마음을 졸여 가면서까지 이 일로 염려해야 할 것인가. 여기서 낙스는 궁지를 모면하는 탁월한 솜씨를 이용해서 장모에게 "소명과 선택을 동시에 확신하라"고 권고해 준다. 이 말이 무슨 뜻인지 이해하기는 대단히 힘들다.

분명히 낙스는 이런 경우보다 큰 노력을 기울여서 의(義)를 추구하는 것이 중요한 일이라고 말하고 있다. 그러나 왜 그것이 필요한가. 우리를 선택하신 하나님의 뜻이 최후적인 것이고 결정적인 것이 못 되기 때문인가. 그래서 선택받고 난 다음의 우리 행위가 어떤 것인지를 기다려 보고, 언제든지 그 결정을 철회할 수 있는 길이 있도록 남겨 두신 까닭인가.

이것은 공적(功積) 교리의 살얼음 위에서 스케이트를 타는 것과 똑같다. 이 말은 결국 낙스가 자신의 본래 원칙에서 떠나가겠다는 말과 다름없는 말이다. 나는 물론 사라져간 낙스에게 이 말이 그런 뜻이라는 수긍을 받을 마음은 없다. 목사로서의 낙스는 실로 협착한 골목에 들어섰을 때에는, 신학자로서의 자기를 건너뛸 만큼 엄청나게 관용스러웠던 인물이다. 짐작컨대 그는 신령한 생활을 계속하고 있는 우리의 현실은, 선택의 확신(우리는 택함받은 자들이라는 확신)을 증가시켜 준다는 말 이상의 것을 의미하지 않은 것같다.

바우스 여사의 경우만 해도 이것을 꼬치꼬치 생각해 보지도 않고, 그저 당연한 것으로 보고 말했으리라는 것은 의심할 여지도 없다. 그의 장모도 만약 선택받고 있지 않았다면 낙스의 설교를 높이 평가하지는 않았을 것이다. 그러나 선택받은 사람에 대해서라고 할지라도, 낙스의 말은 실로 모험적인 목사의 권고가 아닐 수 없다. 이런 권고를 갖고서는 선택에 관해 근본적으로 의심을 품는 사람들의 문제를 해결할 수가 도저히 없는 것이다.

이 모든 침울한 의혹에 대해 줄 수 있는 진실한 답변이 있다면, 그것은 그 희생자로 하여금 자기 내부를 뚫어지게 투시하지 못하게 하고 바깥 쪽에 눈을 돌리게 하는 데 있을 것이다. '확신'은 내적으로 근거를 잡을 수 있는 것이 아니다. 이것은 온전히 하나님의 약속에 뿌리박고 있을 수 밖에 없는 사건이다. 확신은 약속과 밀접한 상호 관계를 갖고 있고, 이 약속과 동떨어져서 우리 안에서 발견될 수 있는 성질의 것은 아니다.

하나님이 약속을 주시고 내가 그 약속을 신뢰한다면, 나는 모든 것을 하나님께 맡기는 것이 되고 이것으로 일은 끝난다. 그 이상은 아무 것도 없다. 내 신뢰가 타당한 신뢰인가, 내 신앙은 구원을 가져올 만한 신앙인가라는 것을 다짐해서 여러 번 묻는 것은 고질적인 고집 이외에 아무 것도 아니다. 구원을 주시는 약속을 믿는다면, 그것은 벌써 구원을 가져다 줄 수 있는 믿음일 것이다. 약속 자체가 타당한 것이라면 신뢰가 타당하지 않을 리가 없을 것이다.

선택의 확신은 예수 그리스도 안에 나타나신 하나님의 자비를 믿는다는 매우 간단한 사실 이외에 아무 것도 아니다. 이 확신을 약속에 더 밀접하고 힘있게 붙잡아 두는 일을 버리고, 다른 방법으로 이 확신을 지탱하려는 노력은 약속을 위태롭게 만들어서 마침내 헐어 버리는 행동과 다름 없다. 왜냐하면 그것은 자기 내부에 선택받은 증거가 있을 줄 알고, 한 없이 찾아 헤매다가 끝내는 찾지 못하고 절망케 하는 참혹한 지경에 우리들을 몰아 넣고 말기 때문이다.

이것과 관련된 문제로서 우리는 낙스가 의견을 뚜렷이 세우지 못하고, 모순의 양편을 똑같은 열정으로 시인하고 있는 것처럼 보이는 문제(즉 성도의 종국적인 구원의 문제)를 예증할 수 있다. 다시 말하면 사람이 선택받았다가도 지옥에 떨어질 수 있는가, 다시 말하면 사람이 선택받았다가도 지옥에 떨어질 수 있는가. 또는 일단 선택받은 인간은 어떤 일을 감행하든지 그 구원은 절대적인 것인가라는 문제다.

이런 점과 관련해서 낙스를 이해하기 위해 우리는 먼저 그가 의미하는 자유의지나 하나님에 대한 순종이 어떤 것인지 알고 지나가는 것이 좋을 것이다. 그는 인간의 의지가 자유롭다는 것을 누구보다 더 강조하고 있다. 그는 예정론에 관한 논문의 어떤 구절 가운데서, 안나와 가야바 그리고 서기관들과 장로들 그리고 유다와 빌라도가 어떻게 다 자유스럽게 그리스도의 십자가 처형을 가능하게 했는지를 여실히 묘사하고 있다.

한 사람 한 사람이 다 자기가 하고 싶은 일을 바로 했고 목적했던 바를 구현했다. 그렇지만 동시에 각자가 다 하나님이 예정하신 그대로 조금도 어김없이 행동해서, 예정된 시각에 예정된 모양으로 그리스도께서 죄인을 위해 십자가에서 발꿈치를 들게 했다. 태초부터 십자가의 비밀은 예정되어 있었다. 그러나 이 사건을 실현하게 되어 있는 모든 사람들은, 분에 맞게 또 자유롭게 이 사건에 참여하고 있는 것이다.

자연인(Natural Man)은 한 가지를 제외하고는 만사에 자유를 행사한다. 그가 할 수 없는 한 가지는 하나님의 뜻에 복종하는 일이다. 그는 부지불식간에 하나님의 뜻을 수행한다. 왜냐하면 그렇게 예정되어 있기 때문이다. 그러나 복종이라는 것은 알려져 있는 하나님의 뜻에 성심껏 자발적으로 협조한다는 내용을 포함하고 있다. 자연인은 이런 일을 감당하지 못한다. 그는 하나님의 뜻을 분별할 수 없고, 설사 알았다고 하더라도 그 뜻을 이행하지는 않았을 것이다.

예수를 믿게 되면 그 때 비로소 하나님의 뜻에 대한 복종이 가능해진다. 왜냐하면 이제 하나님의 뜻이 그리스도 안에서 우리에게 계시되고, 또 성령으로 말미암아 우리 속에 깊이 새겨지게 되기 때문이다. 그러나 낙스는 복종은 하나님의 의지와 인간의 의지를 자발적으로 동일시하는 것이라는 사실을 명확히 알고 있었다. 자발적이 아니면 복종일 수 없다.

선택받은 자와 선택받지 못한 자의 차이는 다른 데 있지 않다. 선택받은 자가 자발적으로 하나님의 뜻에 복종하는 데 반해서, 선택받지 못한 자는 자신도 모르는 사이에 주의 뜻을 이행하게 된다는 사실에 있다. 그렇다면 이 말은 결국 사람이 예수를 믿고 나서는 하나님의 뜻에 자발적으로 자기 의지를 일치시키지 못할 경우가 있거나 하나님의 뜻대로 내 뜻을 가진 것을 완강히 거부하고 주어진 구원을 거절함으로써 선택을 무효로 돌려버릴 수도 있다는 것을 암시하는 것인가.

하나님은 모든 사람이 하나님의 뜻을 준행하되, 자신들의 자유에는 추호의 침해도 받지 않게 한다는 것을 보증하실 수 있고 또 보증하신다. 그러나 하나님이라 할지라도 사람의 자발적인 복종과 협조를 보증할 수 있겠는가. 구원받은 사람이 이 복종을 마음대로 철회하고 은총에서 빗나갈 수 있다는 것은 명백한 일이 아니란 말인가, 하나님의 지고하신 주권을 깊이 생각해 볼 때 낙스는 이것을 믿기 정말 힘들었다. 하나님께서 예정하신 것은 언젠가는 실현될 것이다.

그러나 그의 선택이 미완성된 채 실패로 돌아갈 수는 없다. 성도들은 종종 타락하고 때에 따라 완전히 타락하는 것처럼 보인다고 할지라도 마침내는 궁극적인 구원으로 인도될 것이다. 그러나 인간의 심정을 골돌하게 생각할 때, 낙스는 그렇게 간단하게 믿을 수 없는 것이 많음을 발견했다. 그래서 세상 끝날에 가서 구원받을 사람들의 일단(一團)에서 제외되는 일이 없도록, 경계를 게을리하지 말고 언제나 조심하라고 목자의 소리를 높이 외치게 되기도 했다.

여기에 다시 한 번 모순의 양쪽이 똑같이 진술되어 있다. 초조한 목사 낙스는 자신(自信)이 넘쳐 흐르는 신학자 낙스를 스스로 수정하고 있다. 그러나 낙스의 이런 성도의 궁극적인 구원의 교리를 알면서도, 이 교리를 태평스럽게 잠잘 수 있는 침대로 이용할 사람은 아마 한 사람도 없을 것이다.

잠깐 살피고 지나가야 할 문제가 하나 남았다. 예정 교리의 이면(裏面; 즉 영원한 형벌)에 관한 문제다. 이 문제의 기초를 이루고 있는 원칙은 물론 전체적으로 보아서 성경 안에 있었지만, 부분적으로는 낙스 자신의 경험이나 그 경험을 통해 알게 된 하나님의 본성에 있었다. 그의 경험에서 본다면 몇몇 사람이 복음을 수락하는 반면에 어떤 사람은 죽는 날까지 이것을 거절하고, 심지어는 경멸할 뿐만 아니라 선(善)을 비웃고 악행을 함으로써 묘한 쾌락까지 느낀다.

이 세상에 요행으로 생기는 일은 하나도 없고 모든 것이 다 하나님의 뜻에 따라 생성된다고 생각하면, 우리는 하나님이 어떤 사람은 택해서 구원에 이르게 하는 반면에, 어떤 사람은 지옥에 떨어지도록 미리 작정하시고 영원한 형벌을 주신다는 결론을 내릴 수밖에 없다. 낙스는 이 「이중예정」(二重豫定)의 원인이 하나님의 본성에 기인한다고 믿었다. 가톨릭 신학에서는 하나님을 실체(substance)로 간주했고, 스코투스 추종자들은 「임의적인 의지」라고 생각한다.

그러나 개혁자들은 하나님이 도덕법의 화신(化身)이라고 생각하면서도, 동시에 임의적인 의지라는 관념을 일부 보존했다. 칼빈주의 체계는 하나님의 본성과 의지를 정확하게 구별해 놓고, 심판의 필연성은 그 본성에 속한다고 보았다. 본성으로 본다면 하나님은 의로우신 존재이고 또 그래야 한다. 그러나 의지로 본다면 하나님은 절대적으로 자유로우신 존재다. 이 하나님의 자유는 엄격한 심판의 대상이 될 수밖에 없는 사람들에게 보여 주신 자비 가운데 잘 표현되어 있다. 그러나 하나님의 공의나 자비는 죄악이 그림자도 없는 곳에서는 충분히 그 본성을 나타낼 수 없을 것이다.

하나님의 본성인 공의와 또 그의 의지인 자비는, 그 기능들이 발휘될 수 있는 바탕으로서 죄악이 존재해야 할 것을 요청한다. 하나님은 죄가 티끌 만큼도 없는 인간 세상에서는, 자신을 완전하게 계시해 주실 수 없는 것이다. 모든 사람은 다 죄인이어야 한다. 그래야 택함받은 사람은 그 자비를 알게 될 것이고, 만인은 하나님의 공의를 체험하게 될 것이다. 타락도 하나님이 미리 정해 놓은 사건이다. 사람을 선하게 창조하셨지만 자유 의지를 부여하여서, 이 자유 의지를 행사하다가 타락하도록 만들어 놓은 것도 하나님 그 분이시다.

낙스는 비록 사람이 하나님이 예정해 놓으신 것을 실행하는 데 불과하다고 하더라도, 예정이 우리의 자유의지를 조금이라도 속박하는 것이라고 생각해서는 안 된다고 역설했다. 이렇게 해서 낙스는 하나님이 죄에 대해 책임을 져야 한다는 비난이 억지라는 것을 반증하려고 애썼다. 하나님이 죄를 미리 정하신 것은 사실이지만, 결코 사람이 죄를 짓도록 강요하시지는 않는다. 사람은 원래 자유로운 존재이기 때문에 책임져야 한다. 사람이 다른 일을 할 수 없었다는 것은 물론 두말 할 여지도 없다. 그러나 다른 일을 하려고 다짐하지 않은 것도 사실이다. 죄를 짓고 싶었기 때문에 죄를 지었을 뿐이다.

그리고 자기가 원하는 일을 하고 선택한 행위를 자행하면서야, 어떻게 예정 교리가 인간의 자유 의지를 파손하는 것이라고 말할 수 있겠는가. 독자들은 의지가 여기서 더 자유로울 수 있다고 생각하는가. 물론 이것은 하나님은 절대 주권적이고 인간도 절대 자유롭다는 모순의 양편을 둘 다 인정하는 논리이기 때문에, 악의 문제를 궁극적으로 해결하는 방도는 못 된다. 사람은 자기가 선택하는 바를 그대로 행동에 옮기고 또 바로 행함으로써, 하나님이 작성해 놓은 일을 하게 된다는 것은 잊어서는 안 될 것이다.

타락한 인간의 모습에 막 부딪겨서야 비로소, 하나님의 공의와 자비는 그 내용을 계시할 활동을 하게 된다. 낙스는 "O felix cul pa!"(오 행복한 타락이여 우리의 구속을 위해 그리스도를 이 세상에 내려 오시게 한 행복한 타락이여!)라고 울부짖을 용의가 있었다. 우리가 죄 짓지 않고 타락하지 않았다면, 하나님의 자비가 얼마나 오묘하고 위대한지를 짐작이나 할 수 있었을까.

그러나 자비와 마찬가지로 하나님의 공의도 이루어져야 한다. 왜냐하면 하나님은 자비로우면서도 공의로우신 분이기 때문이다. 하나님은 이 공의를 계시하지 않으시고는 자신을 완전히 우리들에게 알게 해 주실 수 없는 것이다. 그런 까닭에 타락한 사람들 가운데서 몇 사람을 구원으로 선택하시어 그 자비를 나타내시고, 또 몇 사람은 응분의 징벌을 받게 하셔서 그 공의를 드러내시는 것이다. 형벌받을 자들은 택함받은 사람들 못지 않게 하나님의 자기 계시(自己啓示)에 필요한 존재들이다.

이것은 후타락설[後墮落說, The infralapsarian Theory] 즉 하나님의 선택은 타락한 사람에게서 그 영향을 끼칠 수 있다는 교리다. 몇 군데서 낙스는 전타락설[前墮落說, The supralapsarian Theory] 즉 하나님의 선택이 결백한 사람에게서 효과를 나타낼 수 있다는 이론에 기울어진 듯한 인상을 주고 있지만, 전체적으로 보면 그는 후타락설자다. 칼빈과 마찬가지로 낙스도 이 문제를 깊이 생각해 본 적이 없는 것 같다.

하나님은 어떤 죄인은 불러서 구원으로 예정하시고, 또 어떤 이는 그 당연한 운명에 내버려 두시는 이런 예정의 비밀이 무엇인지 우리가 알기는 도저히 불가능하다. 그것은 죄인들 자신이 소유하고 있는 어떤 가치에 좌우되는 것도 아닐 것이다. 모두 다 형벌을 받아 마땅한 죄인들이기 때문이다. 그런데도 불구하고 낙스는 이 선택의 원리가 공평하고 정당하다고 주장한다. 하나님의 본성이 공의라면, 그 분에게서 비롯된 것이 불의일 수 없다는 것은 말할 나위가 없다.

이것은 너무 고원(高遠)한 것이어서, 우리 사람에게는 이해가 미칠 수 없는 하나님의 신비로운 경륜 가운데 일부에 불과하다. 그리고 낙스는 그렇게 말하고 있지만 만약 우리가 하나님의 이 선택의 비밀을 알아 낸다고 할 것 같으면, 그 다음부터 하나님은 이미 '하나님'이 될 수 없을 것이다. 하나님은 이런 문제에 대해서 의혹을 받을 그런 대상이 아니다. 그의 예정이 자의적이고 불의한 것이기 때문에 그런 것은 아니다.

비록 우리가 이 문제에 어떤 답변을 얻는다고 할지라도, 그것을 참으로 이해할 수는 없기 때문이다. 우리가 할 수 있는 것은 다만 우리 손을 입에 대고 벙어리가 되는 것 뿐이다. 사실 어떤 사람은 낙스가 좀 미리 손을 입에 대었더라면 유리했을 것이라고 느끼는지도 모른다.

낙스 자신도 아마 그렇게 느꼈을는지 모른다. 모든 종교적인 사변이 「스코틀랜드 신앙고백」에서 완전히 제거되어 있다는 사실을 미루어 이것을 쉽게 짐작할 수 있다.

예정은 전혀 논의되어 있지 않고, 단지 하나님의 선택의 항목에 와서 그리스도는 만세 전부터 우리의 구주로 예정되어 있었고 우리는 그 분 안에서 선택받았다는 사실이 간단히 진술되어 있을 뿐이다. 이 「스코틀랜드 신앙고백」의 구절은 요한복음 17장에 있는 낙스의 '닻 구절'(Anchor Passage; "저들은 당신의 것이요 당신은 저들을 나에게 주셨나이다")에 직접 연결되어 있기 때문에 나는 여기에 낙스 자신의 소박한 본래의 신앙이 가로 놓여 있다는 것을 의심하지 않는다.

사실 낙스의 견해만 해도 신중을 기한다는 몇몇 동료들이, 제멋대로 삭제하고 수정하여 소박한 형태의 것을 찾아보기 힘들 때가 있다. 낙스도 남처럼 논쟁의 하늘을 높이 날아갈 수 있었고 대담하게 사변할 수도 있었을 것이다. 만약 사람이 이런 문제에 사색의 눈을 돌려야 한다면(아무도 그런 사변을 막을 도리는 없지만) 낙스의 사변적인 신학은 상당한 존경받을 만한 가치가 있다고 믿는다.

그러나 퍼어시(Percy)가 예정론은 낙스의 신앙의 「한 재주 거리」(tour de force)에 불과했고, 낙스의 본심은 거기에 있지 않았다고 판단한 말이 옳을는지도 모른다. 확실히 낙스가 사변의 날개를 접어 겹쳤을 때, 그가 돌아온 것은 소박한 「그리스도중심」 신앙이었다. 실로 이 한 점을 향해서 토마스 보스톤(Thomas Boston) 때 와서야 풍미했던 「언약신학」(Federal theology)이 발전했던 것이다. 낙스의 그리스도중심적인 신앙은, 하나님의 선택의 직접적인 대상은 사람이 아니라 그리스도라는 신앙이었다.

우리가 하나님의 이 선택에 참여하는 것은, 그리스도가 우리를 부르시는 소명에 의해서, 그리고 그리스도와 한 몸을 이루는 신비스러운 융합을 통해서만 가능하다. 하나님의 선택은 우리와 직접적으로는 아무 상관이 없다. 오직 그리스도를 통해서 간접적으로 주어질 따름이다. 이렇게 해서 하나님의 선택은 사변적으로 생각했을 때처럼 성례를 완전히 무시해 버리거나 폐기해 버리지는 않는다.

만일 우리들 자신이 하나님의 선택의 직접 대상이라면, 세례나 성찬식도 그 의의를 대부분 상실할 우려가 많다. 왜냐하면 우리들은 시간 안에서 이루어진 사건(곧 예수 그리스도의 사건)은 깨끗이 잊어버리고, 이 영원한 하나님의 경륜에만 의존하게 될 가능성이 많기 때문이다. 그러나 선택의 대상은 그리스도이고, 우리는 단순히 그리스도 안에서 선택될 따름이다. 그렇다면 우리는 그리스도와 한 몸을 이룰 수 있는 방법인 성례의 의의를 자연히 중대하게 생각하지 않을 수 없을 것이다.

우리는 낙스가 성찬식을 강조한 사실을 이미 살펴 보았다. 「스코틀랜드 신앙고백」에 있는 그리스도 중심적인 요한의 신비주의다. 낙스가 예정에 대한 무미건조하고 사변적인 논문을 쓰느라고 정력을 낭비하지 않고, 이 선택의 본질에 대해서 자기가 경험적으로 체득한 지식(옥토) 에 노력을 집중했더라면 얼마나 좋았을까라는 생각이 든다,

낙스를 공평하게 평가하기 위해서는 선택에서 그리스도가 중심되어 있다는 사실이 그의 예정론에서 등한시된 것은 결코 아니라는 점을 명심해야 한다. 낙스는 이 점을 특별한 힘을 기울여 아름답게 묘사하고 있다(Works, V, pp. 50~54). 그러나 낙스는 어디에 보물이 감추어져 있는지 우리에게 가르쳐 주었다. 그리고 벌써 이 옥토에서 보물을 찾은 사람이 많이 있다. 그러나 앞으로 찾아내야 할 보물은 더 많을 것이다.

7. 섭리론(攝理論)

앞에서 살펴본 예정론을 보면 낙스가 섭리론을 취급할 때에도 난관에 봉착하지 않을 수 없다는 것이 예상되었으리라고 믿는다. 물론 이것은 조금도 놀랄 만한 사실이 아니다. 강단에서 섭리의 문제를 들고 설교한 목사들이 다 잘 알고 있는 바와 마찬가지로, 이 주제를 말하려는 사람은 누구든지 곤궁에 빠지기 마련이다. 그러나 낙스의 예정론은 이 난관을 예상 밖으로 까다롭게 전개시켜, 이 문제에 대한 경솔한 해결이 얼마나 위험한 모험인가를 알려 주고 있다.

독자들은 낙스가 이 세상에서 요행이란 것을 완전히 부정한 사실을 기억

할 것이다. 우연히 생기는 일은 하나도 없다. 만사가 다 하나님이 예정하시고 경륜하신 대로 하나도 어김없이 일어나고 있는 것이다. 낙스는 하나님께서 자기 뜻에 완전히 일치하지 않는 사건이 발생하는 것을 간혹 묵인하실는지도 모른다는 미온적인 태도를 용납하지 않는다. 임의적이고 일시적인 하나님의 뜻은 있을 수 없다. 하나님은 단 하나의 영구불변한 의지를 소유하고 계시고, 이 의지가 역사의 모든 사건을 절대적으로 지배하는 것이다.

낙스는 이 논리의 불가피한 결론처럼 보이는 사실(인간 악행의 책임을 하나님의 뜻에 전가하는 위험)을 역리(逆理)를 이용함으로써 모면한다. 다시 말하면 낙스는 오늘날 유전이나 잠재의식의 작용이라든가, 내분비선의 영향에 대한 지식을 가진 사람으로서는 도저히 이해할 수 없는 사실(곧 인간에게 자유 의지가 있다는 주장)을 내세운다. 그렇다면 낙스는 역리(逆理)를 인정한 셈이다. 즉 인간의 의지는 자유다.

그러나 하나님이 모든 사건의 생성 사멸을 지배하신다. 그러나 역리에 빠지는 것은 낙스 만은 아니다. 우리는 현대인들이 낙스의 예정론을 소화하기 힘들어 하는 반면에, 인간에게 자유와 책임이 있다는 사실마저 의심하는 역리를 주목하지 않을 수 없다. 예정을 들고 나오는 신조(信條)가 인간의 책임을 누구보다 강조하고, 또 행동을 통해서도 그 점을 강력히 뒷받침하고 있는 것은 실로 모순된 일이기 때문에, 우리들이 한 번 따져 보고 지나갈 문제가 아닐 수 없다.

우선 우리는 낙스가 인간의 자유와 책임을 절대적으로 확신했기 때문에. 낙스는 죄 때문에 인간이 받아야 하는 고통과 그 악행의 책임을 하나님께 전가해야 하는 필연성에서 모면할 수 있었고, 따라서 섭리의 문제에 대해 어느 정도 안도의 숨을 내쉴 수 있었다는 점에 착안해야 한다. 예를 들면 만약 내가 섭생법을 무시해서 불치의 병신이 되었다면, 나의 그런 불행으로 하나님을 원망할 수는 없을 것이다.

두말 할 것 없이 하나님이 분명히 이 일을 예정하셨는데, 어떤 보편적인 방식으로 예정하신 것이 아니라 나만을 위해 예정하신 것이다. 그러므로 이 불행은 곧 내가 초래한 것이 된다. 따라서 나만이 나의 불행과 고통에 대해 책임져야 하는 것이다. 낙스는 칼빈과 마찬가지로 하나님의 예정은 인간의 반발에도 불구하고, 외부에서부터 강제적으로 작용하는 것이 아니라, 인간이 선택하고 결정하는 일이 곧 하나님의 예정이 되게 하는 내적인 활동을 통해 작용한다고 주장한다.

이렇게 보면 인간은 결국 자기 자유로 선택한 일을 하면서도 하나님이 예정하신 일을 하는 셈이 된다. 만약 내가 내 건강을 해친다면 그것은 내가 내 자신의 미련한 행동으로 말미암아 하나님이 나를 위해 예정하신 고난을 자취하는 결과가 되는 것이다. 이 불행은 내 실수 때문에 온 것이다. 아무도 내 불행에 대해 책임질 수 없지만 이것도 하나님의 뜻인 것이다. 다시 말하면 이것은 내 책임인 동시에 하나님의 예정인 것이다.

내가 다른 사람의 죄로 인해 고난을 겪는 일이 생기는 경우에도 이 원리는 변함이 없다. 어떤 사기꾼이 나를 파산시키고 폭력배가 나와 내 가정에 고난과 죽음을 초래했다고 해도, 이것이 다 하나님의 뜻임에는 조금도 변함이 없다. 그러므로 우리는 이런 불행을 감수해야 한다. 왜냐하면 하나님이 이런 일들을 미리 예정하셨기 때문이다. 그러나 동시에 나는 비난할 사람을 비난하지 않으면 안 된다. 내가 비난할 대상자는 폭행과 사기를 친 사람이지 하나님이 아니다. 나에게 닥쳐온 일에 책임질 사람은 바로 그들이지 하나님은 아니다.

이제야 낙스의 섭리관이 얼마나 미묘한 것인지를 인식하기 시작했을 줄 믿는다. 사실 이 미묘성은 아직껏 충분한 인식과 평가를 받은 적이 없다. 물론 이 말은 이 섭리관에 대해서 결론적으로 딱 잘라서 할 만한 말이 못 된다. 그러나 이 말은 매우 중요한 내용을 내포하고 있다. 곧 이것은 사람에게서 악에 대해 저항할 수 있는 권리를 빼앗아 가지 않고, 또 필요하면 악의 세력에 종말을 고하게 하기 위해 적절한 행동을 취할 수 있게 하면서도 인종(忍從)의 종교적인 가치를 시인하는 여유를 보존하고 있다.

목회 경험이 많은 분들은 이 인종의 필요성에 대해 동의할 것이다. 영혼의 상처는 그 고난이 하나님의 뜻과 섭리 안에서 경륜되어 있다고 믿어질 때까지는 진실로 위로받지 못한다. 하나님의 뜻에 모든 것을 맡기고 끝까지 참고 견디지 않으면 영혼의 상처가 깨끗하게 고쳐지지 못한다. 우리는 이런 고난 속에 하나님의 뜻이 있음을 보고 믿을 필요가 있고 그 뜻에 참고 따르지 않으면 안 될 것이다. 이것은 종교의 근본적인 요소인데, 이 요소를 낙스의 교리는 훌륭하게 보존해 온 것이다.

내게 일어나는 일은 무슨 일이든지 다 하나님의 뜻이란 것을 의심치 않고 믿어야 될 것이다. 그러나 동시에 우리들 대부분이(아마 다같이 낙스나 칼빈의 정신적인 적자(嫡子)들이어서 그렇겠지만) 하나님께 대한 경건한 인종만으로 문제가 다 쉽게 끝날 수는 없을 것이라고 느낄 것이다. 만약 고난이 인간의 패륜 비행에 의해 발생한다면, 그 비행을 그대로 내버려 두어 아무 제약도 가하지 않는 것이 옳은 것인가. 우리는 한 사람의 그리스도인으로서 "네 원수를 갚지 말라"는 명령을 준수해야 하고, 내 뺨을 때린 자에게 다른 뺨을 돌려대야 할 것이다.

그리고 개인의 원수를 갚는다는 생각도 우리 마음 속에서 다 깨끗이 씻어 버리지 않으면 안 될 것이다. 그것이 주님이 우리에게 하신 명령이 아닌가. 그러나 우리는 또한 이 나라의 한 시민이다. 이 사실은 낙스에게는 물론 모든 칼빈주의자에게도 으뜸되는 중요성을 내포하고 있다. 국가는 비행을 근절하라는 하나님의 명령을 실현해야 하는 기관이다. 그러므로 한 사람의 시민으로서 우리는 사기꾼들이 더 사기를 못치고 무장한 흉한(兇漢)이 아무 가정에도 더 이상의 비극을 가져오지 못하도록 감시해야 할 권리와 종교적인 의무를 갖고 있다.

우리가 이런 현실적인 문제들을 정말 자기 골수 속에서 자기 일처럼 느낀다면, 그것은 우리가 다 낙스나 칼빈의 적자들이기 때문에 그럴 것이다. 어떤 불의를 당해 서러움을 받을 때, 개인적인 보복을 위해서가 아니라 그런 불의를 멸절할 합법적인 사회개혁을 위해 분연히 일어선 사람은 낙스와 뜻을 같이 하고 있는 사람이고 더 나아가서는 비록 자기는 깨닫지 못했다고 할지라도 칼빈주의에 깊이 감염된 사람임에 틀림 없다.

낙스의 섭리론은 한편으로는 인종(忍從)의 종교적인 필요성을 보존하고, 다른 한편으로는 저항할 권리와 의무를 주장하고 있다. 만약 우리가 어떤 사람들의 악독한 비행 때문에 고난을 겪게 된다면, 우리가 고난받는 것은 하나님의 의지인 동시에 인간의 책임인 것이다. 한편 눈을 돌려 낙스가 이 「섭리의 교리」(즉 하나님의 의지와 인간의 책임을 분명하게 식별한 교리)에 근거해서, 분노나 악독한 열정까지도 공의로운 하나님의 목적에 사용될 수 있다고 공언한 사실을 살펴 보라.

원한에 찬 정치적인 암살일지라도 폭군의 통치에 종말을 고하게 할 때는 하나님의 뜻을 이행하는 것이 될는지 모른다. 이 암살을 방관하던 사람들도 이 암살의 동기나 그 실제적인 살인방법에서는 이의를 표명하겠지만, 여기에 하나님의 섭리가 성취된 것이라는 인상을 받게 될는지도 모른다. 이처럼 낙스는 아마도 현대판(版) 예후가 나타나, 포악한 이사벨인 메리 여왕의 악정을 종식시키려는 의사를 정당화할 수 있었을 것이다.

그러나 우리는 비톤 추기경을 살해하고 데이빗 릿지오(David Rizzio)를 암살한 사람들을, 낙스가 얼마나 비난했는지를 결코 간과해서는 안 된다. 지금까지 우리는 「하나님의 의지」와 「인간의 죄로 인한 고난」의 관계를 중심으로 낙스의 섭리관을 검토해 왔고, 또 낙스가 이 모든 고난의 책임이 인간에게만 있다고 주장했기 때문에 결국 섭리론에 대해서는 별로 어려운 문제를 제기하지 않았다는 점을 보아 왔다.

그러나 우리 인간의 의지는 아무 상관도 없는 형언하기 어려운 거대한 고난들(곧 천재지변이라든가 유행병이라든가 흉년과 같은 자연재해)를 생각하게 되면, 문제는 복잡해지고 의외로 어려워진다. 이 재앙은 다 하나님의 뜻에서 오지만, 누가 이 천재지변의 직접적인 책임을 져야 할 것인가. 솔직하게 말한다면 이런 문제를 안이한 수단으로 해결하기 위해서, 적지 않은 신학자들이 악마나 마귀와 같은 존재들을 끌어 들였다. 이것은 마귀가 하나님의 뜻에 대적하는 의지이고, 그 힘은 무서운 자연재해을 동원할 수 있다는 편리한 해결방법이다.

그러나 낙스는 스코틀랜드 사람이었지만 이 문제와 관련해서 마귀의 존재를 끌어 들이지는 않은 것같다. 그렇다면 낙스는 스코틀랜드 사람들에게 공통적이라고 주목되어 온 마귀의 전설과는 인연이 아주 먼 것같다. 짐작컨대 자연악(自然惡)의 문제를 취급하면서, 낙스가 마귀(곧 우주적인 악)의 개념을 응용하지 않은 이유도, 낙스가 마귀를 우주적이거나 영지주의적인 형태의 원존재(原存在)로서 보다는, 하나의 도덕적인 문제로서 생각했던 데 있지 않았는가 싶다.

마귀는 악한 사람들의 지도자이고 악을 도모하는 존재다. 그리고 인간 악의 권화(勸化)요 현신(現身)이다. 그래서 낙스는 그 당시에는 사탄이 사실상 교황으로, 화신(化身; '교만이 가득 찬 이교도')이라고 믿었던 것같다. 즉 로마의 일곱 언덕 위에 앉아서 성도들의 박해와 살해와 복음 폐지를 음모하고 제왕과 군후들을 유혹해서 극악한 목적을 위해 온갖 권모술수를 꾸미게 하는 악마의 현신이 교황이라고 믿었던 것같다. 낙스의 마귀는 이처럼 자연악을 충분히 설명할 만한 것은 아니었다.

낙스는 모든 형태의 도덕적인 악덕 가운데서 사탄의 손을 더듬어 볼 수 있었다. 그러나 그는 폭풍이나 기아(饑餓) 혹은 갖은 전염병에서는 하나님의 손길 이외에 아무 것도 찾아 볼 수 없었다. 그래서 그는 하나님이 이 모든 재난을 인류의 자손들에게 보내는 것이라고 생각했다. 현대신학자는 자연 세계를 반자동적인 기구로 보고, 이 기구는 창조의 순간에 결정된 자연법을 따라 기계처럼 운행된다는 의견을 갖고 있어서, 낙스의 개념에서는 멀리 떠나 있는 것같은 인상을 준다.

현대신학자는 하나님께서 간섭이 필요한 경우에는, 언제나 섭리에 따라 자유롭게 간섭하신다는 것을 믿어도 되고, 참 그리스도인이라면 반드시 믿어야 할 것이다. 그러나 자연법이 있는 이상 자연재해는 이 자연법의 반(半)자동적인 운행에 그 책임을 돌릴 수밖에 없다. 왜냐하면 하나님이 이 때 간섭한다는 것은, 이 우주의 전질서를 뒤집어 놓는 결과가 되기 때문이다. 한 비행기가 공중 한 복판에서 해체됐다면, 수십 명의 승객이 죽은 것은 하나님에 의해서가 아니라 자연법의 엄격성 때문이다. 하나님이 이 비행기 사고를 방지하시려고 임시적으로나마, 이 법을 효력 중지하게 해서 우주의 질서를 파괴하실 수는 없는 것이다.

그러나 낙스는 이 섭리론의 난점을 덮어 놓고 늦추기 위해서, 이 우주가 반(半)자동적으로 운행한다는 개념을 시인하지는 않는다. 낙스에게 있어서는 하나님의 절대 주권이 모든 사실과 사건을 주관하고 있다. 생겼다가 사라지는 일 치고, 하나님의 손길이 직접적으로 닿지 않은 것은 하나도 없다. 천재지변이 땅을 휩쓸고 흉작이 계속되어 굶주림이 땅을 덮는다고 해도, 다 하나님의 하시는 일임에는 틀림없다. 책임질 사람과 물건은 따로 있을 수 없다. 또 하나님은 이런 전체적인 대재해(大災害) 뿐만 아니라 이 재난이 어른과 부녀자에게 끼치는 세부적인 참화에도 책임지고 계신다.

다른 한편 세상이 평화로와서 땅이 그 곡식을 풍부히 내고 태평과 부귀가 쌓일 때에도, 하나님의 손길은 거기에 있는 것이다. 또 하나님은 전체적인 부귀와 안녕 뿐만 아니라, 각 개인이 거기서 받는 축복의 정도에 대해서도 똑같이 손을 쓰고 계신 것이다. 순경과 역경이 모두 주님에게서 직접 내려 온다는 것이 낙스의 확고한 신념이었다.

그러나 종교가들에게 대해서는 이것이 가장 중대한 문제를 제기한다. 우리는 이 순경과 역경을 어떻게 해석해야 될 것인가. 이 둘이 다 하나님에게서 비롯된다면, 왜 그것들을 우리들에게 주셔야 하는가. 그것들이 전해 주려는 메시지는 무엇이고 그 의미는 무엇인가. 그리고 무엇을 가르치기 위해 하나님은 그런 사건을 우리에게 내려 주시는가.

구약성경에 보면 어떤 곳에 아주 명백하게 이런 문제에 대한 해답이 나와 있다. 거기에 보면 재앙은 불순종에 대한 하나님의 진노의 표현이고, 행복은 의로운 인간의 언행에 대한 하나님의 보상이다. 하나님은 이사야의 입을 통해 "너희가 즐겨 순종하면 땅의 아름다운 소산을 먹을 것이라"(사 1:19)고 선언했고, 또 모세를 통해서는 "너희가 이 모든 명령을 준행치 아니하면… 너의 하늘로 철과 같게 하고 네 땅으로 놋과 같게 하리니… 땅은 그 산물을 내지 아니하고 땅의 나무는 그 열매를 맺지 아니하리라"(레 26:14, 19f. 신 28:15ff. 참조)고 말씀하셨다.

옛날에 이렇게 말씀하신 하나님과 오늘 여기에 계신 하나님은 다른 분이 아니시다. 그 먼 옛날 히브리 사람들을 이처럼 선으로 보상하시고 재앙으로 징벌하신 하나님이, 16세기에도 영국이나 스코틀랜드에 사는 사람들을 보상하시고 징벌하셨다고 생각되지 않는가. 낙스가 그렇게 믿었으리라는 것은 명약관화한 일이다. 이 신앙은 성경적인 근거를 갖고 있다. 이것을 입증하는 구절은 많다. 낙스처럼 변덕쟁이들과 비겁한 자들을 항상 설득시키고, 때에 따라 공갈을 차면서까지 용기를 북돋아 주어야 했던 설교자에게는 이런 신앙이 긴급하게 요청된 메시지였다.

그런데 낙스에게 대해서(그리고 낙스 뿐만 아니라 칼빈주의 전체에 대해서) 이 섭리론이 칼빈주의의 교리의 전부요 또 하나님께서 인간을 보상하시고 책벌하실 때 물질적인 번영과 핍절로 하신다는 관념이 후기 영미 자본주의의 종교적인 근거가 되었고, 또 그것을 정당화했다고 비난하는 소리가 도처에서 들려 오고 있다(R. H. Tawney, Religion and the Rise of Capitalism(London, 1926). M. Weber, The Protestant Ethic and the Spririt of Capitalism(New York, 1930.).

그리고 심지어 칼빈주의가 가는 곳마다 기업에 대한 특별한 관심을 환기시키고, 그 사업의 성공이 하나님의 축복에서 온 것이라고 믿게 했다고 비난하고 있다. 그러나 이 비난이 물론 터무니 없는 것은 아니다. 따지고 보면 이 섭리의 교리가 이런 구체적인 현실 생활면에까지 간섭하게 된다는 것도 불가피한 사실이다. 따라서 낙스나 칼빈주의에 대한 비난을 주의 깊게 검토해서, 이 비난이 얼마나 정당한 것인가를 조사해 보는 것도 중요한 일일 것이다. 우리가 낙스의 저작을 보면 가끔 이처럼 현실적인 축복을 문제시한 견해가 있는 것을 발견하게 된다.

그 한 가지 예가 단리(Darnley; 메리 여왕의 남편)를 번민에 빠뜨려 저녁까지 먹지 못하게 했다는 그 유명한 설교 가운데 나타나 있다. 이런 말이 그 속에 있다;

> "우리 주 하나님의 음성을 청종하고 그 분에게 바로 순종했다면, 하나님께서 우리를 축복하지 않았을 리가 없다. 하나님은 우리의 평화를 갑절이나 더 주시고, 세상이 보는 데서 우리의 순종에 상응한 보상을 주셨을 것이다…"(Works, VI, p. 242).

낙스는 이 설교를 그 직후에 있었던 소송의 자료로서 보관했다. 낙스는 대부분의 설교 자료를 의식적으로 망각해 버리려고 했다. 그것은 자신의 메시지가 훗날을 위해 장만된 것이 아니라, 그 때 그 시간을 위해서 장만된 것이라고 믿었기 때문이다.

그러나 이 말을 좀 더 주의깊게 살펴 보면, 이것이 사실상 현실적으로나 물질적으로 축복을 준다는 섭리관의 일례가 아니라는 것을 알게 된다. 왜냐하면 여기에 언급되어 있는 의로운 자에 대한 보상으로 주어진 번영은, 교회의 영적 번영(즉 평화와 복음)의 확립이기 때문이다. 이 말은 순종이 윤택한 수확을 가져오고, 사업의 번영을 초래한다는 것을 암시조차 하고 있지 않다. 어디를 보아도 이런 사실이 암시된 곳은 없다.

세상의 현실적인 생활을 다루고 있는 설교 가운데서도, 이런 영적 번영만이 언급되어 있다는 것은 실로 의미심장한 일이다. 낙스의 기도문 속에서도 이와 같은 내용이 적혀 있다. 의로운 일과 순종에 의해 주어질 것이라고 기대되는 현실적인 축복은, 교회에 대한 축복이요 그렇지 않으면 한 국가에 대한 것이고 각 개인의 부귀 영화와는 본래 아무 관계가 없는 것이다.

그렇다고 해서 낙스가 하나님의 우호와 분노를 인간의 순경과 역경에 당돌하게 관련시키는 그런 위험을 의식하지 못할 만큼 우매한 사람은 아니었을 것이다. 비록 낙스가 이들 사이에 인과응보적인 직접적인 관계가 있다고 가정할 마음이 있었다고 하더라도, 실로암의 탑이 무너졌을 때 다친 사람들이나 나면서 눈이 먼 사람이나, 부자들의 위험과 그 허위에 대해 말씀하신 주님의 권고가 낙스를 그렇게 하지는 못하게 했을 것이다.

낙스는 이 말씀의 뜻을 우리 못지 않게 깨닫고 있을 것이고, 또 우리보다 깊이 생각해 보고 거기서 심원한 교훈을 받을 수 있었을 것이다. 우리가 좀 전에 인용한 설교 가운데는 다음과 같은 말이 있다;

> "태평한 살림과 번영하는 사업으로 해서 사람이 다윗처럼 하나님을 완전히 잊어버리지는 않는다고 할지라도, 그 사람을 부주의하고 태만하게 해서 하나님의 요구하시는 것에 마음을 쓰게 하지 않는다"(Works, VI, p. 252).

낙스는 사람들이 너무 경솔하게 또 잘못된 판단에서, 번영이 하나님의 축복이라고 믿는다는 사실을 잘 알고 있었다. 명리(名利)를 추구하는 사람들에게는 그렇게 보일 것이다. 그러나 하나님 나라의 일을 먼저 생각하는 사람들에게는 그렇게 보일 것이지만, 하나님 나라의 일을 먼저 생각하는 사람들은, 이 축복의 배후에 무엇이 있는지를 살펴 볼 힘이 있어야 할 것이다.

발나베(Balnave)의 예정론을 요약한 낙스의 글 속에서 다음과 같은 매우 노골적이면서 강경한 두 가지 진술을 뽑을 수 있다;

"시련은 신실한 자에게는 유효한 것이다… 세상의 곤고는 하나님의 사랑의 표요 상징이다"(Works, Ⅲ, p. 13).

이 글을 쓴 것은 낙스가 노틀담의 프랑스 형무소에서 복역하고 있을 때다. 낙스가 말한 것처럼 이 말들은 물론 '사변적인 신학'에서 나온 말이 아니라, 고통에 신음하는 사람의 입에서 나온 말이다. 섭리가 현실적인 행·불행과 직접 관련되어 있다는 해석을 이 두번째 말(곧 순경이 아니라 세상의 곤고가 하나님의 사랑의 표라는 말) 이상 노골적으로 부정한 말은 없을 것이다.

낙스가 이런 견해를 노골적으로 부정했고, 또 그의 책들을 정독해 보아도 물질적인 축복이 하나님의 총애의 표적이라고 암시한 구절도 찾기 힘들다는 사실을 고려한다면, 그의 저서들을 읽으면서 적지 않은 사람들이 어디서 그런 인상을 받아가지고 낙스를 비난하게 되었는지 실로 불가사의한 일이라고 생각하지 않을 수 없다.

그러나 그 이유는 아마 비록 낙스가 복종이 하나님의 축복을 가져오게 한다고 드러내 놓고 말하지는 않았지만, 불순종이 재앙을 초래할 것이라고 언제나 경고한 데 있지 않았을 것이다. 그리고 그의 책을 한두 장 넘기면서 불순종이 재앙의 원인이란 진술을 읽을 때, 불순종만 하지 않았던들 재앙이 내리지 않았을 것이라고 느끼게 됨은 당연하다고 하겠다. 더구나 한 걸음 더 나가서 불순종 대신 복종을 했더라면, 그 결과는 역경이 아니고 축복이었을 것이라는 결론을 내릴 가능성은 더 많다.

그러나 이런 결론을 내릴 만한 논리적인 근거는 없다. 있다면 오직 심리적인 근거 뿐일 것이다. 가령 어떤 이가 우리에게 "만약 네가 거역하거나 저항하면 검으로 멸망을 받으리라"고 말했다면, 그것은 결국 "네가 즐겨 순종하면 땅의 아름다운 소산을 먹을 것이라"는 말을 한 것이나 다름 없다고 생각하기 쉽다. 그러나 그것은 순전히 심리적인 압력이지 논리적인 귀납은 아니다.

이것이 바로 낙스가 섭리는 물질적인 축복이나 현실적인 영달과 직접 관련될 것임을 가르친 것이고, 그렇지 않다면 최소한 고무했다는 인상을 준 이유라고 생각한다. 그러나 사실은 이와 정반대다. 낙스는 선택받았든 형벌을 받았든 우리는 다 죄인이기 때문에 영원한 곤고 속에 살아야 마땅할 것이라고 말했을 뿐만 아니라, 선택받은 자들에게는 그들의 과오를 알게 할 수 있는 정기적인 징계가 필요하고 신앙을 단련하기 위해서라도 간혹 시련을 받아야 한다고까지 말하고 있다.

그러나 그는 여기서도 한 걸음 더 나아가 일시적이나마 세상이 부러워할 만큼 입신 영달하는 사람들의 실례는 오히려 형벌이 예정된 자들 중에서 더 많이 찾아볼 수 있는데, 이것은 그들의 최후 몰락이 가장 웅변적으로 하나님의 공의와 심판을 선포할 것이기 때문이라고 확언하고 있다. 그러나 낙스가 죄는 언제나 불행을 초래한다는 사실(혹은 가정된 사실)을 강조했기 때문에, 그 반대인 선을 행하면 축복을 받고 이 세상에서 번영을 누린다고 가르쳤으리라는 어떤 심리적인 인상이 남는 것은 어쩔 수 없다.

그래서 이 세상에서 누리게 된 번영을 신적인 총애의 확실한 표시라고 생각하고 빈곤한 자들의 비운을 그들의 깊은 죄의 어쩔 수 없는 결과라고 단정했던 스코틀랜드 사람들의 불쾌한 사고방식은, 반드시 낙스의 섭리론과 어떤 관계가 있을 것이라는 억측이 도처에 떠돌았다. 궁핍한 자에 대한 낙스의 우려와 대조해 보라. 그의 성격의 아름다운 국면의 하나가 여기 있다. 낙스는 겸손한 빈곤자들이야 말로 하나님의 특별한 보호 아래 있었다고 생각했다.

따라서 겸손한 빈곤자들은 압제하는 일은 그런 일이 생기도록 방임한 사회에 무서운 하나님의 진노를 가져올 것이라고 보았다. 토오니(R. H. Tawney)나 웨버(M. Weber)는 산업혁명 당시의 문제를 들고 나와서 영미의 칼빈주의와 칼빈 자신에 대해서 똑같은 비난을 늘어 놓았다. 우리가 살펴 보아서 잘 아는 것과 같이, 낙스 자신에게는 이런 비난을 받을 아무 허물도 없다. 그의 저작이 어떤 인상을 주었든지 상관이 없다.

더구나 산업혁명 당시에 낙스가 사실 어떤 구체적인 인상을 남겨 놓을 수 있었겠느냐라는 것은, 또 하나의 문제가 되지 않을 수 없을 것이다. 칼빈의 경우도 마찬가지다. 그의 교리가 그런 경향을 갖고 있었다고 비난하는 것은 어불성설이다. 그는 노골적으로 그리고 분명하게 그와 꼭 반대되는 원리를 가르치고 있다. 다음에 그의 글을 몇 개 인용하겠다. 이것으로써 문제는 결정적으

로 해결될 것이다;

"번영이 한없이 계속될 때 그것은 우리가 갖고 있는 최선의 보화를 점차로 부패하게 한다."

"사람이 안이하게 살고 있는 것을 보고 그가 하나님의 총애를 받고 있다고 부러워하는 것은 가장 어리석은 오해다."

"번영은 술과 마찬가지로 사람을 취하게 한다"(아니 발광하게까지 한다).

"번영은 누룩과 같아서 신령한 영혼을 썩힌다. 우리는 처음부터 끝까지 하나님의 징벌을 받으면서 살아야 한다"(칼빈의 다음 주석을 참조하라; 출 8:12, 욥 21:7, 호 9:13, 슥 13:9 등).

이런 교훈을 받으면서 살아간 사람들이 자신의 행운이나 영달을 자랑으로 여길 수는 없었을 것이다. 오히려 놀라서 이 행운은 하나님이 이제는 내 구원에 대해 더 관심을 쓰지 않은 표적임에 틀림 없다고 불안해 할 것이다. 칼빈이 구약성경에 있는 물질적인 축복의 약속을 어떻게 생각했느냐고 묻는다면 그 대답은 이렇다;

"칼빈은 낙스와 달리 성경의 계시는 '발전적'(developmental)인 것이라고 생각하고 있었다."

칼빈이 이 문제에 대해서 낙스보다 덜 머리를 쓴 이유가 여기 있다. 성경의 모든 구절이 같은 수준 위에 있는 것은 아니다. 하나님이 고대 이스라엘 백성들에게 말씀하실 때에는, 영적으로는 어린애와 같은 사람들에게 말씀하신 셈이 된다. 따라서 하나님은 그들을 분에 맞게 다루어야 했다. 하나님의 계시가 제한된 이해력에 적응하도록 조직된 셈이다. 물질의 약속이나 그 약속의 실현은, 대개 그런 종류의 이해력에 맞도록 마련된 표현이었을 것이다. 하나님의 계명을 준수하면 물질적인 보상을 받으리라는 것은 그들에게 아주 진실한 것이었다.

그러나 우리는 요람 속에 있는 갓난애가 아니라, 믿음을 소유하고 있는 성인들이다. 우리가 영적인 세계를 투시할 만한 안목을 갖고 있어야 할 것은 두말 할 것도 없다. 우리의 신앙은 더 억센 압박과 지루한 대망을 통해 시련을 받아야 한다. 그리고 우리의 축복은 영적인 것이지, 이 세상적인 것이 아니라는 것을 발견하지 않으면 안 될 것이다. 부자들이 칼빈의 글을 읽고 난 후, 신령한 척하면서 점잖을 빼는 것은 언어도단의 착각이다. 칼빈주의는 그런 것과는 아무 상관이 없다. 아닌게 아니라 17세기 중엽에서부터 산업혁명 시대를 거쳐 빅토리아 시대까지 이르러 이런 경향이 칼빈주의의 신앙 세계 속에서 많이 눈에 띄었다.

그러나 그 때의 정황을 살펴보면 다른 교파에서도 이런 경향이 현저했음을 확인하게 될 것이다. 유럽의 루터교회나 영국의 비국교도들은 칼빈주의에게서 교리적으로 영향받은 것이 하나도 없었지만, 이런 이념이 구체화했던 것이 사실이다. 알고 보면 이 교리의 제사장이고 사도는 앵글리칸[즉 영국 고교회(高教會) 교인]이었고, 완강한 토리(Tory) 당원이었던 아이작 바로우 박사(Isaac Barrow)였다. 나는 아이작 박사에 대한 참고 뿐만 아니라, 칼빈주의의 현실적인 물질적 해석을 요령있게 다룬 데 대해, J. T. McNeil, History and Character of Calvinism(New York, 1954)에서 시사받은 것이 많다.

그는 아이작 뉴톤이 켐브리지 대학의 수학과(數學科) 주임 교수로 오기 직전에 그 직위를 갖고 있었던 사람이다. 바로우는 '경건은 유익한 것'이라는 의미심장한 제목을 붙인 설교를 한 일이 있는데, 거기서 그는 경건이 내세 뿐만 아니라 오늘 이 자리에서 현금을 손에 넣듯이 현실적으로도 유익하다는 점을 입증하려고 애쓰고 있었다. 이 글에서 한 마디만 인용하겠다;

> "경건은 온갖 종류의 명예와 위엄과 부귀를 더해 주는 길목이다."

그리고 인자하신 하나님이 빈곤한 사람들을 구제하는 사람을 어떻게 보상할 것인지를 설명하면서 다음과 같이 말한다;

> "시선(施善)을 연습으로라도 해 보라. 그것은 재산을 늘리고 축적하는 가장 유효한 방법임을 알게 될 것이다."

칼빈이 이런 말을 직접 들었더라면 무슨 벼락이 떨어졌을는지 모른다. 그리고 낙스는 얼마나 매서운 경멸로 대했겠는가. 바로우 박사나 다른 교파 사람들의 경우를 보면, 이런 종류의 현실적이고 물질적인 보상 개념이 칼빈의 섭리론에서 비롯된 것이라고 말할 필요도 없고 또 그럴 수도 없다는 사실을 알게 된다. 사실 칼빈주의는 그 정반대 교리를 가르쳤던 것이다.

따라서 이런 개념은 물질적인 보상을 은연 중 바라고 있었던 그 시대 풍조의 결과로서, 모든 교파 안에 흘러 들어왔던 일종의 시대적인 경향이라고 보는 것이 타당할 것이다. 이 시대적인 경향의 성분을 분석해 보면 그것은 '몇 푼의 돈'과 구약 성경에 대한 약간의 지식 그리고 섭리에 대해서, 칼빈과 칼빈주의가 기왕에 가르친 교리 전체에 대한 완전한 무지라는 것이 판명될 것이다.

이 경향이 소위 칼빈주의 교파 안에도 편재해 있다는 것이 사실이라면, 그 이유는 이 교파가 부유한 사회적 지위로 발전해 가고 있었던 신흥 계급의 협조를 크게 입고 있었고, 또 이들이 다른 교파의 사람들보다 더 자기들이 서로 획득한 재물과 영화에 대한 종교적인 가치를 부여하려고 남다른 애를 써 왔다는 데 있을 것이다.

칼빈주의가 절제와 근면의 가치를 함양시켜서 물질적으로나 현실적으로 번영할 수 있는 문들을 개방해 준 것은 물론 부정할 수 없다. 그래서 장로교는 이런 탈선에 쉽게 빠져 들어갈 사람의 비율이 다른 데와 견주어 높을는지 모른다. 그러나 이런 유혹에 빠져 탈선한 사람이 있다면, 그 책임이 칼빈주의 정신을 무시했기 때문에 그렇게 된 것이라고 말할 수밖에 없다.

스코틀랜드에서는 낙스가 전술한 바와 같이 하나님의 섭리가 이 세상의 축복과 영달에 직접 관계될 것이라고 가르친 것처럼 어떤 비평가들에게 인상을 주고 있지만, 설사 그 정도라도 그의 견해가 당시의 정신적인 시대 풍조의 압력과 비교하면 사실 더 큰 영향을 주었다고 판단할 수 있을는지 의심해 보지 않을 수 없다. 스코틀랜드의 장로교인들은 영국 앵글리칸인 바로우 박사보다 더 물질중심적인 사상에 젖어 있지는 않았다. 사실 바로우 박사는 칼빈이 바로우 박사의 견해를 싫어했을 만큼 칼빈의 교리를 혐오했던 것이다.

이 강좌를 마치기 전에 섭리론과 역사의 상호 관계에 대해 몇 마디 하려고 한다. 이 문제를 중심으로 칼빈주의 교회와 루터 교회는 현저한 간격을 의식할 것이다. 우리가 이전에 이미 보아온 것처럼 루터는 우리의 영과 하나님과의 관계에서 출발하고 있다. 그의 관심이 여기서 떠난 일은 전혀 없다고 해도 과언이 아니다. 그러나 칼빈은 모든 피조물과 오고 가는 여러 세대 위에 군림하시는 절대 주권자이신 하나님에게서 출발하고 있다.

루터가 수도원을 뛰쳐 나오긴 했지만 수도원은 루터에게서 빠져 나오지 않았다고 말한다면, 그것은 말할 것도 없이 터무니 없는 과장일 것이다. 그러나 이 말에 전혀 진실성이 없는 것은 아니다. 루터는 그 이후에도 계속 목사(Pastor)와 고해 신부(告解神父, Father Confessor)의 일을 맡아 왔고, 영혼과 하나님의 관계에 대한 여러 문제에 마음을 써오다가, 양 떼들을 영의 푸른 동산과 잔잔하고 성스러운 물가에서 먹일 수 있다는 조건을 전제로 모든 치리의 규율과 권위를 국가에 맡기고 말았다.

농민 반란이 발생한 이후부터 종교와 정치 문제를 혼합하는 것을 루터는 거의 병적으로 무서워했다. 이것이 루터가 스위스의 종교개혁을 아주 나쁘게 생각했던 이유다. 루터에게는 사람의 영혼만이 문제였다. 왜냐하면 하나님이 사람의 몸을 돌보기 위해서는 군후(君侯)들에게 그 책임을 부과시킨 것이라고 믿었기 때문이다. 이렇게 해서 루터교는 정숙주의(Quietism)로 기울어졌고, 정치에 대해서는 완전히 방관적인 태도를 취했다.

칼빈주의는 이와는 판이한 방향으로 나가지 않을 수 없는 교리를 갖고 있었다. 하나님의 주권에 대한 신앙은 끝없는 지평선 너머로 눈을 뜨게 했다. 이 하나님의 주권에서 시간이 시작할 때부터 끝날 때까지, 개인의 운명 뿐만 아니라 한 나라나 민족의 운명까지 다스린다는 「하나님 섭리」의 사상이 파생했다. 모든 세대를 거쳐 오직 이 한 가지 계획과 목적만이 역사를 다스리고 있다. 성경 각 장에서 우리는 그런 발전의 흔적을 더듬어볼 수 있고, 거기서 또 하나님의 뜻과 목적을 어렴풋이나마 알아낼 수 있다.

이 전능하신 하나님의 경륜은 수십 세기를 거쳐 오늘의 세대에까지 미치고 있다. 어느 한 사람 어느 한 국가 치고, 이 경륜에 무의식적으로나마 봉사하지 않는 사람이나 국가는 없다고 본다. 그러나 성령은 성경을 통해 우리에게 하나님의 경륜의 뜻과 목적을 계시해 주시고, 따라서 우리는 좀 더 뜻있는 일을 할 수 있게 된다. 왜냐하면 하나님은 우리를 불러서 그 목적의 수행에서 한 모퉁이를 담당하게 해 주기 때문이다. 이것이 곧 칼빈주의자들이 자기 세대에서 일어나고 있는 사건 하나하나에 대해 깊은 의미를 부여하게 된 원인이다.

하나님의 섭리는 개인의 생활을 지배하는 데서만 나타나는 것이 아니다. 그보다 좀더 커다란 정치적인 사건까지 좌우하고, 또 한 개인의 생활이 이런 사건들과 관련있는 동기나 그 결과에서도 나타나는 것이다. 칼빈주의자는 이런 사건들의 의미가 무엇이고, 또 이 사건들이 하나님의 섭리에 크게 소용이 되는지 안 되는지를 잘 알고 있다. 이를 알고 있다고 믿으면서 칼빈주의자는 자기 주변에서 실현되고 있는 하나님의 목적에 이심전심으로 협조해야 한다고 느낀다. 이런 전형적인 칼빈주의와 존 낙스의 사상이 다르지 않다는 것은 여기서 재언할 필요가 없다.

이런 사람은 물론 정치와 종교 사이에 엄격한 구별을 설정해 놓을 수 없었다. 똑같은 하나님의 목적이 양자를 통해 구현되기 마련이다. 그러면 이 목적이 무엇인지를 성경을 공부하는 사람이나 설교하는 사람보다, 더 잘 알고 있을 사람이 또 누구일 것인가? 통치자들과 정객들이 하나님의 뜻을 따라 다스리지 않는 것을 보고 경고하는 것은, 단순히 그의 권리가 아니라 그의 떳떳하고 명백한 의무다. 메리에게 저항하고 세실(Cecil)과 다투고 엘리자벳에게 탄원을 올릴 때, 낙스는 의식적으로 외람된 일을 자행했던 것은 아니다. 낙스는 한 사람의 칼빈주의자였기 때문에 그렇게 하지 않을 수 없었다.

한 걸음 더 나가서 낙스는 스코틀랜드에 있는 자신의 추종자들에게, 나라의 통치자들의 정치를 비판하고 평가할 수 있는 근거를 제공해 주었다. 이런 일이 있고 나서도 스코틀랜드를 통치하는 왕이 왕권신수설(王權神授說)을 주장하거나, 국민의 여론을 무시하고 자신의 정치를 밀고 나가는 일을 할 수는 없었다. 성경을 갖고 이를 읽을 수 있거나 성령이 마음 속에 들어와 빛을 간직하고 있는 사람은, 누구든지 다 왕이 하나님의 뜻에 따라 정사를 돌보고 있는지의 여부를 천명할 수 있을 것이고 만일 그런 결정을 내릴 수 없는 난관에 봉착했을 때는 교회의 강단이 그들을 지도해서 그런 판단을 하게 해야 할 것이다.

사실 스코틀랜드의 강단은 의무를 소홀히 여겨온 일이 없었다. 어느 누구도 칼빈주의 정신을 가진 교회를 억제해서, 정부의 일거수 일투족을 비판하지 못하게 하고 교회가 하나님의 뜻과 그 섭리를 이해한 그대로 판단을 내리지 못하게 할 수는 없었다. 어떤 사람이 정치적·사회적인 문제들을 깊이 생각하고 판단하는 방법을 알게 되었을 때는, 조만간에 이런 여러 문제에 성실한 마음을 갖고 간섭하고 그 문제의 해결에 한 모퉁이를 담당해야 마땅하다는 생각을 갖게 될 것이다. 이처럼 칼빈주의는 교회 정치에 평신도가 다 참여하게 한 것과 마찬가지로, 정부의 정치에도 국민이 다 간섭하게 하는 그런 내적인 논리를 갖고 있는 것이다.

8. 심정의 신앙

낙스를 연구하는 사람이면 누구나 낙스의 인물 자체가 구름에 쌓인 것처럼 신비스러운 존재임을 알고 놀라지 않을 수 없을 것이다. 깊이 연구하면 할수록 그 신비도 증가하는 것을 어쩔 수 없다. 여기에 25년간을 국제 무대 위에서 각광을 받아 온 사람(영국, 스위스, 독일, 불란서 등 여러 곳에 왕래하면서 논쟁의 중심 인물이었던 낙스, 자신의 조국 스코틀랜드의 대사건을 지도한 인물 낙스, 한 권의 방대한 저서 외에도 숱한 소논문을 집필한 저작자 낙스)이 서 있다. 그럼에도 불구하고 그 사람 자체에 대해서 우리가 알고 있는 것이 얼마나 되는가.

우리는 그저 세상에 내보내진 그의 얼굴만을 알 수 있을 뿐이다. 그 사람의 심정(마음) 속을 우리는 모른다. 그 인물의 비밀을 모르고 궁금해 하는 사람들은 비단 우리만이 아니다. 낙스에 관해 쓴 당시의 글들을 읽어보면, 그 때 그 사람들도 그의 외모밖에는 보지 못했다는 것을 짐작할 수 있다. 낙스는 이들에게는 하나의 객관적인 인물(미움받고 존경받을 수 있는) 그런 존재에 불과했다. 친숙하게 알려진 존재는 아니었다.

조지 위샤트에 관해서는 그의 제자가 남겨놓은 기록을 통해서, 그래도 몇몇 명확한 개성의 일면을 더듬어 볼 수 있다. 낙스도 이 사람에 대해서는 감동적인 몇 마디 묘사를 하고 있다. 그러나 낙스에게 대해서는 그만한 정도의 자료를 남겨 놓은 사람이 하나도 없다. 낙스의 외면적인 인상에 대해서 우리는 무수한 증거들을 소유하고 있다. 그러나 그의 내적인 인간형에 대해 아는 것은 거의 없다고 해도 과언이 아니다.

낙스가 이 '객관적인 인물'이 되기 이전의 생활에까지도 이 신비의 구름은 확대된다. 배경이나 근원을 알 수 없는 몇몇 역사창의 인물이 있는 것은 사실이다. 낙스의 경우가 그것이다. 우리는 낙스의 출생지도 뚜렷이 알지 못한다. 몇 년 전까지 우리는 그의 출생 년대를 수십 년이나 잘못 계산해 왔다. 대학은 글라스고에 다녔다고 믿어 왔지만, 오늘에 와서는 세인트 안드류스 대학이라고 생각한다. 그러나 그 곳 학생 명부에서도 그의 이름은 나와 있지 않다. 복음의 빛이 언제부터 그의 마음 속에 비쳐지기 시작했는지도 우리는 모른다.

이 비명료성의 부분적인 이유로 그는 가난하고 보잘 것 없는 집안, 그래서 가문의 족보조차 없는 집안에서 태어났다는 사실을 들 수 있다. 그러나 루터도 그 태생은 빈곤한 집안이었다. 그렇지만 우리는 그의 어린 시절에 대해 여러 모로 알고 있는 것이 많다. 어머니의 무릎 위에 앉아서 배운 찬송가들, 그가 다닌 학교, 어릴 때의 경험에서 얻은 여러 가지 인상들을 우리는 다 잘 알고 있다. 루터가 이 말을 스스로 다하지 않았던들 우리가 알 도리가 없었을 것이다.

그러나 낙스는 제 입으로 한 말은 하나도 없다. 자신의 태생이 비천해서 이것을 부끄럽게 생각한 나머지 은폐하려고 했기 때문이 아니다. 많은 사람이 알고 또 어떤 사람이 비난까지 하는 일을 숨길 까닭이 없었다. 낙스는 오히려 자신의 아버지와 함께 자기가 보스웰(Bothwell)의 깃발 아래서 싸왔던 일을 자랑삼아 기록했던 일까지 있다. 그러나 자기 자신에 대해서는 곧 그의 어렸을 때의 경험과 그 때의 희망, 공포, 목적, 종교적인 각성 등에 대해서는 일언반구 한 말이 없다.

낙스와 아주 판이한 유형의 인물로 루터를 들 수 있다. 낙스는 자기 자신에 대해 한 말이 없다. 그러나 루터는 다 말해 버린 사람이다. 세상은 그를 잘 알고 있다. 루터는 개방적이고 자서전적인 인물이다. 본성이 그래서도 그랬을 것이다. 그러나 루터가 새로 확립한 신앙은, 자기 자신의 경험을 분석하는 과정에서 나타나기 시작했다. 따라서 이 신앙을 선포하는 데는 자기가 실제로 경험했던 사람들을 말해 주지 않을 수 없다는 것을 자각했던 것이다.

그의 신앙은 자기가 걸어온 길로 여러 사람을 인도해 와야 할 만큼 개인적인 것이었다. 그리스도의 사랑이 얼마나 신비스러운가를 말하기 위해서는 자기가 어렸을 때 만스펠트 교회의 창문에 걸려 있던 「손에 창을 들고 얼굴을 무섭게 하고 서 계신 그리스도」를 보고 놀라 떨던 일을 함께 이야기해 주지 않을 수 없었다. 또 교회의 본질이 무엇인가를 정의하기 위해서는 막데부르크 교회의 제단에서 얻은 인상이 어떠했었는지 동시에 설명하지 않을 수 없었다.

또 신앙의인(信仰義認)을 설명하려면 어떻게 성인이었던 자기가 어거스틴파 수도사로서 공적과 선행을 통해 의인에 도달하려고 했는지를 먼저 고백하지 않으면 안 되었다. 설교하고 신앙을 풀어 가르치는 것은, 루터에게는 결국 자신의 정신적인 자서전을 되풀이 하는 것과 다름 없는 일이었다.

낙스에게는 이와 비슷한 일이 조금도 없었다. 그의 가르침은 객관적이었고 자기 자신의 일과는 완전히 무관했다. 그의 대저인 예정론만 해도 "낙스 씀" 이란 말 대신 '빌 존 씀'이라고 써도 다를 것이 없을 정도였다. 그만큼 저자는 집필하고 있는 책에 자기 자신을 끌어 들이지 않았다. 글 쓰는 사람이 칼빈주의자라면, 비단 이 문제는 낙스에게만 국한된 일은 아닐 것이다.

낙스가 남겨준 얼마 안 되는 설교 자료들을 봐도 같은 말을 할 수 있다. 스타일은 물론 낙스의 것으로 독특하다. 그러나 그가 취급하는 문제는 객관적인 진리이고, 따라서 예를 들어 설명하는 것들도 여러 사람이 다 같이 잘 알고 있는 객관적인 사건들 뿐이었다. 낙스 자신의 내적인 생활에 대해 언급한 것은 전무했다. 따져 보면 낙스는 루터 보다는 칼빈과 유사한 데가 더 많았다. 객관성의 요소는 칼빈에게도 허다했다. 개인적이고 사사로운 경험과 교리가 격리되어 있었다.

그러나 칼빈도 낙스처럼 철저하지는 못했다. 칼빈의 청소년기는 다 잘 알려져 있다. 그리고 자세하지는 않더라도 어쨌든 자기가 예수를 견고하게 믿기로 한 회개의 사실을 기록해 놓고 있다. 그러나 낙스의 경우에는 이 무명성(無名性)과 「자기 은폐」(self-effacement)가 극단에까지 이르고 있다. 이것을 어떻게 생각해야 좋을 것인가. 한 가지 이유로 낙스가 스코틀랜드 사람 즉 매우 전형적인 '스콧치'(Scots)라는 사실을 들 수 있다. 퍼어시는 낙스가 「내적인 신비주의자」(an inner mysticism)였다고 암시하면서, 낙스는 자신의 참 신앙에 대해서는 전혀 입을 열어 말을 못했고 설명도 못했다고 주장한다.

또한 그는 이 표현 불가능한 신앙 외에도 「외적인 교리들이나 교의들」(outward doctrines or dogmas)를 갖고 있어서, 그것들에 대해선 참으로 웅변적으로 논설을 전개했다고 지적한다. 그러나 이 주장은 낙스에게만 해당한 것이 못 된다. 인격적인 신앙을 가진 스코틀랜드 사람들에게는 다른 해당되는 말이다. 어떤 한 사람을 데려가 그에게 교리에 관한 문제를 제시해 보라. 그는 여기에 대해서 이 민족 고유한 날카로운 필설로 신학적인 논쟁을 전개할 것이다.

그러나 개인의 신앙 문제에 가게 되면 사태는 바뀔 것이다. 그는 조개보다 더 단단히 입을 봉하든가, 혹시 말을 하더라도 떠듬 떠듬 언짢게 내뱉을 것이 틀림 없다. 그와 마찬가지로 스코틀랜드 사람들은 모두 두터운 외각을 뒤집어 쓰고 있다. 그러나 그 속에는 예상 외로 뜨거운 정서와 감정이 켜 있는 것이다. 존 낙스는 참으로 전형적인 「스코틀랜드 사람」이었다. 그는 자기 마음속에 있는 비밀을 손쉽게 표현할 수 있는 유형의 인간은 아니었다.

그러나 낙스의 침묵에는 또 다른 이유가 있다. 칼빈도 그랬다. 그것은 하나님 앞에서 사람이 얼마나 작은 존재인가라는 생각이다. 에딘버러에 가면 스코틀랜드 정청(政廳) 바로 앞 넓은 광장 한 복판에 하수도 뚜껑 같은 쇠판이 있다. 그리고 그 쇠판 위에 작은 글자로 'J.K.'라고 적혀 있다. 그 외엔 아무 글도 없다. 이것이 낙스의 무덤이다. 그의 생일과 업적이 쓰여져 있지 않다. 이것을 보면 그가 얼마나 「하나님 앞에 있는 존재」라는 것을, 보잘 것 없게 생각했었는지를 알 수 있을 것이다. 더구나 그것은 설교하는 사람은 하나님의 말씀과 비교해 볼 때, 얼마나 무의미한 존재인가라는 예리한 의식이다.

이것이 바로 루터와 매우 다른 점이다. 루터는 지극히 주관적이고 개인적인 문제에서 출발했다;

"어떻게 내가 자비의 하나님을 발견할 수 있을까."

그리고 그는 세상에서 자기가 하나님을 찾아 먼 순례의 길을 어떻게 걸어왔는지를 말해 준다. 그의 신학은 어떤 의미에서 자신의 역사를 확대하고 공식화한 학문이라고 볼 수도 있다.

그러나 칼빈은 (낙스도) 지고하신 하나님의 영광의 객관적인 실재에서 출발했다. 이 하나님을 선포하는 것(그의 위대하심과 전능하심, 역사를 다스리기 위해 오신 구속의 목표와 그의 높으신 계명, 그리고 그리스도 안에서 선택하신 사람들을 향한 사랑)이 칼빈과 낙스의 메시지였다. 조그만 강단에 서서 존 칼빈을 말하고 존 낙스를 내세울 여유가 없었다. 이렇게 엄숙한 일을 선포하는 사람들이, 존 낙스나 존 칼빈의 영적 순례를 되풀이해서 말할 이유가 무엇인가.

이 위대한 객관적인 메시지와 하나님의 말씀의 위압 아래서 설교하는 사람은, 자기 의식에서 사라져 없어져서 하나의 '외치는 음성'에 그치지 않으면 안 된다. 오늘날 스코틀랜드의 목사들이 "강단에 갈 때에는 네 자신을 목사실에 남겨 놓고 오라"는 말이 낙스의 정신이었다. 이것이야말로 소명에 대한 낙스 자신의 신념이었다. 그리고 이것이 낙스가 자신을 뒤로 숨기고 침묵을 지킨 중요한 원인이다.

낙스의 과제는 그 날과 그 시대 그리고 먼 훗날을 위해 '외치는 음성'(avoice crying)이 되는 일 이외에 아무 것도 없었다(Works, VI, p. 229f.). 말씀과 메시지가 전부다. 설교하는 사람은 아무 것도 아니다. 그래서 낙스는 자기 설교를 보관하거나 출판하기를 거부했다. 이 설교들은 그 때만을 위한 것이고, 어떤 특정한 형편에 처해 있는 특별한 사람을 위한 하나님의 말씀이지, 존 낙스가 후세에 기억될 그런 논문이 아니었다. 낙스는 보내진 곳에 가서 그 소임을 다했으면 사라져 소멸되어야 할 것이라고 믿었다.

우리가 낙스의 침묵을 말할 때 물론 엉뚱한 오해가 없도록 주의해야 한다. 낙스가 확신이 없어서 그랬던 것은 아니다. 자신의 메시지가 절대적으로 중요하다는 것을 낙스는 두텁게 확신하고 있었다. 그것이 하나님의 말씀이 아닌가. 그리고 이것을 선포하는 음성은 중요한 음성이고, 그 음성을 사람들은 들어야 할 것이 아닌가.

그는 자기 메시지를 정부 고관들에게 수긍시키려고 애썼고, 자기 음성이 여왕의 귀 속에서 쟁쟁하게 울리도록 힘썼다. 그들이 듣고 좋아하든 언짢아하든 걱정할 것이 없었다. 그것은 하나님의 말씀이다. 그리고 이 말씀은 신분이 낮든 높든, 모든 사람에게 똑같이 선포되어야 할 말씀이다. 조금도 상대방의 기분이나 신분을 꺼려 해서는 안 된다. 이런 의미에서 낙스는 대단히 자신만만한 인물이었다. 실로 어떤 때는 외람될 만큼 확신을 갖고 말했다.

이렇게 낙스가 이해하고 주장한 것은, 말씀과 하나님의 메시지였다. 어디를 보아도 '존 낙스' 자신에 대해 말한 흔적을 찾아 볼 수 없다. 말할 것도 없이 낙스가 설교한 것이 '존 낙스가 이해한 말씀'(the Wore as understood by John Knox)이었지, 하나님의 말씀이었을 리가 없다고 의심해 볼 수도 있다. 많은 설교자들이 실패한 원인은. 그가 이해한 말씀을 선포하는 데 있다. 실패는 이 경우 불가피하다. 설교한다는 것은 하늘의 보화를 진흙 그릇에 담는 것과 같다. 이 때 진흙이 금덩어리와 섞일 수 있다는 것을 부정한다. 분별력이 있는 사람이라면 낙스가 상당량의 '흙'과 하늘의 '보화'를 반죽한 일이 전혀 없다고 고집할 수 없을 것이다.

그러나 낙스가 의식적으로 메시지에다 자기 '흙'을 넣지 않았다는 것만은 확실하다. 오히려 그는 의식적으로 그렇게 하지 않으려고 했다. 그의 성격으로나 신념으로 보아서, 사사로운 일 같은 것을 내세울 사람이 아니었다는 것은 쉽게 알 수 있다. 사실이 그렇다면 낙스가 공석에서 발표한 말들 배후에 무엇이 있었고, 또 그 개인적인 신앙이 어떤 모양의 것인지를 규명하는 일은 무척 어려운 일이 아닐 수 없을 것이다. 더구나 자료가 별로 많은 것도 아니기 때문에 뜻했던 대로 성과를 거둘 수 없을 것이고, 결론을 내려도 독단적인 것이 되지 않을 수 없을 것이다.

그럼에도 불구하고 그 신비의 배후를 추구하고 말겠다는 충동을 받게 된다. 왜냐하면 마음 속 깊은 곳에서 작열하는 열정과 성장하는 영혼 그리고 심정의 신앙이 있었다고 전제하지 않고서는, 여러 사람들에게 끼친 그의 영향을 설명할 수 없기 때문이다. 역사가 기록하고 있는 그의 공적인 언행 속에는 이런 것들이 충분히 표현되어 있지 않다.

그러나 그의 신비스러운 내적인 생활에 대해서 우리가 조심해서 살펴볼 만한 한 가지 단서가 있다. 임종에 직면했을 때 낙스는 자기 아내에게 조용히 "내가 처음 닻을 내렸던 곳을 읽어 주시오"라고 말했다. 그의 아내는 어디를 읽어야 할지 우물쭈물 하지 않고, 그 곳을 금방 찾아 읽어 주었다. 그의 아내는 그 곳이 어딘지를 너무 잘 알고 있었다. 낙스가 제일 좋아하던 구절(처음으로 복음의 진수를 찾은 곳)은 곧 요한복음 17장이었다.

우리는 거기서 낙스의 내적 생활의 단서를 잡을 수 있다고 믿는다. 왜냐하면 임종에 다가서서 사람은 자기 생애의 중심에 가로 놓여 있는 진리로 되돌아가기 마련이기 때문이다. 요한복음 17장을 펼쳐 보면 구절 구절이 낙스의 생활과 교훈을 그림으로부터 주는 듯한 인상을 받는다. 거기서 비로소 우리는 그의 신앙의 꾸밈새와, 아직까지 석연치 않았던 일들의 원인들, 그리고 세상에 잘 알려져 있는 모습 배후에 있는 낙스의 참 모습을 이해하기 시작한다.

요한복음 17장은 예수께서 제자들과 함께 만찬을 잡수신 다음의 일부터 적어 가고 있다. 예수는 제자들을 떠날 시간이 가까와 오고, 또 제자들은 흩어져서 세상에서 환란을 당하리라고 말씀하시고 "그러나 담대하라 내가 세상을 이기었노라"고 끝을 맺으셨다. 그리고서는 요한복음 17장에 와서 예수께서 자신의 몸을 드릴 것이라고 기도한다. 이것은 겟세마네 동산에 오르시기 바로 전의 일이다. 「대주교 템플」(Archibishop Temple)은 이 한장을 '제4복음 중에서 가장 신성한 글들'이라고 말한 일이 있다. 실로 첫 닻과 마지막 닻을 내릴 만한 훌륭한 곳이다.

낙스의 깊은 확신의 단서를 요한복음 17장에서 발견할 수 있다는 가정을 시험해 보기 위해서, 낙스의 기도문의 한 구절을 취해서 그 경건한 사상이 어떻게 요한복음에서 그 근원을 찾을 수 있었는지를 살펴 보자. 여기 그 기도문이 있다(Book of Common Order에서, Works, VI, p. 297);

> "오 주님이시여. 우리로 회개케 하옵소서. 우리가 회개하겠나이다. 많은 사람들이 순종하지 않고 또 우리들도 길이 그 흠이 씻어질 수 없는 몸들이었사오나, 당신의 이름과 그 영 그리고 독생자 예수 그리스도의 영광을 위해 진리와 복음으로 우리들을 일으켜 참 지식에 이르게 하시고 또 자비를 베풀어 주셨나이다. 즐겨 당신의 날개 아래 우리를 보호하시사, 세상이 당신의 구속 사역을 알게 하시고 또 그것이 영원히 계속하심을 보게 해 주옵소서."

이 기도문은 스코틀랜드의 상태를 반영한다. 그 문장 스타일이 아무리 조개 껍질처럼 딱딱하다고 해도, 그 속에 사도 요한의 구절들이 반영되어 있음을 간과할 수 없을 것이다. 그러나 이 기도문과 요한복음 17장을 놓고 비교해 보면, 거기에 어법의 일치 이상의 무엇이 있다는 것을 알게 될 것이다. 서두의 글들을 예로 들어 살펴 보자;

> "많은 사람들이 순종하지 않고…."

이것은 요한복음 17장 전체의 뒷받침이 되고 있는 사상이다. 곧 인자를 알지 못하는 세상과 그를 알고 있는 세상과의 대조를 나타내고 있는 구절이다;

> "오 의로우신 아버지시여, 세상은 당신을 알지 못하였사오나 저들은 알았사옵고…."

그리고는 간구가 뒤 따른다;

> "우리들도 길이 그 흠이 씻어질 수 없는 몸들이오나… 당신의 날개 아래 우리를 보호하여 주옵소서."

이것은 요한복음 17장 15절을 그대로 옮겨 놓은 말이다;

> "오직 악에 빠지지 않게 보존하시기를…."

우리 주님이 여기서 말씀하신 것은 제자들이 죄 없다는 것이 아니었고, 죄악에 빠지지 않도록 보호해 주시기만을 간구하신 것도 아니었다. 그 말씀의 참 뜻은 악한 세력이 아직도 사람들을 손아귀에 넣고 있으며, 따라서 그들을 「악한 세력의 독수'(毒手)에서」(Ék τοû πονηρoû) 구원하기 위해서는, 하나님의 끊임없는 감시가 필요하다는 것이다.

요한의 이 구절은 "그들을 주의 깊게 감시해 주시고 악에서 인도해 내 주옵소서"란 말로 바꾸어 쓸 수 있을 것이다. 그런데 낙스의 기도는 "우리에게 길이 씻을 수 없는 흠이 있사오나, 당신의 날개 아래 보호해 주옵소서"라고 간구한다. 말씨는 다르지만 생각은 완전히 일치하고 있다.

또 "당신의 이름의 영광을 위해 우리를 당신의 날개 아래 품어 주옵소서"를 주시해 보자. 이 말은 요한복음 17장 11절을 재현한 말에 불과하다. 달라진 것은 여기에서는 1인칭 복수가 되어 있다는 것 뿐이다. 요한복음의 말은 "거룩하신 아버지여 아버지의 이름으로 내게 주신 저희를 보전하사…"로 되어 있다. 낙스의 다음 기도("당신은 그리스도와 그의 진리 및 복음을 우리들에게 명시해 주셨나이다")는, 요한복음 어디에서도 찾아볼 수 있는 전형적인 요한의 생각이다.

가령 예를 들어 "말씀이 육신이 되어 우리 안에 거하시매… 우리가 그의 영광을 보니 은혜와 진리가 가득하더라"가 그것이다. 낙스의 '진리'와 '복음'은 요한복음의 '진리'와 '은혜'가 된다. 그러나 요한복음 17장에는 낙스의 말과 꼭 병행하는 구절이 있다;

> "나는 당신이 내게 주신 이들에게 당신의 이름을 나타내었나이다. 나는 당신

의 말씀을 저희에게 주었사오며… 저희는 이것을 받았나이다."

최후로 낙스의 기도문 마지막 구절을 살펴 보자;

"당신의 보호 아래 우리를 인도하사 모든 세상이 우리들에게서 구속 사역을 시작했음을 알게 하소서."

이것은 말할 것도 없이 빌립보 1장 6절과 요한복음 17장 21절, 27절의 이문 융합(異文融合)이다. 낙스는 신자들의 구원은 하나님의 권세와 사랑의 증거요, 이것은 믿지 않는 세상이라고 하더라도 결국 인정하게 되지 않을 수 없을 것이라고 믿었다. 이 기도는 요한복음 17장에 있는 예수의 기도와 유사한 데가 많다;

"저희로 우리와 하나이 되게 하사 세상으로 믿게 하소서" "저희로 온전함을 이루어 하나가 되게 하려 함은 아버지께서 나를 보내신 것과 또 나를 사랑하심 같이 저희도 사랑한 것을 세상으로 알게 하려 함이로소이다."

낙스의 깊은 경건 사상이 요한복음 17장에 빚진 것이 얼마나 큰 것이었는지 충분히 말했다고 믿는다. 그것은 단순히 낙스가 이 구절을 그대로 복사했다거나 기억을 더듬으면서 그대로 옮겨 놓은 그런 문자적인 의존이 아니다. 그것은 사상의 의존이다. 이 구절이 깊이 물들어졌기 때문에, 이 사상이 곧 낙스의 사상이 된 것이다. 낙스는 예수님이 자기를 희생 제물로 드리는 그 위대한 기도를 염두에 두고, 하나님과 그리스도와 구원과 또 구원받은 자기 생활과 그 소명을 생각하고 있는 것이다.

그렇다면 여기에 낙스의 「내적인 확신」의 단서가 있는 것이다. 가능한 데까지 이 문제를 추구해 보자. 우리가 요한복음 17장을 차례로 읽어 가기 시작할 때, 그 서두에 있는 아주 인상적인 말("아버지여 때가 이르렀사오니…")에 당장 마음을 빼앗기게 된다. 낙스도 '처음 닻을 내려놓았을 때' 똑같은 경험을 틀림없이

했을 것이다. 무슨 '때'인가. 이것은 그리스도께서 만인의 죄를 대속하기 위해 십자가에서 몸을 제물로 드리신 '때'다. 이 '때'야말로 여러 세대가 대망하고 있었던 그 시간이다. 이 이전의 모든 역사는 이 시간을 향해 걸어 왔고, 그 이후의 역사는 다 이 '때'로 말미암아 틀이 잡혀진 것이다.

성경이 증거하고 있는 것이 바로 그것이다. 하나님의 경륜을 따라 예정하신 그대로 하나의 종국을 향해 지체없이 움직여 가고 있는 「구속의 역사」 가운데서 중심적이고 결정적인 시간이 바로 이 '때'다. "아버지여 때가 이르렀나이다." 이 구절에 닻을 내려 놓은 사람은, 하나님이 전 역사를 전능하신 손으로 움직인이시다는 사실에 추호도 의심할 수 없을 것이다. 즉 그리스도와 그의 헌신이 모든 역사 과정을 의미있게 하는 핵심이라는 것을 의심할 수 없을 것이다.

이 사실을 제대로 이해한 사람만이 역사와 성경의 깊은 비밀을 투시할 수 있다는 것은 두말할 필요도 없다. 그런 사람만이 성경이 보여 주려는 것이 무엇이고, 또 역사가 내포하고 있는 의미가 어떤 것인지를 분별할 수 있다. 여기에 하나님의 목표가 성취되도록 사람이 힘을 다해 하나님과 협조할 수 있는 가능성이 비로소 생기는 것이다.

특히 1절과 4절은 우리가 이처럼 하나님께 순종하는 마음으로 협조하면 어떤 결과가 나타날 것인지를 명백히 시사해 주고 있다. 곧 우리는 하나님을 영화롭게 한다는 것이다. 우리가 지음받고 구속받게 된 것은 이 유일한 목적을 위해서다. 예수님은 "아버지께서 내게 하라고 주신 일을 내가 이루어 아버지를 이 세상에서 영화롭게 하였사오니… 아버지께서 나를 세상에 보내신 것 같이 나도 세상에 저희를 보내었나이다"라고 기도하셨다.

제자들이 계속 남아서 할 일은, 주의 본을 따라 하나님의 섭리를 성취하는 데 순종으로 참여하고, 그렇게 해서 하나님께 영광을 돌려 보내야 하는 일이었다. 제자들은 어렴풋이나마 하나님의 경륜이 무엇인지를 알고 있었다;

> "이제로부터는 너희를 종이라 하지 아니하리니 종은 주인의 하는 것을 알지 못함이다. 너희를 친구라 하였노니, 내가 내 아버지께 들은 것을 다 너희에게 알게 하였음이니라."

이 구절이 그 사실을 밝혀 주고 있다.

이것이 바로 낙스가 자기를 위대한 일에 종사하고 있다고 확신한 근거였다. 모르긴 하지만 여기에 낙스를 비난하는 이유도 있을 것이라고 본다. 곧 사람들은 낙스가 지고하신 분의 「추밀고문관」(樞密顧問官)이라고 자처하고 있는 것 같다고 비난하곤 했다. 세속주의자들은 낙스가 가끔 놀랄 만한 정치적인 예언을 했다고 솔직히 시인하고 있지만, 자기들이 그 초자연적인 선견지명을 이러쿵 저러쿵 시비하지는 못할 것이다.

그 이유는 다음과 같다. 공의의 하나님이 계시고 또 하나님의 섭리로 세상을 다스리는 이상, 조만간 어떤 결말이 필연적으로 나지 않을 수 없을 것이다. 편의주의와 불법 행위는 그 값을 곧 치루고 말 것이다. 그리고 그 종말은 수습 못할 파산일 수밖에 없다. 하나님의 뜻과 그 목적을 고의로 무시하고 반항할 때까지, 하나님은 참고 계시기만 하지 않는다. 언젠가는 그들을 다 쓸어 없앨 것이다. 예언자적인 통찰력을 가진 사람은, 성경 안에 있는 하나님의 길을 깊이 심사숙고함으로써, 앞으로 다가올 사건을 예언할 수 있는 선견지명에까지 이를 수 있을 것이다.

낙스는 경우에 따라서는 그런 선견지명을 가졌다고 믿었다. 낙스가 잘못했다고 믿을 근거는 조금도 없다. 우리는 이전에 소개한 예정론에서 이 문제에 대한 낙스의 근본적인 확신이 요한복음 17장에 근거하고 있었다고 지적한 바 있다. 「스코틀랜드 신앙고백」에는 선택과 예정에 관해서 다음 한 구절밖에 더 말한 데가 없다;

> "아버지께서는 창세 전에 우리를 예수 그리스도 그 독생자 안에서 선택하셨다"(Works, II, p. 100).

요한복음 17장 24절에는 다음과 같은 말이 쓰여져 있다;

> "아버지여 내게 주신 자도 나 있는 곳에 나와 함께 있어 아버지께서 창세 전부터 나를 사랑하시므로 내게 주신 나의 영광을 저희로 보게 하시기를 원하옵

나이다.”

이렇게 보면 낙스의 신앙고백은 단순히 그의 ‘닻 구절’에 있는 말을 그대로 옮겨 놓은 것에 불과하다는 것을 쉽게 알 수 있다.

그의 방대한 저서인 『예정론』은 많은 논쟁을 일으켰을 만큼 역작이었지만, 낙스가 한 재주 거리로 내놓은 것이라고 보아도 무방할 것같다. 퍼어시는 낙스가 이 책을 쓸 때 우리가 지금 그것을 읽을 때만큼이나 실증을 느꼈을 것이라고 생각한다. 그러나 낙스가 이론을 정연하게 전개해야 하는 이 예정론을 단지 학문적이고 논쟁적인 흥미만 갖고 썼다고 할지라도, 마음 속으로 선택 교리를 믿고 있었다는 것은 부정할 수 없다. 이것은 요컨대 그의 ‘비상용 닻’의 하나였다. 요한복음 17장의 주제가 ‘선택’이었다는 것은 물론 말할 것도 없다.

인용하려면 한이 없을 것이다. 이런 내용을 갖고 있는 구절은 무수하다;

> “저희를 세상에서 불러내사 나에게 주시고… 저들은 당신의 것이오며 당신은 이들을 나에게 주시사… 당신이 나에게 주신 여러 사람에게 영생을 주려 하심이니이다.”

형벌을 받을 사람의 어두운 면도 있다;

> “선택받은 자는 하나도 멸망치 않고, 오직 멸망의 자식만이 형벌을 모년할 수 없사오니 이는 성경을 응하게 하려 하심이니이다.”

여기서 낙스는 자기가 설 장소를 찾았고 자신의 신앙을 확립할 수 있었다. 세상은 하나님을 알지 못했고 그의 아들을 시인하지 않았다. 그러나 이 세상에는 하나님이 선택하사 그 아들을 주시기로 하신 「하나님께 속한 사람들」이 있다. 그리스도의 기도에는 이 특별한 사람들을 선택하신 하나님의 뜻에 대해, 그 이유를 밝힌 말이 하나도 없다. 하나님이 그들을 선택하신 것은 낙스가 말한 바와 같이 ‘단순한 자비’에서 나왔을 것이 틀림 없다.

저들이 그리스도의 얼굴을 대했을 때는 그의 음성을 알아듣고 그가 하나님의 아들이심을 알게 된다. 이들은 자기들이 갖고 있는 어떤 능력으로 이 비밀을 깨닫는 것이 아니다. 하나님의 영이 이들에게 내려 주신 내적인 광명을 통해 이해할 수 있을 따름이다;

"혈육이 이를 알게 한 것이 아니요 내 아버지께서 알게 하셨다."

하나님의 순수한 자비가 아니고서는 그들의 선택과 소명과 또 그리스도와의 연합이 있을 수 없다. 놀랍고 무한한 감사가 저절로 나오는 까닭이 여기 있다. 어떤 사람이 이 부르심을 듣고 하나님의 아들을 자신의 주님과 구세주로 시인하여 그와 더불어 한 몸을 이룬다면, 그는 하나님이 택하신 자들 가운데 하나임에 틀림없다. 물론 그가 택한 것이 아니라 피택된 것이다. 따라서 그가 손을 뻗고 주님께 찾아오는 것은 염치없는 행동이 아니다. 쫓겨날 걱정을 할 필요가 없다. 그는 초대받은 손님이다.

하나님께서 권세를 가지시고 영생에 이르도록 이들을 보호하실 것은 너무나 뚜렷한 사실이 아닌가. 교만과 바리새적인 태도에 끌려갈 아무 유혹도 여기에는 없다. 겸손과 감사에 넘쳐 흐르는 확신이 있을 뿐이다. 왜냐하면 우리가 피택된 것은 모두 다 하나님의 '순수한 자비'에서 비롯되었기 때문이다. 우리 자신이 할 수 있느니 없느니 하는 그런 문제와는 본래 아무 상관이 없다. 이것이야말로 요한복음 17장의 중심이고, 낙스가 희망을 걸고 있었던 성(城)이다.

여기까지는 문제가 별로 없다. 선택받는 자들은 다 이 눈 멀고 죄악이 가득찬 세상에서 뽑힌 자들이다. 그러나 그들이 선택받은 것은 어떤 목적을 실현하기 위해서다. 다시 말하면 20절의 말처럼 '저희 말을 인하여 나를 믿는 사람들'을 위해서다. 그러면 이 다른 '사람들'은 누구인가. 아직까지 부르시는 음성을 듣지 못한 선택받은 자 이외의 사람들이란 것은 의심할 여지도 없다. 그렇다면 이 세상(어둠에 거한 채 그리스도를 거절하는 세상)은 무엇을 의미하는가.

우리는 여기서 낙스가 그의 '닻 구절'을 비극적으로 오해했다고 믿지 않을 수 없게 되었다. 세상과 그리스도를 따르는 사람들 사이에 그어진 경계선을 잘못 이해한 나머지, 낙스는 이 구별이 궁극적이고 절대적인 것이라고 속단하고, 세상은 영원히 구원받지 못하고 오직 피택받은 자들만 거기서 빠져 나와 구원될 수 있다고 독단했다.

그의 예정론에서 낙스는 하나님은 모든 사람을 사랑하는 것이 아니라 오직 선택한 사람만 사랑하고, 구원의 복음은 만인을 위해서가 아니라 오직 선택받은 자들만을 위한 것이라고 말하고 있다(Works, V, p. 61). 세상은 듣기는 들을 것이다. 그러나 아무 반응도 못할 운명에 처해 있다. 낙스는 선택받은 자만이 이 부르심에 응답할 입장에 서 있다고 믿었다.

여기까지 말이 전개된 것을 보면 낙스의 생각에는 하나님의 사랑이 비극적으로 제한되어 있음을 볼 수 있다. 선택한 자를 사랑의 눈으로 보시는 것은 확실하다. 그러나 세상을 향해서는 우리가 어떻게 손을 댈 수 없는 분노로 내려다 보시고 계신다고 주장했다. 낙스는 다음과 같이 확신했다; 즉 "선택받은 자들도 다 함께 하나님의 이런 태도를 표방해야 한다고 확신했다." 그러므로 우리는 세상을 증오하고 하나님께 대적한 자를 혐오해야 한다. 이들이 하나님의 원수라면 이들을 우리들의 친구처럼 대접해 주는 것은 결국 하나님을 배반하는 일과 다름 없다.

이렇게 해서 낙스에게는 악인에 대한 증오가 묵인되고 있을 뿐만 아니라 오히려 요청되고 있다. 개인간에 원한을 갖는 것은 물론 아닐 것이다. 그러나 불법을 자행하고 복음(여기서는 종교개혁의 복음)에 반대하는 하나님의 모든 대적자들에게, 높고 거룩한 분노를 느끼고 진리(종교개혁의 진리)를 어지럽히는 자들에게 거룩한 의분을 느껴야 한다는 것이다. 그러나 사람의 분노라는 것이 정말 조금도 실수하지 않을 만큼 고상하고 신성할 수 있겠는가에 대해서 우리는 확언하지 못한다. 낙스의 경우는 더욱 그렇다.

더구나 낙스는 "하나님이 세상을 이처럼 사랑하사…"란 구절을 잊어버리고 있다. 요한복음 17장의 메시지는 낙스가 다 알고 있다고 생각한 것보다는 좀 더 크고 높은 메시지가 아니겠는가. 세상이 비록 하나님과 원수를 맺고 받아들이지 않고 또 미워한다고 해도, 이 세상을 사랑하는 것이 하나님의 뜻이 아니겠는가. 이를 위해 선택한 사람들을 모아서 그리스도의 몸을 이루고 그 사랑을 구현(具現)해서, 세상까지도 그리스도를 알아 보고 주님으로 모실 수 있게 하려는 것이 아닌가.

선택받은 자들을 불러 모으시는 것이, 절대로 그들만의 구원을 위한 것은 될 수는 없다. 선택받은 자들은 다 모여서 교회를 이루게 되어 있는 것이다. 더욱이 교회가 이 세상 안에 존재하게 되어 있다는 것을 무시해서는 안 된다. 세상이 하나님을 적대한다고 해도, 하나님의 사랑이 이들에게 미치는 데는 변함이 없다. 그렇기 때문에 사실 우리도 하나님의 사랑을 받게 되어 있는 것이다.

이런 의미의 말이 다른 데 기록되어 있는 것이 아니라 바로 그 '닻 구절'에 기록되어 있다; "세상으로 하여금 당신이 나를 보내신 것을 알게 하옵소서." 낙스는 이 구절이 마음이 완악하고 타락한 사람들이 억지에 못이겨 할 수 없이 주님을 수긍하는 그런 사실을 의미한 줄로 생각했다. 그러나 그게 아니다. 이 구절이 의미하는 것은 이제 빛을 보기 시작하는 신앙이다. 세상도 그리스도를 알아서 구원받지 못할 까닭이 있을 리 없다.

이 점에서 낙스는 불행하게도 과오를 범했다. 과오를 범한 것은 낙스만이 아니었고 칼빈주의도 그랬다. 그리고 그 여파가 우리 조조부(祖祖父) 때까지 미쳐 왔다. 이들은 복음이 '모든' 사람을 위해서 있을 리가 있겠느냐고 믿었다. 그러나 묘한 하나님의 섭리가 작용했다. 사람은 선택받은 자와 형벌받을 자를 딱 잘라 구별할 수 없고 오직 하나님만이 하실 수 있다는 종교개혁의 원리가 이런 과오 속에서도 완전히사라져 없어지지는 않았다.

선택받은 자만이 복음의 부르심에 응답할 수 있다고 굳게 믿은 것은 사실이다. 그러나 그렇다고 해도 복음이 모든 사람에게 전파되어야 하는 데는 변화가 없다. 왜냐하면 간혹 선택받을 사람이 거기서 나올 수 있을는지 모르기 때문이다. 낙스는 이렇게 해서 복음을 모든 사람에게 전파해야 했다. 그리고 보면 신학적인 오류의 결과라는 것은, 생각했던 것처럼 그리 심각하고 치명적인 것은 아닌 것같다.

낙스가 이 위대한 요한복음에서 배운 확신에 근거해서, 그의 신학을 전개시켰다는 예증을 들려면 한이 없을 것이다. 설교가 무엇인지를 "나는 저들에게 당신의 말씀을 주었나이다" 하신 요한복음 말씀에서 배웠다. 설교는 훈계가 아니다. 하나님이 그리스도에게 주신 말씀을 선포하는 것이 곧 설교다. 실로 권능의 말씀이 아닐 수 없다.

자기의 소명이 무엇인지도 여기서 배웠다. 곧 "아버지께서 나를 세상에 보낸 것처럼 나도 저들을 보내오니…"에서 그는 자기 소명의 본질을 발견했다. 말씀을 전파하는 자는 그리스도의 심부름꾼이다. 이 땅의 어느 임금보다도 위대하신 만왕의 왕의 대사(大使)다. 그런데 통치자나 군후들의 비위에 거슬린다고 해서 멋대로 메시지를 변경할 수 있겠는가.

그러나 한 가지 중요한 사실이 있다. 낙스의 공헌 가운데서 가장 큰 것이라고 해도 무방할 그런 사실이다. 곧 그리스도와 한 몸을 이룬다는 「신비의 경험」이다. 여기에 낙스는 자신의 비상용 닻을 내려 반석 위에 튼튼히 걸리게 했다. "영생은 곧 유일하신 참 하나님과 그의 보내신 자 예수 그리스도를 아는 것이니이다"(요한복음 17장 3절). 이 말은 진리의 요해(了解)를 의미하는 것은 아니다. 예수 그리스도를 통해 하나님과 영적으로 교섭하는 것을 의미한다. 다시 말하면 부활하신 주님의 권세를 힘입어, 무덤에서 다시 사신 그리스도와 인격적으로 사귄다는 것을 의미한다.

만약 신비주의가 영생하신 그리스도와의 영적 교섭을 현실적으로 조금이나마 맛보고 그 맛을 잊지 못해 좀더 완전한 맛을 보려고 온 마음과 영을 다해 갈망하는 정서라고 한다면 퍼어시의 말이 옳을 것이다. 낙스는 신비주의자다. 그러나 이것을 신비주의라고 부르기에는 어딘지 불안한 데가 있는 것같다. 신비주의는 하나부터 열까지 다 비정상적인 것으로밖에는 보이지 않는 탓일 것이다. 어쨌든 이것은 신비주의가 아니다. 진정한 의미에서 기독교의 본질이다. 그리스도께서 먼저 손을 내미사 우리를 인도하시지 않고서는 아무런 영적인 교섭도 성립할 수 없기 때문이다.

더구나 신비주의는 자기 혼자만의 황홀에 세상을 드새는 고립된 몽상가를 연상케 한다. 그러나 낙스의 성격에는 그런 기미가 전혀 보이지 않았다. 요한복음 17장에서 낙스가 배운 것은 그리스도와 한 몸을 이루는 신비란 것이 언제나 「공동적인 융합」(corporate union) 뿐이고 그 이외에는 아무 것도 없다는 사실이다. 자기 혼자 따로 서서 명상하고 경험하는 그런 '기분 상태'가 아니다. 모든 신자가 다 함께 그리스도와 한 몸을 이루고 또 상호간에 얽혀 한 몸을 이루는 경험이 요한복음 17장의 참 내용이다.

다시 말하면 이 융합은 교회를 빼놓을 수 없고, 따라서 교회를 필요로 하고 또한 거기서만 실현 가능하다는 것이다. 우리 주님은 "우리와 같이 저희도 하나가 되게 하옵소서"라 내가 저희 안에 아버지께서 내 안에 계셔 저희로 온전함을 이루어 하나가 되게 하옵소서"라고 기도하셨다. 신자 개인 개인이 주님과 영적으로 교섭하는 것은, 교회가 그리스도 안에서 그리스도와 한 몸을 이루는 영적 교섭의 일부분(곧 종속적인 일부분)에 불과하다. 그렇기 때문에 어떤 사람이 개인의 경건한 생활을 통해 교회에 공헌할 수 있으리라고 생각하는 것은 잘못이다. 그럴 수 없다.

그리스도와 한 몸을 이루는 교섭은 오직 교회를 통해서 또 그 안에서만 이루어질 수 있다. 낙스는 이 진리를 깨닫고 있었다. 낙스보다 이 진리를 더 잘 알고 있는 사람은 없다. 낙스가 시종일관한 뚜렷한 교인(Churchman)으로 남아 있었던 이유가 여기 있다. 그는 그리스도의 교회를 참 열성적으로 사랑했던 사람이다. 시온(Zion)의 돌 하나 먼지 한 줌이 그에게는 한없이 소중했다.

마지막으로 우리는 그리스도의 기도 가운데서 가장 신성한 대목(낙스의 신앙 전체의 핵심) 에 오게 되었다. "저희를 위하여 내가 나를 거룩하게 하오니(이는 갈보리 산상에서 못박히실 것을 말씀하신 것), 이것은 저희도 진리로 거룩함을 얻게 하려 함이니이다"라고 예수님은 기도하셨다. 이것은 우리가 그리스도와 사귀는 것은 곧 그의 희생에 동참해야 한다는 것을 의미한 것이다. 즉 그의 몸과 피와 교섭하여 그것이 우리의 몸과 피가 되게 하지 않으면 안 된다.

교회 생활에서 가장 신성한 순간이 있다면 또 신자 한 사람 한 사람의 신앙생활 중에서 가장 신성한 순간이 있다면, 그것은 모든 신자가 다 한 마음 한 뜻으로 주의 성찬석에 앉아 성례를 지킴으로써 머리 되신 그리스도와 한 몸이 되는 때일 것이다.

그래서 낙스는 말씀과 성례를 하나로 생각했다. 일찍이 사도 요한이 이 둘을 하나님의 성전의 쌍벽으로 생각했던 것과 같다. 말씀은 우리를 불러 그리스도에게 인도한다. 이 부름이 그칠 날은 없다. 그리고 이 부르심을 계속 듣기 때문에, 우리는 놀라운 마음과 두려운 심정으로 몇 번이고 우리 전체를 그리스도의 몸과 '천 짜듯이' 엮어 놓는 콤뮤니온(communion)에 모여 있게 되는 것이다. 여기에 낙스의 신앙 중심이 있다. 그리고 이것이 바로 낙스가 스코틀랜드의 교회에 남겨 준 무상(無上)의 유산이다.

즉 낙스는 스코틀랜드의 교회를 말씀만의 교회가 아니고 말씀의 교회 못지 않게 성찬대(Table)의 교화로 확립시켜 놓았다. 그리고 그것이 오늘까지 예나 다름 없이 그렇게 지속해 오고 있는 것이다. 흔히 종교 개혁은 바울적인 기독교를 부흥시킨 것이라고 말한다. 그러나 스코틀랜드의 교회에는 낙스가 개혁하면서 덧붙여 놓은 것이 있다. 바울 신앙의 박력에 사도요한의 윤택함(신비스러움)과 그 놀라움을 덧붙였다.

제2장 존 낙스와 스코틀랜드 종교개혁

1. 대륙과 잉글랜드의 종교개혁

1) 루터파 교회의 성립

1517년 10월 31일 독일의 작센 선제후국의 한 도시인 비텐베르크에 위치한 올 세인트 교회(All Saint's Church)의 문에는 면벌부(indulgence) 판매의 부당성을 지적하는 마르틴 루터(Martin Luther, 1483-1546)의 '95개조 반박문'이 걸렸다. 바로 독일 종교개혁의 시작이었다. 루터를 분노케 한 것은 로마 교황청이 성베드로성당 건축비 마련을 위해 면벌부를 판매함으로써 기독교 구원교리를 혼란에 빠뜨린 것이었다. 오직 믿음으로만 구원을 얻는다는 말씀을 깨달은 루터는 당시 독일 지역에서 이루어지고 있었던 면벌부 판매를 극도로 싫어했다. 루터의 95개조는 이에 대한 비판이었다. 루터는 제21조에서 "교황의 면벌부로 말미암아 모든 징벌로부터 용서받는다고 주장하는 설교는 잘못이다"라고 썼다. 그 외에도 대부분의 조항들이 면벌부 판매의 부당성을 지적하고 있다.

95개조가 독일어를 비롯한 유럽 각국어로 번역 출판되면서 신설 대학인 비텐베르크 대학에서 신학을 가르치던 무명의 루터는 하루아침에 유럽에서 가장 주목받는 인물이 되었다. 이는 당시 면벌부에 대한 유럽인들의 거부감이 얼마나 컸던가를 보여주는 것이다. 면벌부 판매가 줄어들 것을 두려워한 마인즈(Mainz) 대주교 알브레히트(Albrecht)의 반발은 루터를 더욱 유명하게 만들었다. 다음 해 루터는 자신이 교황청과 대립하는 것에 부담을 느끼고 『95개조에 대한 해명서』를 저술하였다. 루터는 자신이 교회를 공격한 것이 아니라고 해명했지만 여기서도 그는 교회의 면벌부 판매가 비성경적이라는 지적을 멈추지 않았다.

1519년 6월 루터는 독일의 라이프찌히(Leipzig)에서 요하네스 에크(Johannes Eck, 1486-1543)와 공개토론을 가졌다. 에크는 루터의 주장이 15세기 초 이단으로 몰려 화형된 초기 개혁자 얀 후스(Jan Hus, c. 1369-1415)의 주장과 동일하다고 공격했고, 루터는 그렇다면 오히려 후스의 주장이 성경적이라고 답변하였다. 라이프찌히 논쟁으로 인해 루터는 얀 후스처럼 이단으로 몰릴 수 있는 상황에 처했다. 교황청은 1520년 6월 루터에게 60일 이내에 모든 주장을 철회하지 않으면 파문하겠다는 최후 통첩을 보냈다. 이에 루터는 교황이 적그리스도라는 주장으로 대응하였다. 1521년 1월 3일 루터는 공식적으로 교황의 파문장을 받았고 루터는 이것을 공개적으로 불태웠다.

루터의 진정한 종교개혁은 1520년에 출판된 그의 세 권의 책에 담겨있다. 먼저 루터는 『독일의 기독교 귀족들에게 고함』에서 독일의 제후들이 교회의 개혁을 위해 권력을 사용하는 것이 의무라고 주장하였다. 이는 교황과 황제에게 무력으로 저항하라는 요청인 동시에 제후국 내에서 종교개혁을 위해 권력을 이용하라는 요청이었다. 루터는 위로부터의 개혁을 주문하고 있었던 것이다. 루터파 교회가 칼뱅파 교회와는 달리 국가에 종속된 것은 처음부터 이러한 루터의 입장이 반영된 것이라 할 수 있다.

두 번째 책 『교회의 바빌론 유수』는 성경이 모든 교회의 제도와 교황의 칙령보다 우선한다는 입장을 보여주었다. 또한 이 책에서 루터는 만인 제사장설을 주장하였다. 이는 당시 사회 구조의 중요한 신분이었던 성직자가 불필요하다는 의미여서, 사회 혁명적인 의미를 가지고 있었다. 당시 가톨릭 교회는 이를 엄청난 충격으로 받아들였을 것으로 보인다. 그리고 마지막 『그리스도인의 자유』에서 루터는 선행이 아니라 오직 믿음으로만 의롭게 된다는 개신교 전체의 핵심 교리를 제시하였고, 양심에 대한 교회의 속박을 거부하였다.

이러한 루터의 저술들은 유럽 각지에서 출판되었는데 당시 베스트셀러였던 키케로의 책을 능가하는 수준이었다. 『독일의 기독교 귀족들에게 고함』은 2주 만에 4000부가 판매되는 기록을 세우기도 하였다. 루터의 책이 전파되는 데는 15세기 말에 전 유럽으로 퍼진 활판인쇄술의 도움이 컸다. 루터는 이를 두고 "하나님의 극단적인 은총"이라고 말하기도 하였다. 인쇄술이 종교개혁을 일으킨 것은 아니나 인쇄술이 없었다면 종교개혁은 성공하지 못했을 것이다.

당시 독일은 기독교 인문주의가 크게 유행한 지역이었다. 독일은 도시가 크게 발달하였고, 도시 중심으로 기독교 인문주의 운동이 활발하게 전개되고 있었다. 기독교 인문주의는 네덜란드 출신의 에라스무스(Erasmus, 1466-1536)의 사상에서 대표되듯이 초기 기독교의 순수한 신앙으로 돌아가자는 운동이었고, 교회 내부로부터의 개혁운동이었다. 이러한 상황은 루터의 사상을 잘 받아들일 수 있는 비옥한 토양 역할을 하였다. 이러한 의미에서 루터의 종교개혁에서 에라스무스의 기여를 과소평가해서는 안 된다. 당시 가톨릭지도자들이 "에라스무스는 알을 낳았고 루터는 그 알을 부화시켰다"라고 표현한 것은 크게 틀린 말은 아니다.

1521년 초 루터가 교황의 파문장을 불태우자 독일 황제 카알 5세(Karl V, 1519-1556)가 나섰다. 루터는 독일 황제와 제후들로부터 보름스 제국의회(the Diet of Worms)에 소환되었다. 루터는 한 세기 전 얀 후스가 콘스탄스 공의회(The Council of Constance)에서 안전통행권을 확보받고도 화형당한 사실을 잘 알고 있었지만 그리 신경 쓰지 않았다. 용감하게 제국의회에 참석한 루터는 그의 주장을 철회하라는 압박을 받았으나 "양심을 위반하는 것은 옳지도, 안전하지도 않다"고 주장하며 신념을 굽히지 않았다. 그 후 그는 작센 선제후의 보호 아래 종교개혁을 본격적으로 추진하였다. 특히 루터는 바르트부르크(Wartburg) 성에서 신약성경을 독일어로 번역하는데, 이는 평범한 이들도 성경에 접근할 수 있어야 한다는 신념에서였다.

루터파 교회는 전 유럽으로 전파되었다. 독일에서만 1550년까지 65개의 제국도시 가운데 50개가 루터파 교회로 개혁되었다. 가톨릭 미사가 폐지되었고, 루터의 예배지침서에 따른 예배가 행해졌다. 성찬식에서는 수찬자들이 빵과 포도주 모두를 받았고, 교회당에서 제단은 철거되었다. 세례와 혼례는 독일어로 거행되었고 성직자들은 결혼이 허용되었다. 이 같은 루터의 종교개혁을 국가적으로 수용한 지역은 북부 독일의 제후국들과 덴마크, 스웨덴, 핀란드 등이었다.

2) 잉글랜드의 종교개혁과 잉글랜드 교회(성공회)의 성립

루터의 종교개혁은 바다 건너 잉글랜드에서도 큰 영향을 미쳤다. 잉글랜드는 위클리프(John Wycliffe, 1331-1384)의 초기종교개혁운동으로 인해 그의 추종자 롤라드파(the Lollardy)가 온갖 박해에도 불구하고 여전히 잔존하고 있었고, 또한 캠브리지 대학을 중심으로 기독교 인문주의가 크게 성장해있었다. 특히 에라스무스는 캠브리지 대학에 오랫동안 머물기도 하였다. 이러한 상황은 잉글랜드가 개신교 사상을 잘 받아들일 수 있는 사회였음을 의미한다.

잉글랜드의 대표적 인문주의자이면서도 대법관이었던 토마스 모어(Thomas More, 1478-1535)는 1530년대 초 개신교도를 발견해 처벌하는 일에 바빴다. 그리고 국왕 헨리 8세(Henry Ⅷ, 1491-1547)가 옥스퍼드 대학의 신학부 학생들에게 위클리프와 후스 그리고 루터를 비난하는 문서에 서명하도록 지시한 것도 개신교 사상이 크게 전파되고 있었음을 반증하는 것이다.

당시 대표적인 개신교 문서는 사이몬 피시(Simon Fish, -1531)가 쓴 것으로 알려진 『거지들의 청원』(A Supplication for the Beggars, 1519)이었다. 피시는 망명 중

앤트워프에서 이 팸플릿을 출판하였고 1629년 잉글랜드로 들여왔다. 이 문서는 많은 부분 루터의 주장을 담고 있었다. 피시는 연옥을 부정하였고, 면벌부를 비판했을 뿐만 아니라 성직자 제도도 불필요하다고 여겼다. 무엇보다도 이 문서는 잉글랜드의 경제적 가난이 성직자들의 탐욕과 타락 때문이라고 공격하였다. 이 문서에 대해 대법관 토마스 모어가 반박 팸플릿을 쓴 것은 그만큼 당시 당국이 느끼는 위기가 컸음을 말해주는 것이다.

그러나 잉글랜드의 종교개혁에 가장 배경적 역할을 한 것은 윌리엄 틴데일(William Tyndale, c. 1494-1536)의 영역본 성경이었다. 이는 라틴어에 익숙하지 못한 대중들이 성경에 직접 접할 수 있는 기회를 제공한 것이다. 특히 떨어진 가격은 대중들로 하여금 쉽게 성경을 구입할 수 있게 만들었다. 당시 롤라드가 수기한 신약성경이 20실링 이상이었는데 1526년 틴데일이 출판한 신약성경은 3실링에 팔리고 있었다. 이처럼 잉글랜드는 신교 사상이 잘 수용될 수 있는 토양이었고, 종교개혁의 씨는 뿌려지고 있었다.

잉글랜드의 국왕 헨리 8세(Henry Ⅷ, 1491-1547)는 처음부터 루터의 종교개혁에 대해 부정적이었다. 그는 1521년에 Assertio septem sacramentorum adversus Martinum Lutherum(Declaration of the Seven Sacraments Against Martin Luther)이라는 라틴어 팸플릿을 통해 루터를 비판하였는데, 그 덕분에 교황 레오 10세(Leo X)로부터 "신앙의 수호자"(the Defender of the Faith)라는 칭호를 부여받았다. 또한 인문주의자이면서도 대법관이었던 토마스 모어(Thomas More, 1478-1535)는 개신교도를 발견해 처벌하는 일에 바빴다. 이처럼 국왕과 대법관의 강력한 대응은 오히려 개신교 사상이 크게 전파되고 있었음을 반증하는 것이다.

그런데 갑자기 모든 것이 변했다. 그동안 박해를 강행하던 헨리 8세가 종교개혁으로 방향을 선회했기 때문이었다. 그 이유는 정치적인 것이었다. 부인 캐서린(Catherine)과의 사이에서 딸 메리(Mary)만 낳고 아들을 얻지 못한 헨리는 이것이 형수를 취한 데 대한 하나님의 징벌이라고 여겼다. 이런 생각은 구약성경 레위기 20장 21절의 구절에 근거한 것이었다.

"누구든지 그의 형제의 아내를 데리고 살면 더러운 일이라. 그가 형제의 하체를 범한 것이니 그들에게 자식이 없으리라."

헨리 8세는 추기경 울지(Wolsey)를 통해 이혼을 추진하였다. 사유는 에스파냐(스페인) 왕실 출신의 부인 캐서린이 자신과의 결혼 이전에 헨리 8세의 형 아더(Arthur)와 혼인했기 때문에 자신의 결혼이 원천무효라는 것이었다. 당시 왕족의 이혼은 교황의 허락을 필요로 했다. 그러나 교황 클레멘트 7세(Clement Ⅶ, 1478-1534)는 헨리 8세의 이혼을 허락하지 않았다. 이는 자신의 가장 강력한 후원자인 에스파냐 왕인 동시에 신성로마제국의 황제인 카알 5세(Karl V, 1500-1558)를 대적할 수 없었기 때문이었다.

교황으로부터 거절당한 헨리 8세는 1534년 로마교회와 단절할 것과 국왕이 잉글랜드 교회의 수장(Supreme Head of the Church of England)임을 선포하였다. 헨리 8세는 수도원을 해산하고, 토마스 모어(Thomas More)와 함께 로마교회와의 단절을 반대하는 이들을 처형했다. 그러나 그의 조치는 진정한 종교개혁으로 보기 어려울 정도로 보수적이었다. 그의 개혁은 전혀 내용이 뒤따르지 않은 것이었고 교회의 수장만 교황에서 국왕으로 바꾼 것에 불과했다. 1539년에 만들어진 6개조 교리는 대부분 루터의 주장을 비판하고 있다.

이 6개조는 성찬식에서 그리스도가 빵과 포도주의 형태로 존재하며, 수찬자들이 빵과 포도주 둘 다 먹을 필요가 없으며, 성직자는 결혼할 수 없으며, 순결서약한 자는 지켜야 하며, 사적인 미사는 필요하며, 비밀참회도 필요하다는 내용을 담고 있다. 이 같은 내용은 신교의 교리와는 거리가 있었다. 특히 화체설과 고해성사 그리고 독신주의 등을 그대로 두었다는 점에서 6개조는 종교적인 진전의 모습을 전혀 보여주지 못하는 가톨릭 교리라고 할 수 있다. 이러한 사실들은 잉글랜드의 종교개혁이 종교적 이유가 아니라 정치적 이유 때문에 시작되었음을 말해준다.

그러나 헨리 8세의 세 번째 왕비(제인 시모어)에게서 난 에드워드 6세(Edward Ⅵ, 1547-1553 통치) 시기에는 종교개혁이 진척된 모습을 보였다. 캔터베리 대주교 토마스 크랜머(Thomas Cranmer)와 같은 개혁가들은 잉글랜드 교회의 새로운 예배와 성례를 통일시키고자 종교개혁 이전에 사용하던 라틴어 미사책을 대신하여 영어로 된 예배지침서인 『공동기도서』(the Book of Common Prayer)를 도입했다. 『공동기도서』는 아침기도와 저녁기도, 일요일의 예배순서, 세례와 성찬식 등의 성례 순서, 그리고 다양한 형태의 고정된 기도문으로 구성되어 있었다.

『공동기도서』는 교리적으로는 루터의 '이신득의'(以信得義, Justification by faith alone) 이론을 수용했지만, 여전히 종교개혁 이전의 의식을 남겨놓았다는 점에서는 철저한 종교개혁 정신과는 거리가 멀었다. 이런 배경에서 1552년에 개정된 『공동기도서』는 훨씬 더 프로테스탄트 방향으로 발전했지만, 다음 해 에드워드 6세의 죽음으로 인해 사용되지 못했다.

동생의 뒤를 이어 잉글랜드의 여왕이 된 캐서린의 딸 메리 1세는 철저한 가톨릭교도였다. 그녀는 "피의 메리"(Bloody Mary)라는 별명답게 수많은 신교지도자들을 처형하였고, 가톨릭 군주인 에스파냐의 필리페 2세와 혼인도 했다. 이때 캔터베리 대주교 토마스 크랜머(Thomas Cranmer), 런던 주교 니콜라스 리들리(Nicholas Ridley), 워스터 주교 휴 래티머(Hugh Latimer)와 같은 신교지도자들이 처형되었다. 이때 처형된 개신교도들에 대해서는 존 폭스(John Fox)의 『순교자열전』에 잘 소개되어 있다.

그러나 메리 여왕의 반동은 1558년 그녀의 죽음과 함께 끝이 났고, 잉글랜드 왕관은 그녀의 이복동생 즉 헨리 8세의 두 번째 왕비(앤 볼린)의 딸 엘리자베스 1세에게 돌아갔다. 엘리자베스 1세는 즉위와 함께 국교를 신교로 환원하고, 『공동기도서』를 다시 개정하였으며, 통일법(Uniformity Act)을 제정하여 예배의식을 통일시켰다. 또한 그녀는 39개조 교리를 확정지었다. 역사가들은 이를 「엘리자베스 여왕의 종교정착」(Elizabethan Settlement)이라 부른다. 그러나 잉글랜드 교회의 모습은 칼뱅파의 입장에서 볼 때 여전히 개혁이 완전하지 못했다.

비록 교리면에서는 어느 정도 개혁된 모습을 띠고 있었지만 교회의 조직은 여전히 가톨릭과 같은 주교제(episcopacy)를 채택하고 있었고, 국왕은 교회의 수장으로서 주교를 임명할 권한을 가졌으며, 또한 성직자 총회를 소집하고 해산할 수 있는 유일한 존재였다. 예배의식에서도 잉글랜드 교회는 가톨릭의 모습을 완전히 탈피하지 못했다. 예배에서의 기도는 『공동기도서』에서 규정된 기도문을 따라야 했다. 한마디로 잉글랜드 교회는 눈을 감으면 신교처럼 들리지만, 귀를 막으면 가톨릭처럼 보이는 교회였다.

그러나 칼뱅의 영향을 받은 이들은 더 철저한 종교개혁을 원하였는데 그들을 가리켜 청교도(Puritans)라 부른다. 이미 엘리자베스 시기에는 유럽전역에 칼뱅의 새로운 종교개혁 운동이 널리 전파되고 있었다. 북쪽 왕국인 스코틀랜드는 1560년에 국가적으로 칼뱅의 개혁원리에 입각한 종교개혁을 이루었다. 잉글랜드보다 거의 25년이 늦었지만 더 철저한 종교개혁을 이룬 것이다.

엘리자베스 시대의 청교도는 교회의 다양한 분야에서 추가적인 개혁을 추구했다. 조직 면에서는 스코틀랜드와 같은 장로교를 원하는 이들이 가장 많았다. 그들은 토마스 카트라이트(Thomas Cartwright, c. 1535-1603)를 중심으로 장로교로의 개혁을 추구했지만 급진적인 개혁을 꺼려한 엘리자베스 여왕을 설득할 수는 없었다. 그리고 극단적인 청교도는 당국의 처벌을 피할 수 없었다. 그래서 제임스 1세(James I, 1603-1625)와 그 아들 찰스 1세(Charles I, 1625-1649) 시대에는 많은 청교도가 신앙의 자유를 찾아 미국으로 건너가기도 했다.

3) 장 칼뱅과 칼뱅파 교회의 성립

루터의 사상은 이웃 프랑스와 스위스는 물론 북유럽과 잉글랜드와 스코틀랜드 등으로 전파되었다. 1520년대 개신교 사상은 파리 대학을 중심으로 프랑스에 전파되었다. 당시 인문주의 교육을 받은 프랑스 국왕 프랑소와 1세(Francis I, 1515-1547 통치)는 비교적 관용적인 자세로 대하였다. 그러나 1530년대에 와서 신교도의 수가 많아지고, 개신교도에 의해 포교 활동이 정치화되면서 프랑스 정부는 박해정책으로 돌아섰다. 정부를 자극한 대표적인 프랑스 개신교 운동은 1534년에 발생한 소위 플래카드 사건(the Affair of the Placards)이다.

이것은 가톨릭 미사에 대해 지나친 비판을 담은 피까르디(Picardy)의 목사인 앙뜨안느 마르꾸르(Antoine Marcourt)의 글을 개신교도들이 프랑스 주요 도시의 공공장소와 건물에 벽보로 붙인 사건이다. 심지어는 프랑소와 1세의 침실에도 한 장이 붙었다고 전해진다. 이로 인해 박해가 시작되었고 파리 대학에서 가르치던 장 칼뱅(Jean Calvin, 1509-1564)이 망명을 떠난 것도 이때였다.

칼뱅은 루터보다 한 세대 늦은 인물로 파리 대학 시절에 개신교 사상을 접하고 1533년경 개종했다. 그는 바젤 망명 중 저명한 『기독교 강요』를 저술하였는데 이것은 개신교의 기본적인 신앙에 대해 설명한 것이었다. 루터의 사상이 독일의 상황 속에서 서술된 것이고 3권의 책에 흩어져 있었다면, 『기독교 강요』는 개신교 사상을 1권의 책에 체계적으로 저술한 것이라 할 수 있다. 1536년 칼뱅은 알사스(Alsace) 지방의 자유도시인 스트라스부르그(Strasbourg)로 가는 도중 길이 막혀 스위스 제네바로 우회할 수 밖에 없었다.

그는 제네바에서 하루 머무는 동안 제네바의 종교개혁가 기욤 파렐(Guillaume Farel, 1489-1565)의 간곡한 요청으로 제네바에 남기로 했다. 그러나 칼뱅은 곧 그의 종교개혁이 부담되었던 제네바시 당국과 불편한 관계가 되어, 스트라스부르그로 떠났다가 1541년 제네바의 요청으로 다시 돌아오는 우여곡절을 겪는다. 그는 1564년 사망시까지 제네바에 머물면서 노회를 근간으로 하는 교회조직을 만들었다.

칼뱅이 만든 장로교 중심의 교회조직은 기본적으로 로마 가톨릭 교회와 같이 위계질서를 가진 것이나, 그 위계는 사람으로 구성되는 위계가 아니라 회의체(치리회)로 구성되는 것이었다. 한 사람의 주교가 그 주교구 내 모든 사제들을 감독하는 감독제(또는 주교제)가 아니라 각 교구 교회마다 목회자와 치리장로들이 당회(kirk session)를 구성하고, 이들이 주교구 크기의 지역에서 함께 모여 장로교 또는 노회(presbytery)를 구성하는 것이다.

장로교는 모든 중요한 결정을 노회에서 하고 각 교구교회는 이에 순종하는 제도다. 칼뱅은 제네바 노회를 구성하고 노회를 통해 산하의 교구교회를 잘 감독하는 제도를 만든 것이다. 이 장로교는 한 사람의 결정보다는 모든 목회자와 장로들이 모여서 결정하는 것이 권력남용을 막을 수 있다는 전제에서 만들어졌다. 따라서 장로교에 모인 회원들은 신분상 절대적으로 동등하였다.

칼뱅의 교회조직 원리는 세속권력과의 관계에 있어서도 루터의 입장과 달랐다. 루터는 세속통치자가 교회의 통제를 할 수 있다는 입장을 가졌던 반면, 칼뱅은 교회와 정부는 근본적으로 다른 영역이므로 서로 간여할 수 없다는 입장을 지녔다. 그리고 악한 정부라면 무력저항도 가능하다고 보았다. 이러한 이유에서 많은 세속통치자들은 칼뱅파보다는 루터파를 선호했다. 그럼에도 불구하고 칼뱅파는 더 대중적인 지지를 받았고, 루터파보다는 더 많은 국가에 전파되었다.

프랑스인이었던 칼뱅의 영향과 노력으로 칼뱅파 교회는 프랑스 곳곳에 전파되었다. 특히 칼뱅은 많은 목회자들을 양성해 프랑스로 파견했는데 이들은 프랑스 칼뱅파 교회를 설립하는 데 큰 역할을 담당했다. 그 결과 프랑스 칼뱅파 교회는 많은 프랑스 남부 지역의 도시들에서 지지를 받았고, 대소 귀족들도 참여하는 세력으로 발전하였다. 또한 그들은 앙리 2세(1547-1559)의 박해에 대해 조직적으로 대항하고자 했다.

앙리 2세 사후 프랑스는 신구교간에 큰 갈등이 정치적으로 표출되었다. 1572년 가톨릭교도들은 「성바돌로뮤 축일의 대학살」(the St. Bartholomew's Day massacre) 사건을 일으켰고, 이것은 약 30년간의 종교전쟁 즉 위그노(Huguenot) 전쟁으로 연결되었다. 프랑스 위그노 이론가들은 악한 정부에 대해 무력 저항이 가능하다는 이론을 전개하였고 이것은 다른 나라의 칼뱅파에 지대한 영향을 미쳤다.

프랑스와 함께 대륙에서 칼뱅파의 전파가 왕성했던 지역은 네덜란드였다. 루터의 종교개혁운동에 비교적 차분하게 반응하였던 네덜란드는 홀란드(Holland)와 프리슬랜드(Friesland)를 중심으로 급진적인 재세례파 운동에 크게 동요하는 모습을 보였다. 재세례파 운동은 다양한 집단으로 구성되었으며, 각 집단은 각기 추구하는 바가 달랐으나 유아세례에 반대한다는 점에서 공통점이 있었다.

네덜란드에서 가장 중요한 재세례파 분파는 메노 시몬스(Menno Simons, 1496-1561)에 의해 주도된 메노파[즉 메노나이트(The Mennonites)]였다. 그들은 다른 급진적인 종교개혁처럼 국가와 교회의 완전한 분리를 주장했고 화체설을 부정했다. 뿐만 아니라 종교개혁 초기 네덜란드에는 수많은 급진적인 종교집단이 존재하고 있었다. 이런 상황에서 1640년대 칼뱅의 종교개혁이 전파된 것이다. 칼뱅파는 상·하층민 모두에게 전파되었고 네덜란드에서 가장 큰 교회가 되었다.

칼뱅의 가르침을 받은 네덜란드의 칼뱅파 교인들은 교회의 장식을 우상으로 보고 우상파괴 운동을 벌였는데 네덜란드에서는 성상파괴(Beeldenstorm)로 알려졌다. 그들은 기존 가톨릭 교회의 장식과 성상을 파괴하는 운동을 벌였고 네덜란드의 거의 모든 주로 전파되었다. 당시 네덜란드는 개신교도를 인정하지 않는 에스파냐의 지배를 받고 있었기 때문에, 네덜란드의 개신교도들은 어느 종파나 관계없이 에스파냐 정부의 박해를 받았다.

네덜란드의 칼뱅파 운동은 어떤 의미에서 에스파냐의 박해에 저항하면서 성장했다. 칼뱅파는 홀란드와 질랜드(Zeeland)와 같은 일부 주를 장악하면서 강력한 무력 저항의 수단을 갖추게 되었으며 「오렌지의 침묵공 윌리엄」(William the Silent of Orange)의 지도로 에스파냐와 독립전쟁을 벌였다. 17세기 초에는 사실상 독립을 쟁취하였고, 칼뱅파 교회는 네덜란드의 공식교회가 되었다.

네덜란드의 칼뱅파 교회는 제네바와 달리 다양한 종파의 존재를 인정하는 관용을 베풀었다. 유럽에서 칼뱅파 종교개혁이 가장 늦게 성립된 곳은 스코틀랜드다. 스코틀랜드에서 종교개혁은 1560년에 이루어졌지만, 칼뱅파 교회를 자신들의 환경에 가장 적합하게 만들었다. 그들은 자신들의 교회를 장로교회라고 불렀다. 오늘날 한국의 장로교회는 기본적으로 이때 스코틀랜드에서 만들어진 구조를 채용하고 있다.

2. 종교개혁 이전의 스코틀랜드 교회

종교개혁 이전의 교회를 가리켜 아름다운 옷에 때 하나 묻지 않은 '상냥하고 사랑스러운 처녀'라고 말한 자들이 있다. 화려한 예배, 육중한 성당, 일반 예배자들로부터 난간을 끼고 저만큼 떨어져 있는 엄숙한 제단, 미사와 향불, 질서정연한 행렬 그리고 미적 감각에 호소하는 음악 등은 많은 사람들을 황홀케 했다. 그들은 교회의 고위 성직자들(특히 교황)의 위풍에 대단히 감명받았다. 모든 것이 경외감을 불러 일으키고 온통 장엄한 것같다.

그러나 이런 외적 질서를 찬탄하는 자들은 어떻게 이런 요소들이 그리스도의 교회에 들어왔는지 묻지 않는다. 사도들이 이런 예배형식과 로마 교회의 주요 교리들을 인정했는지 묻지 않는다. 사도교회와 초대교회는 일반적으로 소박한 예배형식으로 기뻐했거늘, 어째서 이런 예배형식이 화려하고 감각적이기만 하는지 논하지 않는다.

초대교회는 애초부터 의도적으로 소박한 형식을 채택했다. 그것은 교회는 모름지기 영적이어야 한다고 생각했기 때문이었다. 영적이라는 것은 엄숙한 의식이나 의례를 들리거나 값비싸고 화려한 제복을 늘리는 데에 있는 것이 아니다. 성령에 사로잡힌 사도들은 외적인 장식보다 심령의 종교를 강조했다. 교회는 초대의 소박함을 포기하고, 자질구레한 설비에만 줄곧 신경을 쓰고 있었다. 이것이 중세기 부패한 교회의 특징이었다.

이런 것 때문에 교회가 더 신령해졌거나 사람들이 더 그리스도를 닮게 되었는가? 교회의 고위 성직자들은 자기들이 사도적이라고 큰 소리를 쳤지만, 사실상 사도들과 같은 인격을 함양했는가? 초대 교회의 교리와 실천으로부터 멀리 떠난 중세교회가 의(義)의 열매를 맺었는가? 오히려 교회가 기독교 신앙과 전적으로 배치되는 불의한 관습 속으로 전락되지 않았는가?

종교개혁 이전 수세대 동안의 형편을 살펴 보자. 교회회의나 교회집회가 개최되면, 어마어마한 악습의 개정을 요구하는 소리가 높아 갔다. 기독교에 치욕을 가하는 부패를 제거하자는 것이었다. 그러나 비극은 그 교회회의의 회원들이 최악의 부패를 스스로 자행하는 자들이었다는 데 있었다. 예술은 발전하고 재물은 늘었으나, 교회의 도덕적인 상태는 개탄할 수 밖에 없었고 부패는 극을 치닫고 있었다. 교회의 영적 생활은 극도로 허약했다.

스코틀란드라고 해서 나을 것이 없었다. 유럽 어느 곳의 상황이나 다를 바 없었다. 성 바울 대학의 학장 존 콜렛(John Colet)은 1512년 성직자 회의에서 고위 성직자들과 신부들을 신랄하게 비판했다. 그는 주교들부터 개혁해야 된다고 선언했다. 일단 그렇게 개혁이 시작되면 성직자들을 거쳐 평신도들에까

지 그것이 파급될 것이라고 생각했다;

> "몸은 영혼을 따르기 마련이다. 국가의 통치자들이 그러하면 그 국민들도 그렇게 되는 법이다."

그리고 나서 그는 당시에 유행하던 엄청난 악습들을 신랄하게 비판했다.[1] 따라서 스코틀랜드 교회의 서글픈 상황을 이해하려면, 로마 가톨릭 작가들의 증거와 로마 가톨릭 회의 자료들을 살펴보는 것이 최선의 길이다. 그들은 신앙의 양심에 따라 편견없이 기록했다.

1) 무지와 무능

1552년 대주교 존 해밀톤(John Hamilton)의 주도 하에 「교리문답서」(Catechism)가 작성되었다. 십계명과 사도신경, 성례와 주기도 등을 교육하기 위한 목적을 가진 문답서였다. 그것은 에딘버러(Edinburgh) 지역회의에서 '감독들과 기타 고위 성직자들의 충고와 조언을 받아' 발간되었다. "이 지역의 하급 성직자들과 고위 성직자들은 대개 성경 지식에 능통하지 못해서 구원에 필요한 가톨릭 신앙과 기타 사항들을 자력으로 바르게 교육하거나 오류를 시정할 만한 능력이 없다"[2]는 것이 인정되었다.

그 결과 주교 대리들과 목사 대리들에게 매 주일과 성일마다 「백의와 법의」(surplice and stole)를 입고 이 교리문답서를 정규적으로 읽으라는 명령이 떨어졌다. 그 법령은 이렇게 말을 이었다;

> "앞에서 지적한 교구 목사들과 목사 대리들과 주교 대리들은…「열성과 근면으로써」(with all zeal and assiduity) 공식적인 낭독의 임무를 감당하기 위해 준비

1) T.M. Lindsay. The Reformation Ⅰ. pp. 165ff.

2) David Patrick, Statutes of the Scottish Church, pp. 143, 144.

해야 한다. 문답서를 계속 자주 매일 읽게 하여, 청중들의 조롱을 사지 않아야 할 것이다. 준비 부족으로 인해 읽는 도중에 더듬거리다가 낭패를 당하지 않게 할 것이다."[3]

1552년 지역회의에서 나온 이 강력한 교령(敎令)을 벗어난 자들이 많았던 것을 알 수 있다. 7년 후에 나온 동일한 회의의 의사록을 보면 별로 개선이 없었다. 따라서 엉터리 삼류 시인이 다음과 같이 조롱할 만도 했다;

"그 주교 대리는 자기는 글을 「읽을 줄 모른다」(culd nocht reid)고 소리쳤다."

1949년 지역회의는 주교 대리들 가운데 "학문과 도덕과 분별력이 아주 모자라는"(very deficeut as well In learning, morals, and discretion)[4] 자들이 많다고 선언했다.

그 당시 성직자들은 조롱받을 만도 했다. 조지 부카난(George Buchanan)에 의하면 그들 태반이 성경에 매우 어두웠다고 한다. 어느 정도로 어두웠을까? 신약성경이 마틴 루터가 쓴 그 당시의 책이라고 믿을 정도였다. 그러면서 자기들은 구약을 고수하는 자들이기 때문에 신약과는 상관이 없다고 선언했다.[5]

인치콤(Inchcolm) 성당의 평의원이자 돌라(Dollar)의 목사 대리(흔히 '딘 토마스'라 부름)인 경건한 교양인으로 유명한 토마스 포렛(Thomas Forret)이, 둥켈드(Dunkeld)의 주교 크리치톤(Crichton)에게 "왜 매 주일마다 교구민들에게 서신이나 복음서를 설교하느냐"고 책망받은 적이 있었다. 그러면서 포렛은 "좋은 서신이나 좋은 복음을 발견할 때만 설교하라"는 충고를 곁들였다.

이에 포렛은 "어디 나쁜 서신이나 나쁜 복음이 따로 있다고는 생각되지 않는다"고 선언하고, 크리치튼 주교에게 어느 것이 좋고 나쁜지 지적해 줄 것을

3) ibid. p. 146.

4) ibid. p. 110.

5) George Buchanan, History of Scotland, p. 219.

요청했다. 그랬더니 주교는 다음과 같이 격렬하게 대꾸했다;

> "나는 신·구약이 무엇인지 전혀 모르는 것을 하나님께 감사하오. 토마스 포렛 나는 그저 주교 예전서(禮典書)나 알 뿐이요."[6]

포렛이 재판에 회부되었을 때, 검사가 신약성경 책을 그의 소매에서 끄집어 내더니 이렇게 소리쳤다;

> "보라. 그는 자기 소매에 이단 서적을 갖고 있다. 이것이 교회에 온갖 혼란을 초래하는 것이다."

포렛이 설명하고 권유해도 막무가내였다. 마침내 가장 매력적인 인격자 포렛은, 1539년 3월 1일 에딘버러 캐슬힐(Castlehill)에서 화형당하고 말았다. 바로 그 날 4명의 경건한 신자들도 바로 그 자리에서 화형당했다.

교양있는 신부인 아키발드 헤이(Archibald Hay)는 그의 친척 데이빗 비톤(David Beaton)이 세이트앤드류스 성당의 대주교 겸 전체 스코틀랜드의 수석 주교가 되었을 때, 축사를 하는 마당에서 성직자의 무식을 가차없이 비판했다. 그렇게 통렬한 비판은 전무한 것이었다;

> "나는 하나님의 사랑을 사모하는 사람으로서, 질이 나쁜 신부들의 생활을 돌아보며 부끄러움을 금할 수 없습니다. 그들은 온통 무식의 암흑을 뒤덮어 쓴 자들입니다. 도대체 주교들은 무엇하는 사람들입니까" "그런 자들에게 주의 몸을 맡겨 (성찬식을) 다루게 하다니 어찌된 일입니까. 그들은 알파벳의 순서도 제대로 모르는 자들입니다. 신부들은 어젯밤의 주독(酒毒)이 채 깨기도 전에, 부시시 눈을 비비며 성찬식을 거행하러 가는 자들입니다…"[7]

---

6) Thomas McCrie. Sketches of Scottish Church History. pp. 16, 17.

7) D. Hay Fleming, Reformation in Scotland, p. 42.

2) 설교

거의 천년동안 설교는 로마 교회로부터 사라졌다. 그 대신 점차적으로 잡다한 의례와 의식이 생겨났다. 특별히 미사를 보면 집례 신부가 주 예수의 살과 피를 새삼스럽게 희생제물로 바친다고 고백했다. 따라서 제단은 굉장한 숭배의 대상이 되었다. 제단에서 봉사하는 사람은 빵과 포도주를 바로 우리 주님의 그 살과 피로 바꿀 능력이 있다고 주장하는 자들이기 때문에 말할 수 없이 중요한 인물로 존경받았다. 그의 성례 집행을 통해 하나님의 은혜가 곤고한 죄인들에게 임한다는 것이었다.

교회에서 마땅히 중시되어야 할 설교는 사라져 버렸다. 13세기에 "걸식하고 설교하는 탁발승(托鉢僧)"(the mendicant preaching friars)인 프란체스코 수도승들과 도미니크 수도승들도종교개혁 이전에는 부패에 물들었다. 스코틀랜드의 어느 지역에서도 설교가 등한시 되었다. 스코틀랜드의 지역회의가 개최될 때마다, 늘 성직자들에게 설교하라는 명령을 거듭 내렸지만 허사였다. 종교개혁 직전에는 주교들 중에 아무도 설교할 줄 몰랐다.

그러나 주교들은 프로테스탄트 설교가 성공하는 것을 보고 그것을 모방하게 되었다. 글라스고우(Glasgow)의 주교 가빈 둔바(Gavin Dunbar)가 에이르(Ayr)에서 모방 설교를 시도했지만 그의 설교는 대실패였다. 왜냐하면 몇 마디 하다가 말이 막혔기 때문이다. 그러자 그는 서둘러 이렇게 사과했다;

> "그들은 우리도 설교해야 한다고 합니다. 그야 물론이지요, 늦어도 안 하는 것보다 낫지요. 여전히 우리를 주교로 받아 주십시오. 그러면 다음 번에는 더 잘 할 것입니다."[8]

둔바 주교는 에이르에서 위샤트(Wishart)의 설교를 꺾으려고 했지만, 그는 급하게 그곳을 떠났다. 그 후 그는 다시는 거기서 설교를 시도하지 않았다. 설

---

8) John Knox, History, I, p. 61.

교 문제에서 종교개혁 이전 교회의 태도는, 사도 교회의 태도와 판이했다(고전 1:18, 21). 그러나 여기서 예외는 있었다. 세인트앤드류스 성당의 제임스 케네디(James Kenedy) 주교는 1465년에 사망했는데 당시 그는 유명한 설교가였다.

3) 불경건

깊은 감동을 주는 의식을 거행하려는 목표를 갖고 장엄한 행사를 개발한 교회라면, 예배 처소마다 경건미가 넘쳤으리라고 짐작할 수 있을 것이다. 그러나 사실은 그렇지 않았다. 1552년 2월 1일 의회는 한 법안을 통과시켰다. 그것은 하나님께 예배드리는 시간에 소란을 피워 하나님의 말씀 전파를 방해한 사람들을 처벌하는 법안이었다. 그들은 교회 직원들의 어떤 훈계에도 아랑곳하지 않는 자들이었다. 바로 그 해에 대주교 해밀톤의 「교리문답서」를 보면 주일날 교회에서 말다툼하고 되는 대로 찬송하는 흔한 죄를 언급하고 있다.

또 거기에는 악하고 세속적인 말을 지껄이고 비웃고 조롱하는 일에 전념하는 자들을 언급하고 있다(전 1:18, 21 참고). 이런 불경건은 여러 세대 동안 교회 생활의 특징이 되어 왔던 「신비극이나 기적극」(the mystery or miracle plays)과 관련해 잘 드러났다. 월터 스콧(Walter Scott) 경은 수도원장(Abbot)에 대한 난외주에서 이런 악습이 생기게 된 과정을 기록했다.

> "성직자들의 악습에 고무받은 평신도들이 주당(酒黨) 두 명을 선발했는데 이 주당 두목들은 「얼빠진 수도원장」(Abbot of Unreason) 「소년 주교」(Boy Bishop) 「바보들의 회장」(President of Fools) 등의 이름을 갖고 교회들을 점령하여 성스러운 의식을 거짓 모방하고 교회의 찬송들을 천박하게 풍자한 노래들을 불렀다."[9]

중세 교회제도와 국가제도의 권위자인 월터 경은, 이런 천박한 연극들과 조

---

9) A. M. Renwick, The Story of the Scottish Reformation, p. 19.

잡한 익살에 대한 성직자들의 무관심에 놀라지 않을 수 없었다. 그러나 신성모독이 지나치게 되자 의회는 법적으로 강경한 형벌을 부과할 수 밖에 없었다.

4) 성직자 윤리의 타락

종교개혁 이전 교회의 가장 비극적인 특징은 소위 독신생활을 서약한 성직자들의 윤리가 무시무시할 만큼 타락했다는 점이다. 이 방면에 나무랄 데 없는 권위를 가진 자가 앞에서 이미 언급한 아키발드 헤이 신부(후에 성 메리 대학과 세인트앤드류스 대학의 학장을 역임)다. 그는 비톤 추기경에게 바치는 긴 찬사(Panegyricus)에서 다음과 같이 기록했다;

> "만일 내가 지나친 영예욕, 차마 그러리라고 믿을 수 없는 잔학·정욕·시기·증오·배신·채울 수 없는 복수심, 악독한 말과 불명예스런 행동 이 모든 것이 교직자들의 가슴 속에 난무하고 있었다고 지적할 것 같으면, 이렇게 야만적인 괴물들이 인간의 탈을 쓰고 도사리고 있었음을 아무도 믿지 않을 것입니다. 순결을 고백하면서도 새로운 정욕의 유형들을 만들어서 방탕한 생활을 하고 있는 자들의 생활을 내가 말씀드리기 보다는 차라리 그만 두겠습니다"[10]

이런 상황을 알면서도 그 추기경이 그것을 뜯어고치기 위해 어떤 조치를 취했다는 표시가 없다. 그가 그렇게 할 수 없었던 것은 그 자신도 최고의 성직에 앉아 있는 몸이면서도 부도덕한 인물로 악명이 높았기 때문이다. 1513년에서 1546년까지 스코틀랜드 국새록(國璽錄)을 열람해 보면 누구나 이 사실을 확인할 수 있다. 거기에 보면 추기경의 서자 11명과 딸 3명이 버젓이 합법적으로 기록되어 있다. 이들의 아버지의 이름이 다음과 같이 명시되어 있다;

> "로마 교회의 추기경, 세인트 앤드류스 대학의 대주교, 스코틀랜드의 수석 주

10) D. Hay Fleming, Reformation in Scotland, pp. 42-45 참조.

교 데이비드."

이렇게 독신(獨身) 신부가 무수한 가족들의 가장(어떤 자료에 의하면 심지어 20명을 거느린 가장까지도 있었다)이 된 것을 격에 맞지 않는 것으로 생각한 자들이 아무도 없었던 것같다. 어떤 성직자들은 지체 높은 가문과 혼사를 맺어 그 딸들에게 엄청난 혼인 지참금을 주기까지 했다. 이 모든 것이 더욱 가공스러운 것은 그 당시 결혼한 신부들이 엄히 정죄를 받고, 1534년 에딘버러 노만 굴레이(Norman Gourlay)처럼 처형당한 자도 있었다는 것을 기억해 볼 때 그렇다.

추기경만 교회의 건전한 윤리를 범한 자였을까. 1549년 에딘버러 지역회의에서 존 해밀톤이 사회를 맡았는데, 그는 비톤 다음에 세인트앤드류스의 대주교와 스코틀랜드 수석 주교의 자리를 인계한 자였다. 그는 커다란 분쟁과 이단 사태가 주로 "거의 모든 지위의 교직자들이 문학과 모든 교양과목을 모르고, 윤리가 타락하고 신성모독의 방탕한 생활을 했기 때문에" 발생한 것임을 인정했다.[11]

이것은 프로테스탄트 열성분자가 한 말이 아니라, 로마 교회의 엄숙한 지역회의에서 나온 말임을 기억하라. 이 거룩한 대회와 지역회의는 "그 시대의 긴급한 상황에 맞추어 교정 대책을 채택하고, 이런 악행에 쐐기를 박도록" 결의했다. 이 회의는 교직자들의 축첩을 신랄히 공격하고, 고위 성직자들과 그 산하의 성직자들에게 그들의 자녀들로 하여금 "그들의 교회에서 승진되게 하거나… 그들의 딸들로 남작들에게 결혼시키거나, 그들의 아들들로 하여금 교회재산으로 남작들을 만들지 못하도록"[12] 명령을 내렸다.

이런 풍습은 부인할 수 없는 추문이 되었다. 지역회의의 명령도 별 효과가 없었다. 사회자 해밀톤 대주교도 "그리스도 안에서 가장 존경할 만하고 가장 품위있는 자요 사회 명사… 스코틀랜드 수석 주교"로 묘사되었으나, 그도 그의 선임자 비톤 추기경처럼 부도덕한 기록을 갖고 있었다. 그 회의에 참석한

11) David Patrick, Statutes of the Scottish Church, p. 84.

12) Ibid., p. 92,

6명의 주교 중에 3명이 주색으로 악명이 높은 자들이었다. 하급 성직자들이라고 더 나을 것이 없었다. 결국 지역회의의 윤리 조항은 사실상 완전히 무시당하고 있었다.

5) 후원 제도(Patronage)

후원제도는 하나의 악습으로 이미 3세기 동안 계속 존재해 왔다. 이 제도는 종교개혁 이전 교회에 큰 피해를 가져왔다. 교황, 왕, 귀족들 그리고 어떤 경우에는 주교들도 자기 교구 안에서 성직임명권이 있었다. 성직 임명권의 알짜는 교황이 차지하고 있었다. 이것이 엄청난 불만을 초래했다. 의회의 개입(특히 1496년)에도 불구하고, 교황은 주교직과 수도원장직과 많은 공석(空席) 성직에 임명권을 행사했고, 임명권 발동으로 거액의 사례금을 갈취했다. 바티칸 교황청이 나라의 재원을 고갈시키고 있다는 극도의 불평이 나돌았다.

온갖 유형의 후원자들은 흔히 부적격자들을 임명했다. 임명된 자들 중에서 서임받지 못한 자들이 많았고 인품도 적절하지 못한 자들이 많았다. 그야말로 어린아이들까지 임명받기가 일쑤였다. 제임스 5세도 자신의 서자들에게 최고의 성직을 맡겼다. 그 당시 후원 제도가 얼마나 타락되었던가! 그는 그의 아들 6명을 6, 7세에 스코틀랜드의 최고 성직에 임명하여 거기서 막대한 자금을 염출했다. 장자 제임스는 1535년 그의 나이 6세에 켈소(Kelso) 대수도원의 위탁자(Commendator) 고문이 되었고, 1541년에는 멜로즈(Melrose)의 수도원장이 되었다. 그 지방에서 이 소년처럼 수입이 많은 귀족들은 거의 없었다.

대수도원들이나 소수도원들이 위탁(Commendam) 형식으로 엉뚱한 사람들의 수중에 넘어갔다. 위탁자(위탁 형식으로 수도원을 먹은 자)는 흔히 영혼 구원에는 전혀 무관심한 세속적인 사람이었다. 그는 수도원의 막대한 수입의 대부분을 착취했다. 그리고 2류 성직자에게 몇 푼 주어서 영적인 일을 수행하게 했다. 이런 사업에 병폐가 있을 것은 당연하다. 이런 수도원 수입 도용(盜用)과 관련하여 한 사람(흔히 평신도)이 수익성 높은 몇 개의 성직을 쥐기만 하고 현장의 일은 전혀 맡지 않는 소위 복수의 성직제도가 있었다. 존 커닝함(John

Cunningham) 교수는 이 무시무시한 악습 제도를 다음과 같이 잘 지적했다;

> "교회의 고위 성직자들이 이런 일에 앞장을 섰다. 그들은 자기들의 교구 외에 대·소 수도원들과 다른 교구들을 수입원으로 잡았다. 대주교 포맨(Forman)과 추기경 비톤(Beaton)은 이 일에 악명이 높았다. 모든 사람은 가능한 범위 내에서 최대한의 수입원을 쥚어 쥐었다. 이렇게 돈에만 혈안이 되어 있고 영혼 치료에는 별로 신경을 쓰지 않았다"[13]

이런 썩을 대로 썩은 폐습은 수도원들(monasteries)의 경우에도 있었다. 수도원마다 25개 내지 30개 이상의 교구들을 소유하여, 거기에 대해 세금과 후원권(rights of patronage)과 기타 수입원으로 삼았다. 이것은 아주 흔한 일이었다. 이런 종교 단체들이 수입을 취하고, 비참하리 만큼 작은 봉급으로 각 교구에 목사 대리(vicar)를 임명하여 일하게 했다. 사실상 불쌍한 사람은 바로 이런 자들이었다. 그들은 가난했다. 교구 신부들의 지위는 하락되었다. 그러나 수입과 교회 세금은 "어느 먼 수도원의 쓸모없는 원생들을 살찌우러 갔다"[14]

가장 유능하고 강력한 일부 로마 가톨릭 역사가들은 성직 임명과 관련된 이런 악습들을 가차없이 정죄했다. 그들은 그런 악습이 교회의 재난을 몰고 왔다는 것을 알았다. 이 장에서 간단히 언급한 몇 가지 사실들은, 개혁이 얼마나 시급하게 요청되었던가를 보여 준다. 아울러 로마 교회가 적절한 개혁을 제도적으로 단행하지 못한 것이 얼마나 한탄스러운가를 보여 준다. 실제 종교개혁이 일어나기 전에, 루터와 칼빈과 낙스와 같은 사람들이 먼저 일어나야 했던 것이다.

---

13) John Cunningham, Church History of Scotland, 1. p. 205.

14) Ibid., p. 205.

3. 개혁자들과 순교자들

종교개혁의 씨앗이 어느 특정한 나라에서 정확하게 언제부터 발아하기 시작했는지 그 정확한 발아 순간을 말한다는 것은 사실상 불가능하다. 시대 시대마다 일부 인사들이 개별적으로 로마 교회에 반기를 들었다. 대륙의 다른 곳에서 수세기 동안 투쟁해 온 분파들이 있었다; 보고밀파(Bogomils), 카다리파(Cathari), 알비겐파(Albigenses), 왈도파(Waldenses) 등이 그런 그룹이었다.

이를테면 파두아의 마르실리우스(Marsilius of Padua, 1270-1342)처럼 내부에서부터 로마교회의 정책과 관습을 비판·항쟁하는 자들이 적지 않았다. 그들은 종교개혁 수세기 전에 이미 거의 순수한 프로테스탄트 교리를 주장함으로써, 복음주의적인 사상이 비밀리에 발효되어 가고 있었다. 이런 상황을 볼 때 1329년 교황이 스코틀랜드 왕들을 대관하는 마당에서, 주교들에게 소위 그가 말하는 이단들을 박멸하겠다는 서약을 강요한 이유를 이해할 수 있다. 분명한 것은 모두가 다 로마 가톨릭 교훈에 복종한 것은 아니었다는 점이다.

존 위클리프(John Wyclif, 1324-1384)의 추종자들인 「롤라드파」(Lollards)는 스코틀랜드 서쪽에서 대단한 영향을 미쳤다. 위클리프는 루터 시대 훨씬 이전에 하나님의 말씀에 확고부동한 기초를 두고 메시지를 전했다. 그는 신앙 문제에서 「교황의 무오성」(papal infallibility)을 부인했고, 귀에 소곤소곤 하는 「비밀고백」(auricular confession)을 거절했고, 연옥·성지순례·성자숭배·유물숭배 등 성경의 권위에 근거하지 않은 일체의 신앙 사상을 비판했다.

이런 원리들을 「롤라드파」가 에이셔(Ayrshire) 지방 등에 대중화시켰던 것이 분명하다. 그들은 위클리프가 죽은 후 박해 때문에 잉글랜드에서 도피해 온 자들이었다. 지역 대회장이 로테제이 류테난트(Rothesay Lieutenant)의 공작을 그의 부친 로버트 3세 후임으로 임명했을 때, 그들은 그에게 교회에 의해 정죄된 「저주받은 이단자들」(cursit men, herltikis)을 특별히 근신시키라고 강력히 요구했었다. 역사가 윈툰(Wyntoun)은 1406년 총독이 된 알바니 공(Duke of Albany)에 관해 이렇게 선언했다.

"그는 철저한 가톨릭 신자였다
그는 모든 롤라드를 증오하고 이단시했다."

이것은 종교개혁 154년 전의 일이라, 그 당시에 이미 「롤라드파」의 교훈이 분명히 관심을 촉구하고 있었다. 월터 바우어(Walter Bower)는 제임스 레스비(James Resby)의 화형을 매우 중시했다. 제임스 레스비는 롤라드파의 한 사람으로, 1407년 퍼스(Perth)에서 처형되었다. 그는 포둔(Fordun)의 「스코틀랜드 역대기」(Scotichronicon)를 계속 기록하면서 한 장 전체를 비판적인 내용으로 채웠다.

레스비는 악명 높은 「린도르의 로렌스」(Laurence of Lindores)가 사회를 본 교회회의에서 「이단적인 타락의 사기꾼」(inquisitor of heretical pravity)이라고 정죄되었다. 이단적인 타락이라는 직위가 있는 것으로 보아, 그 당시 이단이 이미 심각한 문제로 대두되어 있었음을 볼 수 있다. 그를 때려 눕힌 가장 큰 혐의는, 그가 우선 교황이 그리스도의 「지상 대리자」(vi car in earth)라는 사실을 부인했다는 점과, 다음에 악한 생활을 하는 자가 그리스도의 대리자가 될 수 없다고 주장한 점이었다.

바우어(Bower)는 동일한 이단들이 레스비를 화형시킨 이후에도 계속 잔존했다고 개탄했다. 롤라드파의 세력은 점점 강성해졌다. 1416년에 세인트앤드류스 대학이 「문학석사 학위」(M.A.)를 받는 모든 학생들에게 롤라드를 대항하겠다는 서약을 요구한 사실을 볼 때 그것이 반증된다. 1425년 3월 12일 의회는 각 주교가 이단자들과 롤라드파에 대해 종교 재판을 열어 처벌케 하는 규정을 채택했다. 위클리프의 교훈은 학생들에 의해 옥스포드에서 보헤미아(Bohemia)로 파급되었다.

보헤미아에서 얀 후스(John Hus)와 프라하의 제롬(Jerome of Prague)이 이 사상에 대단한 영향을 받았다. 보헤미아 출신 의사인 폴 크로(Paul Craw)는 이 사상을 전파하기 위해 스코틀랜드에 왔다. 그는 1433년에 체포되어 재판관인 「린도르의 로렌스」(Laurence of Lindores)의 선동으로 정죄되었고, 드디어 세인트앤드류스 대학에서 화형당했다. 그는 화체설·연옥·사면의 유효성 등을 부인한다는 혐의와, 성경은 평민의 언어로 평민에게 주어진 것이라고 주장한 혐의를 받았다.

대중 앞에서 그의 신앙고백과 신앙 변호를 막기 위해서, 순교당할 때 놋쇠공(a ball of brass)을 그의 입에 물려 놓았다.[15] 1494년 30명의 롤라드가 글라스고(Glasgow)에서 제임스 Ⅳ세 앞에서 심문을 받았다. 대주교 블랙아더(Blackadder)가 그들에게 덮어 씌운 혐의 중에 무엇보다 중요한 혐의는, 그들이 성상숭배와 성자들의 유물 존중 사상 그리고 미사에서 빵과 포도주가 그리스도의 몸과 피로 변한다는 사상과 교황이 베드로의 후계자라는 사상을 부인했다는 점 등이었다.

왕이 개입하여 그들에게 사면을 내리지 않았더라면, 그들도 형장의 한 줌 재로 사라질 뻔했다.[16] 피고인들 가운데 제임스 4세의 친구들이 있었기 때문에 전원 사면이 내려졌던 것이다. 린도르의 로렌스 같은 사람들의 온갖 비난과 증오가 있었음에도 불구하고, 레스비와 크로가 지킨 신앙은 계속 전진했다. 1543년 스코틀랜드 의회가 자국어로 된 성경을 읽을 수 있는 법을 통과시킨 것을 보면 이 사실을 알 수 있다. 이것은 대단히 중요한 사건이었다. 왜냐하면 스코틀랜드인들의 강인한 신앙과 민주주의 원리가 성경 연구에서 나온 것이었기 때문이다.

그들은 성경에서 왕이나 교황이 교회의 머리가 아니라, 오직 그리스도만이 교회의 머리라는 사실을 배웠다. 이것이 1560년의 종교개혁의 태도를 설명해 준다. 또한 17세기의 「언약논쟁」(Covenanting Struggle)도 이런 관점에서 이해할 수 있다. 종교개혁 이전 2세기 동안 롤라드가 종교개혁의 길을 예비한 사실을 바로 이해한 스코틀랜드인들은 거의 없었다.

스코틀랜드의 많은 학생들은 유럽 대륙의 대학들에서 공부했다. 특별히 파리 대학에 스코틀랜드 유학생들이 많았다. 그들 중에 그 당시 학문 연구의 핵심이 된 얀 후스(John Hus)의 사상을 국내로 유입한 자들이 적지 않았다. 1517년 루터가 개혁 운동을 개시하자마자, 복음적인 책들과 팜플렛들이 스

15) John Knox, History, I , p. 7.

16) John Knox, History, I , pp. 8-11.

코틀랜드 항구들을 통해 스코틀랜드와 영국에 침투하기 시작했다. 교회와 의회가 백방으로 억제 조치를 취했지만 막무가내였다.

틴데일(Tyndale)의 영역 신약성경이 스코틀랜드 국내로 밀수되어 두드러진 영향을 미쳤다. 1525년과 1527년에 스코틀랜드 의회는 「소위 그들이 말하는 온갖 병든 더러움과 악덕 청산령」(Acts to keep Scotland clean of what they called all sic filthe and vice)을 통과시키고, 루터의 책들을 유입하는 자에 대해 투옥이나 서적 압수를 단행하겠다고 위협했다. 그럼에도 불구하고 대중들은 밑바닥에서부터 소요가 일어났다.

교회의 폐습에 항거하는 물결이 거세게 일어났다. 이어서 전국적으로 비판 운동이 일제히 기치를 들었다. 커닝함 교수의 말에 의하면 "시인들은 게으른 수사들과 탁발승들을 가차없이 풍자했다. 욕심쟁이 주교들을 치는 위트가 농담 속에 스며 들었다. 시골 사람들도 선술집에서 만나면 교구 신부를 중상 모략하는 말을 서슴치 않았다. 그가 첩을 두었다거나 미모의 여성을 참회시에 유혹했다는 비판을 마구 퍼부었다"[17]

그러나 교회 내부에도 선량한 신부들과 수도사들이 있었다. 그들에게 제시된 진리를 기쁘게 수용하는 정직한 마음을 가진 사람들이 있었다. 이런 계층에서 종교개혁은 시작되었다. 로마 교회 내부로부터 프로테스탄트 사상을 표방하는 최초의 지도자들과 조기 순교자들이 발생했다. 그 중에서 가장 고결한 인물이 패트릭 해밀톤(Patrick Hamilton)이었다. 그는 왕족과 혈연상 가까운 킨케벨(Kincavel)의 패트릭 해밀톤 경의 아들이었다. 해밀톤가(家)는 유력한 가문이었다.

패트릭 해밀톤은 파리 대학을 우수한 성적으로 졸업했고, 거기서 스코틀랜드의 위대한 인문주의자 존 메이어(John Major)의 강의를 들었던 것같다. 그 후 그는 루뱅(Louvain) 대학에서 에라스무스(Erasmus)의 영향을 받았고, 철학과 어학에서 두드러진 실력을 드러냈다. 그는 스코틀랜드로 귀국하여 1524년

---

17) J. C. Cunningham, Church History of Scotland, I , p. 166.

10월 세인트앤드류스 대학의 문리대 교수가 되었다.

그는 대륙의 학문 중심지에서 자주 토론하고 들은 새로운 종교 사상을 자유롭게 말하기 시작했다. 한편 그는 신약성경 배포에 매우 부지런했으며, 1526년 대주교 제임스 비톤이 정치적인 이유로 세인트앤드류스 대학으로부터 다른 곳으로 도피했을 때 신약성경 해설에 전념했다. 비톤은 다시 돌아와서 그를 소환하여 이단자로 고소했다. 그러자 패트릭은 친구들의 권유로 유럽 대륙으로 망명했다.

복음주의의 핵심지인 말부르크(Marburg) 대학에서 패트릭 해밀톤은 놀라운 열성과 실력을 드러냈다. 그는 라틴어로 교리 논문 시리즈를 출판했다. 이것이 『패트릭의 처소들』(Patrick's Places)[18]이라는 값진 소책자의 원본이다. 이것은 스코틀랜드 종교개혁 최초의 교리서다. 이것은 매우 복음적이고 평이하면서도 핵심을 찌르는 책이다.

그는 사도 바울을 따라 그리스도만이 죄인을 구원하실 수 있고, 우리는 그의 사죄의 긍휼과 그의 속죄적인 죽음의 효력과 그의 값없는 은혜를 믿어야 한다고 가르쳤다. 모든 종교개혁자들은 그리스도의 은혜로만 구원을 얻는다고 가르쳤다. 중세의 냉랭한 교회의 율법주의나 고해성사나, 성자들과 순교자들에게 드린 기도가 구원을 주지 못한다고 가르쳤다.

1527년 늦가을에 패트릭 해밀톤은 목숨을 걸고 복음을 전파하기로 결심하고 스코틀랜드로 재귀국했다. 비톤 대주교는 저열한 배신의 방법으로 그를 유인하여 파이프(Fife)로 가게 했다. 그것은 그의 친척들의 강력한 보호로부터 떼어 놓기 위한 술책이었다. 그는 지도적인 교직자들과 우정의 대담을 나누고, 교회 개혁을 자유롭게 토론하기 위해 초청받았던 것이다.

그러나 그들은 모두 그의 친구로 가장했을 뿐이었다. 1528년 2월 27일 그는 노트들을 압수당하고 체포되었다. 다음날 그는 이단으로 재판받고, 정오에 그의 가장 사랑하는 성경책을 손에 쥔 채 형장으로 옮겨졌다. 너무 서둘러

18) John Knox, History, II, p. 219(Appendix).

부주의하게 취해진 조치인지라, 장작들은 습기가 있어서 불이 잘 붙지 않았다. 그래서 그는 여섯 시간 동안 고통을 겪어야 했다.

해밀톤은 그의 가운과 다른 옷을 그의 사환에게 주면서, 자기가 그 사환에게 넘겨줄 수 있는 것은 이 옷가지와 「죽음의 모범」(the encamde of his death) 뿐이라고 말했다. 당시의 목격자 알렉산더 알레시우스(Alexander Alesius)는 이렇게 기록했다;

> "그 순교자는 추호도 안달하거나 분노하는 기색이 없었다. 박해자들에게 원수를 갚아 달라고 하늘에 호소하지도 않았다. 그의 신앙은 너무도 위대했으며, 하나님에 대한 그의 확신은 너무도 강했다"[19]

해밀톤의 죽음의 효과는 어마어마했다. 많은 사람들이 이 무흠한 청년을 화형하는 것이 잔인한 불법 행위라고 느꼈다. 악한 생활을 영위하는 그 숱한 성직자들은 처벌하지 않고, 어찌 이 젊은이에게 불을 지르는가. 현명한 한 친구가 대주교에게 이렇게 말했다;

> "경이여 경께서 제 충고를 듣지 않으시고 계속 불을 지르시면 자멸만 초래할 뿐입니다. 경께서 그를 태우실 바에는 낮은 지하실에서 태우십시오. 해밀톤의 연기가 바람에 날려가면 날려가는 만큼 많은 사람들에게 전염될 것입니다."[20]

그러나 박해는 수년간 기세가 꺾이지 않았다. 패트릭의 교리를 포기하는 것이 정통의 시금석이 되었는데, 헨리 포레스트(Henry Forrest)는 소교단에 속한 자로, 패트릭의 교리를 거부하지 않다가 1533년 조금도 위축되지 않고 영웅답게 증거한 후 세인트앤드류스에서 화형당했다. 망명길에 오른 자들 가운데는 성 앤드류스의 어거스틴 소(小)수도원 회원인 알렉산더 알레인(혹은 알레시

19) Peter Lorimer, Memories of Hamilton, p. 155.

20) John Knox, History, I , p. 18.

우스)이 있었다. 그는 처음에는 패트릭 해밀톤에게 복음적인 사상을 포기하도록 극구 권유했지만, 그 자신은 프로테스탄트 신앙으로 전향했다.

알레인은 독일·프랑스·스위스 등지의 학자들[즉 멜랑흐톤(Melanchthon)과 데오도르 베자(Theodore Beza)]에 의해 높이 평가되었다. 그는 유명한 신학교수가 되었지만 결코 귀국하지 않았다. 해외로 망명한 자로서 레오나드(Leonard) 대학의 학장 서리인 가빈 로기(Gavin Logie)가 있었다. 그는 레오나드 대학을 철저한 루터 사상으로 기울어지게 했다. 또 뛰어난 고전학자 조지 부카난(George Buchanan)과 미래의 순교자이자 교양있고 온순한 조지 위샤트(George Wishart)가 있었다.

이 기간에 신약성경이나 루터의 서적을 소지하고 있는 자들에 대한 철저한 조사가 계속되었다. 1534년 제임스 왕 5세와 추기경 비톤이 홀리루드(Holyrood)에서 대규모 순회 재판을 열었다. 16명이 재산 압수 등 냉엄한 처벌을 받았다. 노만 굴레이(Norman Gourlay)와 데이빗 스트라툰(David Stratoun)이 「교황 산하 교회의 긍휼에 따라」[21](according to the mercy of the papistical kirk) 칼톤 힐의 북쪽 경사지에 있는 그린사이드(Greenside)에서 화형을 당했다. 굴레이는 해외에 다니면서 개혁 사상을 받아들였다. 그는 개혁 사상을 포기했지만 신부이면서 아내를 두었다는 더 큰 죄목으로 화형당했다.[22]

패트릭 해밀톤의 죽음과 종교개혁 사이에 약 20명이 화형당했다. 영국과 유럽 대륙으로 망명한 자들도 많다. 또 많은 사람들이 재산 몰수와 잔인한 투옥을 당했다. 신앙을 포기한 자들도 있었다. 해밀톤 이후 스코틀랜드에서 가장 두드러진 개혁 이전의 순교자는 조지 위샤트(George Wishart)였다. 그는 미언즈 피타로(Pitarrow)의 제임스 위샤트 경의 아들이었다. 그는 1513년에 태어나서 애버딘(Aberdeen) 왕립 대학에서 수학했다. 그는 학장 헥토르 뵈스(Hector Boece)를 통해 에라스무스 사상에 영향을 받았다.

위샤트는 영국에서 최고의 헬라어 학자가 되었고, 몬트로스 연구소

---

21) John Knox, History, I , pp, 24, 25.

22) A.F. Mitchell, Scottisch Reformation, pp. 38, 39.

(Montrose Academy)의 학생들로 하여금 헬라어 신약성경을 읽도록 가르치다가 이단 혐의를 받고 브리스톨(Bristol)로 피신했다. 거기서 1538년 라티머(Latimer) 주교와 친구가 되었다. 그 후 그는 독일과 스위스의 최고의 학문 중심지에서 수학하고, 스코틀랜드로 귀국할 때 「스위스 제1신앙고백서」(First Helvetic Confession)를 갖고 왔다. 1542년 그는 캠브리지의 「코푸스 크리스티 대학」(Corpus Christi College)에 등록했다.

그의 문하생들 중 하나가 그를 가리켜 "키가 큰 사람… 머리는 검고 수염은 길고 인품도 좋고 그의 모국 스코틀랜드에서 평판이 좋고 예의 바르고 겸손하고 상냥하고 가르치기를 잘하고 배우려는 욕망이 있고 여행을 잘하는 사람"이라고 묘사했다. 그의 죽음은 코푸스 크리스티 대학가에서 가장 명예롭게 기념되었다.

어떤 사람들은 그가 그 때 추기경 비톤을 암살하려는 계획에 관련되어 있었다고 주장했다. 허트포드(Hertford) 백작은 그가 음모자들로부터 메시지를 영국 왕에게 전하도록 고용된 위샤트라는 스코틀랜드인이라고 말했다. 그러나 스코틀랜드에는 위샤트라는 이름을 가진 사람들이 많다. 그 사람이 조지 위샤트란 증거도 없다. 사실 그렇게 신사적이고 관대한 인품을 가진 사람이 그런 음모에 가담했다는 것은 상상할 수도 없다.

조지 위샤트는 열정적인 설교가였다. 그는 노천에서 군중들에게 설교하기를 좋아했다. 그는 스코틀랜드로 귀국하여 성경 강해의 원리를 소개했다. 그것은 성경 구절들을 강해하는 것인데, 나중에 아주 대중적이고 유익한 것이 되었다. 그는 특별히 로마서 강해를 좋아했다. 로마서에 대해서는 칼빈(Calvin)이 그 당시에 주석을 발간했다. 위샤트가 좋아한 전도 중심지는 던디(Dundee)였다. 던디는 때때로 「스코틀랜드의 제네바」(the Genva of Scotland)란 별명으로 불리기도 했다.

던디의 위정자들은 그를 시외로 추방하면서 어느 순간에든 체포하겠다고 위협했다. 그래서 그는 에이르(Ayr)로 갔다. 거기서 그는 많은 반대 세력을 무릅쓰고 크게 성공했다. 에이르에서처럼 시장 교차로 계단에서 설교하든지, 모클린(Mauchline) 황무지에서 「메마른 돌 둑」(a dry-stone dyke)에서 설교하든지 많은 무리들은 그의 설교에 귀를 기울였다. 그래서 그를 통해 하나님의 말씀이 "자유롭게 흘러나와 영광을 얻었다."

위샤트는 과거에 추방당한 던디로 다시 돌아갔다. 거기에 전염병이 퍼지기 시작했다는 소식을 듣고 거기로 갔던 것이다. 그는 신자들과 불신자들 모두에게 충실하게 말씀을 전파하여 많은 위로를 주었다. 임종시에 그리스도의 완성하신 사역에 대한 신앙으로, 하나님의 평안을 받은 자들도 적지 않았다.

비록 자객들이 그를 노리고 있었고 전염병이 그에게도 위협을 주었지만, 그는 사람의 심령들에게 말씀을 전하는 위대한 사역을 계속했다. 후에 그는 큰 위험을 무릎쓰고 동부 로티안(East Lothian)에서 복음을 전했다. 그가 안구스(Angus)에서 수차례 성공을 거두자 그의 대적들은 격분에 사로 잡혔다. 그의 친구들은 그를 이곳 저곳으로 옮겨 그의 신변의 안전을 도모해야 했다.

이 무렵 누구보다도 스코틀랜드 종교개혁에 지대한 공을 세울 사람이 갑자기 무대에 등장했다. 그는 로마 교회의 신부 존 낙스(John Knox)였다. 그 당시 그는 에딘버러에서 몇 마일 떨어진 「롱니드리 하우스」(Longniddry House)에서 개인 교수로 일하고 있었다. 그의 과거 이력에 대해 알려진 것은 별로 없었다. 그러나 조지 위샤트가 동부 로티안에 온 이후로 낙스는 그를 보호하기 위해 좌우에 날선 칼을 차고 수행했다.

위샤트가 해딩톤(Haddington)을 떠날 때 낙스는 그와 함께 가기를 원했다. 그러나 위샤트가 이렇게 말했다;

> "안돼 자네의 학생들에게 돌아가게. 하나님의 축복을 비네 희생의 제물로는 한 사람이면 족하네."

그 날 밤 「오미스톤 하우스」(Ormiston House)에서 위샤트는 「보스웰 남작」(Eral of Bothwell)에게 넘겨졌다. 이것은 위샤트를 추기경에게 넘기지 않겠다는 엄숙한 약속 하에서 된 일이었다. 그러나 약속은 깨어지고 위샤트는 세인트앤드류스 성곽에서 그 무시무시한 병 모양의 땅굴 속에 투옥되었다. 1546년 2월 28일 그는 사실상 재판에 회부되어 모욕과 침뱉음을 당했다. 그에게 덮어씌

운 죄목은 의례적인 것들이었다;

> "완고한 이단, 귀에 소곤대는 고백 부인, 연옥과 미사의 부인."

아란(Arran) 섭정이 비톤 추기경에게 자기가 친히 조사할 때까지 위샤트를 처형하지 말라고 경고했지만, 거만한 추기경 비톤은 1546년 3월 1일 백성의 원성에도 불구하고 위샤트를 화형시켰다. 혹시 구출 작업이 있을까 하여 성곽 앞에 말뚝을 박고 요새의 대포들을 그 위에 걸어 두었다. 추기경과 그의 친구들은 발코니의 쿠션 좋은 안락의자에 앉아서, 그들의 적수 위샤트의 고통을 만족스러운 듯이 지켜 보고 있었다고 한다.

용감한 순교자 위샤트의 목에는 밧줄이 걸려 있었고, 그의 손목에는 쇠고랑이 채워졌지만 그는 끄덕하지 않고 위엄에 찬 자태를 가졌다. 그는 진정한 복음과 그리스도를 위해 수난을 당한다고 선언했다. 그러면서 청중들에게 아무리 박해가 심하더라도 그리스도를 항상 충실히 따를 것을 당부했다. 그 고통에서도 그의 신앙은 흔들리지 않았다. 그는 그날 밤 6시 전에 그의 주님과 함께 저녁식사를 할 것이라고 선언했다. 그는 그의 모든 대적들을 용서하고 그들을 위해 간절하게 기도했다.

처형자도 너무 큰 감동을 받고 위샤트에게 용서를 구했다. 그러자 위샤트는 그의 뺨에 입맞추면서 이렇게 말했다;

> "보라 이것이 내가 그대를 용서하는 표요. 내 마음이 그대의 직책을 용서하오."

한동안 불 속에서 고통당한 다음 그는 형틀 위에 올려지고 목이 밧줄에 걸린 채 화장을 당했다. 많은 사람들이 그의 죽음을 애도했다. 동시에 그를 화형시킨 책임자들에 대한 강렬한 격분이 군중들 속에 부글부글 끓어 올랐다. 그의 죽음은 헛되지 않았다. 왜냐하면 그의 고통은 군중들에게 시급성을 일깨워 주었기 때문이다.

스코틀랜드의 로마 가톨릭 지도자들이 범한 최대의 실수는, 1558년 3월

(그러니까 위샤트 처형으로부터 12년이 지나서) 한때 포파(Forfar) 근처 루난(Lunan)의 신부이던 월터 밀른(Walter Myln)을 화형시킨 사건이었다. 그는 당시 82세의 고령이었으며, 교회 법정에 끌려 나왔을 때 너무 노쇠하여 잘 서 있을 수도 없었다. 그는 이단 혐의를 받고 처형이 합당하다는 판결을 받았다. 그러나 그 늙은 신앙 영웅에 대한 동정심이 너무 커서 감히 어떤 법관도 사형 선고를 선뜻 내리지 못했다.

그러다가 마침내 이름없는 조무래기 대주교가 사형 선고를 내렸다. 순교자가 형틀로 끌려가는 동안 그의 늙은 모습과 비틀거리는 걸음이 구경하는 무리들에게 깊은 감명을 주었다. 그는 모든 신체적인 쇠약과 고통을 극복하고 화염 속에서 이렇게 선언했다;

> "저는 팔순하고도 이년입니다. 그냥 두어도 오래 살 수 없습니다. 그러나 내 뼈의 잿더미 속에서 수백명의 위인들이 일어날 것입니다."

그의 죽음이 스코틀랜드 교황정치의 조종을 울리게 했다는 것은 옳은 말이었다. 패트릭 해밀톤, 조지 위샤트, 월터 밀른이 로마 교회의 품에서 양육받은 자들로서, 새로운 빛으로 변화받아 참된 신앙을 위해 기꺼이 죽었다는 것은 복음의 능력이 어떠함을 위대하게 증거해 준 것이었다.

4. 잉글랜드와 프랑스의 알력

스코틀랜드 종교개혁은 본질상 종교적인 종교개혁이었다. 이런 점에서 영국 헨리 8세의 종교개혁과는 달랐다. 그러나 그 당시 잉글랜드와 프랑스와 스코틀랜드의 관계를 지배한 정치적인 요인들을 고려하지 않고는 그 성장과 발전 과정을 이해할 수 없다. 제임스 5세는 1513년 17개월된 유아로 왕이 되었다.

그의 부왕 제임스 4세가 플로덴(Flodden)의 벌판에서 피살되었기 때문이다.

그의 부왕은 유언에서 그의 왕비 마가렛(헨리 8세의 자매)을 섭정으로 임명했다. 그러나 스코틀랜드 의회는 이 유언을 제쳐 놓고 프랑스로부터 알바니 공(Duke of Albany)을 불러 들였다. 그는 프랑스에서 자기 아버지처럼 수년간 망명생활을 한 제임스 4세의 사촌이었다. 그는 프랑스의 제독으로서 프랑스 왕의 친구였기 때문에 거기서 방대한 영토를 차지하고 있었다.

알바니 공은 외모에서도 스코틀랜드 사람이기 보다 프랑스 사람의 자태를 훨씬 더 풍겼다. 그러나 황태후 마가렛을 지지하는 무리들이 있어서 무력 항쟁을 조직화 했지만 전투에서 알바니 공에게 패전했다. 이리하여 스코틀랜드는 공식적으로 강력한 친불(親佛) 국가가 되었다.

유아 제임스 5세의 삼촌인 헨리 8세는 스코틀랜드와 우호관계를 맺기 위해 무척 노력했다. 왜냐하면 프랑스의 세력이 점차 강대해지고, 황제 찰스 5세의 세력이 관대해진 것을 우려했기 때문이었다. 그는 다수 고립된 국가적인 상황 속에서 또 국제 관계가 어려운 시기에, 스코틀랜드와 동맹을 맺으면 영국에 크게 유익하리라고 인식했던 것이다. 그러나 헨리 8세는 어리석게도 스코틀랜드를 억지로 동맹국으로 삼으려고 무력 침공을 감행했다.

헨리 8세의 군대는 스코틀랜드 몇몇 도시를 파괴한 결과, 스코틀랜드가 이전보다 프랑스에 더 의존하게 된 것은 당연한 추세였다. 스코틀랜드는 프랑스의 전제정치를 점점 혐오하면서도 별 수 없었다. 헨리 8세는 일생동안 스코틀랜드에 대해 협박조의 강경한 자세를 취했다. 그는 우호적인 관계 같은 것은 차치하고, 두 번째로 스코틀랜드 남부를 불과 칼로 공격했다.

프랑스의 속셈도 도덕적으로 볼 때 헨리 8세의 속셈보다 더 고상할 것이 없었다. 프랑스는 스코틀랜드를 영국과 적대 관계에 계속 머물게 하려고 했다. 두 차례에 걸쳐서 섭정 알바니 공은, 스코틀랜드보다 프랑스를 섬기려는 의도로 영국 국경에 강력한 군대를 끌고 갔다. 그러나 귀족들은 이유없이 영국을 침범하는 것을 거절했다.

황태후 마가렛은 「붉은 두글라스가」(Red Douglases)의 우두머리 안구스(Angus) 백작과 결혼했다. 안구스 가문과 해밀톤 가문 사이에는 국가의 최고 권력을 휘어잡기 위한 분쟁이 계속되었다. 알바니 공은 프랑스 군대를 거느리고, 무모한 프랑스식 방법으로 이 분쟁을 진압하고 안구스를 프랑스로 추방하여 거기서 엄격한 감시를 받게 했다. 그럼에도 불구하고 그와 그의 부인은 영국으로 도피하는 데 간신히 성공했다. 헨리 8세는 이들을 중심으로 스코틀랜드에서 잉글랜드의 이익을 위해 준비된 스코틀랜드 귀족들을 규합했다.

1523년 알바니 공은 스코틀랜드로부터 물러났다. 그의 「스코틀랜드와 프랑스의 동맹」은 대중들에게 혐오의 대상이 되게 했던 것이다. 스코틀랜드 국민들이 프랑스의 정치 놀음의 저당물로 이용당했다는 것을 느꼈기 때문이었다. 이제 제임스 5세가 12세의 나이로 황태후 마가렛을 실권자로 삼고 통치하기 시작했다. 황태후는 또한 섭정단의 도움을 받았는데, 그 섭정단의 두목이 아란(Arran) 백작이었다.

1534년 헨리 8세는 교황과 단교했다. 왜냐하면 교황 치하에서는 「아라곤의 캐더린」(Catherine of Argon)과 이혼할 수 없었기 때문이다. 성직자회(Houses of Convocation)에서는 다음과 같은 선언장을 발부했다;

> "로마 교황은 어떤 다른 외국의 주교보다 더 큰 성경 해석권을 하나님에 의해 부여받은 것이 아니다."

이것은 대단히 중대한 사건이었지만, 헨리 8세가 영국에서 종교개혁을 시작한 방법은 결코 만족스러운 것이 못되었다. 교회는 영적으로나 교리적으로 사실상 종전과 다를 바 없었다.

다만 교황이 아니라 왕이 지상권의 우두머리가 되었다는 점만 달라졌을 뿐이다. 그러나 영국 국민의 가슴에는 개혁에 대한 강한 욕망이 도사리고 있었다. 루터와 스위스 개혁자들의 교훈이 영국으로 스며 들어 왔다. 헨리 8세의 이혼과 무관하게 종교개혁은 불가피하게 일어나게 되어 있었다. 그러나 영국은 헨리의 아들 에드워드 6세에 와서야 비로소, 영국 교회가 참된 프로테스탄트의 토대 위에 수립된 것을 보게 되었다.

헨리 8세는 유럽 대륙에 대적들이 많았기 때문에 노련한 정치가 랄프 새들러(Ralph Sadler) 경을 1537년 스코틀랜드로 보내, 이제 25세가 된 그의 조카(제임스 5세)와의 동맹을 주선하도록 했다. 그러나 제임스 5세는 프랑스 공주와 막 결혼할 참이었다. 따라서 영국에 대해서는 사실상 적대 정책을 채택한 것이었다.

새들러는 그에게 헨리 8세의 우호적인 감정을 확인시키면서, 종교 문제에서 왕의 지능을 이용하여 교황 특사들에게 공연히 오도되지 말도록 간청했다. 잉글랜드 왕은 제임스에게 잉글랜드에서처럼 수도원과 그 막대한 재산을 장악하여 재정 문제를 해결하도록 촉구했다. 새들러는 또한 엄청난 권력을 잡고, 소위 이단들을 박해하려고 강력하게 추진하고 있는 비톤 추기경을 공박하도록 설득했다.

그러나 제임스는 간혹 고위 성직자들이나 신부들을 그들의 죄 때문에 무자비하게 후려칠 수 있었지만, 그 자신으로서는 로마 교회에 충성을 계속 바치고 있었다. 이런 충성도 사실상 알고 보면 저속한 것이었다. 우리가 이미 살펴본 대로 제임스는 교황으로부터 그의 많은 서자들이 아직 어린 시절에 스코틀랜드 왕국 각지의 가장 부유한 대·소 수도원 관리권을 행사하도록 권력을 확보했기 때문이었다. 그는 그들이 장성하기까지 그 수입을 자기 것으로 끌어들일 수 있었다.

새들러는 제임스에게 요크(York)에서 그의 아저씨를 만나 영국의 장래를 의논하도록 설득했다. 그러나 헨리 8세가 그 곳에서 6일 간 그를 기다렸으나 그는 약속을 어겼다. 그가 나타나지 않은 것은 교황청의 방해 때문이었을 것이다. 그러나 헨리 8세 역시 정직한 처세를 한 것은 아니었음이 확실하다. 그가 스코틀랜드 왕과 비톤 추기경을 사로잡으려는 불순한 음모를 갖고 있다는 소문이 떠돌았다. 영국 왕은 여기서 치명타를 입었다.

제임스의 왕비이자 프랑스의 유명한 프랑소와 1세의 공주가 결혼한 지 몇 개월 만에 죽게 되자, 제임스는 일년 안에 로레인의 메리(Mary of Lorraine)와 재혼했다. 메리는 기즈(Guise) 공작의 딸이었고 이 재혼의 주선자는 비톤 추기경이었다. 비톤 추기경은 프랑스 왕과 친했을 뿐만 아니라, 수입을 끌어들이려는 속셈으로 프랑스의 미레프와(Mirepoix) 감독과도 이미 친분이 두터웠다.

비톤 추기경은 자신의 강력한 영향력을 행사하여 제임스 왕을 영국의 적수이자 프랑스와의 동맹에 선봉으로 만들고자 했다. 그렇게 하면 그가 교황청에 완전하게 굴복할 것이었기 때문이다. 스코틀랜드 왕이 기즈가(家)와 결혼으로 연결되었으니 그럴 수 밖에 없었을 것이다. 기즈가는 이단 박해에 무시무시한 기록을 남긴 가문이었다. 제임스는 이에 영향을 입어 의회에 건의하여, 교황의 권위를 반박하거나 비방하는 자는 처형하도록 했다.

새들러의 외교 전략이 실패로 돌아가자 드디어 1542년 전쟁이 터졌다. 노포크(Norfolk) 공작은 40,000명의 군사를 이끌고 국경에 이르렀다. 그러나 헌틀리(Huntly) 백작이 이끄는 소수의 스코틀랜드 군대가 「하덴-리그」(Hadden-Rig)에서 훨씬 강력한 영국군을 섬멸했다. 이 사건으로 인해 스코틀랜드 주교들은 그야말로 희희낙락했고 노포크 공작은 몇몇 국경 지방을 약탈했다.

그러나 겨울이 다가오자 남쪽으로 철군하기로 결심했다. 제임스 왕은 36,000명의 정예병을 끌고 「팔라 황무지」(Fala Moor)에 있었다. 영국으로 가는 길이 열려서 스코틀랜드는 복수의 호기를 만났다. 그러나 귀족들은 또 다시 진격을 거부했다. 그들은 자기네들의 의무가 방어에 있다고 선언하면서, 국경을 넘어가는 공격을 하지 않았다. 귀족들의 속셈은 제임스 왕에게 보복하려는 데 있었다. 제임스 왕이 고위 성직자들과 짜고 귀족들의 충고를 무시했기 때문이다.

이때부터 왕은 이전보다 더 교황청에 의존하게 되었다. 그는 비톤 경과 기타 지도급 성직자들에게 호소하여, 교회 영지의 종들도 군대를 조직하여 귀족들 몰래 영국을 침공하자고 말했다. 그 결과 제임스 왕은 소수의 영국 군대의 손에 굴욕적인 패전의 잔을 마셨다. 그것을 「솔웨이 늪」(Solway Moss)의 대패전이라고 명명한다.

많은 스코틀랜드 군인들이 늪에서 실종되고 1,200명이 포로로 잡혔다. 이 중에는 상당수의 백작들과 남작들과 젠트리들이 있었는데 헨리 8세는 이들을 후대했다. 이들이 후에 스코틀랜드 왕국과 고위 성직자들의 친불 및 친교황청 자세에 쐐기를 박고, 잉글랜드와 동맹하도록 하는 데 귀중한 친영파가 되었다.

「솔웨이 늪」의 패전은 제임스 왕에게 깊은 상처를 주었다. 그는 비통한 슬픔과 죽음이 성큼 닥아왔다는 절망감에 사로잡혀 파이프(Fife)의 폴크랜드(Falkland) 왕궁에서 고요한 생활을 추구했다. 아무 것도 그의 슬픔을 달랠 수 없었다. 그 때 전령이 찾아와서 왕비가 린리스고우 궁(Linlithgow Palace)에서 딸을 출산했음을 알리자 그는 이렇게 울부짖었다;

"시작과 끝이 동일하구나. 계집애로 시작하여 결국 계집애로 끝나고 마는구나."

이것은 스튜어트가(Stewarts)가 왕권을 잡게 된 과정을 가리킨 말이다. 그는 튼튼하고 용감했지만, 1542년 12월 13일 31세를 일기로 요절했다. 그의 어린 딸 메리는 이제 1주일 된 나이로 여왕이 되었다. 그녀의 운명은 기구할 것이었다. 소란스런 나날들을 보내다가, 많은 사람들의 가슴을 휘젓고 마침내 비극으로 종식될 운명이었다.

잉글랜드 왕 헨리 8세가 스코틀랜드 왕의 사망 소식을 듣자마자, 제임스의 어린 딸과 자신의 외아들 에드워드의 결혼 교섭을 개시했다. 스코틀랜드 귀족들은 그 생각을 환영했지만 헨리 8세의 안하무인격인 폭군적인 태도가 모든 것을 망쳐 놓았다. 비톤 추기경은 제임스 5세의 위조 유언장을 만들어, 자기를 스코틀랜드 총독으로 삼고 아가일(Argyll)과 모레이(Moray)와 헌틀리(Huntly)를 총독 고문단으로 삼게 한 것처럼 위장했다.

스코틀랜드의 거만한 귀족들은 그 서류를 위조로 보고, 비톤을 섭정의 자리에서 하야시키는 대신, 1542년 12월 22일 아란 백작을 차기 왕으로 삼았다. 이 조치가 널리 인정되었지만 그것 때문에 비톤 추기경은 종전보다 더 격렬하게 종교개혁을 반대하게 되었다. 아란 백작은 실상 스코틀랜드인이라기보다 프랑스인이면서도 스코틀랜드의 위대한 애국자 행세를 하면서 잉글랜드의 동맹 제의를 거부하고, 기즈가(家)로부터 사람과 금전과 무력을 받아 스코틀랜드를 로마 교황청에 붙들어 매고 프랑스와 동맹 관계에 머물러 있도록 하고자 했다.[23]

---

23) Sadler's State Papers, Ⅰ, p. 138.

안일주의자요 변덕이 심한 아란 백작은 영국으로부터 안구스 백작과 그 밖에 오랜 망명 생활을 청산한 유명한 두글라스가(家)(Douglases) 인사들이 들어오면서부터 비톤 추기경을 더욱 강렬하게 반격할 수 있었다.[24] 그들과 함께 글렌케언(Glencarin), 막스웰(Maxwell), 소머빌(Somerville), 플레밍(Fleming) 그리고 올리판트(Oliphant) 등이 들어 왔다. 이들은 헨리 8세로부터 자유를 얻기 위해 유아 여왕 메리와 에드워드 왕자의 결혼 준비 조약을 체결하기 위해 노력하는 한편, 그 유아를 직접 영국 궁전으로 인도하려고 노력하기로 맹세한 자들이었다. 스코틀랜드 주요 요새들도 헨리에게 넘겨줄 심산이었다.

그러나 이런 매국적인 항복 조치가 비톤 추기경에게 오히려 이익을 주었다. 한편 이 귀족들은 치욕을 겪었다. 그러나 1543년 3월 12일 의회는 그 결혼에 동의했다. 그러면서 어린 여왕이 10세가 될 때까지 영국으로 보낼 수 없고, 어떤 요새도 헨리 8세에게 인도할 수 없다고 결의했다. 그 결혼 전후에 스코틀랜드의 독립은 어떤 희생을 치루고서라도 유지되어야 한다고 했다. 헨리는 격분하여 스코틀랜드인을 강요하여 여왕을 자기 손에 넘기게 하겠다고 위협적인 선언을 했다.

더욱이 그는 에드워드 1세의 옛 요구(즉 그를 스코틀랜드 의회 의장으로 인정하고 스코틀랜드 정부를 완전히 그의 권력하에 장악하겠다는 요구)를 함으로써 스코틀랜드인들의 분노를 야기시켰다. 헨리의 비타협적인 태도는 비톤 추기경과 친불파의 정책에 완전히 맞아 떨어졌다. 또한 페이슬레이(Paisley)의 수도원장이자 총독의 불법적인 형제인 존 해밀톤(John Hamilton)이, 프랑스에서 귀국한 것도 그들의 계획에 잘 맞아 들어갔다. 추기경과 수도원장이 묘하게 짜고 돌면서 일반 국민들 속에 강렬한 반영(反英) 감정을 심어 놓았다.

이것은 비겁하고 변덕스런 총독이 다룰 수 없는 힘든 사태였다. 그는 프로테스탄트 신앙의 위대한 영웅으로 취급받았지만 이제는 프로테스탄트의 적수가 되었다. 그는 개혁주의 신앙을 가진 존 러프(John Rough)와 토마스 윌리암스

24) Ibid., p. 40.

(Thomas Williams)를 총독 담임 목사직에서 추방시켰다. 그 후 그는 추기경과 화해하고 스털링(Stirling)에서 고해성사하고 다시 로마 교회로 들어가게 되었다.

과거에는 아란 총독이 비톤 추기경을 투옥시켰지만 이제 스코틀랜드의 실권은 추기경에게 넘어갔다. 맹렬한 박해가 뒤따랐다. 1546년 3월 1일 조지 위샤트가 세인트 앤드류스에서 화형당한 것이 그 절정이었다.[25] 그 이전의 5명의 젠트리들이 퍼스(Perth)에서 잔인하게 순교당했다. 추기경은 어린 여왕을 장악하고 그를 스털링으로 옮겨와서, 의회로 하여금 영국 왕자 에드워드와의 결혼을 취소하게 했다.

이 무렵 결혼에 유리한 조약들이 이미 체결되어 있었다. 헨리 8세는 이에 격분하여 "손에 칼을 들고 스코틀랜드의 메리를 자기 아들의 부인으로 삼기로" 결심했다. 이것은 "여자에게 구혼하는 방법치고는 나쁜 방법"이었다.[26] 그는 여러 척의 스코틀랜드 선박을 나포하고 버위크(Berwick)로부터 에딘버러까지의 지역을 쑥대밭으로 만들었다. 아군과 적군의 재산이 무분별하게 공격받았다. 에딘버러와 리스(Leith)를 약탈했는데 사흘간 불길이 멎지 않았다.

헨리의 잔인한 행동 때문에 친영파도 떨어져 나갔다. 아란과 추기경은 공포에 사로잡혀 린리스고(Linlithgow)로 도피했다. 1545년 스코틀랜드의 군대가 안크룸 황무지(Ancrum Moor)에서 대승리를 거두었지만 허트포드(Hertfood) 휘하의 영국군은 같은 해에 동부 국경 지역의 모든 곡물을 불태웠다. 7개소의 수도원과 기타 종교 기관들이 파괴되었다. 켈소(Kelso), 멜로즈(Melrose), 드라이버러(Dryburgh), 제드버러(Jedburgh), 에클스(Eccles) 등 아름다운 수도원들이 파괴되었다. 그리고 5개의 도시와 240개의 마을이 화염에 휩싸였다.

1547년 1월 28일 헨리 8세는 죽었다. 그러나 허트포드(이제 섭정자 소머셋이 됨)는 스코틀랜드 공격을 계속했다. 인베레스크(Inveresk) 핀키 클루취(Pinkie Cleuch)에서, 그는 적군을 강타하여 대승을 거두었다. 스코틀랜드인들에게는 굴욕적인 패전이었다. 이렇게 대승을 거둔 소머셋 섭정은 승전의 여세를 몰지

25) Ibid., pp. 31-34.

26) J. Cunningham, Church History of Scotland, Ⅰ, p. 184.

못하고 귀국했다. 이리하여 잉글랜드는 더욱 더 미움을 샀고 스코틀랜드는 프랑스와 더 밀착했다. 로레인의 메리와 프랑스 군대 대표 뒤젤(D'Oysel)의 권유로, 어린 여왕을 프랑스로 보내 거기서 도핀(Dophin)과 결혼시키게 했다.

프랑스의 앙리 2세는 이에 기뻐하여 군사 5,000명을 스코틀랜드로 파병했다. 당시 6세의 메리는 1548년 8월 7일 프랑스로 향했다. 프랑스 왕은 이미 스코틀랜드가 자기 나라의 일부인 것처럼 말했다. 이것은 헨리 8세와 소머셋이 지긋지긋하게 싫어했던 것이다. 이들의 비타협적인 태도만 없었더라면 대불 동맹보다 대영 동맹이 체결되었을 것이고, 아울러 잉글랜드와 스코틀랜드의 통일이 서둘러 이루어졌을 것이다.

그랬더라면 양대 왕국의 유혈을 막았을 것이다. 어떤 사람들은 그 당시 스코틀랜드가 대영 동맹을 맺는 것은 국가를 배신하는 것이라고 주장했다. 그러나 헨리 8세나 프랑스 통치자들은 악덕 정치가들로서 별로 다를 바 없었다. 그들은 다 스코틀랜드를 자기 목적에 맞게 이용하려는 심산이었다. 그들은 자국의 유익이 된다면 언제나 배신할 태세가 갖추어진 자들이었음이 잘 밝혀졌다.

그러니까 그들의 속셈은 마찬가지였다. 그것은 스코틀랜드를 자국의 일부를 병합시키는 것이었다. 그러므로 대불 동맹이나 대영 동맹이 매국적인 것은 매한가지였다. 드디어 엘리자베스 여왕 시대에 대영 동맹이 체결되자 상황은 아주 달라졌다. 이제 나란히 프로테스탄트 국가가 된 양국(영국과 스코틀랜드)은, 피차의 이익을 위해 연합 전략을 전개할 필요가 있었다.

5. 세인트앤드류스의 삼중 위기

비톤 추기경은 1539년에서 1546년까지 수석 주교로 재직하는 동안 잔인한 박해와 처형의 총책임자였다. 프루데(Froude)의 말을 빌리면 “그는 사냥개처럼 이단 냄새를 맡았고, 사냥개처럼 피를 보아야 속이 찼다." 그러나 그는 뛰어난 실력가요 무한한 정력가일 뿐만 아니라, 위대한 정치가의 많은 소질을 지닌 사람이었다. 그는 외교 전략에 대단한 성공을 거두었지만, 그가 프랑스에 오래 체류한 탓으로 '3/4은 프랑스인'(three parts French)이 되었다. 그는 프랑스의 학자들과 귀족들을 무척 사랑했다. 따라서 그는 부도덕의 추문과 잔인한 이단 박멸에 이르기까지 그들의 방식을 모방하기로 결심했다.[27]

비톤의 외교술은 너무 능수능란하여 제임스 5세로 하여금 그의 아저씨 헨리 8세가 대·소 수도원들을 압수한 전철을 밟지 않도록 설득하는데 성공했다. 교직자들의 병폐를 잘 알고 있는 헨리의 특사 새들러의 아부도, 제임스 왕에게 아무 효력을 미치지 못했다. 교황 바오로 3세는 그런 문제에서 비톤의 이용가치를 분명히 보았기 때문에 그를 추기경으로 세웠다. 멀 도비네(Merle D'Aubigne)는 그를 가리켜 이렇게 말했다;

> "그는 광적인 성직자였다. 무엇보다 복음적인 기독교인들의 두 가지 점이 그의 비위에 거슬렸다. 하나는 교황에 불복한다는 점이고, 다른 하나는 그들이 성직자들의 부도덕을 공격한다는 점이다. 왜냐하면 그 자신도 주색에 빠진 자로 동일한 책망을 받았기 때문이었다. 그는 스코틀랜드에서 월지(Wolsey)와 같은 사람이 되는 것이 그의 목표였다. 스코틀랜드의 월지가 되어 더 많은 폭력과 유혈을 구사할 생각이었다."[28]

1) 제1위기

이렇게 대단한 야망과 압도적인 인품을 소유한 잔인한 사람이 반목과 질시를 야기시킨 것은 당연한 일이다. 박해자로서의 악명 높은 기록과 그의 정치 활동은 그를 여러 지역에서 증오의 표적으로 만들었다. 심지어 그가 목회

27) A. F. Mitchell, The Scottish Reformation(Baird Lecture, 1899), p. 97.

28) Merle D'Aubigne, The Reformation in the Time of Calvin, VI, p.131.

하던 세이트앤드류스 성곽에서 그를 살해하려는 음모가 있었다. 암살 음모자들은 파이프(Fife) 지역 로데스(Rothes)의 두 형제인 노만(Norman)과 존 레슬리(John Leslie), 그레인지(Grange)의 윌리암 키르콜디(William Kirkcaldy), 그리고 칸비(Carnbee)의 제임스 멜빌(James Melville) 등이었다.

그들은 1546년 5월 29일 아침 일찍 몇몇 일꾼들을 들어오게 하기 위해 도개교(跳開橋drawbridge)가 내려졌을 때 성곽 안으로 들어갔다. 그 다음의 무시무시한 장면은 묘사할 필요가 없을 것이다. 그들은 추기경의 눈물어린 호소에 귀를 막고 칼로 그를 찔러 처치해 버렸다. 이 무서운 행동이 야기시킨 범국가적인 센세이션은 그 행위 자체보다 더 컸을 것이다. 이 사건이 종교개혁 14년 전에 발생했다는 것이 주목할 만하다.

그 당시는 스코틀랜드에 프로테스탄트 조직 교회가 하나도 없었다. 암살자들은 자기들이 생각하기에 공익의 원수 한 사람에 대한 개인적인 원한과 증오감에 사로잡혀 있었다. 그들은 개혁교회의 합당한 교인들이 아니라고 주장했다. 우리는 물론 이런 비겁한 행동을 잠시라도 변명할 수 없을 것이다. 동시에 기억해야 할 것은 비톤 자신이 결단코 모범적인 생활을 못한 냉정한 박해자였다는 사실이다. 데이비드 린제이(David Lindsay)는 많은 스코틀랜드인들의 생각을 다음과 같이 잘 요약했다;

> "추기경으로 말하면 그는 차라리 없으면 좋을 사람이었다. 그는 우리 기억에서 곧 사라질 것이다. 그러나 사실 솔직히 말하면 그 얼간이는 없는 게 좋지만 그를 난도질한 행위는 악행이었다."[29]

추기경의 죽음은 로마 교회에 대한 정면 도전이었다. 감정들이 악화되어서, 개혁신앙에 동조하는 자들은 그야말로 참기 어려운 곤란을 당했다. 그러나 그것은 스코틀랜드의 성직자들에게 재앙의 전조였다. 교황청의 정권은 결

29) Thomas McCrie, Sketches of Scottish Church History, p.43에서 인용.

단코 전과 같을 수가 없었다. 세인트앤드류스 성곽은 선동자들이 점령하여 로마 교회 반대파들의 집합 장소로 삼았다.

어떤 작가들은 비톤 피살의 누명을 스코틀랜드 전국민에게 덮어씌우려 하였다. 이것은 명백한 편견이다. 불행하게도 이런 사건들이 드물지 않았다. 가령 12세기 캔터베리의 「토마스 아 베케트」(Thomas á Becket)와 13세기 요크의 대주교 서드베리(Sudbery)의 피살을 생각해 보라. 교황들도 동일 신앙을 표방하는 자들의 손에 죽기도 했다.

비톤 후임으로 수석 주교로 부임한 존 해밀톤(John Hamilton)은 부도덕한 생활에서 전임자와 닮았지만 실력에서는 뒤졌다. 종교개혁의 시기가 접어들면서 카톨릭 세력이 약화된 것이다.

2) 제2위기

추기경의 피살 여파로 개혁 사상을 간직한 많은 사람들이 세인트앤드류스 성곽으로 피신했다. 신임 대주교는 그들을 저주받은 자들로 보고 반역자들이라고 선언했다. 이들 중에는 위샤트의 친구인 존 낙스가 있었는데, 그는 비톤이 암살된지 10개월 후에 세인트앤드류스로 왔다. 낙스는 그의 밑에 있는 롱니드리(Longniddry)의 프란시스(Francis)와 조지 두글라스(George Douglas)를 안전상 함께 데리고 왔다. 또한 오미스톤(Ormiston) 영주의 상속인인 알렉산더 콕번(Alexander Cockburn)도 데리고 왔다.

낙스는 그들에게 연령에 맞춰서 적절한 세속 교육을 시킴과 동시에, 그들에게 교리문답을 읽어주고 세인트앤드류스 교구 교회에서 공개적으로 암송하게 했다. 그는 또한 성곽 교회에서 그들에게 요한복음을 읽고 해설해 주었다. 이리하여 많은 사람들이 예수님 안에 있는 진리를 알게 되었다. 청중들 중에 할힐(Halhill)의 헨리 발네이브(Henry Balnaves, 세계적인 대학자며 위대한 변호사)와 존 러프(John Rough, 과거에 신부였으나 현재 프로테스탄트 설교가) 같은 사람들은, 낙스의 뛰어난 교리와 실력을 간파하고 설교자가 되도록 당부했다.

그러나 그는 단연코 거부했다. 왜냐하면 "그는 하나님께서 부르시지 않은 분야에서 뛰기 싫어했기" 때문이었다. 그러나 회중들은 자기들의 소원을 포기하지 않을 심산이었다. 그들은 비밀리에 존 러프로 하여금 하나님의 은사를 찾아볼 수 있는 자로 하나님을 봉사할 수 있게 하는 회중의 권리에 관해 설교하도록 했다. 러프는 설교에서 그런 회중의 권리를 거부하는 것이 얼마나 위험한지를 강조하게 했다. 그는 낙스에게 하나님과 회중의 이름으로 대중 설교의 거룩한 소명을 받아들이도록 촉구했고 회중들은 그것에 동의했다.

완전히 넘어간 존 낙스가 눈물을 터뜨리며 자기 방으로 들어갔다. 이 사건이 그에게 큰 고통을 준 것은 사실이었다. 그러나 며칠 후 그는 세인트앤드류스 교구 교회에 등록하고, 설교를 통해 존 러프를 괴롭혔던 존 아난드(John Annand) 학장을 공박했다. 여기서 주목할 만한 것은 존 낙스가 사람들 앞에서는 절대적으로 담대했지만, 하나님 앞에서는 깊은 겸손과 경의의 태도를 가졌다는 점이다. 하나님께서 그를 부르셨음을 확인한 낙스는, 복음의 진리를 사람에게 전파하는 데 조금도 위축되지 않았다. 그러나 지존자에 대한 책임의식이 너무도 강해서, 주님의 메시지를 선언하러 강단에 올라갈 때마다 매우 떨었다.

대중들은 낙스가 세인트 앤드류스 교구 교회에서 설교해야 한다고 주장했다. 그는 다니엘 7장 24, 25절을 본문으로 하여 교황은 성경에 예언된 적그리스도라는 것과, 교황과 신부의 성직제도가 인간과 하나님의 본래 메시지 사이에 장벽을 구축했다고 주장했다. 그는 「이신득의」(justification by faith)의 성경 교리와, 로마 교회의 「율법 행위에 의한 칭의」(justification by the works of the law)를 비교했다. 이신득의는 '믿음에 의해서만 의롭다 함을 얻는다'는 것과, '예수 그리스도의 피가 우리를 우리의 모든 죄로부터 깨끗하게 씻어준다'는 것이다.

그러나 로마 교회의 칭의는 순례와 사죄 등 「인간이 개입하는 공적」(the works of man's invention)에 의한 칭의를 말한다. 낙스는 교황의 칙령들이 복음의 법과 어긋난다는 사실을, 날짜 지키는 것과 음식 금하는 것과 결혼 금지 등의 법령을 예를 들어 증명했다. 예수 그리스도는 그런 법으로부터 우리를 해방하셨고, 사도 바울은 그것을 '악마의 교리'(the doctrine of devils)라고 불렀다.[30] 이 설교의 영향은 어마어마했다. 그의 설교를 들은 사람들은 "다른 사람들은 교황청의 가지들을 자르는데 그는 전체를 파괴시키기 위해 뿌리를 내리친다"고 말했다.

얼마 후 존 낙스는 수도원 부원장 존 윈람(John Wynram)이 사회하는 세인트 앤드류스의 「회색 탁발승들」(Greyfiars)과 「검은색 탁발승들」(Blackfiars)의 회의에 소환되었다. 낙스는 거기서 하나님이 명령하시지 않은 모든 종교는 사람들이 '꾸며낸'(invented) 것으로서, 아무리 동기가 좋아도 사이비 종교라고 강력하게 주장했다. 이 견해는 조지 위샤트가 스코틀랜드로 갖고 온 「스위스 제1신앙고백」(First Helvetic Confession)에 근거한 것이었다. 그것이 스코틀랜드 개혁교회의 기초가 되었다.[31]

교황을 '베드로의 후계자', '그리스도의 대리자'(the Vicar of Christ), '가장 복된 자', '무오한 자'라고 말하는 것은 낙스가 볼 때는 신성모독이었다. 낙스가 복음전도자로 부름받은 소명은, 그의 생애와 그의 모국에 최초·최대의 위기였다. 그것은 어떤 반대에도 불구하고 주님을 전파하고 옹호하는 「주님의 봉사자」로서 첫 걸음을 디딘는 것이었다. 그는 자기 백성을 지도하는 임무를 자기 스스로 취하거나 자기 마음대로 받아들인 것이 아니라고 주장했다. 낙스가 하나님의 의해 부르심을 받았다고 느낀 사실을 망각한다면, 낙스의 인격과 업적을 바로 이해하지 못할 것이다.

하나님은 은혜롭고 용기가 충만하고 인격의 위력이 넘치는 사람(낙스)을 보내서, 무지와 미신과 부패에 항거하여 심각한 투쟁을 벌이게 하셨다. 보통 사람이 그런 임무를 맡았다면 수포로 돌아갔을 것이다. 왜냐하면 교회의 영적 생활을 파괴하는 충격적인 부패가 있을 뿐만 아니라, 교활하고 강력한 원수들의 반대도 있기 때문이다. 새로운 종교 운동에는 그것을 높은 이상으로 추진할 강력한 사람이 필요했다. 심지어 세인트 앤드류스 성곽의 요새에도 불명예스럽게 사는 자들이 있었다. 낙스의 강력한 손길은 바로 그런 사람들을

---

30) John Knox, History, I , p. 85.

31) Ibid., pp. 87-92.

지도하고 강화하기 위해 필요했다.

3) 제3위기

섭정 아란은 폭력으로나 감언으로도 그 수비대를 진압하지 못했다. 그러나 1547년 6월 말경에 21척의 프랑스 군함이 혁혁한 지도자 「레오 스트로지」(Leo Strozzi)의 명령 아래 교묘한 작전을 전개하여 성곽 파괴에 성공했다. 7월 마지막 날 수비대는 프랑스군에 항복했다. 나포된 자들 중에는 존 낙스도 있었다. 그들 중 일부는 군함의 노예들이 되었고 나머지는 프랑스 감옥으로 호송되었다.

낙스는 19개월간의 노예 생활을 통해 극심한 고통을 겪었다. 배 젓는 노예들의 고통은 잘 알려져 있었다. 가장 추운 겨울에도 노를 잡고 땀을 흘려야 했고, 흔히 병에 걸려서 일을 못하면 채찍으로 무참하게 내려쳤다. 프랑스 군대가 세인트앤드류스 성을 점령한 사건은, 일년 남짓한 어간에 빚어진 3대 위기 중에 세인트앤드류스의 세 번째 위기였다. 그 화려한 옛 건물로부터 100,000파운드 상당의 보물을 약탈당했고, 그 훌륭한 건물이 거의 다 허물어져 버렸다.

세인트앤드류스 성의 점령과 존 낙스와 기타 지도자들의 노예생활은 개신교 신자들에게 심각한 좌절감을 초래했다. 유럽 대륙에서도 같은 해에 개신교 사상이 사실상 사라진 것처럼 보였다. 1547년 4월 24일 뮐버르크(Mülberg)에서 개신교 신자들이 황제에게 패전한 것도 어마어마한 타격을 주었다. 한때 유력한 개신교 지도자들인 삭소니(Saxony)의 선제후와 헷세(Hesse)의 영주는 쇠고랑을 차게 되었다.

그리고 「잠정 칙령」(Interim Decree)을 통해 황제는 개신교 교인들을 억압했고, 설교자들은 추방되거나 화형에 취해졌다. 그러나 존 낙스는 군함 속에서도 굴하지 않았다. 어느날 항해 도중에 낙스는 저 멀리 희미하게 보이는 세인트 앤드류스 종탑을 보고, 친구에게 다시 한번 저기서 설교하여 하나님께 영광을 돌릴 것이라는 절대적인 확신을 전해 주었다. 그는 그의 스코틀랜드 친

구들의 굽힐 줄 모르는 지조를 의기 양양하게 증언했다;

> "군함 속에 있는 자들은 미사에 경의를 표하지 않으면 고문하겠다는 위협을 받았다… 그러나 그들은 가장 나약한 친구들까지라도 그 우상에게 경의를 표하도록 만들지 못했다."

낙스도 성모 마리아의 그림에게 경의를 표하라는 강요를 받았을 때, 그는 그 그림을 강에 던지면서 이렇게 말했다;

> "성모 마리아여 이제 자기 자신이나 구원하라. 그녀는 몸이 가벼우니 수영이나 배우게 하라."[32]

이렇게 로마 교회로부터 개신교로 최근에 개종한 그들은, 어떤 고통을 당해도 그들의 신앙을 조금도 굽히려고 하지 않았다.

스코틀랜드 종교개혁이 그 지도자의 체포로 인해 저지된 것이 비극적인 것처럼 보였다. 그러나 하나님의 손이 그 속에 있었다. 전국민이 갑자기 프로테스탄트 신앙을 수용했더라면 경솔한 자신감이 지나쳤을 뻔했다. 따라서 국민들은 자기들에게 전파된 진리들을 깊이 숙고하는 시간을 갖게 된 것이 오히려 보람있는 일이었다. 존 낙스는 군함 속에서 역경을 겪었으며, 그 후 10년간 망명 생활을 했다.

그러나 이런 일은 그의 필생의 과업을 위한 값진 준비과정이 되었다. 그런 일 때문에 그의 인생관이 넓어졌다. 그는 편협성(insuldrity)에서 벗어나게 되었다. 여기서 편협성은 섬나라 사람들의 근성이었다. 그는 인간 본성의 복잡성과 나약성을 깊이 통찰할 수 있었다. 그는 자제와 인내와 끈기를 배웠고, 뛰어나게 침착한 성격을 다졌다. 이 때문에 후일에 위험과 난관을 잘 견딜 수 있었다.

낙스는 유럽 대륙에서 로마 교회의 정책과 계획을 그 음모와 술책과 함께

---

32) Ibid., p. 108.

더 넓은 차원에서 관찰할 수 있었다. 그는 또한 스코틀랜드가 작은 나라지만 종교개혁의 투쟁에서는 주축을 이루고 있는 것을 보았다. 왜냐하면 프랑스와 스페인은 영국의 개신교 사상을 공격하는 발판으로, 스코틀랜드를 점령하려는 속셈이 있었기 때문이다.

이 모든 것에 덧붙여 그는 칼빈(Calvin), 불링거(Bullinger), 베자(Beza), 멜랑흐톤(Melanchthon), 부처(Bucer) 등 대륙의 종교개혁 지도자들과 교제할 수 있는 엄청난 특권을 얻었다. 그가 스코틀랜드에 머물러 있었다면 그럴 수 없었을 텐데, 해외에 망명함으로써 오히려 그의 두뇌가 예민성과 활력을 더욱 얻게 되었다. 그는 많은 사람들을 접촉했고. 나중에 그들과 서신 교환을 했다. 그런 까닭에 그는 유럽의 정치와 종교의 흐름을 전체적으로 파악할 수 있었다. 뿐만 아니라 그는 영국 정부의 모든 자원들을 좌우하는 위대한 윌리엄 세실(William Cecil) 경과도 아는 사이가 되었다.

낙스는 1547년 세인트앤드류스 성곽이 무너진 이후의 사건 과정을 통해, 극도의 재난이 하나님의 섭리 속에서는 오히려 전화위복이 되고, 놀라운 결과를 가져올 것을 어느 정도 내다 보았다. 그러나 그 당시에는 그런 경험이 개신교 신앙을 사랑하는 모든 사람들과 특별히 직접 고난을 당한 자들에게는 매우 쓰라린 경험이었다. 그러나 아무리 잔인한 박해를 받아도, 아무도 배신할 생각을 하지 않았다는 것이 특기할 만한 사실이다.

매우 심각한 반대 운동에 부딪힌 국내에서나, 군함과 망명의 역경 속에서도 개신교도들은 위축되지 않았다. 또 그들은 신앙 투쟁을 포기하려는 생각을 추호도 하지 않았고, 진리를 발견한 이상 어떤 희생을 치루더라도 진리를 수호할 각오였다. 고대 어느 작가의 말처럼 그들은 "진리는 영원하고 진리는 항상 강하다. 진리는 살아서 영원히 승리한다"고 확신했다.

1547년 말 만사가 불리한 것처럼 보였지만, 본국과 해외의 개신교 신자들은 하나님의 진리를 위해서는 고난을 당할 만하다는 사실을 확신하고, 이런 확신으로써 그들은 위협적인 큰 위험들을 견디어 냈던 것이다.

6. 낙스 망명 시대의 스코틀랜드

1547년 7월 세인트앤드류스 성이 프랑스군에게 점령되어서 심각한 난항에 부딪힌 데다가, 설상가상으로 9월에는 핑키(Pinkie)에서 영국군에게 패전함으로써 스코틀랜드의 개신교 교인들은 말할 수 없이 비참한 처지에 떨어졌다. 더우기 섭정 소머셋(Somerset)에 의해 스코틀랜드 요새에 남았던 수비대들은 강력한 프랑스 군대의 원조로 다시 추방되었다. 이제 프랑스 군대가 스코틀랜드에 주둔하게 되고, 스코틀랜드의 어린 여왕은 프랑스에 살고 있는 판국이어서 스코틀랜드는 옛 맹방이던 프랑스와 다시 밀접하게 연결되었다.

그러나 스코틀랜드 국민들은 과거에 적국인 영국과의 동맹이 그러했듯이, 대불 동맹 역시 대단히 부담스럽고 불쾌한 것임을 이내 깨닫게 되었다. 심지어 총독인 아란의 백작과 그의 형제 존 해밀톤(세인트앤드류스의 신임 대주교)까지도, 그 당시 상황에 못이겨 마지 못해 대불 동맹을 지지했다. 전국적으로 친영 물결이 귀족들과 평민들 사이에서 점점 거세게 일기 시작했다.

스코틀랜드의 익살맞은 통신원은 섭정 소머셋에게 쓴 편지에서 총독의 대불 관계를 가리켜, "이리의 귀를 잡은 자처럼 잡자니 의심스럽고 놓자니 위험한 처지"라고 말했다.[33] 불안의 요소들은 무수했다. 왕의 모친인 기즈의 메리(Mary of Guise)도 일생동안 프랑스 우월권의 유지와 로마 교회의 강화에 전력을 기울일 처지이지만, 그녀의 형제들인 기즈가의 지도자들에게 1549년 11월 12일 이렇게 글을 썼다;

"차제에 왕이 근위대의 기병대에게 어떤 명령을 발하지 않으면 우리 나라는 군인들의 말썽을 더 이상 견뎌내지 못할 것임을 일러 두어야 하겠다. 프랑스 군인들은 그들을 자기들 집 밖으로 추방하는가 하면 말들을 먹이면서 한번도 리

33) Hume Brown, John Knox, I, p. 273.

아드(liard)를 지불한 적이 없다"[34]

스코틀랜드 국민들이 자체 방위를 위해 항거한 때도 있었다. 어떤 때는 에딘버러 대로에서 싸움이 벌어져 성의 우두머리가 여섯 명의 시민과 한 명의 여인과 함께 살해되기도 했다.[35] 이와같은 프랑스군과 스코틀랜드 국민들과의 투쟁이 대단한 적대 감정을 야기시킬 것은 뻔한 이치였다. 1560년 스코틀랜드가 영국의 원조를 얻어 프랑스군을 추방함으로써, 개신교 교회의 공식적인 설립을 위한 활로를 개척한 것도 이런 상황으로 설명될 수 있다.

종교개혁에 이르기까지의 과정을 이해함에 있어서 이런 정치적인 상황이 중요하긴 하지만, 1547년에서 1559년 사이에서는 개신교 신앙의 발전이 가장 주목할 만한 특징이다. 이 기간은 낙스가 군함에서 노예 생활을 한 다음에 망명 생활한 기간이다. 세인트앤드류스 성이 프랑스군에 점령되었을 때는 개혁교회의 신앙이 사라진 듯했다. 스코틀랜드는 사실상 프랑스의 지배를 받게 되었고, 로마 교회가 영원히 확립된 것 같았다. 과연 유럽 전역에 걸쳐 개신교 신앙이 최저 수준으로 떨어졌다.

그러나 놀라운 사실은 스코틀랜드의 개신교 지도자가 없었던 그 때에도, 개혁 사상이 각계 각층에 점점 뿌리내리기 시작했다는 것이다. 1555년 존 낙스는 모국 방문차 스위스의 제네바로부터 귀국했을 때, 무수한 군중이 복음에 갈급해 있는 것을 보고 감개무량했다. 그는 이 사실을 그의 장모인 바우즈 부인(Mrs. Bowes)에게 편지로 알렸다;

> "그들은 밤낮으로 생명의 떡을 먹으려고 흐느끼고 신음하고 있습니다. 제가 제 눈으로 모국에서 목격하지 않았더라면 믿을 수 없었을 것입니다. 이런 때에 하나님께서 그들의 갈증을 조금이라도 해갈해 주시기까지 저는 떠날 수 없습니다"[36]

---

34) Ibid., I, p. 276.

35) John Knox, Reformation in Scotland, I, p. 105.

36) David Laing, Works of John Knox, Ⅳ, pp. 217. 218.

낙스는 잠시 동안의 모국 체류 기간에 에딘버러를 방문했다. 거기서 그는 제임스 시메(James Sime)의 집에서 복음을 전했다. 그 때 유력한 인물들이 그의 사역에 수종들었다. 거기서 제기된 문제는 복음을 비밀리에 믿으면서 겉으로는 교회 의식에 따라 미사에 참석하여 로마 교회에 동조해도 되는가라는 것이었다. 둔(Dun)의 영주 존 어스킨(John Erskine)은 그 고상한 인품과 사교성과 지혜에서, 개신교 신앙에 한없이 귀한 인물이었는데, 이 문제를 토론하기 위해 만찬회를 마련했다.

리챠드 메이틀랜드(Richard Maitland) 경의 아들 레싱톤(Lethington)의 청년 윌리암 메이틀랜드(William Maitland)도 거기에 참석했다. 그는 신자이기 때문에 참석한 것이 아니라, 새로운 신조의 참신성 때문에 초조하고 명석한 마음에 호기심이 일어났기 때문에 어디 한번 보자는 마음으로 참석했다. 그 문제는 자유롭게 토의되는 듯했다. 낙스는 "기독교인이 우상(미사)에게 자기를 바치는 것은 결코 합당하지 못하다"[37]고 강조함으로써 말문을 열었다.

어떤 이들은 미봉책을 써야 한다고 주장했다. 왜냐하면 로마 교회의 교훈과 의식에 강력히 항거하는 것이 아직 위험하기 때문이라고 했다. 윌리암 메이틀랜드는 자기 나이 또래에서는 가장 유능한 사람이고 논쟁과 외교에 거장이었지만, 낙스는 그와 그의 친구들을 다각도로 몰아 붙였다. 드디어 그는 낙스가 옳다고 고백하고 다음과 같이 말했다;

"나는 완벽하게 보았습니다. 우리의 수단이 인간 앞에서도 별로 도움이 되지 못하는 것을 보니, 하나님 앞에서는 아무 유익이 없습니다"[38]

이 만찬 모임의 결정은 파급 효과가 컸다. 개신교의 기본 진리가 로마 교회의 그것과 근본적으로 다르다는 것과, 양자 사이에는 타협이 있을 수 없다는 것이 밝혀졌다. 제단과 미사와 연결된 신부의 술책과 마술을 깡그리 쓸어 버

37) David Laing, ibid., I, p. 247.

38) David Laing, ibid., I, pp. 247-249.

렸다. 성상숭배나 기타 우상숭배의 기미가 있는 것은 모두 용납할 수 없다는 것이 명명백백하게 밝혀졌다.

낙스는 둔의 존 어스킨과 함께 에딘버러에서 앙구스로 가서, 안구스도 에딘버러와 같은 복음의 열정이 있는 것을 보았다. 그는 "매일 교리 강해를 했다. 그 지역의 유지들은 그 교리로 돌아왔다"[39] 확실히 조지 위샤트가 몬트로즈와 그 인근에 뿌린 좋은 씨가 이제 풍성한 열매를 맺고 있었다.

서부 로디아인(West Lothian) 콜더(Colder)의 제임스 샌디랜즈(James Sandilands) 경도 그 지역에서 가장 유명하고 존경받는 유지였다. 존 낙스는 그 영주의 집에서도 동일한 현상이 무르익고 있음을 보았다. 그의 사역에 수종드는 많은 사람들 중에는 어스킨 경과 론(Lorn 후에 아가일의 백작) 경과 제임스 5세의 정식 아들 제임스 스튜어트(James Stewart) 경 등이 있었다. 제임스 스튜어트 경은 후에 종교개혁의 위대한 인물 중의 하나가 되었고, 통칭 섭정 모레이(Regent Moray)라고 불린다.

이 세 사람은 잇달아 일어난 일들에서 대단한 역할을 했다. 그들이 콜더 하우스(Calder House)에 참석한 것은 선량하고 사려깊은 사람들이 개혁 교리에 매료당하고 있다는 것을 낙스에게 분명히 보여주었을 것이다. 아일셔(Ayrshire)와 렌프류셔(Renfrewshire) 등 서부에서도 낙스는 개혁 신앙에 동조하는 강한 상승 기류를 발견했다. 가령 불굴의 지지자들 중에는 진리를 열렬하게 사랑하는 글렌켄의 백작(Earl of Glencairn)도 있었다.

이 괄목할 만한 운동은 결코 상류 계층에만 국한된 것이 아니었다. 자신의 선조들이 롤라드의 교훈에 깊은 감동을 받은 서부의 평민들도, 개혁 신앙을 수호하기 위해 수천 명이 봉기할 준비가 되어 있었다. 안구스와 미언즈(Mearns)에서도 조지 위샤트의 교훈이 망각되기는 커녕, 과거보다 더 서민 계층의 생활에 활력소가 되고 있었다.

개혁당의 세력 확대와 결의를 가장 분명하게 보여주는 사실이 있다. 그것

---

39) David Laing, ibid., Ⅰ, p. 249.

은 로마 교회 당국이 존 낙스를 에딘버러의 「검은 탁발승」(Blackfriars) 교회로 소환하였을 때 그는 어스킨과 기타 많은 젠트리들의 호위를 받고 갔다. 낙스를 지지하는 시위가 너무 거세자 주교들은 아예 나타나지 않았다. 그리하여 개혁자 낙스는 성직자들에게 재판받기는 커녕, 오히려 줄곧 10일간 에딘버러에서 과거보다 더 많은 대규모 청중들에게 연속 집회를 개최했다.[40]

조지 부카난(George Buchanan) 같은 유식한 작가들이 종교개혁을 지지하도록 지식층에 심오한 영향을 미치고 있는 동안, 연극이나 민요나 팜플렛 등을 통해 괄목할 만한 인상이 심겨지고 있었다. 이 무렵 이런 활동은 전국적으로 큰 인기를 끌었다. 1543년 6월 2일 이미 추밀원(樞密院)은 이런 운동에 경악했다. 추밀원은 매일 집필되고 인쇄되는 불온 전단이나 인쇄물이나 민요나 책자 등을 보고, 이런 것을 만들거나 쓰거나 인쇄하는 자들은 처형하거나 재산을 몰수하라는 명령을 시달했다.

이런 법령도 동일한 다른 법령과 마찬가지로 아무 효력도 발휘하지 못했다. 6년 후인 1549년에 지역회의는 다음과 같은 법률을 제정했다;

> "남녀노소 누구나 자기가 소지하고 있는 시집이나 대중 가요 속에 성직자나 교회제도의 명예를 손상하는 비방과 중상, 불온 글귀, 기타 여하한 이단이 들어있지 않은지 자기 교구 안에서 면밀히 조사하라."[41]

여기에 걸려든 자들은 엄벌에 처하도록 되어 있었지만 이런 종류의 문서들은 계속 홍수처럼 밀려 들어왔다. 격분한 교직자들의 난폭한 억제도 막무가내였다. 그러므로 1552년 2월 1일 의회가 공격에 개입하여 주교들이 임명한 신중한 사람에 의해 통과되기 전에는, 라틴어나 영어로 어떤 책이나 민요나 노래나 신성모독 문서나 음률(rhymes)이나 비극을 어떤 출판사도 출판하지 못

---

40) David Laing, ibid., Ⅰ, p. 251.

41) A. M. Renwick, The Story of the Scottish Reformation, p. 62.

하도록 하는 법률을 통과시켰다.[42]

독창적인 성시 중에 「경건하고 선량한 민요집」(The Gude and Godlie Ballates) 처럼 인기있는 서사시는 거의 없었다. 이것은 던 제임스(James)와 존(John) 그리고 로버트(Robert) 등 웨더번가(The Wedderburn)의 3형제가 준비한 것이다. 이 민요집은 3부로 되어 있는데 제1부는 교리 부분으로 요리문답, 신조, 주기도, 십계명 등이 운에 맞게 실려 있고, 제2부는 21편의 음률과 몇몇 찬가가 실려 있고, 제3부는 세속 가요를 종교시로 각색한 것이 실려 있다.

이것이 모두 대중화되어 주일이나 평일에 불려졌다. 개혁 교리와 개혁자들은 교황의 교훈을 우습게 본다는 내용이었다. 이 민요집은 대가들의 유식한 신학대전들 보다도 무한히 더 효과적으로 개신교 사상을 대중화하는데 기여했다고 보는 편이 맞다. 이 민요집에 실린 시편 51:1을 보자.

선하신 주여 나를 긍휼히 여기소서
주의 큰 긍휼을 따라
내 죄 많은 삶이 나를 파멸했사오니
주여 저를 치료하시고 구원하소서.

또한 성인들(saints)에게 기도하는 것이 죄악이라는 내용의 시도 있다.

베드로 야고보 요한에게 우리 영혼을
구원해 달라고 기도해도
그들에겐 그런 능력이 없다.
구원은 그리스도에게만 있다.
그는 구원을 이루시기 위해 죽으셨다.

42) Acts of Parliament of Scotland, II, pp. 488, 489.

웨더번가 형제들의 이런 민요들은 1542년에 나타나기 시작했다. 물론 스코틀랜드 말로 된 것이었다. 웨더번가 형제들 외에도 성공의 정도는 달랐지만 많은 사람들이 이런 일을 했다. 그 중에 가장 뛰어난 사람은 의심의 여지없이 데이빗 린제이(David Lyndsay) 경이었다. 그의 작품은 왕궁에서 농가에 이르기까지 귀족과 평민에게 강력한 호소력을 지녔다. 「의회 풍자」(Satyre of the Thrie Estaitis)와 「신앙고백」(Kitteis Confessioun)의 작품을 통해 그는 로마 교회에 대한 신앙을 크게 흔들어 놓았다. 그의 성직자 악덕 폭로는 로마 교회에 치욕을 몰고 왔다.

> "분노의 풍자, 그 번쩍임이
> 초기 단계에 터져
> 그 시대의 악덕을 폭로하여
> 로마의 열쇠를 부셨도다."[43]

우리는 린제이의 거칠고 간혹 섬세하지 못한 귀절을 복사하려는 것이 아니다. 그러나 그 귀절이 효력을 발생했던 것만은 사실이었다.

무엇보다 중요한 사실은 1543년 3월 15일 의회는, 영어나 스코틀랜드어로 된 성경을 읽을 수 있도록 법적으로 허용했다. 이것은 종교개혁에 거보를 내딛는 계기가 되었다. 종래에 로마 교회는 대중들이 성경을 읽지 못하도록 백방으로 노력했다. 교직자들도 라틴어로 된 성경만 사용했다. 의회의 이런 조치(즉 스코틀랜드 국민들이 모국어로 성경을 읽을 권리를 법적으로 인정한 조치)는, 당시 많은 스코틀랜드 지식 계급이 영향을 받은 결과다.

당시 스코틀랜드는 르네상스에 심각한 영향을 받고 있었다. 루터로부터 시작된 성경 보급은 이제 그 효력을 나타내고 있었다. 특별히 윌리암 틴데일(William Tyndale)의 영역 성경은 영국에서 널리 유포되었다. 1537년에는 급기

43) D. Hay Fleming, Reformation in Scotland, p. 182.

야 헨리 8세가 「대성경」(Great Bible) 출판을 인가하면서, 모든 교구 교회에 한 권씩 배치하도록 명령했다. 성경 보급 운동은 전염병처럼 퍼졌다. 가톨릭 성직자들도 영국과 대륙으로부터 스코틀랜드로 밀려드는 하나님의 말씀 사본들을 막을 수 없었다.

더욱이 개신교 교리 서적들이 대량으로 들어오고 있었다. 많은 학생들이 계속 대륙의 학문 중심지들로 왔다 갔다 했다. 거기서 그들은 존 후스나 마르틴 루터나 기타 개혁자들의 교훈과 익숙해 졌다. 그 결과 앞서 지적한 바와 같이 로마 교회의 실패들을 신랄하게 폭로하는 스코틀랜드의 책자들이 대량으로 국외로 나갔다. 이것은 점점 더 넓은 계층에게 영향을 주었다. 또한 순교지에서 순교 사건을 통해 대중의 심리 속에 야기된 강렬한 반발심도 당시 사람들의 마음에 영향을 준 또 하나의 요소였다.

이 모든 것의 종합적인 영향으로 하나님의 말씀을 읽고 연구하려는 괄목할 만한 염원이 일어나게 되었다. 낙스의 이것을 다음과 같이 말했다;

> "이것은 예수 그리스도께서 그의 진실성에 도전하는 유력한 원수들을 싸워 이기신 놀라운 승리다. 이것은 과거에 교권에 매여서 주기도와 십계명 그리고 기타 신앙 조항들을 영어로 읽지 못하고 이단으로 고소당했던 사람들에게는 놀라운 위로다. 성경이 거의 모든 젠트리의 책상 위에 놓여진 것을 볼 수 있다."[44]

이와같은 상황은 존 낙스가 1555-56년에 잠시 본국을 방문하는 동안 각계 각층의 인사들이 생명의 말씀에 대한 열렬한 갈증을 보이는 것을 발견하게 된 사실을 설명해 주는 데에 도움이 된다. 물론 이 무렵에 스코틀랜드에서는 개신교 설교자들을 거의 찾아볼 수 없었고, 개혁교회가 초기 형태로 조직되지도 않았다.

낙스는 본국 방문을 통해 각처에서 개혁사상에 대한 놀라운 호응을 발견

---

44) John Knox, History, I, p. 45.

했다. 이것이 더욱 더 놀라운 사실인 것은, 당시 섭정 여왕이던 로레인의 메리가 개신교 신앙에 적개심을 보였고, 1558년 말 월터 밀른(Walter Myln)의 순교에서 예시된 바와 같이, 개혁 교리를 주장하기가 아직 위험한 때였음을 기억할 때 알 수 있다.

강력한 지도력이 없었더라면 개혁 사상이 그렇게 무시무시하고 단호한 반격에도 불구하고 힘차게 전진하지 못했을 것이라고 생각할 수도 있다. 그러나 개혁사상을 지지하는 자들이 계속 불어났다. 1558년 에딘버러의 수호성자 성 가일즈(St. Giles)의 성상이 파괴된 사건 등으로 개혁사상의 진보를 볼 수 있다. 에딘버러에는 성상숭배 반대 풍조가 날이 갈수록 높아져 가고 있었다. 그 해 여름 일단의 사람들이 비밀리에 그 대형 성상을 교회에서 옮겨서 「놀 로취」(Nor Loch)에 빠뜨렸다가 불태웠다.

해밀톤 대주교는 위정자들과 시의회가 성상을 복구시키거나 새로 하나 만들 것을 요구했다. 그들은 자기들이 이해하는 바로는 하나님께서 성상과 우상을 파괴하도록 명령하셨다고 대답했다. 그들은 대주교에게 신구약 성경을 통해 성상을 만들라는 근거를 대라고 요구했다. 대주교는 파문시키겠다고 위협하며 순종을 요구했지만, 과거에는 그렇게도 압도적이던 위협이 이젠 시의원들에게 효력을 발생하지 못했다.

9월 1일 「성인 기념식」을 위해 소형의 성 자일스 성상을 빌려 와야 했다. 섭정 여왕은 기념 행렬을 지휘했다. 많은 성직자들과 신자들이 당당한 행렬을 보여 주었다. 작은 북과 트럼펫, 깃발과 풍적(風笛)들이 동원되어 기념식에 활력을 불어 넣었다. 섭정인 여왕이 식사하러 갔을 때 많은 개신교 신자들이 그 성상을 탈취했다. 그 후 큰 소동이 벌어졌다.

그러나 개신교 신자가 대다수임이 분명히 드러났다. 이런 함성이 울려 퍼졌다;

> "우상을 파괴하라 우상을 파괴하라." 무리 중의 한 사람이 성상의 "발치를 잡아 그 머리를 보도에 내버리니 다곤상의 머리와 손이 박살났다." 일대 혼란이 빚어졌다. 교직자들은 십자가상과 백의와 모자를 버려두고 '걸음아 날 살려라'는 식으로 뒤엉켜 도망쳤다.

"제일 먼저 자기 집에 도착하는 자가 행복한 자였다."[45]

이런 유형의 사건은 그렇게 오래도록 교회에 모욕을 돌렸던 악습과 부패에 대한 군중의 반발이 어느 정도였던지를 보여 준다. 그들의 행동이 조잡한 것은 사실이지만, 폭력과 압박이 난무하던 그 당시에 다른 방법으로는 소용이 없었을 것이다. 중요한 사실은 이 모든 일이 존 낙스가 스코틀랜드를 떠나 망명 생활을 할 때 발생했다는 점이다. 어떤 지역에서는 낭설이 떠돌았다. 즉 스코틀랜드의 종교개혁은 로마 교회를 무너뜨리기 위해 음모를 꾸민 존 낙스라는 난폭하고 무분별한 미치광이가 일으킨 것으로, 온 백성이 그를 추종하여 교회를 폭력으로 부숴 버렸다는 것이다.

그러나 이것은 사실이 아니었다. 왜냐하면 낙스가 망명시에 프로테스탄트 진리가 앞서 살핀 바와 같이 사람들의 마음을 사로잡았기 때문이다. 로마 교회에 대한 반감은 한 사람에 의해 조직된 돌변적인 음모가 결코 아니었다. 그것은 오랜 고통의 세월이 흐른 뒤에 드디어 폭발된 것이다. 사람들은 비로소 열려진 성경을 입수하여 연구함으로써 그들의 머리와 마음에 힘찬 변화가 일어난 것이다. 존 낙스가 스코틀랜드에 영원히 귀국하지 않았더라도 종교개혁은 일어났을 것이다.

이처럼 새로운 정신이 활동하여 온 국민을 급속도로 사로잡고 있었다. 도날드 멕클레안(Donald Maclean) 박사는 헤이 플레밍(D. Hay Fleming) 박사의 견해를 빌어 다음과 같이 말했다;

"종교개혁을 이룬 것은 복음이었다. 종교개혁에 그 위력과 안정성과 성공을 준 것은 바로 복음이었다. 또한 종교개혁을 방어했던 것도 복음이었다."[46]

---

45) John Knox, Reformation in Scotland, Ⅰ, pp. 125-129.

46) Donald Maclean, Counter-Reformation in Scotland, p. 23.

7. 잉글랜드와 대륙에서의 낙스

1) 잉글랜드에서의 낙스

1549년 영국 정부의 개입으로 낙스가 프랑스 갤리선에서 석방되었을 때, 영국은 경건한 청년 왕 에드워드 6세가 통치하고 있었다. 에드워드 6세는 진정한 개신교도였다. 그의 추밀원은 스코틀랜드 종교개혁자 낙스를, 버윅(Berwick)의 주민들과 수비대의 목회자로 임명했다. 영국 국 국교회는 2년 전 헨리 8세가 사망한 이후로 진정한 개혁 교회의 입장으로 많이 기울어졌다.

크랜머(Cranmer) 대주교는 이제 명실상부하게 개신교 입장을 견지하게 되었다. 존 낙스는 버윅에서 마음 놓고 활동할 수 있게 되었다. 그는 버윅에서 성찬식을 거행할 때 세인트앤드류스에서 했던 것처럼, 성경대로 간소한 의식으로 치루었다고 술회했다. 그는 교회 의식의 문제에서, 칼빈과 츠빙글리가 스위스에서 자기 교인들에게 하던 본을 따랐던 것같다.

낙스는 세인트앤드류스 성곽 교회에서 겪은 경험에 힘입어 거친 군인들의 모습을 이해할 수 있었고, 목회자와 시민들(그 중에 스코틀랜드 출신이 많았음)에게 행한 설교를 성공리에 담당하고 있었다. 낙스는 여느 때와 마찬가지로 여기서도 사람들의 주의를 그리스도께로 이끄는 데에 주력했다. 그는 어떤 사제(priest)도 간구자와 하나님 사이에 개입해서는 안된다고 주장했다;

> "사제가 행하는 의식들이 사람을 구원하지 못한다."

고해(告解)나 자비 등의 행위들이 죄를 제거할 수 없다. 낙스는 버윅에 있을 동안 거기서 6마일 떨어진 노람(Norham) 성곽 교회의 목사인 리차드 바우즈(Richard Bowes)의 부인과 교제하게 되었다. 그 가문은 교만한 귀족 가문이어서, 처음에 리차드와 그의 형제 로버트 경은 낙스를 깔보았다. 왜냐하면 낙스가 개신교인인데다 가문이 자기들만큼 훌륭하지 못했기 때문이다. 낙스가 바우즈의 딸인 마조리(Marjory)와 연애하게 되자, 그 형제들은 모욕적인 언사를 서슴치 않고 퍼부었다.

그는 "안색을 좋게 하려 했지만 그들의 경멸적인 말이 그의 심정을 뚫고 들어가 쓰라린 고통을 느꼈다." 그러나 바우즈 부인은 낙스가 전파한 복음 메시지에 강하게 끌렸다. 그로부터 5년 후 낙스는 마조리와 결혼했다. 그들은 서로 깊이 사랑했다. 어려운 때에 이 부드러운 여인의 격려와 내조는, 남편 낙스에게 더할 나위 없이 귀중한 것이었다. 그러나 그녀는 어린 두 자녀를 남기고 요절했다.

낙스가 스코틀랜드에서 종교개혁을 승리로 이끌고 있을 때 그녀는 세상을 떠났던 것이다. 바우즈 부인은 딸의 죽음으로 인해 안색이 병적으로 변했다. 그녀는 너무 내성적이어서 언제나 영적인 문제로 우울증에 빠져 있었다. 낙스는 지혜롭고 끈기있는 상담자로서, 그녀를 도왔고 가족으로서의 사랑도 아끼지 않았다.

이제 우리는 종교개혁자 낙스가 버윅에 머물기 시작한 일을 다루어 보자. 1550년 그는 뉴캐슬(Newcastle) 북부 지역회의 석상에서 설교를 요청받았다. 미사를 우상숭배로 보는지 설명할 것을 요청받은 것이다. 낙스는 언제나 미사를 로마 교회의 핵심 교리로 믿고, 그것은 무서운 우상숭배라고 주장했다.

여기서 우리는 스코틀랜드 종교개혁자들이 「우상숭배」(idolatry)라는 말을 자주 썼는데, 어떤 의미에서 사용되었는지 주시해야 한다. 그들은 우상숭배가 "미사, 성인 소환, 성상 숭배나 성상 보관, 그리고 마지막으로 하나님의 거룩한 말씀에 포함되어 있지 않은 하나님 숭배"[47] 등을 가리킨다고 보았다.

낙스만 우상숭배를 지적한 것이 아니었다. 모든 종교개혁자들은 인간이 떡과 포도주를 주 예수의 살과 피 그리고 영혼과 신성으로 바꿀 수 있다고 선언하는 것이 신성모독이라고 주장했다. 부드러운 성품의 대주교 크랜머까지 그것은 혐오할 만한 우상숭배로서 명백한 악행이자 우상숭배라고 주장했다.

---

47) The Book of Discipline in Dunlop's Confessions, II, p. 523.

라티머(Latimer), 후퍼(Hooper), 리들리(Ridley) 등 주교들과 유럽 대륙의 모든 종교개혁자들도 그렇게 말했다.

뉴캐슬에서의 설교를 통해 지역회의는 낙스가 종교개혁 교리의 비상한 기수라고 인식하게 되었다. 흄 브라운(Hume Brown) 교수는 이것을 다음과 같이 언급하였다;

> "낙스 당시 유명한 크랜머, 라티머, 후퍼 등의 사상에 비해, 낙스의 설교는 그들의 것보다 훨씬 더 강력한 사상을 힘있게 표현했다."[48]

1551년 낙스는 뉴캐슬로 이주했다. 거기서 그는 여느 때와 같은 경력을 갖고 목회하면서 북쪽의 여러 지역을 순방하였다.

얼마 후에 그는 로체스터(Rochester)의 주교직으로 올라와 달라는 요청을 받았다. 노덤벌랜드(Northumberland)의 공작이 그를 추천했다. 추천한 의도는 낙스로 하여금 "갈아서 날카롭게 할 필요가 있는 캔터베리 대주교를 가는 숫돌"[49] 역할을 하려는 데 있었다고 한다. 그러나 낙스의 엄한 죄 책망 때문에 공작이 괴로워한 나머지, 그를 북쪽으로 보내기 위한 수단으로 그렇게 했을 것이라는 설도 있다.

낙스는 주교직을 거절했다. 그 이유는 영국 국교회가 아직도 그가 바라는 만큼 교리와 교회정치에서 성경적으로 순수하지 못하다는 데 있었다. 1551년 말 낙스는 고위 성직자들의 악행을 날카롭게 정죄했음에도 불구하고, 6명의 궁중 목사 중의 하나로 임명되었다. 그는 런던으로 왔다가 1552년 가을에는 궁중 설교 차례가 되어 연말까지 맡게 되었다.

그의 첫 설교는 주교들 가운데서 센세이션을 일으켰다. 왜냐하면 그가 "성찬식에서 무릎을 꿇는 것을 여지없이 비난했기" 때문이었다. 이 문제는 에드워드 6세의 「제2 기도서」(Prayer Book)의 발간과 관련하여 열렬한 논쟁거리가

48) Hume Brown, Life of John Knox, pp. 116-117.

49) J. A. Froude, History of England, V, p. 475.

되었다. 낙스는 후퍼나 존 라스코(John á Lasco)나 기타 여러 사람들처럼, 성찬식에서 무릎을 꿇는 습관을 통렬하게 공박했다. 왜냐하면 그런 습관이 떡과 포도주가 주님의 살과 피로 변한다는 주장을 인정하는 것이기 때문이었다.

크랜머와 러들리는 무릎을 꿇는 것은 보기에도 좋은 자세로서, 성찬의 떡과 포도주 숭배와 상관없다고 주장했다. 그러나 낙스는 조금도 양보하지 않았고, 그것은 미신과 타협하는 위험한 행위라고 주장했다. 그의 설교가 대단한 영향을 미친 것은 의심의 여지가 없다. 그 후에 곧 무릎 꿇는 자세는 보존되었지만 다음과 같은 주서(朱書)가 붙었다;

> "성찬의 떡과 포도주는 본래 그대로의 물질 상태에 있으므로 숭상하지 않아도 된다. 왜냐하면 그것을 숭상하는 것은 모든 신자들이 혐오하는 우상숭배이기 때문이다. 그리고 우리 구주 그리스도의 육신의 살과 피는 지금 하늘에 있고 여기에 있지 않다. 왜냐하면 그리스도의 육신의 몸이 한 번에 한 곳 이상에 있다는 것은 진리에 위배되기 때문이다."[50]

그런 주서를 붙인 것은 누구보다 존 낙스의 입김이 있었기 때문이었다. 그것은 위대한 승리였다. 고위 성직자들은 이것을 「검은 주서」(Black Rubric)라고 묘사했다고 한다. 낙스의 승리는 하나 더 있었다. 대주교 크랜머는 교회의 교리적인 입장을 나타내는 「종교 조항」(Articles of Religion)을 작성하는 데 4년이 걸렸다. 여기에 의식 조항이 있었다. 궁정 목사의 하나인 낙스에게 이 문제를 조회했을 때, 낙스는 이 조항을 강력하게 반대하면서 삭제해야 한다고 주장했다. 이런 사실은 낙스가 영국 성공회에서 어느 정도 위력과 위치를 차지하고 있었는지를 보여 준다. 그 당시 영국 국교회는 「사도 계승」(apostolic succession) 교리를 주장하지 않았다.

개혁교회의 설교자들이 자유롭게 초대되었고 개혁 교단을 인정받았다. 해

---

50) Liturgies of Edward VI(Parker Society), p. 283.

외 개혁교회의 교인들이 영국 국교회와 교류하고 있었다. 그로부터 75년 후 대주교 로드(Laud)의 시대에 와서야, 영국 국교회가 이런 좋은 위치에서 떠나 「감독 신수권(神授權)」(the divine right of Episcopacy)을 주장함으로써 개혁교회들과 멀어졌다. 존 낙스의 시대에 위대한 주교들이 있어서 교회 문제가 잘 처리되었다는 것은 기억할 만한 일이다.

굽힐 줄 모르는 장로교인인 낙스가 영국 국교회와 긴밀하게 협조하면서도 자신의 신앙을 조금도 누그러뜨리지 않았던 점도 기억할 만한 일이라고 하겠다. 또 그가 5년 동안 당시 국교회 지도자들 및 고매한 인격을 가진 지도자들과 교제함으로써, 그의 야량이 대단히 넓어진 것은 틀림없다. 1553년 7월 6일 에드워드 6세의 급거는 영국 역사상 가장 비극적인 시기를 도래케 했다.

그러나 하나님의 섭리 속에서 그 시기가 길지 않았다. 「아라곤의 캐서린」(Catherine of Argon)과 헨리 8세 사이에서 낳은 「메리 튜더」(Mary Tudor) 공주가 왕위에 오르게 되었다. 그녀는 자기 모친처럼 로마 가톨릭 교인이었다. 동시에 그녀는 광적이고 병적인 삶을 살고 있었다. 그녀는 영국을 고뇌 속으로 몰아가서 스스로 「피의 메리」(Bloody Mary)라는 무시무시한 명칭을 얻어 냈다.

버킹햄셔(Buckinghamshire)의 아머샴(Amersham) 교구 교회에서, 존 낙스는 에드워드 서거 이후 10일 만에 그의 생애에서 가장 감동적이고 웅변적인 설교를 했다. 그것은 바야흐로 영국에서 박해의 때가 시작될 것을 예견한 설교였다. 그는 런던에서 메리의 승리의 행진을 보았다. 군중들이 길거리에서 박수갈채로 그녀를 환영하는 것을 보았다. 그는 그 열광 분자들 중 하나에게 다음과 같이 낙스다운 일침을 가했다;

> "당신은 지금 당신의 종을 울리고 있소. 그러나 얼마 안 있으면 당신의 손을 쥐어짜게 될 거요"(You are now ringing your bells, but very soon you will be wringing your hands).

낙스는 6개월간 더 영국에 머물면서 여러 곳에서 설교했다. 크랜머와 복음적인 주교들은 투옥되어 수 개월 후 화형당했다. 메리는 5년간의 짧은 통치

기간을 통해, 286명의 개신교도들을 화형장의 잿더미로 만들어 버렸다. 옥사한 자들도 적지 않았다.

2) 대륙에서의 존 낙스

이제 낙스는 잉글랜드에서 더 이상 일할 수 없게 되었을 뿐만 아니라 끊임없는 위험에 부딪혔다. 그러므로 그가 1554년 3월 초 프랑스로 건너간 것은 놀라운 일이 아니다. 그의 주머니에는 동전 몇개 밖에 없었다. 그는 스위스에서 몇몇 교회를 방문한 후에 존 칼빈이 있는 제네바에 얼마 동안 정착했다. 낙스와 칼빈은 공통점이 많았다.

두 사람의 신학은 성경에 확고한 기초를 두었다. 양자는 교회의 전통에 묶이기를 싫어했다. 교회 전통 면에서 양자는 루터파와 조금 달랐다. 그러나 존 낙스가 성경적인 진리관을 칼빈에게서 얻어 왔다고 생각하는 것은 잘못일 것이다. 그는 스스로 자기 자신의 결론에 이르렀던 것이다. 1547년 세인트앤드류스에서 첫 설교를 했을 때 그의 결론은 잘 규정되어 있었다.

잉글랜드와 스코틀랜드의 문호가 닫히자 낙스는 심각한 고난의 시기에 제네바에서 피난처를 구했다. 제네바의 교회는 외지의 종교 망명자들에게 관대한 친절을 베풀었다. 이것은 그 교인들에게 끊임없는 명예가 되었다. 칼빈과 낙스는 친한 친구가 되었다. 칼빈은 자기 세력이 절정에 이르고 있었으나, 낙스는 프로테스탄트 지도자로서 이제 일을 시작하고 있었다. 이들이 친하게 교제한 결과 나중에 스코틀랜드 교회는 어떤 교회보다도 진심으로 칼빈의 체계를 채택했다.

스코틀랜드 교회는 프랑스 개혁교회보다 더 철저하게 칼빈의 체계를 받아들였다. 칼빈은 깊은 경건심과 신중성과 교양미가 있는 프랑스 젠트리였다. 그는 지적으로 그 당시 모든 다른 지도자들보다 월등하게 우수한 학자였다. 그는 놀라울 정도로 분명한 논리성을 소유한 자로 성경의 의미를 살렸다. 종래에는 성경이 별 의미를 못 주었지만 그는 그 의미를 살렸다. 그는 아주 방대한 지역에 영향을 미쳤다. 스코틀랜드만 하더라도 칼빈의 사상과 존 낙스의 사상이 메마른 대지에 단비처럼 흡수되었다.

낙스는 칼빈의 권유로 1554년 11월 위팅엄(Whittingham)과 함께 협동 목사로 프랑크푸르트(Frankfurt)로 갔다. 거기는 메리 튜더의 박해를 피해 영국에서 망명해 온 영국 교인들이 모여 있었다. 시 의회와 개신교 지역 사회는 아주 친절하고 인정이 많았다. 프랑스 개혁교회의 예배 형식을 따른다는 조건 아래, 영국 난민들은 프랑스 교회 건물을 사용할 수 있게 되었다. 의식 문제와 에드워드 6세의 예배서 사용 문제가 발생했다. 낙스는 난제를 해결하기 위해 거듭 노력한 결과 모든 사람들이 동의할 만한 해결책을 강구했다.

그러다가 콕스 박사(Cox, 옥스퍼드 대학의 명예총장)를 위시하여 일단의 영국 난민들이 도착하면서 여지없이 평화가 깨어졌다. 그들은 기독교인의 온갖 환대를 받으면서도 곧 극도로 공격적이 되어서, 영국 국교회 의식을 완전히 지켜야 한다고 고집했다. 그들은 프랑스 교회와 맺은 계약에도 아랑곳 하지 않았다. 교회 자체의 약속도 무시했다. 그들은 너무도 무례하게 낙스가 황제 찰스 1세를 반역했다고 고소했다.

프랑크푸르트는 황제 치하의 도시인 만큼 시 의회는 충격을 받고 낙스가 프랑크푸르트를 떠날 것을 간청했다. 상당히 많은 동조자들이 4마일이나 낙스를 따라 걸어 나왔다. 무거운 마음으로 눈물을 흘리면서, 그들은 자기들에게 그토록 충실하게 하나님의 은혜의 복음을 전파했던 낙스에게 작별을 고했다. 개혁자 낙스에게 이것은 쓰라린 시련이었다. 1555년 9월 13일 그는 다시 제네바로 돌아와서 제네바 영국 난민교회의 협동 목사가 되었다.

그러나 그는 얼마 후에 스코틀랜드를 잠시 방문해야겠다는 생각이 들었다. 왜냐하면 우리가 앞서 지적한 바와 같이 본국 상황이 좋아졌기 때문이다. 그는 아직 스코틀랜드에서 개혁 사역을 영구적으로 하기에는 시기상조인 것을 알았다. 따라서 1556년 7월 초에 제네바의 사랑하는 양떼들에게 돌아왔다. 그의 활동 영역이 이제 그에게 너무 순조로웠다.

그 다음 2년간은 그의 생애에서 가장 행복한 시기였다.[51] 그의 교회에는 탁월한 실력과 경건을 소유한 자들이 있었다. 그 중에는 엑스터(Exeter)의 전(前) 주교 마일즈 카버데일(Miles Coverdale)도 있었다. 그는 이곳에 망명 중에 있었다. 그는 낙스에게 가장 잘 협조해 준 사람들 중의 하나였다. 그는 장로교회의 장로직을 기꺼이 감당했다.

제네바는 진정한 그리스도인들을 훈련시키기에 매우 훌륭한 학교였다. 낙스를 위시한 영국인들은 부지불식간에 그의 영력을 본국으로 옮겨갈 준비를 하고 있었다. 그들은 산기슭의 아름다운 레만 호수(Lake Leman)가에서부터, 강력한 퓨리탄의 위력이 땅끝까지 이르러 각처의 신앙 생활에 활력을 불어넣을 줄을 미처 알지 못했다.

존 낙스가 이끄는 영국 난민 교인들은, 칼빈이 『기독교 강요』(Insitutes)에서 제시한 교회정치의 형태를 채택하여 개선했다. 제네바에서 칼빈은 자신의 방식을 완전히 확보할 수 없었다. 왜냐하면 시 당국이 교회에 상당한 통제력을 행사하고 있었기 때문이었다. 그러나 영국 난민들은 시의 통제를 받지 않았기 때문에, 영국 난민 교회를 가리켜 「최초의 청교도 회중」이라고 묘사했다. 어떤 의미에서 이것은 사실이다. 그러나 가장 순수한 청교도 사상을 간직한 개인들은 각처에서 독자적으로 일어났음을 망각해서는 안된다.

따라서 14세기에 이탈리아 파두아의 마르실리우스(Marsilius of Padua), 14세기 영국인 존 위클리프(John Wycliff)와 16세기의 폴란드인 존 아 라스코(John á Lasco) 등의 사상이 「청교도 사상」이었다고 말해도 무방할 것이다. 그들은 성경을 하나님의 영감된 말씀으로 보고 「신앙과 행위의 유일한 규칙」으로 삼으면서, 전통이나 교직제도에 대한 모든 호소를 의도적으로 제쳐 놓고 성결의 교훈을 아주 엄격하게 실행할 것을 주장했다.

이런 사람들이 제네바에서 최초로 나타난 것은 아니었다. 다만 종교개혁 시대에 이런 사상의 원리들을 철저하게 구현한 최초의 조직 교회가 생긴 곳이

---

51) David Laing, The Works of John Knox, Ⅳ, p. 240.

제네바였다. 후에 엘리자베스 여왕의 독재적인 교회 행정에 굴복하기를 거부한 많은 청교도 지도자들이 제네바의 난민 교회 출신이었던 것도 사실이다.

제네바에서 우리는 영국의 청교도 사상과 스코틀랜드의 장로교 사상이 가장 가깝게 조화한 비결을 찾을 수 있다. 낙스의 지도 아래 제네바에서 작성된 「공동치리서」(The Book of Common Order)가 오랫동안 스코틀랜드 교회의 공중예배 지침이 되었다. 또한 제네바의 교인들은 시편 찬송가를 최초로 시작한 사람들이었다. 따라서 존 낙스와 초기 영국 청교도의 입장이 본질적으로 다르다는 주장은 잘못된 것이다.

또한 기억할 만한 것은 낙스가 제네바에 정착할 무렵에 이미 군주정치의 유한성과 정치적인 자유 사상을 채택했다는 점이다. 그는 이 분야에서 루터나 칼빈보다 훨씬 앞섰다. 현대 민주주의는 스코틀랜드의 개혁자 낙스의 교훈에 힘입은 바가 크다. 이런 점에서 낙스의 사상은 스코틀랜드 교회에 심오한 영향을 미쳤다. 앞으로 살펴 보겠지만 이런 민주주의의 원리는 그가 스코틀랜드의 메리(Mary)와 가진 인터뷰에서도 명백히 드러났다.

1557년 낙스는 4명의 스코틀랜드 지도급 귀족들로부터 귀국하라는 긴급한 요청을 받았다. 그들은 지금이야말로 프로테스탄트가 도약할 수 있는 최적기라고 생각했다. 낙스는 개인적으로는 귀국하기 싫었지만, 고국의 교회와 교인들을 위해 그토록 행복했던 제네바를 떠났다. 1557년 10월 24일 디페(Dieppe)에 도착하자, 그가 귀국한 것이 지혜롭지 못하다는 두 통의 편지가 기다리고 있었다. 그는 "한편으로 당황하고 다른 한편으로 고뇌와 슬픔에 사로잡혔다."

이런 좌절의 경험은 두 가지 주목할 만한 결과를 초래했다. 하나는 그가 스코틀랜드 영주들 중 자기 친구들에게 매우 엄한 질책의 편지를 보낸 것이었다. 그는 위정자들로서 아니 적어도 백성의 대표자들로서 의무를 다할 것을 강력하게 촉구하는 한편, 그들의 노예들을 몸과 영혼을 압박하는 굴레로부터 풀어주는 데 목숨을 걸 것을 당부했다. 그들이 「백성의 영주들」(Princes of the people)이라는 칭호를 받은 것은 바로 그 때문이라고 지적했다.[52]

낙스는 이 편지가 즉각적인 효력을 발생하는 1557년 12월 3일 그들과 엄숙한 계약을 체결했다. 즉 그들은 "우리의 모든 힘과 재산과 생명까지 바쳐, 하나님의 가장 복된 말씀과 그의 회중을 지키고 보호하기"로 결의했다. 이 계약은 프로테스탄트 지도자들의 누그러져 가는 정신을 회생시켜 종교개혁사에 전기를 마련했다. 여러 해 동안 '회중'(Congregation)이란 용어는 복음적인 종교개혁을 진지하게 받아들인 스코틀랜드의 모든 교인들을 지칭하는 것으로 사용되었다.

처음에 이 운동의 주역들이 귀족들이었으므로 「회중의 영주들」(The Lords of the Congregation)이란 명칭이 자주 언급되었다. 얼마 안 있어서 아르길(Argyll) 백작과 모톤(Morton) 백작 등 그 시대의 징조를 유심히 관찰하던 자들이 그 운동에 가담했다. 그들이 영향을 미치는 교회들에서 매 주일 성경과 「공동기도서」(The Book of Common Prayer)를 읽도록 할 것을 결의했다.

또 그 귀족들은 불필요하게 정부 당국에 반역하지 않기로 낙스와 결의했다. 따라서 그들은 조심스럽게 동의하여 그 동안 교리와 설교와 성경해석을 "조용한 사가에서 개인적으로 구해 사용할" 것이고, 하나님께서 왕으로 하여금 공예배 설교를 허용하도록 감동하시기까지"[53] 가급적 대회는 피하기로 결의했다. 스코틀랜드 자치 도시의 시민들과 귀족들은 슬슬 움직이면서 예배모임을 조직화하기 시작했다.[54] 많은 사람들이 너무 힘을 얻어 수 개월 이내에, 자기들 중에서 「교회의 얼굴」(The face of a Church)을 가지려고 했다.

1557년 낙스가 디페에서 실망한 두번째 결과는 그가 하나님의 섭리하에 강제로 그 곳에 거주함으로써, 어마어마한 회중을 모아 양성하게 되었다는 점이다. 1554년 그가 처음으로 디페에 왔을 때는 그 도시에 개신교도가 없었지만. 1557년 8월 프랑스 전도자들에 의해 많은 사람들이 프로테스탄트가

52) David Laing, Ibid, I , p. 272.

53) John Knox, History, I , pp. 136-138.

54) David Laing, Works of Knox, I , p. 300.

되었다. 낙스는 그 해 겨울 거기서 말씀을 전했다. 프랑스의 한 역사가는 디페에서의 낙스의 활동에 대해 1559년 다음과 같이 기록했다;

> "그는 위대한 결실을 맺었다. 신자들의 숫자가 너무 늘어서 대낮에도 설교할 수 있는 지경에 이르렀다."[55]

스코틀랜드 설교자가 떠난 후 한 달 만에 600명 내지 800명의 신자들이 프로테스탄트식으로 성찬식을 거행했다. 3년이 지난 후 디페 주민 거의 모두가 프로테스탄트가 되었다. 디페는 프로테스탄트 역사상 개신교 수호의 일선 기지가 되었다. 스코틀랜드 개혁자 낙스의 놀라운 설교의 위력이 어느 정도였지를 알 수 있다. 더욱이 개혁자 낙스의 기간은 짧았고, 또 그는 외국인으로서 외국어로 설교했던 것을 기억해야 한다. 그의 친구들은 그것이 전적으로 하나님의 능력이라고 말했다.

이 무렵 낙스(Knox)는 몇몇 중요한 편지와 팜플렛을 기록했다. 첫편째 편지는 「스코틀랜드 형제들에게」란 것이었다. 그것은 독일의 클라우스 스토취(Claus Storch)와 같은 종교적인 광신자들의 교훈을 공박했다. 영국에서도 그런 극단주의자들이 있어서 십계명이나 도덕 교훈의 무용론을 주장한 사람들이 있었다. 성령의 인도를 받기 때문에 그런 것이 불필요하다는 것이었다.

두번째 편지는 「스코틀랜드에 있는 진리의 교수들에게」 보낸 것이었다. 신자들은 압박과 박해를 받을 때 반박하는 것이 정당한가 여부를 다룬 것이었다. 낙스는 자신과 동일한 신앙을 가진 자들은 가급적 현 정권에 순종하고, 하나님께서 싫어하시지 않는 일에서는 굴복하라는 견해를 취했다. 그들은 그들의 형제들을 박해와 폭정으로부터 보호해야 하기 때문에 이 문제는 그 당시 중대한 문제였다.

영국에서 메리 튜더 여왕이 프로테스탄트들을 서둘러 화형시키고 있었고, 스코틀랜드에서 황태후 로레인의 메리(Mary of Lorraine)가 1554년에 섭정이 되

---

55) Hume Brown, Knox, Ⅰ, p. 218.

어 어느 순간에든지 프랑스를 통치하는 그녀의 기즈가(家) 친척들의 박해 정책에 따라 프로테스탄트를 공격할지 모르기 때문이었다.

또 하나의 팜플렛은 「섭정 여왕에게 몇 가지 부언장과 함께 올리는 서한」이었다. 원본은 마리스칼(Marischal) 백작의 추천으로 여왕에게 부친 것으로, 극도의 경어로 신하가 상서하듯이 쓴 것이었지만 여왕은 거칠게 그것을 팽개쳐 버렸다. 그 때 이후로 낙스는 섭정의 정책에 대해 많이 알게 되었다. 따라서 그 후에 부친 「부언장」은 박해하는 폭군에 항거하는 공식적인 항의 서한이었다. 그는 성경에 근거하여 자기 견해를 피력했다.

마지막으로 그는 「나의 사랑하는 스코틀랜드 동포들에게」라는 편지를 보냈다. 이 편지에서 그는 다음과 같이 말했다;

> "그들이 성년 국민들이고 그들의 권리와 책임, 국민으로서의 의무, 스코틀랜드 왕국의 국민 일 뿐만 아니라 천국 시민으로서의 의무 등을 제시했는데 이것이 그들에게는 완벽한 계시가 되었음이 분명하다."[56]

종교개혁 이전에 스코틀랜드 통치권은 귀족들의 수중에 있었다. 평민들에게 정치의식을 최초로 깨우친 것은 종교개혁 운동이었다. 이런 의식을 눈뜨게 한 일에는 존 낙스가 주역이었다. 이 모든 서신들은 그의 정책 핵심을 구체적으로 제시한 것으로 대단한 영향을 미쳤다.

「거물 여인 도당을 공격하는 최초의 나팔소리」란 책도 같은 시기에 기록되었지만 그만한 영향을 미치지는 못했다. 이것은 당시 통치 집단을 공격한 것이었다. 그가 이 책을 쓴 시기는 영국에서는 메리 튜더 그리고 스코틀랜드에서는 로레인의 메리가 통치하고 있어서, 영국과 스코틀랜드로도 돌아갈 수 없을 때였다. 이 책은 학적인 수준이 높은 작품이었지만, 여인 통치에 대한 반증 근거가 희박해서 차라리 쓰지 않았더라면 좋은 책이었다.

56) D. MacMillan, John Knox, p. 118.

그 책에 나타난 견해는 당시 세상에 통용되던 사상이 아닌 것은 아니었지만 그에게 커다란 손해를 가져 왔다. 낙스 자신도 후에 친구에게 자기가 잘못했다고 고백했다. 그는 자기가 「조장한 격분과 경솔한 주장」을 후회한다고 말했다. 그는 또 다른 친구에게 익살을 섞어가며 "최초의 나팔은 영국에 있는 나의 동지들을 불어 흩어버린 나팔이었다"고 말했다. 엘리자베스 여왕은 왕위에 올랐을 때 그 책이 자신을 공격한 것으로 보고 죽을 때까지 낙스를 증오했다.

그 결과 영국의 프로테스탄트와 스코틀랜드의 프로테스탄트의 협조가, 쌍방의 유익을 위해 절실히 요청되던 시기에 매우 어려워졌다. 가장 놀라운 것은 낙스가 누구보다도 그런 작품을 썼다는 사실이다. 그는 여성 동지들의 숫자가 많았고 그들의 지위도 높았는데 왜 그런 글을 썼을까. 그들은 그에게 헌신했고, 그의 목회생활 전체 기간 동안 편지를 통해 계속 그의 충고를 구했던 자들이었다.

영적 난관의 시대에 그들에게 낙스의 지혜롭고 부드러운 조언은, 그가 그의 대적들이 묘사하기를 좋아하듯이 냉정하고 비인간적이고 돌같은 마음을 가진 사람이 전혀 아니었다는 사실을 보여준다. 제네바의 교인들은 낙스가 스코틀랜드로 돌아갈 수 없다는 것을 알게 되었을 때, 즉시 그를 다시 자기들의 목사로 선출했다. 1558년 3월 그는 다시 자기가 그토록 사랑하던 제바에서 목회자로 취임했다.

8. 격렬해진 충돌

황태후 로레인의 메리는 기즈가(家) 고문들의 도움을 얻어 1554년에 아란 백작을 2년간의 섭정에서 몰아내고 왕권을 잡았다. 아란 백작은 나약하고 불안정한 사람이었다. 처음에는 그는 프로테스탄트의 동지로서 비톤 추기경에 대해 적대 의식을 가지고 있었다. 그러다가 이미 살펴본 대로 그는 추기경에게 굴복하고 참회하면서 프로테스탄트 목사들을 해고하고 전에 지지하던 프로테스탄트 사상을 박해하게 되었다. 메리는 기즈가의 일원으로 가톨릭의 철저한 광신자였다. 그녀와 그녀의 수많은 프랑스 조신들은, 프랑스의 속국이나 다를 바 없는 스코틀랜드로 곧장 들어 왔다.

그녀의 딸인 어린 여왕 메리는 이제 도핀(Dauphin)과 결혼할 연령에 이르게 되었다. 섭정은 스코틀랜드 프로테스탄트의 환심을 사려고 아주 교활하게 처신했다. 당시 마련되고 있는 결혼 조건에 그들의 동의를 얻어내기 위해서였다. 아란(이제 Chatelherault의 공작)은 섭정이 그를 공직에서 추방했기 때문에 호의적인 반응을 보이지 않았다. 그는 차기 왕위 상속자인 만큼 메리를 자기 아들 겸 상속자에게 결혼시키기를 원했다. 그는 이 일에 자기 형제 존 해밀톤(John Hamilton) 대주교의 격려를 받았다. 해밀톤 대주교는 상당한 교회의 지지를 얻고 있었다. 해밀톤은 친영파로 기울어졌다. 영국은 그 당시에 메리 튜더가 통치하고 있었다. 메리 튜더는 영국을 공식적인 가톨릭 국가로 만들었다. 스페인 역시 메리 튜더에게 매우 호의적이었다.

이런 판국에 섭정은 자기 딸 메리와 도핀의 결혼 조건에 대한 승인을 얻어내기 위해서는 프로테스탄트의 도움이 필요했다. 그야말로 이상한 상황이었다. 왜냐하면 프로테스탄트의 지지를 얻어내기 위해서 로레인의 메리(섭정)는, 마치 가문의 전통을 온통 망각하고 있는 것처럼 보였기 때문이다. 그녀가 과거에 그토록 지긋지긋하게 반대하던 자들을 이제는 "인자한 미소로" 받아들여서 "가장 은혜로운 확신을 주어 내보냈다." 그녀는 이단들의 환심을 사려는 속셈이 있었다. 그러나 "일단 목적이 달성된 이상 그녀의 표정은 즉각적으로 돌변했다."[57]

여왕의 섭정은 자신의 역할을 완벽하리만큼 성공리에 감당했다. 그리하여 스코틀랜드 여왕은 스코틀랜드 의회의 승인을 얻어 1558년 4월 24일 도핀과

---

57) J. Cunningham. Church History of Scotland, II , p. 250.

결혼했다. 프랑스는 비상한 속셈을 갖고 그녀에게 세 가지 비밀조약에 서명하도록 설득했다. 그것은 그녀가 자식없이 죽을 경우에, 스코틀랜드 왕위를 프랑스 왕에게 넘긴다는 조약이었다. 그 당시 그녀의 남편의 건강 상태로 보아, 그녀가 자식 없이 죽을 가망이 있었기 때문이었다. 1558년 11월 29일 스코틀랜드 의회는 도핀에게 결혼의 왕관을 씌워 주었다. 기즈가의 외교가 순풍을 타고 득세하는 듯했다.

그러나 이런 사건들이 발생하기 직전, 수년 동안 스코틀랜드의 프로테스탄트 신앙은 특별히 소도시들에서 세력이 크게 확장되었다. 평민들이 이제는 중요한 세력으로 부각되고 있었다. 로마 교회에 대한 반감은 전국적으로 확대되었다. 그런 풍조는 종교계에서만 일어난 것이 아니라 사회 각계에서도 일어났다.

이것은 1559년 1월 1일 종교적인 건물들에 「거지의 소환」(The Beggar's Summonds)이란 글을 보아도 알 수 있다. 이 글은 맹인들·거지들·과부들 등 가난한 사람들이 쓴 것이라고되어 있었다. 그 내용은 성직자들이 신앙인들의 재산을 도적질했다고 비난하면서 성직자들에게 성령강림제 이전에 이사가도록 경고한 것이었다. 이것은 분명히 혁명적인 변화의 조짐이었다.

여왕 섭정은 자신의 외교적인 목적을 달성한 다음, 기즈가의 특징인 종교박해 정책을 전개할 각오를 단단히 하고 있었다. 그녀는 다가오는 부활절은 로마 교회의 의식대로 지키도록 스코틀랜드 국민 전체에게 명령을 내렸다. 그녀는 또한 '인가받지 못한 사람들'에 의한 설교를 금지시켰다. 프로테스탄트 신앙이 파괴될 것을 내다본 신자들은 글렌케언(Glencairn) 백작과 휴 캄벨(Hew Campbell) 경을 대표자로 파송했다. 섭정의 대답은 한마디로 냉소적이었다;

> "너희들과 너희들의 목사들은 아무리 사도 바울처럼 진실하게 설교했다고 하더라도 스코틀랜드에서 추방할 것이다."

프로테스탄트에게 얼마 전에 한 약속을 상기시키자 그녀는 놀랍게도 이렇게 대답했다;

"신하들이 군주들에게 지키기도 싫은 약속의 짐을 지우는 것은 신하들의 도리가 아니다"[58]

낙스는 이 말을 들었을 때 너무 실망했다. 왜냐하면 조금 전만 해도 존 칼빈에게 그녀를 치하하는 편지를 썼기 때문이었다. 그는 칼빈에게 그녀야말로 "하나님의 말씀에 대한 탁월한 지식을 갖고 있고 하나님의 영광을 높이려는 호의"[59]를 가진 자라고 칭찬했었다.

로레인의 메리는 이제 프로테스탄트 신앙을 완전히 뿌리뽑아 버리기로 결심했다. 그녀의 형제들과 기즈 공작과 추기경이 그녀에게 엄청난 압력을 가한 것은 의심의 여지가 없다. 교황 역시 그녀를 충동했던 것도 사실이었을 것이다. 앞서 언급한 글렌케언 및 휴 캄벨과 동석한 인터뷰에서 그녀는 약속 폐기권을 주장했다. 그 때 그녀는 영웅적인 글렌케언과 정면으로 맞서서 이렇게 대답했다;

"당신이 약속을 폐기하시면 우리도 우리의 충성을 폐기하겠습니다."

섭정은 다소 놀랐으나 그 후 곧 전국의 모든 프로테스탄트 설교자들을 소환했다.

그것은 5월 10일 스털링(Stirling)에서 일어난 사건이었다. 이 때 던디(Dundee)의 프로테스탄트 대(大)회중들이 그들을 수행하기로 결심했다. 그들은 섭정에게 반역하러 가는 것이 아님을 확인시키기 위해, 정중하고 온유하면서도 흔들리지 않는 존 어스킨(John Erskine)을 앞서 보내서 상황을 설명하게 했다. 섭정은 깜짝 놀라면서 던으로 하여금, 자기 친구들에게 편지하여 해산시키라고 설득하면서 소환령을 취소하겠다고 약속했다. 5월 10일이 왔다. 섭정은 약속을 까마득하게 잊어버리고, 설교자들을 나팔 속에 넣도록 명령했다.

58) John Knox, History, I , p. 159.

59) Ibid., p. 158.

이것은 스코틀랜드의 법률적인 관용 어귀로 "그들은 나팔 소리에 따라 반역자들로 선언될 것이라"는 뜻이다. 이렇게 되면 아무도 반역의 고통이 무서워 그들과 대화할 수 없게 된다.[60] 여기서 흥미로운 사실은 어스킨은 철저한 프로테스탄트이면서도, 로레인의 메리와 그 딸 스코틀랜드의 메리 여왕을 깊이 존경하고 있었다는 점이다. 흄 브라운(Hume Brown)은 1559년 스코틀랜드 상황을 다음과 같이 요약했다;

> "가톨릭 교회는 국민의 신뢰를 상실하고 말았다. 이제 그것은 외세와 동일시되었다. 국민 대다수에게 혐오의 대상이 된 것이다. 로레인의 메리가 취한 정책은 스코틀랜드를 프랑스의 속국으로 만들려는 속셈 이상의 아무것도 아님이 백일하에 폭로되었다. 국민들은 외국군의 거만과 탐욕에 격분하여 궐기했다… 1542년 제임스 5세의 사망 후, 가톨릭 성직자들은 영국과 이단을 반대하는 국민의 마음을 샀었다. 여론의 성장과 함께 프로테스탄트는 국민의 정당이 되었고, 영국은 외국의 폭정을 막아주는 유일한 소망이 되었다."[61]

전쟁이 터지려고 하는 바로 이 극적인 순간에 존 낙스는 스코틀랜드로 급히 귀국했다. 그 날이 1559년 5월 2일이었다. 그는 엘리자베스 여왕이 영국을 통해 귀국하려는 그의 요청을 거부함으로써 귀국이 지연되었다. 그는 영국 정부에서 유럽 대륙의 정세에 관해 보고할 중요한 사항들이 있었다. 그는 그런 보고와 아울러 뉴캐슬과 버위크 등에 있는 그의 옛 교인들을 방문하고자 했다. 그러나 여왕은 단호히 거절했다. 낙스의 악명높은 책 「최초의 나팔소리」에 대한 격분이 가시지 않은 데다, 칼빈주의와 퓨리탄주의를 낙스가 신봉했기 때문이었다. 거절의 답변조차 정중한 것이 아니었다.

여왕 산하의 위대한 궁정 목사 윌리암 세실(William Cecil) 경도 낙스에게 분노를 품을 만한 근거가 있었다. 왜냐하면 개혁자 낙스가 과거에 편지를 통해

---

60) J. Cunningham. Church History of Scotland, I , p. 255.

61) John Knox, History, I , p. 346.

그를 거칠게 공박하는 주장을 무례하게 했기 때문이었다. 그러나 영국 정치가의 명예를 살려서 그는 다음 해에 낙스와 긴밀한 협조를 하고 여왕을 강력하게 설득했다. 로레인의 메리와 프랑스 세력에 대항하는 스코틀랜드 프로테스탄트들을 지원할 필요성을 강력하게 주장한 것이다. 여왕을 설득하기는 어려웠지만 결국 설득에 성공했다.

낙스가 에딘버러에 도착했을 때 센세이션이 일어났다. 그는 거기서 이틀밤 지낸 후에 던디로 향했다. 던디는 프로테스탄트들이 섭정의 공격적인 정책에 맞서, 어떻게 자신들을 방어할 것인지를 연구하고 있던 곳이었다. 낙스가 과거 1556년에 잠시 다녀간 후에, 낙스의 초상을 불태우고 그를 불법자로 선언한 일이 있었다. 여왕의 섭정은 이제 그 때의 판결을 되살려 그를 '큰 나팔소리로 반역자로 몰 것'을 요구했다. 이런 복수 공작에 낙스는 조금도 불안을 느끼지 않았다.

그는 스코틀랜드 종교개혁의 명실상부한 지도자로 각 지역에서 인정을 받았다. 1547년 그는 수 개월 동안 그나마 세인트류스에서만 설교하고 프랑스 갤리선의 노예로 잡혀 갔다. 그 다음 12년 동안 그는 고국을 한번만 방문했다. 그나마도 짧은 방문이었기 때문에 그는 국민들에게 별로 영향을 줄 기회가 없었다. 그는 권력과 영향력이 귀족들의 수중에 있던 시대에, 비교적 천한 가문에서 태어난 사람이었다. 그러나 그의 인격이 너무 강했기 때문에, 평민들 뿐만 아니라 교만한 귀족들은 처음부터 그를 명실상부한 지도자로 여겼다.

낙스가 민주주의의 원리를 강력히 주장하고 세련되지 못한 독립을 요구했음에도 불구하고 그럴 수밖에 없었다. 이것은 그의 의심할 여지 없는 위대성을 두드러지게 인정한 것이었다. 그는 물론 그 당시 풍조로 볼 때 거칠고 경솔한 말을 사용했으니 비난받을 만도 했었지만 그의 위대성에 관해서는 의심의 여지가 없었다. 프루데(J. A. Froude)의 견해에 의하면 그는 영국의 어떤 개혁자보다도 탁월한 지도자였다. 그는 귀국하고 며칠 만에 1559년 5월 10일, 섭정 앞에 소환당한 그의 형제 설교자들을 수행하기로 결심했다. 그는 록크 부인(Mrs. Locke)에게 이렇게 편지했다;

"나의 하나님을 찬양합니다. 나는 전투 현장에 왔습니다. 만일 하나님께서 막으시지 않는다면 나는 생명이나 죽음이나 혹은 이 두 가지를 다 사용해서 하나님의 이름에 영광을 돌리기 위해 나가려고 합니다."[62]

낙스는 퍼스(Perth)에서 수많은 군중들에게 매일 설교했다. 섭정이 던의 어스킨에게 약속을 어기고 설교자들을 불법자로 선언했다는 소식이 알려지자 흥분은 절정에 이르렀다. 바로 이런 불길한 소문이 퍼스에 퍼졌을 때, 낙스는 우상숭배를 공격하는 설교를 하고 있었다. 스털링에서 그런 소식이 전해지자 그의 열정은 강해졌다. "그는 제2의 데모스테네스처럼 보였다. 그의 설교를 들으러 온 강력한 군중을 마음대로 조정하고 있었다."[63]

어떤 신부가 지나치게 상식이 부족하여 성상들로 풍부하게 장식된 화려한 제단을 벗겨 보이고, 미사를 거행하려고 했을 때 대부분의 신자들은 교회를 떠나 버렸다. 어떤 소년이 항의하자 신부는 그의 뒷통수를 후려 갈겼고, 소년은 돌을 던져 복수했다. 그런데 그 돌이 성상을 깨뜨리자 사람들이 소란을 일으키면서 교회 속으로 밀물처럼 몰려 갔다.

섭정의 약속 폐기와 설교자들에 대한 불의 때문에, 이미 긴장된 상태에 있었던 백성들은 이제 광적인 흥분 상태로 돌입했다: "삽시간에 성당 속을 샅샅이 뒤져서 성모상·사도상·성자상 할 것 없이 산산조각 내버렸다." 곧 거리에서는 흥분한 군중들이 '수도원으로 가자'고 외쳤다. 잠시 후에 검은색 탁발승과 회색 탁발승의 수도원들과 챠터 하우스(Charter House)가, 낙스가 말한 '폭도'들에 의해 파괴되었다. 그렇게 화려했던 건물들이 무너지고 벽만 동그랗게 서 있었다.

퍼스의 이 사건은 분노의 폭발을 알리는 신호탄이 되었다. 수개월 동안 전국 각지의 대·소 수도원들이 크게 파괴되는 소동이 계속되었다. 로마 가톨릭과 「고(高)교회」(High Church) 계통에서는 이 사건의 책임을 존 낙스에게 덮어씌

---

62) David Laing, Works of Knox, VI, p. 21.

63) Cunningham, Church History of Scotland, Ⅰ, p. 256.

우는 것이 하나의 유행이 되었다. 그들은 낙스를 야만적이고 광적인 성상 파괴주의자요 불합리와 비통의 화신이라고 비난했지만, 위대한 사람을 공정하게 평가하기 위해 이 대대적인 파괴 활동과 낙스의 관계를 조사해 볼 가치가 있다.

낙스가 자주 '우상숭배'를 강력하게 공격한 것은 사실이었지만, 결코 그는 파괴활동에 앞장서지 않았다. 초대 교회에는 성자들이나 성물들의 그림이나 성상이 없었다. 이교도들이 기독교의 예배 처소에 들어왔을 때, 신상이 없는 것을 보고 무척 당황했다. A.D.305년 스페인의 엘비라 대회(Synod of Elvira)는 교회 안으로 그림을 들여오는 것을 강력하게 항의했다. 왜냐하면 그것이 행여나 경배의 대상이 될 우려가 있었기 때문이었다. 6세기 말엽 마르세이유(Marseilles)의 주교는 성상과 관계된 미신 문제를 놓고 고민한 후, 자기 교구 내의 모든 성상을 파괴하도록 명령했다.

동방교회는 성상을 완전히 제거한 「성상타파 논쟁」(Iconoclastie Controversy)에서 이 문제로 격렬한 충격을 받았다. 그러나 이레네 황후의 영향으로 A.D. 787년 제2 니케아 회의에서는 이런 경향이 완전히 바뀌었다. 그리스도와 성모 마리아와 천사들과 성자들과 성인들의 성상이 인정되었다. 그 성상에게 '인사와 존경의 경배'도 바치게 되었다. 그러나 서방에서는 샤르망 대제가 직접 A.D. 794년 프랑크푸르트 회의의 지원을 받아, 그의 저서 「리브리 카롤리니」(Libri Carolini)에서 이런 풍습을 강력하게 반대했다.

그러므로 낙스와 그의 개혁 동지들이 로마 교회의 우상숭배를 자주 정죄한 것은 훌륭한 전통을 계승하는 것이었다. 그들이 이런 자기들의 사명을 완수하기 위해서 우상파괴 외에 어떤 다른 방법이 있었겠는가. 그러나 낙스의 대적들이 말하듯이 낙스가 군중들을 선동하여 수도원이나 교구 교회를 파괴하게 하였다는 기록은 찾아볼 수 없다.

오히려 낙스가 이런 행동을 여러차례 제지하려고 했다는 증거는 있다. 「스콘 수도원」(Scone Abbey)의 경우가 하나의 실례이다. 거기서 낙스와 제임스 스튜어트 경과 아길 백작은 하루동안 폭도를 제지할 수 있었다. 개혁자들의 정책은 교구 교회에서 성상을 비롯한 비성경적인 장식품들을 제거한 다음 교구 교회는 건드리지 않고 그대로 두는 것이었다.

그레인지의 키르콜디(Kirkcaldy of Grange)에 의하면, 대·소 수도원이나 교구 교회 중 프로테스탄트의 권위에 도전한 것만 허물어 버렸다고 한다. 이것은 비판가들이 말하는 것처럼 그렇게 과격한 것이 아니었다. 낙스가 지도자가 되기 오래 전에도 교회 건물 파괴는 흔한 일이었다.

1523년과 1528년에 가장 아름다운 스코틀랜드 수도원들이 영국인들에 의해 파괴되었었다.[64] 14세기에도 평화 시대에 교회나 집을 불태우는 모든 자들은 세인트앤드류스 교구에서 출교하기로 했다. 어떤 경우에는 과거의 악행(이를테면 공상적인 악행이든 실제적인 악행이든)에 대한 보복으로, 폭도들이 교회 재산을 파괴하기도 했다. 종교개혁 전에 관리 소홀로 인해 허물어져 가는 건물들도 많이 있었다. 이렇게 볼 때 존 낙스를 교회 건물의 유일한 파괴자로 비방하는 것은 불공평한 처사임을 알 수 있다.

수도원 파괴에 군중들이 폭력을 행사한 것과 관련해서 가장 의미심장한 사실은, 그 당시 성직계급 제도에 대한 군중의 반감이 어느 정도 격렬했는가 하는 점이다. 과거에 눌러 두었던 울분이 치밀어 올라와 격분으로 폭발한 것이다. 약속을 종종 어긴 섭정에 대한 불신감이 쌍방간의 적대 관계를 더 격렬하게 했다.

섭정은 종전에는 재치있는 타협 정책을 전개하다가, 최근에 들어서면서부터 모든 프로테스탄트 설교자들을 국외로 추방하려는 의도를 노골적으로 격렬하게 선언했던 것이다. 퍼스에서 교회 계통의 건물이 파괴되자 격분한 나머지 섭정 로레인의 메리는 "그 도시의 남녀노소를 막론하고 다 불에 태워 죽인 다음 소금을 뿌려 영원한 파괴의 징조로 삼겠다"고 선언하기에까지 이르렀다.[65]

이런 태도가 프로테스탄트 귀족들 뿐만 아니라 이제 국가에 더 중요한 요소로 등장하고 있는 평민들에게, 격렬한 반감을 야기시킨 것은 당연한 일이

64) David Patrick, Statutes of the Scottish Church, p. 75.

65) John Knox, History, Ⅰ, p. 163.

었다. 섭정에 항거하는 총궐기는 무시무시한 것이었다. 왜냐하면 종교적인 근거로 섭정을 강력하게 반대하는 귀족들과 평민들 뿐만 아니라 경제 사회적인 조건 때문에 혁명을 선동할 태세를 갖춘 많은 사람들이 섭정과 맞섰기 때문이었다.

귀족들은 양심적인 동기에서 고상한 원리에 입각하여 종교개혁을 지지했으나, 교회의 막대한 재산을 시기하여 반기를 든 자들도 있었다. 그들은 교회가 자기 선조들로부터 재산을 뺏은 것이기 때문에, 필요하다면 폭력으로 재산을 도로 찾겠다고 주장한 자들이었다. 변화의 정신은 온 누리에 퍼져 있었고 봉건주의가 붕괴되고 있었다. 그리고 보다 자유로운 사상을 가진 신흥 상인계급이 두드러지게 부각되고 있었다.

로레인의 메리는 옛 종교를 위해서 옛 계급의 특권과 옛날의 대불 동맹을 위해 결연히 일어섰다. 대불 동맹의 결과 스코틀랜드 내에 증오의 대상들인 외국인들이 많이 거주했다. 섭정은 자기 정책을 관철시킬 결심이었다. 그러나 그녀를 대항하는 사람들 역시 자유를 확보하고 권리를 주장할 결심이 서 있었다. 이리하여 사태는 궁지에 몰리게 되었다. 쌍방이 다 칼 대제의 중재에 호소할 태세였다.

9. 투쟁은 계속된다

우리는 앞에서 섭정이 스털링(Stirling)에서 모든 프로테스탄트 설교자들을 그 영역 밖으로 추방하겠다고 위협한 사실과 퍼스(Perth)를 여지없이 허물어 버리겠노라고 선언한 사실을 살펴 보았다. 존 낙스는 그의 저서 「역사」(History)에서 다음과 같이 기록했다;

"그와 그의 친구들은 생각하기를 설마 그런 잔인한 일이 있겠는가. 뚜렷한 목적도 없이 역정이 나서 그랬겠지. 그녀가 여자이니까 큰 까마귀들이 시체로 몰려들듯이 간신들이 그녀에게 몰려와 불평을 털어 놓으니까 분노의 불이 붙었겠지. 우리는 그런 야수와 같은 잔인성은 없으리라고 생각하고 우리들의 집으로 돌아왔다… 그러나 그녀는 한편으로는 자기 자신의 악독 때문에, 다른 한편으로는 프랑스 친구들의 명령 때문에, 또 적잖은 뇌물도 받았으니 불이 붙어 계속 격분을 나타냈던 것이다. 그녀와 도와젤경(Monsieur d'Oysel)은 본국의 주교들과 신부들로부터 뇌물을 받았다."66

낙스는 계속해서 이렇게 기록했다;

"섭정은 모든 귀족들을 불러서 우리가 반역을 기도했다고 불평했다… 또 이런저런 설득 공세를 펴서 귀족들 태반으로 우리들을 추격하도록 만들었다. 그리고 한편 대륙의 프랑스인들을 불렀다. 그녀는 스코틀랜드인들이 서로 서로의 피를 마시는 것 보기를 기뻐해 왔던 것이다"67

낙스는 모든 책임을 여왕의 섭정에게 돌리지 않았고, 그는 챠텔허롤트(Chatelherault) 공작이 "잔인한 야수인 세이트앤드류스의 주교와 그를 욕하는 자들에게 끌려 갔다"고 언급한 후에 계속 이렇게 말했다;

"이런 사람들과 그 밖에 괴질과 같은 교황 숭배자들은 불 속에 장작 던지기를 마지 아니했다. 그러면서 계속 외치기를 '이 이단자들에게 던져라 우리는 이 지역에서 이단자들을 소탕할 것이라'고 했다"68

섭정이 회중들을 공격할 의도가 있다는 것을 들은 프로테스탄트 지도자

66) John Knox, History, Ⅰ, p. 163.
67) Ibid., Ⅰ, pp. 163, 164.
68) Ibid,, Ⅰ, p. 164.

들은 퍼스 시에 모여서 그녀에게 예의를 깍듯이 갖춘 편지를 보냈다. 그들이 스코틀랜드의 권위와 그녀에게 충성할 것을 표현함과 동시에 가장 괴로운 심정으로 다음과 같이 선언했다;

> "그들은 그들을 공격하기로 작정한 불의의 폭정에 의해 구속받고 있으니 만일 섭정께서 지혜롭게 이 잔학 행위를 제지하시지 않으면 종교와 양심의 문제로 우리를 추격하는 모든 자들에 대해 정당 방위의 칼을 들지 않을 수 없습니다. 종교와 양심이 죽을 수 밖에 없는 인간에게 지배될 수 없으며, 하나님의 말씀에 근거해서 우리를 명령할 권세를 증명하지 않는 한 따를 수 없습니다."[69]

비슷한 편지들이 스코틀랜드 주재 프랑스 지도자들에게도 보내졌다. 그들로 하여금 민중에 대항하는 싸움을 하지 말 것을 촉구한 편지들이었다. 동시에 엄중하고 진지한 내용의 글을 개혁신앙을 반대하는 귀족들과 "스코틀랜드 내의 적그리스도의 세대, 괴질과 같은 고위 성직자들과 탁발승들"에게 보내졌다. 전쟁을 중지하고 평화의 길을 모색할 것을 촉구하고, 그렇게 하지 않을 경우 최강의 항의에 부딪힐 줄 알라고 경고하는 글이었다. 회중은 이렇게 선언했다;

> "너희가 우리를 쳐서 헤아리고 남들을 헤아리는 그 헤아림으로 너희도 헤아림을 받을 것이라."[70]

그러나 모든 항의가 수포로 돌아갔다. 퍼스에서 프로테스탄트 수중의 군사력이 취약한 것을 안 섭정은 프랑스 군 대표 도와젤(d'Oysel) 지휘하에 8,000명을 거느리고 퍼스 시로 진격해 들어갔다. 그녀는 글렌케언의 백작 알렉산더의 실력과 열정을 계산에 넣지 못했다. 알렉산더는 신앙 동지들의 위험을 직

69) Ibid., I, p. 164.

70) Ibid., I, p. 72.

시하고 아이르셔(Ayrshire)에서 2,500명의 군사를 모집하여 서부의 남작들과 합세한 다음 언덕들을 넘고 행군하여 퍼스에 이르렀다. 그들은 파이프(Fife), 안구스(Angus), 미언즈(The Mearns) 그리고 던디 시의 군대와 적시에 합류하여 부당한 공격을 저지할 심산이었다.

글렌케언은 잘 알려지지 않은 산악로를 통해 기록적인 속도로 군대를 퍼스로 이동하여 섭정과 그의 군대를 꼼짝하지 못하도록 급습했다. 그들은 너무 경악한 나머지 즉각 프로테스탄트와 평화협상을 하기로 했다. 프로테스탄트 군은 반역의 동기가 없는 것을 보여 주기 위해서 양군이 무장 해제하고, 퍼스 시는 섭정의 명령하에 속하되 최근의 종교변화와 관련한 일련의 사태에 대해 그 누구도 박해하지 못하고, 섭정은 개혁자들의 신앙을 허용하고 섭정이 떠날 때 퍼스 시를 프랑스 군대의 속박으로부터 석방한다는 조약에 동의했다.[71]

그러나 섭정은 퍼스 시에 들어서자 마자, 너무 철면피하게 약속을 또 어기고 말았다. 그녀의 조약 폐기가 너무 어이없는 것이어서 아길(Argyll)의 백작, 제임스 스튜어트(James Stewart) 경(그녀의 의붓 아들)과 루스벵(Ruthven) 경과 멘테이스(Menteith)의 백작 그리고 툴리바딘의 윌리암 머리(William Murray of Tullibardine) 경 등 모든 사람들이 섭정의 표리부동 때문에 섭정을 버리고 반대당으로 넘어갔다. 이것은 프로테스탄트에게 막중한 사건이었다. 특별히 제임스 스튜어트 경은 개혁 신앙에 첨탑과 같은 실력자가 될 것이었다. 그는 존 낙스 이후에 개혁 신앙의 지도자가 되었던 것이다.

1559년 5월 30일 회중의 지도자들은 신앙을 수호하고 서로 단결하기로 엄숙한 서약을 한 후에, 많은 무리를 이끌고 세인트앤드류스로 향했다. '회중'(Congregation)이란 말이 처음 사용된 것은, 1557년 12월 3일 몇몇 영주들에 의해 계약이 체결된 때였다. 회중이란 말은 개혁 신앙을 진정으로 받아들이는 그 영역의 모든 사람들을 포괄하는 통칭이었다. 그러나 흔히 사용하는

71) Ibid., Ⅰ, p. 176.

말은 「회중의 영주들」인데, 이것은 복음적인 신앙을 받아들인 귀족들을 가리킨 말이다. 애초에 그 목적은 주로 종교적인 것으로서 복음 서적의 간행, 복음의 설교, 지교회의 형성, 건전한 도덕의 함양 그리고 성례 시행 등이었다.

1558년 말엽에 권징 시행의 권위자들을 세움으로써 여러 그룹이 '교회의 면모'를 지니게 되었다. 장로들이 임명되고 경건한 평신도들이 임명된 목사들의 부족을 메꾸기 위해 말씀 설교자들로 인정되었다. 1559년 5월 회중은 고도의 조직체가 되었다. 자기 방어의 필요성 때문에 그들은 군대를 조직하지 않을 수 없었다. 그들은 이제 종교 단체일 뿐만 아니라 강력한 정치세력이 되었고, 그 자체의 서기와 교회와 정부와 군대 계통의 많은 인정된 지도자들을 두게 되었다.

6월 초순에 이 운동의 지도자들과 함께 세인트앤드류스로 가는 도중에, 존 낙스는 큐파(Cupar)와 그 인접도시인 크레일(Crail)과 안스트르터(Anstruther)에서 설교했다. 이 무렵에 그는 12년 전 프랑스 갤리선의 노예로 뼈를 깎던 놀라운 경험을 회고했다. 어느 날 오후 그는 저 멀리 바다 건너편에 세인트앤드류스 탑들을 보았다. 그 순간 그는 그 사랑하는 도시에서 다시 복음을 선포하게 되리라는 확신을 하나님이 주신 것으로 느꼈다. 그는 그 교회당에서 1559년 6월 11일 주님께서 그와 함께 하신다는 확신을 갖고 설교하기로 결심했다.

대주교 해밀톤은 개혁자 낙스의 웅변 위력을 알고 있었기 때문에 그런 전망을 듣고 깜짝 놀랐다. 그는 20마일 떨어진 포크랜드(Falkland)에서 300명의 무장 군인을 거느리고 서둘러 진격했다. 그는 대부분의 대포알을 낙스의 콧잔등 위에 떨어뜨리겠다고 장담했다. 낙스의 친구들은 낙스에게 계획을 포기하라고 간청했으나, 두려움 없는 설교자 낙스에게 그런 조언이 들릴 리 없었다. 다음 날 아침 대주교는 군사력의 도움에도 불구하고 깜짝 놀라서, 여왕의 섭정이 기거하고 있는 포크랜드로 급히 후퇴했다.

낙스는 앤드류스 성당에서 무수한 군중에게 설교했다. 거기에는 대학의 유명한 박사들이 많이 있었다. 그의 주제는 "팔고 사는 사람들을 성전에서 몰아냄"이란 것이었다. 그의 말은 매우 감명적이었다. 옛 추억을 되살려 정서적인 충동이 있었기 때문이었다. 앤드류스 시의 시장과 관리들은 모든 우상을 제거하기로 결심했다.[72] 한 주 전만 하더라도 앤드류 성에는 종교개혁의 열정이 없었다. 그러나 낙스가 줄곧 4일간 설교하는 동안 대다수의 시민들이 그의 편에 가담했다. 후에 앤드류 시의 수 많은 가톨릭 성직자들도 프로테스탄트 운동에 가담했다.

큐파 뮈르(Cupar Muir)에서 섭정의 군대와 회중의 군대가 충돌했다. 갑자기 마치 구름에서 비가 쏟아지듯이 사람들이 프로테스탄트 신앙 수호에 목숨 걸고 나섰다. 섭정은 뒤로 물러서서 8일간의 휴전을 요청했고 사태 수습을 위해 관리들을 보내겠다고 약속도 했다. 그러나 관리들은 오지 않았다. 그녀는 프랑스 군을 보강하기 위해 시간을 벌려는 속셈이었다. 회중의 영주들은 퍼스 수비대를 공격하여 항복을 강요했다.

이 무렵 낙스는 영국에 정식으로 원조 요청을 제의했다. 그와 그레인지의 윌리암 키르콜디 경은 사전에 그 문제를 협의했었다. 이 두 사람은 여러 면에서 서로 달랐으나 종교개혁을 통해 물질적인 이득을 결코 기대하지 않는다는 점에서 공통점이 있었다. 그들은 단 한 가지 이유로 종교개혁을 위해 투쟁했다. 그들은 종교개혁이 선한 일임을 알았다. 낙스는 해외 망명 생활을 통해 세계적 안목을 갖게 되었다. 스코틀랜드의 프로테스탄트 신앙이 영국과의 동맹 체결 없이는 거의 버틸 수 없을 것을 알았다.

키르콜디는 선한 군인으로서 거의 훈련받지 못한 귀족들의 군대가 잘 무장된 노련한 프랑스 군대를 격퇴할 수 없을 것을 알았다. 이 무렵 스코틀랜드 군대는 농사짓다가 한가할 때나 덤으로 군대 생활 하는 정도로 생각하고 있었다. 그들은 실전이 없으면 흩어져서 귀향하기에 익숙한 자들이었다. 그레인지의 영주는 이래서는 가망이 없다는 것을 알았다. 이런 근거에서 그 또한 대영 동맹을 원했다. 키르콜디가 마침내 메리 여왕의 지지자로 죽었지만, 그와 낙스는 마지막까지 서로를 존경했다.

---

72) Ibid., I, pp. 181-183.

처음에는 회중의 서기인 존 낙스가, 영국 정부와 서신 왕래를 맡아 주관했다. 그러다가 그는 레싱톤의 메이틀랜드(Maitland of Lethington)에게 기꺼이 그 일을 넘겨 주었다. 그는 유명한 외교관이었으나 다소 유연한 정치인이기도 했다. 그는 엘리자베스 여왕을 재치있게 다루어 자기에게 유리한 계약을 체결하게 했다. 이런 점에서 그는 땅 위의 그 누구에게도 아첨하지 않는 무뚝뚝하고 직설적이고 초지일관적인 방법을 구사하는 낙스와 다른 인물이었다.

낙스와 같은 인물은 정치계의 사이비 기만 술책을 처리하는 데 필요한 인물이었다. 정치인들은 낙스의 방법에 격분하기도 했지만, 영국 의회 의원들은 그가 청렴 결백하다는 것을 알았다. 영국과 스코틀랜드를 연합시키는 데 있어서, 낙스가 도덕적으로 강한 성품이 결핍된 예의바른 레싱톤보다 더 지대한 공을 세웠다고 보아도 무방할 것이다.

이 무렵 섭정과 그의 고문들은 회중의 목표에 대한 유언비어를 유포하여 술책을 부렸다. 회중의 지도자들은 신앙적 원리를 가지지 못한 광란적인 혁명주의자들로 낙인이 찍혔다. 낙스의 명백한 선언문은 이런 악선전을 없애는 데에 엄청난 가치가 있었다. 그는 각처를 순방하면서 지칠줄 모르는 설교자로 수고했다. 이것도 또한 무한히 귀중한 도움이 되었다. 퍼스와 스털링에서 승전하여 의기양양한 회중은 에딘버러로 돌아왔고 섭정은 신중하게 던디로 후퇴했다.

메리의 악선전(특별히 제임스 경을 치는 악선전)이 프로테스탄트들 간에 의심을 불러일으킴으로써 많은 사람들이 물러섰다. 이것을 알아챈 메리는 다시 에딘버러로 진격했다. 1559년 7월 24일 굴욕적인 휴전을 회중이 받아들이게 되었다. 그들은 수도에서 철수하여 왕과 여왕과 섭정에게 복종하고, 교직자들을 괴롭히지 않기로 했다. 한편 섭정 측에서는 에딘버러 시민들이 자유롭게 종교를 선택하도록 할 것과, 프로테스탄트 설교자들에게 완전한 언론의 자유를 보장할 것을 약속했다. 이에 회중은 스털링으로 철수했다.

그 동안 스코틀랜드의 메리는 그녀의 남편이 프란시스 2세로 프랑스 왕위에 등극하자 프랑스의 여왕이 되었다. 그들은 즉시 그들의 이복 형제 제임스 경에게 협박장을 보냈다. 이에 대해 제임스 경은 그가 하나님과 그들의 위엄에 대해 잘못한 일이 없다는 것과, 자기가 원하는 것은 교회개혁 뿐이라는 내용의 정중한 답장을 보냈다. 많은 숫자의 프랑스 군대가 스코틀랜드로 파병되었다. 섭정은 레이스(Leith) 요새들을 강화했다. 교황이 보낸 사절과 소르본느(Sorbonne)에서 보낸 세 명의 유식한 박사들은 스코틀랜드를 이단 사설로부터 정화시키는 일에 협력했다.

회중은 영국 정부와 어떤 합의점에 도달하기 위해 더욱 노력했다. 파리 주재 영국 대사 트로크모톤(Throckmorton)은 유럽의 시대적인 위기를 알고 있는 지라, 본국 정부가 이런 시기에 무한히 귀중한 인물인 존 낙스와 즉각 협력하는 행동을 취할 필요가 있다는 것을 진지하게 촉구했다. 장애물은 엘리자베스 여왕이었다. 엘리자베스 여왕은 낙스를 증오할 뿐만 아니라 스코틀랜드에서 성장하고 있는 철저한 프로테스탄트 사상을 좋아하지 않았다.

엘리자베스는 개인적으로는 자기를 최고 통치자로 삼는 교회를 선택하려고 했다. 교리와 예배 형식에서는 로마 가톨릭 교회가 그녀의 마음에 들었다. 그녀는 영국과 프랑스가 우호 관계에 있다는 사실과, 자기는 스코틀랜드의 불법 반역자들을 도와줄 수 없다는 사실을 구실로 내세웠다. 그러나 프랑스가 스코틀랜드에서 세력을 잡으면 영국 여왕의 왕위까지 찬탈할 것이라는 말에 드디어 설득되었다. 엘리자베스로 하여금 스코틀랜드 프로테스탄트를 원조하게 한 것은, 종교문제가 아니라 레싱톤이 재치있게 구사한 이런 논증이었다.

이 무렵 아란의 백작은 유럽 대륙으로부터 귀국했다. 그는 그의 부친 챠텔허롤트의 공작과 달리 철저한 프로테스탄트였다. 그는 자기 아버지 다음 왕위를 계승하게 되어 있었으므로 엘리자베스 여왕과 결혼할 소망을 갖고 있었다. 그의 귀국이 회중에게 큰 활력을 주었다. 그리하여 그의 나약한 부친까지 다시 프로테스탄트가 되었다. 회중은 행동 개시 시기가 온 것으로 보고, 에딘버러로 진격하여 1559년 10월 18일에 입성했다.

그들은 섭정에게 모든 프랑스인들을 출국시키도록 요청했다. 이런 요청이 섭정의 격분으로 거절되었다. 10월 21일 프로테스탄트 귀족들은 날 때부터 그 지역의 고문들이었으므로 로레인의 메리를 섭정직에서 폐위시켰다. 외견상의 이유로는 종교적인 것이 아니라 그녀의 불법 정부와 프랑스의 용납할 수 없는 폭정을 내세웠다.

그 때 레이스(Leith)의 강한 요새를 포위하는 어려운 과제가 시작되었다. 사닥다리로 오르려고 했으나 너무 많은 희생자를 내 완전히 실패한 작전이었다. 왜냐하면 프랑스 군대의 전술에 농락당한 데다가 프로테스탄트 군인들이 소수였기 때문이었다. 일부 프로테스탄트들은 대영 동맹이 위험하게 보였기 때문에 물러서고 있었고, 영국도 프랑스처럼 압제자들이 될 것을 우려했다.

로마 가톨릭편인 스코틀랜드인들은 당연히 적군편에 속해 있었다. 소규모 돌격전과 전투에서 프랑스군이 여러 차례 승전했다. 어느날 그들은 에딘버러의 캐넌게이트(Canoncate)에 도착하여 상당한 피해를 주고 시민들을 살해하고 프로테스탄트의 사기를 꺾어 놓았다. 많은 사람들이 절망에 사로잡혔다. 낙스는 이렇게 기록했다;

> "… 많은 사람들의 용기가 풀이 죽듯이 꺾여버렸다. 사람들을 간신히 그 도시에 붙들어 둘 수가 있었다. 가장 위대한 사람들도 이 사업을 포기할 결심을 하기도 했다"[73]

결코 실망하지 않은 소수의 사람들 중에 낙스 자신도 있었다. 그는 매일 성 가일스(St. Giles)교회에서 많은 군중에게 설교했다. 그의 강력한 웅변과 강한 신앙이 청중들의 열정을 불러일으키는 데 도움이 되었다. 프로테스탄트 당이 완전한 붕괴를 면한 것은 낙스의 영향력과 낙관론 때문이었다. 11월 6일 프랑스군은 강력한 세력을 갖고 레이스에서 몰려 나왔다.

사기 저하와 의견 분열에도 불구하고 아란의 백작, 제임스 경, 그리고 그레인지의 키르콜디 등은 부하들을 이끌고 에딘버러에서 돌진해 나와 용감히 싸워 프랑스 군을 레스탈리그(Restalrig)로 몰아냈다. 그러나 그들은 그 지역의 늪 때문에 위기에 봉착했다. 그리하여 그들은 「칼톤 언덕」(Calton Hill)과 「살리스

---

73) John Knox, History, Ⅰ, p. 261.

버리 바위산」(Salisbury Crags) 사이에서 대단한 병력 손실을 겪었다.

그들은 전멸을 간신히 모면했다. 에딘버러 성은 어스킨 경의 수중에 있었으나, 어스킨 경은 쌍방에 다 만족을 주지 않았다. 한밤중에 회중은 스털링으로 피신했다. 이 때가 그들에게 가장 어두운 시기였다. 낙스는 "이틀 전만 해도 자기들에게 아부하던 입이 거친 폭도들이, 시련이 다가오자 이젠 그들을 비난하면서 반역자들이자 이단들이라고 했다"고 술회했다[74].

낙스는 에딘버러를 떠나기 전에 시편 80편 1~3절에 관해 설교했다. 스털링에 도착한 후에도 그는 강해를 계속하여 같은 시편 80편 4~8절을 설교했다. 그의 설교는 그토록 침울한 때에 적합한 설교였다. 그 효과는 주목할 만했다. 그로부터 오랜 뒤에까지 사람들의 입에 오르내린 설교였다. 낙스는 실망한 청중들에게 그들이 과거의 죄 때문에 징벌을 받고 있지만, 진정으로 하나님께 돌아오면 그들의 슬픔이 변하여 기쁨이 되고 두려움이 변하여 담대함이 될 것이라고 확신있게 말했다.

낙스는 그들과 그 시체들이 어떻게 되든 간에, 하나님의 대의(大義)는 스코틀랜드에서 결국 승리할 것이라고 했다. 설교자의 불타는 권면을 들은 사람들은 용맹을 되찾았다. 비슷한 설교에 대해 영국 대사 란돌프(Randolph)는 세실에게 이렇게 편지했다;

> "한 사람의 음성이 500개의 나팔이 계속 우리 귀에 왕왕 거리는 것보다 더 큰 생명력을 우리 속에 단 한 시간 만에 불어넣을 수 있다."

앞으로 더 어두운 시기도 올 것이었지만 스털링에서의 그의 설교는 종교개혁사에 전기가 되었다.

스털링으로부터 영주들은 두 패로 갈라져서, 한 패는 낙스와 함께 세인트 앤드류스로 가고 다른 한 패는 서부의 프로테스탄트 사업을 보호하기 위해

---

74) John Knox, History, Ⅰ, pp. 262-265.

글라스고로 갔다. 1559년 크리스마스 때 도와젤(d' Oysel)은 2,500명의 프랑스군을 거느리고 스털링을 점령했다. 거기서 그는 세인트앤드류스로 진격하기 위해 파이프로 이동했다. 바다를 건너 새로운 군대가 들어와서 계속 재편성되었다. 파이프까지의 그의 진격은 회중에게 대단한 고통거리가 되었다. 이런 위기 상황에서 일부 프로테스탄트 지도자들은 어마어마한 용기를 보여 주었다. 낙스는 아란의 백작과 제임스 경에게 아낌없는 경의를 표했다;

> "아란의 백작과 제임스 경은 극소수의 군대를 이끌고 맡은 바 임무를 완수하였다. 그들의 용맹은 하늘을 찌를 듯 해서, 어디서 그런 용맹이 생겼는지 믿을 수 없을 정도였다. 21일 동안 그들은 옷을 입은 채 잠을 잤고 장화를 벗어본 적도 없었다. 그들은 매일 전투에 참전하였다. 어떤 때는 아침부터 저녁까지 온 종일 전투를 벌였다."[75]

프랑스 군대는 4천 명이었다. 회중의 군대는 기병 5백 명 보병 100명이 고작이었다. 200명으로 줄어들었을 때 그들은 20명을 갖고서도 항거할 수 있다고 선언했다. 번티슬랜드(Burntisland), 킹혼(Kinghorn), 디사트(Dysart)에서 치열한 전투와 재산 파괴가 있었다. 이런 심각한 시기에 낙스는 1559년 12월 31일 그 고통의 하루가 프랑스 갤리선에서의 모든 고통보다 더 그의 가슴을 후벼파는 것이라고 선언했다.

그러나 3주 후에 뜻밖에 구원군이 나타났다. 프랑스군은 세인트앤드류슈 6마일 밖에서 승전으로 흥얼대고 있었다. 군함이 포스(Forth)에 들어 오는 것을 보고 그들은 그것이 기즈 공작의 형제 마퀴스 델뵈프(Marquis d' Elboeuf)가 프로테스탄트를 전멸시킬 강력한 군대를 이끌고 들어온 것이 분명하다는 결론을 내렸다. 그들은 이제야 모든 염려가 끝났다고 생각하고 환영의 인사로 포를 쏘았다. 그러나 원통하게도 알고 보니 윈터 장군이 이끄는 영국군이

---

75) John Knox, History, Ⅰ, pp. 278-279.

었다. 영국군이 프랑스군의 새로운 병력이 착륙하지 못하도록 「포스의 퍼스」(Firth of Forth)를 봉쇄하러 온 것이었다. 두 척의 공급선이 도와젤의 눈앞에서 나포되었고, 작은 범선들은 육지로 끌어내 파괴되었다. 영국군의 대함대들이 다시 나타났을 때 프랑스군은 경악했다. "그들은 수염을 쥐어 뜯으면서 욕설을 퍼부었다." 그리고 곧 그들은 스털링으로 철수했다. "그들은 열흘 동안 진격한 것보다 더 먼 거리를 하루에 후퇴했다." 그들은 분노에 치를 떨던 군중들에게 쫓겨 쉴 곳을 찾지 못하다가 드디어 레이스(Leith)의 요새로 들어갔다.

1560년 1월 27일 버위크에서 영국과 스코틀랜드 양국 대표 사이에 상호방위협정이 체결되었다. 이것은 영국군을 스코틀랜드로 파병하는 것을 의미했다. 엘리자베스를 존경하는 마음에서 종교 문제는 강조하지 않았다. 1560년 4월 4일 9천 명의 영국군과 10,000명의 스코틀랜드군이 프레스톤판스(Prestonpans)에서 합병하여 수세기 간의 투쟁을 종식하고 동맹군의 우의를 다졌다. 그들은 공통 목표로 연합했지만 해묵은 의심을 극복하기는 어려웠다. 엘리자베스 여왕이 영국군을 스코틀랜드로 파병한 데는 필경 음흉한 속셈이 있을 것이라고 우려하는 자들이 아직도 있었다.

영국과 스코틀랜드 연합군은 1560년 4월 6일 레이스(Leith)에 대해 포위 공격을 개시했다. 영국군 사령관 그레이(Grey) 경은 곧 회중이 이 요새를 공격하여 얻은 작은 성공을 그렇게 비판할 필요가 없었다는 것을 깨달았다. 레이스 요새 공격은 매우 어려운 작전이었고 수차례의 소(小)전투를 치뤄 희생자를 냈다. 4월 14일 프랑스군은 연합군의 참호들을 돌파하여 200여명을 사살했다. 5월 7일 영국과 스코틀랜드 연합군은 요새에 대한 총공격을 감행하다가 800명이 사망하거나 부상당한 채 격퇴당했다.

5월 말경에 5,000명이 포위 공격을 감행했다. 회중의 영주들은 곤경에 빠졌다. 수상한 말이 오가면서 불안을 자아냈다. 섭정의 요구로 제임스 크로프츠(James Crofts)와 조지 하워드(George Howard) 경 등 영국군 대표들이 섭정과 회담을 가졌다. 그 결과 크로프쯔가 회중의 원수라는 것과 그가 자기 정부를 배경으로 하여 회중에 피해를 기하려고 음모를 꾸몄다는 것이 밝혀졌다.

지하 세력들이 대영 동맹을 깨뜨리려고 기도하고 있었다. 발렌스(Valence)의 주교 몬루크(Monluc)는 아주 노련한 외교관이었는데 영국 진영에 나타났다. 동시에 그는 회중과 섭정을 화해시키려고 시도했다. 그의 운동은 프로테스탄트들 사이에 의심과 분열을 일으킬 위험이 있었다. 이런 사태를 사전에 방지하기 위해서 지도자들은 종교개혁을 추진할 새로운 '계약'(covenant)을 작성했다.

그들은 의회의 동의없이 적군과 일체의 협상을 하지 않기로 약속했다. 모튼(Morton)의 백작과 헌틀리 (Huntley)의 백작은, 그 서류에 서명하고 분명하게 회중에 가담했다. 이것은 성공의 물결이 어느 방향으로 흐르고 있는가를 보여주는 명백한 표시였다. 왜냐하면 그들은 자기 자신들의 이익에 유의하고 있는 자들이었기 때문이다. 다른 동요자들도 그들을 본받아 프로테스탄트에 가담했다.

그 동안 쌍방은 wjs쟁에 진력이 나게 되었다. 프랑스에서 기즈가는 위그노(The Huguenots)와 심각한 문제에 말려 들어, 스코틀랜드에 더 이상 지원병을 파송할 수 없었다. 델뵈프 휘하의 프랑스 함대는 포스(Forth)로 가던 중 폭풍에 난타당해 디페로 돌아와야 했다. 엘리자베스 여왕은 스코틀랜드와의 동맹에 열성을 보이지 않던 차에 인명과 재산 피해가 막대한 것을 보고 투덜대기 시작했다. 한편 회중의 영주들은 전쟁이 지연되면 불만스런 해결이 날 것을 우려하여 투쟁의 종식을 고대했다.

1560년 6월 10일 여왕 섭정의 죽음으로 평화협상이 앞당겨졌다. 그녀는 죽음이 다가온 것을 알고 에딘버러 성으로 들어갔다. 그 곳은 어스킨 경의 명령하에 모호하게 중립 지대가 되어 있었다. 그러나 그녀는 끝까지 공무를 매우 세밀하게 처리하면서 그녀의 사업이 승리하고 있는 것을 기뻐했다. 1월 7일 프랑스군이 킹혼(Kinghorn)에서 승전하자 그녀는 이렇게 소리쳤다;

> "존 낙스의 하나님은 어디에 있는가. 나의 하나님은 파이프에서도 그의 하나님보다 강하시구나."[76]

---

76) Ibid., p. 277.

그러나 죽기 전에 그녀는 프로테스탄트 영주들과 회담하고 싶다는 의사를 전해 왔다. 샤텔허롤트, 아길의 백작들, 마리스칼(Marischal) 그리고 글렌케언과 섭정의 의붓 아들 제임스 경 등이 섭정을 예방했다. 그녀는 스코틀랜드의 난국을 개탄하면서 동시에 그녀가 그들로 하여금 영국에 호소할 수 밖에 없도록 한 것도 개탄했다. 그러면서 지혜롭지 못한 고문들에 의해 자기가 오도되었다는 것을 인정했다.

그녀는 프랑스군과 영국군을 다 추방하되 스코틀랜드의 메리가 여왕으로 있는 프랑스와 동맹관계는 유지하도록 당부했다. 드디어 그녀는 눈물을 터뜨리면서 자기가 범한 모든 죄를 용서해 달라고 했다. 동시에 그녀도 자기에게 잘못한 모든 죄를 진심으로 용서했다고 선언했다. 그리고 나서 그녀는 그들을 일일이 키스했다. 그들은 마음이 몹시 산란했다. 그리하여 존 윌록(John Willock)으로 하여금 침상에서 수종들도록 제의했다.

섭정은 그것을 허락했다. 그녀는 그와 한참 동안 얘기를 나누었다. 그는 그리스도의 죽음의 덕행과 위력을 그녀에게 명백하게 보여 주었다. 그는 또한 미사의 허구성을 지적했고, 그녀는 그리스도의 죽음 외에 다른 구원의 길이 없음을 공적으로 고백했다. 낙스는 그것이 "그리스도의 큰 승리"[77]였다고 선언했다.

그것은 감명적인 이야기다. 그녀는 일생동안 파란만장의 삶을 살았다. 그녀가 프로테스탄트를 공격한 것은 사실상 프랑스의 실권자인, 그녀의 잔인하고 광란적인 기즈 형제들에 대한 비상한 존경심에서 우러나온 행위였다. 그녀는 중용이 좋다고 느낀 때도 있었지만 로마 교회에 철저하게 헌신했다. 그녀는 친절하고 유순할 수도 있었을 것이다. 그녀의 과오는 심각한 것이었다. 그러나 그녀가 자라난 배경이 사악하고 폭군적이었기 때문에 그런 과오를 범한 것이다.

1560년 6월 16일 영국과 프랑스 특사들이 평화협상을 체결하려고 만났

---

77) Ibid., p. 322.

다. 어려운 협상 끝에 7월 6일 드디어 「에딘버러 조약」이 체결되었다. 영국과 프랑스는 스코틀랜드를 떠나기로 하고 난공불락의 레이스 요새는 파괴하기로 했다. 7월 10일에 의회를 소집하되 여왕과 그녀의 남편에 의해 소집된 것이나 다를 바 없이 유효한 의회가 되게 했다. 회중이 사실상 국가의 지배자들이었으므로, 의회에서 종교 문제가 제기될 것으로 알려졌다. 이 냉혹한 투쟁이 행복한 결말을 가져오게 된 데는 누구보다도 존 낙스, 제임스 스튜어트 경, 존 어스킨, 던의 영주 그리고 글렌케언의 백작 등의 공헌이 컸다.

다른 사람들도 중요한 공헌을 했다. 그러나 이들이야말로 깊은 확신의 사람들로, 눈이 오나 비가 오나 굽힐 줄 모르고 든든히 설 자들로 신임할 수 있는 영웅들이었다. 종교개혁 투쟁의 가장 주목할 만한 결과 중의 하나는, 스코틀랜드와 영국이 공동 목표를 변호하는 데 밀접하게 협력했다는 것이다. 역사상 처음으로 영국군이 귀국하기 전 에딘버러 시가를 행진할 때 군중의 환호를 받았던 것이다.

10. 최후의 승리

에딘버러 조약의 체결로 프랑스군과 영국군이 스코틀랜드에서 철수했다. 그 조약에서 1560년 7월 10일에 의회를 소집하되 프랑스의 왕과 여왕이 소집 위임장을 보내기로 했다. 이 대회는 국왕 폐하가 직접 명령한 대회나 조금도 다를 바 없이 합법적인 대회로 인정되었다. 정해진 날에 의회가 소집되었으나 적절한 준비를 갖추기 위해 8월 1일까지 연기했다. 주무관청은 이 의회를 가리켜 스코틀랜드 역사상 가장 중요한 대회라고 했다.

이 중요한 대회가 소집되기 전에 성 가일즈(St. Giles) 교회에서 귀족들과 수많은 프로테스탄트 교인들의 참석 하에 특별감사 예배를 드렸다. 존 낙스의 설교가 끝난 후에 하나님의 자비로우신 구원에 대해 하나님께 공식적인 감사

를 드렸으며… 우리로 지금 이 자유를 얻게 한 우리의 동맹국인 영국에게 진정서도 올렸다.[78]

이 의회의 중요성은 역사상 유례없이 많은 사람들이 참석한 사실로도 알 수 있다. 스코틀랜드의 옛 법률에 의하면 왕으로부터 직접 특허장을 받은 귀족들과 대지주들이 회원의 특권을 갖고 있었다. 경비와 여행의 어려움 때문에 대지주들은 대개 오랫동안 참석하지 않았다. 그러나 지금은 과거에 의회에 한번도 나타나지 않았던 대지주 수백명이 자기들의 의석을 요구했다. 자치도시의 대표들도 참석했다.

아직 여왕으로부터 위임장이 오지 않았으므로, 의회가 모일 수 있을 것인가라는 문제를 두고 일주일간 토론이 계속되었다. 에딘버러 조약에는 위임장을 받아야 의회 소집이 효력을 발생하는 것으로 정해져 있었다. 레싱톤의 윌리암 메이틀랜드가 의장으로 선출되었다. 본회의는 8월 8일에 시작되었다. 의회 의원들이 홀리루드 궁(Holyrood Palace)으로부터, 왕도의 가파른 언덕으로 행진하여 의사당이 있는 톨부스(Tolbooth)에 이르렀을 때가 8월 8일이었다.

의회는 성 가일즈 교회의 바로 서쪽에 있었다. 포장도로에 구리 평판이 깔려 있는 것이 그 곳의 특징이었다. 본회의가 성수된 직후에 프로테스탄트의 남작들·젠트리들·시민들이 진정서를 제출했다. 그것은 의회에게 "명백한 대죄들, 오랫동안 목회자들과 기타 성직 계통의 사람들이 이 지역에서 범한 대죄(大罪)들을 시정할 것"을 요청하는 것이었다.

그들은 로마 교회의 "숱한 괴질과 같은 병폐들"을 거절하고, 예배의 순수성과 초대 교회의 권징이 회복되어야 하고, 교회의 충분한 수입이 세 가지 고상한 목적(즉 복음 사역의 지원, 교육 증진, 빈민 구제)에 사용되어야 한다고 주장했다. 진정서 낭독이 끝난 후 진정자들이 소환되었고, 목회자들은 자기들이 주장하고 의회가 정립하기를 원하는 교리를 명백한 몇 개의 제목을 걸고 작성하도록 훈시를 받았다.[79]

---

78) Ibid., p. 333.

79) Ibid., pp. 335-338.

이 신앙고백서의 작성 작업이 스코틀랜드 개혁자 6명에게 일임되었다. 낙스(Knox), 스포티스우드(Spottiswood), 윌록(Willock), 로우(Row), 더글라스(Douglas), 윈람(Winram) 등은 놀랍게도 모두 존(John)이란 이름을 갖고 있었다. 그들은 불과 4일만에 신앙고백서를 제출했다. 불과 4일만에 신앙고백서를 작성했다는 것은 주목할 만한 일이다. 그것은 주로 존 낙스의 작품이었던 것이 분명하다.

낙스는 유럽 대륙에서 작성된 몇몇 프로테스탄트 신앙고백서들을 대륙에 있을 때 이미 알고 있었다. 이런 사실이 스코틀랜드 개혁자들에게 도움을 준 것은 의심의 여지가 없다. 그럼에도 불구하고 스코틀랜드 신앙고백서는 대체적으로 개혁교회의 다른 신조들과 일치하지만 그 나름대로 특징이 있는 것이었다.

세인트앤드류스의 대주교와 둥켈드(Dunkeld)와 던블레인(Dunblane)의 주교들을 위시하여, 로마 교회의 하급 성직자들이 「영적인 의원 계층」(Spiritual. Estate)을 대표하여 참석했지만, 의회는 신앙고백서를 열광적으로 채택했다. 스코틀랜드 종교개혁의 가장 특이한 사실 중의 하나는, 로마 가톨릭 주교들이 로마 교회가 단계를 밟아 붕괴되는 것을 보고도 강력한 반대를 하지 못했다는 점이다.

이 경우도 예외는 아니었다. 주교들이 제기한 문제점들은 너무 사소하고 부적절한 것이어서, 사실상 그들은 법안 통과에 대해 아무 말도 못한 격이 되고 말았다. 주교들의 이런 의무 태만과 로마 교회 변호의 실패는 설명하기 쉽지 않다. 가령 그들은 교황에 의해 트렌트 회의에 참석하라는 명령을 받았지만 만장일치로 거절했다. 유능하고 정확한 로마 가톨릭 의사인 폴렌(J. H. Pollen. 예수회 소속) 신부는 자신의 견해를 다음과 같이 피력했다;

> "스코틀랜드 로마 교회의 약점을 가장 잘 지적해 주는 손가락은, 트렌트 소환에 대한 감독들의 비겁한 대답을 가리키고 있다."[80]

---

80) J. H. Pollen, Counter Reformation, pp. 20, 21.

로스(Ross)의 주교 헨리 신클레어(Henry Sinclair)는 이 무렵 고등 민사법원의 원장이었는데, 교황의 소환장을 제시한 구다(De Gouda) 사절에게 야비하게 자기는 "소환당하는 사실에 너무 화가 치밀어 올랐다"고 말했다. 그러면서 그는 "나는 당신에게 전혀 감사할 것이 없다"고 덧붙였다.[81] 도날드 멕클린(Donald Maclean) 박사는 이렇게 논평했다;

"고위 성직단의 전체적인 태만을 볼 때 스코틀랜드 전역에서 하위 성직자들이, 마치 솟아오르는 태양 앞에 서리가 사라지듯 순식간에 시야에서 사라진 것은 놀라운 사실이 아니다."

「평민 의원」(Temporal Estate, 성직자 외의 상원의원) 중에, 새로운 종교의 설립을 의미하는 이런 신앙고백서 채택을 반대한 사람은 불과 5명 뿐이었다. 그나마 그들이 내세울 수 있었던 유일한 논증은 "우리는 우리 선조들처럼 믿을 것이다"라는 것이었다. 결의에 앞서 각 의원들은 차례대로 개인 의견을 발표하도록 요청받았다. 그들 중에 많은 사람들은 아주 감명적인 어조로 의견을 발표했다. 그 자리에 참석한 영국 대사 란돌프는 그 극적인 장면을 세실에게 묘사해 보냈다.

그에 의하면 일부 귀족들은 하나하나 조항이 승인되어 갈 때 너무 감격한 나머지, 앞으로 나와 "이런 신앙을 수호하기 위해 피를 바치겠다"고 말했다고 한다. 노년의 린제이(Lindsay) 경은 "그는 내가 일찍이 본 자 중에 가장 근엄하고 훌륭한 분"이었다고 말하면서 다음과 같이 자신의 태도를 표현했다;

"나는 여러 해 살아왔습니다. 나는 여기서 최고령자입니다. 이제 내가 이 날을 보는 것을 하나님께서 기뻐하신고로 이토록 많은 귀족들과 평민들이 이 귀중한 작품을 인가해 주시는 것을 보니 나도 시므온처럼 '이제 기꺼이 죽을 수 있다'(Nunc dimittis)고 말하고 싶습니다"(1560년 8월 19일 란돌프가 세실에게 보내는 공문서).

81) J. H. Pollen, Papal Negotiations, p. 134.

영국 대사는 계속하여 이렇게 말했다. “나는 그렇게 중요한 문제들이 그렇게 신속히 처리되고 호의적인 합의를 본 것을 과거에는 들어보지 못했다.” 그는 계속 선언하기를 영주들이 “내가 종래에 들어보지 못한 호의적인 반응으로 기꺼이” 동의하였다고 했다. “거기 허용된 것과 달리 생각하기보다 차라리 그들의 양심과 신앙의 항의로써 일찍이 죽는 편을 택하겠다”는 것이었다. 그 중 가장 두드러진 선언을 한 사람이 있었으니, 그는 네 번째 마리스칼의 백작 윌리암 케이스(William Keith)였다. 그는 아주 현명한 상담자로 유명한 사람이었다;

> “나는 이미 오래 전에 이 진리에 대해 다소의 호감을 갖고 있었습니다. 그 이후로 가톨릭교에 대해 의심을 품게 되었습니다. 그러나 나의 결심은 한쪽으로 완전히 기울어진 것을 하나님께 감사드립니다. 경애하는 주교님들께서는 학식이 풍부하시고 진리에 대한 열정이 많으시니, 하나님의 진리에 직접 위배되는 어떤 것이든 반박하실 수 있으리라고 봅니다. 그러나 이 자리에 참석해 주신 경애하는 주교님들께서는 제시된 교리를 전혀 반박하시지 않으시는 것을 보고, 나는 그것이 하나님의 진정한 진리임을 알았습니다. 그것과 반대되는 것은 사이비 교리라는 것도 알았습니다. 그러므로 저로서는 한편 교리를 인정하고 다른 한편 교리를 정죄합니다.”[82]

여기서 기억해야 할 것은 참석한 저명한 교회 지도자들 중에 갈로웨이(Galloway)의 주교와 여러 수도승들과 그 밖에 많은 교회 지도급 인사들이 프로테스탄트로 전향했다는 사실이다. 의회는 1560년 8월 17일 신앙고백서를 승인했다. 이것은 스코틀랜드 역사상 새 시대의 개시를 알리는 사건이었다. 거기 포함된 신조는 스코틀랜드 국민들의 신앙을 표현하는 것으로 간주되었고, 성경의 자리에서 떠난 로마 가톨릭 교리들은 강력하게 거부되었다. 어떤 사람들은 이 날을 가리켜 “한 국민의 생일”이라고 묘사했다. 이 말은 사실이

82) John Knox, History, Ⅰ, p. 339.

었다.

이 때부터 기공과 농부 등 평민들이 성스러운 문제를 개인적인 방식으로 다룰 수 있게 된 것을 느꼈던 것이다. 이런 것은 초대교회 몇 세기 동안에 있었던 일이었다. 주 예수님이 인간과 하나님 사이의 유일한 중보자로 알려지게 되었다. 그는 위대한 대제사장이시다. 모든 신자는 하나님에 대해 각기 제사장이고, 은혜의 보좌에 직접 나갈 수 있는 특권을 얻었다. 이것이 기독교인의 인격에 미친 영향은 지대했다. 토마스 칼라일(Thomas Carlyle)의 말을 빌리면 "그는 평민이었지만 광활하고 끝없는 우주가 그에게 견고한 도시가 되었고 그가 아는 거처가 되었다."

그의 마음은 전에 없이 영원하신 하나님에게 이르게 되었다. 그는 자기 선조들과 달라서 죽을 수 밖에 없는 죄인인 그가, 구속주의 값없는 은혜를 통해 하나님의 상속자가 된 것을 깨달았다. 그는 스코틀랜드의 시민인 동시에 그리스도 왕국의 시민이라는 것을 의식했다. 그는 스코틀랜드 왕의 신하일 뿐만 아니라 무엇보다 보이지 않는 왕의 신하다. 따라서 그는 도덕적으로 강해지고 독립성을 얻어서, 세상의 위대한 자들이 뭐라고 하든 진리와 의를 위해 싸울 준비가 되어 있었다. 그후 스코틀랜드의 역사 사건들을 여기서 많이 설명할 수 있다. 1560년 8월 17일의 이 위대한 사건에 대해 토마스 맥크리(Thomas McCrie) 박사는 이렇게 기록했다;

> "스코틀랜드 국민들은 의회가 발걸음을 옮기기 전에 프로테스탄트 신앙으로 전향하였다. 이제 종교개혁이 합법적으로 보장되자, 국민들이 이미 채택한 신앙을 비준하는 일만 남게 되었다…. 스코틀랜드는 그 통치자들과 대표들에 의해 로마 가톨릭에서 프로테스탄트주의로 이전하였다. 의회는 복음을 비준한 것이 아니라(복음은 의회법으로 비준할 수 없음) 복음이 고백을 비준하였다. 국민들은 이미 종교적인 역량으로 복음에 관한 신앙고백을 했던 것이다. 스코틀랜드에서는 「국교」(Established Church)가 있기 전에 국민이 수용한 참 종교가 있었다. 스코틀랜드 개혁교회는 아직 정식으로 조직되지 못했던 것이다. 장로교회를 조직체로 법적으로 인정한 것은 그 후의 조치였다. 그것은 수년 후의 일이었다. 목회

자들에게 정기적인 봉급을 지불하게 된 것은 더욱 후기의 일이었다."[83]

종교 사업을 마무리 짓기 위해 의회는 1560년 8월 24일 세 가지 법안을 더 통과시켰다. 첫째로 하나님의 말씀과 최근에 채택된 신앙고백에 위배되는 의회의 모든 이전 법들을 취소하는 법안. 이것은 교회를 견책하거나 성자들을 숭배하는 것에 관한 과거의 모든 법규들을 폐지시킨다. 둘째로 스코틀랜드에서 교황제와 교황이 찬탈한 권위를 폐지한다. 이것은 교황이 앞으로 스코틀랜드에서 어떤 재판권이나 권위도 행사할 수 없다.

그리고 셋째로 미사를 금지하고 미사를 말하거나 듣는 것을 금지하는 법안인데, 이것은 로마 교회가 성례(세례와 성찬)를 부패시켰기 때문에 성례권이 부여되지 않은 사람은 아무도 성례를 집행할 수 없게 한다. 이로써 미사를 말하거나 듣거나 미사에 참여하지도 못하게 한 것이다. 미사를 말하면 재산을 압수하고, 미사를 들으면 추방하고, 미사에 참여하면 사형시키기로 했다. 이 법안은 표면적으로는 극도로 엄격한 법안이다.

과거의 관행들은 19세기와 20세기에 프로테스탄트 국가들의 의식에 확실히 위배되는 것이다. 이런 문제에 대해서 그 당시는 「신앙의 자유」 원리를 완전하게 깨닫지 못했고, 자기 선조들이 아직도 로마 교회의 엄격함을 일부 지니고 있었다는 식으로 정상을 참작하여 이해하도록 보통 당부해 왔다. 그러나 이런 엄격한 법규를 정확하게 해석하려면, 교회와 국가에 극도의 위험을 주는 경우가 아니면, 100% 법규대로 시행하지 않을 의도 하에서 엄격하게 정해진 법규로 보아야 한다. 유스타스 퍼시(Eustace Percy)는 다음과 같이 정확하게 기록했다;

"이런 형벌은 당시 스코틀랜드 법의 흔한 형태였다. 가령 1551년의 법안에 승객들을 너무 많이 실은 포스(Forth) 항의 뱃사공에게 사형을 규정한 것이 있었

83) T. McCrie, Sketches of Scottish Church History, pp. 65, 66.

다. 법률가들은 통속적으로 이런 과장법을 사용했다. 절반 정도 의미를 지닌 위협이었으나, 결국 그대로 시행된 적은 없었다."

15세기에 사슴이나 야수들이나 야생조들을 쏠 경우 사형에 처한다는 법규들이 있었다. 미사에 관한 법규는 트렌트 종교회의 시대에 법이 되었다. 반동 종교개혁이 예수회(Jesuits)의 지휘 하에 일어나고 있던 때였다. 예수회의 음모와 학살의 기록은 스코틀랜드인들이 극단적인 경우에만 엄한 법을 시행하도록 규정하기를 원했던 사실을 설명해 줄 것이다. 스코틀랜드 종교개혁에 대해 불리한 기록을 남긴 자들도 있지만, 그럼에도 불구하고 그것은 괄목할 만큼 평화롭고 철저한 무혈 혁명의 방식으로 수행된 개혁이었다.

로스의 주교이자 메리 여왕의 열렬한 지지자인 존 레슬리(John Lesley, 1527~96)처럼, 누구 못지 않게 열렬한 로마 가톨릭교도는 이렇게 기록했다;

"그러나 이단 귀족들의 관대한 조치는 꼭 언급하고 지나가야 하겠다. 그 당시 그들이 신앙 문제 때문에 추방한 가톨릭 교인들이 거의 없었고, 투옥한 자들은 더욱 더 거의 없었으며 사형에 넘긴 자는 아무도 없었기 때문이다."[84]

토마스 맥크리(Thomas McCrie) 박사가 「스코틀랜드 교회사 개요」(Sketches of Scottish Church History)에서 "스코틀랜드에서 신앙 때문에 사형당한 가톨릭 교인은 하나도 없었다"고 기록할 수 있었던 것은 참으로 자랑할 만한 일이었다.

성 존(St. John)의 영주 제임스 샌딜랜즈(James Sandilands) 경은 신앙고백서 인준 법안과 스코틀랜드의 종교 변화와 관계된 법안들에 대한 서명을 받기 위해서 파리의 메리 여왕에게 급파되었다. 비록 이런 법안들이 의회에서 거의 만장일치로 통과되었지만, 메리 여왕은 스코틀랜드 왕국에서 일어난 사태에 대해 불만을 표시했다. 그것에 대해 존 낙스는 이렇게 논평했다;

---

84) D. Hay Fleming, Reformation, p. 437.

"앞서 말한 성 존의 영주가 여왕에게 얼마나 간청을 받았는지는 새삼 상술하고 싶지 않다. 그러나 그는 항상 우리에게 비준서를 갖다 주지 못했다. 그러나 우리는 그것을 별로 관계치 않았고 지금도 그렇다. 우리의 행위 전체는 우리의 복종의 의무를 나타내기 위한 것이었지, 그들에게 우리 종교에 대한 어떤 지원력을 구걸하기 위한 것이 아니었다. 우리 종교는 하나님으로부터 전권을 얻은 것으로서 인간의 동의를 필요로 하지 않는다."[85]

이것은 확실한 사실이었다. 왜냐하면 스코틀랜드의 "종교개혁은 원래 왕의 의도에 어긋나는 방향으로 성취된 것이었기 때문이다. 메리 여왕과 그 남편 프랑소와가 이런 법안들에 서명을 거부했지만 법안대로 발효되었다. 메리 여왕 자신도 1561년 스코틀랜드로 귀국한 자리에서, 의회에서 승인한 종교적인 결의 사항을 번복하지 않겠다고 약속했다.

11. 스코틀랜드 종교개혁의 원리들

종교개혁은 그 말의 뜻이 보여주는 대로 그리스도와 사도들에 의해 설립된 교회를 "재형성하는"(Forming again=Reformation) 것이었다. 근본적으로 종교개혁은 초대 교회의 진리와 이상으로 돌아가는 것이었다. 사도들의 교회는 모든 시대에 신조와 행위의 모델을 제공해 준다. 구약성경에 보면 하나님은 성막에 대해 모세에게 다음과 같이 명령했다;

"너는 삼가 이 산에게 네게 보인 식양대로 할지니라"(출 25:40; 히 8:5).

---

85) John Knox, History, Ⅰ, p. 342.

종교개혁자들도 이와 같이 우리 주님과 사도들이 세우신 교회가 만대에 적합한 「식양」(pattern)이라는 견해를 갖고 있었다.

시간이 흐르는 동안 교회는 한걸음씩 초대 교회의 모델에서 떠나게 되었다. 교리와 행위에 있어서 그 「식양」에서 너무 떠난 결과, 이것이 과연 초대 교회와 같은 교회인지 알아볼 수 없을 정도로 변질되었다. 이렇게 그리스도와 사도들의 교훈과 모범을 꾸준히 파수하지 못하고 흔들린 결과 비극적인 타락과 부패를 낳았다. 따라서 초대 교회의 단순성과 순수성으로 돌아갈 강력한 개혁 운동이 시급히 요청되었다. 개혁자들은 몇 가지 주요 원리를 충실히 고수함으로써 이 위대한 목표를 달성했다.

1) 스코틀랜드 개혁자들은 성경을 「신앙과 행위의 최상의 규범」(the supreme rule of faith and morals)으로 보고 성경으로 돌아갔다.

모든 개혁자들은 교회에 새로운 활력을 불어넣은 동시에, 참으로 하나님의 뜻을 알기 위해서는 신적인 계시를 통해 하나님이 친히 주신 성경으로 돌아가야 한다고 믿었다. 83년 후 「웨스트민스터 회의」(Westminster Assembly)에 참석한 사람들처럼, 그들은 신·구약 성경에 기록된 하나님의 말씀이 인간 구원의 문제와 하나님에 대한 의무의 문제에서 지침이 되는 유일한 규범이라는 것과, 성경은 실로 우리가 하나님에 관해 믿어야 할 모든 것을 가르쳐 준다는 것을 주장했다. 그들은 성경에서 모든 신앙 문제와 생활의 모든 상황에 대한 인생 지침을 발견했다.

로마 교회는 평신도들에게 모국어로 성경을 읽는 것을 금지했다. 교회에서도 라틴어 성경을 읽고 이해하는 자가 거의 없었다. 개혁자들은 이런 면에서 강력한 변화를 일으켰다. 그들은 「하나님의 말씀」(the Word of God)을 남녀노소 누구의 손에나 들려 주었다. 그랬더니 성경(Bible)이야말로 「생명의 말씀」(the word of life)으로 각계 각층의 사람들에게, 멸망할 자들에 대한 그리스도 안에 있는 하나님의 사랑을 개인적으로 알게 해 주었다. 성경은 그들을 직접 「생수의 원천」(the foundation of living waters)으로 인도했다. 그들은 더 이상 극도로 무지한 사제들에게 의존하지 않았다.

로마 교회가 성경을 하나님의 영감된 말씀으로 인정한 것은 사실이지만 그것을 민중에게 주지 않았다. 로마 교회는 구약 외경들도 인정했지만, 거기에는 전설도 많고 믿지 못할 것들이 많아서 오류를 조성하기 쉽다. 더욱이 로마 교회는 「라틴 불가타역」(Latin Vulgate)을 채택했는데, 이 역본은 5세기에 이미 제롬(Jerome)에 의해 번역된 성경으로 로마 교회에서는 유일하게 권위있는 역본으로 삼고 있었다.

라틴 불가타역은 매우 놀라운 번역으로서, 인간 노력의 소산으로서는 찬사를 보내고 있지만 원어 번역에서 심각한 오류를 범한 부분들이 있다. 가령 '회개하라'는 명령이 가톨릭의 고백성사인 「참회하라」(Do penanece)로 되어 있을 뿐만 아니라, 이와 유사한 수많은 오류들이 로마 교회 체계를 뒷받침하기 위해 범해졌다.

더 심각한 문제는 로마 교회가 전통(Tradition)을 중시한다는 점이다. 이것은 「사도 전통」(apostolical Tradition)을 말한다. 그 의미는 성경에 기록되지 않았지만 한 세대에서 다음 세대로 구전(oral tradition)되었다는, 그리스도와 사도들의 가상적인 교훈과 행적을 가리킨다. 동시에 이 사도 전통은 「교회 전통」(ecclesiastical Tradition)이다. 즉 로마 교회의 여러가지 법규들과 결정들 전체를 의미한다.

로마 가톨릭 작가인 팔라바치니(Pallavacini)는 이 문제에 관해서 16세기 「트랜트 종교회의」에서 "머리수 만큼이나 다양한 견해가 있었다"고 말했다. 많은 논란 끝에 그들은 "전통은 성경과 동일한 경건심으로 받아들여야 한다"고 결의했다. 위대한 로마 가톨릭 신학자인 로버트 벨라마인(Robert Bellarmine; 1542~1621) 추기경은, 한 걸음 더 나아가서 이렇게 선언했다;

> "우리는 전통없는 성경은 충분하지도 못하고 단순히 필요하지도 않다는 것을 예증하려고 노력할 것이다."

그 뿐만 아니었다. 교황 피우스 4세(Pius Ⅳ)의 신조(1564)는 로마 교회의 권위

있는 문서이므로 "사제들의 만장일치 동의에 의하지 않고 다른 방식으로는 아무도 성경을 해석할 수 없다"고 했다. 이것은 모든 사제들이 동의하지 않으면 어떤 성경해석도 있을 수 없다는 것이다. 그러나 "사제들의 만장일치 동의"란 있을 수 없다. 사제들 사이에 만장일치 동의가 있다고 하더라도, 평신도들은 어떤 문제에 관한 다양한 견해들을 거의 종합할 수 없을 것이다. 따라서 평신도들에게는 교황 피우스 4세의 명령에 의해 성경해석권이 금지되었던 것이다.

중세 교회는 성경이 하나님과 인간 그리고 하나님과 인간의 관계에 대해 계시한 것을, 사람들이 절대적으로 정확하게 진술한 것을 얻는 것이 구원에 필수적이라고 가르쳤다. 그들은 또한 「구원하는 믿음」은 인격자에 대한 신뢰가 아니라, 하나님과 우주 그리고 인간 영혼에 대한 정확한 명제들에 동의하는 것이라고 주장했다. 이리하여 동의(assent)의 구원성은 동의한 명제들의 정확성에 좌우되었다.

그런데 로마 교회의 신조에 의하면 교황들과 교회회의들을 통해 말하는 교회만이, 하나님과 영혼에 관한 진리가 무엇인지 말할 수 있다고 되어 있다. 따라서 사람들은 전적으로 교황들과 교회회의들의 주장에 좌우되고, 따라서 함부로 자기 나름의 판단을 내릴 수 없다. 마르틴 루터가 에르푸르트(Erfurt) 수도원에서 성경을 연구하기 시작했을 때, 그의 친구인 존 나틴(John Nathin)은 그에게 이렇게 말했다고 한다;

> "마르틴 형제여 성경을 집어 치우게. 옛 스승들의 글을 읽게. 성경을 읽으면 불안만 생길 뿐이야."

로마 가톨릭 당국이 무엇이라고 말했든, 교황들과 교회회의들도 분명히 잘못된 판단을 자주 내렸고 그것도 엄청나게 오판의 경우가 많았다. 따라서 그 결정은 결국 죄지은 인간들의 결정이라는 인상을 짙게 풍긴다. 그들은 너무 많은 규범들을 만들어낸 나머지 교인들로 하여금, 교회의 미궁 속에 빠져 하나님으로부터 멀어지게 했다. 더욱이 하나님의 은혜를 통한 구원이 사제만 집행할 수 있는 7성사들의 유효성에 의존한다고 가르쳤다. 따라서 교인들은 사제의 생활이 어떠하든 상관없이 사제에게 완전히 의존하게 되었다.

종교개혁자들은 이 모든 것을 없애 버렸다. 그들은 하나님의 말씀을 자유롭게 민중들의 손에 넘겨 주었다. 그리하여 성경에 나타난 그리스도를 통해 민중들이 하나님께 직접 나아가게 했다. 그리스도는 인간 사제들의 중재 없이 인간을 완벽하게 구원하시는 분이시다. 주님은 자주 '기록되었으되'라는 말씀을 선언하시면서, 청중들에게 그것을 최종 결론으로 받아 들이도록 요청했다. 그는 사두개인들에게 "너희가 성경도 하나님의 능력도 알지 못하는고로 오해하였도다"(마 22:29)라고 말씀하셨다.

이 성경 말씀은 그들이 성경을 모르는 것이 범죄의 요소라는 것을 암시한다. 우리 주님은 유대인들에게 "성경을 연구하라"(요 5:39)고 강조하여 말씀하셨다. 그리스도께서는 이 밖에도 여러 곳에서 성경의 교훈이 분명한 최종 권위라고 말씀하셨다. 사도들도 역시 계속 성경의 선언들에 따라 결론적으로 호소했다(행 15:15-18, 28:23 참조). 이렇게 볼 때 바티칸 교황청처럼 성경은 너무 난해해서 평민들이 이해할 수 없으므로, 교황들과 교회의들의 결정에 의해서만 해석되어야 한다고 주장하는 것은 심각한 오류다.

2) 스코틀랜드 개혁자들은 「사적인 판단」(the right of private judgement)의 원리를 주장했다.

그들은 어떤 특정한 인간이나 인간 단체가, 자기들을 최종 해석자들로 내세울 권리가 없다고 주장했다. 그들이 볼 때 교황들이나 회의들의 무오성 주장은, 전혀 근거가 없는 것으로서 철저하게 거절되어야 할 것이었다. 사도 바울도 신자들은 모든 것을 "헤아려야" 한다고 주장했다;

> "범사에 헤아려 좋은 것을 취하고"(살전 5:21). 신자들은 사실들을 스스로 조사할 책임을 갖고 있다.

프로테스탄트의 「사적인 판단」 교리의 필요성은, 로마 교회에서 받아들여진 전통을 볼 때 바로 이해할 수 있을 것이다. 소위 「전통」이란 용어 밑에 포함된 문제는 어마어마한 문제다. 로마 교회의 전통에는 35권의 헬라 교부 및 라틴 교부들의 책들(교부들의 「만장일치 동의」가 성경해석에 필요하다고 함), 수많은 교황들의 칙령들, 10절판 교령집, 회의 법안 31권, 성자들의 언행록 51권 등이 포함된다.

명석한 두뇌를 가진 학자라도 이 모든 것을 정복하는 데 일생이 걸릴 것이다. 그럼에도 불구하고 트렌트 종교회의(1543~63)는 "전통은 성경과 동일한 경건심을 갖고 받아들여야 한다"고 선언했다. 따라서 가장 지각있는 일은 종교개혁자들처럼 우리 자신의 판단력을 구사하면서 전통 운운하는 일체의 주장을 거부하는 것이다. 사적인 판단력을 행사한다고 하여 자기 마음대로 불합리한 견해도 믿을 수 있다는 것을 의미하지는 않는다. 우리는 건전한 이성과 논리와 상식 등에 따라 결정해야 한다. 우리가 하나님의 은혜를 받으면 받을수록, 신령한 것들에 대한 우리의 이해력이 분명해지는 것도 사실이다.

3) 스코틀랜드 개혁자들은 유럽 대륙의 개혁자들처럼 「모든 신자들의 제사장직」(He priesthood of all believers)을 강조했다.

종교개혁의 기본 원리 가운데 「성경의 최종 권위」 교리 다음에 가장 기본적인 원리는 「모든 신자들의 제사장직」 원리다. 루터는 극단적인 고행을 통한 사죄를 추구했다. 그는 금식과 참회를 빈틈없이 지켰으며, 수도원의 의식을 세밀하게 철저하게 수행했다. 그리하여 그는 주위 사방에 가장 두드러진 성자(Saint)로 이름이 났었다. 그러나 그는 자기가 추구하던 것을 발견하지 못했고 그의 영혼에 평안이 없었다.

로마의 빌라도 계단을 손과 무릎으로 기어오르다가 그는 그의 귓전에 "오직 의인은 믿음으로 말미암아 살리라"는 음성을 들었다. 그 때 그는 하나님의 은혜로 예수 그리스도 안에 있는 하나님의 긍휼에 자신을 맡겼다. 그러자 새 생명이 그의 영혼 속으로 파도처럼 밀려 들어 왔다. 그것은 그를 완전히 변화시키고, 지금까지 몰랐던 확신과 평안을 주는 생명이었다. 그는 실로 하나님의 능력으로 새롭게 되었다. 이 때부터 그의 표어는 「이신득의」(justification by faith)였다.

과거에 루터는 사제에게 가서 모든 죄를 고백하고, 사제의 지시에 따라 고해하고, 자신에게 고통을 부과하고, 돌마루에서 자고 채찍을 맞고 구제하고, 「아베 마리아」를 수없이 암송해야 한다고 배웠다. 이 모든 것을 완수하면 사제들이 그의 죄를 용서할 수 있을 것으로 믿었다. 그는 로마 교회 안에만 구원이 있고, 성례를 통해서만 하나님의 은혜를 받을 수 있다고 들었다. 세례시에 주입되는 은혜를 통해 원죄와 그 때까지 범한 모든 자범죄(自犯罪)가 제거되는 줄 알았다.

이와같이 다른 성사들도 사제에 의해 집례될 때 은혜를 가져올 수 있는 줄로 알았다. 사제없이는 천국에 들어갈 기회가 없는 줄로 알았다. 왜냐하면 사제는 은혜의 통로였기 때문이다. 그러므로 성직 계급제도가 민중들의 사상에 두드러진 위치를 차지하고 있었던 것은 의심의 여지가 없다. 루터와 다른 개혁자들은 성직계급 제도가 신약성경에 묘사된 구원방식이 아닌 것을 깨닫게 되었다.

개혁자들은 그리스도께서 갈보리에서 죽으신 순간에 "성소 휘장이 위로부터 아래까지 찢어져 둘이 된"(마 27:51) 사실을 깨달았다. 그리하여 지금까지 대제사장만 들어갈 수 있던 지성소에 들어가는 길이 열렸다. 그리스도의 죽음을 통해 모든 신자들이 위에 있는 하늘의 지성소(至聖所)로 들어갈 수 있다. "우리를 위하여 휘장 가운데로 열어 놓으신 새롭고 산 길"(히 10:19, 20)을 통해 지성소에 들어갈 수 있다는 것이다.

모든 신자들은 이제 제사장직의 특권을 누릴 수 있게 되었다(계 1:6, 10). 그들은 '믿음의 완전한 확신'을 갖고 하나님께 나아갈 수 있다. 그들에게는 예수 외에 다른 제사장이 필요없었다. 그는 우리의 대제사장으로 우리의 죄를 제거하시기 위해 십자가 위에 자신을 희생 제물로 바치셨다. 교회의 어떤 의식도 요구되지 않았다. 다만 그리스도께서 이루신 구원을 진정한 회개의 심정으로 겸손히 믿고 받아들이기만 하면 된다(히 10:21, 22).

종교개혁자들이 이 진리를 받아들임으로써 서임된 사제의 특별한 권세가 깨어졌다. 참된 신자들이 다 제사장이 된 것이다. 하르낙(A. Harnack)은 이것을 다음과 같이 말했다;

> "모든 고뇌와 공포·모든 고행·모든 신학적인 지시사항·성직 계급과 성례의 모든 개입을 초월하여, 루터는 감히 이 믿음의 행위로 그리스도 안에 있는 하나님을 붙잡았다. 그는 믿음의 행위도 하나님의 사역으로 인식했다. 그리하여 그의 전존재는 안정과 견고함, 아니 개인적인 기쁨과 확신을 소유했다. 이것은 중세 교인 누구도 소유하지 못한 것이었다."[86]

사람들은 종교개혁자들을 통해 초대 교회 신자들이 알았던 것을 다시 알게 되었다. 즉 중생이 지상의 사제를 통해 오는 것이 아니고, 사제의 세례식 거행 자체가 죄를 씻지 못하고, 우리 죄를 용서하실 수 있는 분은 하나님 뿐이라는 것을 알게 되었다. 인간에게 필요한 이 모든 것은 구속자의 공로를 통해 영원하신 아버지로부터 공급되는 것이지, 죄 많고 죽을 수 밖에 없는 인간으로부터 오는 것이 아니다.

「모든 신자들의 제사장직」 교리는 스코틀랜드 개혁교회에서 가장 전심으로 받아들인 교리였다. 이 교리는 스코틀랜드를 사제들의 술책과 거기에 뒤따르는 병폐로부터 해방시켰을 뿐만 아니라, 교회 정치는 목사들과 장로들의 손에 동등하게 주어졌다는 장로교의 개념을 산출했다. 그것은 한동안 스코틀랜드를 성직 제도의 저주로부터 풀어주었고, 하나님 앞에서는 신분이나 계급의 차별이 전혀 없다는 신념을 크게 강화했다.

4) 스코틀랜드 개혁자들은 유럽 대륙의 개혁 동지들처럼, 성경에서 명백하게 인가된 것 외에 교회의 예배나 교리에 아무 것도 첨가할 수 없다고 강력하게 주장했다.

---

86) A. Harnack, History of Dogma, Ⅶ, p. 183.

이 점에서 스코틀랜드 교회는 루터교와 영국 성공회와 달랐다. 이 두 교회의 지도자들은 성경에 실제로 금지되지 않은 것은 무엇이든지, 교회에 소개하는 것이 유익해 보이면 소개할 수 있다는 원리에 입각하여 행동했다. 얼른 보면 두 견해 사이에 별 차이가 없는 것 같지만 사실상 대단한 차이가 있다. 스코틀랜드 개혁자들이 채택한 원리를 초대 교회에서 시행했더라면, 종교개혁 이전의 교회가 결코 심각한 오류와 부패 속으로 빠지지는 않았을 것이다.

「제1치리서」(The First Book of Discipline)의 저자들은 원리를 제시할 때, 신·구약 성경에서 "교회의 교훈을 위해서그리고 하나님의 사람을 온전하게 하기 위해서 모든 성경이 필요하고 이것들이 충분하게 표현되어 있다"고 선언하기 시작했다. 이것은 교회에서 하나님의 말씀이 지배해야 한다는 분명한 선언이다. 전통이나 인간 지혜로 구상한 다른 어떤 것은 교회를 지배해서는 안 된다. 그래서 그들은 그 반대 원리에 따라 실제로 금지되지 않은 것을, 자유롭게 소개할 수 있게 될 경우에 소개될 수 있는 것들을 실례로 들었다;

"이와 반대되는 교리를 우리가 이해하기로는, 사람들이 법이나 회의나 제도를 통해 하나님의 말씀의 명백한 명령 없이 사람들의 양심에 부과하는 일체의 것으로 본다. 이를테면 순결 서약이나 사전 결혼 서약, 남자들과 여자들을 몇몇 가장된 의상으로 묶어 놓는 것, 금식일을 미신적으로 지키는 것, 양심의 이유로 음식을 구별하는 것, 죽은 자들을 위한 기도 등이 그것이다. 또 사제들이 만들어낸 모든 성인들을 기념하여 거룩한 날로 지키는 것, 가령 사도들·순교자들·동정녀의 연회나 크리스마스 연회·할례·주현제(主顯祭)·재계(齋戒) 그리고 성모 연회 등도 다 같은 부류에 속한다. 이런 것들을 성경에서 명령하거나 확인한 것이 없으므로, 우리는 이 영역으로부터 완전히 절연되는 것이 옳은 것으로 판단한다…."[87]

87) Dunlop's Confessions, p. 519.

교회가 이런 규범을 충실하게 지켰더라면 잡다한 인간들의 기행(奇行)들의 심각한 결과를 막았을 것이고, 흔히 대의를 악화시킨 교만과 허례를 나타나지 못하게 막았을 것이다. 현대의 목회자들도 방향 감각이 예민하지 못해서, 종교개혁 교회들이 이렇게 소중히 간직했던 이 옛 원리의 의의를 상실할 가능성이 다분히 있다.

5) 스코틀랜드 개혁자들은 초대 교회의 사도성(apostolicity)으로 돌아갔다.

로마 교회는 가톨릭적(보편적)일 뿐만 아니라 사도적이라고 주장한다. 개혁자들은 로마 교회가 초대 교회의 교훈과 행위로부터 지나치게 이탈하여, 애석하게도 사도들의 교회와 다른 교회가 되었다고 주장했다. 초대 교회 지도자들은 세속적인 영광과 권세의 허세가 없는 청렴결백한 사람들이었지만, 중세기에 들어와서 교회가 완전히 달라졌다. 교회 대표자들의 교만과 허세가 거의 제한이 없었던 것이다.

교황 그레고리 7세(Hildebrand, 1073-1085)는 자기는 그리스도의 대리자요 베드로의 대표자로서, 제국들·왕국들·공국(公國)들·후작령들 그리고 만인의 재산을 줄 수도 있고 뺏을 수도 있다고 선언했다. 지상의 모든 사람들은 그를 인정해야 한다는 것이었다. 후에 교황 보니페이스 8세(Boniface, 1294-1303)는 모든 지상 통치자들이 자기에게 굴복해야 한다고 강력히 주장하면서 그의 칙령(Unam Sanctam)에서 이렇게 말했다;

> "로마 교황에 대한 모든 인간의 굴복은, 구원에 전적으로 필요하다는 것을 우리는 선언하고 진술하고 규정하고 선포하노라."

이 이상 거만한 주장이 있을 수 있겠는가. 종교개혁 당시에는 이런 모든 주장들이 거부되었다. 교황도 주교 이상의 권위를 가진 것이 아니라고 선언되었다. 개혁 사상이 가장 철저한 스코틀랜드 개혁교회를 포함한 개혁교회들에서는, 다시금 모든 목회자들의 동등성이 선포되었고 교회 법정에서 장로들도 동등권을 가진 것으로 선포되었다.

교회가 사도적인 행위로부터 이탈한 경로를 회고해 볼 가치가 있다. 3세기 중엽이 되기 직전 칼타고(Carthage)의 씨프리안(Cyprian)이 교회 안에 비기독교적인 '제사드리는 사제'(sacrificing priest)의 개념을 도입했다. 이 개념이 점차적으로 기반을 다져가다가 1215년에는 드디어 로마 교회에서 화체교리(the doctrine of Transubstantiation)이 공식적으로 선포되었다.

신약성경에 이런 교리가 암시된 곳이 없다. 사제가 성찬의 떡과 포도주를 주 예수의 실제적인 살과 피 그리고 주 예수의 영혼과 신성을 변화시킬 수 있다는 사상, 그리고 "신자들과 죽은 자들을 위한 화목 제물로" 예수를 다시 제단에 드릴 수 있다는 사상은 사도적인 교훈과 절대 이질적인 것이다.

초대교회 3세기 동안에는 성상도 없었고 그리스도나 사도들의 그림도 없었다. 이런 것들이 최초로 도입되었을 때 306년 스페인 「엘비라 회의」(the council of Elvira)는 항의했다. 그리고 730년 「콘스탄티노플 회의」(the Council of Constantinople)도 교황의 강력한 주장에도 불구하고 샤르마뉴(Charlemagne) 대제의 도움으로 그것을 금지시켰다. 그러나 그 후 성상숭배가 보편화 되었고 교회 전체가 성상들을 숭배했다. 이것이야말로 반(反)사도적인 풍습인 것이다.

연옥이나 성체 숭상, 성모 마리아 숭상, 성인들과 천사들의 숭배 등 몇 가지 예만 들더라도, 이런 것들도 사도적인 의식으로부터 유감스럽게 이탈된 것이다. 이런 것들 때문에 로마 교회가 사도적이라는 주장은 단어의 오용에 불과하다. 종교개혁으로 신약성경의 교훈과 의식으로 돌아가면서 교회의 태도는 다시 한번 사도적이 되었고, 이런 의례와 의식들은 복음의 정신에 이질적인 것이므로 없애 버렸다.

12. 스코틀랜드 신앙고백서와 제1치리서

1) 스코틀랜드 신앙고백

「스코틀랜드 신앙고백」은 여러 프로테스탄트 교회의 다른 신조들과 동일한 문제들을 다루고 있다. 총 25개 조항으로 되어 있는 것으로서, 하나님·창조·원죄·성육신·선택·그리스도의 죽음·부활·교회·선행·성례·성경의 권위 등에 대한 교회의 교리적인 입장을 제시하고 있다. 「웨스트민스터 신앙고백」보다 훨씬 짧지만 정신과 내용에서는 거의 동일하다. 「웨스트민스터 신앙고백」은 1647년 스코틀랜드 교회가 「스코틀랜드 신앙고백」 대신 공식적으로 채택한 것이다.

당시 총회에서는 「웨스트민스터 신앙고백」이 「스코틀랜드 신앙고백」에 전혀 위배되는 것이 없는 것으로 받아들여졌다고 선언했다. 「스코틀랜드 신앙고백」은 앞에서 살펴본 대로 아주 짧은 기간에 준비되었다. 그러나 「웨스트민스터 신앙고백」은 아주 수준 높은 많은 성직자들이 3년 6개월에 걸쳐서 작성한 것이었다. 따라서 후자가 더 완숙하고 더 간결하고 더 신중하고 더 공평한 것은 놀라운 것이 아니다.

그럼에도 불구하고 「스코틀랜드 신앙고백」은 그 나름의 장점들이 있었다. 그것은 평이한 문체에다 형이상학적인 탁월성이 전혀 없는 것으로서, 실제로 중요한 요점들을 집중적으로 다루어 독자들에게 선명하게 제시하여 놀라운 성공을 거두었다. 그것은 개혁 교리의 탁월한 요약서다. 세인트앤드류스의 미첼(A. F. Mitchell) 교수는 그것이 「웨스트민스터 신앙고백」 만큼 완벽한 것은 아니지만, 근본적으로 동일하게 개혁주의 고백서라고 강력하게 주장했다.[88]

앞장에서 살펴본 바와 같이 「스코틀랜드 신앙고백」의 교훈과 기타 개혁자

---

88) A. F. Mitchell, The Scottish Reformation, pp. 116-120.

들의 권위있는 교리 작품들의 교훈은 철두철미 성경에 기초한 것이었다. 「스코틀랜드 신앙고백」 제18항은 "우리 교회에서 가르치는 교리는 하나님의 기록된 말씀(즉 신·구약 성경) 속에 들어 있다"고 선언하고 있다. 스코틀랜드 교인들에게 있어서 성경의 최종적인 것은 분명하다. 「스코틀랜드 신앙고백」 서론에서는 인간의 나약성을 겸손하게 인정하면서 다음과 같이 말하고 있다;

> "만일 누구든지 이 고백서에서 하나님의 거룩한 말씀에 어긋나는 조항이나 문장을 발견하면, 부드러운 그리스도인의 사랑으로 그것을 글을 통해 우리에게 조언해 주면 좋겠다. 우리는 하나님의 은혜로 우리의 명예와 신실성을 걸고 그에게 하나님의 입에서 나오는 말씀으로 만족을 주기로 약속한다. 혹시 그가 잘못되었을지라도 그것을 수정하여 제시해 주기로 약속한다."[89]

프로테스탄트 각 교단이 16세기의 신앙고백서 작성에 얼마나 신중을 기했던지를 주목할 가치가 있다. 그들은 자기들이 믿는 바를 마음 속에 분명히 할 뿐만 아니라, 세상에 선포하는 메시지도 평이하게 이해되도록 하려고 무진 애를 썼다. 그들은 깊은 확신을 가진 사람들로서 흔들리지 않는 확신으로 말했다. 그들은 바울처럼 "나팔이 분명하지 못한 소리를 내면" 전쟁에서 혼란만 초래될 뿐이라고 믿었다(고전 14:8). 따라서 그들은 분명하고 힘있고 설득력 있게 말했다.

「스코틀랜드 신앙고백」의 문체와 교훈의 예를 몇 가지 들 수 있다. 제3항('원죄에 대하여')이 좋은 표본이다. 범죄를 통해 "하나님의 형상이 인간 속에서 완전히 파괴되었다." 아담의 후손들은 "하나님의 원수들, 사탄의 노예들, 죄의 종들이 되었다." 성령에 의해 위로부터 난 중생만이 사람들을, 만민을 사로잡고 있는 영원한 사망으로부터 구원할 수 있다. 성령은 선민의 마음속에 "하나님의 약속에 대한 확신"을 심어 준다. 따라서 우리는 "그의 안에 약속

89) Dunlop's Confessions, II, pp. 17-18.

된 은혜와 혜택"으로서 그리스도를 이해한다. 이것은 종교개혁의 건전한 교훈 그 이상의 가치가 있다. 이것은 5세기 초 성 어거스틴의 교리와 일맥상통하고, 어거스틴의 교리는 또한 사도 바울의 서신에 근거한 것이다.

제12항은 앞에서 말한 영적 부패의 참상에 대한 구제책을 제시해 준다. 하나님께서 "없던 우리를 창조하셨"으므로, 성령도 우리 속에 아무 공로가 없어도 우리를 거룩하게 하시고 거듭나게 하신다. 창조에 대해 우리 스스로 자랑할 것이 없듯이 중생과 성화에 대해서도 우리는 자랑할 것이 없다. 우리 안에 선한 일을 시작하셔서 추진하실 수 있는 분은 하나님 뿐이시다. 우리는 "그 분의 무조건적인 은혜"를 찬양할 뿐이다. 우리는 허물과 죄로 죽었으나, 성령의 능력으로만 영적으로 소생할 수 있다. 이 진술을 뒷받침하기 위해 성경의 여러 귀절을 인용했다.

제12항은 성령만이 죄로 죽은 자들을 살리실 수 있으므로, 하나님은 중생시킬 자들을 선택하신 것이 분명하다고 진술하고 있다. 제8항은 "영원하신 하나님 아버지께서 그의 은혜로만 창세 전에 그의 아들 그리스도 예수 안에서 우리를 선택하셨다"고 말하고 있다. 여기서도 성경 여러 곳을 인용하여 교리를 뒷받침했다.[90] 여기에 아주 경건하고 조심스럽게 다루어야 할 오묘한 신비가 있다. 이 엄숙한 교리의 흠을 잡기 쉽다. 이것에 관련된 심오한 신비를 풀어 헤치기는 쉽지 않다. 하나님만이 그렇게 하실 수 있다.

제15항은 「이신득의」의 교리를 훌륭하게 해설했다. 이 교리는 흔히 「교회가 서느냐 무너지느냐」가 달려 있는 항목으로 묘사되었다. 이신득의 교리는 개혁자들의 교훈의 기본이었다. 제16항과 제18항은 교회론을 다룬다. 그렇지만 다른 개혁교회 신조들도 무형 교회가 강조되었다;

> "(무형 교회는) 하나님이 선택하신 일단의 사람들로서 교회의 유일한 미리 되신 그리스도 예수를 참으로 믿음으로 하나님을 경배하고 영접하는 자들이다… 교

90) Ibid., p. 32.

회는 모든 시대 모든 방언의 선민들을 포함하기 때문에 보편적이다. 그들은 성령의 성화를 통해 하나님 아버지와 그 아들 예수 그리스도와 교제하여 사귀는 자들이다."[91]

이것은 보편적인 교회가 모든 분야를 포함하는 것으로 보는 「폭넓고 관대한 보편적인 교회관」(a broad, tolerant view of the Church Universal)이다. 종교개혁 시대와 그 이후에 개혁교회들은 상호 교류했고 영국 성공회도 교류했다. 그 후 대주교 로드(Laud) 시대에 와서 배타성이 생겨서, 다른 교단 인사들과 교류하는 것이 때때로 매우 어려워졌다. 프로테스탄트 교단들 간에는 거의 모든 교회가 여전히 상호 교류했다. 「불가시적인 교회」(The Invisible Church)는 그리스도에 대한 신앙을 고백하고, 그리스도를 따르는 자들 속에서 가시적이게 된다. 그러나 가시적인 교회 교인들 중에, 얼마가 하나님의 참된 교회인 불가시적인 교회 회원들인가는 하나님만 아신다.[92]

그러나 참된 신자들과 그렇지 못한 신자들에 대한 확실한 몇 가지 증거들이 있다. 또한 어느 교단이 그리스도의 참된 교회에 실제로 속해 있는지를 보여주는 표지가 있다. 「스코틀랜드 신앙고백」은 참된 교회가 "유서깊은 역사나 찬탈한 명칭이나 혈통 혹은 임명 장소나 승인하는 사람들의 무리"에 있는 것이 아니라고 말했다. 참된 교회의 적극적인 표지들은 다음과 같다;

① 하나님의 말씀의 진정한 전파.

전파의 형태가 어떠하든 상관이 없는 것이 아니다. 인간의 변덕이나 공상을 전파하는 것이 아니라, 하나님의 말씀에 맞는 것을 전파해야 한다.

② 성례의 정당한 집행.

이것은 진리를 사람들의 마음과 생활에 확인시키는 것이다. 유일한 성례는

91) Ibid., p. 60.
92) Ibid., p. 8.

세례와 성찬 뿐이다.

③ 하나님의 말씀이 규정하는 대로 올바르게 실시된 권징.

권징의 목적은 악을 시정하고 선을 격려하는 것이다. 복음의 도덕적인 원리들은 유지·선포되어야 한다. 추악한 생활을 하는 자들을 사랑으로 권면하되, 마지막 수단으로 교회 회원 자격으로부터 교회의 순결을 보존하는 쪽으로 나가야 한다. 교회는 고질적인 악습들을 청산해야 함으로 권징은 가혹하게 시행되어야 한다.[93]

그리고 제24항은 교회와 국가의 관계를 다루고 있다. "권세와 권한은 하나님의 영광을 나타내기 위해 제정된 것이고 인류의 유익을 위해 제정된 것이다." 그러므로 권력을 잡은 자들은 "사랑과 존경과 두려움"의 대상이 되어야 한다. 교회와 국가는 모두 하나님이 제정하신 것이다. 교회는 영적인 영역을 위하고, 국가는 세속적인 영역을 위한 것이다. 교회와 국가는 국민들의 복지를 위해 상호 협조해야 하지만, 그 어느 하나가 다른 하나의 영역을 침해해서는 안된다. 교회와 국가의 상호협력적인 권위 개념을 창안한 사람은 존 낙스였다. 이것은 당시에 스코틀랜드에서는 너무나 잘 알려져 있었다.[94]

2) 제1치리서

의회에 의해 「스코틀랜드 신앙고백서」의 작성을 요청받은 6명의 목사들은, 교회 행정과 권징 집행에 관한 치리서 작성도 요청받았다. 그것은 「제1치리서」(The First Book of Discipline) 혹은 「교회 정치와 권징」(The Policie and Discipline of the Church)으로 알려진 것으로 16장으로 되어 있다. 그것은 지도급 목회자들의 정치가적인 소질과 그들의 놀라울 정도로 원대한 식견을 보여 주는 주

93) Ibid., pp. 66-68.

94) Ibid., pp. 90-93.

목할 만한 책이다. 교회 재산 규정 때문에 「제1치리서」는 의회에 의해 결코 승인을 얻지 못했다. 왜냐하면 많은 남작들이 교회에 속한 방대한 토지를 소유하고 있었기 때문이다.

그러나 많은 귀족들과 평민들은 이 문서에 개별적으로 서명하고 힘껏 모든 수단을 써서 그 목적을 추진할 것을 약속했다. 서명자들 중에는 제임스 스튜어트 경(Moray의 백작)과, 아키발드(Archibald), 아가일의 5대 백작, 글렌케언의 백작 그리고 오킬트리(Ochiltree) 등이 있었다. 위대한 종교개혁 운동에서 참으로 공헌한 자들은 이런 유형의 사람들이었다. 성공을 확신할 때만 대의명분을 지지하는 자기 추구형들은 사실상 종교개혁에 별로 공헌하지 못했다. 「치리서」와 「공동 의식서」(the Book of Common Order)의 주요 표제들은 다음과 같다.

a. 교회 직분자들

「공공 질서서」는 1556년 낙스가 제네바에서 자기 교인들에게 사용하기 위해 작성한 책인데, 여기에는 교회의 항존 직원들로서 목사·장로·집사·박사 등이 언급되었다. 박사는 현대 신학교의 교수 내지 강사에 해당하는 직위라고 볼 수 있다. 사도직은 두드러진 특수직이었으나, 현 대로 끝나는 직분이었다. 「치리서」는 목사·장로·집사직을 교회의 항존직으로 인정하였으나, 종교개혁 직후의 특수 상황에 대처하기 위해서 두 개의 임시직을 첨가했다; '감독관'(superintendent)과 '독경사'(reader)가 그것이다.

① 목사들(Ministers)

장로교 목사의 지위와 임무는 현재의 그것과 아주 흡사했다. 각 회중은 그 자체의 목사를 선출할 권리가 있었다. 그러나 목사는 목사직 적성 여부를 교회에 의해 조사받아야 했다. 목사는 '술 먹고 흥청거리거나 재물에 욕심을 갖지 못하게' 되어 있었다. "목사가 대중 맥주집이나 선술집에 드나드는 것"은 용납할 수 없는 것으로 간주되었다. 개혁교회는 로마 교회의 일부 성직자들

이 빠졌던 유혹으로부터, 자기네 목사들을 보호하려고 한 것은 분명하다.[95]

최근의 의식을 보면 「제1치리서」는 목사 서임식(취임식)에서 안수하는 것을 반대했다. 이것은 주목할 만한 사실이다. 사도들이 안수한 것은 사실이었으나 이제 안수 기적은 중단되었다. 따라서 안수식은 불필요한 것으로 판단된다.[96] 그리고 목사의 의무에 대해 명백한 몇 가지 언급이 있다;

> "이 지역의 모든 교회와 대회에서 진실하고 공개적으로 복음이 선포되어야 한다. 그리고 이 경우에 복음은 전반적인 하나님의 진리를 의미했다.[97] 건전한 교리에 의해 교회를 세울 능력이 없는 자는 그 누구라도 목사가 될 수 없다. 그런 자는 교회 행정직에 머물러 있어야 한다."[98]

그리고 설교 못하는 목사를 원하는 자들이 없었던 것은 명백하다. 따라서 하나님께서 그 입에 권면의 설교 말씀을 두시지 않은 자는 성례도 정당하게 시행할 수 없었다. 설교는 할 줄 모르면서 남들이 준비한 설교집이나 읽을 줄 아는 목사를 둔다는 것은(실제로 그런 나라들이 있었음), "목사를 전혀 두지 않은 것과 같으며 진정한 목사의 위치에 우상을 두는 것과 같고 어떤 경우에는 그보다 더 못한 일도 있다. 그런데 이런 공허한 그림자로 만족하면서 참 목사를 찾지 않는 자들이 많다.[99] 그 당시 목사의 숫자가 매우 부족한 것을 볼 때, 이렇게 높은 수준의 설교를 주장한 것은 주목할 만한 일이다.

② 감독관(Superintendents)

당시에 목사들은 극소수였다. 1560년 12월 20일 제1회 총회 때에 불과

---

95) The Book of Discipline, chapter Ⅶ.

96) Ibid., chapter Ⅳ.

97) Dunlop's confessions, Ⅱ, p. 518.

98) Ibid., p. 526.

99) Dunlop, Ibid., p. 530.

6명의 목사와 36명의 장로가 참석한 것으로 보아서도 알 수 있다. 물론 전국적으로 6명 이상이었던 것은 사실이었으나, 전체적으로 스코틀랜드의 목회를 감당하기에는 유감스러울 정도로 극소수였다. 이 부족을 보충하기 위해서 '독경사들'을 임명해서 주일날 성경과 공(公)기도서들을 읽게 했다. 그들은 설교 능력이 인정될 때까지 설교할 수 없었고 성례도 집행할 수 없었다.

이런 독경사들의 일을 감독하기 위해서 10~12명의 '경건하고 학식있는 사람들'을 '감독관들'로 선발했다. 한 지역에 한 감독관이 배치되었다. 여기서 한 지역은 과거의 교구와 거의 같은 것이었다.

감독관들은 정규적으로 자기 관할 지역을 방문하고, 매주 3회 설교하고, 정식 목사가 없는 곳에서 성례를 거행하고, 권징의 집행을 감독하고, 민중들 사이에 건전한 기독교 생활을 진작시켜야 했다. 「고(高) 교회 교직자들」(High Churchmen)은 스코틀랜드의 감독관을 '로마 교회의 주교'에 불과하다고 주장했다. 감독관과 교구 주교의 기능에 다소 유사점이 있는 것을 인정한다. 그러나 동시에 그 사이에는 엄청난 차이점이 있다. 감독파 교인들은 존 낙스와 그의 목회 동역자들이 주교들을 포함한 일종의 성직계급 제도에 의한 교회 정치를 받아들일 준비가 되어 있었다는 것을 증명하기 위해 끈질기게 노력했다. 이것은 별로 어울리지 않는 일이다. 따라서 이 문제를 조사해 보고자 한다. 미첼(A. F. Mitchell) 교수는 감독관과 주교는 지위상 근본적으로 차이가 있다고 결론을 내렸다;[100]

a. 주교(bishop)는 소위 사도들의 정통 계승자들의 명의 주교(적어도 2명의 주교)에 의해 성직 수임을 받아야 했다. 그러나 감독관은 단 한 사람의 장로가 세울 수 있었다.

b. 주교의 임무는 그와 같은 등급에 있는 자에게만 양도될 수 있었다. 감독관의 임무는 흔히 총회에서 임명되는 정상적인 목사에게 양도되었다.

---

100) A. F. Mitchell, The Scottish Reformation, pp. 155-158.

c. 설교는 주교의 주 임무는 아니었고 감독관의 주 임무였다.
d. 주교는 대회에서 성직자들의 결정을 거부하고도 그들에 의해 징계받지 않을 수 있었다. 감독관은 단지 대회의 항구적인 사회자로서, 여느 목사와 같이 그 결정에 영향을 미칠 수 있었다. 만일 임무를 소홀히 하면 대회에서 고소와 징벌을 받을 수 있다.
e. 감독관은 목사들과 장로들로 구성된 총회의 지배를 받았다. 그는 총회 석상에 가장 미미한 회원과 같은 언권을 갖고 참석했다. 더욱이 감독관 직은 어려운 시기에만 계속되는 임시직이었다.

또한 명심해야 할 것은 낙스가 칼빈파에 속했다는 사실이다. 칼빈은 1541년에 이미 그의 「의식서」(Ordinances)에서 장로교식 교회 정치를 확립했다. 더욱이 스코틀랜드 개혁자 낙스가 영국의 복음적인 주교들과 기꺼이 협력한 것은 사실이지만 결코 그들의 정치를 받아들이지 않았으며, 그 때문에 로체스터 주교직을 거절했고 스코틀랜드 교회를 감독정치 하에 두려는 시도들을 강력히 반박했다. 프랑크푸르트(Frankfurt)에 있는 그의 교파도 주교 두기를 거절했다.

③ 장로들(Elders)

장로는 「제1치리서」에서 주요직이었다. 장로는 교회의 모든 공적인 일에 목사를 도와야 했다. 사건을 판단·결정하는 일, 방탕한 자들에게 경고하는 일, 자기 관할 하에 있는 사람들의 예의와 대화를 개선하도록 돕는 일에 목사를 보좌했다. 장로는 당회 회원이었다. 당회는 목사의 주재 하에 지교회의 영적인 일들을 지도하는 치리회였다. 장로는 집사처럼 1년 임기로 회중의 자유 투표로 피선되지만 재선도 가능했다. 장로는 하나님의 말씀을 가장 잘 알고, 깨끗한 생활을 하고, 가장 정직한 말을 하는 사람이어야 했다.

「제1치리서」의 놀라운 특징은 장로에게 "목사의 생활·예의·근면성 및 연구 자세"를 주시할 임무를 부여했다는 점이다. 장로는 바람직한 방향으로 목사를 권유하고 시정하고, 면직이 합당한 경우에는 교회 법정에 소송하도록 되어 있었다.[101] 이는 확실히 신약성경의 교훈에 따라 목사와 장로의 동등권을 분명히 보여 주는 것이다. 목사는 특수 사역을 위해 세워진 장로에 불과하다.

④ 집사(Deacons)

집사의 임무는 교회 재정을 관리하고, 사용료를 받고, 구제금을 모아서 교회에서 정하는 대로 분배하는 것이었다.

⑤ 독경사(Readers)

앞에서 살펴본 대로 종교개혁 이후 목사가 너무 모자랄 때, 독경사는 교회에서 중요한 요소였다. 독경사의 임무도 이미 살펴본 바 있다. 능력이 인정되면 독경사는 '권면자'(exhorter)의 지위로 승격되어, 성경을 읽을 뿐만 아니라 해설할 수도 있게 된다. 많은 독경사들이 더 나은 교육을 받아 교사들이 되었다.

열심히 공부하여 정식 목사 자격을 얻는 자들도 적지 않았다. 1560년에 약 12명의 목사로 시작한 새 교회가 급성장하여, 1567년에는 1048개 교회에 257명의 정식 목사와 455명의 독경사와 151명의 권면자가 있었으니, 새 교회의 활력이 어느 정도였는지 알 수 있다. 이 당시 감독관이 5명으로 줄어들었다는 것은 의미심장한 사실이다. 이런 급성장이 계속되면서 정식 목사의 급증으로 감독관이나 독경사가 불필요하게 되었다.

b. 교회 정치(Church Government)

「제1치리서」는 교회 치리가 당회·노회·대회·총회로 이루어지도록 특별히 규정하였다. 그러나 그것이 초기 형태를 취했음을 곧 알 수 있다. 존 커닝험(John Cunningham) 교수는 이렇게 지적했다;

---

101) Dunlop's Confessions, p. 578.

① 목사는 일정한 시기에 장로들과 집사들과 만나야 한다. 이것은 당회(kirk session)의 기원이었다.

② 6마일 이내의 대도시 목사들은 매주 소위 '예언회'(prophesyings)나 '수련회'(exercises)로 모여야 했다. 그들은 성경의 연구와 해석에서 다른 신자들과 협력했다. 각자는 형제들을 세우기 위해 자기 견해를 자유롭게 표현할 수 있었지만 설교는 금지되었다. 의심스러운 문제들을 다루고 형제답게 권면하는 시기였다. 이런 '수련회'를 통해 형제들의 은사들을 개발하여 교회의 유익을 위해 사용하게 되었다. 이런 모임이 노회(presbytery)의 기원이다. 엘리자베스 여왕은 영국에서의 이런 경향을 속히 파악하고, 경건한 대주교 그린달(Grindal)의 권유에도 불구하고 '예언회'를 금지했다.

③ 감독관은 그 지역의 목사들과 만나야 했다. 이것이 말하자면 대회(synod)의 시초다.

④ 스코틀랜드 교회에는 초기부터 총회(General Assembly)가 있었다. 전국 각지의 대표들과 목사들과 장로들이 참석했다.

스코틀랜드 역사에서 이 고상한 기관의 중요성은 아무리 강조해도 지나치지 않을 것이다. 오늘날까지 총회는 전국의 종교 및 도덕 사상을 계속 표현하고 있다. 스코틀랜드 총회처럼 그토록 많은 주의와 관심을 끈 교회 기관이 있던 나라는 없었다고 말해도 무방하다.

처음에는 대륙에서처럼 당회가 여러 개의 지교회를 관할했다. 가령 에딘버러, 글라스고, 던디, 퍼스 등에서 한 당회가 각각 모든 신자들을 치리했다. 당회는 흔히 '작은 노회' 혹은 '장로회'(eldership)로 불리었다. 후에 그것은 '큰 장로회'(greater eldership) 혹은 '고대의 노회'(classical presbytery) 등으로 알려졌고, '수련회'(즉 예언회)를 흡수했다. 그러다가 당회는 현재처럼 지교회 치리만 맡게 되었다.

C. 예배와 권징

주일 대예배 순서는 현재와 흡사했다. 그 당시 유럽 대륙 개혁교회의 습관을 따라(루터파와 구분됨), 대중 찬송에 시편 찬가만 사용되었으며 오르간 반주는 없었다. 1861년 스코틀랜드 교회가 찬송가 사용을 승인하기까지 이것이 장로 교회들의 일반 풍습이 되었다. 그 때부터 계속 찬송가와 교훈적인 음악의 사용이 전 세계 장로교회들에서 승인되기 시작했다. 일부 작은 단체들의 경우만 스코틀랜드 개혁자들의 습관이 철저하게 고수되었다.

개혁자들은 대도시에서 매일 설교나 공기도를 성경읽기와 함께 권장했다. 소도시에서는 일요일 외에 적어도 하루는 이런 일을 하도록 권장했다. "주일은 오전이나 오후 모든 도시에서 엄수해야 한다." 오전에는 말씀 전파와 성례 집행이 있었다. 오후에는 어린이들이 어른들 앞에서 공적으로 소요리문답 조사를 받았다. 목사는 교인들이 교리들을 이해하고 있는지 '최대한 근면하게' 살펴야 한다.

주일 외의 모든 성일(聖日)은 성경적인 근거가 없음으로 폐지되었다. 로마 가톨릭 국가에 살고 있는 자들만 성일이 얼마나 부담스럽고 일상 활동에 얼마나 장애물이 될 수 있는지를 깨닫는다. 모든 독신 서약과 특별한 종교 의상 착용은 정죄되었다.

세례에서 물은 죄인들이 성령으로 적용된 그리스도 속죄의 정화 효력을 통해 죄씻음 받는다는 진리를 상징하는 것으로 사용되었다. 기름, 소금, 왁스, 침, 주문 사용, 십자가 긋기 등 로마 교회의 풍습이 금지되었다. 왜냐하면 그것들은 사람들이 꾸며낸 것으로서, 신약성경의 의식이 불완전하다는 것을 암시하는 것이기 때문이었다.

그 당시 성찬은 현재 장로교회의 성찬과 매우 흡사했다. 다만 각 개인의 잔이 없었다는 점이 다르다. 성찬식의 참여자들은 주기도와 십계명과 사도 신경 등을 교회의 정식 회원이 되기 전에 암송하도록 되어 있었다. 로마 교회에서는 평신도에게 성찬 잔을 거부했지만, 스코틀랜드 장로교회에서는 참여자들에게 떡과 포도주를 다 나누어 주었다. 「제1치리서」는 이렇게 규정하였다;

"성찬은 최후 만찬시 그리스도 자신의 행동과 가장 가깝게 접근할 때에 가장 바르게 시행된다."[102]

물론 화체설은 강력하게 정죄되었다.

종교개혁 이전에는 스코틀랜드에서 적어도 일부 프로테스탄트는 에드워드 6세의 제2기도서를 사용했다. 그러나 상당히 자유스럽게 그것을 사용할 수 있었다. 존 낙스도 영국에 있을 때 이 기도서를 사용했다 하더라도, 완전히 그대로 사용하지는 않았다. 종교개혁 이후에 흔히 「낙스의 예배서」(Knox's Liturge)로 잘못 칭해진 '공공 질서서'가 1560년 「제1치리서」에 의해 인가되었기 때문에 영국의 기도서 대신에 사용되었다.

1564년 총회에서도 그것을 인가했다. 그것은 목사들에게 예배 집행의 지침과 도움을 주도록 의도된 것이었다. 노예처럼 맹목적으로 추종하도록 하자는데 그 의도가 있었던 것은 아니었다. 그것은 확실히 한 글자 한 글자 암송하여 엄격한 예배서로 사용되지는 않았다. 때때로 목사가 어떤 기도서, 혹은 결과가 같은 기도서, 혹은 유사한 기도서를 사용하도록 지시받았다.[103]

성령을 기도로 구해야 한다고 주장되기도 했고, 어떤 곳에서는 목사가 성령께서 그의 마음을 움직이시는 대로 기도하도록 지시받기도 했다.[104] 콜더우드(Calderwood)와 로우(Row) 등은 '공공 질서서'를 대단히 중시했는데, 그 책은 하나의 지침이기 때문에 자유로운 즉석 기도를 격려해야 할 것을 분명히 보여 주었다. 존 낙스를 사실상의 의식주의자로 제시하려는 시도가 빈번한 사실로 보아 이 점을 명시해 두어야 한다.

d. 교회 재산(Patrimony)

---

102) Ibid., pp. 520-552.

103) Ibid., pp. 417-421.

104) Ibid., p. 426.

종교개혁 이전의 로마 교회가 스코틀랜드 재산의 거의 절반을 소유하고 있었다는 것은 주지의 사실이다. 이 재산 중의 태반이 수도원에 속한 방대한 영지들로 되어 있었다. 종교개혁이 성공할 듯하게 되자, 이 많은 영지가 교회 소유주들에 의해 세속 소유주들에게로 넘어갔다. 그 밖의 토지는 무자비하고 이기적인 남작들이 불법적으로 소유했다.

스코틀랜드의 로마 교회가 1560년을 계기로 사실상 존재하지 않게 되자, 교회의 막대한 세입을 어떻게 처리할 것인가라는 문제가 생겼다. 「치리서」 작성자들은 존 낙스의 지도 아래 교회의 수입을 삼분해야 한다고 제의했다. 한 부분은 복음 사역의 유지비로, 한 부분은 전국적으로 교육 진흥 기금으로, 다른 한 부분은 빈민 구제비로 사용하자는 것이었다. 빈민 구제비를 제의한 것은 그리스도의 교회가 항상 빈민 구호를 성스러운 사명으로 간주했기 때문이었다.

이것은 이런 자금의 본래 목적과 합치되는 것이었다. 여기에는 존 낙스의 공헌이 컸다. 낙스의 비판자들까지도 이제 의회에 제출된 교회 재산 사용 계획서를 보고, 낙스의 비상한 재질을 인정하지 않을 수 없었다. 스코틀랜드의 국익을 위해 이보다 더 장엄한 계획이 제의된 적이 없었다. 이것은 종교와 미덕 증진의 결의와 탁월한 정치적인 재능을 보여준 것이었다.

① **복음사역**(ministry)

사역 유지비 제안은 결코 사치스러운 것이 아니었다. 스코틀랜드 국민들이 보기에 합당한 규모로 제의된 것이었다. 여기에는 목회자 가족 교육비도 포함되었다.

② **교육**(Education)

서문을 통해 올바른 교육과 경건한 후진 양성의 중요성을 역설한 후에 교육비 세목이 제시되었다. 교회는 도시에서 “적어도 문법과 라틴어를 가르칠 수 있는 자”를 교사로 임명해야 한다. 시골 교구에서는 목사나 독경사가 학교를 맡아 “어린이들에게 기본 과목을 가르쳐야” 한다. “각 대도시에서는” 대학교와 고등학교를 세워 "교양과목(적어도 논리학과 수사학)을 어학과 함께 충분한 자격이 있는 강사들(Masters)로 가르치게 하고 그들에게 적당한 급료를 지급해야 한다." 스스로 가족 교육비를 지불할 수 없는 빈민 자녀들의 경우는 교회가 교육비를 지불해야 한다.

마지막으로 종합대학은 "학문에 자질이 있는 자들로 채워야 한다." 모든 국민은 신분 여하를 불문하고 자기 자녀들을 지식과 미덕 면에서 교육하지 않으면 안된다. 부자들은 자비로 자녀들을 교육해야 한다. 그러나 빈민의 자녀들은 적성에 따라 교육받게 하되 학비를 보조하여 그들을 통해 국익을 도모해야 한다. 학교와 종합대학의 지침, 학과 과정의 본질, 봉급 등 괄목할 만큼 완벽하고 지혜로운 규칙이 제시되었다.

교직자들은 흔히 사업 문제에 무능하다는 조롱을 받아 왔었다. 그러나 「제1치리서」(특히 교육과 빈민 구제의 부문)을 읽어본 자는, 누구나 6명의 목사들이 명석하고 멀리 내다 보고 칭찬할 만한 사업 자질을 소유한 자들이었음을 볼 수 있다. 이들은 이미 1560년에 20세기에 와서야 우리나라에서 보편적으로 인정된 원리들을 정립했다는 것은 놀라운 사실이 아닐 수 없다. 그들은 선구자적으로 의무 교육을 주장했으며, 빈민의 실력있는 자녀는 초라한 교구 학교로부터 대학교에 이르기까지 학비를 보조받게 하는 제도를 주장했다.

귀족들의 어마어마한 탐욕이 심각한 장애물에 부딪히기는 했지만 그 제도를 파괴시키지는 못했다. 교회는 최선을 다했고 "각 교구마다 한 교회 한 학교"라는 낙스의 이상을 결코 망각하지 않았다. 학교에 관해서는 그 이상이 18세기 후엽까지 완전히 실현되지는 못했다. 스코틀랜드 교회의 교육 증진은 유례없는 것이고, 그로 인해 스코틀랜드 농부들이 세계에서 교육 수준이 가장 높은 자들이 되었다. 개혁교회의 대중 교육 이상이 스코틀랜드에 어떤 기여를 했을까?

그 한 실례로 1800년에 옥스포드와 캠브리지 대학 학생 총수가 1,000명이었다. 이 두 대학들은 당시 영국의 유일한 대학들이었다. 그런데 스코틀랜드에는 4개의 대학교가 있었고 에딘버러만 해도 993명의 학생이 있었다. 1830년에 영국의 대학생들은 3,000명 미만이었으나, 영국 인구의 1/8밖에 안되는 스코틀랜드의 대학생들은 4,400명이었다. 그런데 만일 존 낙스가 교육비로 제의한 세입을 오도된 귀족들이 횡령하지 않았다면, 스코틀랜드의 지위가 어느 정도 되었겠는가?

③ 빈민 구제

「치리서」는 과거에 성직자들의 무모한 착취로 압박받다가, 지금은 영주들과 지주들에 의해 잔인하게 취급받고 있는 소작농을 위해 고상한 호소를 했다. 영주들과 지주들은 과거에 로마 교회가 착취하던 소작료를 요구했다. 백작들과 남작들은 "자기들의 정당한 녹을 먹고 살고" 가난한 자들도 "위로와 휴식"을 취할 수 있도록 해야 한다고 과감히 촉구했다. 소작료와 기타 빈민들에게 부담이 된 사망세(death dues)와 부활절 헌금 등 혹독한 세금의 전폐를 주장했다. 미첼(Mitchell) 교수는 다음과 같이 기록했다;

> "세계사와 기독교사에 이보다 더 고귀한 페이지는 거의 없었다. 이 가난한 목사들이 아직도 적절한 목회 유지비를 보장받지 못한 상태에서 과감하게 소작농 후원을 맡았던 것이다. 그들은 그토록 오랫동안 착취와 억압을 당해온 자들에게서, 소작료를 착취하기보다 오히려 자신들이 고통을 당하겠다고 말했다."[105]

앞서 살핀 대로 의회는 「제1치리서」 승인을 거부했다. 레싱톤의 윌리암 메이틀랜드 경 등 일부 인사들은 그 조항들을 공개적으로 조소하였다. 다른 이들은 그것이 자기들의 방종한 생활을 질책한 것이므로 그것을 아주 싫어했다. 의회가 사역유지비, 교육 진흥비, 빈민 구제비 등의 재정 체계를 승인하지 못한 것은 의회의 유감스러운 실수였다. 교회는 자체가 가난하면서도 대장부답게 투쟁하면서 이런 귀중한 목적을 위하여 최선을 다했다.

---

105) A. F. Mitchell, The Scottish Reformation, p. 180.

부록

존 낙스 이후의 스코틀랜드 언약도의 종교개혁

이 부록은 김재성 교수의 글에 나오는 「스코틀랜드 언약도」와 관련된 세 가지 주제를 요약 · 정리한 것이다. 편의상 인용 문서는 생략했다.

1. 스코틀랜드 청교도의 언약 사상

청교도 사상에서 가장 중요한 부분 중 하나가 언약신학이다. 청교도는 성경에 나오는 언약에 대한 성경을 공부하거나 그 개념을 이해하고 수용하는 것으로 그친 것이 아니라, 청교도 혁명이라는 과업을 수행하게 하는 동맹 의식으로 발전시켰다. 청교도 운동의 절정기의 심화되고 확산된 언약신학은 절대 군주의 폭정에 맞서서 세상을 바꾸어 놓았다. 수많은 청교도의 가슴에 역동적인 동지 의식을 심어준 언약 사상은, 개인이나 교회나 사회나 국가를 새롭게 하는 힘을 발휘하게 했다.

청교도는 스스로를 언약의 백성이라고 생각했고, 청교도 지도자들은 성경적인 언약 사상을 강조했다. 청교도 귀족들과 정치가는 언약 동맹을 맺은 군대를 이끌고 국왕의 군대에 맞서서 싸웠다. 언약 사상의 구체적이고 실제적인 적용과 활용이 펼쳐진 역사적인 사건들의 내용을 모른다면, 청교도 연구는 수박 겉핥기에 불과하다. 청교도 언약 사상의 뿌리에는 이미 유럽 종교개혁자들과 수많은 신학자들이 성경을 파헤쳐서 구축한 언약신학이 있었고, 언약의 약속에 근거하여 개신교회가 믿는 구원의 교리를 견고하게 체계화했다.

성경의 가르침 중에서 언약 개념이 중요하다는 점을 가장 주목하였고, 언약의 정신을 깨어서 지키려고 했던 신자들은 놀랍게도 17세기 청교도였다. 청교도의 생각과 삶에는 언약백성의 다짐과 헌신이 깊이 스며들어 있다. 스코틀랜드의 언약 사상의 중요성을 드러내는 획기적인 문서는 「국가 언약」과 『엄숙 동맹과 언약』(the Solemn League and Covenant, 1643)이었다. 이 두 가지 언약 문서는 청교도의 진면목을 보여주는 위대한 신앙의 금자탑이자 청교도 운동의 기념비다.

간단히 설명하면 언약은 인간의 죄를 해결하기 위해서 나온 하나님의 계획과 방법에 담겨 있는 특별한 관계를 의미한다. 하나님과 그의 백성의 관계는 「언약으로 맺어지는 특별한 관계」다. 하나님께서 먼저 "내가 나의 언약을 세우리라"고 선포하셨다(창 6:18, 출 6:4-5). 이런 의미에서 언약은 일방적이고 단독적이고 주도적이신 하나님의 우선적인 조치다. 하나님은 자신의 언약에 대해 신실하실 것이라고 약속하셨다(레 26:44-45, 신 4:31).

청교도 사상에서 가장 중요한 부분은, 성경적인 언약 개념을 정립하여 기독교 진리 체계를 정착시켰다는 점이다. 청교도 언약 사상의 핵심은 성경적인 이해에 그치는 것만이 아니라, 생활 속에서 공동체의 집단적인 이념으로 공유했다는 데 있다. 하나님의 나라를 구성하는 성도들은 단순히 민족적인 애국심이나 자기 종족만을 위한 편협한 인종주의에 빠지지 않으면서도, 언약 공동체 의식이 확고하였다. 청교도는 언약의 신념과 고백을 문서로 체계화해서 선포했을 뿐만 아니라, 올리버 크롬웰이 지도하는 국가 공동체에 적용했다.

1. 청교도 혁명의 「국가 언약」

위대한 청교도 운동과 교회 개혁의 추진 동력은 위대한 청교도의 언약 사상에서 빚어졌다. 메리와 엘리자베스 여왕의 통치 시대에 전개된 청교도 운동은 단일 군주가 분수를 넘어서 절대왕정 통치주의를 이론화하여 변경된 「수장령」을 발동하고 전체주의를 시행하고자 할 때 「청교도 혁명」으로 바뀌게 되었다. 청교도 혁명을 주도한 지도자들은 절대 군주제가 아니라 정의롭지 못한 통치에 저항할 수 있다는 「국가 언약」을 신념으로 품고 있었다.

청교도는 국왕의 권세라도 교회에 의해서 제한받을 수 있음을 알게 하려고 노력했다. 메리와 엘리자베스 시대를 거치면서 수용주의자들은 서명했지만, 비서명파 목회자들은 왕권의 탄압에 맞서서 이것을 거부했다. 청교도는 국왕도 교회의 권징과 치리의 대상이라고 생각했다. 스코틀랜드 초기 장로교회 지도자들은 모든 교회에 대한 왕권의 지배를 어느 정도 받아들였지만, 왕권의 무한대 요구로 로마 가톨릭 체제로 회귀하려 할 때는 결코 좌시하지 않았다.

이런 정치적인 요소들은 입헌 군주제, 대의 제도인 공화정 체제, 완전한 민주주의 제도로 발전해 나가는 초석이 되었다. 영국에서 벌어진 왕권과 청교도 사이의 대립에는 교회개혁에 관련된 조치들로 인해 갈등이 고조되었는데, 이것을 해결하는 과정에서 스코틀랜드의 군사적·언약적인 연대가 매우 중요한 요소가 되었다. 청교도 혁명이 성공할 수 있었던 가장 중요한 요인으로, 그들의 가슴 속에 칼뱅주의 신학과 정치 사상이 결합된 스코틀랜드 장로교회의 「국가 언약」(the National Covenant)이라는 사상을 품고 있었기 때문이다.

스코틀랜드 청교도의 공통 분모는 언약 사상에 기초한 「국가 언약」이었다. 청교도는 설교라는 강력한 수단을 활용할 수 있었고, 국가 언약이라는 중요한 정치적 비전을 함께 나눌 수 있었다. 언약 백성의 기백과 다짐이 그들의 가슴 속에 살아 있었기 때문에, 청교도는 왕권의 집요한 압박 속에서도 인내했고 마침내 싸워서 승리를 쟁취할 수 있었다.

스코틀랜드에서는 낙스의 종교개혁이 정착되어 있었다. 에드워드 6세 통치 이후로 줄곧 로마가톨릭의 모든 제도와 예배를 거부했다. 로마 가톨릭이 다시 스코틀랜드를 장악하려고 시도하자, 1581년 에든버러에서 「스코틀랜드 교회의 국가 언약」(The National Covenant of the Church of Scotland)을 공포하고 공개적으로 서명하는 일이 시작되었다. 「국가 언약」은 이미 낙스가 발표한 『스코틀랜드 신앙고백서』(1560)에 근거하여 다시금 로마 가톨릭에 반대하는 세 가지 조항으로 압축된다;

첫째로 왕은 1581년 존 크레익(John Craig, 1512?-1600)이 작성한 신앙고백을 할 것.

둘째로 미신적인 것들과 교황적인 예식들에 반대하는 의회의 결의안을 통과시킬 것.

셋째로 참되게 개혁된 종교를 유지하기로 정성을 다하는 맹세를 할 것.

존 크레익은 원래 로마가톨릭 도미니칸 신부였는데, 칼뱅의 저서들을 읽은 후 개신교회로 개종했다. 낙스의 종교개혁에 동참하여 스코틀랜드 종교개혁에 초기 결정적인 역할을 수행했다. 「국가 언약」이라는 개념이 스코틀랜드에서 그토록 보편적으로 사용될 수 있었던 것은, 언약 사상을 이해하고 실제 생활 속에서 널리 실행하여 왔기 때문이다. 언약 사상은 종교개혁의 시대를 거치는 동안에 거짓된 로마 가톨릭의 관행들을 제거하는 오랜 투쟁 역사 속에서 성도들의 마음에 깊이 각인되었다.

2. 낙스와 스코틀랜드 신학자들의 언약 사상

1) 존 낙스의 언약 사상

청교도는 지역마다 마주친 상황들 속에서 로마 가톨릭의 집요한 공격과 국왕들의 압박을 견뎌 내면서 정당한 저항권을 발휘했다. 불의에 맞서서 합당한 저항권을 강력하게 확산시킨 나팔(trumpet)은, 낙스(John Knox, 1514-1572)의 종교개혁과 언약 신앙을 통해 스코틀랜드와 잉글랜드 전역에 울려 퍼졌다.

국왕의 불법적인 권세에 복종을 거부하는 낙스의 저항권 사상에는 그가 체험한 스위스 제네바의 칼뱅과 베자의 개혁 정신이 배경에 자리하고 있다. 칼뱅은 밀과 가라지의 비유를 들어서(마 13:24-30), 그리고 가말리엘의 조언을 근거로 해서(행 5:34-39) 이단들과 거짓에 맞서 싸워나갈 것을 촉구했다. 사도들은 공회 앞에 끌려갔지만 "사람보다 하나님께 순종하는 것이 마땅하다"(행 5:29)고 대답했다. 제네바에서 성취된 칼뱅의 종교개혁과 교회의 모습을 보면서 영향을 받은 청교도는, 훨씬 더 진일보한 저항 운동과 거부권을 행사했다.

청교도들은 국왕의 탄압 속에서도 로마 가톨릭의 오점들과 왜곡을 철저히 거부하는 운동을 귀족들과 협력해서 전개하였다. 스코틀랜드 교회에서 국가나 군주에 대항하여 저항권을 인식하게 하고, 국가 언약의 기본 개념을 소개하고 강조한 지도자는 존 낙스(John Knox)였다. 언약 개념을 소개하면서 낙스는 신학적인 개념과 정치적인 개념을 상호 결합시켜 적용했다. 그의 저술에서 언약이라는 단어는 연합·결합·동맹이라는 의미가 담겨 있다.

낙스는 하나님과 택함받은 자 사이에 교제와 연맹이 맺어져 있다는 사실에 주목했다. 다윗이 하나님과 맺은 언약은 택함받은 자로서 예정을 실행해 나가는 것과 관계가 깊다. 낙스는 성경적인 언약의 공식을 제시하면서 아브라함과의 언약을 강조했다;

> "하나님과 우리 사이의 동맹에서는 그분은 우리의 하나님이 되실 것이고 우리는 그의 백성이 될 것이다."

여기서 언약의 쌍무적인 관계가 분명하게 강조되었다. 하나님 편에서는 은혜와 선하심으로 우리와 교통하시고, 인간 쪽에서는 하나님의 말씀을 지키려고 노력하는 것이다. 언약 개념을 정치적으로 적용해서 동맹이나 연맹으로 해석했던 낙스는, 유럽 대륙으로 망명하여 터득한 것을 활용해서 스코틀랜드 귀족들을 격려함으로써 종교개혁의 목표를 성취했다. 그는 『스코틀랜드 종교개혁사』(History of the Reformation in Scotland, 1586-1587)에서, 예수 그리스도의 복음을 설교하는 가장 강력한 능력으로 우상과 결탁한 사회를 퇴출하자고 맹약했다. 청교도 종교개혁 운동은 각 지역에 흩어져 살던 개혁운동 주역들이 다 함께 한 단체에 소속되었다는 「언약 동맹」(covenant league)에 가담한다는 「형제 의식」(brotherhood)을 갖고 서로 뭉치고 단합하여 동맹을 맺었기 때문에 가능했다. 언약을 맺는다는 것은 로마 가톨릭에 반대하는 동지가 된다는 의미였다. 낙스, 로우(John Row, 1568-1646), 더글라스(John Douglas, 1494-1574), 로슨(John Lawson), 멜빌(Andrew Melville, 1545-1622) 등은 가장 위험한 시대를 함께 헤쳐 나간 언약의 동지들이었다.

2) 앤드류 멜빌의 장로교 정치 구현

청교도의 운동과 역사에서 멜빌의 기여를 결코 간과할 수 없다. 그는 낙스의 뒤를 이어서 장로교회의 정치 체계를 완벽하게 구성한 장본인이다. 낙스가 주도적으로 장로교회를 정착시키고 난 후, 멜빌은 장로교회 치리서를 출판하여 권징 조례를 완성시켰다. 그러나 여전히 스코틀랜드 전역에서는 주교 제도가 남아 있어서 감독 정치가 살아나고 있었다. 특히 스코틀랜드 출신으로 잉글랜드까지 통치한 제임스 1세와 그의 아들 찰스 1세 시대에는, 주교 제도와 감독 정치가 큰 역할을 하고 있었다.

감독 정치와 주교 제도를 철저히 반대한 멜빌은, 제임스 1세와 국가 권력에 의해 반역자로 체포되어 런던 타워에 4년 동안 감금되어 있었다. 그는 1607년 프랑스로 망명을 간다는 조건으로 석방되었으나, 왕은 그것마저 동의하지 않으려고 했다. 그는 프랑스 개신교도들의 도움으로 교수가 되어 15년을 가르치다가 사망했는데, 다시는 스코틀랜드로 돌아올 수 없었다. 평생을 독신으로 살았던 그의 감동적인 경건은 옥중에서 쓴 시에 담겨 있는데, 이것은 언약도들에게 큰 영향을 끼쳤고 합당한 정당방위를 확산시켰다.

3) 롤록의 은혜언약(그리스도의 의의 전가)

스코틀랜드 신학자들 중에서 언약 사상을 처음으로 책에 담아서 펴낸 로버트 롤록(Robert Rollock, 1555-1599)은, 에든버러 대학 교수가 되어 많은 제자를 가르쳤다. 훗날 청교도 지도자들로 활약한 대표적인 인물들은 찰스 펠메(Charles Ferme, 1566-1617), 존 웰시(John Welsh, 1570?-1622), 존 로우(John Row), 데이비드 캘더우드(David Calderwood, 1575-1650), 로버트 보이드(Robert Boyd, 1578-1627) 등이다.

롤록은 칼뱅과 베자의 저서를 탐독했고, 자신의 『로마서 강해서』와 『에베소서 강해서』를 베자에게 보냈는데 호평을 받았다. 롤록이 공부했던 세인트 앤드류스 대학에서는, 토마스 카트라이트(Thomas Cartwright)가 가장 알려진 청교도 장로교 신학자였는데 롤록도 그를 매우 존경하였다. 롤록의 언약 사상에는 퍼킨스의 『황금사슬』과 다른 저서들에서 영향을 받은 부분도 드러난다. 롤록은 『하이델베르크 요리문답서』를 갖고 주일 오후에 교회에서 학생들을 가르쳤다. 따라서 롤록의 언약 사상은 우르시누스와 올레비아누스와 동일하다.

롤록은 하나님의 말씀은 기독교 교리를 총체적으로 보여주는 은혜 언약의 증거라고 주장했다. 또한 행위 언약의 완성자는 오직 중보자 예수 그리스도뿐이며, 동시에 그리스도는 은혜 언약의 근거라고 가르쳤다. 롤록은 스코틀랜드에서 언약 사상을 가장 강조한 신학자였다. 그에 따르면 아담의 죄로 인해서 모든 사람에게 죽음이 찾아오게 되었는데, 이것은 그 누구도 부정할 수 없는 사실이고 아담의 죄로 인한 책임과 형벌이 모든 사람에게 해당된다는 것이다. 그러나 그리스도를 믿는 자에게 올바른 행동과 선행이 없음에도 불구하고, 하나님은 그를 의롭다고 하신다(창 15:6).

이것이 가능한 것은 그리스도의 의로움을 믿는 자들의 것으로 「전가」(간주·인정, imputation)하기 때문이다. 청교도에게서 발전된 언약 개념에는, 아담의 죄의 전가와 그리스도의 의의 전가라는 개념이 들어 있다. 잉글랜드 청교도 가운데서 가장 탁월한 언약신학자로 손꼽히는 롤록은, 우르시누스의 「자연 언약」 개념을 인용하여 행위 언약의 핵심으로 재해석했다;

> "질문. 율법과 복음의 차이점은 무엇인가.
> 대답. 율법은 창조에서 하나님이 사람과 함께 세우신 자연 언약을 포함한다."

율법의 의미는 자연에 의해 사람에게 알려졌는데, 이 언약은 하나님께 대한 인간의 완벽한 순종을 요구하고, 그것을 지키는 자들에게 영원한 생명을 약속한다. 그러나 순종하지 않은 자들에게는 영원한 형벌이 주어진다. 그러나 복음은 은혜 언약을 포함한다. 이것은 모든 사람이 자연으로부터 다 알게 하는 것은 아니다. 이 은혜 언약은 우리에게 그리스도의 의로우신 성취를 보여주는 율법의 요구를 다 완성하시고, 그리스도의 영을 통해 우리 안에서 회복시키시고, 그를 믿는 자들에게는 그리스도로 인해 값없이 영생을 약속하신다.

은혜 언약 안에서 하나님의 의가 약속되었기 때문에, 믿는 자는 그리스도의 의로움을 전가받아 영생을 얻는다. 로마서 4장 3절에서 11절에 "아브라함이 하나님을 믿으매 이를 의로 여기셨다"는 표현이 모두 열 한 번이나 반복된다. 여기서 '여기신다'고 번역된 단어는 헬라어로 「λογίζομαι」인데, '간주한다' '인정한다' '호의를 베푼다'는 의미로 쓰여진다. 그리스도의 의는 모든 율법을 완전하게 순종하셨다는 것과, 십자가의 고난과 죽으심과 부활을 통해 의를 성취하셨다는 것으로 구성되어 있다.

성도들은 율법을 지켜서 의롭다하심을 얻을 수 없지만, 믿음으로 인해 모든 그리스도의 의를 자신의 것으로 인정받게 된다. 롤록은 아담의 첫 번째 죄가 모든 사람에게 전가되었다는 점도 분명히 했다. 하나님께서는 아담의 죄와 그리스도의 의로움을 언약적인 대표자로 취급해서, 그 안에서 인간에게 구원의 경륜을 베푸신다. 아담의 원죄가 후손들에게 자연적인 자녀 출산 과정을 통해 유전되는 것은 아니다. 죄책의 전가는 하나님께서 아담과 맺으신 언약과 말씀에서 나오는 결론이다.

아담의 죄가 인류에게 전가되고 그리스도의 의가 택함받은 자에게 믿음으로 전가된다는 「이중 전가교리」는 롤록만 주장한 것이 아니다. 느헤미야 콕스(Nehemiah Cox, 1688년 사망), 프랜시스 로버트(Francis Robert, 1609-75), 웨스트민스터 신학자 앤서니 버제스 등이 남긴 저술들 가운데서도 발전되었다. 프랜시스 로버트는 그의 언약 사상이 담긴 방대한 책 『성경의 신비와 정수, 인간과 맺은 하나님의 언약들』에서 중요한 성경 본문들을 다루었다고 로마서 5장 12절과 고린도전서 15장 22절의 중요성을 언급했다.

여기서 로버트는 어떻게 아담 한 사람의 죄와 책임이 모든 인류에게 해당되는가를 설명하였다. 그는 모든 사람이 죄를 범한 것이 아니라 단순히 죄의 뿌리나 근원으로서 타락을 확산시키는 역할만 했다는 펠라기우스의 개념과 죄의 유전이라는 설명도 거부했다. 로버트는 언약 공동체적인 성격과 전가 교리를 핵심으로 제시했던 것이다.

로버트에 의하면 아담이 지은 죄가 실제로 우리 각 사람이 범하는 죄가 되는 것은 아니지만, 첫 사람 아담의 범죄 안에서 전가에 의해 우리 인류는 모두 죄인이 되었다. 아담이라는 존재는 보편적인 인간이고, 그 사람 안에 모든 인간은 하나가 되어 있어서 하나님과의 행위 언약을 체결한 것이다. 따라서 로버트는 아담 안에서 모든 인류가 하나의 언약 공동체로 형성되었기 때문에, 아담이 죄인이라는 것은 모든 인류에게 해당된다고 주장하였다.

『웨스트민스터 신앙고백』의 작성에 참여한 신학자 앤서니 버제스(Anthony Burgess)는 아담의 원죄가 모든 인류에게 전가되었음을 분명하게 설명했다. 그는 각 사람의 영혼은 하나님께서 직접 창조하시는 바 새롭게 창조된 인간의 영혼들이, 어떻게 원죄로 인해 부패하게 되었는지에 대해 해명하려고 노력했다. 그것은 바로 아담 안에서 우리 모두를 향하신 하나님의 약속이자 작정이 들어있기 때문이다. 아담의 죄가 모든 인류에게 전가되고, 예수 그리스도의 의가 신자에게 전가된다는 가르침은 청교도 개혁주의 신학의 핵심이다.

4) 구속 언약 (딕슨과 길레스피)

청교도 언약신학의 형성과 발전 과정에는 유럽에서 출판된 개혁주의 신학자의 저서들이 큰 도움을 주었을 뿐만 아니라, 그들이 살았던 당시의 신학 논쟁들이 반영되어 있다. 청교도는 영국 국교회(성공회)가 받아들인 알미니안주의와 신학 논쟁을 거듭하였다. 1618년 네덜란드 개혁교회가 도르트 총회에서 알미니안주의자들을 배척하기로 결의하였을 때, 그 모든 논쟁 과정에 함께 대응하고 있었다. 기본적으로 알미니우스의 관심은 인간 쪽에서 어떻게 합리적인 설명을 할 수 있으며, 이성적으로 이해가 되도록 할 수 있을까에 모아졌다.

그래서 그는 기독교의 구원 교리를 구성하면서 주로 인간 편에서 어떻게 기여하고 참여하느냐에 관심을 두었다. 그러나 칼뱅을 비롯한 개혁주의 신학자들과 청교도는 하나님 편에서 어떻게 구원의 경륜을 주관해 나가시느냐에 대해 세밀하게 주목하였다. 「구속 언약」이라는 성경의 가르침을 알게 되면, 하나님의 구원 경륜이 어떻게 진행되었는지를 파악할 수 있게 된다. 성부와 성자 사이에서 영원 전에 맺어진 구속 언약은, 현대 개혁주의 신학의 체계에서는 「경륜적인 삼위일체론」 혹은 「사역적인 삼위일체론」에서 다루어지는 부분이다.

개혁신학에서는 언약의 주체가 단지 성부와 성자 사이에서만 존치되는 것으로 이해하지 않고 성령도 함께 참여하시는 부분을 새롭게 추가하여 강조하고 있다. 왜냐하면 성자의 모든 구속사역은 성령과 상호 의존적으로 진행되기 때문이다(사 48:16, 겔 36:25-27, 요 7:38-39, 14:17, 고전 15:45).

스코틀랜드 신학자 데이비드 딕슨(David Dickson)은 언약신학에 기초하여 선택의 교리, 그리스도의 만족의 유효성, 자유주의의 본질, 견인 교리 등을 연결시키고 확장시켰다. 딕슨이 1638년에 스코틀랜드 총회에서 최초로 명백하게 발표한 개념이 바로 구속 언약인데, 이것은 알미니안주의자들의 문제점을 파악하면서 논박한 것이다.

알미니안주의자들이 성부와 성자 사이에 맺어진 영원한 언약에 대해 전혀 심각하게 파악하지 못했다고 딕슨은 탄식했다. 항론파들이 전혀 몰랐던 것은 아니었으나, 구속 언약의 개념과 은혜 언약과의 깊은 연관성에 대해 잘못 이해했다고 지적했다. 구속 언약이 있으므로 은혜 언약의 신성한 구조가 견고하게 세워지는 것이다. 하나님께서 은혜로 주시는 믿음에 의해서 그리스도의 의를 전가받는 성도는, 영원 전부터 맺어진 구속 언약 안에 있기 때문에 결코 버려지거나 취소될 수 없다.

딕슨은 다섯 가지로 구속 언약이 은혜 언약의 기초가 된다는 점을 밝혔다. 첫째로 하나님과 그리스도 사이의 언약은 하나님께서 타락한 인간을 구원하시는 모든 사역의 기초가 된다. 둘째로 구속 언약 안에서 선택받은 자들은 시간과 숫자와 이름이 확실하게 규정되어져 있다. 셋째로 구속의 대가는 그리스도의 죽으심을 통해서 지불되었다. 넷째로 중보자께서 승리를 확정하셨고 택함받은 자들은 그에게 주어졌고, 그의 손 안에 그들의 구원이 달려 있다. 다섯째로 주어진 하나님의 은혜를 그 누구도 빼앗거나, 구원의 확신을 훔쳐갈 수 없다. 왜냐하면 하나님은 구속 언약의 열매이자 복음의 시행을 그의 지혜로 집행하시기 때문이다.

딕슨의 구속 언약에 관한 해설들과 알미니안주의에 대한 비판들은 즉시 스코틀랜드 총회에서 채택되었다. 이어서 『웨스트민스터 신앙고백서』에도 기록되었는데, 그것은 새뮤얼 러더포드와 토마스 굿윈, 그리고 오바댜 세드윅 등이 주창했기 때문이다. 이것은 『웨스트민스터 신앙고백서』 8장 1항에 소개되어 있다. 성부와 성자 사이의 영원한 언약을 입증하는 성경 구절로는 스가랴 6장 13절("이 둘 사이에 평화와 의논이 있으리라")이다.

여호와 하나님과 여호와의 전을 건축한 제사상 사이의 「평화의 의논」이 있다는 구절에서, 구속 언약에 관한 기초적인 서술이 나온다고 대부분의 청교도와 개혁주의 신학자들은 주장하고 있다. 웨스트민스터 대요리문답 31문항에서는, 그리스도와 그의 뿌리에 대해 약간만 언급하였다. 웨스트민스터 신앙고백서 해설을 담은 책자인 『구원받는 지식의 요약』(1649)에서, 딕슨과 더럼(James Durham, 1622-58)은 다음과 같이 구속 언약을 해석했다;

> "구속 언약의 총체는 이것이다. 하나님은 자유롭게 생명을 주시고자 하는 자들과 일부는 잃어버릴 자들을 선택하신다. 그의 풍성하신 은총과 영광을 위하여 이 세상이 창조되기 이전에 그들에게 주어졌다. 성부 하나님은 성자를 구속주로 지명하여, 그 자신의 겸손하심을 통해서 인간의 영혼과 육체를 입으시고, 신성과 인격적인 연합을 이루셨고, 율법에 자신을 복종하셨고, 십자가에 저주받은 죽음을 통해 그들을 죄와 죽음으로부터 건지시고 의를 이루셨다. 구원하시는 은총으로 영생과 의를 그 자신의 지명이라는 수단들로 효과적으로 그들에게 주어지게 하셨고, 그들 중에서 각자에게는 정해진 시간에 따라 적용된다."

이런 언약신학의 내용들은 스코틀랜드 성도들에게 널리 전파되었다. 17세기 후반에 이르게 되면 거의 모든 신학자들이 구속 언약을 강조하게 된다. 청교도 언약신학자 패트릭 길레스피(Patrick Gillespie, 1617-1675)가 쓴 『언약궤가 열렸다』에서는 다른 성경 본문들을 섭렵하여 제시했다. 그는 철저한 스코틀랜드 언약도의 집안에서 성장했고, 그의 아내도 스털링(Stirling)의 언약도인 목회자 패트릭 심슨의 딸이다. 그는 세인트앤드류스 대학을 졸업한 후 목회 사역에 헌신했는데, 특히 그는 그의 아버지 존 길레스피의 셋째 아들로서 글래스고우 대학교의 학장으로 재직했다.

웨스트민스터 총회에 스코틀랜드 대표로 참석했던 조지 길레스피(George Gillespie, 1613 -1648)의 동생이며, 그의 형을 이어서 대중에게 큰 영향력을 발휘했고 올리버 크롬웰이 그를 지지했다. 패트릭 길레스피는 그리스도의 지명·순종·언약 개념을 함께 연결시켜서 몇 가지 본문들을 선별하여 주석하는 탁월한 능력을 선 보였다. 시편 2편 7절에 "너는 내 아들이라 오늘 내가 너를 낳았도다"는 말씀 속에서, 길레스피는 '오늘'이라는 의미가 성자의 영원한 출생이라고 해석하지 않았다.

칼뱅은 이 구절을 이스라엘 왕으로 다윗의 첫 취임에 관한 설명인 동시에, 궁극적으로는 그리스도의 지명을 포괄한다고 해석했다. 길레스피는 오늘이라는 의미에는 구속 사역을 위해서 성자 그리스도의 '새로운 아들됨'이 더 중요한 요소이며, 스스로 낮아지셔서 모든 형제 가운데 먼저 나신 분이지만 죽기까지 복종하는 아들됨이라고 주장하였다. 빌립보서 2장 8절에서도 순종하는 아들이 죽기까지 복종한다고 되어 있다. 히브리서 1장 5절에서는 아버지와 아들의 관계로 설정되어 있다.

길레스피는 구약성경 여러 구절에서 '명령'과 '언약'은 상호 교환적으로 사용되었다고 강조하였다(렘 31:35-36, 33:20). 시편 2편 7절에 "내가 여호와의 명령을 전하노라"고 선포했는데, 길레스피는 이 본문에서도 명령이나 작정(decree)의 근본 뿌리에는 언약·지명·규정 등이 담겨 있다고 해석했다. 따라서 위의 성경 구절은 중보자로서의 그리스도의 언약적인 지명을 궁극적으로 선포하고 있다.

청교도는 언약의 약속이 두 방향에서 이뤄졌음에 주목했다. 과거를 거슬러 올라가면 삼위일체 하나님의 계획 가운데서 성부는 성자와 영원한 언약을 맺으셨다. 앞으로 나아가자면 성자가 그것을 구속사의 진행 과정에서 성취하도록 하였다. 하나님의 역사적인 언약 활동의 근원은 영원한 언약적인 자료에서 나온 것이다. 하나님께서는 영원한 내적 삼위일체 사이의 언약을 역사 속에서 다윗과의 관계로 약속하셨고(시 89:3-4), 그것을 그리스도와의 관계로 드러내셨다.

구속 언약을 뒷받침하는 개념으로 매우 중요한 구약성경 구절은 시편 40편 6절에서 8절인데, 길레스피는 이 구절의 궁극적인 해설이 히브리서 10장 5절에 나오는 속죄 제사의 해석에 인용되었다고 주장한다. 또한 성자 그리스도의 입술로 말하는 모든 표현은 성부 하나님을 향해 아뢰는 것들이다. 이런 성부와 성자 사이의 언약은 이사야 53장 10절에서도 선언되어 있다. 그리고 성자는 이것을 진정으로 동의하고 수행하신다. 성부와 성자 사이의 구속 언약이라는 개념을 중시하더라도, 그리하여 성령의 사역과 영광이 훼손되거나 삼위일체 하나님의 존재와 사역을 축소시키는 어리석음을 범해서는 안 된다.

청교도는 그런 문제점을 거의 다 파악했던 것으로 보인다. 그래서 언약신학을 하나님에 관한 교리로서, 신론에서 다루기보다는 기독론에서 취급했다. 달리 말하면 언약의 결정은 삼위 하나님의 회의에서 나온 것인데, 성부와 성자 사이에 언약의 수단들에 의해서 중보자로 그리스도를 지명하기로 결정했다. 따라서 기독론의 일부로 다루더라도 결코 성령의 사역을 배제하면서까지, 성부와 성자 간의 관련성을 중심으로 해서 결국에는 삼위일체론을 손상시키게 되는 해설들은 나오지 않았다.

청교도는 철저하게 삼위일체 하나님을 가르쳤다. 그런 대표적인 스코틀랜드 언약신학자가 새뮤얼 러더포드(Samuel Rutherford)다. 그는 그의 책 『생명의 언약이 열렸다: 은혜 언약의 논증』에서, 분명히 삼위일체적인 배경을 살펴 보아야 한다고 지적한다. 성부와 성자의 논의에는 성령의 참여가 다뤄지지 않고 있지만, 중보자로서 성자를 지정하는 성부와 성자 사이의 언약은 "삼위일체 하나님의 논의"(consilium Dei, council of God)에서 나온 열매라는 것이다.

더럼은 성부와 성자 사이의 구속 언약을 하나님의 교리에서 다루어야 한다고 주장했고, 그 구조는 삼위일체론적인 관점을 갖고 있다;

> "참여자들에 대해서 한쪽은 성부 하나님이 본질적으로 고려되어야 하고, 영광스러운 하나님의 세 위격들(성부, 성자, 성령)이 이 언약 가운데 모두 참여하여, 하나님의 논의를 결정하는 행동이 있었다. 이런 점에서 하나님은 언약의 한 편에서 잃어버린 죄인들을 위해 만족하실 만한 결정을 하시게 되었고, 이 만족을 받으려고 낮아지는 또 다른 당사자이기도 하시다."

청교도 신학자들이 언약 사상을 중시하고 확장 발전시켰기 때문에 신론과 구원론 등 다른 주요 교리와의 관계성이 견고해지고, 하나님의 단독적인 통치와 주권을 근간으로 하는 성경적인 체계가 정립될 수 있었다. 구속 언약은 인간의 죄악된 반응과는 전혀 상관없이, 이미 삼위일체 하나님의 내적인 교통 가운데서 깊고도 영원한 계획이 진행되었음을 밝히 드러내 준다. 청교도 신학자들은 언약 사상을 계시, 예정, 칭의, 구원의 서정, 하나님의 사랑 등 여러 교리들과 긴밀하게 연결했고 성경을 해석할 때 광범위하게 활용되었다.

그리스도를 언약적인 상황 가운데서 중보자로 지정하신 것이라면, 그런 결정은 구원받을 자에 대한 예정에서도 결코 의미 없는 선택이라고 할 수 없다. 청교도의 언약신학과 후기 개혁주의 신학자들의 예정 교리가 서로 긴장하거나 대립한 적이 없다. 딕슨과 더럼 그리고 롤록과 길레스피 등이 앞장 서서 주장한 청교도의 언약 사상들은, 네덜란드 개혁주의 신학자들과의 교류 속에 영향을 주었는데, 코케이우스(Johannes Cocceius, 1603-69), 푸치우스(Gisbert Voetius, 1589-1676), 헤르만 비치우스(Herman Witsius, 1636-1708) 등이 체계화 했다.

17세기 말엽은 성경적인 언약신학의 체계가 완전히 정착된 시기였다. 청교도 신학자 존 오웬과 토마스 굳윈(1600-68)의 언약 사상은, 스위스의 「일치신조」(Formula Consensus Ecclesiarum Helveticarum Reformatarum, 1675)에서 발견된다. 종교개혁의 신학이 제자리에 머무르지 않고 언약 사상의 계승자들이 성경적인 개념을 찾아서 구속 언약, 행위 언약, 은혜 언약으로 발전을 거듭했다는 것에 주목하지 않을 수 없다.

언약신학은 본질적으로 삼위일체 하나님의 내적인 관련성에서 시작하기 때문에 「구속 언약」을 파악할 수 있었다. 언약의 그리스도는 하나님이시자 사람으로 오셔서 「은혜 언약」을 성취하셨다. 믿음을 수단으로 하여 성도는 그리스도의 의를 자신의 것으로 전가받는다. 성부 하나님은 성자 그리스도를 언약의 확실성을 위해 지정하셨는데, 그리스도의 의는 능동적인 순종과 대속적인 희생으로 행위 언약을 성취하셨다. 우리는 청교도 언약 사상을 통해서 하나님의 존재와 사역을 성경적으로 풍성하게 이해하고 확신하는 축복을 누리게 되었다.

2. 스코틀랜드 언약도의 개혁 운동

지난 기독교 2천여년의 역사 속에서 스코틀랜드처럼 단번에 그리고 확고하게 건전한 성경적인 교회로 종교개혁을 단행한 곳을 찾을 수 없다. 종교개혁이 유럽에서 확산되고 있던 1560년 스코틀랜드에서는 존 낙스의 설교를 듣게 되었고, 여왕과 왕실 회의에 참석한 귀족들이 단번에 장로교회로 개편했다. 1581년부터 스코틀랜드에서는 로마 가톨릭을 완전히 거부하고 장로교회로 개편하여, 개혁주의 신학에 따라 교회를 개혁하려는 새로운 역사가 펼쳐졌다. 1625년 찰스 1세가 국왕으로 등극하자마자 내놓은 종교 정책은, 다시 로마 가톨릭적인 예식들로 되돌아가는 것이었다.

그러나 스코틀랜드 귀족들, 지역 정치인들, 고위 지배층들은 장로교회 목회자들과 함께 동맹하여 왕의 조치를 거부하였다. 새 왕의 명령은 단순히 종교 정책에 국한되는 것처럼 보이지만, 그 내용은 사회 전반에 영향을 미치는 변화가 따라오게 되어 있었기 때문에, 스코틀랜드 교회에서는 전면 거부하는 운동을 전개했다. 왜냐하면 스코틀랜드는 이미 70여년 동안 존 낙스와 앤드류 멜빌의 탁월한 지도력에 힘입어서, 로마 가톨릭을 장로교회로 완전히 개편하여 칼뱅주의 개혁신학이 정착되었기 때문이다.

즉위 초기부터 찰스 1세는 왕권신수설을 강조하여 국가 대표 기관들의 균형있는 권리를 공격했고, 스코틀랜드를 제압하려고 무리한 전쟁을 일으키다가 실패했다. 엘리자베스 여왕이나 다른 왕들도 이런 극단적인 모습과 폭정을 실행한 적이 없었다. 1629년에 의회의 회의를 해산한 후에 다시 개회하지 않았다. 오래된 관례에 따라 국가 경영의 중대 사항들은 의회의 결의를 거쳐 진행했는데, 왕실의 재정을 확충하는 일에서도 군주에 대한 순종을 강요했다. 새로운 종교 정책이나 정치 관련 사항들 그리고 재정 소비에 관한 일들은, 모두 다 의회의 승인을 통해 이뤄졌는데 찰스는 전혀 무개념이었다.

찰스 1세의 왕비 헨리에타 마리아(Henrietta Maria, 1609-1669)는 프랑스 공주로 시집왔기 때문에 철저하게 로마 가톨릭 교인이었다. 그녀는 1626년 2월

2일 웨스트민스터 사원에서 열린 왕의 대관식이 개신교 방식으로 진행되는 것에 불만을 가졌기 때문에 참석을 거부했다. 찰스 1세의 종교 정책을 자문하던 리처드 몬테규는 반(反)칼뱅주의자였고, 청교도들이 가장 혐오하는 자였으며, 예정론을 거부하고 알미니안주의의 영향을 받아서 자유주의를 옹호했다. 1630년부터 알미니안주의를 반대하는 많은 청교도가 이민을 갔는데, 특히 찰스 1세에 반대하던 상류층과 귀족들이 신대륙이나 카리브해 식민지로 떠나면서 최고조에 달했던 불만이 해소되는 정도였다.

스코틀랜드에서 벌어진 정치적이고 신앙적인 불복종 운동을 우리는 「제2차 종교개혁」이라고 부르는데 그 시기는 1638년부터 1640년대에 해당한다. 이 기간에 「국가 언약」 문서가 작성되었는데, 여기에 서명한 사람들을 '언약도'(Covenanter)라고 불렀다. 이 문서에 나온 언약도의 신앙과 헌신의 모습은 1638년부터 1643년까지 스코틀랜드와 잉글랜드와 아일랜드에도 퍼져나갔다.

이미 스코틀랜드에서는 언약을 맺는다는 말은 동맹에 참여한다는 뜻으로 이해되어 왔다. 성경에 수없이 언급된 언약 개념을 중요하게 받아들이고 「하나님 나라의 건설」이라는 확고한 신념을 가진 스코틀랜드 개혁 운동의 주역들이 바로 언약도들이다. 언약도라는 명칭은 그들의 신앙적인 결의와 정치적인 동맹 의식이 집약된 개념이었다. 국가 언약 문서들은 스코틀랜드 장로교회 목회자들이 주도한 것으로, 칼뱅주의 장로교회 제도에 근거해서 교회와 국가를 섬긴다는 의미를 갖고 있다. 이것들은 알렉산더 헨더슨(Alexander Henderson, 1583-1646) 목사가 초안을 정리한 것들인데, 개인적이고 내적인 다짐과 집단적이고 공적인 다짐이 담겨 있다.

국가 언약 문서는 두 번 발표되었다. 첫 번째는 1638년에 『스코틀랜드 국가 언약』(The National Covenant of Scotland)이라는 문서를 작성해서, 스코틀랜드 안에서 국가와 교회가 서명 운동을 전개했다. 그리고 지속적으로 찰스 1세와 국교회 세력들과 대결하여 교회를 지키려고 노력하다가, 1642년에 「청교도 혁명」이 영국에서 벌어지자 군대를 보내 왕당파와의 전쟁에 참전하였다. 두 번째 문서는 1643년 스코틀랜드 의회와 장로교회 총회에서, 청교도 목회자들의 주도하에 『엄숙동맹과 언약』(the Solem League and Covenant)이라는 문서를 통과시켰는데, 이것을 다시 영국에서도 약간 변경해서 채택하게 되었다.

언약도는 두 번의 「주교전쟁」(bishop's war)에서 찰스 1세의 왕당파에게 승리했고, 제2차 청교도 혁명(1648-1649)과 전쟁, 제3차 청교도 혁명과 스코틀랜드 전쟁(1661-52)으로 확산되었다. 스코틀랜드 장로교회 성도들과 동시대를 살던 잉글랜드 청교도는, 구약성경에서 이스라엘 백성이 하나님과 맺은 언약을 본받아 그대로 따라 살려고 했다. 청교도는 성경에서 하나님께서 아브라함과 맺으신 언약을 신앙의 모델로 삼았다. 청교도 언약 사상에서는 아브라함이 이삭을 바치라는 하나님의 요구 앞에서 전혀 주저함이 없이 모리아 산을 향해 나아갔던 결단력이 중시되었다(창 22:3).

비록 자신이 가장 아끼는 아들이지만 아브라함은 하나님과의 약속을 성실하게 지켰다. 그러므로 하나님의 축복을 받아 누리는 믿음의 조상이 되었다. 아브라함의 믿음을 따라 청교도도 국왕의 어리석은 강압 정책에 맞서 기꺼이 목숨을 바쳤다. 훗날 찰스 2세의 왕정복고로 인해서 1661년에서 1668년까지 극심한 박해가 이어졌는데, 때문에 스코틀랜드 지역에서만 1,800여 명의 순교자가 나왔다. 언약에 충실하고자 했던 청교도들은 역사적인 개혁신앙을 지키려고 목숨을 바쳤던 것이다.

1. 스코틀랜드 언약도에게 닥친 시련

찰스 1세는 그의 아버지 제임스 1세의 고향이기도 했던 스코틀랜드에서 태어났지만, 전혀 방문하지 않다가 1633년에 「홀리루드 궁전」(Holyrood palace)에서 대관식을 열었다. 잉글랜드 국왕이면서 동시에 스코틀랜드의 왕으로 등극한 것이다. 이때부터 스코틀랜드에서 모든 교회를 국교회 형태로 되돌려 놓으려는 강압적인 조치를 발표했다.

스코틀랜드는 낙스의 종교개혁 이후로 거의 모든 교회 성직자들이 장로교회 목사들이었는데도, 갑자기 로마 가톨릭 신부들이 입었던 예식 의복을 착용하라고 강요했다. 스코틀랜드 전지역에서 경악과 분노가 폭발했다. 더구나 스코틀랜드의 대다수 주교들은 개혁주의(칼뱅주의)자들이었는데, 찰스 1세는 극히 소수에 불과하던 알미니안주의자들에게만 조언을 들었다.

1) 찰스 1세의 예식서 강요와 이에 대한 반발

1637년 찰스 1세는 로마 가톨릭적인 요소들과 알미니안주의가 가미된 『예식서』(The Book of Common Prayer)를 스코틀랜드에서 사용하도록 명령했다. 이것은 결정적으로 스코틀랜드 교회의 반발을 불러 일으켰다. 왜냐하면 이미 폐기한지 오래된 1552년 잉글랜드 예식서보다도, 로마 가톨릭적인 요소들을 훨씬 더 강조한 것이기 때문이었다. 새로 나온 예식서에는 장로교회 목회자들이 거부할 수 밖에 없는 내용이 많았다. 예를 들면 성만찬을 시행하는 책상을 「제단」(the altar)으로 바꾸라거나, 설교 강단을 거룩한 속죄 사역을 재현하는 곳으로 간주하라는 것이다.

스코틀랜드 장로교회에서는 이 새로운 예식서를 전혀 채택할 수 없었다. 예식을 이런 내용으로 집례해야 한다면, 혹시 유럽의 루터파 교회 쪽에서는 그대로 채택할 수 있을지도 모른다. 성탄절이나 부활절을 다시 지키라고 하는 것은, 더 나은 예배의 내용으로 바꾸라는 것이 아니다. 이미 스코틀랜드 장로교회에서는 이것보다 더 높은 기준으로 1592년에 예배 규칙을 정리했었다. 따라서 개혁교회에서는 이들 로마 가톨릭적인 예식들을 전혀 시행하지 않았다.

제임스 1세 시대에 영국 국교회가 1618년에 「퍼스 5개 조항들」(the Five Articles of Perth)을 발표했는데, 그것은 조금씩 예배 규정을 바꾸려고 시도한 것이다;

① 성만찬에서는 무릎을 굽힌다.
② 개인적인 세례를 허용한다.
③ 병자와 노약자를 위해서는 개인적으로 성찬을 허용한다.

④ 주교에 의해서만 유아세례자의 입교 서약을 한다.
⑤ 부활절과 성탄절의 축제를 허용하고 거룩한 날들을 준수한다.

영국 국교회는 1618년에 총회를 개최하고, 왕의 요청 사항이므로 어쩔 수 없이 받아들이기로 결의했다. 그러나 스코틀랜드 총회에서는 1621년까지 인준하지 않았다. 1619년에 네덜란드 라이덴에서 모이던 망명자들은 「퍼스 5개 조항들」을 비판하는 책을 출판했다. 이로 인해서 윌리엄 브루스터(William Brewster, 1568-1644)가 체포되었다. 브루스터는 청교도 분리주의자였는데, 훗날 메이플라워호를 타고 신대륙으로 건너가서 뉴잉글랜드 청교도의 지도자가 되었다.

그러나 이제 찰스 1세의 통치 시대를 맞이하면서부터는, 아예 로마 가톨릭을 따르는 내용으로 전면 개편하려고 시도한 것이다. 이런 변화 과정을 지켜본 스코틀랜드 장로교회 교인들의 인내가 폭발 직전의 한계점에 도달하고 말았다.

2) 에든버러 성자일스 교회 강단 투척사건

1637년 7월 23일 에든버러의 성자일스 교회에서 담당 목사 한네이(Hannay)가 새로운 예식서를 읽으려고 시도했다. 이때 예배당에는 국왕의 명령에 짓눌린 목회자가, 지시에 따라가는 모습을 목격하면서 긴장감이 돌았다. 한 여성도가 청중석에서 일어서서 자기가 앉아있던 발판을 한네이 목사의 머리 쪽을 향해 던지면서 “지금 당신은 내 귀에 미사를 말하려는 것이요” 라고 소리를 질렀다. 이것을 신호탄으로 해서 예상치 못한 일이 벌어졌다.

거의 모든 성도가 성경책이나 발판이나 의자나 지팡이나 돌을 들어서, 힘차게 목사의 머리 쪽으로 집어던졌다. 이 사건은 시사하는 바가 크다. 분노한 성도의 배신감과 모멸감이 그대로 발휘되었던 것이다. 그후 8월 25일에 추밀원에서는 한걸음 물러나서, 예식서를 구입하되 강제로 시행하지 말 것을 결정했다.

그러나 9월 10일자로 내려온 국왕의 답변서는, 추밀원의 유예 조치를 꾸짖으면서 즉각 재시행하라고 촉구했다. 이 메시지를 받은 스코틀랜드 언약도들은 분노에 가득 차게 되었다. 수많은 군중이 에딘버러에 모여 들었다. 수 백명의 목회자와 다수의 귀족과 상류층도 포함되었다. 드디어 그들은 9월 20일 예식서에 반대하는 청원을 추밀원에 제출했다. 의회에서는 10월 17일 이 청원서에 대한 답변을 왕의 이름으로 공포했다;

> "첫째로 낯선 자들은 도시를 떠나도록 할 것. 둘째로 의회와 대법원은 에든버러로부터 옮길 것. 셋째로 조지 길레스피(George Gillespie)가 작성한 『잉글랜드 교황적인 예식들에 반대하는 논박』에 대해 정죄할 것."

왕의 답변서가 도착한 바로 다음 날(10월 18일) 귀족들, 고위층들, 목회자들, 지방의원들 그리고 일반 시민들이 예식서에 반대하는 항의를 하기 위해 의사당 건물을 가득 메웠다. 만일 왕의 명령대로 한다면, 스코틀랜드 교회에서 장로교회 체제는 힘을 잃게 되고, 장로교회의 예배가 파괴될 운명에 처하게 되어 의사당에 모인 청중은 저항하기로 합의했다.

그러자 1637년 11월 15일 추밀원 회의가 에든버러에서 소집되었다. 그 날이 오기 전에 이미 장로교회 총회의 주요 지도자들이 이 도시에 모여서 추밀원에게 압력을 가했고, 긴급하게 벌어지는 사태에 대응하기 위해서 대책 회의가 진행되었다. 언약도는 정치적으로나 신앙적으로나 신실하게 믿음을 지켜 나가기를 소원했다. 이미 제임스 1세가 1581년에 서명해서 존중되어온 신앙고백서를, 유일한 신앙 규칙으로 지켜 왔다. 그러므로 찰스 1세의 명령만으로 내려온 예식서를 받아들일 수 없었다.

청교도는 종교개혁의 정신을 지키기로 다짐했고, 유지해 오던 것을 지속적으로 지키겠다고 다짐했다. 이들이 제출한 청원서에는 참된 종교를 거부하는 자들의 폭정에 대항하여 국가 전체가 동맹해서 언약을 맺는다고 했다. 에든버러에서 1537년에 주교 제도를 거부하는 모임을 주도했던 알렉산더 헨더슨이, 찰스 1세가 강요하는 예식서에 항거하자고 설교했다. 그는 25년 동안 평안하게 목회하던 교회에서, 갑자기 로마 가톨릭 예식을 시행하라고 강압하는 왕권의 오만과 불법에 저항하는 것이 마땅하다고 확신했다.

데이비드 딕슨(David Dickson)은 에버딘에서 교수들과 목회자들을 독려하여 왕의 명령에 반대하는 데 앞장섰고, 알미니안주의에 반대하는 강연을 했다. 앤드류 캔트(Andrew Cant, 1590-1663)는 장로교회 목사로 애버딘(Aberdeen)에서 목회하던 중에, 언약도 서명 운동에 지도자로 참여했다. 강력한 언약도이면서도 왕실에 대한 충성심도 높아서, 찰스 1세가 에든버러에서 예배드릴 때 설교했다.

왕권에 맞서서 용감하게 행동한 언약도들은 그동안 온당하지 못한 내용으로 예배를 드린 국가와 교회가 심각한 훼손을 당했기 때문에 자행한 범죄에 대해 회개해야 하고, 하나님과 그의 율법에 새로운 순종을 다짐해야 한다고 선포했다. 이들은 공적인 금식을 선포하고, 각 교회의 목회자에게 스코틀랜드 국가와 교회의 손상, 1580년과 1581년에 제정한 언약의 갱신, 죄의 고백 등에 대해서 동일한 내용으로 설교할 것을 요청했다.

2. 『스코틀랜드 국가 언약』

스코틀랜드 대표자들의 첫 모임은 1638년 2월 26일에 개최되었고, 언약의 갱신을 결의하면서 『스코틀랜드 국가 언약』(The National Covenant of Scotland)을 작성했다. 초안은 알렉산더 헨더슨과 아치발드 존스톤(Archibald Johnston of Wariston)이 작성했고, 로테스 지역의 백작들인 루돈(Loudon)과 발메리노(Balmerino)가 교정을 맡았다.

세심한 주의를 기울여서 언약의 갱신을 준비하는 문서가 작성되었는데, 반대 의견이 있으면 다시 수정되었고 그 누구의 양심에도 거리낌이 없도록 노력했다. 최종안에 대해서는 모두 다 만족했다. 1638년 2월 27일 모든 대표자가

논의하고 결의한 『국가 언약』의 주요 내용은 다음 세 가지이다;

첫째로 1580년에서 1581년의 언약을 간추렸다.

둘째로 법률 부분. 의회의 결의에 대한 세부 항목으로, 교황에 대한 정죄와 총회의 인정 및 추인 부분은 존스톤이 주로 작성했다.

셋째로 실제적인 적용 부분. 현재 상황에서 전체적으로 실행해야 할 일들에 대해서 헨더슨이 작성했다. 개혁 신앙과 장로교회 권징 조례를 강조하고 국왕에게 충성하는 것도 언급했다.

1638년 2월 28일 새벽 미명에 에든버러의 그레이프라이어스(Greyfriars) 교회에 모인 귀족들, 의원들, 장로들, 평신도들이 함께 모여서 국가적인 언약을 갱신하자는 문서를 공포하고 결의를 다졌다. 모임의 시작은 헨더슨 목사의 간절한 기도였다. 루돈의 백작이 문서의 취지와 모임의 성격을 설명했다. 존스톤이 언약문을 시민들에게 다시 읽어주었다.

백작들은 누구라도 의문이나 양심의 가책이 있고 이의를 제기하면 대답하겠다고 말했다. 거의 질문자들이 없었고 모두 다 동의했다. 마지막으로 가장 연장자인 서덜랜드(Sutherland)의 공작이 첫 번째로 서명했다. 그 다음에 귀족들과 목회자들이 서명했으며, 스코틀랜드 전지역에서 온 시민들이 모두 서명했다.

언약의 서명자들은 “기독교 신자의 자유에 따라서 자신을 지키고, 모든 경건함과 착실함과 의로움에 있어서 다른 사람에게 모범이 될 것”을 스스로 다짐했다. 이것은 처음에 기독교 신자가 되기로 서약하는 것과 같은 방식이다. 에베소서 4장 24절에 “새 사람을 입으라”고 말한 것처럼, 기독교 신자로서 살아갈 것을 서약했다.

언약도의 서명은 오직 자기 자신을 지키며 살겠다는 것을 넘어서 “우리와 우리 후손들 그리고 우리와 함께하는 모든 사람을 위해서도” 비난받지 않도록 노력하겠다는 다짐이 담겨 있다. 하나님 아래서 집단적으로 공동체가 믿음의 삶을 보여주겠다고 다짐하고 각자의 짐을 지고 가겠다는 맹약을 했다.

『국가 언약』의 마지막 부분에서는 국왕의 권위를 의심하는 스코틀랜드 국민들의 합법적인 권리를 주장했다. 언약도의 동시대인이었던 「폴록의 조지 맥스웰」(George Maxwell of Pollock)은 주교이자 왕권신수론 옹호자로서 청교도를 「정치적인 기독교인」이라고 비난했다. 언약도는 두 가지 삶(하나는 세속 국가의 시민으로서의 삶이고, 다른 하나는 기독교 신자의 삶이다)을 살아갔기 때문에, 모두 다 만족시키는 생활을 한다는 것은 참으로 어려웠다.

1638년 2월에 제안된 『스코틀랜드 국가 언약』은 교황 제도를 거부하고, 장로교회의 체제와 신학에 대해 확고한 지지를 밝혔으며, 국왕 찰스 1세가 결코 법률 위에 군림할 수 없다는 점을 명쾌하게 보여 주었다. 스코틀랜드 국민은 국왕이 전제 군주가 아니라 법률대로 통치한다면 충성을 다할 것이라고 밝혔다. 국가 언약은 결코 불법적이거나 반역적인 것이 아니라, 그 땅에 대한 왕의 폭정에 거부하고 반대한 것이다. 스코틀랜드는 입헌 군주제를 받아들였기 때문에 절대 군주제의 왕정 통치를 거부했다.

헨더슨 목사는 1638년 11월 21일에 열린 스코틀랜드 장로교회 총회의 의장으로 피선되었고, 국왕과의 협상에서 신실하고 현명하게 대처했다. 총회가 마지막으로 종료될 때 참석했던 언약도는, 광범위한 교회 개혁을 추진해 나가기로 다짐했다. 감독 제도는 불법이기 때문에 장로교회의 노회를 회복시키고, 주교들과 대주교들은 출교시켰다. 또 『퍼스의 조항들』은 불법적인 문서라고 선언했다. 총회는 찰스 1세가 개정한 예식서와 교회 법령들을 정죄했다.

총회는 1606년부터 1618년 사이에 개정된 조항들도 그들의 자유를 국왕이 침범한 것들이므로 무효라고 선언했다. 총회는 교회의 권위와 자유를 다시 한 번 공포했다. 에라스티언주의와 감독제도와 성례의 타락은, 교회와 국가 안에서 권력을 폭력적으로 남용한 것들이기 때문에 불법이라고 담대하게 선언했다.

1639년 8월에 다시 소집된 스코틀랜드 장로교회 총회에서는, 1633년 이후로 그동안 찰스 1세가 변경시켰던 모든 조항을 무효화하는 결정을 내렸다. 이 교회의 지난 죄악들에 대해서 여섯 가지 사항을 결의했다; ① 교회에 대해서 예식서를 강요한 것 ② 퍼스 조항들 ③ 총회를 감독체제로 대체했던 것들

④ 감독정치의 세속적인 권세들 ⑤ 총회의 부패 ⑥ 자유의 결핍과 합법적으로 총회를 구성하는 것. 이상의 내용은 총회에서 만장일치로 가결되었고 왕의 대리인도 서명으로 동의를 표했다.

3. 제1·2차 주교전쟁 (장로교회냐 주교 정치의 복귀냐)

잉글랜드 지역에서는 이미 1570년에 토마스 카트라이트가 앞장 서서 국교회와 싸우면서 장로교회 제도를 소개하다가, 케임브리지 대학 교수직에서 쫓겨났던 일이 있었다. 그동안 평안하게 지내 왔던 스코틀랜드에서, 동일한 사태가 훨씬 후대에 발생했다. 스코틀랜드에서는 이미 장로교회가 낙스 이후로 1560년부터 완전히 정착되었는데, 이제 와서 갑자기 주교 제도로 개편한다는 것은 도저히 받아들일 수 없었다.

국왕 찰스 1세는 스코틀랜드에서 전개되는 상황이 심각하다는 사실과, 더욱이 그들의 단호한 거부에 대해 파악하게 되자 경악했다. 국왕은 이미 1638년 9월에는 언약도의 요구 사항들을 어느 정도 인정한다고 선언했다. 그러나 왕실 정치가들과 스코틀랜드 지도자들 사이에 외교적인 협상이 결렬되자마자, 그는 통치권을 발동해서 전쟁으로 위협했다.

1639년과 1640년에 브레친 성당에서 주교 휘트포드(Walter Whitford, 1581-1647)가 집례한 예배가, 국왕의 지시에 따라 새로운 형식으로 진행될 때 군중의 분노가 폭발했다. 권총을 장전한 시민들이 주교를 거부하자 왕실에서는 군대를 파견했다. 두 번의 「주교전쟁」에서 스코틀랜드 지도자들은, 찰스의 잉글랜드 군대를 패퇴시켰다. 이로 인해서 왕권의 폭정에 불만을 품은 귀족들과 청교도 지도자들이 의회를 장악하게 되었다. 찰스는 귀족들의 단합으로 소집된 단기의회를 해산했지만 이미 돌아선 민심을 돌이킬 수는 없었다.

1) 제1차 주교전쟁

일반 역사에서 이 전쟁을 「제1차 주교전쟁」(the first bishop's war, 1639)이라고 부른다. 왜냐하면 그들이 싸웠던 핵심 사항이 주교 정치의 복원을 시도하려는 찰스와, 이것을 저지하려는 장로교회 언약도들 사이의 전쟁이기 때문이다. 이 전쟁은 주교들이 참여해서 실제로 전투했던 것이 아니고, 주교들이 희생당한 전쟁도 아니다. 잉글랜드의 군대가 스코틀랜드를 침공하자, 언약도들이 맞서서 장로교회를 지키기 위해 싸운 전쟁이다. 스코틀랜드인들의 청교도 신앙과 동맹 의식이, 두 차례 주교전쟁에서 승리했다.

1639년에 찰스가 먼저 자신의 군대 2만 명을 스코틀랜드로 투입했다. 해밀턴의 후작 휘하에 5천 명을 애버딘으로 진군시켰다. 스코틀랜드인들도 왕의 군대에 맞서서, 그들의 나라와 교회를 지키려고 군대를 모집하고 방어에 들어갔다. 언약도도 1639년부터 1651년 사이에 2천 명에서 2만 4천 명으로 편재된 군대를 12부대 이상 창설했다. 레슬리 장군(Alexander Leslie, 1582-1661)의 지휘 아래, 국경 도시인 「던스 로우」(Dunse Law) 지역에서 방어 전선을 형성했다. 군대의 깃발이 올라갔는데 "그리스도의 왕관과 언약을 위하여"(FOR CHRIST'S CROWN AND COVENANT)라고 적었다.

찰스는 스코틀랜드 추밀원으로 하여금 여러 차례 포고문을 발표하도록 조치했다. 먼저 「짧은 선언」(Short Declaration)을 유포했다. 그는 여전히 자신에게는 하나님으로부터 부여받은 통치자의 권세가 있음을 주장하면서, 스코틀랜드에서 군사력을 사용하는 것이 정당하다고 변호했다. 그는 또한 언약도는 '변절자들'이라고 비난했다. 찰스는 "선한 군주에게만 복종해야 하는 것이 아니라, 악한 군주에게도 따라야 한다. 하나님은 너희들의 머리 위에 왕들을 세우셨다"고 주장했다.

언약도도 공개적으로 문서를 발표하여 자신들의 주장을 널리 알리려고 했다. 1639년에 두 가지 문서를 발표했는데, 주로 잉글랜드 지역에 살포하여 동조적인 여론을 얻으려고 했다. 『잉글랜드의 왕국 내의 모든 선한 기독교인들에게 알림』과 『귀족들의 항의서』가 살포되었는데, 이 문서들은 스코틀랜드에게 가해진 교황주의를 성토하면서 명시적으로 경고했다.

개혁주의 신앙을 가진 언약도의 저항권 발동에 이어서, 불의에 맞서는 강력한 투쟁에서 나온 가장 뛰어난 정치 이론이 바로 입헌 군주제다. 왕이라 하더라도 법에 따라서 충실해야 한다는 이 정치 사상은, 절대 군주제가 시퍼렇게 살아있던 시대에는 감히 상상도 할 수 없는 놀라운 발상이었다. 그런데 이런 주장이 나올 수 있었던 것은, 청교도 언약도들이 기본적으로 칼뱅주의 신학에 근거해서 하나님을 섬기고, 그 어떤 희생을 하더라도 교회의 독립권을 쟁취하려는 노력이 있었기 때문이다.

종교개혁자들은 왕들의 불의에 맞서는 저항권에 대해서 정당성을 부여했는데, 바로 여기서 왕도 법을 따라야 한다는 입헌 군주제라는 열매가 나온 것이다. 고대로부터 내려온 절대왕정 체제를 벗어나서, 근대 민주주의 제도의 시발점은 바로 철저한 장로교 청교도들이 스코틀랜드에서 최초로 제시한 것이다. 칼뱅주의 개혁신학자들의 사상이 세상의 정치와 권력 사회를 바꿔놓은 것이다. 장로교 제도는 대의 민주주의를 시행하는 제도다. 그것은 개인의 독재와 소수의 궁정 정치와는 전적으로 다르다. 목사와 장로로 구성된 당회와 노회와 총회는 간접 민주주의를 시행함으로써, 다수의 지도자들이 평등하게 협의하여 지도해 나가는 집단지도 체제다.

이처럼 중요한 신학적인 권위 개념을 실행해 오던 스코틀랜드에서는, 절대 왕권의 군주 제도를 무작정 따라가지 않았다. 전제주의 세속 군주제의 문제점을 파악한 장로교회 언약도는, 왕정 통치의 독재를 거부했다. 장로교회의 정치 제도를 세속 군주의 정치 원리에도 적용해야 한다는 청교도 정치사상을 집대성한 당대 최고의 학자는 새뮤얼 러더포드(Samuel Rutherford, 1600-1661)다. 그는 세인트 앤드류스 대학교에서 탁월한 신학 교수로 봉사하면서도, 1643년에는 스코틀랜드를 대표하는 4인 중의 일원으로 활약했고 웨스트민스터 총회에서도 연설했다.

러더포드의 유명한 책 『법이 왕이다: 법과 군주』(Lex, Rex, or The Law and the Prince, 1644)는, 스코틀랜드 장로교회의 이상을 보호하기 위해 국가와 교회의 관계를 합법적으로 정립하는 내용을 다루고 있다. 유럽 정치이론 중에서도 당시로서는 가장 필요했던 입헌 군주제의 대헌장과 같은 청교도 장로교회의 사상이 담겨 있다.

러더포드는 알미니안주의와 독립파 분리주의에 대해서도 철저히 반대하여 『바울의 노회에 대한 합리적이고도 온건한 항변』(A Reasonable and Temperate Plea for Paul's Presbytery, 1640)을 출간했다. 그는 스코틀랜드에서 로마 가톨릭적인 목회 방식들이 더 이상 살아나서는 안 되고, 감독정치 체제로 다시 회귀해서도 안 된다고 지적하면서 우주적인 구원의 복음을 전파할 것을 촉구했다. 러더포드는 철저하게 장로교를 주장하면서 뉴잉글랜드 회중교회 지도자들(Thomas Hooker, John Cotton, Richard Mather)과 교회정치 문제로 설전을 주고 받았다.

또한 러더포드는 귀족들이나 그들의 부인들에게, 회중에게나 교구의 지도 목회자들에게, 그리고 심지어 전투에 참가 중이던 언약도의 군대 지휘관에게, 그리고 뉴잉글랜드의 이민자들에게도, 아일랜드에 있는 교회에게도, 정치 문제와 정부에 관련해서 영향력 있는 사람에게 격려의 편지를 나눴다. 그는 스코틀랜드에서 로마 가톨릭의 잔재가 다시 부활하는 것을 거부하고 주교제도로 회귀하는 것을 단호히 거부했다.

2) 제2차 주교전쟁

1640년 1월이 되자마자 찰스 1세는 아일랜드 출신의 토마스 웬트워스 경을 자문으로 호출하고, 군사력으로 스코틀랜드를 제압하기로 결정했다. 왕은 웬트워스를 스트라포드의 백작(Earl of Strafford)으로 임명했다. 웬트워스는 아일랜드 의회를 압박하여 스코틀랜드에 맞서서 함께 싸워야 하고 재정을 조달하라고 주장하는 한편 잉글랜드 의회를 열어서 재정 지원을 더 얻어내야 한다고 왕에게 조언했다.

찰스는 즉위 후 11년 동안 독단적으로 왕정 통치를 실시해 왔는데 처음으로 의회를 소집했다. 1640년 4월 13일부터 5월 5일까지 열린 단기의회(the Short Parliament)가 개최된 것이다. 찰스 국왕은 스코틀랜드가 프랑스와 결탁한 것이 아니냐는 의심을 품었다. 많은 스코틀랜드인들이 프랑스에 건너가서 공부했는데, 특히 프랑스에서 희생된 개신교회 성도인 위그노들의 희생을 잘 파악하고 있었을 것이라는 불안이 가중되었다.

「1차 주교전쟁」에서 경험했던 병사들이 주로 참전한 스코틀랜드 군대는 약 2만 명이 다시 진영을 구축했다. 레슬리 장군의 지휘 하에 버윅의 방어 기지를 뚫고 잉글랜드 석탄산지 뉴캐슬을 점령했다. 이곳은 런던에 연료를 공급하던 중요한 곳이다. 언약도는 더럼까지 점령해서 손쉽게 여러 남쪽 도시들을 통제하게 되었다. 스코틀랜드 언약도는 무조건 승리하기 위해 무자비한 살상에 목적을 두지 않았기 때문에, 「제2차 주교전쟁」도 1640년 10월 26일 「리폰의 협상 체결」로 종결되었다. 더 이상 무고한 시민들의 피를 흘리지 말아야 한다는 신념으로 신속하게 전쟁을 종식시켰다.

이리하여 스코틀랜드 장로교회 의회와 총회는 모든 주교직을 폐지했다. 에든버러와 덤바튼의 왕궁들은, 오직 국가의 방어를 위해서만 왕이 사용한다고 결의했다. 왕은 스코틀랜드 언약도들이 더 이상 반역자들이 아니라고 선언했다. 전쟁 배상금으로 30만 파운드를 스코틀랜드에게 지불하기로 했다. 최종 타결을 맺은 1641년 8월 10일 런던의 협상안에는, 잉글랜드와 아일랜드에서도 주교직을 폐지하기로 한다는 결의가 담겼다.

3. 스코틀랜드의 엄숙 동맹과 언약

청교도 사상의 정점은 언약 사상을 실제적으로 당시의 정치적 상황에 적용시킨 『엄숙 동맹과 언약』에 담겨 있다. 청교도들은 말로만 선언하는 것에 그치지 않고, 절대 군주제를 악용해서 신앙을 강요하는 찰스 1세와의 전쟁에 나섰다. 악한 왕의 명령에는 당연히 거부해야 하고, 정당한 수단으로 맞서서 교회를 지키려고 싸웠다.

잉글랜드에서 소집된 「장기의회」 동안에 청교도는 먼저 교회개혁을 시도했다. 그런 청교도들의 열망을 담아서 그리고 여기에 참여한 스코틀랜드 언약도의 분투가 빚어낸 두 번째 언약 문서가 『엄숙 동맹과 언약』이다. 이것은 찰스 국왕의 폭정에 항의하는 의회가 진행되는 동안에, 스코틀랜드 언약도와 잉글랜드 청교도가 다 함께 공감하여 채택한 선언문이다. 스코틀랜드 「국가 언약」의 주도적인 지도자 헨더슨 목사가 초안을 작성했다. 그 배경에는 아일랜드 반란군들이 청교도들을 살해하는 끔찍한 사건이 있었고, 이 문서의 발표 이후에는 「청교도 혁명」이라는 전쟁으로 연결되어진다.

『엄숙 동맹과 언약』이 채택되는 역사적인 맥락을 이해하는 것이 필요하다. 일반적으로 신앙고백서나 종교회의 결의문은 단순히 교회 관련 신학자들이나 교회 지도자들이 모여서 문제를 처리하고 발표하는 것이다. 그러나 『엄숙 동맹과 언약』은 잉글랜드와 스코틀랜드의 교회 지도자들이 작성한 것을, 의회가 승인하여 서명했다는 점이 다르다. 이 문서를 통해서 개혁교회의 정치 원리를 선포하는 것은 잉글랜드에서는 청교도가 주도하는 교회개혁을 추인받기 위함이었고, 스코틀랜드에서는 찰스 1세의 강압적인 주교 정치와 로마 가톨릭적인 요소들을 무력화시키기 위함이었다.

1643년 8월 17일 맨 먼저 스코틀랜드 의회에서는, 알렉산더 헨더슨 목사가 초안을 작성한 『엄숙 동맹과 언약』을 비준했다. 이어서 이것은 9월 25일 잉글랜드 의회와 웨스트민스터 총회에서 통과했고 아일랜드 의회에서도 인준했다. 이들 세 지역에 있는 모든 교회가 오직 장로교회 제도만 채택해야 한다고 명시적으로 표현하지는 않았다. 그것은 잉글랜드 의회의 중요한 축을 형성하고 있던 독립교회를 포용하자는 생각에서였다. 또한 주교 제도나 로마 가톨릭이나 분파주의자들도 적그리스도라고 규정했다.

이 문서는 잉글랜드 장기의회에서 통과했을 뿐만 아니라, 웨스트민스터 총회에서도 약간의 수정을 거쳐서 채택했다. 『엄숙 동맹과 언약』은 찰스의 왕당파를 제압했지만, 곧 이어서 올리버 크롬웰(Oliver Cromwell)이 등장하는 계기가 되었고, 스코틀랜드와 아일랜드가 참여하는 「세 왕국의 전쟁」으로 치닫게 되었다.

1.『엄숙 동맹과 언약』(The Solemn League and Covenant, 1643)

"잉글랜드, 스코틀랜드, 아일랜드 세 왕국들의 평화와 안전과 국왕의 명예와 행복 그리고 종교를 개혁하고 옹호하기 위해『엄숙 동맹과 언약』을 공포한다;

우리 귀족들, 남작들, 기사들, 신사들, 시민들, 자유민들, 복음의 목회자들, 그리고 잉글랜드, 스코틀랜드, 아일랜드 안에 있는 모든 계층의 사람들은 하나님의 섭리에 의해서 한 왕의 통치하에 살아가면서, 하나님의 영광을 우리의 눈앞에 두고 있는 하나의 개혁 신앙을 갖고, 우리 주님과 구세주 예수 그리스도의 나라의 확장과 왕의 통치와 그의 후손의 명예와 행복을 도모하고 그리고 왕국들의 참된 공적인 자유와 안전 그리고 평화 그 안에서 모든 사람의 개인적인 조건이 포함된다.

종교개혁이 진행된 이후로 지속적으로 모든 지역들에서(특히 세 왕국들 가운데서), 참된 종교와 신앙고백자들에 대항하는 하나님의 대적자들의 피흘리는 음모들과 배반들, 모략들, 시도들과 실제로 벌어진 일들에 대하여 기억하기를 호소한다. 얼마나 많은 그들의 분노, 권력, 억측들이 최근까지 있었는가 그리고 이 시기에 증가되고 시행되었던가, 그에 따라서 아일랜드의 교회와 왕국의 비참한 상태와, 잉글랜드 교회와 왕국의 곤핍한 상태와, 스코틀랜드의 교회와 왕국의 위험스런 사태가 현존하고 있으며 또한 공적인 증거들이다.

우리는 지금에 이르러서야 마침내 전적인 파멸과 멸망으로부터 우리들 자신들과 신앙을 유지하기 위해서(청원, 항명, 항거, 그리고 고난이라는 다른 수단들을 갖게 되었는데), 이전 시대에 이 왕국들의 추천할 만한 실천에 따라서 그리고 그 밖에 다른 나라들 가운데서 하나님의 백성의 사례들을 따라서 심사숙고한 후에 우리 모두가 상호간에 서명하는 엄숙 동맹과 언약 안에서 결의하고 또 결정하기에 이르렀다. 그에 대해서 우리 모두는 각자가 서명하고 가장 높으신 하나님께 두 손들을 높이 들어서 맹세한다;

① 우리는 하나님의 은혜로 우리들 각자가 처한 곳에서 소명에 따라 진심으로 실제적으로 그리고 지속적으로 스코틀랜드 교회 안에서 개혁된 신앙의 보존에 매진하되, 교리·예배·훈련·권징·정치에서 우리들의 공통적인 대적자들에게 맞서서 진력할 것이다. 잉글랜드와 아일랜드의 왕국들 가운데서 신앙 개혁에 진력하되, 하나님의 말씀과 개혁교회의 최고 모범 사례에 따라서 교리·예배·권징·정치를 위해 노력할 것이다. 세 왕국들 안에 있는 하나님의 교회들로 하여금 가장 근접적으로 연결시켜서 신앙의 일치, 신앙의 고백, 교회 정치의 형태, 예배를 위한 규칙서와 교리문답을 위해 교범을 만들어 낼 것이다. 우리와 우리 후에 자손들은 믿음과 사랑 안에서 형제들로 살아가게 될 것이고, 주님께서 우리들 가운데 내주하시길 기뻐할 것이다.

② 우리는 사람들의 직위와는 상관없이 로마교, 감독 제도(즉 대주교들, 주교들, 주교구 상서관들, 그들의 감독관들과, 참사회장들과 성당참사회들, 대집사들에 의한 교회 통치와 상하 계급제도에 의존하는 그 밖의 모든 교회들의 직책들), 미신, 이단, 분열, 부패 그리고 건전한 교리와 경건의 능력을 거부하는 모든 것을 근절시키도록 매진할 것이다. 우리도 다른 사람들의 죄에 동참하지 않도록 조심하고, 그들의 죄악의 오염에 빠지지 않도록 해야 한다. 세 왕국들 안에서 오직 하나님의 한 이름 아래 주님께서 하나 되도록 해주실 것이다.

③ 우리는 동일한 신실함, 진정성과 일관성을 가지고, 우리들의 다양한 직업들 가운데서 우리들의 직위와 삶으로 상호간에, 의회들의 권리와 특전과 왕국들의 자유를 보호하도록 진력한다. 왕의 통치자로서의 위엄과 권위를 보존하고 또 수호해야 한다. 참된 신앙과 왕국들의 자유를 보존하고 변호함에 있어서 세계가 우리의 충성심의 양심을 입증하게 될 것이며, 국왕의 권세와 위대함을 소멸시키는 그 어떤 생각이나 의도들을 갖지 않는다.

④ 우리는 또한 왕을 그의 백성으로부터 분리시키는 행위, 종교개혁을 방해

하는 악독하고 패악한 수단들, 선동들 또는 다른 모든 유사한 행동을 색출하는데 신실하게 전력할 것이다. 또는 왕국들 중에서 한 왕국이 주도하거나, 국민들 사이를 분열시키고 파당을 짓는 그 어떤 행위 즉 동맹과 언약에 반대되는 것은 공적 재판에 회부되어 합당한 처벌을 받을 것이다. 그들의 악행들의 정도에 따라서 혹은 요구되는 바에 따라서, 각 왕국들의 최고 재판소가 합리적인 심판을 내릴 것이다. 효율적으로 하기 위해서 법적 권능을 가진 사람들이 편리하게 심판을 진행할 것이다.

⑤ 이런 왕국들 사이에 있는 축복된 평화의 행복은 우리 조상들이 과거에 부정하였음에도 불구하고, 사실 그것들은 우리에게 하나님의 선한 섭리에 의해서 주어진 것이었는데, 두 의회에 의해서 최근에 정착되어지고 결론을 맺게 되어졌다. 우리는 우리 각자의 위치와 관심을 따라서 우리 모든 후손들에게 확고한 평화에 결속이 유지될 수 있도록 힘쓸 것이다. 그리고 정의가 고의적인 반대자들에 대해서, 그 이전에 작성된 문서들 가운데 표현된 방법들 속에서 시행될 것이다.

⑥ 우리는 우리들의 장소들과 소명에 따라서 왕국의 평화, 자유, 종교의 공통적인 이유를 가지고, 동맹과 언약을 옹호하고 유지하기 위해서 모든 지원과 지지를 다 할 것이다. 그리고 우리는 이 복된 연합과 협력으로부터 철수하거나 나뉘거나 테러를 하거나 설득하거나 혹은 결합을 한다거나 그 어떤 일이 있더라도 직접적으로나 간접적으로나 스스로 고통을 당하지 않을 것이다. 그 명분에 있어서 중립이거나 혹은 혐오스러운 무관심이거나 반대하는 편으로 변절하든지 간에 우리는 오직 하나님의 영광, 왕국의 선한 것, 국왕의 명예에 관심을 둘 것이다. 그러나 우리들이 살고 있는 현세에 유익만을 열성적이고 지속적으로 추구하는 것에 대해서 명백하게 반대한다. 그리고 우리들의 힘으로 똑같은 것들을 촉진시키려는 것에 대해서도 즉각적으로 모든 장애에 전력으로 대항할 것이다. 그리고 우리가 제압하거나 극복할 수 없는 것에 대해서는, 알려지고 드러낼 것이며 적절한 시간에

중지시키거나 제거될 것이요 우리는 이 모든 것들을 하나님의 안목에서 할 것이다.

이들 왕국들이 하나님과 그의 아들 예수 그리스도를 대항하여 분노와 많은 죄들의 죄책이 있기 때문에, 우리들의 현재의 고통들과 위험들로 충분히 입증되는 그 열매들이 있다. 우리는 하나님과 세계 앞에서, 이들 왕국들의 죄들에 대해서, 그리고 우리들 자신들의 죄악들에 대한 우리들의 거짓없는 열망이 겸손하게 되어질 것이라고 고백하고 선언한다. 특히 우리는 복음의 측량할 수 없는 혜택들을 가치있게 높이지 않았으며, 순결함과 권능을 위해서 우리가 노력하지도 않았으며, 그리고 우리는 우리의 가슴속에 그리스도를 받아들이려고 최선을 다하지 않았으며, 우리의 삶에서 그분을 가치있게 여기지 않았고, 우리 가운데 다른 죄들과 범죄들의 원인들이 함께 묶여 있었다.

우리의 참되고 거짓없는 목적, 열망, 노력은 우리 자신들과 우리의 권세와 지배하에 있는 모든 다른 사람들을 위하여, 공적인 부분에서나 개인적인 부분에서 모두 다 하나님과 사람에 대한 우리의 모든 의무를 다하는 가운데서 우리들의 삶을 수정하고 참된 종교개혁의 모범 사례들 가운데서 우리 각자가 서로 나아가고, 그리하여 주님이 자신의 진노와 무거운 분노를 바꾸실 수 있으며 진리와 평안 가운데 왕국들과 교회들을 세울 것이다. 그리고 우리는 모든 사람들의 마음을 감찰하시는 전능하신 하나님 앞에서 이 언약을 작성하는데, 장차 큰 날에 모든 마음의 비밀들이 드러날 것이요 우리가 답변하게 될 것이기에 참된 의도로 똑같이 수행할 것이다.

이 목적을 위해서 가장 겸손하게 주님을 갈망하면서 성령으로 우리들을 강화시키사, 우리들의 열망과 성공적인 진행 과정이라는 복을 내려주시고, 자기 백성들에게 구출과 안전함을 제공하시고, 반 그리스도인의 탄압의 멍에를 메는 위험 속에서, 또는 고통 가운데서 기독교 교회들에 대한 격려를 주신다. 하나님의 영광을 향해서, 예수 그리스도의 나라를 확장하기 위해서, 그리고 기독교인들의 왕국들과 복지국가의 평화와 평안을 위해서 연맹과 언약에 가입하고 언약을 맺는다."

『엄숙 동맹과 언약』에 서명하지 않은 사람은 극소수였는데 그들은 국가에서는 왕정 절대주의를 신봉하던 사람들과 교회 안에서는 교황 제도를 찬성하는 자들 일부에 불과했다. 이 문서에 개혁교회에 대한 최고의 열망을 담았지만, 장로교회 제도가 명시되지는 않았다. 하지만 장로교회의 정치 체제를 의미하는 것으로 대부분 받아들였다. 왜냐하면 스코틀랜드 교회가 장로교회 제도로 통일되어 있었기 때문이다.

1644년에 스코틀랜드 장로교회 총회는 『엄숙 동맹과 언약』을 법령화했다. 그러나 찰스 1세가 1646년에 스코틀랜드 군대에 의해 포위되었을 때 그는 이 문서를 거부했다. 그러나 이 문서에 담긴 규정들은 스코틀랜드 대부분의 국민이 서명하도록 요구되었고 동의한다는 의사를 표명했다.

2. 찰스 1세와 청교도 사이의 시민전쟁들

그동안 계속 문제되어 왔던 찰스 1세의 강압적인 폭정과 비타협적인 주교 중심 정책은 마침내 청교도와의 전쟁이나 시민전쟁(Civil Wars)으로 폭발하고 말았다. 1638년부터 1651년 사이에 두 번의 주교전쟁, 아일랜드 반란, 1차에서 3차까지의 시민전쟁, 크롬웰의 아일랜드 정복까지 연속되는 전쟁 기간이었다. 이런 연속된 정치적인 강압 조치와 변란들로 인해 25만 명이 죽었다. 그 당시 인구의 5%에 해당한다. 이처럼 지속적인 전쟁 상황은 국가와 교회 그리고 사회 전반에 심각한 영향을 미쳤다.

모든 전쟁은 비극적인 결말을 수반한다. 국가가 두 쪽으로 나눠지고 의회와 교회와 가정이 나눠졌다. 아버지와 자식들이 서로 총을 겨누고 형제들끼리 갈라져서 싸웠다. 형(Sir Bevil Genville)과 동생(Richard Grenville)이 각각 왕당파와 의회파 군대로 나눠서 총을 겨눴고, 처남과 매형이 서로 상대방을 향해 진격해 들어갔다. 청교도의 교회가 국왕에게 너무나 많은 것을 요구한 것이 아니라, 국왕이 교회에 대해서 지속적으로 가한 압박에 대한 반발이자 대가였다. 청교도는 질서있는 통치를 원했기 때문에 국왕은 교회의 요구에 대해 응답할 책임이 있었다.

1) 제1차 시민전쟁(1642-1646)

1643년 여름 잉글랜드 의회의 개신교 지도자들은 국왕 찰스 1세와 심각한 갈등 관계에 있었다. 앞서 언급한 대로 아일랜드에서 반란이 일어났기 때문에, 혹시라도 로마 가톨릭을 지지하는 아일랜드 군대가 찰스 1세와 결탁하는 것에 대해 극도로 불안해하고 있었다. 그래서 잉글랜드 의회가 스코틀랜드 군대의 합류를 요청했던 것이다. 스코틀랜드는 장로교회 언약도들이 주류를 이루고 있었고, 그들은 모두 찰스 1세에 극도의 반감을 갖고 있었기 때문에 서로 협력할 수 있었다.

1643년 9월에 양국의 의회가 『엄숙 동맹과 언약』을 채택했다. 이것은 스코틀랜드에서는 장로교회 중심의 개혁교회가 지속적으로 보전되어 나간다는 보장과 같다. 그리고 잉글랜드의 경우에는 미진하던 종교개혁을 진일보 시켜서 장로교회의 신학과 제도로 더욱 더 확장시켜 나간다는 것을 의미한다. 또 아일랜드에서는 하나님의 말씀을 따라서 장로교 개혁교회가 세워지는 것을 의미하는 것이다. 이 문서에 언약 개념이 담긴 것은 알렉산더 헨더슨이 기초한 문서답게 주로 스코틀랜드 언약도의 신앙과 찰스 1세에 맞서기 위해서 일어선 자신들의 혁명을 정당화하는 내용으로 되어있다.

신앙적인 면에서는 장로교회 개혁 운동을 개인 구원과 마찬가지로 국가를 위해 주신 은혜로 알고, 행위 언약을 성취하여 나가겠다는 서약이 담겨졌다. 정치적인 면에서는 국왕에게 저항하는 권리가 세 왕국이 참여하는 혁명 운동가들에게는 필연적으로 받아들여졌다. 『엄숙 동맹과 언약』에서 가장 급진적인 부분은, 이어서 스코틀랜드에서 나왔던 『국가 언약』에 담겨 있던 내용들을 문자 그대로 재현시킨 부분이다. 상호조직체에 대한 연맹 의식과 결합의 다짐이 있었던 부분인데, 정당한 왕이라도 탄압할 때는 시민들이 거역할 수 있는 정당성을 다 같이 공유했다. 군주가 의회에 의해 제한받는다는 것은 타협할 사항이 아니다. 군주가 의회와 상호 협력하여 권력을 행사한다는 개념은, 스코틀랜드 언약도가 유럽의 종교개혁자들에게서 얻어온 것이다.

프랑스에서 위그노가 로마 가톨릭으로부터 탄압을 당했고 네덜란드에서는 개혁교회가 역시 엄청난 탄압을 당하면서, 저항권의 정당성을 쟁취하고자 주장했던 것을 스코틀랜드가 받아들인 것이다. 이런 저항권의 확신은 1640년대 청교도 혁명의 가장 중요한 힘으로 작동하였다. 잉글랜드 군대와 스코틀랜드 군대는 '결합'(union)이 아니라 '동맹'(confederation)으로 굳게 결속되었다.

이 동맹의 결과로 스코틀랜드 언약도는 '제1차 시민전쟁'에서 의회파를 위해서 군대를 파송하여 왕당파와 싸우게 되었다. 1644년 1월에 스코틀랜드 언약도의 군대가 잉글랜드의 의회파의 초대로 여러 도시에 진격해 들어왔다. 이 군대를 「새로운 형태의 군대」(the New Model Army)라고 부른다. 치열한 전투가 여러 곳에서 벌어졌는데 1644년 7월 연합군은 왕당파 군대를 「말스톤 무어의 전투」(Battle of Marston Moor)에서 무찔렀다.

1645년 6월 네스비(Naseby)에서의 크롬웰의 활약에 힘입고 결정적으로 연합군이 승리했다. 겉으로는 양쪽 군대가 단합을 과시했지만, 점차 아무도 원하지 않는 균열이 발생하였다. 1646년 5월 5일 국왕이 도망하려다가 체포되면서, 첫 번째 시민전쟁은 승자가 결정되었다. 국왕은 섬에 있는 「카리스브룩 성」(Carisbrooke Castle, the Isle of Wight)에 감금되었다.

그 당시에 교회와 국가는 거의 한 묶음으로 연결되어 있었기 때문에 구분이 어려웠다. 교회 문제는 곧 정치쟁점의 핵심이었다. 대부분의 청교도들은 정치적으로는 보수적이기 때문에 왕권 통치를 받아들였다. 그러나 잉글랜드 의회 내에서 장로교회 청교도들과 독립교회주의자들 사이에 긴장 관계가 형성되었다.

잉글랜드 의회 안에서 의회파와 스코틀랜드 언약도들 사이에 갈등이 조성되었다. 독립교회파나 회중교회파 중에는 상당히 과격한 수평주의자도 있었다. 중앙집권적인 국교회 제도에 대해서는 그 어떤 형태라도 반대할 뿐만 아니라 심지어 장로회 제도마저 거부하였다. 교회 독립파 존 릴번(John Lilburne, 1614-1657)은 언약서에 서명하지 않고 의회에서 철수해 버렸다.

각 지역 교회가 독립적인 자유를 가진다는 보장을 받아내려고 했던 독립적인 회중교회 성도가 의회파 군대의 주축을 이루고 있었다. 훗날 의회파 군대의 사령관이 된 올리버 크롬웰이 바로 독립적인 회중교회 소속이었다. 또한 2차 주교전쟁에서 잉글랜드가 패배한 후, 스코틀랜드 군대가 잉글랜드 북부 지역을 점령하고 있었는데 이 지역의 주민들이 불만을 제기했다.

2) 제2차 시민전쟁(1648-1649), 찰스 1세와 밀약파에 대한 응징

크롬웰이 1647년 2월에 병으로 고생하면서 한 달가량 의회에 불참하게 되었다. 그 사이에 의회는 왕에 대한 처리 문제를 놓고 양쪽으로 갈라졌다. 의회에서는 찰스 1세의 복귀와 장로교회 체제로 교회를 전환하자는 것이 다수 의견이었다. 그러나 크롬웰은 장로교회 체제를 전면적으로 실시하는 것에 반대했다. 그는 회중교회 제도를 지지하는 열렬한 독립파 청교도 신자였다.

1647년 5월에 징집된 군대의 월급을 지불하는 문제와 왕의 복귀 문제 등을 놓고 협상했으나 실패했다. 이러는 동안에 왕당파 정치가들의 음모와 모략이 발동했다. 스코틀랜드에서 왕당파로 소문난 자는 해밀턴 공작이었는데, 스코틀랜드 교회와 시민들이 왕에 대한 충성심이 아직도 있다는 것을 이용해서 자신의 위치를 높이려고 했다.

제2차 시민전쟁은 1648년에 스코틀랜드 왕당파 군대와, 올리버 크롬웰의 의회파 사이에 벌어졌다. 2차 시민전쟁의 배경에는 역시 교회 문제가 얽혀 있었다. 제1차 시민전쟁에서 영국 왕당파 군인들이 패배한 후, 스코틀랜드 왕당파 일부와 감옥에 갇혀 있던 찰스 1세를 1647년 12월 비밀리에 방문했다. 왕이 다시 잉글랜드 군주로 복귀하도록, 스코틀랜드 군대를 동원하겠다는 「비밀조약」(Engagement)을 맺었다.

그러나 스코틀랜드를 대표하여 웨스트민스터 총회에 참석하고 있었던 신학자들은 이 밀약을 거부하고, 모든 스코틀랜드 목회자들에게 이 밀약에 반대하라고 선언했다. 밀약을 주도한 해밀턴 경과 스코틀랜드 왕당파들은, 그들의 정치적·신앙적인 반대편 쪽(즉 언약도들)을 완전히 곤경에 몰아넣었다.

제1차 청교도 전쟁의 말기에 국왕 찰스 1세는 체포되어 1647년 12월 잉글랜드 의회에서 카리스브룩 성에 감금시된 상태에 있었지만, 문제는 바로 이들 밀약파들(즉 일부 스코틀랜드 왕당파)이 비극적인 전쟁과 참혹한 죽음을 자초한 것이다.

제1차 시민전쟁에서 승리하는 데 기여한 스코틀랜드 언약도는, 처음에는 중립적으로 사태를 관망하고 있었다. 이미 스코틀랜드 언약도는 찰스 1세를 상대로 전쟁을 경험했기 때문에 그를 전혀 신뢰하지 않았다. 스코틀랜드 언약도의 의회는 1638년 12월 교회에서 주교들을 추방했다. 이에 반발해서 찰스 1세가 보낸 군대를 상대로, 1639년의 1차 주교전쟁과 1640년에 2차 주교전쟁에서 승리하고 모든 로마 가톨릭 주교들을 추방했던 것이다.

그 후 국왕의 비성경적인 탄압에 맞섰던 언약도들은 스코틀랜드를 사실상 지배하고 있었다. 이들 칼뱅주의자들은 나라의 법에 따라서 규모 있게 정비된 군주 제도를 지지했고, 하나님의 계획에 따라 진행되는 역사의 일부로 받아들였다. 대다수의 언약도는 단일 군주제에 대해서는 불만이 많았음에도 불구하고, 그런 왕권 제도 자체는 받아들였다. 새뮤얼 러더포드의 입헌 군주 제도 왕권의 통치를 인정하고 있었다.

그러나 스코틀랜드 언약도와 왕당파들 사이에는, 교회와 국가 관계에 대한 인식이 현격히 커서 도저히 협상이 되지 않았다. 스코틀랜드 일부 왕당파 정치지도자들은, 국왕이 교회 문제들에 대해 최종 권위를 가진다는 것을 지지했다. 그러나 다수의 교회파 정치인들은 이를 거부했다. 각 개인별로도 정도의 차이가 심했다. 절대 다수는 국왕에 대해서 충성도 했고, 국가 언약을 지키기 위해서 싸웠다.

그러나 이미 스코틀랜드 군대는 아일랜드에 진군했고, 잉글랜드에서도 제1차 시민전쟁에서 국왕의 군대를 무찔렀다. 왜냐하면 그것이 스코틀랜드 교회를 지키는 최선의 방법이라고 판단했기 때문이다. 스코틀랜드에서 일단 단일 군주제가 무력화되자, 다양한 정치 집단들이 주도권을 쟁취하려고 나섰다.

적어도 세 집단이 있었다. 하나는 스코틀랜드 안에 있었던 일부 왕당파들과 온건파들이 있었다. 이들은 스코틀랜드가 잉글랜드와 동맹을 맺고 군대를 파견해서 하나로 뭉쳐서 국왕에 맞서 싸우는 것을 반대하였다. 이들은 또한 스코틀랜드 의회가 교회 문제를 결정하는 것에 대해 반대했다. 그러나 대다수 스코틀랜드 언약도와 잉글랜드 동맹군은, 교회 분리주의를 주장하는 독립파를 온건파보다 더 나쁜 위협으로 간주했다.

그런가 하면 이미 수년 동안 아일랜드에 진군해 있었던 스코틀랜드 군대도, 얼스터 지역에 주둔하던 중에 1646년 6월 가톨릭 연합군에 패배했다. 스코틀랜드 언약도의 군대는 이처럼 아일랜드와 잉글랜드 두 곳에 분산되어 있어서 힘쓸 수 없었다. 스코틀랜드 의회에서는 세 명의 대표자(Lauderdale, Lanark, Loudoun)를 국왕에게 보냈다. 1647년 12월에 찰스 국왕은 앞으로 3년 동안 잉글랜드에서 독립파를 억압하고 장로교회를 돕겠다고 약속했지만, 언약서를 받아들이는 것을 거부하자 스코틀랜드 지도자들 사이에 분열이 발생했다.

1648년 4월에 이르게 되면 대다수 스코틀랜드 의회 의원은 국왕과의 협상안에 찬성하는 쪽으로 움직였다. 1648년 7월 스코틀랜드 교회 총회에서도 의회 결의를 통과시켰다. 그러나 일부 언약도의 교회를 대표하는 아가일 후작(Marquis of Argyll, Archibald Campbell, 1607-1661)은 국왕 찰스를 신뢰하지 않았다. 그리고 왕당파들이 모의해서 추진하는 일들을 죄악이자 반역이라고 선언했다.

밀약파들은 스코틀랜드에서 새로운 부대를 모집했다. 역전의 용사들은 다 빠져버렸고 참전을 거부했다. 왕당파가 겨우 결성된 것은 1648년 6월인데, 형편없는 군대 9천 명이 잉글랜드로 진군해 들어갔다. 잉글랜드에는 크롬웰이 이끄는 부대가 강력한 전투력을 발휘해서, 1648년 7월 「프레스톤 전투」(the Battle of Preston)에서 두 배나 많은 스코틀랜드 왕당파 군대를 제압했다. 지휘관으로 나섰던 해밀턴 후작(the Marquis of Hamilton)은 체포되었다가 1649년 3월 교수형을 당했다.

시민전쟁이 계속 악화되자 올리버 크롬웰은 전쟁을 종식시키기 위해서는 국왕을 심판해서 제거해야 한다는 주장에 따르기로 결심했다. 토마스 브룩스는 의회에서 민수기 35장 33절("피흘림을 받은 땅은 그 피를 흘리게 한 자의 피가 아니면 속함을 받을 수 없다")을 근거로 찰스 1세의 심문과 사형을 주장했다. 올리버 크롬웰은 국왕과 의회를 대항하는 것이, 하나님이 주신 합법적인 권위를 행사하는 것이라고 판단했다. 크롬웰을 포함하여 심판위원 59명의 서명에 의해서 사형이 결정되었다.

그러나 동맹군 사령관 페어팩스(Thomas Fairfax, 1612-1671) 장군은 서명하지 않았다. 크롬웰은 1649년 1월 30일 찰스 국왕의 사형을 감행했다. 시민전쟁을 종식시키기 위해서는 불가피한 방법이었고 필연적인 조치였다고 평가할 것이지만, 그렇다고 해서 옳다고 할 수는 없을 것이다. 스코틀랜드 언약도와 잉글랜드 독립파 사이에 분열이 발생하고 말았다.

스코틀랜드 언약도는 국왕을 살해하는 것이 하나님께 반항하는 행위라고 간주했다. 한번도 경험하지 못했던 국왕의 공석 상황은, 권력의 향배를 놓고 의회파와 왕당파 사이에 또한 의회파 내부에서도, 여러 가지 논쟁과 대립을 초래했다. 훗날 전쟁이 끝난 후 의회는 크롬웰에게 왕의 자리에 취임할 것을 요청했지만, 크롬웰은 몇 달 간의 고심 끝에 거부했다.

시민전쟁에서 스코틀랜드 군대의 사령관으로 잉글랜드 독립파 군대와 함께 동맹을 지켜 오던 페어팩스 장군은, 크롬웰이 국왕의 공개 심문과 처형에 동의할 수 없다는 입장 차이로 연합군 총사령관에서 물러났다. 스코틀랜드 언약도를 이끌고 있던 페어팩스 장군은 잉글랜드 군대를 이끌고 스코틀랜드로 진격하는 것을 차마 할 수 없었다. 페어팩스는 동료 스코틀랜드 교회파가 추진하는 정치적인 도모에 대해서도, 결코 지혜로운 해결 방안이 아니라고 반대하고 훗날 찰스 2세의 왕정복고에 앞장 서게 된다. 페어팩스의 연합군 총사령관 자리는 올리버 크롬웰이 물려받았다.

크롬웰의 승리에 기인해서 스코틀랜드에서는 다시 언약도의 입장을 대표하는 세력이 의회와 총회를 지배하게 되었다. 이들은 크롬웰과 협상을 시도했으며, 청교도 교회를 지지하는 지도자들이 에든버러를 장악하게 되었다. 크롬웰의 후원을 받은 아가일(Argyll)이 스코틀랜드에 남아 있던 밀약파들을 제압했다. 1649년 1월 23일 법령(the Act of Classes)의 발표로 밀약파들과 왕당파들은 정치적인 직분이나 군대 지휘관에서 제거되었고, 교회파가 스코틀랜드 의회를 지도해 나가게 되었다.

그러나 찰스 1세의 사형은 스코틀랜드 교회와 의회를 다시 바꿔 놓고 말았다. 여전히 국왕에게 충성심을 갖고 있었던 스코틀랜드 일부 귀족들은 1650년 초에, 그들의 충성심을 표현하는 대표자들을 프랑스에 피신해 있던 찰스 2세에게 파송했다. 이것으로 인해서 결국 제3차 시민전쟁으로 치닫게 되었다. 스코틀랜드 의회는 프랑스로 피신한 찰스 2세가 스코틀랜드와 잉글랜드의 국왕이라고 선포했다.

1650년 5월 스코틀랜드 의회는 찰스 2세와 「브레다 조약」(Treaty of Breda)을 맺었고, 새 국왕은 의회의 제안을 받아들였다. 6월 16일에 찰스 2세가 스코틀랜드로 들어 왔다. 그러나 사실 이런 정치적인 타협을 스코틀랜드의 모든 교회가 다 찬성한 것은 아니었다. 1650년 12월 23일 스코틀랜드 의회는 「징집령」(Act of Levy)을 통과시켰고, 교회에서는 이 법령의 시행을 놓고서 새로운 군대가 과연 이 시기에 허용될 것이냐에 대해 논쟁을 벌였다.

스코틀랜드 언약도는 양쪽으로 갈라지고 말았다. 이들 양편은 증폭되는 원한 관계를 수년 동안 지속했다. 옛날의 친구이자 동지들이 서로 창과 총을 겨누고 싸우게 되었다. 잘못 전달된 소문들이 비극을 부채질했고, 과장된 보고들이 왜곡된 해석을 낳았다. 데이비드 딕슨, 로버트 베일리, 제임스 우드(James Wood, 1639-1694) 등은 현실적인 '결심파'(the Resolutioners)에 속했다.

반면에 언약도의 정통 후예로 자처하는 제임스 거스리(James Guthrie, 1612-1661), 새뮤얼 러더포드, 앤드류 캔트, 패트릭 길레스피, 존 리빙스톤, 존스톤(Johnston of Wariston) 등은 '항의파'(the Protesters)에 속했다. 가장 강력한 반대파 지도자였던 거스리는 의회에 불복종한 죄로 에든버러 광장에서 화형을 당했다. 왕당파들은 새뮤얼 러더포드의 책을 불태우고 그를 청문회에 호출했는데, 그러는 사이에 그는 건강 악화로 사망하고 말았다.

이들 양편의 대립은 지속되어서 훗날에는 결국 스코틀랜드 언약도의 총회가 분열되고 만다. 1652년 항의파는 결심파를 "불법적이고 불의하다"고 결의했고, 목회자 63명과 평신도 지도자 80여 명이 서명했다. 1653년에는 에든버러의 성자일스 교회에서 두 파가 각각 총회를 개최했다. 결심파 총회의 의장은 데이비드 딕슨이었다. 그러나 크롬웰 군대의 현지 지휘관이 그들을 해산시켜서 멀리 떨어진 다른 장소에서 회의를 계속했다. 항의파는 크롬웰의 군대를 지지했다.

3) 제3차 시민전쟁(1649-1651)

일부 스코틀랜드 귀족들은 찰스 2세와 비밀리에 결탁하고 왕권 복위를 획책하였고, 이런 움직임을 제지하려고 잉글랜드 군대가 출동하여 전쟁을 벌이게 되었다. 이것이 바로 제3차 시민전쟁이다. 참으로 기가 막힌 전쟁이 벌어졌다. 어제의 혈맹이자 언약을 나눈 동맹군들이 서로 갈라져서 싸우게 되었다.

스코틀랜드 교회들은 잉글랜드에서 진행되는 크롬웰 군대의 승리로 인해서 『웨스트민스터 신앙고백서』가 전혀 지켜지지 않고 무력화될 것을 우려하게 되었다. 제2차 전쟁 이후로 스코틀랜드 교회파들이 의회를 장악하게 되자, 찰스 2세가 잉글랜드에서 장로교회를 확산시켜 줄 것을 조건으로 그를 국왕으로 받아들이게 된 것이다. 1649년 2월 5일 스코틀랜드 의회에서 찰스 2세가 아일랜드와 스코틀랜드의 국왕이라고 선언했다.

찰스 1세가 처형된 지 불과 닷새 만에 그의 아들을 새 왕으로 추대한 것이다. 1650년 6월 23일 찰스 2세가 스코틀랜드에 들어가서 일부 귀족들과 결탁했다. 본인은 프랑스 공주 출신 어머니의 영향을 받아서, 로마 가톨릭 교인이자 잉글랜드 국교회를 지지하면서도 『국가 언약』(1638)과 『엄숙 동맹과 언약』(1643)에 서명했다. 잉글랜드 의회는 왕당파들의 행위에 격앙하였다. 그 사이에 크롬웰은 아일랜드 로마 가톨릭 군대를 제압하기 위해, 잉글랜드 군대를 이끌고 1649년 8월 15일 바다를 건너갔다.

아일랜드는 로마 가톨릭 진영이 개신교회 성도들을 살해한 1641년의 반란 이후로 계속해서 전쟁 상태였다. 아일랜드 진영의 연합군은 찰스 1세 국왕이 체포되자 스코틀랜드 왕당파에 가담하기로 조약을 맺었다. 이들은 로마가톨릭적인 주교 정치에 동의하는 공감대가 형성되어 있었다. 국가적인 애국심과 정치적인 해결책이 결합된 동맹 관계가 새로 맺어진 것이다. 아일랜드 동쪽부터 장악한 크롬웰 부대는 9개월 동안 거의 대부분을 섬멸시켰다.

1650년 5월 말에 크롬웰은 의회의 요청으로 다시 잉글랜드로 돌아갔고, 아일랜드 가톨릭 부대는 산발적인 공격을 가하다가 마지막 1653년 중반에 포위되어서 완전히 무너졌다. 제3차 시민전쟁은 잉글랜드와 스코틀랜드 사이의 전쟁으로 변했다. 잉글랜드 군대는 극단적인 독립파가 주축을 이루고 있었다. 그들은 왕당파에 대해서도 반대하지만 장로교회 체제도 거부했다. 크롬웰의 부대는 보병 1만 명에 기병 5천 명이었다.

그 반대편 스코틀랜드는 훨씬 더 많은 군대를 동원했으나, 훈련이 안 된 병사들이 대부분이었고 정치적인 입장도 일치하지 않았다. 스코틀랜드 부대 내에서는 전쟁의 한복판에서 정치적이고 신앙적인 동의를 할 수 있는 사람인가를 평가하는 3일 동안의 점검을 실시했다. 이것은 결정적인 패인이 되고 말았다. 스코틀랜드 군대가 내부적으로 정치적인 입장들을 정리하는 동안에, 80명의 장교와 3천 명의 군인을 잉글랜드 부대의 짧은 공격으로 잃어버리고 말았다.

크롬웰은 스코틀랜드 장로교회를 싫어하지 않았고 많은 지도자와 교분을 나누었기 때문에 더욱 더 전쟁을 피하고 싶었다. 그는 8월 3일 스코틀랜드 의회에 보낸 편지에서, 자신의 대적은 국왕과 스코틀랜드 성직자들이고 일반 국민들은 결코 대적이 아니라고 간청했다. 그러나 이런 호소는 스코틀랜드 사람들에게 전혀 감동을 주지 못했다.

1650년 9월 3일 새벽에 「던바 전투」(the Battle of Dunbar)가 벌어졌다. 보급물자를 수송하는 데 어려움을 겪었고 모든 여건이 불리했던 올리버 크롬웰의 잉글랜드 의회파 군대가, 찰스 2세 국왕을 옹립하려는 스코틀랜드 군대를 무찌르고 대승을 거뒀다.

이 전투에서 스코틀랜드 군인들 약 3천에서 4천 명이 죽었다. 각 지역에서 잡힌 포로들은 거의 1만여 명에 달했다. 1651년 1월 1일 스코틀랜드 국왕으로 즉위한 찰스 2세와 스코틀랜드 왕당파 군대가, 잉글랜드를 침공해서 1651년 9월 3일 워세스터에서 전투를 벌였다. 전쟁에 경험이 많은 크롬웰의 군대 2만 8천 명을 맞서기 위해서, 스코틀랜드 왕당파는 군대 1만 6천 명이 동원되었지만 상당수는 행군 도중에 질병으로 사망했다. 찰스 2세는 프랑스로 피신했고 그를 따르던 부대는 거의 궤멸되고 말았다.

1653년부터 1658년까지 크롬웰은 「호국경」(Lord Protector)이 되어서, 청교도를 후원하는 한편 도덕적이고 영적인 개혁을 추구했다. 교회는 양심의 자유와 경건의 수행을 격려했고, 스코틀랜드나 잉글랜드에서 장로교회 제도가 허용되었다. 스코틀랜드 북부 고지대에서 일부 왕당파들이, 1653년부터 1655년까지 반란을 시도했으나 곧 제압당했다. 그 후로 잉글랜드 군대가 비교적 평화롭게 스코틀랜드 의회를 통치해 나갔다.

3. 왕정복고와 장로교회 추방

올리버 크롬웰이 적극적으로 후원해서 제정된 위원회가, 1654년에 장로교회 이외의 교회들에게도 관용을 시행하는 정책을 발표했다. 그러나 거기에 이르기까지 청교도들이 흘린 피는 헤아릴 수 없었다. 의회파와 왕당파의 대립은 시민전쟁에서 올리버 크롬웰의 지도력으로 결말을 맺었다. 그토록 수많은 성도가 흘린 피가 채 마르기도 전에 1660년대에 이르게 되면서, 영국 장로교회에 점차 이전 세대와는 다른 흐름들이 나타났고 결국 변질되기 시작했다.

첫째는 왕의 자리에 오르기를 거부한 올리버 크롬웰이 사망한 후, 1660년 5월 29일 찰스 2세 국왕이 복귀하자 강력한 왕권 정치 제도가 정착되어 나갔다. 이때부터 영국 국교회 체제 안에서 허용된 장로교회는 완전히 추방되었다. 왕권에 맞서서 전체 국가를 통할하는 장로교회 제도를 세우는 것이 불가능해졌다.

영국은 다시 상하 구조로 이뤄진 성공회 체제로 되돌아갔다. 이런 과정에서 장로교회 지도자들은 전체 국가 조직 안에서 더 많은 이권을 얻어내려고 했다. 그들은 장로교회가 국가 조직 밖으로 밀려나서 그저 용납되는 교회로 전락하는 것을 원치 않았다.

장로교 지도자들이 국왕과 만났을 때 교회는 죄와 맞서 싸우는 단일 연합체로서 하나의 공동체가 되어야만 힘겨루기에서 버텨낼 수 있다는 매우 현실적으로 중요한 논리를 깨닫게 되었다. 어셔 감독은 바로 그런 입장에서 신학은 장로교회와 같으면서도, 교회 체제는 감독제나 교구제를 용납했던 것이다. 이런 구조는 장기의회와 웨스트민스터 총회에서 반대했지만, 강력한 왕권이 등장하는 1660년 7월에는 상황이 완전히 달라지고 말았다.

영국인들은 국가와 교회의 특성이 서로 분리되고 각기 독립성을 갖춘 권세를 부여받았다는 점을 잘 이해하지 못했다. 전통적으로 국왕제 하에서만 살아왔기 때문에, 국가적으로 높은 권세를 지지하면서 정체성과 소속감을 가졌다. 영국은 역설적이고 아이러니컬한 요소를 많이 갖고 있다. 가장 민주적인 국가를 세웠으면서도 여전히 시대착오적인 국왕 체제를 유지하고 있는데, 이런 영국식 전통은 호주·뉴질랜드 그리고 캐나다 등에서도 통용되고 있다.

결국 영국 국교회(성공회) 체제가 강력하게 재정립되자, 장로교회 내부의 분열이 오고 말았다. 완전히 지역 교구에서 벗어나서 장로교회를 지켜 나가자는 사람들["Dens"; 베이츠(Bates), 맨튼(Manton)]과 여기에 반대해서 국가교회 체제 안에서 장로교회로 유지해 나가자는 사람들["Ducklings"; 앤슬리(Annesley), 제인웨이(Janeway)]로 갈라졌다. 1672년에 발표된 국가 포고령에는 독립적인 교회들을 허용하는 내용이 들어 있었지만, 다음 해에 장로교회들은 이 문서를 지지하지 않기로 결정하기에 이른다.

1660년에서 1688년까지는 잉글랜드 장로교회와 스코틀랜드 언약교회에는 가혹한 박해의 시기였다. 스코틀랜드 언약도의 꿈과 희망은 사라지고 말았다. 장로교회 체제를 지역마다 설치해서 전체 국가가 참여하게 하려던 염원은, 왕의 복고와 함께 국교회 체제의 복귀로 인해서 완전히 무산되고 말았다. 단지 각각의 개교회만이 장로들에 의해서 여전히 당회 제도를 지켜 나가게 되었을 뿐이었고, 지역별 노회와 총회로 이어지는 전국 조직은 허용되지 않았다.

17세기에 네덜란드에서는 『도르트 신경』이 나왔고 영국에서는 『웨스트민스터 신앙고백서』가 채택되었지만, 영국 국교회 체제 아래서는 정통 칼뱅주의가 점차 희석화 되었다. 리처드 백스터(Richard Baxter)가 「높은 칼뱅주의」

(high Calvinism)라고 비판하는 사람들은, 다소 딱딱하게 굳어진 교리와 역사적인 유산을 지키려고 했다. 백스터는 그런 논쟁에서 「반율법주의」라는 용어로 자신의 견해를 표방했다. 1688년에 장로교회들은 완전히 독립교회들로 남아있어서 그들 사이에서도 통일된 조직이 없었다.

장로교 신학의 변질을 보여주는 것은 백스터의 구원론이다. 보편구원론과 일반 은총을 강조하는 아미랄디즘을 받아들인 백스터는, 전통적인 칼뱅주의가 표방하던 이중 예정론과는 현격한 차이를 드러냈다. 백스터는 종교개혁자들이 그토록 강조했던 「믿음에 의한 칭의」 교리도 거부하면서, 하나님께서는 자기 백성들의 죄악을 보지 않는다고 주장했다. 왕정복고와 함께 케임브리지대학교에는 '이성'과 '도덕'을 강조하는 플라톤주의 철학이 들어와서 기독교의 전체 진리 체계를 대체하고 말았다.

성공회에서는 알미니안주의가 확산되었고 신학적인 관용주의가 사람의 의무를 강조하면서 대세를 이루게 되었다. 존 로크가 주장하는 것은 '계시'에 의존하는 것이 아니라, 그 대신 '이성'을 따라가자는 것이었다. 신앙적인 회의론자들이 하나님을 아는 교리 대신에 「이신론」(Deism)을 내놓았는데, 이것은 타락한 인간 이성의 창작물이 아닐 수 없었다. 조셉 프리스틀리(Joseph Priestly, 1733-1804)는 유니테리언이즘을 내놓으면서 영향력을 확산시켰다.

다시 정치적인 소용돌이가 일어 명예혁명이 일어났고, 1689년 관용령(The Act of Toleration)이 선포되어서 흩어진 장로교회가 재결합하게 되는 희망을 주었다. 피난을 갔던 장로교회 지도자들이 돌아왔지만, 같은 장로교회 내부에서도 신학적인 차이점이 드러나기 시작했다. 이런 현상은 백스터의 반율법주의 논쟁에서 드러났고, 1719년에는 장로교회의 대분열로 표면화 되었다.

1770년에는 잉글랜드에만 적어도 500개 노회가 조직되어 있었을 정도로 튼튼한 교단이 되었지만, 1812년까지 흘러 내려오는 사이에 거의 절반 가량이 유니테리언으로 넘어갔다. 북부 잉글랜드는 스코틀랜드에 지리적으로 가까운 까닭에, 좀 더 오래도록 강력한 장로교회 체제와 신학을 견지하다가 20세기에 자유주의 신학을 포용하게 되었다.

제2부

칼 바르트의 스코틀랜드 신앙고백 해설

제1장 하나님 인식

1. 「자연신학」(Die Natüriche Theologie)과 종교개혁자들의 가르침

제1절

1887년에 죽은 기포드 경(Lord Gifford)의 유언에는 아주 분명한 두 가지 사항에 관한 요구(즉 그가 스코틀랜드에 있는 4개 대학에 기부한 기부금을 근거로 하여 행할 강연에 관한 요구사항)이 들어 있다. 그 기증자의 뜻에 순종하고자 하는 가운데, 이 강연의 개최를 위임받게 된 명성을 지닌 사람들에게 요청된 바는 다음과 같다. 즉 그들은 기포드의 이 두 요구 사항에 대해 다른 해석을 붙이지 않고 그 사항을 그대로 받아들일 것과, 그 강연의 내용이 가능한 요구에 일치해야 한다는 것이다.

기포트 경이 요구하는 두 가지 사항은 다음과 같다. 첫째로 강연은 자연신학을 대상으로 해야 한다. 즉 이(자연신학) 개념이 가장 넓은 의미에서 볼 때 아주 분명히 드러나는 바와 같이, 바로 우리가 교회사 속에서 대체로 자연신학 가운데서 항상 이해해 왔던 것을 대상으로 해야 한다.

예컨대 하나님에 관한 학문, 세상이 하나님과 맺고 있는 관계에 관한 학문, 그리고 특별하고 예외적인(혹은 경이하다고 할 수 있는) 계시에 전혀 연관되거나 연결되지 않는 화학이나 천문학적인 엄격한 자연과학으로서의 하나님 인식이나, 모든 역사적인 종교나 종교집단과 관계되지 않고 독자적으로 구축된 것으로서의 하나님 인식을 통해 드러나게 되는 윤리와 도덕에 관한 학문을 대상으로 해야 한다는 것이다.

기포드 경이 자연신학 가운데서 이해했고 그리고 아주 타당한 것이지만 그가 그렇게 이해할 수밖에 없었던 것으로 전제되고 있는 바에 의하면, 하나님에 관한 학문 그리고 특별하거나 초자연적인 계시 없이 하나님이 세계 및 인간과 맺고 있는 관계를 다루는 학문이 있고, 그리고 아마도 전개와 육성을 필요로 하고 또 할 수 있는 학문이 있다. 그러나 이 학문은 화학이나 천문학처럼 인간 자신이 지배할 수 있는 것이다.

그리고 인간이 하나님과의 근본적인 관계에서 자신을 인간으로 발견하거나 논쟁의 여지 없이 수용하고, 따라서 그런 사실을 드러내는 것을 필요로 하는 학문이 있다. 그것은 인간이 화학이나 천문학에 사용하기 위해 화학이나 천문학의 기초되는 수학의 법칙을 발견하여 자신의 것으로 삼는 것과 같다. 원칙적으로 인간이 마음대로 할 수 있는 이런 학문이 자연신학이라고 기포드에서 서술하고 있다.

둘째로 기포드 강연은 그런 자연신학에 대한 연구를 자극하여, 진척시키거나 가르치고 확장하는 데 기여해야 한다. 그리고 그것은 모든 사회계층 가운데서 스코틀랜드의 전체 주민 가운데서 행해져야 하고, 또한 이 강연을 통해 앞에서 말한 학문에 집약적으로 봉사할 수 있어야 한다. 이를테면 그 강연 자체가 그 학문을 심화하고 해명하는 일을 해야 하고 또 포괄적으로 봉사할 수 있어야 한다. 말하자면 기포드가 말한 바와 같이 공개적인 강연이 되어야 하고, 그 방법과 결과가 널리 알려져야 하는 것이다.

제2절

나는 기포드가 유언으로 요청하고 있는 것이 반드시 전적인 것은 아니지만, 확실히 나보다 먼저 이런 강연을 했던 사람들이 고심했던 것 이상으로 나로 하여금 고심하게 한다고 생각한다. 왜냐하면 나보다 먼저 강연했던 훌륭한 사람들 중에, 어느 누구도 나처럼 그렇게 크게 염려하지는 않았을 것이기 때문이다.

나는 먼저 그 근거를 솔직하게 말하고자 한다. 이를테면 나는 경탄하면서 그 존재(학문)를 보고 있지만, 기포드 경이 주지했던 것처럼 어떤 학문의 가능성을 보는 것은 아니다. 내가 확신하는 것은 그런 학문이 존재해 왔고 아직도 존재하고 있는 한, 그런 학문의 존재는 하나의 철저한 오류의 덕을 입고 있다는 것이다. 이런 곳에서 어떻게 내가 그런 학문을 진척시키거나 확장시킬 수 있겠는가? 더 나아가 내가 그런 것으로 알고 있는 가운데 내가 직면하게 되는 어려움은 단순히 우발적이고 개인적인 나의 견해에 있는 것이 아니라, 개인적인 견해보다 더 중요하고 불가피한 관계(즉 다른 사람 예컨대 철학자나 심리학자로 대체하기 어려운 개혁교회 신학자로서의 나의 소명)에 있는 것이다.

내가 나의 소명에 머물고 나의 소명을 신실하게 이행하고자 한다면(나에게 다른 선택의 여지가 없다면), 내가 유언자의 의도를 직접적으로 긍정하거나 성취하도록 그의 유언을 통해 나에게 부여된 과제를 준수할 수 있는 입장이 아니라는 것이다. 비록 내가 개인적인 견해에 따라 자연신학을 멀리하려고 하지 않을지라도, 개혁교회 신학자로서 나는 자연신학을 멀리하는 제도 아래 있는 것이다.

물론 나는 과거나 현재에도 자연신학이 최소한 그 개념의 의미가 모호하고 희미하지만, 불가능한 것이거나 불가능한 시도는 아니라고 본 개혁교회 신학자들이 있었다는 것을 알고 있다. 그러나 내가 생각하기에는 기포드의 유언에서 분명히 드러나고 있는 것에 관해, 아주 순수한 사람에 대해서는(비록 그가 그것을 달리 이해하고 있지 않다고 할지라도) 다음 사실을 주지시켜야 할 것같다. 즉 그것은 개혁교회 신학자들이 적극적인 방식으로 쉽게 떠맡아 해결할 수 있는 일이 아니라는 것이다.

이런 비판적인 상황에 직면하여 내가 다행스럽게 느끼는 것은 내가 이 강연을 맡아 달라는 영예로운 요청을 받고 난 후인 1935년 여름에, 그 대학의 교수협의회에 "나는 모든 자연신학에 대해 극히 적대적인 입장을 취하는 사람이라"는 사실을 분명히 밝혔다는 사실이다. 그럼에도 불구하고 이 요청을 수락하고 난 후에 그리고 거기에 부가되는 책임의 일부를 벗어버리고 난 후에 간단하게 말하고 싶은 것은, 어떤 의미에서 내가 그 요청을 수락함으로써 따르게 되는 책임의 일부를 감당할 수 있고 또 유언자의 뜻을 어느 정도 신실하게 충족시킬 수 있다고 생각했느냐라는 것이다.

분명한 것은 적어도 내가 기포드의 의도를 간접적으로 준수한다는 데에 대해서는 어떤 꺼리낌도 갖고 있지 않다는 것이다. 자연신학은 다른 모든 신학이라는 「검은 바탕」과 뚜렷한 대조를 이루고 있다. 자연신학은 공개적으로 하든 은밀히 하든 간에, 검은 바탕을 이루고 있는 다른 신학들과의 대화 속에 등장한다. 자연신학은 다른 모든 신학과 대립관계를 이루면서 존재한다. 바로 기포드의 유언이 분명히 지시하고 있듯이, 자연신학은 다른 모든 신학과의 대립관계 속에서 매우 정렬적인 모습을 지니게 된다.

자연신학은 다른 모든 신학에 대립함으로써 다른 모든 신학으로부터 자신을 구별하여 다른 모든 신학에 대해 저항함으로써 자신을 알리고 입증하고 주장한다. 자연신학이 어떻게 다른 방식으로 그런 일을 할 수 있겠는가? 어쨌든 자연신학은 다른 방식으로 그런 일을 도모한 적도 없고 성취한 적도 없다. 자연신학이 다른 모든 신학이라는 적대자가 없다고 한다면, 자명한 사실은 자연신학은 금방 건조하고 활기없는 신학이 된다는 것이다.

그리고 다른 모든 신학과의 자연신학의 갈등이 더 이상 관심을 끌지 못하는 곳에서는, 자연신학에 대한 관심도 금방 시들해질 것이라는 것이다. 이런 상황에서 자연신학에 기여하게 해 달라고 요구받은 경우에, 다시 한 번 자연신학에 없어서는 안될 대적자(즉 다른 모든 신학)를 소개하는 것이 왜 자연신학에 기여하는 것이 될 수 없겠는가? 그것은 자연신학은 다른 신학이 부정하는 것을 긍정하고, 긍정하는 것을 부정함으로써 살기 때문이다.

사실 내가 생각하기에는 모든 자연신학에 어느 정도 관심을 두고 있거나 전적으로 관심을 두고 있는 사람들에게, 다시 한 번 이와 같은 다른 신학의 음성을 들려 주는 것 이외에는 그 어떤 것도 그들을 각성시키거나 자극할 수 없을 것같다. 그리고 나는 내가 이 아주 다른 신학의 음성을 들려줌으로써, 바로 모든 사회 영역에서 자연신학에 대한 새로운 친구나 공감자가 생겨나게 할 수 있다고 생각한다. 사실 내가 생각하는 바는 내가 자연신학에 대해 추구하는 방향을 이해하지 못하고 방해하려는 모든 사람들이 나의 강연을 들음으로써, 그들의 측면에서 자연신학에 기여하고자 하는 바를 확고히 해야 되겠다는 느낌을 갖게 되리라는 것이다.

그러나 아무리 그렇다고 할지라도 만일 자연신학이 진리라고 한다면 자연신학의 관점에서 볼 때에는 큰 오류라고 할 수 있는 것에, 진리로서의 자신을 다시 한 번 측정해 볼 수 있다는 것은 자연신학 자체에 유익한 것일 수밖에 없다. 그런 것을 행할 수 있는 기회가 여기서 주어진 것이다. 그리고 이런 의미에서 나는 기포드 경의 요구를 충족시키게 되었다고 생각한다.

제3절

그런데 자연신학에 대한 배경이 될 뿐만 아니라 반대 명제가 되는 것이, 바로 종교개혁자들의 가르침에 따른 「하나님 인식과 하나님 예배」(die Gotteserkenntnis und der Gottesdienst)다. 이것에 대해서 나는 이 강연에서 내가 받은 소명과 나에게 주어진 조건 가운데서 성의를 다해 말하고자 한다. 로마 교회는 엄밀한 의미에서 자연신학에 대립하지 않고, 약 1700년 이래로 대부분의 비(非)로마 교회에서 그러했듯이 현재 개신교 신학에서도 거의 자연신학과 대립된 입장을 취하고 있지 않다.

이 두 경우는 자연신학과 타협하는 데서 기인한다. 만일 내가 로마가톨릭 교인이거나 현대적인 개신교 신자라면, 나는 여기서 자연신학에 기여하려는 바를 행할 수 없을 것이다. 그러나 종교개혁자들과 그들의 가르침에서는, 분명히 그리고 그 두 경우에 대한 교훈적인 말씀을 갖고 자연신학과 대립된 입장을 취하고 있다.

분명한 사실은 16세기에는 우리가 4세기가 지나간 오늘날 자연신학에 대해 알 수 있는 것처럼, 그렇게 분명하게 자연신학에 대해 알 수 없었다는 사실이다. 종교개혁자들은 경우에 따라서는 자연신학의 가능성을 신중하면서도 가상적인 측면에서 (칼빈의 『기독교 강요』 1장이 그러하다) 용인하고 있다. 그러나 그들은 때에 따라서는 서슴없이 무조건적으로(예를 들면 루터와 칼빈이 율법에 대해 가르쳤던 경우에 그러하다) 자연신학을 용인하고 있다.

그러나 그것은 원칙적인 내용을 전혀 변경시키지 못하고 있다. 다시 말하면 루터나 칼빈이 복음을 새롭게 발견하게 된 것은 그들이 교회와 복음은 오직 하나님의 말씀에 기초하고 있고 성경에서 증언되고 있듯이 예수 그리스도 안에 있는 하나님의 계시에 근거하고 있고 이 하나님의 말씀에 대한 신앙에 근거하고 있다는 사실을 알려고 하는 데서 이루어졌다는 사실을 전혀 변경시키지 못하고 있다. 바로 그런 까닭에 비록 그들의 가르침이 역사적인 형태에서 볼 때, 자연신학의 어떤 요소를 완전히 배제하지 못하는 것처럼 보인다고 할지라도, 그들의 가르침에서는 인간 자신이 하나님과 세상과 인간에 대해 스스로 결정할 수 있는 능력이 있다고 주장하는 모든 가르침에 대해 분명한 반대 입장을 취하고 있는 것이다.

종교개혁자들의 가르침에서 이 모든 자연신학을 수용하는 것보다 더 불가능한 것이 무엇이 있을 수 있겠는가? 그리고 바로 그와 같이 종교개혁자들의 가르침이 자연신학에 철저히 대립하기 때문에 종교개혁자들의 가르침을 제외한다면 자연신학은 다른 대적자를 찾아볼 수 없을 것이고, 종교개혁자들의 가르침을 공공연하게 관심있게 바라볼 수밖에 없을 것이다. 우리는 이 강연의 곳곳에서 이런 대립 관계를 분명히 하게 될 것이다.

그러나 이런 대립 관계를 분명히 하는 것이 이 강연의 목적은 아니다. 따라서 자연신학을 논박하는데 전력하려는 것도 아니다. 그것은 이 강연의 목적이 기포드 경의 뜻에 따라 선한 신앙에 대립되어서는 안되기 때문이고, 결정적인 것은 종교개혁자들의 가르침이 자연신학과 대립 관계를 맺음으로써만 존재하는 것이 아니기 때문이다. 비록 자연신학이 존재하지 않았다고 할지라도, 종교개혁자들의 가르침은 현상태와 같이 존재하게 되었을 것이다. 종교개혁자들의 가르침은 그 가르침의 적극적인 내용 때문에 독자적으로 존재한다.

그러므로 우리는 이 적극적인 내용에 우리의 관심을 기울이게 되는 것이고, 그리고 우리에게 제시된 바와 같이 자연신학에 기여하기 위해 관심을 기울이게 되는 것이다. 자연신학이 무엇과 대립되는지를 알아야 한다면 그리고 자연신학에 「가장 위험한 대립자」(gefährlichster Gegner)를 통해 다시 한 번 자신을 실제로 측정해 볼 수 있는 기회를 부여할 수 있게 된다면, 우리는 먼저 대립자에 대한 부정(Nein)에 귀를 기울일 것이 아니라 대립자에 대한 긍정(Ja)에 귀를 기울여야 할 것이다. 따라서 나는 이 강연에서 자연신학의 문제를 간과하지 않고, 「부정적으로가 아니라 긍정적으로」(nicht antithetisch sondern thetisch) 말하고자 한다.

제4절

여기서 취급하고자 하는 것은 나의 개인적인 견해가 아니라 종교개혁자들의 가르침이라는 사실을 기억하도록 하기 위해서, 종교개혁자들에 대한 이 강연을 독자적인 형태로 전개하는 것이 아니라 종교개혁자들의 문서와 연관시켜 전개하게 될 것이다. 특히 기포드 재단의 스코틀랜드적인 성격을 생각하여, 스코틀랜드 종교개혁자들의 문서와 더불어 이 강연은 이루어질 것이다. 나는 325년 후에 스코틀랜드의 전체 주민에게 제시하게 된 것에 대해 변호하는 입장에서, 존 낙스(John Knox)와 그의 친구들이 1560년에 완성한 「스코틀랜드 신앙고백」에서 말했던 것을 드러내려고 하는 것이다.

이것은 「스코틀랜드 신앙고백」을 역사적으로 분석하는 형태(즉 그 문서를 신학적으로 주석하여 해명하는 형태로, 즉 그 문서가 오늘날에 무엇을 말하고 있고 그 문서의 내용을 주의깊게 살펴봄으로써 그 문서가 말하는 바를 오늘의 우리가 들을 수 있는 형태로)로 이루어질 것이다. 즉 「스코틀랜드 신앙고백」은 오늘 무엇을 말하고 있는가라는 것이다. 내가 알고 있기에는 오늘날 스코틀랜드에서는, 「스코틀랜드 신앙고백」이 「교회법적인 의미」(Krichenrechtliche hedeutung)를 더 이상 갖고 있지 않다고 한다. 물론 그런 의미에서는 분명히 나에게도 별 의미가 없다.

이런 점에서 볼 때 우리는 보다 자연스럽게 「스코틀랜드 신앙고백」이 말하는 것을 들을 수 있을 것이다. 어떤 개혁교회의 신앙고백이 일찍이 훌륭한 고백이었다고 한다면, 그 신앙고백이 교회법적인 의미를 상실했다고 해서 그 신앙고백이 말하는 바를 상실할 수는 없다. 들을 귀가 있는 사람은 그런 경우에도 그 신앙고백이 말하는 바를 듣게 된다. 그리고 존 낙스의 신앙고백은 훌륭한 신앙고백이고, 게다가 여러 면에서 본질적이고 흥미있는 신앙고백이다. 그러나 비록 그것이 교회법적인 의미를 찾고 있다고 할지라도, 그 신앙고백의 글과 문장이 우리를 얽어매는 교훈적인 율법이 될 수는 없다.

종교개혁자들의 가르침은 자체의 법을 항상 새롭게 들을 수 있는 성경의 「영적인 법」(das geistliche Gesetz)으로 인식되고 있다. 그들의 가르침은 그 자체를 성경과 우리 사이에 위치시킬 수도 없고 위치시키려 하지도 않는다. 「스코

틀랜드 신앙고백」 제18조에서는 다음과 같이 선언하고 있다;

> "성경 해석은 개별적이거나 공적인 어떤 인물에 속한 것이 아니고, 인물들로 보나 지역으로 보아 다른 교회들보다 탁월하거나 오랜 전통을 가진 어떤 교회에 속한 것도 아니다. 그것은 오직 성경을 기록하게 하신 하나님의 영에 속한 것'(allein die Sa che des Geistes Gottes)이다"(벧후 1:20-21 참조).

그리고 「스코틀랜드 신앙고백」에서는 이 원칙을 머리말에서 다음과 같이 적용하고 있다;

> "만일 어떤 사람이 이와 같은 우리의 신앙고백에서 하나님의 거룩하신 말씀에 모순되는 조항이나 문장을 발견했다고 한다면… 우리는 그 사람에게… 하나님 자신이 입으로 하신 말씀 즉 성경을 통해 그의 의심을 제거하거나, 아니면 그가 우리의 사상이 틀린 것이라고 증명한 것을 개정할 것을 약속하는 것이다."
> "Wenn irgend Jemand in diesem unserem Bekenntnis einen Artikel oder Satz finden sollte, der Gottes heiligem Worte widerspräche, ……, so versprechen wir ihm… entweder Beseitigung seiner Bedenken durch den Mund Gottes selbst, d. h. durch seine Schrift oder aber Verbesse-rung dessen, was er uns als verkehrt bewisen sollte."

분명한 사실은 우리가 그 문서를 따른다고 할 때, 그 문서와 자유롭게 관계를 맺을 수 있는 동시에 자유롭게 성경 자체에 귀기울일 수도 있다는 사실을 의미한다는 것이다. 「스코틀랜드 신앙고백」에서는 자체가 성경을 안내하는 것으로 읽혀지거나 이해되기를 원하고 있다. 어떤 다른 의미에서 「스코틀랜드 신앙고백」을 이해하려고 한다면, 우리는 그 신앙고백을 충분히 이해할 수 없을 것이다.

그러므로 내가 여기서 게시하고자 하는 「스코틀랜드 신앙고백」에 대한 신학적인 주석과 해명은, 「스코틀랜드 신앙고백」의 본문을 반복하거나 해석하거나 서술하는 것이라고 할 수 있다. 그것은 「스코틀랜드 신앙고백」의 본문이 오늘날에도 그 자체의 의미가 합당하게 (즉 성경을 해석하는 것으로), 따라서 성경을 확증하면서도 비판하는 빛에 비춰서 읽혀지고 이해되기를 원하는 것과 같다. 자명한 사실은 「스코틀랜드 신앙고백」을 내가 취급할 때도, 바로 이런 표준이 궁극적인 것이고 그 표준만이 적용된다는 것이다.

2. 한 하나님 (Der eine Gott)

제1조 a. 하나님

"우리는 유일하신 하나님을 고백하고 인정하며, 오직 그분만 마음에 두어야 하고 섬겨야 하고 경배하고 믿어야 한다"(신 6:4; 고전 8:6; 신 4:35; 사 44:5, 6).

제1절

「스코틀랜드 신앙고백」은 "우리는… 하나님을 고백하고 인정한다"(bekennen und erkennen)로 시작된다. 하나님은 누구인가? 우리가 고백하고 익히 알고 있는 이 말의 배후에는 무엇이 감춰어져 있는가? 모든 교회에서의 신앙고백은 하나님과 관련되어 있다. 그러나 「스코틀랜드 신앙고백」에서 고백되고 있는 것과 더불어 신앙고백이 뜻하고 있는 것은, 과거와 현재와 미래 속에서 모든 신자들이 믿었거나 믿어야 할 방식이나 장소나 시간을 규정하고 있는 것은 아니다. 「스코틀랜드 신앙고백」은 신앙고백에서 일반적으로 고백하고 있는 것을 말하는 것이 아니라 "우리는 믿고 인정한다"고 말하고 있다.

그리고 그 신앙고백에서는 우리가 어떻게 어디서 하나님을 인식하는가를 묻기 전에, 먼저 「하나님의 인식(Erkenntnis Gottes)」의 일부나 전체를 제시하고

우리에게 다음과 같이 말하고 있다;

"우리는 '유일하신 하나님'(der einzige Gott)을 고백하고 인정한다." 그리고 이것은 다음과 같은 반대 물음과 더불어 우리에게 제시되고 있다;

"우리 자신도 그와 같이 유일하신 하나님을 인식하고 있지 않은가. 그리고 이 유일하신 하나님을 어떻게 어디서 인식할 수 있는가를 우리는 이미 알고 있지 않은가?"

그러나 「스코틀랜드 신앙고백」에서는 그것을 듣는 사람의 동의를 배려하지 않고 "이러 이러한 분이 하나님이다"라고 말하고 있다. 즉 "우리는 유일하신 하나님에게 매달려야 하고 그 분만 섬겨야 하고 그 분만 예배하고 그 분만 신뢰해야 한다"(der Einzige, an den allein wir uns zu halten, dem allein wir zu dienen, den allein wir zu ehren verpflichtet sind, auf den allein wir unser Vertrauen setzen.)는 것이다. 우리는 여기서 제시되고 있는 말이 모든 개혁교회 신앙고백의 특성이 되고 있음을 본다. 예컨대 프랑스와 네덜란드의 신앙고백이 아주 비슷한 방식으로 시작되고 있다. 그러나 여기서 제시된 말은 특히 「스코틀랜드 신앙고백」에서 힘있게 울려나오고 있다. 우리는 그것을 이 책에서 거듭해서 접하게 될 것이다. 먼저 여기서 일단 멈춰 서서 이 "유일하신 하나님"이라는 구절을 주의깊게 고찰하는 것이 유익할 것이다. 앞에서 제시된 것은 16세기에 새로 생겨나거나 발견된 것은 아니었다. 그럼에도 불구하고 그것은 오랫동안 망각했거나 부인된 지식의 갱신이고 재발견이고 회복인 것이다. 여기서 다시금 구약성경의 말씀이 울려 나온다;

"이스라엘아 들으라 우리 하나님 여호와는 오직 유일한 여호와이시니"(신 6:4).

그리고 신약성경의 말씀이 울려 나온다;

"하나님은 한 분밖에 없는 줄 아노라"(고전 8:4).

그리고 고대 교회의 음성이 울려 나온다;

"하나님이 한 분이 아니라면 하나님은 존재하시지 않는다"(Deus, si non unus est, non est: Tertullian, Adv. Marc.I, 3).

따라서 하나님을 말하는 사람은 유일하신 분을 말하고 있는 것이다. 하나님을 인식한다는 것은 유일하신 분을 인식한다는 것을 의미하고, 하나님을 섬긴다는 것은 유일하신 분을 섬긴다는 것을 의미한다. 이것이 종교개혁자들의 가르침을 다시금 밝히는 것이고, 따라서 그 밖에 말하고 있는 모든 것도 그것을 말하고자 하는 것이다.

그와 더불어 종교개혁자들의 가르침이 의미하는 바는 무엇인가? 그것은 하나님이 홀로 존재하신다는 사실을 말하고 있는 것도 아니고 세상을 부정하는 것도 아니다. 즉 세상의 다양성이나 자체 안에 있는 단일성을 부인하는 것도 아니고, 세상의 찬연함이나 무시무시한 비밀을 부인하는 것도 아니고, 자연이나 영혼의 심원함을 부인하는 것도 아니다. 세상은 존재하지만 세상 역시 홀로 존재하는 것이 아니다. 세상이 하나님을 통해 존재하고 하나님이 없다면 세상이 존재하지 못하게 되는 그런 분으로 하나님을 자신의 뒤(hinter)와 위(üben)와 앞(vor)에 모시고 있기 때문에, 그리고 세상이 홀로 존재하는 것이 아니라면 세상이 그분을 통해 존재하기 때문에(즉 세상이 없어도 부족함이 없이 자존하실 수 있는 분을 통해 존재하기 때문에) 하나님도 홀로 존재하는 것이 아니다.

이런 관계에서의 차이는 다음과 같다;

"하나님은 자유로우신 세상의 창조주로서 세상과 더불어 존재하지만, 세상은 하나님의 자유에 근거하여 피조물로서 하나님과 함께 존재하시는 것이다"(Gott ist mit der Welt zusam-men als deren freier Schöpfer; die Welt ist mit Gott zu-sammen als die in seiner Freiheit gegründete Schöfung).

이런 차이의 인식을 통해서 우리는 하나님을 유일하신 분으로 인식하게 되

는 것이다. 「스코틀랜드 신앙고백」 끝에서 우리는 하나님께 대한 탄원을 발견하게 된다;

"오 주여 일어나셔서 당신의 대적들을 치소서"(Erhebe dich Herr und laß deine Feinde untergehen).

이것이 일어나기 때문에(즉 하나님이 일어나셔서 자신을 세상에 드러내시고 자신을 창조자로서 세상과 구별하시기 때문에, 따라서 세상을 드러내시고 세상을 당신의 피조물로 구분하시기 때문에) 유일하신 분에 대한 인식이 가능하게 되고 현실이 되는 것이다.

세상이 항상 전체로서 존재하고 세상 속에 항상 구별된 개체가 존재한다고 할지라도(그리고 그것이 세상의 마지막 근거와 원리라고 할지라도), 그것은 하나님이 창조하시는 것과 같이 창조하지도 못하고, 하나님이 자유로우신 것과 같이 자유하지도 못하고, 하나님이 주님이신 것과 같이 주님인 것도 아니다. 왜냐하면 그것은 하나님을 통해 존재하고, 그것이 존재하는 것은 하나님이 스스로 존재하시는 것처럼 존재하는 것이 아니기 때문이다. "우리가 유일하신 하나님을 인정한다"는 것은, 그분 자신이 구별하심을 통해 인식하게 되는 분인 그분에 대한 인식을 기술하고 있는 것이다. 우리의 인식은 단지 이런 구별을 따를 뿐인 것이다.

"오 주여 일어나소서." 우리의 사고가 이 "일어나심"(Erhbung)을 따르는 경우에 비로소 하나님에 대해 이런 인식을 하게 되고 이런 인식만 얻을 수 있다. "우리가 유일하신 하나님을 인정한다"는 것은, 하나님 인식의 한 단편을 얻는다는 것을 말하는 것인가. 아니다. 바르게 이해된다면 바로 이것이 이 참된 「하나님 인식」(Gotteserknntnis)의 전체인 것이다. 그러므로 바로 이 문장이 「스코틀랜드 신앙고백」의 첫 머리에 위치하고 있는 것이다.

제2절

우리는 먼저 이 문장의 영향을 생각해 보도록 하자. 이 문장은 부정

(Negation)을 의미하는 것도 아니고, 거부(Verleungunug)를 의미하는 것도 아니고, 하나님이 존재하시지 않는다는 식의 「평가절하」(Abwertung)를 의미하는 것도 아니다. 그러나 이 문장은 부차적인 요인에 대해 비판적으로 한계를 설정하거나 상대화하는 것을 의미한다. 이 문장은 바로 부차적인 요인이 하나님이 아니라는 사실을 말하고 있는 것이다. 또한 그것이 무엇이든 간에 부차적인 요인은, 단지 불법적으로만 하나님으로 간주되거나 취급된다. 또한 그것이 무엇이든 간에 우리는 그것에서 자유롭게 손을 뗄 수 있고, 그것을 섬기거나 예배하도록 강요받지 않고, 어떤 의미에서나 어떤 경우에서도 우리는 그것을 신뢰할 수 없는 것이다.

그것이 자체 안에 지니고 있고 또 세상 안에서 우리를 위해 지니고 있는 규모나 아름다움이나 중요성은 논의될 성질의 것이 못된다. 그것을 우리는 신약성경 귀절에서 명백히 알 수 있다; "비록 하늘에나 땅에나 신이라 불리는 자가 있어 많은 신과 많은 주가 있다"(고전 8:5).

그러나 이것들은 「신이라 불리는 것들」(λεrομενυ θεοί)이고, 유일하신 분에 대한 인식은 그들의 가면을 벗기는 것을 의미한다. "유일하신 하나님"의 명제에 대립되고 있는 "신들이라고 불리는 것"은 무엇보다도 인간 자신이다.

우리는 오늘날 이런 사실을 「데카르트적인 혁명」 이전에 볼 수 있었던 것보다 더 분명하게 보아야 할 것이다. 인간의 자의식에서 유일하신 분에 대한 부정의 가능성이나 현실성이 생겨나게 된다. 그리고 그것은 인간이 이 유일하신 분의 존재를 부정하는 형태에서 성립하는 것이 아니라, 아주 단순하게 인간이 스스로를 이 유일하신 분과 동일시하는 형태에서 성립한다. 인간은 자기가 창조자인 것처럼 자유로운 양, 아니면 자신의 존재가 그로 인해 기인하게 된 분인 주님인 것처럼 자신을 「만물의 척도」(das Maß affer Dinge)로 간주하거나 취급할 수 있다.

따라서 인간은 자기 자신을 내버려 둘 수 없고, 자기 자신을 섬기고 존경해야 하고, 자기 자신을 신뢰할 수 있어야 한다고 생각할 수 있다. 인간은 하나님을 부인하지 않으면서 자기 자신이 하나님 이상의 능력을 소유하고 있는 것으로 생각할 수 있다. 그리고 그렇게 생각할 수 있을 뿐만 아니라 그렇게 행동한다. "너희가 하나님과 같이 되고자 하느냐"라는 이 말씀을, 데카르트 이전의 사람들은 오랫동안 들어 왔고 순종했다. 유일하신 분에 대한 인식은 이런 인간의 자의식에 대한 한계 설정을 의미한다.

우리가 유일하신 하나님을 인식한다는 것은 간단히 다음 사실을 의미한다. 우리 인간은 신들이 아니거나 신들이라고 불리는 것도 아니고, 신으로 가공된 것도 아니라는 것이다. 우리는 피조성의 한계(즉 우리 인간성의 한계) 속으로 되돌아 가도록 요구받고 있다. 현대인들은 이런 측면에서 종교개혁자들이 고백하고 있는 신앙고백에 나오는 경고에 먼저 귀를 기울이려고 하지 않고, 오히려 중세기의 「지구 중심의 세계상」(das geozentrische Weltbild)을 아주 간단하게 「인간 중심의 세계상」(authropozentrische Weltbild)으로 바꾸려고 생각하고 있다.

그러나 유일하신 하나님이라는 명제에 대립되는 「신들이라고 불리는 것들」도, 모든 인간의 이데올로기나 신화나 철학이나 종교에서 신들이나 신성한 것들로 취급되고 있다. 잘 알고 있듯이 인간은 열정적인 아버지의 공명심을 갖고, 먼저 자기 자신을 치장했던 아버지의 권위를 갖고, 그의 자의식의 자녀들을 치장하고 있다. 즉 인간이 (최소한 꾸몄거나 상상한) 자신의 신적인 자유와 주권을 실행하려고 생각하는 체제들을 치장하고 있다. 우리는 그것을 인간이 유일한 분으로 역할할 때, 다른 사람보다 더 아름답게 보이기 위해 갈아 입는 복장으로 표현할 수 있을 것이다.

그리고 때때로 아버지들이 그들의 자녀들에게 적응해야 하듯이 그리고 배우들이 특정한 행동을 하기 위해서는 각기 다른 복장이 요구되듯이 꾸며내거나 날조된 인간의 체제들은, 바로 인간에 대해 행사할 수 있는 특정한 힘을 얻거나 갖게 된다. 인간의 세계상이나 인간 세계는 이제 이념들이나 원칙들로, 학문적·도덕적·미학적인 공리들로, 사회·정치적인 자명함으로, 보수적이거나 혁명적인 확실성으로 채워질 것이다. 그리고 그런 것들은 매우 실제적인 주권을 행사할 것이고, 적지 않게 그들을 숭상하는 것이 신화나 종교로 구체화 되게 하기 위해 신들이 되거나 신의 특성을 지니게 될 것이고 그리고 그들은 이제 유일하신 분으로 존재하려고 할 것이다.

그리고 이제 우리는 그런 것들을 버릴 수 없는 것으로 생각하고, 그것들을 예배하고 공경할 것이고 신뢰해야 한다고 생각할 것이다. 유일하신 분에 대한 인식은 이 모든 체제를 상대화하는 것을 의미한다. 우리가 유일하신 하나님을 인식한다는 것은, 이런 체제들의 원리나 대상이 실제로는 신들이 아니고 적어도 「신들이라고 불리는 것들」이라는 사실을 인정하는 것을 의미한다. 그러면 그것들은 폐기될 것임에 틀림 없는 것들인가? 아마도 아닐 것이다. 우리는 그들의 권위가 끝나는 것을 보게 될 것이다.

하나님 인식이 명시적인 것이 된다면 그들은 더 이상 궁극적인 확실성을 소유할 수 없을 것이고, 사람들은 더 이상 진지하고 거룩한 존경을 그들에게 돌리지 않게 될 것이다;

"어찌하여 선한 일을 내게 묻느냐 참으로 선한 이는 오직 한 분 뿐이시니라"(마 19:17). 이때 신들의 파멸이 그들에게 임할 것이다. 어떤 경우에도 그들은 그들의 현존재를 단지 상징이나 가상적인 것으로, 어쩌면 천사와 악마로 어쩌면 유령이나 우스꽝스러운 모습으로 지속할 수 있을 것이다.

여기서 우리는 어떻게 고대 그리스도인들이 무신론자로 고발될 수 있게 되었는지를 알게 된다. 만일 그리스도의 교회가 현재에서도 이전 의미에서의 무신론에 대해 경계한다면, 보다 확고한 위치에 서게 될 것이다. 단지 우리가 확실히 할 수 있는 것은 이것은 그 경우가 아니라는 것이고, 오히려 교회가 위에서 말한 유일자가 아닌 인간의 패션쇼에 가장 활발하게 참여했다는 것이다.

제3절

만일 참된 하나님 인식이 이런 참으로 유일하신 하나님 자신을 통해 이루어진 것이라면, 참으로 유일하신 분에 대한 인식에서는 다음 의미를 얻게 될 것이다. 이를테면 하나님은 유일하신 분이시고 자신을 그런 분으로 입증하신다. 즉 하나님은 자기 자신을 통해서 세상에 있는 모든 것과 구별되는 가운데 존재하시는 것처럼, 그리고 자기 자신을 통해서 세상에 있는 모든 것과 구별되는 가운데 인식될 수 있게 하신다는 것이다. 하나님 자신을 통해(즉 하나님의 계시를 통해) 인식할 수 있게 되는 것과 다르게 인식되는 하나님은 다음과 같이 드러나게 될 것이다. 이를테면 그는 유일하신 분(즉 하나님)이 아니라 위에서 말한 원리를 통해 이루어진 하나의 인간적인 체제요, 궁극적으로는 인간 자신과 동일시 된다는 것이다.

그러나 「스코틀랜드 신앙고백」에서는 그런 원리들 중의 하나나 인간에 대해 말하는 것이 아니라, 하나님(따라서 만물이 그를 통해 존재하듯이 바로 그 자신을 통해서만 인식하게 되는 분)에 대해 말하고 있다. 모든 존재의 전체성(Gesamtheit) 속에는 모든 존재의 단일성(Einheit)에 관한 개념이 있다. 모든 인간적인 사고에서 이것이 고려되고 있다. 그리고 이 개념은 모든 존재의 개체성 속에 있는 통일성의 개념을 통해, 놀랄 만한 깊이와 넓이를 지닐 수 있게 될 것이다. 모든 인간적인 사고에서는 이것이 처음부터 고려되고 있었다.

그러나 우리가 유일자에 대한 이 가설을 받아들이고 있기 때문에, 혹은 우리가 유일자 자체에 대한 이 우주적인 문제를 인식하거나 확고히 했기 때문에, 단지 먼 곳(외부)으로부터 하나님 인식을 하게 되는 것에 대해서는 아직 아무 것도 수립하지 못했다. 「개별성의 원리」라는 매력을 통해서 모든(혹은 거의 모든) 철학과 종교에 비밀스런 불이 붙게 되었고, 정치적인 통치가 필요로 했던 불도 붙게 되었다. 그때마다 세계나 세계의 일부가 정치적인 통치를 위해 성숙을 이루게 되었다. 그러나 우리가 이미 교부들이 때때로 그러했던 것처럼 그런 매력으로 유일하신 하나님에 대한 인식의 불을 붙이려고 했다면, 우리는 불의를 행한 것이고 낯선 불을 제단에 가져 온 것이다.

"하나님은 종(種)에 속하지 않는다"(Deus est in aliquo genere : Sum. Theol, I, qu. 3. art. 5)는 토마스의 명제도, 엄밀한 의미에서 단일성이나 유일성이라는 종(種)을 적용해야 할 것이다. 또한 그와 같이 종(種) 가운데 속하는 것은, 비록 그것이 궁극적이고 최상이라고 생각하거나 느낄 수 있는 세상에서의 단일성이라 할지라도 아직 하나님은 아닌 것이다. 마호메트의 하나님은 다른 모든 우상들처럼 하나의 우상이다. 그리고 만일 우리가 기독교를 이슬람처럼 유일신 종교로 특징지으려고 한다면, 그것은 하나의 착시(錯視)에서 기인하는 것이다.

유일하신 분에 대한 실제적인 인식(즉 「스코틀랜드 신앙고백」의 의미에서의 하나님 인식)

은, 이 유일하신 분이 자신을 인식할 수 있게 하신다는 데에 근거하고 있다. 모든 것은 그 분 자신을 통해 존재하거나 전혀 존재하지 않는다. 유일하신 분은 세상에서 자신을 세상으로부터 구별하심으로써, 자신을 통해 자신을 인식할 수 있게 하신다. 그렇지 않으면 그분은 전혀 인식될 수 없다. 그 유일하신 분은 자신을 인간성 속에서 따라서 인간을 위해 볼 수 있고 들을 수 있게 하시기 때문에(즉 육체를 입으신 영원한 하나님의 아들로 우리가 믿도록 부름받은 유일하신 하나님 곧 예수 그리스도로 자신을 드러내시기 때문에) 그 분을 인식할 수 있게 되는 것이다.

유일하신 하나님이 자신을 예수 그리스도 안에서 어느 누구도 그 어느 것도 그 분 앞에 내세우거나 그분과 비교할 수 없는 분으로서[cuius neque magnitudini neque maiestati neque virtuti quidquam, non dixerim praeferri, sed nec comparari potest; "어떤 위대함도 존엄도 가치있는 것도 그분 앞에 내세우거나 그분과 비교할 수 없는 그런 분으로서"(Novatian, De Trin, 31)] 자신을 입증하시고 자신을 인식할 수 있게 하신다. 그리고 이것은 어떤 계시를 통해서가 아니라 하나님의 자기 계시를 통해 이루어진다. 그래서 바울은 우리가 앞에서 인용한 귀절에 이어서, 근본적으로 많은 신들에 대립되는 유일하신 하나님으로서 하나님을 인식할 수 있다고 말하는 것이다;

> "그러나 우리에게는 한 하나님 곧 아버지가 계시니 만물이 그에게서 났고 우리도 그를 위하여 있고 또한 한 주 예수 그리스도께서 계시니 만물이 그로 말미암고 우리는 그로 말미암아 있느니라"(고전 8:6).

유일하신 분의 자기 계시에 속하는 이 "그러나"는, 우리가 앞에서 말한 신들의 파멸을 야기하는 것이다.

제4절

이제 끝으로 이것을 시험해 보자. 만일 우리가 여기서 「갈멜산에서의 엘리야와 바알 제사장들에 관한 이야기」(왕상 18장)를 생각한다면, 그것에 대한 어떤 변명도 늘어 놓을 수 없을 것이다. 어떤 유일한 존재가 자신을 유일한 존재로 확증할 수 있겠는가? 예컨대 인간의 유일성이나 인간이 제정한 원리의 유일성이, 자체의 유일성을 확증할 수 있겠는가? 아니면 「스코틀랜드 신앙고백」에서 자신의 자기 계시에 근거하여 인간이나 인간의 원리와 대비되고 있는 그 분이겠는가? 인간이 유일자로서의 역할을 수행할 수 있겠는가? 따라서 자유와 주권에 대한 요구를 충족시킬 수 있겠는가?

인간은 그것을 할 수 없다. 왜냐하면 바로 인간이 그런 역할을 수행하고자 할 때 그는 자신의 세계상에 위에서 언급한 객관적인 원리를 부여하거나 충족시켜야 하기 때문이고, 그런 원리들이 다시금 인간을 능가하는 힘을 갖게 되어, 그 힘을 행사하고 인간은 그의 세계상에 일치하는 세계 안에서 살아야 하기 때문이다. 그런 원리들이 인간으로 하여금 자신이 유일자가 아니라는 사실과, 자신이 자유롭지 않다는 사실, 그리고 권력도 없다는 사실을 아주 명백히 기억하게 해줄 것이다. 오히려 인간은 자신이 자신의 주인으로 만들었던 그런 권력의 종으로 살아야 할 것이다.

그렇다면 거꾸로 이 객관적인 세상의 권력(즉 자연 혹은 영혼, 운명 혹은 이성, 욕망 혹은 의무)이 유일자의 특성이나 주권자의 특성을 지니게 되는 것인가? 그리고 이 세상 권력 중에 어느 것이 실제로 그러한가? 지금까지의 경험에 비춰 보건대 이미 일어난 그들 사이의 갈등은 조정될 수 없을 것같다. 비록 그들 사이의 갈등이 언젠가 조정된다고 할지라도, 이 세상 권력 중 어느 것이 인간이나 인간의 자의식을 실제로 사로잡을 만큼 충분한 능력을 지닐 수 있겠는가.

또 그들 모두가 다 그렇게 할 수 있겠는가. 능력없이 자신을 유일자로 주장하는 인간이, 최소한 인간의 정신적인 산물인 세상 권력에 대해 자신의 주관적인 자의식을 대립시킬 만한 능력이 없지 않은가? 따라서 어쨌든 세상 권력에 대해 자신의 허위의 유일성을 요구하거나 주장할 만한 능력이 없지 않은가? 언제 어디서 인간이 실제로 자연 혹은 영혼, 운명 혹은 이성, 욕망 혹은 의무에 대해 전체적으로 예외없이 자신을 맡기거나 신뢰할 수 있을 것인가? 그 모든 것으로부터 피할 수 있는 방법을 인간은 알지 못하지만, 그 모든 것과의 관계에서 자신을 유보할 줄 안다(si fractus illabatur orbis, impavidum ferient ruinae). 이 두 파트너(즉 인간과 이 세상 권력) 사이의 투쟁(즉 유일자가 되기 위한 투쟁)은 조정될 수 없다.

그러나 한편으로는 인간이 다른 한편으로는 자기 계시 속에 계신 하나님이, 짝을 이루는 곳에서는 이미 그 모든 싸움이 끝나 있다. 이런 두 대립 관계에서는 이미 결정이 이루어져 있다. 구속력 있는 명령이 있고, 구속력 있는 선택이 있고, 여기서 주권에 대한 요구가 능력을 갖고 그 계획을 성취하려고 등장한다. 그리고 여기서 인간은 전적으로 순종할 수 있고, 전적으로 신뢰하고 의무를 이행할 수 있게 된다. 여기서 인간은 경배할 수 있게 된다. 여기서는 그분이 유일하시다는 사실을 통해서 유일하신 분을 인식할 수 있게 된다. 그리고 여기서는 그분이 자신을 유일하신 분으로 인식할 수 있게 하시는 가운데 유일하신 분으로 존재하신다.

이제 이런 결과를 통해 우리가 시험하려고 했던 바를 해결하게 된 것은, 어떤 능력있는 것을 통해 이루어진 것은 아니다. 이런 결론에 다다를 수 있게 하는데 결정적인 역할을 한 것은 「예수 그리스도에 대한 신앙」(der Glaube an Jesus Christus)이다. 그와 더불어 다시 한 번 우리가 말하고자 하는 것은, 유일하신 하나님은 자신을 유일하신 분으로 계시하시는 분 자신이라는 것이다. 그렇지만 그와 더불어 우리가 말하고자 하는 것 중에 결정적인 사실은, 신앙을 고백한다는 의미에서 우리가 유일하신 하나님에 대해 말할 수 있다는 것이다.

3. 위엄있고 인격적이신 하나님 (Der majestätische, der persönliche Gott)

제1조 b. 하나님

"하나님은 영원하고 무한하고 측량할 수 없으며, 불가해하고 전능하고 불가시적인 분이며(딤전 1:17; 왕상 8:27; 대하 6:18; 시 139:7, 8; 창 17:1; 딤전 6:15, 16; 출 3:14. 15), 본질에 있어서는 하나이면서 동시에 성부·성자·성령의 삼위(三位)로 구별된다"(마 28:19; 요일 5:7).

제1절

'누가 한 분이신 하나님인가'라는 물음에 대해 종교개혁자들은 두 가지로 가르치고 있다. 첫째로 그 분은 존엄하신(영원하고 무한하고 측량할 수 없고 불가해하고 전능하고 불가시적인 분)이시다. 둘째로 그 분은 인격(존엄한 한 본질을 이루고 계시면서도 아버지와 아들과 성령으로 존재하시기 때문)이시다.

우리가 먼저 주목해야 할 것은 이런 설명이 「스코틀랜드 신앙고백」의 라틴어역에서는 다음과 같은 표현을 통해 소개되고 있다는 사실이다;

"이 하나님을 우리는 영원하신 분으로 믿는다"(eundem etiam credimus).

유일하신 분에 대한 인식(즉 그분이 존재하신다는 사실과 그분이 누구라는 것에 대한 인식)은 신앙 인식이다. 종교개혁자들의 가르침의 의미에서 볼 때 신앙 인식은 단순히 직감적인 인식이나 개인의 특성에 따른 인식(따라서 다른 사람과 관계되지 않는 인식)을 의미하지 않는다.

보다 사실적이고 보다 확고한 인식은 존재할 수 없다. 일반적인 타당성을 신앙 인식브다 더 확고히 요구할 수 있는 인식의 형태는 없다. 아주 분명한 사실은 신앙 인식은 그 내용에서 뿐만 아니라, 그 인식에 대한 결단이나 형태에서도 우리가 그 밖의 인식이라고 부르는 것과는 완전히 구별된다는 것이다. 그러나 이런 구별은 신앙 인식이 모든 자유의지나 우연성을 배제하고 속박한다는 사실에서 이루어진다.

'하나님은 누구인가'라는 물음은 이미 인간 자신이 제기하는 물음에 속하지 않는다. 즉 인간이 스스로 제기하거나 제기하지 않은 그런 물음에 속하지 않는다. 오히려 인간이 그런 물음을 제기하게 된다면 인간 자신이 그런 물음을 제기하게 되는 것이 아니라, 그가 회피할 수 없는 어떤 필연성이 그로 하여금 그 물음을 묻도록 강요하고 있기 때문에 그 물음을 제기하게 되는 것이다.

따라서 인간은 그런 물음에 관한 대답을 선택할 수 없고 그 대답에 순종할 수 있을 뿐이다. 그에게 물음이 제기될 때 그는 그에게 미리 제시된 답을 읽거나(이를테면 한 자 한 자 새겨 읽거나) 해독해야 한다. 신앙 인식은 계시의 인식이다. 그리고 그것은 아주 단순히 다음 사실을 의미하고 있다. 즉 신앙 인식은 무조건적으로 그 대상에 연결되는 인식이라는 것이다. 그리고 그것은 하나님 자신이 인간으로 하여금 인식할 수 있게 하시기 때문에, 인간이 이 대상(즉 하나님)에 대해 인식할 수 있는 인식이라는 것이다;

> "나를 따라 오라 내가 너희를 사람을 낚는 어부가 되게 하리라"(막 1:17). "모든 것을 버려 두고 예수를 따르니라"(눅 5:2).

명령과 순종의 연결에는 신앙 인식이 근거하고 있고, 이 연결에서 신앙 인식이 말해지고 있다. 즉 신앙 인식은 우리가 무뚝뚝하게 혼자 말하거나 우리가 논쟁가운데서 말하게 되는 인식이 아니라, 제의 활동을 수행하는 가운데 듣고 말해야 하는 것에 대해 책임지고 말하는 가운데 이루어지는 인식이다. 인식에서 인간에 대해 변호하거나 정당화하는 가운데 말해질 수 있는 것은, 언제나 부수적으로 우연히 덧붙여져서 일시적으로만 말해질 수 있는 것이다. 그러나 신앙 인식에서 말해지고 있는 것은 원래 본질적으로 하나님에 대해 말하는 것이지 인간에 대해 말하는 것이 아니기 때문에, 인간에게는 강력하고 능력있고 보편타당성을 지닌 것을 말하는 것이 된다.

제2절

이제 먼저 우리는 「신앙 인식」(Glaubenserkenntinis)과 「계시 인식」(Offenbarungserkenntnis)에 대해(이를테면 '하나님은 존엄하시고 인격이시다'라는 사실에 대해) 형식상의 특징을 평가해 보도록 하자. 「스코틀랜드 신앙고백」은 본질적으로

「프랑스 신앙고백」과 「네덜란드 신앙고백」 그리고 다른 신앙고백들과 마주하고 있는데, 그것은 「스코틀랜드 신앙고백」이 직접적으로 영원성과 무한성 속에 「은폐된」(verborgen) 하나님에 대한 고백을, 우리가 삼위일체(즉 아버지와 아들과 성령)로 고백하고 있는 하나님에 대한 고백과 연결시키고 있기 때문이다. 그러면 이런 대비(은폐된 하나님과 알려진 하나님에 대한 대비)는 무엇을 의미하는가.

우리가 먼저 두번째 사실로부터 첫번째 사실을 바라본다면 그것은 다음 사실을 의미한다. 바로 하나님께서는 아주 친밀하고 독특한 방식으로 우리가 하나님 자신을 아버지와 아들과 성령으로 고백하게 하시기 때문에, 하나님은 은폐된 분으로 우리와 만나신다는 것이다. 따라서 우리가 인정할 수밖에 없는 것은, 우리가 하나님이 누구인지를 말하려고 할 때, 우리가 말하려고 하는 것을 알지 못한다는 것이다.

우리가 예수 그리스도 안에서 당신의 자녀가 되라고 부르시는 아버지는 누구인가? 아버지께서 우리를 위해 넘겨주신 외아들은 누구인가? 즉 하나님이 그분 안에서 그분을 통해 우리가 악하게 만든 모든 것을 선하게 되게 하기 위해 희생당하도록 하신 분은 누구인가? "이 아버지와 아들의 영은 누구인가"(qui procedit ex patre filioque)? 즉 우리로 하여금 이 모든 은혜에 참여하게 하시는 분은 누구인가?

우리가 알아야 할 것은 바로 이 한 분이 영원하고 무한하고 측량할 수 없고 불가해하고 전능하고 불가시적이라는 사실이다. 이 모든 말로 우리가 말하려고 하는 것은, 그분은 우리 위에 시공 위에 모든 개념이나 견해 위에 모든 가능성 위에 계신다는 것이다. 이 모든 말로 우리가 찬양하려고 하는 것은 그분의 「자유와 능력」(Freiheit und Macht)이다. 그러면 어떤 종류의 자유가 시공의 속박을 받지 않는 자유인가? 우리는 그 모든 말로 그분을 주님(주 여호와)으로 부르려고 한다. 그렇지만 우리가 그분을 주님이라고 부를 때, 어떤 주님을 그분과 비교할 수 있고 그리고 어떤 방식으로 그분을 이해할 수 있는가?

그러므로 하나님의 계시는 바로 「은폐된 하나님의 자기 계시」다. 따라서 하나님의 계시에 대한 신앙은 하나님이 누구인가라는 물음에 대한 매우 겸허한 대답을 제공할 수 있을 뿐이다. 바로 그 신앙에서 존엄하신 하나님을 고백하게 되고, 우리에게 알려지지 않는 하나님을 고백하게 되는 것이다. 바로 그 신앙에서 하나님의 신비를 극히 두려워하게 되는 것이다. 왜냐하면 그 신앙은 하나님 자신이 어떻게 자신을 신비 속에 은폐하고 계신지를 알고 있기 때문이다.

하나님이 은폐되어 있다는 사실을 안다는 것에 대해 회의를 품는 것은, 아직 그렇게 극심한 두려움에 이른 것이 아니다. 이런 회의주의자들은 하나님 자신을 통해서, 하나님이 은폐되어 있다는 사실을 가르침 받는 것이 아니다. 그런 회의는 단지 인간의 물음에 대한 인간의 대답일 뿐이다. 우리는 시내산과 골고다의 어두움을 알아야 한다. 우리 위에 계신 은폐된 하나님의 본성을 인식하기 위해서 우리는 먼저 믿어야 한다.

이제 첫번째 사실로부터 두번째 사실을 보도록 하자. 신앙으로 인식하게 되는 우리 위에 계셔서 알려지지 않은 이 하나님은, 알려지지 않은 자연법이나 세계의 수수께끼나 운명이 아니다. 하나님은 바로 시내산과 골고다의 어둠 속에서 인간과 대립하심으로써 인간과 관계하신다. 인간 위에 존재하시면서도 인간과 함께 하신다. 인간과 멀리 떨어져 있으면서도 인간 가까이에 계신다. 하나님의 자유와 능력을 찬양할 때 우리는 주저하게 된다. 왜냐하면 하나님의 자유와 능력은, 우리가 자유와 능력으로 이해할 수 있는 모든 것보다 더 크기 때문이다.

이와 같이 하나님을 찬양하는 것은 옳고 필요한 일이다. 왜냐하면 하나님은 당신의 존엄 속에서 자신을 알게 하셨고, 자신에 대해 말씀하셨고 증거하셨기 때문이다. 이 하나님께서 자신에 대해 알리셨고 말씀하셨고 증거하신 내용은, 우리가 당신에 의해 존재한다는 사실[당신에 의해 창조되었다는 사실과 우리가 당신을 통해 존재한다는 사실(즉 하나님이 우리에게 부여하신 평화를 통해 보존되고 지속되고 있다는 사실) 그리고 우리가 당신을 향해 존재한다는 사실(즉 우리가 하나님과 더불어 누릴 완전한 삶은 미래 저 편에 있다는 사실이다.

극히 이해하기 어려운 당신의 존엄 가운데서 하나님은 우리에게 낯선 분으로 존재하시는 것이 아니라, 참으로 모든 면에서 우리를 감싸주시는 주님으로 존재하신다. 그리고 우리는 우리가 하나님을 주님이라 부를 때 주저하게 되는 것은 바로 하나님 자신이 우리가 그렇게 주저할 수밖에 없게 하시는 근거와 원인을 부여하셨기 때문이고, 그리고 우리 자신의 일부로 지속되고 있는 불확실성 한가운데 주님의 주권이 아주 확실히 존재할 수 있게 하는 근거와 원인을 부여하셨기 때문이다.

게다가 우리는 하나님이 우리로 하여금 당신을 존엄 속에 계시는 분(즉 아버지와 아들과 성령으로 존재하는 분)으로 알게 하신다는 사실을 통해서, 하나님의 은폐성을 알게 되고 따라서 우리가 하나님에 대해 말하는 것을 주저하게 될 수밖에 없음을 알게 되고 또한 우리가 불확실하다는 사실을 알게 되는 것이다. 따라서 하나님의 계시에 대한 신앙에서는, 하나님의 은폐성 앞에서 극심한 두려움을 느끼지 않는 것은 아니지만, 아주 겸손한 가운데서 하나님이 누구인가라는 물음에 대해 매우 용기있게 대답할 수 있는 것이다.

바로 그 신앙에서는 하나님을 한 이름을 갖고 계신 분으로, 따라서 인격을 지니시고 우리에게 잘 알려지신 분으로 고백하게 되는 것이다. 이 신앙에서는 하나님께 매달리고 아주 침착하게 하나님의 현존을 기대하고 하나님과 더불어 교제하고 하나님에 관해 듣고 하나님과 더불어 대화하게 된다. 바로 그 신앙에서는 자녀가 자기 아버지를 알듯이, 형제가 자신의 형제를 알듯이, 사람이 자신에 관해 알듯이 하나님을 안다.

또한 자연과 역사 속에서 인간의 마음 속에서, 하나님을 아주 잘 알 수 있다고 생각하는 「사변적인 낙관주의」가 있다. 그러나 그 낙관주의에서는 원칙적으로 우리 인간이 우리에게 알려진 하나님과 더불어 교제하듯이, 하나님과 더불어 교제하는 단순한 경지에는 이르지 못하는 것이다. 그 낙관론에서는 우리가 실제로 하나님과 더불어 교제할 수 있다는 사실을 하나님 자신을 통해 가르침 받는 것은 아니다.

사변적인 낙관론은 인간의 물음에 대한 인간의 대답일 뿐이다. 우리가 우리 가까이에 계신 하나님(즉 하나님의 현존)을 인식하기 위해서는, 이집트에서 탈출한 이스라엘과 더불어 진군해야 할 것이고 성금요일과 부활절 그리고 성령강림절을 알고 믿어야 할 것이다.

제3절

만일 우리가 하나님의 인격에 대해 말하려면, 그 인격의 개념에 포함된 내용을 설명할 필요가 있다. 「스코틀랜드 신앙고백」에서 자명한 것으로 전제되고 있는 삼위일체론은, "하나님 안에 세 주격이 있다"고 말하는 것이 아니라, 하나님은 영원에서 영원에 이르기까지 자신을 성취하시고 그리고 자기 자신에 근거하고 있는 주격이고 인격이라는 것이다. 즉 하나님은 아버지 안에 있는 아들이고, 아버지와 아들 안에 있는 성령이라는 것이다. 한 하나님, 한 주격, 한 인격이 삼중으로 불리고 실제로 삼중으로 존재한다.

그러나 그 인격은 자신을 발현시키는 인격이고 자기 자신으로부터 유래하고 자신의 존재와 본질을 스스로 지배하는 인격이다. 현존하시는 하나님으로 존재하게 된 비교할 수 없는 자유와 능력의 결과로 인해, 그런 삼위일체의 주격이신 인격으로서의 하나님은 다른 존재나 술어를 필요로 하지 않고 하나님의 존재와 구별되는 모든 존재 그리고 하나님의 본질과 구별되는 모든 본질에 대해 구애받지 않을 수 있고 구애받지 않으심이 분명하고 능력을 갖고 계실 수 있고 또 능력을 갖고 계심이 분명하다. 바로 이런 인격으로서의 하나님이 주님이시고, 우리 위에 계시고 존엄을 지니신 하나님이고 은폐된 하나님인 것이다.

그러므로 하나님은 우리가 인격적으로 존재하는 것과는 아주 다른 인격으로 존재하신다. 그리고 하나님은 우리가 다른 사람과 맺고 있는 관계와는 매우 다른 방식으로 관계하시고, 인격으로서의 우리 존재가 환경을 필요로 하고 환경의 조건과 한계 속에 있는 것과는 다른 방식으로 존재하신다. 우리는 존엄을 소유하지 않기 때문에, 우리가 존엄하다고 생각해서는 안된다. 하나님의 인격 개념이 우리 모두가 갖고 있는 인격 개념을 넘어서는 한, 하나님은 인격적이지만 이 인격적이라는 사실은 이해하기 어려운 것이다. 왜냐하면 그 분만이 참되고 실제적이고 진정한 인격이시기 때문이다.

우리가 그런 사실을 간과하고 인격에 대한 우리의 관심에 의거하여 독자적으로 하나님을 이해하려고 한다면, 우리는 하나님에게서 우상을 만들게 될 것이다. 우리가 '하나님이 누구인가'라는 물음을 취급할 때, 하나님 자신이 제시하신 대답을 따라 하나님의 계시와 신앙 인식을 고수한다면 그런 것을 피할 수 있게 될 것이다.

제4절

그러나 존엄(Majestät)의 개념이 하나님께 적용될 수 있다면, 그 개념에 포함된 내용을 분명히 설명하는 것도 필요하다. 신앙고백에 대해 오해하기 쉬운 사실은, 신앙고백에서 영원과 무궁 등을 열거하고 있기 때문에 신앙고백에서 놀라운 방식으로 삼위일체론을 해명하고 있는 것으로, 보편적으로 이해되고 있는 절대자에 대한 철학이 제공될 수 있고 그리고 아버지와 아들과 성령의 이름이 그와 같이 인식된 주체(즉 절대자)의 술어에 불과한 것으로 생각할 수 있다는 것이다.

고대로부터 신학에서 전승되어 온 방식(즉 먼저 하나님의 본질과 특성에 관해 말하고 그 다음에 삼위일체론에 관해 말하는 방식)은 이런 오해를 불러 일으키는데 촉진제의 역할을 했다. 그러나 하나님의 존엄은 마치 우리가 인간의 인격에 대해 갖고 있는 견해에 따른 척도를 통해서 하나님의 인격을 측정하기 어려운 것처럼 절대자에 대한 인간의 개념이라는 척도에 따라 측정되기는 어려운 것이다.

절대자에 대한 인간적인 개념은 세상의 반영이고, 결국 인간적인 인격을 숙명론적으로 반영하는 것이다. 만일 우리가 이 개념을 하나님과 대등한 것으로 취급한다면, 우리는 다시금 우상을 받아들이는 것이 될 것이다. 우리는 영원, 무궁, 전능, 불가시성이 우리의 사고를 제한하는 개념임을 알 수 있다고 생각하는 데다, 하나님이 누구인가라는 것을 받아들일 것이 아니라 오히려 우리가 자신에 대해 말씀하시는 하나님을 알 수 있다는 데서 영원, 무궁, 전능, 불가시성이 무엇인지를 받아들여야 할 것이다.

만일 우리가 첫번째 길을 택하거나 첫번째 길에서 갈라져 나간 다양한 길을 택하려고 한다면 [즉 부정의 길(via negationis), 탁월의 길(via eminentiae), 인과관계의 길(via causalitatis)을 택하고자 한다면], 우리는 '하나님은 모든 것이 되신다' '하나님은 모든 것 속에 계신 유일하신 분이시다'라고 정의내리는 것처럼 '하나님은 아무 것도 아니시다'라는 정의를 내릴 수 있게 될 것이다. 그리고 그 모든 것과 더불어 하나님을 정의내리는 것이 아니라, 이런 저런 피조물의 개념을 결국에는 포이엘바하(Ludwig Feuerbach)가 논박할 수 없을 정도로 제시했던 것처럼 인간 자신의 개념을 정의내리게 될 것이다.

만일 우리가 그런 정의를 내리는 것으로 끝내려고 하지 않는다면 우리는 두번째 길을 갈 수 있을 뿐이고, 따라서 그분의 계시 속에서 우리와 만나주시는 하나님의 파악할 수 없는 존엄(즉 아버지와 아들과 성령으로서의 당신의 인격의 존엄)에 집착할 수 있을 것이다. 하나님의 존엄은 하나님이 원초적인 인격이라는 데에(즉 참되고 실제적이고 진정한 인격이라는 데에) 있다. 신성한 인격으로서의 하나님은 자기 자신과 모든 것에 대해 자유로우시다.

그러나 우리가 상상해서 만들어 낸 형상과 구별되는 인격으로서의 하나님은, 모든 것을 아시는 분이시고 원하시는 분이시고 행동하시는 분이시고 자아로 존재하시는 그분이 나에 대해 너 (상대자)라고 말씀하시고, 나도 다시는 그분에 대해 당신(Du, 상대자)이라고 말할 수 있는 분이시다. 이것이 하나님 자신에 의해 선언된 참 하나님의 이름이다. 그리고 그 이름 안에서 우리는 하나님의 존엄의 온전한 비밀을 찾아야 할 것이다. 이 이름을 제외한다면 하나님에 관한 것은 우리에게 전적으로 은폐되어 있음에 틀림 없다.

4. 하나님의 영광과 인간의 영광

(Die Ehre Gottes und die Ehre des Menschen)

제1조 c. 하나님

"우리는 이 하나님께서 천지에 있는 모든 것(즉 보이는 것과 보이지 않는 것 전부)을 창조하시고, 그것들을 보존하시고 심오한 섭리로 지배하시고 관여하시고, 자기 자신의 영광이 나타나도록 만물을 그의 영원한 지혜. 선. 정의로 정하신 것을 믿고 고백한다(창 1:1; 히 11:3; 행 17:28; 잠 16:4)"

제2조 a. 인간의 창조

"우리는 우리 하나님이 인간을 창조하신 것을 고백하고 인정한다. 즉 그는 우리의 시조 아담을 자신의 형상과 모양에 따라 지으시고, 그에게 지혜와 지배권과 정의와 자유의지와 자의식을 주셔서 사람의 전인적인 본성 안에 불완전한 것이 없도록 하셨다(창 1:26-28; 골 3:10; 엡 4:24)"

제1절

우리는 마치 하나님은 모든 것이 되시고 인간은 아무 것도 아니라는 듯이, 개혁교회와 그 신학에서 말하고 있다고 이해해서는 안된다. 우리는 이미 이 어리석은 견해를 제2장에서 거부한 바 있으며, 이제 거기서 분명히 했던 명제(즉 "하나님만이 하나님이시지만 하나님은 홀로 존재하시지 않는다")를 약간 변형시켜 말할 수 있다;

"하나님만이 신성한 영광을 지니고 계시지만, 하나님의 영광과 나란히 세상과 인간에게 속하는 영광도 있다."

즉 세상과 인간이 존재하지만 세상과 인간은, 하나님과 나란히 존재하는 그런 방식으로 존재한다는 것이다.

세상과 인간은 하나님과 나란히 그들이 다다를 수 있는 진리나 독자성(즉 탁월성이나 탐미성이나 목적론적인 특성) 속에 존재한다. 그렇지만 사실 세상과 인간은 하나님과 나란히 그들이 다다를 수 있는 영광 속에 존재한다. 세상과 인간은 특정한 질서 속에 있는 그 특정한 그들의 영광 가운데 존재한다. 즉 그들은 스스로가 그들의 영광을 누리고 있는 것이 아니라 하나님이 그들에게 부여하신 영광을 누리고 있으며, 그리고 그들이 그들 스스로를 위해 영광을 누리는 것이 아니라 하나님의 영광을 더 크게 드러내기 위해서 그들의 영광을 누리고 있는 것이다.

그러나 이 특정한 질서 가운데서 세상과 인간은, 하나님이 전혀 부정하지도 않고 빼앗지도 않고 심지어 비난하지도 않는 독특한 영광을 그들 스스로 누리고 있다. 그리고 그 질서가 파괴될 때에만 그들은 그 독특한 영광을 상실하게 될 것이다. 즉 그들이 그들 자신에게서 영광을 발견하려고 하거나, 그들 자신을 위해 영광을 누리려고 한다면 그들은 더 이상 영광을 누릴 수 없게 될 것이다.

그런 경우에 그들은 수치와 무의미와 죽음에 떨어질 것이다. 다시 이 질서가 회복된다면 이 질서 안에서 질서와 더불어, 세상과 인간의 영광도 회복될 것이다. 따라서 이 질서의 파괴와 회복에서 확인되고 있는 사실은, 세상과 인간의 영광은 하나님의 영광을 통해 근거하게 되고, 하나님의 영광을 통해 확고히 규정되고 하나님의 영광에 결부되어 있다는 것이다.

제2절

이제 우리는 예수 그리스도 안에서 하나님과 인간의 만남이 이루어지고 있으며, 하나님과 인간의 실제적인 공존이 이루어지고 있다는 매우 단순한 사실에서 출발하려고 한다. 하나님과 인간의 단일성에 대해서는 나중에 살펴보고자 하는데, 그 때는 그것을 더 강조하는 입장에서 취급하게 될 것이다. 보다 조심스럽게 사용하게 되는 개념(즉 하나님과 인간의 공존이라는 개념)이 그런 점을 충족시킬 수 있을 것이다. 이사야 7장 14절에 의하면 이스라엘이 기대했던 메시야의 이름은 "임마누엘"(Immanuel; "하나님이 우리와 함께 하신다")이다.

이것은 우리로 하여금 먼저 하나님이 "홀로 존재하시지 않는다"를 받아들이도록 하고 있다. 하나님의 계시는 다음 사실을 전제하고 있다;

“세상은 하나님과 구별되는 존재로 존재하고, 세상에서 하나님은 자신을 계시하실 수 있는 분으로 존재하신다는 것이다.”

하나님은 자신의 영원한 존재 안에서는 계시를 필요로 하지 않고, 그리고 계시가 있을 수 없다. 왜냐하면 거기에서는 은폐됨이 없이 하나님이 자신을 영원히 드러내시기 때문이다. 하나님의 계시가 존재한다면, 하나님이 아닌 다른 것이 하나님과 나란히 존재한다. 하나님과 인간이 실제로 공존하고 있다는 사실로서의 계시는, 이미 하나님의 창조의 실재를 증거하고 있다.

계시 자체가 의미하고 있는 것 모두를 제외한다고 할 때, 그것을 통해 드러나는 사실은 세상이 무(無)가 아니고 단순한 환상이 아니라는 것이다. 이런 사실에서 무엇보다도 먼저 드러나는 것은 인간은 인간 자신의 존재 속에서 하나님이 자신을 계시하시는 대상으로서 긍정되거나 진지하게 수용되고 있고, 하나님의 상대자(즉 반려자)로 일컬어지기 때문에 독자적인 영광을 누리게 되고 피조적인 인간 본질의 특성이나 목적이 인정받고 있다는 사실이다.

이와 더불어 비록 신비에 가득차 있고 모호하고 수수께끼 같다고 할지라도, 간과할 수 없는 세상의 현실성이나 우리 자신의 현실성에 대한 윤곽을 우리가 파악하지 못하게 된다면 우리는 하나님의 계시를 믿을 수 없을 것이다. 즉 그 자체에 근거하거나 자체에서 기인하는 현실성이 아니라, 하나님에 의해 창조된 현실성[그러나 바로 그렇기 따물에 무(無)로부터 구원받고 현상과는 구별되는 현실성]을 파악하지 못할 때 그렇다는 것이다. 계시의 빛에서 볼 때 우리는 그 현실성에 대해서, 피조물의 영광을 뛰어넘는 영광을 말할 수 없다.

그렇지만 계시의 빛에서 우리는 그 현실성에 대해 이 피조물을 뛰어넘는 영광이 제시된다는 사실도 부정할 수 없을 것이다. 아버지와 아들과 성령으로서의 존엄 속에 계신 하나님은, 다른 어떤 존재를 필요로 하지 않고 자체 안에 온전한 영광을 소유하고 계신다. 그렇지만 이 하나님은 자신이나 자신 안에 온전히 소유하고 있는 영광으로 만족하시지 않으신다. 오히려 하나님이 세상과 인간을 창조하시고 보존하시고 지배하신다는 사실과, 그리고 하나님이 이런 그의 피조물에게 하나님의 영광을 반영할 수 있는 영광을 주신다는 사실에서 하나님의 영광이 넘쳐 흐르고 있음을 알게 되는 것이다.

세상이나 인간을 필요로 하지 않는 하나님이 세상이나 인간 없이는 존재하려 하지 않으신다는 것 자체가, 하나님의 사랑(다시 말하자면 자신의 영광)을 반영하지 않으면(예컨데 피조물이 자기에게 되돌려 주게 되는 영광이 없이는) 존재하려 하지 않으신다는 것이 바로 하나님의 사랑인 것이다. 그리고 피조물의 고유의 영광은 자유로우신 하나님의 사랑에 힘입어, 그런 규정을 소유하는 것이고 그런 규정에 봉사하는 것이다.

제3절

이제 우리는 다시금 예수 그리스도 안에 있는 하나님의 계시 속에서, 하나님과 인간이 만난다는 사실로 되돌아가 보자. 이처럼 하나님과 인간이 공존한다는 사실은 은혜다. 인간은 이 런 공존을 필요로 한다. 그러나 이런 공존을 위해 인간이 하나님을 찾은 것이 아니라 하나님이 인간을 찾으셨다. 우리는 여기서 두 번째 사실을 알 수 있게 된다. 즉 피조물은 하나님께 감사드릴 의무가 있다는 것이다. 하나님의 계시는 세상과 인간이 그들의 창조자를 필요로 한다는 사실, 그들 스스로는 힘이 없다는 사실, 그리고 하나님이 당신의 자유 가운데서 세상을 창조·보존·지배하신다는 사실을 전제하고 있다.

그러나 세상과 인간은 그들 자체 안에 그들의 영광을 소유하고 있는 것이 아니라, 하나님의 넘쳐 흐르는 영광에 힘입어 그들이 하나님의 영광을 반영하는 데에 그들의 영광이 있다. 세상과 인간은 그들 자신이 하나님께 감사드릴 수 있음을 보여주는 데서 그들의 영광을 누리고 있는 것이다. 여기서 우리는 자신에게 특별한 한계가 설정되어 있음을 받아들여야 할 것이다.

「니케아 신앙고백」처럼 「스코틀랜드 신앙고백」은 "하늘과 땅에 있는 만물(즉 보이거나 보이지 않는 모든 것)"을 창조의 대상이라고 말하고 있다.

그와 더불어 분명하고 올바르게 표현하고 있는 사실은, 세상에 있는 영은 자연에 불과하고 세상의 자연도 하나님에 의해 창조된 영과 다를 바 없다는 것이다. 마치 영이나 자연이 그 자체 속에 자신의 영광을 소유하기 때문에 창조자의 은혜를 필요로 하지 않는다고 하듯이, 이 영과 자연 중의 하나가 다른 것보다 더 특별하다는 것도 중요한 것이 아니다.

마치 관념철학에서는 정신을 높이 평가하고 유물론적인 철학에서는 자연을 높이 평가하고 있듯이, 이 영역들(정신과 자연) 중의 어느 것도 직접적으로 하나님과 관계되는 것은 없다. 그리고 이 영역의 어느 것도 관념주의자들이 자연을 매우 경멸하고 유물론자들이 정신을 매우 경멸하듯이 감사드릴 의무를 벗어나는 것은 없다.

그러나 이것은 생성하는 것(Werden)과 사멸하는 것(Vergehen) 사이의 대립 관계에서는 타당성을 갖는다. 우리가 성장, 진보, 삶의 충만이라고 부르는 것들의 장엄함 뿐만 아니라, 우리가 파멸, 사멸, 죽음이라고 부르는 어둠도 하나님의 영광을 찬양하고 있다. 다른 한편으로 그것은 창조의 어두운 측면에서 뿐만 아니라 밝은 측면에서도, 하나님의 영광을 찾고 있다는 사실을 제한하여 표현하고 있다. 그러나 생성하는 것과 사멸하는 것은 모두 똑같이, 창조자의 넘쳐 흐르는 은혜를 필요로 한다.

그것은 세번째 대립 관계에서도 타당성을 갖는다. 즉 우리가 알고 있듯이 그 법칙으로 모든 피조물의 삶을 지배하고 있는 필연성과, 우리가 이 필연성 한가운데서 활동하기 위해 계속 요청하게 되는 자유(즉 자유에 대한 외침) 사이의 대립에서도 타당성을 갖는다. 따라서 우리가 필연성의 보편화를 부인할 수 없는 것과 마찬가지로, 이 자유에 대한 외침의 보편화도 부인할 수 없다. 그러나 여기서 알아야 할 것은 창조자의 은혜를 어느 한편이 더 많이 필요로 하거나 다른 편이 덜 필요로 하는 것이 아니라는 사실이다. 자유가 필연성보다 적게 그 자체의 영광을 누리고 있는 것은 아니다. 그리고 필연성이 자유보다 더 보잘 것 없는 의미에서, 넘쳐 흐르는 창조자의 영광에 참여하고 있는 것도 아니다.

우리가 하나님이 창조하신 세상 안에서 그런 개념을 수단으로 하여 구별하는 것은 정당하고 매우 유익한 것이다. 그러나 어떤 경우에도 그런 구별은 일시적이고 상대적인 것이다. 우리가 말하는 질서는 세상의 높은 곳이나 깊은 곳 모두에게 타당성을 갖고 있는 것이다. 이 질서가 바로 다음과 같이 감사

드릴 수 있는 질서인 것이다;

"여호와께서 온갖 것을 그 쓰임에 적당하게 지으셨나니 악인도 악한 날에 적당하게 하셨느니라"(잠 16:4).

제4절

이제 다시 한 번 예수 그리스도 안에 있는 하나님의 계시로 되돌아 가보도록 하자. 여기서 하나님이 만나시는 인간은, 하나님이 함께 하시는 인간이다. 왜 하나님은 시리우스(sirius) 별이나 수정(Bergkristall)과 함께 계시지 않는가? 왜 하나님은 길에 있는 오랑캐 꽃이나 왕뱀과 함께 계시지 않는가? 그러나 물론 우리가 '왜 아니하시는가'에 대해 질문받고 있는 것도 아니고, 또한 그것에 대해 대답할 필요도 없다. 오직 「예수 그리스도 안에 있는 하나님의 계시」(Gottes Offenbarung in Jesus Christus)가 유일하게 인간을 구별짓고, 또한 다른 피조물 가운데서 독특하게 구별짓고 있을 뿐이다.

따라서 우리는 인간이 특별히 하나님의 계시를 받아들이도록 규정되거나 특징지워졌다고 주장하는 오만을 범하지 않아야 할 것이다. 어디서 그런 것을 알 수 있는가? 그럼에도 불구하고 우리가 확실히 할 수 있고 또 해야 하는 것은, 하나님의 계시가 바로 인간을 위해 존재하고 있음이 틀림없다는 사실이다. 여기서 우리는 세번째 사실을 알 수 있게 된다. 즉 "인간은 창조자에게 창조받은 사실에 대해 감사드리도록 부름받았다"는 것이다. 바로 이런 경우에만 우리는 우리 인간의 특별한 위치를 더 잘 규정할 수 있을 것이다.

그러나 우리는 우리 자신이 모든 창조의 의미와 목적으로 존재하는 것 그 이상(즉 우리가 하나님의 영광을 드러내기 위해 존재한다는 사실 그 이상)이라고 말할 수는 없다. 하나님의 영광에 봉사하는 곳에 우리의 영광이 있는 것이다. 우리는 인간보다 더 완전한 방식으로 창조자에게 창조에 대해 감사드리는 의무를 이행하는 다른 존재가 있는지 없는지를 알 수 없다.

그리고 만일 우리가 시리우스 별이나 수정이나 오랑캐 꽃이나 왕뱀의 존재

속에서, 하나님에 대한 찬양의 노래를 들을 수 있다고 생각한다면 우리가 오류를 범하는 것은 아닐 것이다. 그러나 그렇다고 할지라도 우리가 우리 자신에 대해 알 수 있는 것은, 만일 우리가 감사하지 않는다면 어떤 변명을 늘어놓을 여지가 없다는 것이다. 왜냐하면 우리는 분명히 인간으로서의 우리의 존재 가운데서 하나님께 감사하도록 부름받았기 때문이다.

우리는 창세기 1장 26절 이하의 「창조 이야기」에서 다음 사실을 읽고 있다;

> "하나님이 이르시되 우리의 형상을 따라 우리의 모양대로 우리가 사람을 만들고."

이미 구약성경의 그리스 어 번역에서 이 구절에 대한 오해가 있었고 두려워할 수밖에 없는 사실은, 「스코틀랜드 신앙고백」도 이 오류에 빠졌다는 것이다. 마치 창조에서 인간에게 분여되었기 때문에 인간의 존재에 달라붙게 된 하나님의 형상으로서의 어떤 상태나 특성을 이 귀절이 말하고 있는 것으로 생각했으며, 따라서 우리가 어떤 점에서 이 하나님의 형상을 우리 인간이나 아담에게서 지각할 수 있는가를 물을 수밖에 없게 되었다는 것이다.

만일 그런 물음을 우리가 묻고 그것에 대한 대답을 찾고자 한다면 쓸데없는 일이 될 것이다. 왜냐하면 그 성경 본문은 어떤 특성에 대해 말하고 있는 것이 아니라, 인간의 본성은 인간의 존재나 삶이나 행동에서 규정된다는 사실에 대해 말하고 있기 때문이다. 인간은 하나님의 형상으로 존재하게끔 그리고 하나님의 영광을 반영하게끔(따라서 하나님께 감사하게끔) 규정되었고 바로 인간의 영광인 것이다.

인간은 인간으로서 그런 일을 하게끔 정해진 것이다. 따라서 하나님의 영광을 인식하도록(그리고 하나님께 영광을 돌리게끔) 정해진 것이 「인간의 존재요 삶이고 행위」(menschliches Sein, Lebens und Tum)인 것이다. 또 인간은 그 유일하신 분을 주님으로 인식하고, 또 이 유일하신 분을 생각하고 행동하게끔 정해졌다. 그리고 인간은 존엄하신 하나님의 인격을 인식하고, 그리고 이 존엄하신 인격 앞에서 책임있게 행동하게끔 정해졌다. 우리는 하나님께서 그런 인식이나 행동을, (바다가 출렁이거나 눈발이 한가로이 흩날리는 것보다 더 기뻐하실지 아니하실지는 알 수 없지만) 묻지 않을 수 없다.

그러나 우리가 알 수 있는 것은 어떤 경우에도 우리가 바로 그런 인식과 행동을 하도록(하나님을 인식하고 섬기도록) 부름받았고, 바로 우리 인간이 인간으로서 하나님의 형상으로 존재하고 감사하도록(즉 모든 피조물이 하나님께 드려야 하는 것과 같은 감사를 드리도록) 부름받았다는 사실이다. 오직 우리가 드려야 할 감사는 이런 형태를 취할 수 있을 뿐이다. 그리고 우리의 감사는 「온 세계의 창조자이시고 주인」(Schöpfer und Herrn der ganzen Welt)이신 분에게 드려지는 것이다. 만약 하나님께서 모든 피조물들이 당신의 영광을 위해 존재하도록 창조하시지 않았다면, 우리가 어떻게 그분을 영화롭게 해 드릴 수 있겠는가.

바로 여기에 신뢰(Vertrauen)가 뿌리박고 있는 것이다. 즉 그렇게 하도록 하셨다고 신뢰하기 때문에, 우리가 세상의 높은 곳이나 깊은 곳 할 것없이 세상 가운데서 두루 다니면서 활동하고 있는 것이다. 만일 우리가 피조물을 신뢰할 수 없다면, 우리는 모든 피조물 가운데서 피조물의 창조자나 주인을 신뢰할 수 없을 것이고 신뢰해서도 안될 것이다. 그러나 그런 신뢰를 하기 위해서는 우리가 행하도록 의무지워진 것을 해야 할 것이다. 즉 우리를 창조하신 말할 수 없는 은혜에 감사드려야 할 것이고, 하나님의 영광을 반영해야 할 것이다. 이런 일은 우리가 하나님을 인식하고 그분이 옳다고 하시는 것을 행함으로써 이루어질 것이다.

제5절

우리가 끝으로 주목해야 할 것은 만일 우리가 말한 이 모든 주제들이 하나님께서 예수 그리스도 안에서 당신을 사람들에게 계시하셨다는 사실을 설명하는 것 이외의 다른 어떤 것이라고 한다면, 그 모든 주제들은 존재의 의미가 없고 곧 스스로 파괴되어 버릴 수밖에 없는 추상적인 추측이나 사고에 불과하다는 사실이다. 만일 그렇지 않다면 우리는 도대체 하나님과 세상과 인간 그리고 그들 상호 간의 관계에 대해 무엇을 알 수 있단 말인가?

만일 우리가 하나님은 스스로 세상과 인간과 하나님 자신 사이의 관계와 당신의 질서를 확정하시고 설명하시고 보존하신다고 말씀하고 있는 것을 배격한다면, 그 순간부터 우리는 아무 것도 알 수 없게 될 것이고 거짓된 신화나 조잡한 형이상학이 판치게 될 것이다. 하나님께서 예수 그리스도 안에서 인간을 돌보셨거나 돌보실 때, 우리 인간에게 세상과 인간의 창조·보존·통치에 대해서 그리고 당신의 영광과 인간의 영광에 대해서 확고하게 말씀하셨다. 우리가 여기서 찾아보고자 했던 복음서 이외의 다른 모든 책은 우리를 오류 가운데로 인도할 뿐이다.

「스코틀랜드 신앙고백」에서 하나님의 형상으로 인간을 창조한 사실과 인간에 대한 특별한 규정을 설명할 때, 추상적으로 하나님을 말하고 있는 것이 아니라 구체적으로 우리의 하나님에 대해 말하고 있다는 사실은 우연이 아니다. 우리가 우리 하나님 안에서, 임마누엘 안에서, 예수 그리스도 안에서, 만물의 창조자와 주님을 보라는 가르침을 받는다는 것은 어렵고도 쉽고쉽고도 어려운 기독교 창조론의 문제인 것이다.

5. 인간의 길(Der Weg des Menschen)

제2조 b. 인간의 창조

이 존엄성과 완전성으로부터 「남자와 여자」(아담과 하와)가 다같이 타락했다. 여자는 뱀에 속아 타락했고 남자는 여자의 말을 듣고 타락했다. 어쨌든 금단의 나무 열매를 먹으면 죽으리라고 위협적으로 말씀하신(창 3:1 이하) 지극히 높으신 하나님의 존엄에 반역하게 되었다(창 3:6, 2:17).

제3조 원죄

일반적으로 원죄라고 알려진 그 죄악으로 인해, 인간에게 존재하는 하나님의 형상이 완전히 파손되었다. 그러므로 인간과 그 후손들은 하나님에 대한 본성적인 적대관계 때문에 사탄의 노예가 되었으며 죄의 종이 되었다(시 51:5; 롬 5:10; 7:5; 딤후 2:26; 엡 2:1-3). 그 결과 영원한 사망이 과거와 현재와 장래에 위로부터의 중생과 상관이 없는 모든 사람들 위에 통치를 행사하게 되었다. 이 거듭남은 선택받은 자들의 심령속에 역사하시는 성령의 능력에 의해 허락되었으며, 그것은 하나님의 말씀 안에서 우리에게 드러내 보여주신 그의 약속에 따른 확고한 믿음으로 이루어졌다. 이 믿음을 통해 우리는 그리스도 예수 안에서 약속된 은혜와 축복과 함께 그를 붙잡고 있다(롬 5:14, 21; 6:23; 요 3:5; 롬 5:1; 빌 1:29).

제1절

「스코틀랜드 신앙고백」 제2조와 제3조에는 중요하고 교훈적인 내용이 담겨 있다. 다른 16세기 종교개혁자들의 신앙고백을 따랐던 과거와 현대의 거의 모든 교의학의 통상적인 절차를 보면, 독특하고 독자적인 인간 죄에 대한 교리가 있다. 그러나 「스코틀랜드 신앙고백」에서는 그런 절차를 따르지 않는다. 아담의 타락에 대해 무엇을 말해야 하는가라는 것을 「스코틀랜드 신앙고백」 제2조에서, 우리 하나님께서 인간에게 내리신 결정에 대한 가르침의 결론으로 말하고 있다.

그리고 소위 "원죄"(Erbsünde)에 대해서 무엇을 말해야 하는가라는 것은 제3조에서 직접적으로 그리고 처음으로 나타나고, 성령의 활동으로 인해 구원에 이르게 하는 예수 그리스도에 대한 신앙에 관한 가르침의 전제로서 제시되고 있다. 이 전제와 결론에서 보게 되는 하나님의 은총과의 관계 속에서 「스코틀랜드 신앙고백」은, 인간이 죄인이 되었고 또 죄인이라는 사실에 대한 두려움을 아주 강력하게 표현하고 있다. 그러나 「스코틀랜드 신앙고백」은 그런 표현을 은총과의 관계 속에서 제시하고 있다. 「스코틀랜드 신앙고백」을 기술한 사람들은 잠깐 동안만이라도 그런 죄의 사실 자체에 대해 숙고하는 것을 피하려고 했음이 분명하다.

인간이 하나님을 대적한다는 것은 중요하고 진지하게 취급되어야 한다. 그러나 그보다 더 중요하고 더 진지하게 받아들여야 하는 사실은, 하나님이 예수 그리스도 안에서 인간을 위해 존재하신다는 사실이다. 그리고 이 두번째 사실을 통해서만 첫번째 사실이 얼마나 중요하고 진지하게 취급되어야 하는지를 알 수 있게 된다. 그러므로 우리는 우리가 우리의 본문을 통해서 안내받고, 그런 관점 아래서 사실을 볼 수 있는 타당한 근거를 지니고 있는 것이다.

우리는 제2장과 3장에서 종교개혁자들의 신론을 살펴 보았고, 제4장에서는 종교개혁자들의 신론과 인간론을 살펴 보았다. 만일 종교개혁자들의 특별한 인간론이 있다면, 사실 그것은 단지 죄론이 될 수 있을 뿐이다. 왜냐하면 하나님과 분리된 가운데 있는 인간과, 하나님에 대립하는 특성을 지니고 있는 인간은, 바로 죄인(즉 자신의 길을 잃어버린 자신의 존재 질서를 깨뜨린 인간)이기 때문이다. 인간이 이와 같이 자신의 길을 잃어버렸다는 것은 다음과 같은 사실을 의미한다. 즉 창세기 3장에서 서술하고 있듯이 인간이 인간 자신의 영광에 만족하지 못하고, 하나님과 같이 되기 위해 하나님의 영광을 취하려고 한다는 것이다.

그리고 인간이 그런 길을 걷고자 한다는 것은, 바로 그것으로 인해 그 자신의 영광도 잃어버린다는 사실을 의미한다. 이런 경우에 만일 「스코틀랜드 신앙고백」에서 추상적으로 그런 사실을 숙고하지 않는다면 「스코틀랜드 신앙고백」이 타당하다고 할 수 있지 않겠는가? 만일 하나님이 인간으로 하여금 스스로 그의 길을 벗어나도록 방임하신다면, 그리고 인간이 하나님의 영광을 취하려고 공격하는 것을 허용하신다면, 인간 자신의 영광이 파괴되는 일이 일어나도록 하신다면 그는 하나님이 아닐 것이다.

인간의 역사 자체가 '하나님은 하나님이 아니라'는 사실을 입증하려는 것이라면, 인간 예수 그리스도의 역사는 '하나님은 하나님이시라'는 사실(즉 하나님은 인간의 역사가 자체의 길을 가는 것을 원치 않으시고, 또 비록 그것이 인간이 계획하고 뜻하는 것과 관계되고 있고, 인간이 계획하고 뜻하는 것이라고 할지라도 인간 자체의 역사가 이루어지는 것을 허용하려하지 않으신다는 사실)을 입증하고 있는 것이다. 분명한 사실은 인간이 그와 같이 그 자신의 길을 가고 있다는 것이다.

그러나 보다 더 참된 사실은 하나님이 그런 인간의 길을 인간과 더불어 걷고 있다는 것이고, 하나님이 인간의 길을 자신의 길로 만드시고 그 길을 전혀 다른 길로 바꾸신다는 것이다. 예컨대 인간의 반란의 길을 그 자신의 승리(Sieg)의 길로, 사멸의 길을 구원(Erretung)의 길로, 질서 파괴의 길을 복구(Wieder herstell)의 길로 바꾸신다는 것이다.

그러나 그런 경우에 진정한 인간의 길은 오직 인간과 함께 하는 더 참된 하나님의 길을 통해서만 볼 수 있고 이해할 수 있게 되는 것이다. 그런 경우에 종교개혁자들의 특별한 인간론(즉 인간의 죄론 자체에 불과한 인간론)은 존재할 수 없을 것이다. 그런 경우에 인간의 역사 및 인간 죄의 역사는, 오직 인간 예수 그리스도의 역사 안에서 서술되는 방식으로 서술될 수 있을 뿐이다.

제2절

우리는 누가복음 5장 8절에서 베드로가 예수의 엄청난 기적을 보고 예수의 발 앞에 엎드려 "주여 나를 떠나소서 나는 죄인이로소이다"라고 말한 사실을 읽게 된다. 참된 하나님의 계시는 모든 거짓된 계시와 구별되는데, 그것은 하나님의 계시는 갑자기 빛나는 별처럼 어두운 공간을 밝히기 때문이고 하나님이 자신의 영광을 위해 창조하셨고 그로 인해 그 자신의 영광을 소유하게 된 인간은 그 자체가 빛이 아니라 어둠이기 때문이다. 계시는 「하나님의 자비의 행위」(ein Akt des Erbarmens Gottes)다. 그래서 계시는 자비를 필요로 하는 인간의 곤경 속에 계시되고 있다.

계시는 「하나님의 겸손의 행위」(ein Akt des Herablassung Gottes)다. 그래서 계시가 인간이 처해 있는 깊은 곳에서 계시되고 있는 것이다. 인간 예수 그리스도는 누구인가? 성경이 "이 사람을 보라"(Ecce homo)는 것은, 모든 예언자들과 사도들이 자신을 계시하시는 하나님께서 자신의 성육신하신 사실을 지시하는 것이다. 즉 여관에는 그들이 머무를 방이 없기 때문에 포대기에 싸서 말구유에 뉘었던 아기와, 결국에는 십자가에 달린 죄수를 지시하고 있는 것이다.

그러므로 '왜 우리가 하나님의 실제적인 계시의 개념을 낯설게 느끼고 공감하지 못하는가' '그리고 왜 우리가 거짓된 계시에 대해서는 귀기울일 준비가 되어 있지만 참 계시에 대해서는 귀기울일 준비가 되어 있지 않는가'라는 이유가 어쩌면 궁극적인 이유가 되는 것이다. 왜냐하면 이 계시(예수 그리스도 안에서의 하나님의 계시)는 필연적으로 인간의 발견을 의미하기 때문이다. 즉 인간의 창조에 그리고 하나님의 영광과 인간 자신의 영광에 극히 대조를 이루고 있는 사실의 발견(즉 인간이 어둠이라는 사실과 인간이 곤경과 깊은 곳에 처해 있다는 사실의 발견)을 의미하기 때문이다.

그리고 우리가 여기서 취급하려는 것은, 단순히 자연과 역사의 능력에 대한 인간의 보잘 것 없음의 발견이나 인간이 범한 이런 저런 오류나 잘못의 발견이 아니다. 이 모든 발견은 인간 자신이 할 수 있는 것이다. 그리고 실제로 인간이 오랫동안 그래 왔음을 종교의 역사가 보여주고 있다. 인간은 이 모든 발견을 갖가지 불평과 함께(즉 훌륭하고도 명료하게 시작된 것과 같이 다시금 쉽게 소멸할 수 있는 불평과 함께) 수반하는 경향이 있다. 그러나 여기서는 인간이 발견의 주체가 아니라 객체다. 여기서는 인간에게 없는 어떤 것이 발견되는 것이 아니라, 그가 누구이고 무엇을 하고 있는지를 발견하게 된다. 이때 인간은 어떤 불평도 해서는 안되는 것이 아니라 고발당하고 있는 것이다.

그리고 여기서 그는 그가 늙었든 젊든, 교양이 있든 없든, 도덕적이든 비도덕적이든, 경건하든 하나님 없이 살든 그런 것들을 고려하지 않고 고발당하고 있는 것이다. "남자와 여자가 다… 지극히 높으신 하나님의 영광에 반역하게 되었다"고 「스코틀랜드 신앙고백」에서 아주 분명하게 제시하고 있듯이, 여기서는 아담과 그의 아내가 고발당하고 있는 것이다. 그리고 16세기의 스코틀랜드에서 사람들은 그 말의 의미를 아주 명백히 이해할 수 있었던 것이다.

그들(아담과 그의 아내)은 그들이 영광을 누리고 있던 질서(곧 하나님의 영광과 나란히 그들의 영광을 위한 질서)를 포기했다. 그들이 근거하고 있던 창조의 은혜에서 떨어져 나갔다. 그들은 그들의 소명을 거절했다. 그들은 하나님께 드려야 할 감사를 드리지 않았다. 그들은 마치 그들이 하나님인 것처럼, 자신들을 그들 자신의 생명의 주로 삼았다. "이 사람을 보라"(Ecce homo). 바로 그는 하나님께서 자신의 계시 속에서 드러내시는 사람이다.

그렇지만 이제 그 발견을 더 진전시켜 보면 분명히 드러나는 것은, 그가 다 이루셨다는 것과 그가 모든 것을 다 이룬 사람으로 존재하는 것은 무엇을 의미하느냐라는 것이다. 우리가 이제 접하게 되는 것은 과거의 신학과 「스코틀랜드 신앙고백」에서, "원죄"라고 부르는 것(즉 위에서 말한 오류를 통해서 모든 사람 속에 있게 된 오류)이다. 만일 인간이 하나님의 영광에 반역하는 가운데 있다면, 인간의 영광이 어디에 남아 있을 수 있겠는가. 인간이 그의 인간성 속에서 정당화되고 있는 그 질서가 이제 그에 대한 심판이 될 것이다. "하나님의 형상이 완전히 파손되었다." 즉 이제 인간은 하나님의 영광을 더 이상 반영할 수 없는 퇴색된 거울이 된 것이다. 이제 인간으로 존재한다는 것은 하나님의 원수로 존재하는 것을 의미하고, 그 자신의 영광을 파괴한 자로 존재하는 것을 의미한다.

이제 우리에게 주어진 존재와 가치와 자유를 사용한다는 것은, 전체적이고 세부적인 우리의 삶 속에서 이미 들어선 잘못된 길을 계속 걸어가는 것을 의미하고, 점점 깊이 보다 더 완전하게 우리 자신이 파멸 가운데 빠져드는 것을 의미한다. 이제 우리가 세상에서 존재한다는 것은 우리가 주인 없는 인간이 된 후에, 어쨌든 우리를 위한 주인도 없고 우리를 위한 의미도 지니지 못한 권력들이나 형식들이나 사건들 가운데서 미아와 같이 되는 것을 의미한다.

이제 우리가 하나님의 피조물로 존재한다는 것은, 죽음(그것도 영원한 죽음)에 떨어지는 것을 의미한다. 즉 우리가 깨뜨린 질서의 영원한 효과에 불가피하게 대립하게 되는 영원한 무성(無性) 가운데 떨어짐을 의미한다. 다시 한 번 "이 사람을 보라"(Ecce homo)! 그에게는 구원의 가능성이 없다. 즉 그는 그의 죄의 그런 결과 중에 어느 것도 폐기시킬 수 없다. 무엇보다도 그는 그의 죄 자체를 폐지하거나 선한 것으로 만들 수 없다. 그가 그렇게 할 수 없는 이유는, 그의 죄가 하나님께 대한 죄이기 때문이다. 그리고 그 이유는 하나님의 계시 속에서 인간에 대해 고발하는 것은, 인간 자신이 최선을 다한다면 선하게 만들 수 있고 또 만들어야 하는 어떤 비행에 대한 고발이 아니기 때문이다.

인간에게 내려진 고발의 내용은 그가 하나님께 적대하여 존재한다는 것이다. 즉 단순히 하나님과 대립하여 행동하는 것이 아니라, 하나님에 대립하여 곧 모든 그의 행동 가운데서 하나님을 적대하여 존재한다는 것이다. 인간이 폐기할 수도 없고 선하게 만들 수도 없는 것이 바로 이것이다. 예수 그리스도 안에 있는 하나님의 계시가 우리에게 이런 사실을 명백히 말하고 있다. 왜냐하면 하나님의 계시는 하나님 자신이 바로 이것(이를테면 하나님께 대적하는 우리의 존재와 죄를 지양하고 선하게 만드신다는 것)에서 이루어지기 때문이다. 우리가 이것을 믿는다면 우리는 죄에 대한 극심한 두려움을 발견하게 될 것이고, 우리를 그 두려움에서 해방시키는 것이 불가능하다는 것도 알게 될 것이다.

제3절

그러나 죄와 은혜의 이런 관계에서는 어느 때라도 인간의 죄가, 처음이나 마지막 말인 것처럼 우리가 말하는 것을 금하고 있다. 어둠을 깨뜨리는 계시의 빛이 없다면, 우리가 인간의 어둠이나 곤경이나 깊이에 대해 무엇을 알 수 있겠는가? '하나님이 인간을 위해 존재한다는 사실을 인간이 스스로 아는 것이 아니라 하나님 자신을 통해 안다는 것이 사실이 아니라고 한다면, 우리 인간이 하나님께 죄를 지었고 하나님께 적대하여 존재한다는 사실을 우리가 어떻게 알 수 있겠는가? 인간이 악행한 것을 하나님 자신이 선하게 만드셨다는 사실을 우리 인간이 알지 못한다면, 인간 자신은 아무 것도 선하게 만들 수 없다는 사실을 우리가 어떻게 알 수 있겠는가?

만일 우리가 하나님의 영광을 침해하고 우리 자신의 영광을 상실했다는 사실을 안다면, 우리는 이미 하나님의 영광이 우리의 반역에서 분명해짐으로써 그만큼 더 드러나게 되었다는 사실과 하나님이 사람들로 하여금 그 자신의 영광을 파괴하는 길을 걷도록 방치하시지 않는다는 사실을 알고 있는 것이다. 만일 우리가 우리 자신을 구원할 수 없다는 사실을 안다면, 우리는 이미 우리가 하나님에 의해 구원받는다는 사실을 알고 있는 것이다. 만일 우리가 참혹한 죽음에 처해진 것(즉 인간 예수 그리스도께서 골고다 위에서 겪으신 것)이 우리의 죄요 우리 자신이라는 사실을 안다면, 우리는 이미 우리의 죄가 용서받았다는 사실과 우리 자신이 하나님의 판결과 심판을 면하게 되었다는 사실을 알고 있는 것이다.

만일 우리가 하나님의 진노와 우리의 버림받음을 두려워한다면, 우리는 이미 하나님의 약속과 우리의 선택을 알고 있는 것이고 하나님의 자비를 믿고 있는 것이다. 만일 우리가 "우리는 젊은 시절부터 지금 이 시간까지 악한 생각과 말과 행동으로 수많은 죄를 범했다"는 교회의 기도를 알고 고백한다면, 우리는 이미 하나님의 품 안에 있는 것이고 인간으로서 회복된 우리의 영광에 참여할 뿐만 아니라 그것을 넘어서 예수 그리스도 안에서의 하나님의 오심을 통해 구원받고 승리하고 하나님의 자녀라고 불리게 된 자로서 전혀 새로운 은혜의 질서에 근거하게 된 새로운 영광에 참여하게 된 것이다.

무엇이 우리의 죄인가. 그것은 하나님께서 베드로의 배에 오셨던 것처럼, 인간 예수 그리스도 안에서 우리에게 오셨음에도 불구하고 우리가 하나님께 반항하는 가운데 존재하고 행동한다는 것이다. 우리의 의무(빚)는 무엇인가. 그것은 하나님께서 인간 예수 그리스도 안에서 우리 모두에게 타당한 것이 되게 하신 것에 대해 감사하는 것이다. 우리가 받은 벌은 무엇인가. 그것은 바로 하나님께서 우리가 고통당하지 않게 하기 위해서, 인간 예수 그리스도 안에서 우리의 자리를 취하시고 자신이 댓가를 지불하신 무한한 고통이다. 그 외에는 아무 것도 없다. 오직 우리의 죄와 벌 그리고 벌에 대한 그리스도인의 실제적이고 진정한 인식이 있을 뿐이다.

그것이 하나님의 자유로운 은혜 안에서 선택받은 사람들의 거듭남의 본질이다. 이것을 「스코틀랜드 신앙고백」 제3조 마지막 부분에서 인간의 유일한 구원으로 서술하고 있다. 그것은 인간의 거듭남이 우리 안에서 역사하시는 성령을 통해 각성하게 된 예수 그리스도에 대한 신앙과 일치하기 때문에, 우리의 죄와 의무와 벌에 대한 그런 인식을 필연적인 것으로 만들지만 다른 모든 것은 불가능한 것으로 만들기 때문이다.

제4절

우리가 확실하게 거부해야 할 두 가지 오해가 아직 남아 있다. 곧 어느 누구도 우리 인간에 대해 염세적이거나 낙관적인 판단을 내릴 수밖에 없다는 것이다. 우리는 우리의 특성이나 운명에 따라 염세적인 판단이나 낙관적인 판단 중 어느 하나에 더 집착하게 되고, 때에 따른 우리의 생활 환경에 조화를 이루느냐 부조화를 이루느냐에 따라 곧바로 둘 중의 하나를 행하게 된다는 것이다. 그러나 우리가 타당하다고 생각하면서 인간의 본성에 대해 어떤 회의를 품거나 경멸하는 것을, 우리는 종교개혁자들이 인간에 대해 가르칠 것에 의해 야기된 고발과 혼동해서는 안될 것이다.

무엇보다도 우리가 종교개혁자들의 고발을 이처럼 회의하거나 경멸하는 것과 혼동함으로써 그 고발을 약화시켜서도 안될 것이다. 그리고 더 나아가 만일 우리가 인간 속에 선한 것이 있다거나 인류가 진보한다고 믿는 것을 용납한다면, 우리도 그런 혼동을 하고 있고 종교개혁자들의 고발을 약화시키는 것이 된다. 그러므로 우리는 종교개혁자들의 가르침을 통해서 인간에게 주어진 하나님 자녀에 대한 약속과 인류의 진보에 대한 확신을 혼동해서는 안될 것이다. 그리고 또한 그 약속을 위에서 말한 것과 유사한 견해와 혼동해서도 안될 것이다. 예수 그리스도 안에 있는 하나님의 계시의 성령은, 우리의 염세적이거나 낙관적인 영과 혼동되기를 원치 않으신다.

성령은 낙관적이라고 이해되는 사람에 대해서는 탄핵하시고, 염세적이라고 이해되는 사람에 대해서는 약속을 말씀하신다. 오직 하나님의 아들 예수 그리스도의 영이신 그분만이 인간을 낮추시고 높이실 수 있다. 그리고 오직 그분만이 우리가 이미 말한 낮아진 상태나 들리운 상태에 있는 우리 인간을 지시하신다. 인간의 죄와 의무(빚)와 벌에 대한 종교개혁자들의 가르침과, 염세주의자들이나 낙관주의자들의 인간론 사이의 관계에서는 다음과 같은 경고가 적용될 수 있을 것이다;

> "사람은 눈에 보이는 것을 보지만 하나님은 중심을 보신다."

6. 예수 그리스도 안에 있는 하나님의 계시

(Gottes Offenbarung im Jesus Christus)

제4조 약속의 계시

우리는 아담이 하나님께 대한 순종으로부터 떠나 공포스럽고 참담한 처지에 놓이게 되었을 때, 하나님께서 다시 아담을 찾아 부르신 것(창 3:9)과, 저의 죄를 책망하시고 심판을 선언하신 후 마지막에는 "그 여자의 후손이 뱀의 머리를 부수리라"(창 3:15)는 최상의 기쁜 약속을 주신 사실(즉 마귀가 저지른 일들을 괴멸시키시리라고 하신 말씀)을 지속적으로 믿는다. 이 약속은 시간이 흘러감에 따라 되풀이해 주어졌으며 더욱 분명하게 드러났다.

따라서 이 약속을 기쁘게 받아들여 확실히 믿고 있었던 믿음이 돈독한 신자들이 부단히 이 약속을 이어받고 믿어 왔던 것이다. 즉 아담으로부터 노아, 노아로부터 아브라함, 아브라함으로부터 다윗, 그리고 그리스도 예수의 성육신에 이르기까지 믿음을 가진 모든 신실한 성도들에 의해 그 약속이 기쁨과 더불어 지속적으로 받아들여졌다. 율법 아래 있으면서 믿음을 가졌던 모든 조상들은 그리스도 예수의 그 기쁜 날을 바라보며 즐거워했다(창 12:3; 15:5, 6; 삼하 7:14; 사 7:14; 9:6; 학 2:7, 9; 요 8:56).

제5조 교회의 지속과 확장과 보존

우리는 하나님께서 아담으로부터 그리스도 예수께서 육신을 입고 오시기까지 모든 세대에 있어서, 그의 교회를 보존하시고 인도하시고 확장시키시고 영예롭게 하시고 가꾸시고 죽음에서 생명으로 불러내신 것을 확실히 믿는다(겔 6:6-14). 하나님께서는 아브라함을 그의 조국으로부터 불러내 인도하시고 그의 자손을 번

성케 하셨다(창 12:1; 13:1). 하나님은 놀라운 방법으로 그를 보존시키셨으며 더욱 놀라운 방법으로 그의 자손들을 바로의 속박과 폭정으로부터 구출해 내셨다(출 1장 등). 그리고 하나님은 저들에게 율법과 제도와 의례를 주셨으며(수 1:3; 23:4) 가나안 땅을 주셨다(삼상 10:1; 16:13).

그후 하나님은 사사들을 보내셨으며 사울 다음에 다윗을 왕으로 주셨다. 또한 그의 자손들 가운데 출생하는 한 사람이 영원토록 왕의 보좌에 앉게 되리라는 약속을 하셨다(삼하 7:12). 하나님께서는 때에 따라 그 백성에게 선지자들을 보내, 저들이 우상숭배로 인해 배도에 빠질 때 하나님의 올바른 길로 돌이키게 하셨다(왕하 17:13-19). 그럼에도 불구하고 저들이 완고하여 정의를 멸시하게 되면, 앞서 모세의 입술을 통해 경고하신 대로(신 28:36, 48) 하나님께서 저들을 원수들의 손에 강제로 넘기셨다(왕하 24:3, 4).

그리하여 거룩한 도성이 파괴되었고 성전은 불태워져(왕하 25장) 그 모든 땅은 70년 동안 황폐하게 되었다(단 9:2). 그러나 하나님께서는 은혜로 저들을 다시금 도시와 성전이 재건된 예루살렘으로 이끌어 오셨다. 그리하여 그들은 사탄의 모든 유혹과 공격에 대항하면서 약속에 따라 메시아가 오실 때까지 참고 견디었다(렘 30장; 스 1장 등; 학 1:14; 2:7-9; 슥 3:8).

제6조 예수 그리스도의 성육신에 관하여

때가 차매 하나님은 자신의 성자 곧 그의 영원한 지혜와 그의 영광의 본체이신 독생자를 이 세상에 보내셨다(갈 4:4). 성자는 성령의 역사로 말미암아 여자 곧 처녀의 본질에서 인간의 본성을 취하셨다(눅 1:31; 마 1:18; 2:1; 롬 1:3; 요 1:45; 마 1:23). 이렇게 하여 "다윗의 그 자손" "위대한 보혜사이신 하나님의 사자"로서 약속된 그 메시아가 탄생하셨다. 우리는 임마누엘이 되신 하나님과 인간의 두 완전한 본성이 한 사람으로 결합된 사실을 고백하고 받아들인다(딤전 2:5). 그리하여 우리는 이 고백에 따라 아리우스, 마르시온, 유티케스, 네스토리우스와 같은 자들을 배격해야 할 심각한 이단으로 정죄하고, 또 그의 신성의 영원성과 인간 본성의 진리를 부인하고 그 두 본성을 혼합하거나 분리시키는 자들을 정죄한다.

제1절

우리는 「스코틀랜드 신앙고백」의 증언에 따라 하나님의 단일성과 본질에 대해서, 하나님과 세상과 인간 사이의 관계 질서에 대해서, 그리고 그런 질서의 파괴와 회복에 대해서 살펴 보았고, 우리가 그 모든 것에 대해 말할 수 있는 것은 특정한 전제 아래 특정한 장소에서 말해지고 있다는 사실이다. 만일 우리가 "하나님께서는 예수 그리스도 안에서 인간에게 자신을 계시하시기 때문에" 「스코틀랜드 신앙고백」에서 제시되고 있듯이, 하나님과 인간에 대해서 말할 수 있음에 틀림 없다는 사실을 주의하지 않거나 아주 힘주어 강조하지 않았더라면, 우리가 접했던 그 결정적인 진술들은 전혀 이해할 수 없는 것이 되어 버렸을 것이다.

바로 그런 전제를 갖고 우리는 종교개혁자들의 신앙고백을, 자연신학에 기초한 모든 신앙고백으로부터 구분하게 되는 것이다. 제4-6조에서 이런 전제가 설명되고 있다. 우리가 이제 살펴 보고자 하는 것은 이 모든 지배적이고 특정한 요인(즉 예수 그리스도 안에 있는 하나님의 계시)이 무엇을 의미하느냐라는 것이다. 먼저 제4-6조를 개괄적으로 살펴보도록 하자, 분명한 사실은 「스코틀랜드 신앙고백」에서는 두 역사를 지시하는 방식으로 그런 전제에 대해 말하고 있다는 것이다.

「스코틀랜드 신앙고백」에서는 이 두 역사 자체 속에서, 이 두 역사 상호간의 특별한 관계 속에서 "예수 그리스도 안에 있는 하나님의 계시"를 보고 있다. 이 두 역사 중에서 첫번째 역사(제4-5조)는 인류에게 특별히 한정된 역사이고 연속적이고 시간과 현상 전체를 포괄하는 역사다. 그것과 대조적으로 두번째 역사(제6조)는 유일회적인 것(말하자면 「시간상의 한 시점」)으로 제한되는 역사다. 즉 한 시간 한 사건 한 인물을 그 내용으로 하고 있다. "하나님이 당신의 아들을 세상에 보내셨다"는 것이 바로 그 역사다.

그러나 이 두 역사는 형식상으로는 전적으로 구별됨에도 불구하고 함께 속해 있다. 그 두 역사는 한 역사를 형성하고 객관적으로 한 역사로 간주된다. 즉 역사 가운데 한 가지 사건이 일어난 것이다. 예컨대 하나님이 인간의 불신실성 가운데서 당신의 신실성을 입증하신 것이고 따라서 한 길이 드러나게 되었다. 이것은 죄인과 함께 하시는 은혜로우신 하나님의 길이 드러나게 된 것이다. 이 길은 인간이 그 길을 보고 서술하게 되듯이, 첫번째 역사 속에서도 보여지고 서술된다. 거기에 사람들(항상 새롭게 형성된 집단이나 공동체나 백성들)이 있다.

그리고 거기에는 이미 첫번째 사람(아담)이 타락한 후에 겪었던 일들이 가장 다양한 방식으로 그들에게 일어나게 된다. 예컨대 현재 죄된 인간인 그들을 하나님은 다시 찾으시고 이름을 부르시고 책망하시고 판결하신다. 그리고 여기에 이 백성의 특별한 역사의 실제적인 내용이 있다. 그러나 또한 항상 새롭게 그들은 해방자의 약속으로 위로받게 되고, 현재 죄인인 그들이 그 위로를 통해 인도받고 보존되고 견뎌 나가게 된다. 이제 그들은 약속만 소유하고 있다. 그들은 자기들을 초월하고 있는 실재에 의해 살아간다. 그들은 전적으로 「오실 메시야」를 기다리는 자들이다.

그들 모두는 "그리스도의 때 볼 것을 즐거워하다가 보고 기뻐하였다"(요 8:56). 그들이 약속을 소유했고 그런 실재에 의해 그들이 삶을 영위하고 있다면 그들에게 무엇이 결핍되어 있을 수 있겠는가? 하나님이 그의 백성과 함께 걷는 길인 두번째 역사 속에 있는 진리 안에서 그와 같은 길이 보여지고 서술된다. 이 백성이 삶을 영위하도록 하는 약속은 공허한 것이 아니라 성취된 것이다. 따라서 이 백성의 역사의 때도 성취된 것이고 공허한 것이 아니다. 그들의 기다림과 희망도 성취되었고, 하나님을 향해 내민 그들의 빈손도 가득차게 되었다. 이 백성은 한 중심과 한 머리를 지니고 있는데, 그것은 두번째 역사에서 드러나게 된 것이다.

그의 삶이 위에서 말한 첫번째 역사의 내용을 형성하고 있는 교회는 한 주님을 모시고 있다. 이 머리와 주 예수 그리스도 안에서 하나님과 인간(죄인)은 하나로 존재한다. 그런 까닭에 하나님은 그들의 주요 머리이신 예수 그리스도에게 속한 모든 백성과 친교를 나누신다. 하나님이 인간과 하나되는 역사로서의 예수 그리스도의 역사와 더불어, 하나님의 교회의 역사로서의 이스라엘 역사가 바로 예수 그리스도 안에 있는 하나님의 계시다.

여기서 분명히 드러나는 것은 「스코틀랜드 신앙고백」에서는 이미 하나님의 영광과 인간의 영광의 파괴와 회복(즉 두 영광의 본래 관계)에 대해 말하고 있다는 사실이다. 이런 맥락에서 말해진 모든 것은 이스라엘과 이스라엘의 그리스도에 의해 의미를 갖게 되는 동시에, 우리가 알고 있듯이 이스라엘과 그리스도가 종교개혁자들이 가르치고 있는 내용이고 주제인 것이다.

제2절

「스코틀랜드 신앙고백」에서는 구약성경이 이스라엘의 역사에 대한 서술이고, 교회 자체에 대해 교회가 교훈하고 있는 것이라고 이해하고 있다. 그러므로 하나님의 계시가 먼저 우리에게 우리 자신이 누구이며 무엇인가(즉 우리는 하나님이 버리신 것이 아니라 자신의 계시 안에서 돌봐 주시는 인간)를 말하고 있는 것이다. 그리고 이것은 필연적이고 아주 불가피한 구약성경의 계시의 측면인 것이다.

우리가 심판받는다는 것은 모두에게 적용되는 사실이고, 아담의 역사로부터 이스라엘의 역사 전체를 시종일관하고 있다. 「유대인 배척주의」(die antisemiten)가 이미 적용되고 있고, 구약성경 자체가 바로 그것을 서술하고 있다. 예컨데 이스라엘은 악한 백성이라는 것이다. 그들이 하나님에 대한 죄인들이라는 것은 의심할 바 없고, 하나님의 원수들이라는 것도 의심할 바 없고, 그들을 하나님이 당신의 계시 안에서 돌보신다는 것도 의심할 바 없다.

그러나 교회에는 유대인을 배척주의적으로 생각하거나 말할 시간도 없고 공간도 없다. 만일 교회가 하나님과 사귐을 나누는 공동체라고 한다면, 교회는 교회의 모델인 이스라엘 안에서 자체를 인식하게 될 것이고, 이스라엘에 대한 심판에서는 자기 자신에 대한 심판을 인식하게 될 것이다. 만일 교회가 자신을 이스라엘로부터 분리시키거나 멀리하게 되었다면, 어떻게 교회가 스스로를 하나님과 사귐을 나누는 공동체로 인식할 수 있겠는가? 오직 교회의 모델인 이스라엘 안에서만 그런 사실이 교회에 계시되는 것이다. 그리고 그 모델 안에서만 교회가 당면하고 있는 심판이 계시되는 것이다.

물론 그 심판은 모델인 이스라엘 안에서 교회에 계시된 것이다. 구약성경에서는 이 악한 백성을 하나님이 선택하시고 부르시고 보존하시고 번성케 하시고 축복하시고 인도하셨다는 사실을 말하고 있다. 구약성경에서는 하나님의 약속을 소유하고 그 약속을 믿고, 그 믿음의 능력에 힘입어 살도록 정해진 인간들에 대해 말하고 있다. 그리고 그 약속은 바로 악을 행한 그들 모두를 선하게 만들기 위하여, 하나님이 그들 모두에게 선을 베풀기 위하여, 그들 모두가 의롭다고 인정되고 구원받게 하기 위하여 한 사람이 온다는 것이다.

이스라엘 역사는 이 약속을 드러내고 표현하는 역사다. 아브라함과 모세가 그 역사(예컨대 이집트로부터의 해방과 가나안 정착, 사사 시대, 왕정 시대, 예언자 시대, 포로 시대 그리고 포로로부터의 귀환 시대)에 대해 증언하고 있다. 그 모든 시대는 특별한 방식으로 그 시대의 자리에서 한 사람이 온다는 사실에 대해 말하고 있다. 예컨데 아브라함의 후손이고 따라서 이스라엘 백성의 한 구성원이, 모세와 같은 한 예언자가 아론과 같은 한 제사장이, 삼손과 같은 한 해방자가, 다윗과 같은 한 왕이, 대속죄일에 도살당하는 것과 같은 한 속죄양이, 예레미야서나 이사야 53장에 나오는 하나님의 종처럼 다른 사람의 죄를 짊어지는 한 사람이, 우리가 시편에서 그 음성을 듣게 되듯이 깊은 곳에서 하나님께 부르짖음으로써 높은데 계신 하나님에 의해 의롭다고 인정받은 사람이 오리라는 것에 대해 말하고 있다.

그리고 구약성경에 나오는 소위 메시야적인 예언들은, 구약성경 전체의 내용을 형성하고 있는 약속을 대표하는 것들 중의 하나에 불과할 뿐이다. 그리고 그분 안에서 그분을 통해 이스라엘은 살 것이다. 이스라엘 역사 가운데는 어디에서나, 크고 작은 사건들 속에서 분명하든 불분명하든 드러나는 것은 그분의 그림자다. 이스라엘은 이미 그가 오신다는 사실 안에서 그 사실에 의해 삶을 영위하고 있다. 그리고 모델인 이스라엘 안에서 교회는 그가 오셨고 다시 오시리라는 사실에 의해 자신이 삶을 영위하고 있다는 사실을 인식하게 된다.

우리가 보다 분명하게 이해해야 할 것은 이스라엘이 그리스도가 오신다는 사실을 통해 삶을 영위하고 있다는 사실을 철저히 거부될 때에도, 그분이 오신다는 사실에 의해 삶을 영위하고 있다는 것이다. 물론 이스라엘은 모세에게 불순종했고 율법을 범했고 예언자들을 거부하고 죽였다. 그리고는 철저히 아담이 행한 것을 반복하고 있다. 이스라엘은 보다 좋아지거나 순수해지거나 경건하게 되거나 유용하게 되는 것이 아니라, 오히려 인간의 불신실에 대해 그리고 하나님의 심판의 정당성에 대해 유일하게 확증하는 것으로 존재하고 있고 지속되고 있다.

스스로 악을 행한 이스라엘이 그 한 분 안에서 그 한 분을 통해 선하게 되리라는 약속은, 어쨌든 처음부터 이스라엘 자체가 선하게 되리라는 것이 문제되지 않고 있음이 분명하다는 사실을 통해 그 약속의 진실성이 입증되고 있다. 그 백성이 마음대로 할 수 있는 것은 약속을 깨뜨리는 것뿐이다. 이스라엘은 바로 약속이 성취되는 순간에 약속을 거부했다. 예컨대 그들은 예수 그리스도를 「하나님을 모독한 자」라고 불렀고, 창으로 찔렀고 저주받은 자로 취급하여 이방인에게 넘겨 주었던 것이다.

그러므로 그 백성은 모든 시대와 모든 역사 가운데서 그 자신이 존재하거나 행하는 것을 통해 삶을 영위하는 것이 아니라 오히려 그 백성이 삶을 영위한다고 하면, 그 백성은 바로 참된 약속(곧 그 백성의 오실 예언자고 제사장이고 왕이신 분이 그 백성의 의와 구원이 되시리라는 약속)에 의해 삶을 영위하는 것이다. 그리고 모델로서의 이스라엘이 교회에 교훈하고 있는 것은, 교회가 부름받았음을 믿는 신앙은 바로 경건치 아니한 자를 의롭다고 인정하시는 분에 대한 신앙이라는 것이다;

> "경건하지 아니한 자를 의롭다 하시는 이를 믿는 자에게는 그의 믿음을 의로 여기시나니"(롬 4:5).

이런 입장에서 온전히 이해하기 위해서는 구약성경에 대한 「스코틀랜드 신앙고백」의 진술들에 대해서는 어떤 것을 첨가하거나 어떤 특성을 부여하는 것이 필요하다. 아직도 구약성경은 이스라엘에 다른 무엇을 말하고 있다는 것이다. 구약성경에서 이스라엘의 불신실과 이것에 대한 하나님의 진노에 대해 증거할 때에는, 항상 새롭게 잔 가지를 베어낸 후에도 결국 새 순을 내게 되는 그루터기에 대해서 말하고 있다. 즉 이스라엘 가운데서 항상 거듭하여 함께 모여들게 되고 보존되는 신실하고 순종하는 신자들 중 남은 자들에 대해 말하고 있다. 우리가 주의할 것은 그들은 언제나 소수요 보잘 것 없는 존재라는 것이다.

우리가 더욱 주의할 것은 그들은 그들 백성의 잘못과의 연대성을 회피하려 하지 않는다는 것이다. 오히려 그들은 그것을 인정하고 그들의 잘못을 그들 자신의 잘못으로 고백한다는 것이다. 그리고 우리가 주목할 것은 이것은 허구(Fiction)가 아니라는 것이다. 오히려 그들은 실제로 다소 다른 사람들과 더불어 부채를 걸머지고 있다는 것이다. 심지어 신실한 예수의 제자들도 결국엔 유다나 가야바와 같은 입장을 취하게 되지 않았던가? 그러므로 만일 약속이 그들 안에서 지속되고 그와 더불어 온백성을 위해 보존된다고 할 때, 우리가 이 소수를 바라보게 된다는 것은 기적적인 일인 것이다.

이스라엘은 약속 안에 머물러 있지 않지만, 약속은 아직도 이스라엘 안에 남아 있다. 소수의 남은 자들은 다른 사람들보다 더 선하거나 신앙이 있거나, 의로운 것이 없음에도 불구하고, 바로 그런 사실을 알고 있는 자들이고 바로 그런 것을 확고히 붙들고 있는 것이다. 그들 때문에 이스라엘을 선택하시고 부르시고 보존하시고 번성케 하시고 승리하게 하시고 인도하시는 것을 그치지 않는 것이다. 무엇보다도 그들의 역사 속에서 오실 분의 그림자가 드리워지게 되는 것이다. 그러므로 이스라엘이 지극히 불신실하여, 그 불신실 때문에 하나님의 진노를 받게 됨에도 불구하고 그들 안에서 이스라엘은 계속 존재하게 되는 것이다.

산이 요동하고 언덕이 무너져 내려도 하나님의 은혜는 확고부동하고, 그 계약을 하나님 편에서는 결코 깨뜨리시지 않을 것이다. 바로 그것이 소수를 통해 소수 안에서 전체가 얻게 되는 것이다. 왜냐하면 그 언약은 하나님 편에서는 깨어질 수 없기 때문이고, 그런 이유로 이스라엘의 존재는 이스라엘이 맺게 된 약속이 참으로 진실한 것이라는 사실(곧 그 약속에 대한 신앙의 근거와 대상)을 증거할 것이기 때문이다. 이 근거와 대상은 바로 인간이 악하게 만든 것을 선하게 만들기 위해 실제로 오시는 분이시다.

그리고 교회는 모델인 이스라엘 안에서 다음 사실을 인식하게 된다. 즉 교회는 모든 장소와 시간 속에서 다른 사람들보다 나은 것이 없음에도 불구하고, 약속을 저버릴 수 없는 소수 안에서 삶을 영위하고 있음을 인식하게 된다. 그리고 그 소수가 약속을 저버릴 수 없는 것은 약속이 그들을 저버리지 않기 때문이고, 그들이 소속되어 있는 전체가 불신실함에도 불구하고 그들 자신이 불신실함에도 불구하고(교회에 닥칠 심판이 있음에도 불구하고) 그 약속이 그들 안에 머물러 있기 때문이다.

이것이 구약성서가 증언하고 있는 하나님의 계시인 것이다. 그것은 사람들이 모여 하나의 공동체를 이루게 된 존재를 증거하고 있다. 즉 스스로 도울 수는 없지만 다른 사람을 통해 곧 그들의 머리가 되기 위해 그들 가운데 오시는 분을 통해서 그들 모두가 잘못을 범하게 되었지만, 그들의 잘못을 선하게 만드신 분을 통해 도움받을 수 있는 사람들이 모여 이루어진 공동체의 존재를 증거하고 있는 것이다. 구약성경이 예수 그리스도의 교회의 존재를 드러내고 있는 한, 구약성경은 예수 그리스도에 대한 증언인 것이다.

제3절

신약성경의 증언을 우리는 한 문장으로 요약할 수 있다;

> "하나님의 아들이 인간의 본성을 취하셨다."

참 하나님이시기를 중지하지 않고 참 하나님께서 참 인간이 되신 것이다. 만일 우리가 이런 저런 측면에서 그것을 더 축소시켜 말한다면, 우리는 그 증언을 잘못 이해하게 된 것이다. 하나님은 자신을 철저히 낮추셨다. 왜냐하면 하나님께서 예수 그리스도 자신 안에서 현재의 우리와 같이 존재하시는 것을 기뻐하셨기 때문이다. 그리고 하나님께서는 인간을 지극히 높히셨다. 그것은 인간 예수 그리스도가 바로 하나님 자신이었기 때문이다. 그것이 예수 그리스도의 역사다. 예수 그리스도의 역사는 교회의 모델을 이루고 있는 이스라엘 역사로부터만 이해될 수 있다.

그것은 바로 이스라엘의 역사와 교회의 삶이, 그 역사와 삶을 근거짓고 있는 예수 그리스도의 역사로부터만 이해되는 것과 같다. 이스라엘과 교회는 이스라엘 백성의 일원이고, 그 자신이 하나의 인간이신 분이 사람들 모두가 다른 사람들을 선하게 만드는데 실패했기 때문에, 그들 모두를 위해 선하게 만드시려고 하신다는 신실한 약속에 의해 삶을 영위한다. 그렇다면 하나님 자신 이외에 그 누가 그것을 행할 수 있겠는가;

"하나님 외에 누가 죄를 용서할 수 있단 말인가."

모세와 다윗과 예레미야와 거룩한 소수의 남은 자들은 하나님이 아니라, 그들 자신이 용서를 필요로 하는 자들이었기 때문에 약속된 분의 그림자일 뿐이었다.

만일 약속된 분이 이 백성의 일원이 아니었고 따라서 인간이 아니었다면 그 약속은 공허한 것이 되었을 것이다. 그러나 만일 그가 다른 모든 사람들처럼 단지 이 백성의 일원일 뿐이고, 따라서 인간에 불과하고 하나님 자신이 아니었다면 그 약속은 역시 공허한 것이 되었을 것이다. 그리고 신약성경이 증거하고 있는 것은 바로 이것이다. 즉 약속의 성취이신 분은 아직 오지 않은 것이 아니라 이미 왔으며, 그는 참 인간(즉 아브라함과 다윗의 자손)이 다른 모든 사람들처럼 하나의 이스라엘인이었으며, 그 자신이 바로 하나님 자신(즉 주 여호와)이었기 때문에 약속을 성취하는 분이시라는 것이다.

따라서 그분의 역사는 이스라엘 역사의 목표와 의미와 내용인 것이다. 그 이유는 두 가지다; 첫째로 그들의 역사는 불신실한 백성의 역사(즉 그분을 거부하고 십자가에 못박게 함으로써 신실의 도를 넘어선 역사)이기 때문이다. 그리고 둘째로 그런 사실보다 더 신실한 하나님의 역사(즉 그들의 불순종을 이제 완전히 종국적으로 드러낸 사람들을 그 분 안에서 돌보시는 하나님의 역사)이기 때문이다. 인간 예수 그리스도는 하나님의 계시다. 즉 그는 구약성경이 증언하고 있는 계시이고, 구약성경이 약속으로 증언하고 있는 약속의 성취인 것이다.

제4절

경전화된 신약성경은 예수 그리스도 안에 있는 하나님의 계시에 대한 문서이고 증언이다. 여기서 제기되고 있는 문제점이 일반적으로 그러하듯이, 작품 전체의 첫 부분에서 취급되고 있는 것이 아니라 아주 뒷 부분(제19-20조)에서 취급되고 있다는 것이 「스코틀랜드 신앙고백」의 특성 중의 하나다. 그렇지만 여기서 우리가 잠깐만이라도 계시의 인식에 대해 주의를 기울인다는 것은 의미있는 일일 것이다. 이 문서(즉 경전화된 신·구약 성경)는 인간의 문서다. 그 때문에 우리가 그 문서를 인간의 방법으로 이해해야 한다는 불가피한 과제를 부여받고 있으며 또 그런 이해가 가능한 것이기도 하다.

이 과제는 최근에 역사비판적인 성경 연구라는 이름으로 발전된 학문적인 성경연구에 의해 수행되고 있다. 바로 우리가 적절하게 취할 수 있는 입장은, 그런 연구에 대해 너무 많은 것을 기대해서도 안되고 너무 무시해도 안된다는 것이다. 우리가 그 연구에 대해 기대해도 좋은 것은 신·구약 성경에서 증언하고 있는 예수 그리스도에 대해 증언의 형태가 전적으로 인간적인 형태를 지니고 있다는 사실(즉 언어적이고 제의적이고 역사적이고 종교사적인 형태)를 띠고 있다는 사실을 그 연구가 분명히 하고 있다는 것이다.

그러나 우리가 그 연구에서 기대할 수 없는 것은, 이 증거의 대상(곧 하나님의 계시이고 따라서 이스라엘의 메시야이시고 그의 교회의 주인이신 예수 그리스도)이 그 연구를 통해 우리 앞에 제시된다는 것이다. 만일 계시가 계시를 통해 증거되는 것이 아니라면, 그 계시가 하나님에 의해 증거된다는 사실을 어떻게 인식할 수 있겠는가. 그러나 계시를 통해 계시를 인식한다는 것은 계시가 신앙을 일깨우는 것을 통해 인식하게 된다는 사실을 의미한다. 우리가 그 이중적인 성경역사 자체를 인식하기 위해서는, 우리 자신이 이 역사에 참여해야 한다. 그리고 바로 그것이 계시 자체를 통해 각성하게 된 신앙일 것이다. 그것이 없다고 한다면 틀림없는 사실은, 학문적인 성경연구에서는 하나님이 그렇게 증언하도록 하신다는 사실을 놓치고 만다는 것이다.

그렇다면 그 경우에 학문적인 성경 연구가, 인간적인 형태들을 옳고 분명하게 드러낼 수 있을까. 만일 학문적인 성경 연구에서 이 이중적인 역사를 보지 못한다면 무엇을 볼 수 있을까. 우리가 염려할 수밖에 없는 것은, 미신이나 잘못된 신앙이나 불신앙 가운데서 수행된 학문적인 성경 연구에서는 그들 자체의 과제를 빈약하게 수행할 것이라는 것이다. 그리고 우리가 수용할 수밖에 없는 것은 이 인간 문서도 교회 안에서만 바르게 해석될 수 있다는 것이다.

7. 하나님의 결단과 인간의 선택

(Gottes Entsheidung und des Menschen Erwählung)

제7조 왜 중보자는 참 하나님이고 참 인간이어야 하는가?

우리는 예수 그리스도 안에서 이루어진 매우 불가사의한 신성과 인성의 결합은, 하나님의 영원불변한 뜻에 따라 된 것이고 모든 구원이 이 하나님의 뜻에서 비롯되고 하나님의 뜻에 근거하고 있는 것으로 믿고 고백한다.

제8조 선택

영원하신 하나님(즉 땅의 기초가 놓이기 전부터 자신의 전적인 은혜에 의해 그의 아들 예수 그리스도 안에서 우리를 선택하신(엡 1:11; 마 25:34) 하나님은, 창세전부터 그를 우리의 머리로 삼으시고(엡 1:22-23) 우리의 형제(히 2:7, 8; 11, 12; 시 22:22)와 목자로서 우리 영혼의 위대한 감독으로 정하셨다(히 13:20; 벧전 2:24; 5:4). 하나님의 공의와 우리가 지은 죄의 적대관계로 말미암아, 육적인 인간으로서 하나님 앞으로 나아갈 자는 아무도 없다(시 130:3; 143:2). 그래서 하나님의 아들이 우리에게 내려오셔서 친히 인간의 몸과 살과 뼈를 취하셔서 하나님과 인간 사이의 완벽한 중보자가 되시고, 그를 믿는 자에게 하나님의 아들이 될 수 있는 권리를 주셨다(딤전 2:5).

그는 "내가 내 아버지 곧 너희 아버지, 내 하나님 곧 너희 하나님께로 올라간다"고 증거하셨다(요 20:17). 아담의 범죄로 인해 우리가 상실했던 거룩한 하나님과의 교제가 우리 가운데 다시 회복되었다(롬 5:17-19). 그러므로 두려움 없이 하나님을 아버지라고 부르게 된 것은(롬 8:15; 갈 4:5, 6), 이미 언급한 대로 하나님이 타락한 인간들과 더불어 우리를 창조하셨기 때문이 아니라(행 17:26) 하나님께서 예수님을 우리에게 보내 우리의 형제가 되도록 해 주셨으며(히 2:11. 12), 우리의 유일한 중보자로서 그를 인정하고 받을 수 있는 은혜를 베풀어 주셨기 때문이다.

더 나아가 그는 메시아와 대속주로서 참 하나님과 참 사람이 되셔야 했다. 왜냐하면 그가 심판주인 하나님 앞에서 우리의 죄와 불순종으로 인한 형벌을 우리를 대신하여 받으셨고(벧전3:18; 사 53:8) 그로 인해 죽음으로써 사망의 권세를 이기셨다. 그러나 신성은 죽을 수 없고(행2:24) 인성은 죽음을 이길 수 없기 때문에, 두 본성이 하나의 인격으로 결합되어 인성의 연약함으로 죽을 것이 신성의 무한하신 힘으로 승리하게 되었으며 그것이 우리에게 생명과 자유와 영원한 승리를 허락하게 되었다(요 1:2; 행 20:20; 딤전 3:16; 요 3:16). 그러므로 우리는 이 모든 것들을 의심 없이 고백하며 믿는다.

제1절

제8조의 표제어는 "선택에 관하여"이다. 그러나 이 조항의 내용은 얼핏 보면 순전히 그리스도론적인 성격을 지니고 있는 것같다. 즉 예수 그리스도의 참된 신성과 인간성을 상세히 서술하거나 근거짓고 있다는 것이다. 그것과 반대로 제7조의 표제어는 그리스도론적인 물음을 제기하고 있다;

"왜 하나님인 동시에 인간이어야 하는가"(Cur Deus homo). 물론 그 대답은 아주 간단하다. 그러나 그 대답은 인간의 온전한 구원을 결정하시는 하나님의 결단을 언급함으로써만 대답 될 수 있는 것이다.

우리는 제2-3조의 죄론에서처럼 여기서 다시 매우 주목할 만한 가치가 있다고 생각되는 「스코틀랜드 신앙고백」의 체계적인 독창성을 접하게 된다. 즉 「스코틀랜드 신앙고백」을 저술한 사람들은 그런 배열을 함으로써 그들은 우리가 예정론이라고 부르는 것의 전체 구조가 그리스도론을 통해 설명되고, 그 반대로 그리스도론이 예정론을 통해 설명될 수 있기를 바란다는 사실을 아주 분명하게 표명했던 것이다.

그렇지만 그들은 이 상관 관계가 어떻게 설명될 수 있는지를 알려고 했다는 사실을 말하는 것이 아니라, 그 상관 관계를 드러내는 것으로 만족하고 있다. 따라서 그들은 우리에게 우리가 독자적으로 해결해야 하는 하나의 수수께끼 과제를 제시하고 있다. 그러나 제7-8조에서 그랬듯이 우리가 덧붙여 말할 수밖에 없는 것은, 그런 관계를 분명히 드러냄으로써 그들은 이미 그들 나름의 의미있는 일을 했고 그들은 그렇게 함으로써 우리에게 의미있고 유용한 과제를 제시했다는 것이다.

만일 우리가 「스코틀랜드 신앙고백」을 저술한 사람들이 제7-8조에서 한 그들의 말을 확고히 수용하려고 한다면, 먼저 다음과 같은 전체적인 견해를 얻게 될 것이다. 하나님의 계시로서 참 하나님이시고 참 인간이신 예수 그리스도는 인간과 관계하시는 하나님이시다. 그는 인간과 관계하시는(따라서 시간 속에서 활동하시는) 영원한 하나님이시다. 그는 죄된 인간을 자비롭게 대하시는 의로우신 하나님이시다. 그는 인간을 위해 결단하거나 선택하는 가운데서 행동하시는 하나님이시다. 그는 인간과 더불어 친교를 나누시는 것을 활동의 목표로 삼으신 하나님이시다.

따라서 하나님의 결단(Entscheidung)은 「스코틀랜드 신앙고백」에서 결단(Dekret)이라고 부르고 있다. 그리고 인간의 선택은 특히 제8조에서 선택이라고 부르고 있다. 우리는 이 하나님의 결단과 인간의 선택을 의로우시고 자비하시고 영원하시고 시간적이신 「인간에 대한 하나님의 행동」(Das Handeln Gottes am Menschen)으로 이해하고 있다. 그리고 우리는 「스코틀랜드 신앙고백」의 지시에 따라 인간에 대한 이런 하나님의 행동이, 예수 그리스도의 존재와 일치한다는 사실을 확인하게 된다. 그리고 이것이 우리가 이 강연에서 전개하려고 하는 것이다.

제2절

예수 그리스도를 인식한다는 것은 하나님을 인식한다는 것을 의미한다. 즉 유일하고 존엄하고 인격적이신 하나님과 세상과 인간의 창조자이시고 주인이신 하나님을 인식한다는 것을 의미한다. 하나님의 행동(즉 인간을 위한 하나님의 결단) 속에서 이 하나님을 인식한다는 것은 필연적으로 다음과 같은 인식(즉 자유로우신 하나님의 자비에 대한 인식이나 지극히 이해하기 어려운 기적에 대한 인식)을 의미한다.

우리가 시간 속에서 영원한 것을 실제로 만나게 되는 것은, 일상적인 것이 아니라 불가해한 것이다. 또 하나님이 실제로 인간이 되신다는 것도 불가해한 기적이고, 하나님 자신이 우리와 친교를 나누려고 결단하실 뿐만 아니라 스스로 우리와 같이 되고자 하시는 절대적이고 변경할 수 없는 방식으로 우리와 친교를 나누려고 결단하신다는 것도 불가해한 것이다.

하나님은 우리 없이도 존재하실 수 있다. 하나님이 우리에게 자신을 주실 의무가 있는 것도 아니다. 왜냐하면 하나님은 당신의 신성 안에서 우리를 필요로 하는 것도 아니고, 세상과 인간을 창조해야 할 근거도 없고, 또 인간의 배반을 받을 만한 어떤 근거도 없기 때문이다. 우리가 말할 수밖에 없는 것은, 인간의 배반을 보시고, 하나님은 인간과 대립하셨음에 틀림없다는 사실이다. 따라서 예수 그리스도를 인식한다는 것은, 다음과 같은 놀라운 경탄 속에서 하나님을 인식하는 것을 의미한다;

> "나는 주께서 주의 종에게 베푸신 모든 은총과 모든 진실하심을 조금도 감당할 수 없사오나"(창 32:10). "주여 내 집에 들어오심을 나는 감당하지 못하겠사오니"(마 8:8). "지금부터는 아버지의 아들이라 일컬음을 감당하지 못하겠나이다"(눅 15-19).

하나님께서 자신과 인간 사이의 친교를 성취하심(다시 말하면 하나님 자신이 우리와 같이 되시는 그 절대적이고 변경할 수 없는 방식으로 친교를 성취하심)에 있어서, 인간은 그 친교를 이룰 만한 어떤 자격도 없고 능력도 없고 아무 역할도 하지 못한다. 그러나 만일 하나님께서 인간과의 친교를 성취하셨다면(즉 예수 그리스도 안에서 인간과의 친교가 이루어졌다면, 예컨대 예수 그리스도가 영원하고 불가피하게 수행된 하나님의 결단이라고 한다면) 여기서 우리는 그 깊으신 하나님의 선하심을 접하게 된다. 그리고 우리는 이 깊으신 하나님의 선하심을 은총이라는 말로(그리고 이 은총을 설명하는 것으로)만 설명할 수 있을 뿐이다.

그러나 여기서 우리는 바로 예수 그리스도의 인식에 머무를 수는 없다. 은총은 독단이 아니다. 깊으신 하나님의 은혜는 우리가 역설이라고 부르는 이상한 심연이 아니다. 하나님의 자유는 이런저런 면에서 이루어질 수 있는 전제 군주의 변덕이 아니다. 하나님이 우리에게 당신의 헤아릴 수 없는 신실성을 보여주실 때에도, 하나님 자신이 불신실하게 되는 것은 아니다. 오히려 우리는 이제 예수 그리스도의 신비의 다른 면을 접하게 된 것이다. 즉 하나님은 자비하시기 때문에 의로우시다는 것이다. 하나님은 기적을 행하실 때에도 자기 자신의 부동의 질서에 따라 행하신다.

하나님이 인간이 되셨다는 사실이 일상적으로 이해될 수 없다고 할 때에도, 그것은 모든 자연적인 현상 중에서 가장 자연적인 것으로 정당화될 수 있다. 왜냐하면 예수 그리스도 안에서 영원이 시간이 되었기 때문이다. 우리가 시간 안에서 영원을 만나게 된다는 것을 우리가 이해할 수 없다고 할 때에도 그것 역시 마찬가지다. 왜냐하면 예수 그리스도 안에서 영원이 시간이 되었기 때문이다.

우리가 우리 자신 안에서 인간을 죄 가운데 떨어진 피조물로 하나님의 영광을 손상시키려고 했고 그 때문에 자기 자신의 영광을 상실하게 된 피조물로 인식하게 되듯이, 하나님이 인간 없이 그리고 인간에 대립하여 존재할 수밖에 없다고 할지라도 하나님은 하나님 자신이 당신의 아들 안에서 존재하고 계신 인간 없이 인간에 대립하여 존재하실 수 없다.

만일 우리가 인간의 능력이나 공적에 의지하여 하나님은 인간과 친교를 나누어야 한다고 요구하는 것이 터무니 없는 짓이라고 할 때에도, 하나님 자신이 인간으로서 인간의 자리를 취하시고 따라서 인간 안에서 자기 자신을 다시 발견하게 되는 곳에서(그리고 인간의 삶과 죽음 속에서 실제적이고도 합당하고 능동적인 순종을 발견하게 되는 곳에서) 하나님이 인간과 더불어 친교를 나누신다는 것은 매우 규범적인 일이다. 그리고 이것은 인간이 하나님에게 요구하는 것보다, 비록 인간이 없다고 할지라도 인간이 행할 수 있는 것보다 더 크고 더 좋은 것이다.

그것은 또한 모든 예언자들이나 다른 모든 하나님의 종들이 행했던 것보다 더 크고 좋은 것이다. 왜냐하면 그것이 바로 하나님 자신의 완전성이기 때문이다. 그리고 바로 이것이 하나님께서 인간 예수 그리스도 안에서 다시 발견하신 것이다. 우리와 다르게 존재해야 하는 그런 존재도 아닐 뿐만 아니라, 하나님의 영광을 분명하게 반영하는 거울이면서도 하나님 자신이 사랑하시는 아들로서 영원에서 영원에 이르기까지 하나님 자신인 그 사람을 하나님이 어찌 기뻐하시지 않을 수 있겠는가.

요약해서 말하자면 만일 하나님께서 예수 그리스도 안에서 인간을 바라보신다면 하나님이 인간에 대해 기뻐하시는 것은 매우 타당한 것이고, 인간과 친교를 나누시기로 결단하시거나 인간에 대해 헤아릴 수 없는 긍정을 말하시는 것도 매우 타당한 것이다. 그리고 우리는 이런 것들이 우리와 관계되는 한 오직 자유롭게 베푸시는 자비임을 분명하게 이해할 수 있게 된다. 그리고 만일 이런 것들이 그런 경우에 해당한다고 할 때 즉 저 영원하고도 불변하는 결단을 내용으로 하는 그 결단의 의미가 하나님께서는 그의 아들 예수 그리스도 안에서 인간을 보는 것과 다른 방식으로 인간을 보려고 하시지 않는다고 할 때 그것은 무엇을 의미하는가. 그리고 우리가 그의 자리에 서도록 하기 위하여, 하나님의 아들이 우리의 자리로 오셨다고 할 때 그것은 무엇을 의미하는가. 그리고 또한 하나님께서 본성으로 존재하듯이 우리가 은총으로 존재할 수 있게 되었다고 할 때 그것은 무엇을 의미하는가.

만일 우리가 예수 그리스도를 바르게 이해하려고 할 때 참으로 우리가 알아야 하는 것이 바로 이런 것들이다. 그리고 그런 경우에 우리가 분명히 알 수 있는 것은 우리에게 자비를 베푸시는 하나님은, 우리 자신 때문이 아니라 예수 그리스도 때문에 우리가 그와 더불어 우의를 나누는 것을 매우 타당한 것으로 허용하신다는 사실이다. 그러므로 우리는 하나님께서는 비록 죄를 증오하시고 그의 영광에 오욕을 가하는 것을 허용하지 않으신다고 할지라도, 우리를 위해 존재하시고 우리를 그의 사랑하는 자녀로 부르신다는 것을 정당하고 적절한 근거를 갖고 있는 것으로 가장 거룩한 질서로 수용해야 할 것이다.

제3절

마지막 문장에서 우리는 "예수 그리스도를 인식하는 것은 하나님을 인식하는 것일 뿐만 아니라 하나님의 결단을 수행할 때 일어나는 인간의 선택과 새로운 인간(곧 선택된 인간)을 인식하는 것이다"라는 전제를 세웠다. 또한 여기서 우리가 취급하려고 하는 것은 하나님의 행동이고 동시에 우리가 말하고자 하는 것은 우리가 결과적인 면에서 하나님의 행동을 고찰하고자 한다면, 여기서 보게 되는 하나님의 행동은 마치 우리가 하나님 안에 있는 원초적인 것을 접하게 되는 것처럼 자유롭게 베푸시는 자비로 하나님의 기적으로 나타난다는 것이다.

바로 그런 이유 때문에 성경과 교회 전통은 하나님의 결단에 따라 하나님과 친교를 나눌 수 있게 되었고, 하나님의 자녀라고 불리고 하나님의 자녀로 존재할 수 있게 된 인간을 취급할 때마다 선택에 대해 말하는 것이다. 인간은 하나님의 자녀로 존재할 만한 본성을 갖고 있는 것도 아니고, 그 자신의 능력이나 업적을 통해 하나님의 자녀가 된 것도 아니고, 또 그렇게 존재해야 한다고 주장할 만한 근거도 인간에게는 없다.

인간이 하나님과 더불어 삶을 영위하는 것이나, 하나님 없이도 사멸하지 않는다는 것을 스스로 선택한 사람은 아무도 없다. 만일 우리가 선택한다면 우리는 그 반대되는 것을 선택할 것이다. 어떻게 하나님이 인간이 될 수 있고, 어떻게 영원이 시간 속에서 우리와 만나실 수 있겠는가. 어떻게 인간이 하나님 안에 참여할 수 있고, 그리고 시간이 영원에 참여할 수 있겠는가. 우리는 무엇으로 대답할 수 있겠는가. 그러나 우리는 이미 대답을 들었다;

> "너희가 나를 택한 것이 아니요 내가 너희를 택하여 세웠나니"(요 15:16).

선택은 하나님이 뜻하시고 그렇게 만드신다는 것을 의미한다. 하나님의 능력에 힘입어 인간은 스스로는 할 수 없는 존재로 존재하게 되는 것이다. 선택은 사람의 힘으로 할 수 없지만, 하나님께서는 무슨 일이든 하실 수 있다는 것을 의미한다. 선택은 블타는 장작더미 속에서 튀어나오는 파편과 같이, 하나님께서 인간을 모든 인간의 보편적이고 자연적인 위치상태 한가운데서 구원해 내시는 것을 의미한다.

그러나 우리는 우리가 예수 그리스도에 대해 알고 있기 때문에(즉 선택된 분 곧 「인간이시면서 하나님이신 그 사람」을 알고 있기 때문에) 선택에 대해 알고 있는 것이다. 그리고 그 분은 기적을 일으키시는 은총이시다. 그 은총 안에서 인간에게 불가능했던 것이 가능하게 된 것이다. 즉 하나님 안에 참여하게 되었을 뿐만 아니라, 자신 안에 완전한 신성을 수용할 수 있게 되었고 하나님의 아들로 존재할 수 있게 된 것이다. 그러나 바로 그분이 기적을 일으키시는 은총이신 것이다. 이제 우리는 다시금 다른 면에서 그 분 앞에서는 침묵할 수밖에 없고, 만일 그분을 본다면 단지 경배할 수밖에 없는 그 깊고 깊은 하나님의 선하심을 접하게 된 것이다.

그러나 이제 우리는 한번 더 진일보하여 두번째 단계로 접어들 수 있어야 한다. 다시 한 번 말하자면 은총은 어떤 변덕이나 암울한 운명의 장난이 아니다. 하나님께서 인간을 선택하실 때 하나님을 선택하지 않는 인간에 대해서 신실성을 유지하시면, 물론 그 때에도 하나님은 자신에 대한 신실성도 저버리시지 않으신다. 하나님께서는 인간이 되심으로써(우리의 자리에 들어오심으로써) 우리에 대한 신실성을 지키신다. 그러나 그것은 하나님께서 우리의 무능력을 곧 우리가 기꺼이 하려고 하지 않기 때문에 생기게 되는(따라서 우리의 잘못이라고 할 수 있는 무능력을 자신의 것으로 만드시게 되는) 것을 의미한다.

우리의 짐(곧 우리가 그리스도와 더불어 삶을 영위할 수 없게 된 것이 아니라 그가 없다면 우리가 사멸할 수밖에 없다는 사실)이 그의 짐이 된 것이다. 그분 자신은 구원을 선택하실 수 있는 분이 된 것이 아니라, 단지 저주만을 선택하실 수 있는 분이 된 것이다. 그분 자신이 우리에게 놓여 있는 이 끊없는 저주의 곤경을 모두 담당하신 것이다. 오해하지 말아야 할 것은 그것은 바로 하나님께서 인간이 되실 때 일어난다는 사실이다. 그런 일을 감당하시는 분은 바로 예수 그리스도(곧 그의 삶과 죽음을 통해 고통스러운 순종을 보여주신 예수 그리스도)이시다.

그리고 하나님께서는 오직 예수 그리스도 안에서 인간을 보시기 때문에 하나님과 친교를 나누도록 하나님이 인간을 선택하시거나 하나님께서 인간에 대해 헤아릴 수 없는 긍정을 말씀하시는 것이 다시 한 번 매우 타당한 것으로 존재하게 된다. 그리고 그것이 우리와 관계되는 한, 그것을 우리는 단지 자유롭게 베푸시는 하나님의 자비로 분명히 이해할 수 있게 된다. 만일 그것이 사실이라면 예컨대 하나님이 예수 그리스도 안에서 자신을 재발견하셨고 그분 안에서 자신의 완전성을 따라 하나님이 보시기에도 옳다고 할 만한 인간을 재발견하셨다면, 인간의 버림받음이나 태만으로 인한 죄나 인간을 배척하는 저주가 남아 있을 수 있겠는가.

사실 인간에게 불가능한 것이 하나님에게는 가능하지 않은가. 하나님께서는 우리가 범한 모든 죄와 벌을 스스로 받아들이시고 감당하시고 극복하심으로써, 그것을 가리우시고 깊은 바다에 내던져 버리심으로써 실제로 죄와 벌을 없애시지 않았는가. 하나님 자신이 우리의 자리에 들어오셨다는 사실이, 어떻게 아직도 우리를 압박하는 것이 될 수 있겠는가. 그것이 일어난 까닭에 분명하게 드러나는 사실은, 우리의 선택을 위한 영역이 쉽게 이루어진 것만은 아니라는 것이다. 그것이 일어났기 때문에 우리는 이미 우리의 버림받음을 그 자신의 것으로 만드신 인간 예수 그리스도에게 자리를 제공하게 된 자로서 선택받은 자인 것이다.

곧 하나님께서 우리에게 이와 같이 완전하고 능력있게 당신의 손을 펴신 후에는, 어느 누구도 그 어느 것도 우리를 그의 손에서 갈라놓을 수 없게 된 것이다. 우리가 하나님의 선택받은 자가 된 것은 자비를 통해서 된 것이다. 우리가 우리 자신을 바라본다고 할 때 어찌 달리 말할 수 있겠는가. 그리고 우리가 그렇게 존재한다는 것도 매우 타당성있는 사실에 의거하고 있는 것이다. 하나님 자신이 예수 그리스도 안에서 우리를 보려고 하셨고 다른 방식으로는 보려고 하지 않으셨다는 사실에 근거하여, 우리가 예수 그리스도를 보고 예수 그리스도 안에서 우리 자신을 본다면 우리가 어찌 달리 말할 수 있겠는가.

제4절

여기서 우리는 몇 가지 한계 선정과 더불어 이 장을 끝맺고자 한다. 원칙적인 면에서 볼 때 「스코틀랜드 신앙고백」이 취하고 있는 입장은 옳다. 즉 우리가 하나님의 영원한 결단이나 인간의 선택을 "예수 그리스도는 참 하나님이시고 참 인간이시다"라는 것과 더불어 이해하려고 한다면, 우리는 「하나님의 영원한 결단이나 인간의 선택」(따라서 예정)이라고 부르는 전체를 잘못 이해하는 일이 없을 것이다.

그리고 우리가 시도했던 것처럼 우리는 「스코틀랜드 신앙고백」을 저술한 사람들이 하나님의 영원한 결단과 인간의 선택의 관계를 추측했던 것보다 더 밀접하게 연결시켜 고찰해야 할 것이다.

옛부터 사람들은 예수 그리스도 안에 있는 하나님의 계시와 더불어, 이런 맥락에서 예정론을 해결하려고 하는 가운데 예정론을 취급하거나 선포했던 것이다. 그런 경우에 어떤 사람들은 예수 그리스도 이전에 예수 그리스도 없이 일어난 인간에 대한 하나님의 결정에서 예정의 궁극적인 비밀을 찾으려고 했다. 그러나 그런 영원은 공허한 것이기 때문에, 그 공허한 것을 자비롭고 의로운 것으로 이해하려는 것은 쓸데없는 수고가 될 것이다.

참으로 자비롭고 의롭다고 할 수 있는 것은 신약성경 전체에서 "창세 전에"(엡 1:4) 일어난 일과, 베들레헴의 마굿간과 골고다의 십자가에서 일어난 일을 의심하지 않고 일치시켜 말하고 있다는 것이다. 칼빈의 예정론은 하나님의 결단과 예수 그리스도의 존재를 구분하는 오류를 범하고 있다. 그리고 「스코틀랜드 신앙고백」을 작성한 사람들의 견해도 출발은 좋았음에도 불구하고, 이런 경향으로 흘러가고 있음을 추정할 수 있게 된다.

이와 반대되는 오류가 16-17세기에 루터주의자들이 범한 오류였다. 그들은 칼빈의 그와 같은 절대적인 결정을 거부했기 때문에, 인간의 신앙 자유 속에서(따라서 인간의 존재나 특성 속에서) 예정의 신비를 찾고자 했다. 따라서 그들은 자비로우시고 의로우신 하나님의 자유로운 행동을 보지 못하게 된 것이다. 이 두 부류가 해명하고 있는 것에 대해 우리가 말할 수밖에 없는 것은, 그것은 자연신학의 흔적을 갖고 있다는 것이다. 즉 하나님의 자유에 대한 일반적인(즉 어떤 철학적인) 견해를 갖고 있다는 것이다. 참된 예정의 신비는 세속적인 결정론의 신비나 세속적인 비결정론의 신비가 아니라, 거룩하고 실제적인 신비(곧 예수 그리스도의 신비)인 것이다.

8. 하나님의 활동과 인간의 구원 (Gottes Werk und des menschen Heil)

제9조 그리스도의 죽음과 고난과 장사지냄

우리는 주 예수 그리스도께서 우리를 위하여 스스로 희생제물이 되어 그의 아버지께 바쳐진 사실(히 10:1-12)을 의심 없이 믿고 고백한다. 그는 죄인들이 당할 고난을 겪으셨으며, 우리의 죄악으로 말미암아 괴로움을 당하시고 상처를 입으셨다. 또한 그는 하나님의 순결하고 죄 없는 어린 양(요 1:29)으로서 이 세상의 재판정에서 정죄를 당하셨다(마 27:11, 26; 막 15장; 눅 23장). 그것으로 말미암아 우리는 하나님의 법정에서 죄를 용서받게 된다(갈 3:13). 그는 단순히 하나님의 판결에 의해 저주를 받아 십자가 위에서 잔인한 죽음의 고통을 받으셨을 뿐만 아니라(신 21:23), 죄인들에게 당연히 임하게 될 성부 하나님의 진노의 때를 위하여 고통을 당하셨다(마 26:38, 39).

그러나 우리는 그가 몸과 영혼으로 고통을 당하시고 사람들의 죄를 위하여 완전한 보속(補贖)을 치르신 그 고난 가운데서도, 성부 하나님의 사랑하시는 유일한 복된 아들이었음을 확신한다(고후 5:21). 이로부터 우리는 죄를 해결하기 위한 다른 희생제물이 있을 수 없다는 사실을 분명히 고백한다(히 9:12; 10:14).

만일 누군가 다른 희생제물이 있는 것으로 주장한다면, 그들은 우리를 위한 그리스도의 영원한 속죄에 대한 변상과 그의 죽음을 거부하고 모독하는 자들이라고 간주하기를 망설이지 않는다.

제10조 부활

우리는 그 사망의 처참함이 생명의 조성자를 속박하는 것이 불가능하다는 사실을 의심 없이 믿는다(행 2:24), 우리 주 예수 그리스도는 십자가에 못 박혀 죽고 매장되어 지옥으로 내려가셨다가 우리를 의롭게 하시기 위하여 다시 살아나셨으며(행 3:26; 롬 6:5, 9; 4:25), 사망의 근원자를 파멸시키시고 그것에 속박되어 있던 우리에게 다시금 생명을 공급해 주셨다(히 2:14-15). 우리는 주님의 부활이 그의 적병들의 증언에 의해 증거되었으며(마 28:4), 그의 부활로 인해 무덤이 열리고 죽은 사람들이 일어나 예루살렘 거리에 나타나 많은 사람에게 보인 것을 통해 확증된 사실을 알고 있다(마 27:52-53). 그것은 또한 천사의 증언(마 28:5-6)과 주님의 부활 후에 그와 함께 먹고 마시고 대화한 사도들과 여러 사람들의 체험적인 증언에 의해 입증되었다(요 20:27; 21:7, 12-13; 눅 24:41-43).

제1절

제9-10조를 개괄적으로 살펴 보기 위해서는 먼저 비록 매우 명백한 대답이 제시되었다고 할지라도, 앞 장에서 열어놓은 다음과 같은 물음과 함께 시작할 수 있을 것이다; 참으로 하나님에 의해 선택받은 인간의 특징은 무엇인가? 이것에 대해 제9-10조에서는 지금까지 채용해 왔던 독특한 방식으로 구별되지만 분리되지 않는 두 가지 대답을 제시하고 있다.

비록 그 내용을 요약하고 있는 「인간의 구원」이라는 말이 명백히 사용되고 있지 않다고 할지라도 두 대답에서는 그것을 말하고 있다. 무엇이 인간의 구원인가? 우리는 먼저 간단하게 인간의 구원은 인간 구원이지만 그것 이상이고, 인간의 구원은 인간의 회복이지만 그것 이상이다. 인간의 구원은 인간이 창조에 근거하여 누리게 된(그리고 본래의 질서 안에서 찾을 수 있게 된) 상태보다 더 높은 상태로 옮겨가는 것이지만 그것 이상이다.

그러므로 구원은 단순히 인간이 어떤 심각한 죄의 결과로부터 보호받게 되는 것을 의미하거나 하나님과의 인간의 본래의 관계가 회복되는 것을 의미하는 것이 아니라, 이 모든 것을 뛰어넘어서 인간이 새로운 인간이 되는 것을 의미한다. 이 새로운 인간은 하나님이 보시기에 죄있는 인간이 아니라 의로운 인간이기 때문에, 죽음을 벗어나서 생명에 참여하게 된 인간이다. 인간이 구원에 참여하게 되었다는 것이 참으로 하나님에 의해 선택받은 인간의 특징인 것이다.

비록 우리가 이것이 수반하고 있는 모든 것을 단지 어렴풋이 알고 있다고 할지라도, 앞 장의 내용이 우리로 하여금 기대하게 하듯이 금방 다음 사실을 이해할 수 있을 것이다. 즉 「스코틀랜드 신앙고백」에서는 바로 제9-10조에서 직접적으로 인간 자체에 대해서는 전혀 말하지 않고 있다. 즉 여기서는 인간이 그의 행위를 통해 구원을 성취하거나 구원의 성취에 기여할 수 있는 것으로 말하지 않고, 오히려 누가 인간의 구원을 제공하는가라는 물음의 대답이라고 할 수 있는 「오직 예수 그리스도」에 대해서만 말하고 있다는 것이다.

즉 그분 안에서 그분을 통해 인간이 구원받게 된 사실[예컨대 ① 십자가상에서의 예수 그리스도의 죽음에 힘입어 인간의 죄가 용서받았으며 ② 예수 그리스도의 죽음으로부터의 부활에 힘입어 인간이 생명을 영위할 수 있게 된 사실(즉 의로운 자로 선언된 사실)]을 말하고 있다는 것이다. 그러므로 구원은 인간의 행위가 아니라 하나님의 행위인 것이다. 그의 계시에서 일어났고 드러나게 된 것처럼, 하나님의 행위는 그의 아들의 화육(성육신)이고 바로 이 화육의 총계와 성취로서의 예수 그리스도의 죽음과 부활인 것이다.

제2절

「스코틀랜드 신앙고백」에서는 기존의 개념인 「희생의 개념」(Leithbegriff des Opfens)을 통해서, 예수 그리스도의 죽음에 대한 견해를 전개하고 있다. 즉 예수 그리스도께서는 자신을 인간의 질서있는 권력이나 무질서한 권력 속에 그리고 인간의 변덕스러운 권력이나 정당한 권력 속에 내어주셨을 뿐만 아니라, 인간에 대해 응당 타오를 수밖에 없는 하나님의 진노의 권력 속에 내어주셨다는 것이다. 그리스도께서는 죄된 인간의 자리에 들어오셔서 인간이 받을 수밖에 없는 벌을 받으셨다. 따라서 인간은 자유롭게 되었고 죄를 용서받게 된 것이다;

> "예수는 우리가 범죄한 것 때문에 내줌이 되고"(롬 4:25).

이런 사실을 이해하기 위해 먼저 우리 앞에 제시되어야 할 것은, 하나님이 인간이 되셨다는 사실과 인간으로서의 예수 그리스도가 자신을 희생 제물로 주셨고 또한 그는 인간으로서 그것을 행하셨다는 사실이다. 예수 그리스도의 죽음에서 화육이 하나님의 낮아지심(즉 완전한 낮아지심)을 의미한다는 사실이 분명히 드러나듯이, 예수 그리스도의 죽음은 하나님 아들의 화육의 총계요 완성인 것이다. 죄된 인간의 저주와 곤경과 절망이 무엇인가를, 십자가에 달려 돌아가신 예수 그리스도의 모습이 보여주고 있다.

또한 인간 고통의 다른 모습(즉 참으로 죄없는 인간의 고통하는 모습)이 있다. 그러나 우리는 다른 많은 사람들이 인간으로서 죽었거나 지금 겪고 있고 앞으로 겪게 될 고통에 대해 하나님의 진노 때문에 겪은 것이라고 말할 수는 없다. 하늘로부터 나타나는 하나님의 진노(롬 11:18)를 예수 그리스도가 홀로 겪으셨다. 실제로 죄와 죽음은 무엇을 의미하는가라는 것은 예수 그리스도만이 경험하신 것이다.

예수 그리스도가 십자가에 달리심으로써 완성된 하나님의 낮아지심과 여기서 수행된 자기 희생의 무한성은, 바로 그런 일을 하는 것이 하나님으로서의 자신에게는 아무 가치가 없다는 사실을 고려하지 않고, 하나님 자신이 하나님께 대한 인간의 반역(곧 고통과 죽음, 영원한 벌과 지옥, 시간과 영원 속에서의 벌)을 필연적으로 동반하게 하는 것을 인간으로서 감당하신다는 것을 의미한다. 하나님의 아들이 골고다에서 십자가에 달려 돌아가신 후에 하나님은 어디에 머물러 계시는가, 그리고 무엇이 아직도 하나님으로서의 그에게 남아 있는가.

일찌기 어떤 희생이 있었다고 할 때 분명한 사실은, 예수 그리스도의 죽음이 모든 희생 중의 희생이라는 것이다. 그러나 이제 우리가 이런 사실을 이해하려고 한다면, 다른 사실(즉 하나님이 인간이 되셨고 하나님으로서의 예수 그리스도는 그의 희생을 유익하고 성스럽게 만들 수 있고, 또한 하나님으로서 그런 일을 행하신다는 사실을 기억해야 할 것이다. 또한 골고다 위에서나 당신의 아들의 죽음에서도, 하나님께서는 참되고 영원한 하나님으로 존재하시기를 멈추지 않으신다.)

그리고 하나님으로서의 예수 그리스도는 그 자신에 의해 수행된 희생을 수용할 수 있는 의지와 능력을 갖고 있으며 따라서 그 자신의 낮아지심을 만족스럽게 수행하고, 그의 질서를 손상시키는 죄로서의 인간의 죄와 잘못과 벌을 그 자신이 감당하는 것을 수용할 수 있는 의지와 능력을 갖고 있기 때문에 그에게 반역하는 인간의 죄를 생각하지 않으시고 인간의 잘못을 더 이상 인간의 잘못으로 여기시지 않으시고 인간에게 벌을 내리는 것을 집행하지 않을 의지와 능력을 갖고 있다. 이 모든 것이 집행되지 않는 것은 그리스도께서 인간의 죄와 잘못과 벌을 인간에게서 벗겨내셔서 자기 자신이 감당하셨기 때문이다.

그리고 오직 그리스도가 하나님이시기 때문에 그의 무한한 희생이 이와 같이 무한한 의미를 갖게 되는 것이다. 그러나 그는 하나님이시기 때문에 이 희생이 참으로 그 무한한 의미를 지닐 수 있게 되었고 현재도 지니고 있는 것이다. 곧 예수 그리스도 때문에 인간은 죄인이 아니고, 따라서 저주받은 자가 아니고 오히려 시간과 영원 속에서 한꺼번에 완전히 인간이 스스로에게 씌웠던 굴레를 벗어버리게 되었다는 의미를 가질 수 있게 되었다는 것이다; "네 죄 사함을 받았느니라"(막 2:5). 이것이 해방이고 용서의 선언(무죄 판결)인 것이다.

우리가 그분에 대해 죄를 범한 사실이 있는 바로 그분이 말하는 것을 제외하면, 어떻게 그 무죄 판결이 타당성과 효력을 지닐 수 있겠는가. 바로 그런 이유 때문에 예수 그리스도 자신에 의한 이 무죄 선언만이 유일한 무죄 선언인 것이다. 그리고 우리가 그분에 대해 죄를 범했던 분(곧 살아계신 그 분)이 그 자신의 입으로 그런 무죄 선언을 하신다. 그 분은 자신의 화육에서 가장 낮은 곳에 이르기까지 자신을 낮추셨다. 바로 그 분(즉 살아계신 하나님)은 자신의 낮아지심 때문에 우리의 짐이 끝나게 되었다고 자신의 낮아지심 가운데서 우리에게 말씀하신다.

제3절

「스코틀랜드 신앙고백」 제10조에서 예수 그리스도의 부활에 대해 말하고 있는 것은, 예수 그리스도의 죽음에 대해 말한 것보다 더 온전하지도 못하고 절실하지도 않다. 우리가 놀랄 수밖에 없는 사실은 제10조 본문 절반 이상이 필연성을 분명히 하지도 못하는 부활의 역사적인 진실성에 대해 변호하여 증거하는데 할애하고 있다는 것이다. 그러나 우리가 알 수 있는 것은 「스코틀랜드 신앙고백」을 저술한 사람들은, 생명의 창시자가 죽음의 창시자에 대해 쟁취한 승리 가운데 있는 부활의 의미(곧 화육의 총계와 완성의 다른 측면으로서의 부활의 의미)를 보고 있다는 사실이다.

하나님의 희생이 무익한 것이 아니라는 사실은 인간의 죄 때문에 죽음을 당한 예수 그리스도를 죽음이 속박할 수 없다는 사실과, 그로 인해 사람들에게는 무죄가 선언되었을 뿐만 아니라 의롭다고 선언되었고 영원한 생명에 참여하게 되었다는 사실에서 입증된다;

> "예수는 우리가 범죄한 것 때문에 내 줌이 되고 또한 우리를 의롭다 하시기 위하여 살아나셨느니라"(롬 4:25).

죽음이 예수 그리스도를 속박할 수 없고 그의 죽음이 생명의 문이 될 수 있을 뿐인 것은, 예수 그리스도가 하나님(곧 영원하신 하나님)의 영원하신 이름이기 때문이다.

죽음에서의 하나님의 아들의 낮아지심은 사람의 아들의 들리우심에 상응하고 있으며, 이것은 그 낮아지심을 통해 저하되는 것이 아니라 오히려 상승하게 된 하나님의 아들로서의 그의 능력 안에서 이루어진 것이다. 만일 그가 참 하나님(따라서 모든 생명의 창조자요 원인자)이라고 한다면, 죽음에 굴복하여 존재하는 곳에서 어찌 죽음을 정복하는 자로 존재할 수 없었겠는가? 따라서 골고다 사건을 통해 제기되고 있는 문제가 바로 이 문제인 것이다.

하나님의 아들은 단순히 외형상만으로가 아닌 현실적으로, 어떤 사람보다 무한히 아주 깊고 실제적으로 하나님의 심판대에 섰다. 그가 이스라엘의 메시야와 하나님의 아들이 아닐 수 있겠는가. 그가 단지 우리와 같이 하나님에 의해 특별히 징표를 부여받고 벌을 받은 사람에 불과했겠는가. 또한 고발된 것처럼 신성모독자였는가. 이제 그가 생명의 주요 죄를 용서하시는 능력이 있다는 사실은, 철저히 그의 죽음처럼 현실적인 것으로 입증되어야 할 것이다. 그런데 그런 입증이 이루어지는 것은 인간 예수 그리스도가 죽음에서 부활하여 변용(Verklärung)하고 영광받는다는 사실을 통해서다.

하나님의 아들은 인간과의 일치 속에서 죽음을 겪으셨고, 죽음을 극복하실 때에도 인간과의 일치 속에서 극복하셨음에 틀림없다. 그리고 이것이 일어났다는 것(즉 이 죽음당한 사람이 이처럼 생명으로 그의 존재를 드러냈다는 것), 그리고 하나님이 그런 모습으로 영원에서 영원에 이르기까지 존재하신다는 것이 부활절 메시지의 내용이다. 우리는 이 부활절 메시지를 부인할 수도 없고 거부할 수도 없다. 또 그것을 달리 긍정하거나 다르게 이해해서도 안될 것이다.

여기서 이런 사실을 완화시키려고 하는 것은 모두 부인하는 것과 같은 것이다. 왜냐하면 만일 예수 그리스도께서 부활하시지 않았다면(즉 인간으로서 부활하시지 않았다면, 따라서 가시적으로 육체로 부활하시지 않았다면), 그는 자신을 하나님의 아들로 계시하지 않았을 것이고, 또한 우리도 그가 하신 일을 아무 것도 알 수 없을 것이고 그의 희생의 무한한 가치에 대해서도 전혀 알지 못할 것이다. 따라서 우리는 우리 죄의 용서에 대해서 아무 것도 알지 못하게 되었을 것이고, 우리의 선택에 대해서나 우리를 위한 하나님의 은혜로운 결단에 대해서도 알지 못했을 것이다.

그런 경우에 교회는 어떤 상상에서 기인하게 될 것이고, 말하자면 기독교 전체는 별로 환영받지 못할 도덕적인 감상주의 대집단으로 존재하게 될 것이다. 이 모든 것이 그렇지 않다는 것(즉 상상의 산물도 아니고 감상주의 집단이 아니라는 것)은, 전적으로 예수 그리스도가 하나님이셨다는 사실에서 기인한다. 그리고 우리가 그런 사실을 알고 또 그런 사실이 우리에게 말해지고 있다는 사실은, 전적으로 문서를 통해 이해하게 된 부활절 메시지에서 기인하고 있다. 아주 분명한 사실은 "그리스도께서 다시 살아나신 일이 없으면 너희의 믿음도 헛되고 너희가 여전히 죄 가운데 있을 것이라"(고전 15:17)는 것이다.

따라서 분명하게 드러나는 사실은 이 귀절에서는 계시 일반에 대한 긍정과 부정에 관한 사고와, 그것으로 인한 전체 기독교 신앙에 대한 긍정과 부정의 사고를 구별짓고 있다는 것이다. 이런 점을 부정하는 신앙고백은 그리스도인의 신앙고백이 아닐 것이다. 그리고 여기서는 계시 자체가 긍정을 말했기 때문에, 신앙고백이 계시에 대해 말할 때 시종일관 긍정을 생각하거나 말하는 것을 통해 그 신앙고백이 좋은 신앙고백이냐 덜 좋은 신앙고백이냐가 결정된다.

또한 만일 우리가 여기서 다시 한 번 하나님이 인간이 되셨다는 다른 사실에서 출발한다면 아마도 그것을 더 분명히 할 수 있을 것이다. 분명한 사실은 예수 그리스도가 그의 인간성의 능력으로 죽음에서 부활하시지 않았다는 것이다. 그렇기 때문에 죽은 사람은 다시 살아날 수 없다는 것은 전혀 의미가 없다. 왜냐하면 부활절 메시지에서 주장되고 있는 것은, 예수 그리스도가 그의 인간 존재의 어떤 가능성에 힘입어 인간으로서 죽음에서 부활한 것이 아니라 오히려 전적으로 그의 신성의 능력으로 죽음에서 부활했다고 서술하고 있기 때문이다.

그러나 부활절 메시지가 의도하는 것은, 예수 그리스도는 부활하신 가운데서도 참된 인간으로 존재하시기를 중지하지 않으셨다는 사실이다. 예수 그리스도의 부활에서 중요한 것은, 하나님의 영광에 참여할 수 있도록 인간이 들림받았다는 것과, 영원히 의롭고 순전하고 축복받은 인간의 삶을 실현할 수 있게 되었고 하나님과 인간의 영원한 삶을 실현하게 되었다는 것이다. 우리와 같은 인간으로서 그 분은 영원 전부터 하나님이셨다는 것이 부활절 메시지의 내용이다.

그리고 그 부활절 메시지는 모든 사람을 위한 약속인 것이다. 왜냐하면 그 메시지는 모든 인간이 예수 그리스도로 인해 하나님 앞에서 새로운 의의 옷을 입게 되고, 그와 더불어 영원한 삶을 누리리라는 사실을 말하고 있기 때문이다. 그러므로 부활절 메시지는 죄의 용서 뿐만 아니라 적극적인 의미에서의 의를 제시하고 있으며, 또 죄와 벌로부터의 자유 뿐만 아니라 적극적인 의미에서의 하나님의 자녀로 존재하는 자유를 제시하고 있다.

또한 부활절 메시지는 죽음을 상대화시키거나 죽음의 고통을 겪고 있을 때 위로할 뿐만 아니라, 적극적인 의미에서의 죽음을 뛰어넘는 사멸하지 않는 삶을 제시하고 있다;

"일어나 네 상을 가지고 걸어가라"(막 2:9),

이제 우리가 다시 한번 물어야 할 것은 다음과 같다;

"이 약속을 믿지 않았던 그런 신앙이 존재했겠는가. 그리고 만일 교회가 그것을 말하지 않는다면(즉 교회가 죄인을 의롭다고 인정한다는 사실을 선포하지 않았다고 한다면) 도대체 교회가 무엇을 말할 수 있었겠는가. 만일 교회가 의롭다고 인정하심을 바르게 선포하고 있지만 거짓된 교회를 말하고 있다면(즉 교회가 의롭다고 인정하심을 거짓으로 선포하고 있다면) 그 교회가 실제로 참된 교회로 존재할 수 있겠는가. 더욱이 만일 교회가 약속을 소유하지 못하고 있다면 어떻게 교회가 그것을 선포할 수 있겠는가. 만일 구원이 전혀 일어나지 않았다면 어떻게 교회가 인간에게 구원을 선포할 수 있겠는가. 만일 구원이 죽음에서 부활하신 인간 예수 그리스도 안에서 일어나지 않았다면 그 구원이 어떻게 일어날 수 있었겠는가."

"Wäre das Glaube, was nicht Glaube an diese Verheißung wäre? Was hätte denn die Kirche zu sagen, wenn sie nicht das zu sagen, wenn sie nicht die Rechtfertigung des sündigen Menschen zu verkündigen hätte? Sollute sie nicht wirklichd rechte Kirche sein, wenn sie die Rechfertigung recht, schlechte Kirche, wenn sie die Rechtfertigung schlecht verkündigt? Aber wie soll sie sie verkündigen, wenn sie die Verheißung gar nicht hat? Wie soll sie dem Menschen das Heil verkün-digen, wenn das Heil gar nicht erschienen ist? Wie wäre es aber erschienen, wenn es nicht in dem von den Toten auf-erstandenen Menschen Jesus Christus erschienen wäre?"

그러므로 우리는 바로 이런 측면에서 우리가 직면하고 있는 결단(곧 양자택일의 결단)을 진지하게 받아들여야 하는 충분한 근거를 발견하게 되는 것이다.

제4절

또한 우리는 여기서 비판적인 주석을 추가함으로써 끝맺고자 한다. 「스코틀랜드 신앙고백」 제9조의 끝부분에서는 예수 그리스도의 희생에 대해 만족하지 못하는 사람들(분명히 로마교회)을 향해 심히 비방하고 있다. 즉 그들을 그리스도의 죽음과 그를 통해 수행된 정화와 성결을 모독하는 자들이라고 부르고 있는 것이다. 만일 우리가 제9-10조의 전체 내용(따라서 우리가 인간의 구원이라고 서술했던 내용 전체)에서 보게 되는 이런 비난을 우리 자신에게 적용한다면 우리는 「스코틀랜드 신앙고백」의 의미를 알게 될 것이다. 인간의 구원은 하나님의 활동이기 때문에 인간의 활동이 아니다. 인간은 예수 그리스도께서 제공하신 희생을 제공할 수 없다.

인간은 단지 한 번에 영원히 그에게 영향을 미치는 죄의 용서와 단번에 영원히 선언된 의를 거듭하여 받아들일 수 있을 뿐이다. 인간은 단지 믿을 수 있을 뿐이다. 제의를 집행하거나 도덕적으로 노력하는 것을 통해서는, 이 신앙으로 받게 되는 자리에 이를 수 없다. 그러므로 자기 스스로의 노력으로는 구원에 이를 수 없다. 왜냐하면 종교개혁자들의 훌륭한 가르침에 의하면 그것이 우리에게는 철저하게 금지되어 있기 때문이고, 만일 우리가 예수 그리스도가 삶에서나 죽음에서 우리의 유일하신 위로자가 되신다는 것을 거부한다면 사실 예수 그리스도를 모독하는 것이 되기 때문이다.

그러므로 이제 우리도 「스코틀랜드 신앙고백」이 왜 어떤 의미에서 처음부터 고통스럽게도 "우리는 유일하신 하나님을 인정하고 고백한다"를 확고히 하고 있는지를 분명히 할 수 있을 것이다. 여기에서는 유일하신 하나님에 대한 고백이 근간을 이루고 있는 것이다. 만일 이것이 그 당시(16세기)의 로마 교회에 반대하여 말해진 것이라면, 우리는 그것을 오늘날 한 번 더 그런 방향(로마 교회에 반대하는)에서 반복할 수 있을 것이다.

물론 그런 방향에서 반복한다는 것이 바람직할 수도 있지만, 어쩌면 일차적으로 바람직한 것은 그런 방향이 아닐 것이다. "인간의 구원은 전적으로 하나님의 활동이다"라는 사실을 개혁교회 자체 내에서 아주 새롭게 그리고 큰 소리로 말할 수 있는 그런 때가 되었다는 것이다. 혹은 루터가 번역한 저 유명한 로마서 3장 28절("그러므로 사람이 의롭다 하심을 얻는 것은 율법의 행위에 있지 않고 믿음으로 되는 줄 우리가 인정하노라")을 말할 수 있는 시기가 되었다는 것이다.

9. 인간의 미래와 현재 속에서의 하나님의 나라

(Das Reich Gottes in der Zukunft und in der Gegenwart des Menschen)

제11조 승천

우리는 동정녀의 몸에서 출생하여 십자가에 달려 죽어 장사되었다가 다시 살아나신 주님의 그 동일한 몸이 모든 것들을 성취하시기 위해 하늘로 올라가신 사실을 의심하지 않는다(막 16:9; 마 28:6; 눅 24:51; 행 1:9), 또 주님은 우리 가운데서 우리의 위로를 위해 하늘과 땅의 모든 권세를 받으셨다(마 28:18). 또한 그는 성부 하나님의 우편에 앉아서 그의 나라에서 왕위에 오르셨으며 우리를 위해서는 대변자이자 유일한 중보자이시다(요일 2:1; 딤전 2:5). 주님만이 성도들 가운데서 영광과 존귀와 특권을 소유하시다가 마침내 그의 모든 원수들은 그의 발아래 놓이는 발등상이 될 것이다(시 110:1; 마 22:44: 막 12:36; 눅 20:42-43).

그러므로 우리는 그 원수들이 최후의 심판을 받을 것으로 확신한다. 또 그 심판의 집행을 위하여 우리 주 예수 그리스도가 먼저 승천하신 모습 그대로 눈으로 볼 수 있게 재림하실 것을 믿으며(행1:8) 그때 모든 것들이 새로 회복되어(행 3:19) 의를 위해 학대와 굴욕과 악에 시달려 고난받은 사람들이 창세부터 약속된 불멸의 복된 생명을 이어받을 것을 믿는다(마 25:34; 살후 1:4-8).

그러나 그와 반대로 강퍅하여 불순종하는 잔인한 박해자들과 더렵혀진 자들과 우상숭배자들과 여러가지 불신하는 자들은 완전한 흑암 속에 던져지게 될 것인데, 거기에서는 구더기도 죽지 않을 것이며 뜨거운 불이 꺼지지 않을 것이다(계 21:27; 사 66:24: 마 25:41: 막 9:44-48: 마 22:13). 우리에게 있어서 그 날과 그 때 있게 될 심판을 기억하는 것은 우리의 육체적인 욕망을 억제할 뿐만 아니라 무한한 위로가 된다. 또한 그것으로 인해 세상의 왕들의 위협과 현세의 위험과 죽음의 공포가 우리로 하여금 머리이신 유일한 중보자 예수 그리스도 안에 있는 복된 공동체를 포기하지 못하도록 한다(벧후 3:11; 고후 5:9-11; 눅 21:27-28; 요 14:1 등).

우리는 그리스도 예수를 약속의 메시아, 교회의 유일한 머리, 의로우신 율법의 주권자, 유일한 대제사장, 대언자, 중보자임을 고백하고 공적으로 고백한다(사 7:14; 엡 1:22; 골 1:18; 히9:11, 15; 10:21; 요일 2:1; 딤전 2:5). 사람이나 천사가 주님의 영예와 직무에 저항하여 스스로 교만을 부린다면, 우리는 우리의 주권자이시고 최고의 지배자이신 예수 그리스도를 모독하는 것으로 간주하여 저들을 철저히 혐오하고 증오할 것이다.

제1절

「스코틀랜드 신앙고백」이 승천이라는 제목 아래서 예시하고 있는 주요 사고는 다음과 같다. 즉 하나님의 나라가 예수 그리스도의 나라요, 따라서 모든 인간과 전 세계에 대한 유일하고도 합법적이고 현실적인 주권과 권위를 지니고 있는 나라라는 것이다. 예수 그리스도의 나라가 제외된다면 하나님의 나라도 없다. 따라서 일반적인 면에서의 나라도 없다. 즉 합법적이고도 현실적인 주권이나 권력이 없다는 것이다;

"그는 하늘과 땅의 모든 권세를 받았다."(Ihm ist gegeben alle Gewalt außer dem Reich Jesus Christ).

그러므로 우리는 하나님 나라와 예수 그리스도의 나라가 다르다고 말할 수 없다. 그러나 바로 우리가 하나님의 나라 안에서 예수 그리스도의 나라를 인식하고 있기 때문에, 우리는 모든 낯설고 거짓된 신들의 나라로부터 자연과 영의 나라로부터 운명과 변덕의 나라로부터 하나님의 나라를 구별하게 된다. 그리고 그와는 반대로 우리가 예수 그리스도의 나라 안에서 하나님의 나라를 인식하고 있기 때문에, 예수 그리스도의 나라를 우리와 만물에 대한 유일하고도 실제적인 능력으로 인지하게 되는 것이다.

이것을 제외한다면 다른 문제삼을 만한 것이 없을 것이다. 여기서 우리는 다시 한 번 종교개혁자들의 가르침에서 강조하여, 하나님의 유일성에 대해 말하는 바를 이해할 수 있게 된다.

그러므로 이제 우리가 이해할 수 있게 된 것은 우리가 제3장과 4장에서 하나님의 존엄과 인격에 관하여 그리고 세상의 창조와 세상 정부에 관하여 취급했을 때, 우리는 거기서 예수 그리스도의 이름을 직접적으로 그리고 꼭 부를 수밖에 없었다는 사실과 우리가 말했던 모든 것은 예수 그리스도를 출발점으로 해서 말할 수밖에 없었다는 사실이다.

우리가 제11조를 시작하면서 주목해야 했던 것은, 다음 사실을 강조하여 표현하고 있다는 것이다. 즉 "같은 몸"(따라서 같은 인간 예수 그리스도 즉 동정녀에게 나셔서 십자가에 달려 죽으시고 장사된 바로 그 사람)이 부활하여 승천하셨고 하늘과 땅의 모든 권세를 받았다는 것이다. 그리고 우리는 "우리를 대표하여 그리고 우리의 구원을 위하여" 만물의 주님으로 존재하시는 이 사람을, 직접적이고 구체적으로 배타적으로 생각하지 않으면 하나님을 더 이상 주님으로 생각할 수 없을 것이다.

하나님 나라는 예수 그리스도의 나라이지만, 예수 그리스도의 나라는 하나님의 능력 안에서 수립된 인간 예수 그리스도의 나라다. 제4-10조에서는 바로 이 사람에 대해서, 그의 계시에 대해서, 그의 참된 신성과 인간성에 대해서, 우리의 구원을 위해 그가 죽으시고 부활하신 것에 대해서 언급하고 있고 바로 이 사람이 우리와 만물의 주가 되신다는 사실을 말하고 있고 바로 그것이 종교개혁자들의 훌륭한 가르침이고 제11조에서 설명되고 있는 내용인 것이다.

제2절

예수 그리스도는 주님이시다. 이 말은 예수 그리스도는 인간의 삶에 커다란 변화를 가져오는 분이라는 것을 의미한다. 예수 그리스도는 근본적으로 인간의 삶을 변화시키신다. 왜냐하면 그는 하나님과의 관계 속에서 인간의 삶을 변화시키시기 때문이다. 또한 예수 그리스도의 활동이 인간 구원이기 때문이고, 이 구원 활동이 바로 하나님 자신의 활동이기 때문이다.

인간 삶의 커다란 변화는 죄를 짓는 반역으로부터 그리고 그 반역에서 초래되는 재난으로부터 자신이 구원받은 것에 대해, 새롭게 감사하는 태도를 취하는 데서 단번에 영원히 인간을 구속하는 구원에 대해 감사의 태도를 취하는 데서 이루어지는 변화보다 더 큰 변화는 없다. 그리고 그를 위해 일어났고 그에게 일어난 하나님의 구원 활동의 능력을 인식하게 되는 데서 이루어지는 변화보다 더 큰 변화는 없다. 즉 인간이 그의 존재를 새롭게 은총과 은혜로 이해하기 위해서, 이런 감사의 태도를 취하게 되거나 인식하게 되는 데서 보다 더 큰 변화는 일어날 수 없다.

예수 그리스도는 인간의 삶을 이처럼 변화시키시는 분이시다. 그리고 그것은 그 변화가 은폐된 변화라는 것을 의미한다;

> "이는 너희가 죽었고 너희 생명이 그리스도와 함께 하나님 안에 감추어졌음이라"(골 3:3).

만일 그 삶이 가시적인 삶이라고 한다면(그렇지 않다면 어떻게 그것이 인간의 삶으로 존재할 수 있겠는가), 그리고 그것이 가시적인 삶 속에서 각종 변화를 일으키는데 부족함이 없다고 한다면, 우리 삶의 가시적인 변화는 하나님과의 관계 속에서 우리를 위해 그리고 우리에게 일어난 큰 변화가 아닐 것이다.

예수 그리스도는 그 큰 변화를 일으키시는 분이시다. 그리고 만일 우리가 잠깐 동안만이라도 예수 그리스도 자신 이외의 다른 곳에서 그런 변화를 찾고자 한다면, 따라서 그 큰 변화를 믿는 대신에 그 큰 변화를 바라보려고 한다면, 그것은 항상 우리로 하여금 구원을 상실하게 만드는 착각과 자기 기만을 의미할 뿐이다. 그러나 예수 그리스도가 인간 삶을 크게 변화시키신다는 이 사실은 그 변화가 참된 변화라는 것을 의미한다.

우리가 이미 살펴본 것처럼 하나님의 결단과 인간의 선택, 예수 그리스도의 죽음과 우리의 죄의 용서, 예수 그리스도의 부활과 우리를 의롭다고 인정하심 등은 모두 논쟁의 여지가 없는 사실이고 최종적인 사건이고 더 이상 후퇴할 수 없는 사건이다. 왜냐하면 여기서 활동하시는 분은 하나님이시기 때문이다. 우리가 변화를 볼 수 있는 곳에서(따라서 예수 그리스도 안에서가 아닌 다른 곳에서) 우리의 삶의 변화를 찾으려고 한다면, 분명한 사실은 그 변화가 매우 변화무쌍한 변화로 존재한다는 사실을 발견하게 될 것이다.

만일 우리가 그 변화를 예수 그리스도 안에서 찾는다면 따라서 그리스도에 대한 신앙으로 인해 찾게 된다면, 우리는 그 변화가 우리가 더 이상 물러설 수 없는 변화로 존재한다는 사실을 (즉 하나님은 하나님이시기를 중지할 수 없는 것처럼 존재한다는 사실)을 발견하게 될 것이다. 그러므로 이 삶의 변화의 은폐성은 그 변화가 실재한다는 것으로부터 분리될 수 없고, 그 실재한다는 것도 이 삶의 변화의 은폐성으로부터 분리될 수 없다.

이 실제적인 삶의 변화는 그 변화가 인간의 미래를 규정하고 있다는 사실(즉 실제적인 삶의 변화가 인간의 미래를 규정하는 방식)에서 확증된다. 인간으로 존재한다는 것은 미래가 있다는 것을 의미한다. 우리는 내일을 위해 오늘을 산다. 예수 그리스도가 존재하지 않는다면(따라서 우리의 삶에서 커다란 변화가 없다면) 내일은 단지 우리가 오늘 희망하거나 원하거나 열망하는 것을 목표로 하는 것에 불과할 것이다. 그러나 우리가 오늘 희망하거나 원하거나 열망하는 것은, 바로 예수 그리스도를 통해 우리의 죄를 이미 용서받았다는 사실이다.

단지 죽음으로 존재할 수 있을 뿐인 우리의 죄가 목표로 하는 바는 예수 그리스도 안에서 그리고 예수 그리스도에 의해서 수행된 우리의 삶의 변화에서 우리의 내일로 존재할 수 없다. 오히려 예수 그리스도께서 이루어주신 것으로서 하나님이 우리를 의롭다고 인정하시는 것을 통해서 얻게 되는 영원한 생명이 그 자리를 차지할 것이다. 이전에 목표했던 것(곧 죽음을 제거하시고 새롭게 수립된 목표가 되시는 영원한 생명)을 주시는 분은 오직 예수 그리스도 한 분이기 때문에, 우리는 그분이 우리의 목표이고 미래이고 내일이라라고 말해야 한다.

나는 내가 내일에 어떤 인물이 될 것인지 무엇이 될 것인지 알지 못한다. 그것에 대해서는 그 분이 결정하실 일이다. 바로 여기에 나의 미래 운명의 은폐성이 있다. 그리고 바로 이것이 내가 믿음 안에서 미래로 나가야 한다는 것을 나에게 지시해 주고 있다. 그러나 나는 예수 그리스도께서 내일에 그리고 영원 속에서 존재하시리라는 것을 알고 있다. 바로 이것이 나의 미래 운명의 실재다. 그리고 이것은 내가 믿음 안에서 미래로 나아갈 수 있다는 것을 의미한다.

그 큰 변화가 은폐되어 있다는 것은, 그 은폐성이 인간의 현재를 규정한다는 사실에서 인간의 현실을 규정하는 방식에서 입증되고 있다. 인간으로 존재한다는 것은 물론 현재한다는 것을 의미한다. 우리는 내일을 위해 오늘을 산다. 만일 예수 그리스도가 없으시고 그 큰 변화가 없다면, 오늘은 향락을 의미할 것이다. 즉 우리가 과거에 희망했고 원했고 열망했던 매우 문제가 되는 향락을 의미할 것이다. 그리고 이것은 우리가 과거에 씨뿌렸던 것을 거둬들이는 것을 의미할 것이다.

그러나 우리는 과거에 죄를 범했고, 또 이런 우리의 과거의 죄를 우리는 예수 그리스도 안에서 용서받았다. 오늘 그 자리에 등장하는 것은 과거를 소급하여 효력을 지니고 있고, 또한 오늘에도 타당성을 지니는 것이고, 예수 그리스도께서 수립하신 것으로서 하나님 앞에서 우리가 의롭다고 인정된다는 것이다. 이것이 우리가 입게 된 새 옷인 것이다. 그리고 우리는 예수 그리스도 자신이 아니기 때문에, 예수 그리스도를 기다리고 따라서 우리의 미래로서의 그분을 바라보고 그 분을 향해 즐달음치게 되는 것이다.

나는 그 분이 나의 온전한 구원이 되신다는 사실을 알고 있다. 바로 이것이 나의 현재 상태를 규정하는 실재다. 바로 그 사실을 통해 나에게 허용된 것은, 내가 오늘 믿음을 갖게 되었다는 사실이다. 그러면 도대체 나는 누구이고 무엇인가. 그것에 대해서는 오직 그 분이 결정하실 것이다. 이것이 나의 현재 상태가 은폐되어 있음을 나타낸다. 이것이 나로 하여금 오늘 믿음을 갖도록 강요하고 있고, 지금 은폐되어 있는 것이 어떻게 드러나게 되는가를 그 분에게 맡기도록 강요하고 있다.

제3절

이미 이스라엘의 메시야로 오신 분이시고 인간의 구원을 위해 필요한 모든 것을 단번에 영원히 행하신 이 분이 또한 인간의 미래의 주님이 되신다. 그 분은 장차 오실 우리의 의의 보증인이시고 우리가 기다리고 있는 영원한 생명을 가져 오는 분이시다. 따라서 그분은 장차 우리가 어떤 인물이 되고 무엇이 될 것인가와, 결국 영원 속에서 우리가 어떤 인물이 되고 무슨 일을 하게 될 것인가를 결정하시는 분이시다. 그러므로 그 분은 그 분 안에서 결정된 구원에 참여하게 될 사람과, 그렇지 못한 사람을 우편과 좌편에 세우시는 심판자이시다.

「스코틀랜드 신앙고백」에서는 이런 예수 그리스도의 심판에 대해서 그 심판을 기다리고 있음을 의미하는 훈련과 위로에 대해 매우 분명하게 말하고 있다. 그러나 우리가 주의해야 할 것은 다음과 같다;

① 「스코틀랜드 신앙고백」에서는 이 심판을 이미 이 심판 이전에 있었던 관계를 회복하거나 분명하게 하는 것으로 서술하고 있고, ② 예수 그리스도에 의해 버림받은 자들은 파렴치한 자, 불순종하는 자, 무자비한 자, 무법자, 불순한 자, 우상숭배자로 묘사하고 있고 따라서 도덕적인 용어로 분명하게 서술하고 있다. 그러나 예수 그리스도에 의해 받아들여진 자들 (곧 영원한 생명에 참여하게 된 자들)은 선하거나 의롭거나 경건한 자로 서술되는 것이 아니라 매우 단순하게 억압받고 박해받은 자들로 묘사되고 있다. ③ 제11조에서 다시 한 번 크게 강조되고 있는 것은 우리가 이 심판을 위해 준비해야 한다는 것이 아니라, 예수 그리스도가 존재하고 활동한 것은 우리의 중재자, 입법자, 대제사장, 변호자, 통치자로서 존재하고 활동했다는 것이다.

① daß sie dieses Gericht als die Her-stellung und Herausstellung eines schon vor diesem Ge-richt bestehenden Verhältnisses beschreibt, ② daß wohl die von Jesus Christus Verworfenen als Freche, Ungehor-same, Grausame, Gewalttätige, Unreine,

Götzendiener und also scheinbar mit moralischen Farben beschrieben wer-den; die von Jesus Christus Angenommenen und also des ewigen Lebens Teilhaftigen aber sind ganz einfach die Unterdrückten und Verfolgten und ③ daß gerade in diesem Artikel noch einmal mit ganz besonderem Nachdruck Gesetzgebers, Hohepriesters, Fürsprechers und Herrschers beschrieben wird.

이 모든 것을 통해서 볼 때 우리는 「스코틀랜드 신앙고백」에서 서술되고 있듯이, 예수 그리스도 안에서 기대할 수 있게 된 결정에 대해, 그리고 예수 그리스도의 심판의 직무에 대해 매우 특별한 방식으로 이해해야 할 것이다. 즉 우리가 여기서 갖게 되는 견해는 마지막 심판에 대해 일반인들이 갖게 되는 견해와는 다를 수밖에 없다는 것이다. 우리 모두가 접하게 되는 예수 그리스도의 심판에서는, 어떤 사람이 죄인이고 어떤 사람이 의인이냐를 판가름하는 것이 중요하지 않다는 것이다. 하나님의 결단과 인간의 선택 안에서 그리고 예수 그리스도의 죽음과 부활 안에서, 우리는 모두 죄인임에도 불구하고 하나님의 아들의 완전한 화육을 통해 구원받게 된 의인이라는 사실이 이미 결정되었다는 것이다.

그러므로 다시 오는 심판자로서의 예수 그리스도를 기다림에 있어서 중요한 것은, 내가 두려움에 싸여 떨면서 그 심판을 기다리는 것이 아니라 「하이델베르크 요리문답」(문 52)에 의하면 다음과 같이 말한다;

"모든 고난과 박해 속에서 나는 고개를 쳐들고 하늘로부터 오시는 심판의 주를 고대합니다. 그는 나를 위하여 하나님의 심판을 받으시고 내가 받을 형벌을 받으셨습니다. 그는 그와 나의 모든 원수로 하여금 영원한 형벌을 받도록 하시고, 택함을 받은 모든 사람들과 함께 나를 하늘의 기쁨과 영광을 누리도록 영접하실 것입니다."

"Daß ich in aller Trübsal und Verfolgung mit aufgerichtetem

Haupt eben des Richters, der sich zuvor dem Gerichte Gottes für mich dargestellt und alle Vermaledeiung von mir hinweggenommen hat, aus dem Himmel gewärtig bin, daß Er alle seine und meine Feine in die ewige Verdamnis werfe, mich aber, sammt allen Auserwählten, zu sich in die himmelische Freude und Herrlichkeit nehme."

이 심판에 직면하여 나는 다음과 같은 물음을 물을 수 있을 것이다;

"실제로 내가 그 분을 기다리고 있는가. 그 분이 나의 유일한 완전한 구원이 되신다고 믿고 있는가."

바로 그것이 세상의 심판에서 결정될 수 있을 뿐이다. 만일 내가 믿는다면 바로 이 신앙 가운데 있는 나의 삶은 이런 나의 삶 자체가 신앙이 아니라 그 분에 대한 신앙이기 때문에, 하나님의 빛 속에서 나의 영원하고 거룩하고 축복받은 삶으로 드러나게 되고 판단받게 될 것이다. 그러나 그것은 인간의 눈(그리고 나 자신의 눈)으로 보기에는 분명히 승리한 삶이 아니라, 세상 어둠의 세력들과의 투쟁 속에서 괴로움과 무거운 짐을 지는 삶을 산 후에야 비로소 이루어질 것이다.

만일 내가 믿지 않는다면(만일 내가 나의 구원을 예수 그리스도 안에서가 아닌 다른 곳에서 찾는다면, 이런저런 방식으로 파렴치하고 불순종하는 가운데 스스로 구원을 완성하려고 한다면), 나의 미래(궁극적으로는 나의 영원)가 내가 희망하거나 원하거나 열망하는 것의 목표로서 계속 존재한다면, 어떻게 나의 삶이 죄 가운데(따라서 영원한 죽음의 어둠 속에) 계속 머물러 있다는 것 이외에 다른 것으로 드러나거나 판단받을 수 있겠는가. 그러므로 우리가 주목해야 할 것은 「스코틀랜드 신앙고백」에서는 예수 그리스도가(예수 그리스도만이) 인간의 구원자가 되신다는 사실을 다시 한번 말하기 위해, 그리고 또한 그 분에 대한 신앙을 갖도록 다시 한번 초청하기 위해 예수 그리스도의 심판에 대해 말하고 있다는 사실이다.

우리는 이 심판을 향해 가는 중에 있다. 따라서 우리에게는 아직도 믿을 시간적인 여유가 있다. 그리고 모든 사람에게 도움을 베풀기 원하시고 우리의 죄를 용서받은 죄로 인정하시고 우리에 대한 비난을 자신이 감수하신 비난으로 인정하시는 그 분 자신이 심판자가 되신다. 그러므로 우리는 단순히 믿을 수 있는 시간 뿐만 아니라 믿음을 위한 근거와 원인도 갖고 있는 것이다. 예수 그리스도는 우리의 희망이시다. 우리가 그 분에 대해서가 아니라 다른 어떤 것에 대해서 희망을 품는다고 한다면 미래는 우리가 두렵다고 생각할 수 밖에 없는 것이 되고 말 것이다.

제4절

바로 이런 우리의 미래로서의 예수 그리스도는, 필연적으로 우리의 현재 상태를 규정하는 분이시다. 심판자로서 그 분을 기다린다는 것은 오늘 그 분을 믿고, 그 분을 우리의 의와 생명으로 인정한다는 것을 의미한다. 이것이 신자들에게 위로가 되고, 현재 투쟁하면서 고통을 겪고 있는 교회에 위로가 되는 것이다. 즉 여기서 우리는 예수 그리스도를 두려워할 필요가 없으며, 예수 그리스도께서 모든 인간과 온 세계의 주님이 되시기 때문에 어떤 사람이나 어떤 것도 두려워할 필요가 없고, 예수 그리스도를 두려워하는 것이 아니라 부활하신 머리되시는 분과 함께 예수 그리스도를 바라보고 나아가는 자들을 대적할만한 힘을 그 누가 소유하고 있고, 그들을 대적할만한 어떤 위험이 있을 수 있고, 그들을 두렵게 할 만한 육체적인 죽음이 있을 수 있겠는가.

신앙이 두려워할 것은 아무 것도 없다. 신앙이 두려워하는 것은 단 한가지 뿐이다. 즉 신앙이 신앙이기를 중지하고, 신앙이 불신앙이나 거짓된 신앙 혹은 미신 등으로 바뀌는 것 뿐이다.

모든 거짓된 신앙의 특징은 그 신앙이 사람들로 하여금 예수 그리스도 이외에 예수 그리스도와 나란히 다른 소망을 품게 한다는 데서 드러나게 되고, 거짓된 신앙을 갖고 있는 사람이 그와 같은 다른 소망을 품고 있다는 사실을 통해 드러나게 된다.

그러나 이 소망이 아무리 크고 훌륭한 것이라 할지라도, 그런 소망을 품고 있는 사람은 그들의 구주와의 친교를 나누지 못하게 될 것이고 다시 죄와 죄의 저주 가운데 빠져 들게 될 것이다. 이제 그는 예수 그리스도를 두려워할 수밖에 없을 것이고, 세상과 사람 가운데서 두려워 하는 자로 살 수밖에 없을 것이다. 모든 거짓된 신앙의 현재 상태는 (아마도 다시금 은폐되어 있지만 실제적인) 기쁨이 없는 상태인 것이다.

따라서 그의 미래는 분명히 어둡일 것이다. 그 거짓된 신앙은 신앙의 능력 안에서 자체를 신앙으로 주장하거나 보존하고 있는 것이 아니다. 이 신앙은 자신의 능력으로 살고자 하는 거짓된 신앙으로 존재하려 할 것이다. 그러나 참된 신앙은 예수 그리스도 자신의 능력을 통해 산다. 따라서 참된 신앙은 자신이 거짓된 신앙이 되고자 하지도 않고, 거짓된 신앙이 되는 것을 두려워 하지도 않는다.

10. 신앙의 자유 (Die Freiheit zum Glauben)

제12조 성령 안에 존재하는 신앙

이와 같은 우리의 믿음과 그에 대한 확신은 육과 혈 즉 우리 인간 안에 있는 자연적인 힘에서 생겨나는 것이 아니라 성령의 감동으로 발생한다(마 16:17; 요 14:26; 15:26; 16:13). 우리는 성령을 성부와 성자와 동등한 하나님으로 고백한다. 성령은 우리를 성결하게 하여 그의 사역을 통해 모든 진리로 인도하신다. 성령 없이는 우리는 영원한 하나님의 대적자로 남아 성자이신 예수 그리스도를 알지 못한다(행 5:3-4).

왜냐하면 우리는 자연 그대로는 죽은 자이며 눈이 어두워 강퍅할 뿐 아니라, 주 예수의 성령이 죽은 상태를 자극하여 우리의 마음에서 어두움을 제거하여 그의 기뻐하시는 뜻에 복종하도록 완고한 마음을 굴복시키지 않는다면, 찔려도 느끼지 못하며 빛이 드러나도 볼 수 없으며 계시로 드러나도 하나님의 뜻에 따르거나 복종할 수 없기 때문이다(골 2:13; 엡 2:1; 요 9:39: 계 3:17; 17:17; 막 9:19; 눅 9:41; 요 6:63: 미 7:8; 왕상8:57-58).

이리하여 우리는 아직 우리가 존재하지 않았을 때 성부 하나님께서 우리를 창조하신 사실과(시 100:3), 우리가 여전히 원수가 되어 있을 때 예수 그리스도께서 우리를 속량하신 사실을 고백한다(롬 5:10). 우리는 또한 중생 여부와 상관없이 우리에게서 나오는 어떤 공로도 없는 상태에서 성령께서 우리를 성화시키시고 중생시켰음을 고백한다(요 3:5; 딛 3:5; 롬 5:8). 이것을 더욱 분명한 말로 설명하자면 우리가 자신의 창조와 구속에 대하여 아무런 명예와 영광을 스스로 취할 수 없는 것처럼(빌 3:7) 우리의 중생과 성화에 대해서도 동일한 자세를 유지해야 한다. 왜냐하면 우리 스스로는 단 하나의 선한 생각도 할 수 없을 뿐더러 우리 가운데서 지속적인 사역을 시작하신 하나님 한 분만이(빌 1:6; 고후 3:5) 우리를 그의 넘치는 은혜의 영광과 찬양으로 인도하시기 때문이다(엡 1:6).

제1절

우리는 이제 이 책 제2부의 마지막 부분에 이르게 되었다. 동시에 스코틀랜드 신앙고백의 실제적인 중간 지점(즉 하나님 인식의 문제로부터 예배의 문제로 넘어가는 지점)에 이르게 되었다. 제12조에서 우리가 알 수 있는 것은 어떻게 하나님 인식과 하나님 예배가 서로에게 속해 있을 뿐만 아니라, 동시에 같은 중심과 반경을 갖고 있는 두 원이 똑같은 것과 같이 그 둘이 하나로 존재하게 되는가라는 것이다.

종교개혁자들의 가르침에 의하면 그와 같이 하나님에 대한 봉사(예배)로 존재하지 않거나, 신인식 외에 다른 것에서 형성된 하나님께 대한 봉사(예배)로 존재하는 하나님 인식에 대해 생각한다는 것은 전혀 불가능한 일이다. 지금까지의 모든 내용을 우선적으로 요약하고 결론을 내리는 「스코틀랜드 신앙고백」 제12조에서, 우리는 하나님 인식과 예배가 일치하고 있음을 보게 된다.

지금까지 우리가 살펴본 바에 의거해 볼 때 하나님을 인식한다는 것은 무엇을 의미하는가. 분명히 드러난 사실은 하나님을 인식하는 데에서는, 인식하는 자가 대상을 인식할 때 자신을 관여시키지 않고 자유롭게 초월하여 존재하는 것이 허용되는 가운데 대상을 관찰·분석·숙고·판단한다는 것은 중요하지 않다는 것이다. 이미 우리가 살펴본 바와 같이 종교개혁자들의 가르침에 의하면 하나님 인식은 예수 그리스도 안에서 자신을 계시하심으로써 인간과 관계하시는 하나님을 인식하는 데서 이루어진다.

그러므로 종교개혁자들의 가르침에 따른 하나님 인식에서는, 인식하는 자가 하나님에 대한 자신의 선하거나 아름답거나 선한 사고를 형성하기 위해서(말하자면 하나님을 회피하거나 어떤 독자적이고 확고한 위치에서) 하나님에 대해 자신을 주장하는 것을 허용하지 않는다.

이와 반대되는 태도가 모든 자연신학에서 취하는 태도다. 우리는 오직 이 자연신학적인 태도와 종교개혁자들의 신학적인 태도 사이에서, 하나를 택할 수 있을 뿐이고 그 둘을 통합할 수는 없다. 종교개혁자들의 가르침에 의하면 하나님 인식은 「하나님께 대한 순종」이기 때문에, 그 자체로 이미 예배(하나님에 대한 봉사)인 것이다.

종교개혁자들의 가르침에 의하면 하나님 인식은 대상이 주체에 관여하는 데서 일어나고, 이 관여에서 주체가 되는 「인식하는 인간」은 새로운 인간이 된다. 인간이 하나님에 대해 형성하게 되는 모든 사고는, 하나님이 자신의 행동을 통해서 인간에게 말한 것(곧 인간을 새로운 인간으로 변화시키는 것)을 반영하는 것으로 존재할 수 있을 뿐이다.

그러나 인간이 하나님을 인식하게 되는 데서 얻게 되는 새로움은, 인간이 믿는다는 데서 이루어진다. 믿는다는 것은 예수 그리스도 안에서 과거와 현재와 미래의 하나님의 행동을 통해 선언되었거나 규정된 것과 같은 방식으로, 하나님과 세상과 우리 자신을 참되고 실제적인 존재로 받아들이는 것을 의미한다. 믿는다는 것은 예수 그리스도를 마주보고 서게 된 사람으로 살아간다는 것을 의미한다. 따라서 우리의 삶과 죽음을 위해 꼭 알아야 하는 처음 일과 나중 일에 대해 말할 수 있는 예언자를 마주 대하는 사람으로 살아간다는 것을 의미한다.

이것은 또한 모든 것을 선하게 만들었고 현재도 선하게 만들고 있고 앞으로도 선하게 만들 제사장을 마주 대하는 사람으로 산다는 것을 의미한다. 그리고 이런 일을 행하려고 하는 의지 뿐만 아니라 능력을 갖고 있는(즉 하나님의 전능하신 능력을 갖고 있는) 왕을 마주 대하는 사람으로 산다는 것을 의미한다. 신앙한다는 것은 이런 주님을 섬기는 것을 의미한다. 그러므로 하나님인식은 예배(하나님께 대한 봉사)와 다른 것이 아니다.

제2절

그러면 도대체 누가 신앙을 갖고 있는가. 도대체 어떻게 사람들이 신앙을 가질 수 있겠는가. 바로 이런 물음에 대해서 「스코틀랜드 신앙고백」 제12조에서는 먼저 부정적인 진술을 하고 있다;

> "우리의 이런 신앙과 이 신앙에 대한 확신은 혈과 육(마 16:17) 즉 우리 인간 안에 있는 자연의 힘에서 생기는 것이 아니라 성령의 감동으로 생기는 것이다."

우리가 주의해야 할 것은 그 진술은 지금까지 우리가 종교개혁자들의 하나님인식으로 익히 들어 왔던 모든 것에 통용된다는 것이다. 이것은 또한 그 다음에 우리가 종교개혁자들의 예배로 인해 익숙하게 된 모든 것에 대해서도 타당성을 갖고 있다는 것이다.

만일 신앙이 홀로 구원을 쟁취하려고 예수 그리스도와 마주보는 사람의 삶이라고 한다면, 신앙 안에서 살아가는 사람은 그가 하나님의 신실하심을 접하게 되었기 때문에 그 자신의 불신실함을 확실히 알게 된다는 사실을 쉽게 알 수 있다. 바로 이런 사실을 우리는 제5장에서 논한 바 있다. 바로 그런 사람은 자기 자신을 신앙하는 것이 불가능하게 될 것이고, 또 자신의 구원을 스스로 실현하거나 구원 성취를 위해 기여할 수 있는 능력이나 힘을 자신에게 돌릴 수 없을 것이다. 신앙하는 사람은 자신의 죄를 용서받았다는 사실이 자신에게서 일어나고 있는 사건임을 인식할 수 있을 뿐이다.

만일 이 신앙인이 예수 그리스도 뿐만 아니라 자기 자신을 신뢰할 정도가 되었다고 한다면 그만큼 그는 죄 가운데 다시 빠져들게 된 것이고, 예수 그리스도를 통해 얻게 된 구원의 완성과 유일한 구원자이신 예수 그리스도의 영광을 부인하게 되는 것이다.

그러나 만일 그가 자기 자신을 신뢰할 수 없다면, 그 자신이 스스로 조직하거나 행할 능력을 갖고 행하게 된 활동으로서의 그의 신앙을 신뢰할 수 없을 것이다. 만일 사람이 종교적으로 희구하고 있는 것이 참된 것이라면 그것은 선한 것으로 존재할 수 있을 것이다.

그러나 실제로 신앙을 갖고 있는 사람은 그 자신의 신앙을 결코 자신의 종교생활의 실현이나 실행으로 생각하지 않고, 오히려 그 자신의 종교적인 능력 자체가 자신을 신들이나 우상으로 인도할 뿐이고 결코 예수 그리스도에게 인도하지 않는다는 사실을 확실히 하게 될 것이다. 실제로 신앙을 갖고 있는 사람은 자신의 노력을 통해 신앙을 갖는다는 것이 불가능하다는 사실을 알게 될 것이다. 비신앙인들은 항상 신앙은 인간의 가능성이라고 생각할 것이고, 그들은 즐겨 말하기를 그들이 개인적으로 인간의 가능성을 부인했던 것은 우연이었다고 할 것이다.

그리고 또한 자신의 신앙 안에서 인간적인 가능성의 실현을 보고자 하는 사람은, 아마도 실제로는 신앙이 없는 사람일 것이다. 신앙은 예술이 아니다. 신앙은 성취하는 것도 아니고 선행도 아니다. 또 신앙은 어떤 사람이 자랑하는 반면에, 다른 사람들은 그런 행위를 할 수 있는 능력이 없기 때문에 괴로워하고 용서를 빌게 되는 행위도 아니다.

신앙 자체에 대해 결정적으로 통찰할 수 있는 것은, 어느 누구도 자신의 노력을 통해 신앙을 가질 수 있는 능력이 없다는 것이다. 즉 신앙을 위해 예비하거나 믿음의 시작이 가능하도록 할 수 없고, 신앙을 지속시키거나 완전하게 할 수도 없다는 것이다.

이런 점에서 볼 때 신앙인들은 그들 자신보다도 불신자들이나 회의론자들 혹은 무신론자들을 더 잘 이해할 수 있게 될 것이다. 왜냐하면 그는 신앙의 불가능성을 불신자처럼 우연한 것으로 간주할 뿐만 아니라 필연적인 것으로

간주하고 있기 때문이다. 이제 「스코틀랜드 신앙고백」 제12조에서 말하는 것을 직접 살펴 보자;

> "우리는 자연 그대로는 죽은 자이고 눈이 먼 자이고 타락한 자이기 때문에, 우리가 못박힌다고 할지라도 고통을 느끼지 못하고 빛이 우리에게 비친다고 할지라도 보지 못하고 하나님이 우리에게 계시된다고 할지라도 하나님의 뜻을 받아들일 수 없다."
>
> "Denn von Natur sind wir so tot, so blind, so verkehrt, daß wir nichts fühlen können, auch wenn wir mit Nadeln gestochen werden, daß wir nichts sehen Können, auch wenn uns das Licht vor Augen gehalten wird und daß wir dem Willen Gottes, obwohl er uns offenbart ist, nicht zustimmen können."

우리는 신앙으로 거듭나는 일에는 거의 관여할 수 없다. 그것은 우리가 창조될 때 관여하지 못했고, 예수 그리스도께서 우리를 위해 행하신 것에 관여하지 못했던 것과 같다. "그것은 우리 스스로는 단 한 가지 만이라도 선하게 생각할만한 능력이 없기 때문이다." 우리가 주의해야 할 것은 그렇게 말하는 것은 불신앙이 아니라 신앙이라는 사실이다. 불신앙은 언제나 아주 다르게 말해 왔다.

제3절

다시 한 번 물음을 제기해 보자. 도대체 누가 신앙을 갖고 있는가. 도대체 누가 신앙을 가질 수 있는가? 모든 종교개혁자들의 신앙고백과 더불어 「스코틀랜드 신앙고백」이 제시하고 있는 적극적인 대답은 간단하다. 그리고 우리의 대답도 아주 간단할 수밖에 없다.

즉 예수 그리스도 안에 있는 당신의 계시 속에서 나타나는 하나님의 행동을 피하는 것이 아니라, 그의 행동 가운데 확고히 서 있는 사람은 누구나 예수 그리스도를 통해 이루어진 구원을 「하나님이 그를 위해 베푸신 구원」으로 받아들이는 사람은, 누구나 신앙에 이를 수 있고 신앙을 가질 수 있고 신앙을 갖고 있다는 것이다.

이와 같은 것을 행하는 사람은 그가 그것을 행하고 있기 때문에 그것을 행할 자유와 가능성과 능력을 갖고 있는 사람이다. 그러면 그것은 그 자신이 갖고 있는 자유인가. 아니면 그 자신이 이전에 이미 갖고 있던 자유인가. 말하자면 그것은 그가 동반하고 있는 것이고, 단지 믿지 않는 것 대신에 믿기로 결정하는 데 적용하게 되는 그런 자유인가. 즉 우리가 거리에서 좌편을 걷는 대신에 우편을 걷기로 결정하는 것과 같은 그런 자유인가. 따라서 인간이 마음먹기에 달려 있는 그런 자유인가.

그러나 아직까지 실제로 신앙을 갖고 있던 사람은, 어느 누구도 신앙의 자유를 그런 식으로 이해하거나 서술하지는 않았다. 오히려 예수 그리스도를 통해 그가 받아들일 수 있도록 허용된 것을 받아들임으로써, 신앙인은 이 받아들임을 거부하는 대신에 받아들인다는 사실 자체가 하나님의 선물을 곧 신실하신 하나님의 관여하심을 받아들이는 것으로 인식하고 고백했다. 그리고 이 신실한 하나님의 관여하심에서 자기 자신 안에는 불신실함 외에 어느 것도 발견할 수 없다는 사실을 알게 된 사람은, 단지 받으리라고는 생각지도 못했던 위로와 헤아릴 수 없는 기적을 볼 수 있을 뿐이었다.

그것은 하나의 마법이었는가. 하나의 마술이거나 기적이었는가. 아니다. 그는 여기서 실제로 받아들였다. 즉 그는 온전한 정신을 갖고 오성과 의지와 오감을 갖고 받아들였다. 물론 그는 특별한 사람이 아니었다. 그리고 그가 믿지 않는 대신에 믿음으로써 일어난 것은 특별한 어떤 것이 아니었다. 그가 거리에서 좌편을 걷다가 우편으로 건너가는 것과 별반 다를 것이 없는 것이었다. 그는 수동적으로 행한 것이 아니라 오히려 능동적으로 행동했다. 그는 「지적인 손실」(sacrificium intellectus)을 가져온 것이 아니라 오히려 그는 사고했다. 즉 어떤 사람이 생각할 수 있는 것보다 더 열정적으로 부단히 소망하는 가운데 사고했다.

그는 또한 신비의 잠에 빠진 것이 아니라 오히려 가능한 한 깨어 있었고 말짱한 정신상태를 유지했다. 또한 그는 자신의 종교적인 능력을 드러냈다. 간단히 말하자면 모든 것이 인간적인 방식으로 일어났다. 그는 그의 의지나 원하는 것과 관계없이 어떤 일을 겪게 되는 돌이나 석탄이 아니라, 오히려 사람들이 습관적으로 결단을 내리는 것과 같은 방식으로 결단을 내렸다. 그래서 그가 믿지 않는 대신에 믿었기 때문에, 실제로 일어나게 된 진정한 삶의 변화는 은폐되어 있는 것이다.

그러나 그가 이런 결단을 내리게 되었다는 것, 그가 실제로 믿었다는 것, 그가 자유를 갖고 있었다는 것, 새로운 순종과 소망의 삶으로 접어들게 되었다는 것은 모두, 그의 영이 행한 행위가 아니라 성령의 사역에 의한 것이었다. 실제로 믿지 않는 사람은 그 누구도 그의 신앙을 다르게 이해했다. 그리고 성경 전체가 우리에게 증거하고 있는 것은, 그처럼 신앙을 다르게 이해하는 것이 불가능하다는 것이다. 신앙의 가능성은 신앙의 현실성 속에서 드러나게 된다. 그러나 이 신앙의 현실성 속에서 신앙의 가능성은 신적인 가능성으로 드러나게 된다.

하나님은 인식될 수 있지만 하나님을 통해서만 인식될 수 있다. 즉 하나님의 계시를 통해, 하나님의 계시에 대한 신앙 각성을 통해, 육체 가운데 오신 하나님의 영원하신 말씀을 통해 화석화된 마음에 생기를 불어 넣으시는 성령을 통해 인식될 수 있다;

> "주의 빛 안에서 우리가 빛을 보리이다"(In tuo lumine vidibimus lumen, 시 36:9).

이것이 종교개혁자들의 하나님인식에서 처음과 끝이 되는 말이다.

제2장 교회와 예배

1. 현실적인 그리스도인의 삶 (Die Wirklichkeit des christlichen Lebens)

제13조 선행의 원인

우리는 선한 행위가 인간의 자유의지에 근거하는 것이 아니라, 그리스도의 영에 근거하는 것이라고 고백한다. 그 영은 참된 믿음에 의해 우리의 심령 안에 거하며, 하나님께서 우리로 하여금 그 안에서 그와 같은 선한 일을 행하도록 예비해 주신다. 그러므로 우리는 성화의 영이 없는 자들의 심령 안에도, 그리스도 예수가 존재하신다고 주장하는 것은 하나님을 모독하는 것이라고 확신한다(엡 2:10; 빌 2:13; 요 15:5; 롬 8:9). 그러므로 살인자, 억압하는 자, 잔인한 박해자, 간음하는 자, 악행에 물든 자, 우상숭배자, 술 취하는 자, 도둑질하는 자, 그리고 불의를 행하는 모든 자들은 참된 신앙이 없을 뿐만 아니라 주 예수 그리스도의 성령을 소유하지 않은 자들로서 사악한 일을 지속적으로 행하게 된다.

하나님의 선택을 받은 자녀들은 누구든지 참된 믿음에 의해 주 예수의 성령을 소유하게 되어 그로 말미암아 새 사람으로 다시 태어나게 된다. 그리하여 그들이 전에 사랑하던 것들을 미워하고 전에 미워하던 것을 사랑하게 된다. 그와 동시에 하나님의 자녀들의 마음 가운데서 영과 육 사이의 지속적인 투쟁이 벌어진다. 그것은 육적이며 자연적인 인간이 부패한 상태에서 스스로 쾌락과 향락에 도취되어, 고난을 당할 때는 불평하고 번영할 때는 교만에 빠져 항상 감히 엄위하신 하나님께 저항하는 경향성을 지니고 있다(롬 7:15-25; 갈 5:17). 그러나 우리가 하나님의 자녀라는 사실을 영혼 가운데 증거하시는 하나님의 성령께서(롬 8:16) 그 타락의 속박으로부터의 구출을 위해 우리로 하여금 불순한 쾌락에 저항하고 하나님 면전에서 탄식하도록 한다(롬 7:24; 8:22).

그리하여 마침내 죄가 우리의 죽어야 할 몸을 지배하지 못하도록 억누르고 궁극적인 승리의 나팔을 불도록 한다(롬 6:12). 하나님의 성령이 없는 육의 사람에게는 이러한 투쟁이 없고 탐욕을 품으면서도 회개하지 않는다. 그들은 마귀와 같이 행동하고 죄를 따르게 되어 저들의 타락한 본성이 그들을 더욱 부패시킨다. 그러나 하나님의 자녀들은 앞서 말한 대로 죄와 맞서 싸우고 악한 일에 유혹되었음을 깨닫게 되면 더욱 큰 탄식에 빠진다. 만일 그들이 넘어지면 신실한 회개와 더불어 다시 일어나게 된다(딤후 2:26). 그들은 이런 일을 저들 스스로의 힘이 아니라 주 예수의 능력으로 행하게 되며 그가 없이는 아무 것도 할 수 없다(요 15:5).

제1절

이 책의 제3부에서 취급하려는 우리의 과제는, 바로 지금까지 우리가 「스코틀랜드 신앙고백」의 안내를 통해 익숙하게 된 올바른 하나님 인식(Gottes ser kenn tnis)을 올바른 예배(Gottes die nstis; 하나님에 대한 봉사)로 이해하려고 하는 것이다. 즉 그리스도인의 진리가 그리스도인의 삶과 일치하는 것으로 이해하려고 하는 것이다.

나는 우리가 이 책의 제2부에서 제시한 중요한 몇 가지 명제를 분명하게 반복함으로써 시작하려고 한다. 종교개혁자들의 가르침에 따르면 하나님 인식과 예배는 서로에게 속해 있을 뿐만 아니라, 같은 중심과 반경을 갖고 있는 두 원이 똑같은 원인 것처럼 그것들은 하나다. 하나님 인식은 「하나님에 대한 순종」 이다. 하나님인식이 실제로 일어나게 되는 것은, 인간이 자신의 주님이신 예수 그리스도에 대한 신앙 안에서 새로운 인간이 되기 때문이다.

이 새로움(곧 신앙)은 인간이 더 이상 자기 자신을 신뢰하지 않고 자신의 주님을 신뢰하는 것이고, 또한 자기 자신을 섬기는 것이 아니라 자신의 주님을 섬기고, 그 자신의 자유 가운데서 이런 일들을 하는 것이 아니라 그로 하여금 이런 순종을 할 수 있도록 일깨우시는 「성령의 자유」 가운데서 하는 것이다.

그러므로 올바른 하나님 인식 자체가 이미 예배이고, 올바른 예배는 올바른 하나님 인식 안에서만 이루어질 수 있는 것이다. “우리의 앞길은 당신의 빛을 받아 환합니다”(In tuo lumine videbimus lumen). 여기서 우리는 「스코틀랜드 신앙고백」에서 출발점으로 삼고 있고 이중으로 한계를 정하고 있고 논박하고 있는 의미를 금방 이해할 수 있게 된다.

첫째로 「스코틀랜드 신앙고백」에서는 신자 자신의 자유 가운데서 그 자신 스스로 결단하여 선을 행하거나 하나님을 섬기고, 따라서 그리스도인의 삶을 살 수 있다고 했을 때의 오류에 대해 논박하고 있다. 다시 말하면 마치 하나님 인식이 하나의 이론인 것처럼, 우리의 존재에 대한 구속력도 없고 우리와 관계 없는 대상에 대한 하나의 견해인 것처럼 취급되고 있는 오류에 대해, 그리고 또한 예배가 하나의 실천적인 행위인 것처럼(즉 우리 자신이 결심하거나 원하여 행한 예배를 통해 초래하게 되는 결과인 것처럼) 취급되고 있는 오류에 대해 논박하고 있다.

이런 견해가 성립될 수 있는 것은 신앙이 자기 자신에 대한 오해를 하게 되는 경우 뿐이다. 인간이 그 자신의 주님으로 존재하는 것을 중지할 때 더 이상 그 자신의 자유 속에서 결심하거나 원하는 것을 행하지 않고, 그리고 성령의 자유 속에서 행하게 될 때 올바로 하나님을 인식하게 되는 것이다. 따라서 이런 경우에는 인간 자신이 나중에 선택하거나 완성해야 하는 특별한 예배가 거론될 수 없는 것이다. 하나님 인식을 "넘어서고 제외한"(außer und neben) 예배는 없다.

둘째로 「스코틀랜드 신앙고백」에서는 선을 행하거나 하나님을 섬기거나, 그리스도인으로서의 삶을 살지 않고 신앙을 가질 수 있다는 오류에 대해 논박하고 있다. 여기서 「스코틀랜드 신앙고백」이 논박하고 있는 것은, 근본적인 면에서는 앞에서 말한 첫번째 것과 동일한 것이다. 우리가 주목해야 할 것은 "그러므로"(Daram)로, 두번째 문장을 시작하고 있다는 것이다. 만일 하나님 인식이 나중에 사람의 손을 거쳐 실천되어야 하는 이론이라면 다음과 같은 물음이 제기될 수 있을 것이다;

> "왜 (인간의 손을 거쳐 이루어지는) 실천적인 행위가 선한 행위를 실천하는 것일 수 있는가. 왜 그런 실천은 똑같이 선한 것이 될 수 없는가. 어떻게 그런 실천이 언제나 아주 불확실하게 일어나는 임의적인 실천(따라서 악한 실천임에 틀림 없는 실천)으로 존재하지 않을 수 있는가?"

"warum sollute diese dann gerade die Praxis" "guter Werke, warum nicht eben-so gut, warum nicht unendlich viel wahrscheinlicher irgend eine willkürliche und als solche gewiß böse Praxis sein?"

다시 한번 말하자면 마치 그런 것이 가능한 것처럼 하나님 인식이 예배없이 생각될 수 있는 것처럼 생각하는 것은, 신앙이 자기 자신에 대해 오해하게 되는 경우에만 일어날 수 있다. 반복하자면 인간이 그 자신의 주님으로 존재하는 것을 중지할 때, 인간이 성령을 통해서(즉 성령의 자유 안에서) 결심하거나 원하는 것을 행함으로써 거룩한 인간이 될 때 올바로 하나님을 인식하게 된다. 그러므로 예배 자체(곧 올바른 예배)로 존재하지 않는 하나님 인식은 있을 수 없다.

그것이 이런 「이중의 한계설정」(doppelte Abgrenzung)을 통해 매우 특별한 의미를 갖게 된 현실적인 인간의 삶(즉하나님의 선하심을 통해 우리에게 부여된 시간의 한계 속에 있는 우리의 삶)이다. 이 삶은 어떤 의미에서는 임의적으로는 즉 「임의적인 경건」(willkürliche Frömmingkeit)이나 「임의적인 악행」(willkürliche Bosheit)으로는 이루어질 수 없다. 그런 삶을 살 수 있고 살아야 하고 살게 되는 것은, 신앙 안에서 하나님 인식이라고 할 수 있는 예배를 드리는 가운데서(하나님께 봉사하는 가운데서)이고, 예배 그 자체라고 할 수 있는 하나님 인식 가운데서다. 그 일을 위해서 시간이 우리에게 허용된 것이다;

"오직 의인은 믿음으로 말미암아 살리라"(롬 1:17).

제2절

「스코틀랜드 신앙고백」에서는 「새로운 신앙의 삶」(das neue Leben des Glaubens)과 「성령을 통한 인간의 성화」(die Heiligung des menschen durch den Heiligen Geist)를 철저한 변화(즉 사랑과 미움에 대해 영향을 받게 된 사건 안에서의 철저한 변화)로 묘사하고 있다. 예컨대 우리가 "이전에 미워했던 것은 사랑하게 되고, 이전에 좋아했던 것은 미워하게 되리라"는 것이다. 그것은 온당하고 실제적인 서술이다. 우리가 금방 인식할 수 있는 사실은, 인간이 그리스도인이 되고 하나님을 섬기게 된 것이지 천사가 된 것이 아니라는 사실이다.

인간은 세상 안에서 살아가고, 세상은 인간 안에서 살게 된다. 인간은 질서와 관계를 아래서 살아간다. 그리고 인간은 하나님을 통해서가 아니라 「하나님께 대한 반역」(Aufruhr gegen Gott)을 통해서 규정되고 특성을 부여받게 된 수단과 관습을 따라 살아간다. 자신의 존재 전체와 모든 행동을 통해서, 인간은 이 반역을 행하는 인간으로 존재한다. 그는 매우 불완전하고 문제 투성이고 위험스러운 자신의 행동 가운데서 이것을 경험하게 된다.

인간은 자신이 항상 하나님의 말씀에 의해 고발당하고 재판받고 있음을 알게 된다. 그는 신앙을 갖지 않는 다른 사람들보다 더 나을 것이 없다. 그는 다른 사람들과 마찬가지로 죄인이다. 그는 오직 이전에 미워했던 것을 사랑하고 이전에 사랑했던 것을 미워하기 시작했다는 사실을 통해서만 다른 사람들로부터 구별된다.

우리가 이전에 미워했던 것을 사랑한다는 것은 무엇을 의미하는가? "이전에"(antea)라는 말은 우리가 신앙 없이(따라서 하나님께서 예수 그리스도 안에서 우리를 위해 즉 우리가 행한 악을 선하게 만드시기 위해 개입해 들어오셨다는 사실에 대한 인식 없이) 존재했던 때를 의미한다. 우리가 이런 인식을 하지 못하고 있다면 우리는 주님 모시는 것을 증오하게 될 것이고, 우리가 그분에 대해 그리고 우리가 그분을 섬겨야 한다는 모든 것에 대해 기억해야 한다는 사실을 증오하게 될 것이다.

「하이델베르크 요리문답」(문 5)은 그것을 아주 날카롭게 다음과 같이 표현하고 있다;

> "나에게는 본래부터 하나님과 나의 이웃을 미워하는 경향이 있습니다."(Ich bin vor Natur geneigt, Gott und meinen Nächsten zu hassen).

그러나 크고 작은 인간 삶의 형태들은 그것이 지나치게 옳을 뿐이라는 사실을 보여주고 있고, 하나님의 말씀 역시 그런 사실을 우리에게 말해주고 있다. 이것을 변화시킬 만한 어떤 교육이나 도덕이 없다는 것이다. 그러나 우리는 하나님의 은혜를 인식한 후에는 우리가 이전에 증오했던 것을 사랑하기 시작할 수 있다. 왜냐하면 그분은 먼저 우리를 사랑하시는 주님이시고, 아직 우리가 그분을 미워하고 있을 때나 그분의 원수가 되었을 때에도 우리를 사랑하신 분이시기 때문이다(롬 5:10).

만일 우리가 이런 그분의 사랑 안에서 그분을 인식하게 된다면(우리가 그분의 사랑 안에서 그분을 인식하게 된다는 것은 「신앙」을 의미한다), 우리는 그런 주님을 기뻐하고 모시기 시작할 것이다. 그리고 우리는 그분에 대해 그리고 그분을 섬기게 하는 것에 대해, 우리가 기억할 수 있게 하는 모든 것을 즐겨 받아들이기 시작할 것이다. 이제 우리는 더 이상 우리의 죄를 고백할 필요가 없다. 이제 우리는 우리의 죄를 용서하시는 은혜를 고백할 수 있을 뿐이다.

그러면 우리가 이전에 사랑했던 것을 미워한다는 것은 무엇을 의미하는가. 이전에 우리는 주인되기를 사랑했고, 우리 자신과 다른 사람들에 대해 사물이나 이념에 대해 심지어 하나님이나 우리가 신으로 간주하고 있는 것에 대해 주권을 행사하기를 사랑했다. 그것이 위에서 말한 「사랑」(die Liebe, der Eros)에 해당하는 말이다. 플라톤은 그것을 이 세상의 모든 신성한 것들 가운데서 가장 능력있는 것으로 서술하고 있는데 그것은 바른 서술이라고 할 수 있다. 하나님의 은혜에 대해 인식하지 못하면, 우리는 그렇게 하는 것 이외에는 달리 사랑할 수 없을 것이다(즉 우리 자신의 능력 이외에는 다른 어떤 것을 사랑할 수 없을 것이다).

그러나 이런 인식을 하는 가운데서 예수 그리스도가 우리에게 자신의 주권과 능력을 기꺼이 행사하셨다면, 우리는 이전에 사랑했던 것을 미워하기 시작할 것이다. 그때 우리는 이전의 사랑이 초래한 결과(즉 거짓과 혼동과 다툼과 죽음)를 보게 될 것이다. 그때 우리는 우리 자신의 권력과 그것의 능력을 두려워하기 시작할 것이다. 그때 우리는 하나님의 말씀을 통해서 서로에게 권력의 능력이 악하다는 사실을 말하게 될 것이고, 그때 우리는 그런 능력을 기꺼이 팽개치려고 할 것이다.

어떤 삶의 철학도 우리가 본성적으로 온 마음을 다해 사랑하고 있는 것을 미워하게 할 수는 없다. 그러나 우리가 신앙 안에서 예수 그리스도를 "우리를 위해 자신을 희생하신" 하나님 자신으로 고백하게 된다면, 우리는 우리가 이

전에 사랑했던 것을 미워하기 시작할 것이다. 다시 말하면 이제 우리는 더 이상 우리의 죄에 대해 고백할 필요가 없고, 우리의 죄를 용서하시는 은혜에 대해 고백할 수 있을 뿐이다. 우리가 새로운 신앙 생활과 성화된 그리스도인의 삶에 대해 말할 때, 우선적으로 우리가 관심을 갖게 되는 것은 이와 같은 우리의 사랑과 미움의 변화다.

그리고 우리가 주목해야 할 사실은 「스코틀랜드 신앙고백」에서 이 사랑과 미움이 새롭게 변하기 시작하는 것에 대해 말하고 있다는 사실을 통해서 볼 때 이 신앙고백은 온건하고 현실적이라는 것이다. 아직도 옛 사랑과 옛 미움이 활동하고 있다. 「옛 사랑과 옛 미움」(die alte Liebe und der alte Haß)은 모든 인간의 삶 속에서 마지막 날까지 활동하게 될 것이다. 그리고 마찬가지로 우리는 새로운 사랑과 새로운 미움의 시작에 대해서도 그런 방식으로 말할 수밖에 없을 것이다. 그러나 하나의 시작으로서의 이런 시작은, 곧 우리에게 영향을 끼치시는 대상이신 분 안에서 우리가 변한다는 사실은 결정적이다.

그리고 그것은 매우 작고 보잘 것 없다고 할지라도 끝날까지 존재할 것이다. 왜냐하면 비록 그것이 전체적인 변화가 아니라 극히 미세한 변화라고 할지라도, 우리에게 영향을 끼치시는 대상이 되시는 분 안에서의 「철저한 변화」(der radikal Wechsel)이기 때문이다. 이것이 우리가 새로운 신앙 생활을 시작했다는 징표(das Zeichen)인 것이다. 우리의 신앙 자체가 곧바로 이런 변화된 상태를 드러내지 못한다면 우리가 어떻게 신앙을 가질 수 있겠는가.

제3절

위에서 말한 우리의 사랑과 미움의 변화에서 그리고 우리로 하여금 이런 변화를 겪게 하는 우리 자신과의 갈등에서, 우리는 그런 변화와 갈등을 하나의 징표로 볼 수 있을 뿐이다. "도대체 우리의 새로운 사랑과 새로운 미움이 넉넉하다고 할 정도로 능력이 있는가" "도대체 우리가 그런 갈등에서 효과적으로나 아주 진지하게 투쟁하고 있는가"라는 질문을 받게 된다면 그 누가 그런 질문을 감당할 수 있겠는가. 그런 경우에 그 누가 자신을 그리스도인이라고 부를 수 있고 그렇게 말할 자격이 있겠는가.

우리가 받고 있는 질문은 "우리의 신앙에 대한 질문"이다. 그리고 만일 우리가 신앙 안에서 새롭게 사랑하고 미워하기 시작한다면 그때에도 우리는 또다시 신앙 안에서 우리의 새로운 사랑이나 미움이 우리를 돕거나 구할 수 있는 것처럼 생각할 수 없을 것이고, 또한 우리 자신과의 갈등 속에서도 우리의 투쟁이 압도적인 것이냐 효과없는 것이냐 그리고 진정한 것이냐 별볼 일 없는 것이냐를 생각할 수 없을 것이다.

오히려 우리는 신앙 안에서 그런 변화 가운데서 그리고 그런 변화와 연관된 갈등 속에서 다음과 같은 징표를 볼 수 있을 뿐이다. 즉 우리의 존재에 갑자기 엄습해 오는 하나의 분기점(즉 인간적인 것이 아니라 하나님에 의한 분기점)을 볼 수 있을 뿐이다. 이런 분기점에 관한 징표를 우리는 그런 변화와 갈등 속에서 확실히 볼 수 있을 것이다. 이런 투쟁에 관해서 「스코틀랜드 신앙고백」 다음과 같이 말하고 있다;

> "하나님의 성령이 없는 육의 사람에게는 이러한 투쟁이 없고 탐욕을 품으면서도 회개하지 않는다. 그들은 마귀와 같이 행동하며 죄를 따르게 되어 저들의 타락한 본성이 그들을 더욱 부패시킨다. 그러나 하나님의 자녀들은 앞서 말한 대로 죄와 맞서 싸우고 악한 일에 유혹되었음을 깨닫게 되면 더욱 큰 탄식에 빠진다. 만일 그들이 넘어지면 신실한 회개와 더불어 다시 일어나게 된다(딤후 2:26). 그들은 이러한 일을 저들 스스로의 힘이 아니라 주 예수의 능력으로 행하게 되며 그가 없이는 아무 것도 할 수 없다(요 15:5)."
>
> "Carnal men do not share this conflict since they do not have God's Spirit, but they readily follow and obey sin and feel no regrets, since they act as the devil and their corrupt nature urge. But the sons of God, as alreay said, fight against sin, sob and moum when they find themselves tempted to do evil, and if they fall, they rise again with earnest and unfeigned drepentance(2 Tim. 2:26). They do these things, not by their own power, but by the power of the Lord

Jesus, apart form whom they can do nothing(John 15:5)."

그러나 우리를 돕거나 구할 수 있는 투쟁은 우리에게서 비롯된 투쟁이 아니라, 예수 그리스도께서 투쟁하셨고 이미 승리를 쟁취하신 투쟁이다. 그리고 만일 우리가 우리의 구원과 현실적인 그리스도인의 삶에 대해(따라서 우리의 신앙에 대해) 질문을 받게 된다면, 그 질문은 바로 예수 그리스도에 대한 질문인 것이다. 즉 "예수 그리스도께서는 실제적인 인물로 우리 앞에 서실 수 있는 분이신가. 그리고 우리는 그분을 실제적인 인물로 인식하고 인정할 수 있는가"라는 것이다. 이런 사건이 일어나게 될 때 우리를 돕거나 구할 수 있는 사건이 일어나고, 현실 가운데 있는 우리의 삶을 그리스도인의 삶으로 만들거나 우리의 행동을 선한 행동으로 만드는 사건이 일어나게 된다. 그런 사건이 일어나게 될 때 인간은 자신의 죄를 발견하게 되지만, 그것보다 더 큰 하나님의 은혜를 분명히 알게 될 것이다.

그런 사건이 항상 반복해서 일어나게 될 때 그리고 예수 그리스도께서 우리를 위해 하나님의 진노를 감당하셨고 또한 우리에 대한 하나님의 사랑이 드러나게 되었다는 사실이 참으로 우리에게 일어났다면, 그리고 우리가 항상 반복해서 하나님께서는 우리를 위해 우리에 대해 그런 일을 행하셨다는 사실을 받아들이게 된다면, 또 매일매일 내리게 되는 우리의 삶의 결단을 통해 그런 사건이 매일 일어날 수 있도록 하나님 자신이 결단하신다면, 그리고 그런 사건이 우리가 매일매일 내리는 결단의 의미와 내용으로 존재하는 가운데서 우리가 하나님께 영광돌리게 된다면, 그때 우리는 육체(즉 전체로서의 우리의 존재)에 대한 경건하거나 불경건한 우리 자신과 의 영의 투쟁(곧 성령의 투쟁)을 치르게 되는 것이다.

다시 말하면 우리는 하나님께서 우리를 위해 투쟁하시는 진실되고 효과있는 투쟁을 하게 되는 것이다. 우리가 이런 투쟁의 장소나 이 투쟁에 대한 증인으로 존재한다는 것이, 바로 「현실적인 그리스도인의 삶」(die Wirklichkeit des christlichen Lebens)이다. 이런 그리스도인 삶 가운데서 우리 자신이 치러야 하는 다른 투쟁과, 이런 투쟁을 필연적인 것으로 만드는 우리의 사랑과 증오의 변화는 「유일한 하나님의 징표」로만 존재할 수 있을 뿐이다.

제4절

이제 우리는 「스코틀랜드 신앙고백」에서 성화(聖化)가 기술될 때, 왜 회개에 대한 언급으로 끝맺고 있는지를 알 수 있을 것이다. 성경에서 말하는 회개는 「유일하신 조력자이시자 구원자이신 하나님께 돌아가는 것」(die Umkehr zu Gott als zu dem alleinigen Helfer und Retter)이다. 그 분 즉 그분의 자비하심을 보고, 우리가 우리 자신을 위해서 하려고 하거나 할 수 있는 것은 항상 회개 뿐이다. 우리가 그런 회개를 함으로써 우리의 행위는 선한 행위가 된다. 만일 우리가 항상 일어나야 하는 매일매일의 회개(즉 예수 그리스도에 대한 우리 자신의 모든 행동의 변화)를 중시한다면 우리는 본분을 벗어난 것이 아니고, 매우 분명한 사실은 성경을 벗어나지 않았다는 것이다.

「스코틀랜드 신앙고백」에서 "비록 타락한다고 할지라도"라고 말하는 것은, 그리스도인들이 회개할 수 있고 또 회개해야 한다는 것이다. 그러나 우리 모두는 매일매일 타락하고 있다. 하나님이 보시기에 우리의 삶은 계속 타락하고 있다. 그러므로 우리의 회개도 매일매일 수행되는 회개여야 할 것이다. 그리고 만일 우리가 회개에 앞서 감사를 드린다면 그것은 정당한 것이 될 것이다. 왜냐하면 그것으로서 우리는 무엇이 진정한 회개인지를 설명할 수 있을 것이기 때문이다.

「스코틀랜드 신앙고백」에서 명백히 말하고 있는 것은, 참되고 진정한 그리스도인의 회개는 우리 주 예수 그리스도의 능력을 통해서만 이루어진다는 것이다. 사실 예수 그리스도께서 성령의 사역을 통해 매일매일 우리에게 오시지 않는다면, 어떻게 우리가 매일매일 그분에게 이를 수 있겠는가. 그러나 우리가 그분 자신의 능력을 통해 회개하게 되고(즉 이미 우리에게 선을 베풀기 위해 모든 일이 일어난 것처럼 우리의 모든 행위가 그분을 향한 것이 되게 하기 위해) 그분이 우리에게 오신다면, 어떻게 우리가 감사(Dankbarkeit) 이외에 다른 말을 우선적으로 결정적인 것으로 말할 수 있겠는가.

그리고 감사 이외에 다른 말로 우리의 성화와 모든 선행과 그리스도인의 삶을 기술할 수 있겠는가. 물론 우리가 새롭게 그분에게 이르렀기 때문에, 그분이 자신의 성령을 통해 거듭하여 우리에게 오시는 것은 아니다. 매일매일 우리에게 해당하는 사항은, 다음 날에는 그분이 더 이상 우리에게 오시지 않을 수도 있다는 것이다. 그럼에도 불구하고 그분이 그 모든 일을 행하신다면, 그리고 우리가 그분이 교회에 주신 약속(즉 "보라 내가 세상 끝날까지 항상 너희와 함께 있겠노라"; 마 28:20)을 소유하고 있다면, 우리의 회개(따라서 현실적인 그리스도인의 삶)에서는 감사로 끝맺는 것이 아니라 항상 감사로 시작해야 할 것이다.

2. 그리스도인의 삶의 질서(Die Ordnung des christlichen Lebens)

제14조 하나님 앞에서 선한 것으로 인정받는 선행

우리는 하나님께서 자신의 거룩한 율법을 인간에게 주셔서 그것을 통해 하나님의 신성한 존엄에 반역하는 모든 행위를 금하셨을 뿐만 아니라, 하나님을 기쁘시게 하는 것과 보상을 위해 그가 약속하신 것들을 실천하도록 요구된 사실을 인정하고 고백한다(출 20:3 이하; 신 5:6 이하). 그런 행위는 두 가지로 구분된다. 하나는 하나님의 영광을 위한 것이고 다른 하나는 이웃의 유익을 위한 것으로서 그 둘은 확실한 약속으로서 계시된 하나님의 뜻이다. 유일하신 하나님을 마음에 두고 유일하신 하나님을 예배하고 유일하신 하나님께 영광을 돌리는 일과, 우리의 모든 고난 가운데서 하나님을 찾아 부르고 그의 거룩한 이름을 숭상하고 그의 거룩한 성례에 참여하는 것은 첫 번째 계명에 속한 것들이다(눅 10:27-28; 미 6:8).

부모·군주들·통치자들 그리고 위에 있는 권위자들을 존경하는 일, 그리고 그들을 사랑하고 협조하고 또한 하나님의 계명에 반하지 않는 한 그들의 명령에 복종하고 무지한 생명을 구해주고 횡포를 억압하고 학대당하는 자들을 옹호하고 우리의 몸을 순결하고 거룩하게 지키고 경건과 절제 가운데 생활하고, 말과 행동에 있어서 모든 사람과 더불어 올바른 자세를 유지하고, 그리고 결과적으로 우리의 이웃을 해치려는 어떤 욕망이라 할지라도 억제하는 일(엡 6:1-7 겔 22:11, 12 고전 6:19-20 살전 4:3-7; 렘22:3 등; 사50:1 등)은 두 번째 계명에 언급된 선행으로서, 이런 것들은 하나님께서 친히 그들에게 명령한 것으로 하나님께서 가장 기쁘게 받으실 만한 행위들이다.

이에 반대되는 것은 항상 하나님을 불쾌하게 하며 그로 하여금 진노를 불러일으키는 죄다. 그것은 우리가 간구할 것이 있을 때 하나님 한 분만 찾아 부르지 않고, 경건한 마음으로 그의 말씀을 듣지 않는 것이다. 대신 그들은 그것을 비난하고 멸시하며 우상을 경배하며 우상숭배에 빠져 그에 의존하면서 하나님의 거룩한 이름을 경홀히 여겨 예수 그리스도의 성례를 모독하고 남용하고 폐기하고자 한다. 또한 그들은 직분자들이 그 권한을 벗어나지 않는데도 하나님께서 허락하신 권위에 불순종하고 저항한다(롬 13:2). 나아가 만일 우리가 그것을 방지하고자 하면 그들은 죽이려고 덤벼들 것이고 증오심을 갖고 무죄한 피를 흘리려 할 것이다(겔 22:13). 결과적으로 우리는 첫 번째와 두 번째 유형의 명령을 벗어난 어떤 것이라 할지라도 죄가 된다는 사실을 확실하게 고백한다(요일 3:4). 그로 말미암아 하나님의 진노와 노여움이 오만하고 배은망덕한 세상을 향해 불붙게 된다.

그리하여 우리는 선행들이 오직 믿음 안에서만 이루어진다는 사실(롬 14:23; 11:6)과, 하나님의 율법에서 자신이 기뻐하는 것을 제시하신 하나님의 계명에 기초한다는 사실을 확신한다(삼상 15:22; 고전 10:31), 우리는 또한 악행들은 하나님의 계명에 반하는 행위로 표현된 것들 뿐만 아니라, 인간적인 재주와 판단으로 행하는 종교적인 방편들로서 하나님을 경배하는 행위도 그와 동일한 악행이 된다는 사실을 확실히 고백한다. 우리가 선지자 이사야로부터 배우는 것처럼 처음부터 하나님께서는 그렇게 배척당하셨으며(사 29:13), 우리 주님도 그와 같이 당하셨다. 따라서 그리스도 예수는 "그들은 나를 헛되이 예배하고 사람의 계명을 하나님의 것인 양 가르친다"(사 29:13; 마 15:9; 막 7:7)고 말씀하셨던 것이다.

제1절

그리스도인의 삶은 질서있는 삶이다. 앞에서 우리는 올바른 인식 자체가 존재하고 예배도 그와 같이 존재한다는 사실에, 그리스도인의 삶이 근거하고 있다는 것을 살펴 보았다. 또 우리는 예수 그리스도께서 신앙을 통해 우리 인간 존재의 분기점이 되신다는 사실에, 그리스도인의 삶의 능력이 있음을 살펴 보았다. 그리고 우리는 감사에 근거하고 있고 우리가 악하게 만든 것을 선하게 만드시는 하나님께 인간이 돌아가는 것으로서의 매일매일의 회개에, 그리스도인의 삶의 본질이 있음을 살펴 보았다. 이와 더불어 그리스도인의 삶은 우연이나 개인의 의지에 달려 있는 것이 아니고, 또 그 삶의 근거와 능력과 본질을 통해 규정되거나 질서를 갖게 된 삶이라는 사실이 결정된다.

우리는 이와 같이 규정되는 그리스도인의 삶에 대해 만족하고 있는가. 우리는 그런 그리스도인의 삶의 질서가 정당하다고 보는가. 이것에 대해서는 다음 장에서 말하게 될 것이다. 그러나 우리가 어떤 대답을 하든지 분명한 사실은, 그리스도인의 삶은 질서가 요구되는 삶이고 인간에게 아주 독특한 복종을 요구하는 삶이라는 것이다. 예배는 우리의 삶이 올바른 방향을 정하게 된 사실을 의미한다. 또 신앙은 어떤 것은 우리에게 제공되고 있지만, 어떤 것은 금지되고 있다는 사실을 의미한다. 감사는 어떤 것은 우리가 추구하려고 하지만 어떤 것은 피하려고 한다는 사실을 의미한다.

다시금 그리스도인의 삶의 근거와 능력과 본질을 통해 결정되는 것은, 그리스도인의 삶의 질서는 우리가 개인적으로 취급할 일이 아니라는 것을 의미한다. 「스코틀랜드 신앙고백」에서 「선행의 법」(das Gestz der guten Werke)이라고 부르고 있는 곳에는, 일반적으로 16세기 개혁교회에서 그랬던 것처럼 "율법과 그리스도인의 삶의 질서는 하나님의 법이라"는 사실을 이해하지 못하는 두 형태의 명목상의 예배가 존재하고 있다. 한편으로는 로마 교회가 있다. 로마 교회는 명목상으로 신성한 자연법과 이 자연법의 전통에 기초하여 인간이 고안하고 형성시킨 법규(즉 제의와 법과 도덕을 규정하는 법규)에 그리스도인의 삶을 종속시키려고 하는 것이다.

다른 한편으로는 정반대의 것 즉 다양한 형태로 나타나는 「종교적인 열광주의」(religiöses Enthusiasmus)가 있다. 그리고 이 열광주의에서는 소위 영의 명령(신성한 "내적인 빛"의 명령)이나 단순히 모든 개인의 양심의 명령에, 그리스도인의 삶을 종속시키려고 한다. 이 두 가지는 그리스도인의 삶의 질서가 인간의 손에 달려 있는 것처럼 잘못 생각하는 데서 기인한 것이다. 왜냐하면 그 둘은 신성한 율법을 부여하는 자의 위치에 있는 것으로 드러나는 것은, 하나님의 권위로 결정된 것이냐 아니면 하나님이 자유롭게 결정하신 개인이냐라는 것을 묻는 것과 같은 것이기 때문이다.

이 두 경우에서 우리는 잘못된 「예배」의 형태를 접하게 된다. 이 두 형태에서는 은연중에 인간이 그 자신의 주인으로 존재한다. 이 두 형태에서는 가시적인 그리스도인의 삶의 질서는 실제로는 무질서인데, 여기에서는 우연과 개인의 의지가 판치고 있다. 그리스도인의 삶과 참된 예배의 근거와 능력과 본질의 관점에서 볼 때, 그 두 형태는 성립될 수도 없고 정당화될 수도 없다.

현실적인 그리스도인의 삶의 질서는 예수 그리스도를 의미한다. 그러므로 현실적인 그리스도인의 삶의 질서는, 교회와 교회 속에 있는 개인보다 우위를 점하고 있다. 그리스도인의 삶 가운데서 타당성을 갖고 있는 권위와 자유는, 예수 그리스도께서 자신의 말씀(즉 그 자신)이 사람들 가운데 들려지게 되고 그들이 그 말씀에 순종하게 하는 권위와 자유인 것이다. 그가 하시는 말씀은 무엇이 선하고 무엇이 악하냐, 또 무엇이 허락되었고 무엇이 금지되었느냐라는 것이다. 또한 오직 그분만이 우리가 그 앞에 서서 대답할 수밖에 없는 재판관이시다.

그러므로 십계명은 그리스도인의 삶에 대한 하나님의 법이다. 왜냐하면 십계명의 두 부분(즉 분리될 수도 없고 혼동될 수도 없는 두 돌판의 계명)에서 하나님과 이웃을 위해 우리가 해야 할 것을 요구함으로써, 예수 그리스도를 우리의 주님으로 증거하고 있기 때문이다. 그러므로 이 두 돌판의 확실성과 권위는 자연법이나 교회 전통이나 개인 양심의 소리에 있는 것이 아니라, 「계시된 하나님의 뜻」(offenbarte Wille Gottes)에 있는 것이다. 그리고 「계시된 하나님의 뜻」은 예수 그리스도를 의미한다. 「스코틀랜드 신앙고백」 제13조의 처음에서 인용하고 있는 에배소서 2장 10절에 의하면 “우리는 그가 만드신 바라 그리스도 예수 안에서 선한 일을 위하여 지으심을 받은 자이다.”

제2절

하나님의 법은 사람이 하나님과의 관계에서 필요한 그리스도인의 삶의 질서를 세운다. 하나님의 법에서는 다음과 같은 것이 요구되고 있다;

> “하나님께 영광을 돌려라. 곤궁한 때에 도움을 주시는 분이신 그분을 찾아라. 그의 이름을 경외하라. 그분의 말씀을 듣고 순종해라. 그가 베푸시는 은혜의 도구들을 사용해라.”(Gott die Ehre geben! Ihn als Helfer in jeder Not anrufen! Seinen Namen fürchten! Seinem Wort Gehör und Gehorsam schenken! Gebrauch machen von den Mitteln sei-ner Gnade!),

그리고 하나님의 법에서는 다음과 같은 것이 금지되고 있다;

> “다른 권력에 도움을 구하지 말라. 그분의 말씀을 경멸하지 말라. 우상을 섬기지 말라. 그의 이름을 망령되이 일컫지 말라. 그가 베푸시는 은혜의 도구들을 어떤 방식으로든 변경하지 말고 무시하지 말라”(bei an-deren Gewalten Hilfe zu suchen! Die Mißachtung seines Wortes! Den Götzendienst! Den Mißbrauch seines Namens! Jede Verfälschung und erst recht die Ignorierung der Mittel seiner Gnade!).

「스코틀랜드 신앙고백」에 의하면 첫번째 돌판의 내용은 “하나님과의 관계에서 그리스도인의 삶을 다스리는 질서”(die Ordung des christlichen Lebens in seiner Beziehung zu Gott)라는 것이다. 신앙에서의 감사는 필연적으로 다음과 같은 형태(즉 하나님과의 관계에서 우리는 어떤 것은 행해야 하고 어떤 것은 행해서는 안된다는 형태)를 지니고 있다. 그것은 우리가 어떤 것은 선한 것으로 간주하지만 다른 것은 악한 것으로 간주하고 있기 때문이 아니라, 계시된 하나님의 뜻을 통해 어떤 것은 우리에게 요구되고 있지만 어떤 것은 금지되고 있기 때문이다.

그러나 여기서 이해하고 설명하려고 하는 것은 "이 명령과 금지의 어디까지가 하나님의 뜻이고 우리가 피할 수 없는 질서냐"라는 것이다. 그것을 이해하거나 설명하려면, 우리는 참된 예배를 함축하고 규정하는 하나님 인식에로 소급해 가야 할 것이고, 특히 「스코틀랜드 신앙고백」 제7-10조에서 서술되고 있듯이, 예수 그리스도 안에서 우리가 새롭게 되었다는 사실에 대한 인식으로 되돌아 가야 할 것이다. 제7-10조에서 우리가 살펴본 바에 의하면, 참 하나님이신 예수 그리스도께서 우리의 자리를 취하셨다는 데에 이 새로와짐과 그리스도인의 삶이 있다.

우리의 「선택받음과 구원받음」(즉 심판에서 보호받음과 영원한 삶)을 향해 나아가고 있는 우리의 전존재는, 전적으로 예수 그리스도 안에서 자신을 우리의 대표자와 상담자와 변호자로 삼으시는 영원하신 하나님의 「완전성」(Vollkommenheit)에서 기인하고 있다. 우리가 확고히 서게 되는 것은 「이미 일어난 하나님의 결단」(die Geschehene Entscheidung Gottes)을 통해서, 그리고 예수 그리스도 안에서 일어난 하나님의 사역을 통해서다.

만일 이런 결단이 내려지지 않았고 그런 행위가 일어나지 않았다면, 그리고 그런 결단을 내리시고 행동하시는 분이 하나님 자신이 아니라면, 그리고 예수 그리스도가 영원하신 하나님의 아들이 아니라면 심연 속으로 떨어질 수밖에 없을 것이다.

우리는 하나님의 은혜를 통해 생명을 영위하게 된다. 왜냐하면 하나님의 은혜는 어떤 피조물이 다른 피조물로부터 받을 수 있는 것과 같은 어떤 친절한 도움이나 해명이나 편의가 아니라, 우리가 곤경 속에 있을 때 우리를 매우 효과적으로 뒷바침할 수 있는 「전능하고 완전한 뒷바침」(der allmächtige, vollkommene Beistand)이기 때문이다. 하나님이 우리를 위해 존재하지 않는다면 모든 것이 우리를 대적하여 존재할 것이다. 그러나 예수 그리스도는 참 하나님으로 우리에게 오셨고 우리의 자리를 취하셨다.

첫번째 돌판의 계명에 의하면 그 때문에 우리가 곧 그리스도인의 삶이 하나님과 매우 밀접하게 연합을 이루게 되는 것이다. 매우 신실하시고 은혜로

우신 하나님의 복음 안에서 복음과 더불어 참 하나님께 영광돌릴 수 있는 모든 것을 행하도록 우리에게 명령하시고, 참 하나님께 영광돌리지 못하는 모든 것은 행하지 말라고 금지하시는 계명이 우리에게 선포되고 있다. "예수 그리스도 안에서 우리는 하나님의 것으로 존재한다." 따라서 어떤 것은 우리가 행하라고 명령되지만 어떤 것은 금지된다. 그러므로 하나님의 법에는 우리가 하지 않고 버려둔 것을 행하라고 우리에게 요구하지 않고, 또 우리가 할 수 있는 어떤 것을 내버려 두라고 요구하지도 않는다.

그러나 하나님의 법에서는 우리가 현재 상태로 존재하는 것(즉 예수 그리스도 안에서 하나님에 의해 선택받았고 구원받은 자로 존재하는 것) 그 이상도 이하도 요구하지 않는다. 그리고 이에 상응하여 우리가 현재 생태가 아닌 상태로 존재해서는 안된다는 것(즉 하나님 없이 상실된 자로 존재하거나 하나님으로부터 버림받는 자로 존재해서는 안된다는 것) 그 이상도 이하도 요구하지 않는다. 그러므로 우리가 첫번째 돌판에서 명령하거나 금하는 곳에서 특별한 형태의 경건이나 어떤 예외적인 종교 행위들을 찾으려고 한다면, 그보다 더 모순된 것은 없을 것이다.

우리가 이 첫번째 돌판에서 명령하거나 금지하는 것에 따라 하나님께 영광돌림으로써 하나님을 섬긴다는 것은, 우리가 숨쉬고 있는 곳에 머물러 있다는 것을 의미하고 우리가 질식할 수밖에 없는 곳으로 들어가는 것이 아니라는 것을 의미한다. 순종한다는 것은 진리에 대해 긍정하고, 진리 안에서 우리의 구원에 대해 긍정하는 것을 의미한다.

순종하지 않는다는 것은 거짓말 하고, 따라서 우리의 사멸(Verderben)에 대해 긍정한다는 것을 의미한다. 우리가 진리 안에 있기 때문에(따라서 우리의 구원이 긍정되고 있기 때문에) 우리는 순종해야 한다. 따라서 하나님을 경외하는 것은 특별한 어떤 것이 아니라, 하나님께서 당신의 자녀가 되도록 우리에게 부여하신 자유를 자유롭게 표현하는 것이다.

제3절

하나님의 율법은 이웃과의 관계 속에서 그리스도인의 삶의 질서를 세운다.

하나님의 법에서는 부모와 모든 어른들을 존경하고 사랑하고 즐겁게 도움을 베풀라고 명령한다. 또 하나님께 순종하는 것에 어긋나지 않는 한 그들에게 순종하라고 명령하고, 폭군에 대해서는 저항하라고 명령하고, 약함을 방지하고 순수하고 실속있는 태도를 취할 것과 모든 사람에게 정당하고 분별력 있게 대할 것을 명령하고 있다. 그리고 하나님의 법에서는 합법적인 권위에 반역하는 것을 금지하고 있다. 또 살인과 살인하도록 유도하는 것(따라서 계속 화를 품는 것)을 금지하고 있다. 또한 무죄한 자기 피를 흘리는 곳에서 방관하는 것도 금지하고 있다.

「스코틀랜드 신앙고백」에 의하면 두번째 돌판에서 다음과 같은 내용이 제시되고 있다. 우리가 여기서 아주 분명히 인식할 수 있는 것은, 매우 남성적이면서 호전적인 것으로는 말할 수 없는 이 문서의 정신이다. 여기서 특히 인상적이고 본질적으로 제6계명에 대해 언급하고 있는 것에 대해서는, 이 책의 마지막 장에서 취급하는 제24조에 대한 논의에서 취급하게 될 것이다. 이런 점에서 볼 때 「스코틀랜드 신앙고백」이 천사에 의해서가 아니라 인간에 의해서, 지상에서 혼란한 16세기의 스코틀랜드 한복판에서 만들어졌다는 사실을 「스코틀랜드 신앙고백」이 우리로 하여금 아주 확실히 기억할 수 있게 하고 있다는 것은 우연이 아니다.

그리고 「스코틀랜드 신앙고백」이 이런 입장에서 말하고 있는 것은 바로 「이 세상의 일」에 대해서다. 이제 여기서 주로 취급하려고 하는 것은, 이웃과 관계를 맺고 있는 그리스도인의 삶의 질서다. 신앙에서의 감사는 필연적으로 그리고 어떤 경우에도 하나님에게 대해서와 마찬가지로 이웃에 대해서, 어떤 것은 행하고 어떤 것은 버려두는 그런 형태를 취한다. 그리고 우리가 주의해야 할 것은 이런 점에서의 불순종은, 감사드리지 않는 것으로 특징지워진다는 점이다. 다시금 우리는 어떤 것은 행하고 어떤 것은 버려 두어야 한다.

그것은 우리가 어떤 것은 선하고 어떤 것은 악하다고 간주하기 때문이 아니라(즉 인간적인 의미에서 그렇게 행하는 것이 아니라), 하나님이 계시된 당신의 뜻을 통해서 우리가 어떤 것은 행하고 어떤 것은 하지 말도록 금지하시기 때문이다. 그러나 역시 여기서 요구되는 것은 이해하고 설명하는 것이다. 이 명령하고 금지하는 것의 어디까지가 「계시된 하나님의 뜻」이고, 따라서 우리가 피할 수 없는 질서인가? 그리고 또한 여기서 우리는 모든 올바른 예배에 우선하는 하나님 인식에 거슬러 올라가야 한다.

즉 예수 그리스도 안에서의 우리의 새로와짐에 대한 인식으로 거슬러 올라가야 하고, 따라서 「스코틀랜드 신앙고백」의 제7-10조로 거슬러 올라가야 한다. 우리가 매우 주목해야 할 것은 「스코틀랜드 신앙고백」의 그리스도론에서, 우리는 그것이 없으면 우리가 「스코틀랜드 신앙고백」에서 하나님이 명령하시는 것에 대해 가르치고 있는 것을 이해할 수 없고 따라서 수용할 수 없는 그런 근본적인 요소를 발견하게 된다는 것이다. 우리는 이 책의 제7장과 8장에서 우리의 새로와짐(Erneuenug)은 참 인간이신 예수 그리스도께서, 우리 자신의 자리에 들어오셨다는 데서 이루어짐을 살펴 보았다.

우리가 선택받았고 구원받았다는 것은 철저하게 하나님의 아들이 우리에게 내려오셔서 우리와 같이 되셨고, 따라서 한 인간이 곧 현재의 우리처럼 가난하고 죽고 또 죽을 수밖에 없는 인간이 되셨다는 사실에 의존하고 있다. 당신의 영광이 우리에게 남아 있게 하기 위해서, 하나님께서는 우리가 서 있어야 했던 바로 그 자리에 우리가 감당해야 하는 짐을 운반하는 자로 서 계신다. 우리가 하나님의 인간성에 덧입고 있는 것은, 하나님의 결단에 근거하여 인간의 「선택」이 있고 하나님의 사역을 통해 인간의 「구원」이 있다는 것이다;

> "우리 주 예수 그리스도의 은혜를 너희가 알거니와 부요하신 이로서 너희를 위하여 가난하게 되심은 그의 가난함으로 말미암아 너희를 부요하게 하려 하심이라"(고후 8:9).

만일 하나님이 당신의 아들을 우리를 위해 희생하시지 않으셨다면, 우리는 가장 비참한 피조물이었을 것이고 가장 비참한 피조물로 남아 있을 것이다.

그러나 예수 그리스도는 참 인간으로 우리에게 오셨고 따라서 실제로 우리의 자리에 들어오셨기 때문에, 우리는 이제 우리의 이웃과 연대성을 이루게 되었다. 하나님이 인간으로 낮아지신 것에 관한 복음 속에서, 우리는 이 복음과 더불어 우리가 이웃을 위해 모든 것을 행하되 이웃을 해롭게 하는 것은 아무 것도 행하지 말라는 명령을 접하게 된다. 예수 그리스도 안에 있는 우리는 하나님의 것이다. 그 때문에 우리는 우리의 이웃과 연대 관계를 이루게 된다. 그러므로 다시 한번 말하자면 하나님의 계명에서는 우리가 버려야 할 어떤 것을 행하라고 요구하거나, 마찬가지로 우리가 적절히 행할 수 있는 것을 하지 말고 내버려 두라고 요구하고 있지 않다.

하나님의 계명에서는 우리 자신 그 이상도 이하도 요구하지 않는다. 즉 하나님의 계명은 우리가 가난한 인간 예수 안에서 선택받고 구원받은 자로 존재하는 것 그 이상도 이하도 요구하지 않는다. 단지 하나님의 계명에서는 바로 우리가 실제로 그런 자로 존재하기를 요구하고 있을 뿐이다. 만일 우리가 그와 같이 존재한다면 바로 우리가 그들과 더불어 살아야 하는 가난한 사람들(물론 이들은 실제로 가난한 사람들이다) 안에서, 예수의 형제로 인식되는 것이 가능하게 될 것이다. 그리고 그 가난한 자들이 현존하고 있다는 사실은 (그들의 약함이 크면 클수록 더욱 더) 우리로 하여금 그분을 기억하게 함으로써 우리에게 그분의 메시지를 전달해 주고 있다.

그러므로 우리는 그들에 대해 감사할 수밖에 없는 의무를 갖게 됨으로써 그들과 연대 관계를 이루게 된다. 그들과의 우리의 관계는 하나님과의 우리의 관계를 표시하는 것이고 시험하는 것이다;

> "누구든지 하나님을 사랑하노라하고 그 형제를 미워하면 이는 거짓말하는 자니 보는 바 그 형제를 사랑하지 아니하는 자는 보지 못하는 바 하나님을 사랑할 수 없느니라"(요일 4:20).

눈에 보이지 않는 하나님께서 예수 그리스도 안에서 눈에 보이는 인간이 되셨다. 따라서 우리는 모든 인간에게 영예를 주고 그들에게 봉사하고 도움을 베풀 의무를 갖게 되었다. 다시 말하면 두번째 돌판에서 행하라는 명령이나 금지하는 것을, 우리는 특별히 도덕적인 면에서의 행위를 요구하거나 인간에게 어떤 특별한 업적을 요구하는 것으로 이해해서는 안 될 것이다.

우리는 서로를 자선가나 교육자나 신(神)으로 규정해서는 안 될 것이다. 만일 우리가 서로 사랑한다면 우리는 특별한 어떤 것도 행하지 않을 것이다. 여기서 우리는 단지 형제로서의 우리가 서로에게 의무적으로 행해야 하는 불가피한 것만 행하게 될 것이다. 왜냐하면 우리는 예수 그리스도에게 그렇게 해야 하는 빚을 지고 있기 때문이다. 우리는 단지 복종할 수 있을 뿐이다. 그리고 다시 한 번 말하자면 우리의 복종을 예수 그리스도 안에서 하나님 자신이 우리의 형제가 되심으로써, 우리에게 부여된 자유를 확증하는 것이 될 것이다.

제4절

우리는 그리스도인의 삶의 질서에 대해서, 올바르게 감사드리고 회개하는 방법에 대해서 선악의 표준에 대해 살펴 보았다. 십계명은 이런 질서와 방법과 표준에 대한 「증언」(das Zeugnis)이라고 할 수 있다. 하나님의 백성의 삶을 지배하는 질서로서의 십계명이, 이 백성(우리들)의 주님에 대해서 그리고 우리와 함께 하시는 그분의 뜻에 대해서 증언하고 있는 한 그러하다는 것이다. 예수 그리스도는 우리를 해방하심으로써, 우리가 하나님과 인간에게 연결되게 하신다. 즉 하나님의 아들로서 예수 그리스도는 우리를 하나님과 연결시키시고, 말 구유에 나시고 십자가에 달려 돌아가신 마리아의 아들로서는 우리를 인간에게 연결시키신다. 그리고 이것은 이중적이면서도 분리될 수 없는 요구로서 우리에게 제시되고 있다.

예수 그리스도는 「모든 예배를 근거짓는 규칙이고 강요」(die Regel und der Grundriß alles gottesdienste)이다. 만일 우리가 예수 그리스도에 대한 신앙을 말한다면 이것 이외에 다른 어떤 것을 말할 수 없을 것이다. 왜냐하면 예수 그리스도에 대한 신앙의 눈으로 볼 때, 참 하나님이시고 참 인간이신 예수 그리스도께서 우리의 자리에 서셨다는 것이 우리와 우리의 삶을 위한 사실로 나타나기 때문이다. 신앙 안에서 예수 그리스도는 우리의 마음 속에 거하시고 「우리의 사고와 말과 행동」(unsered Gedanken Worte und Taten)을 지배하신다.

우리의 신앙은 약하고 보잘 것 없고 작다는 것은 틀림 없는 사실이다. 그러나 신앙 안에서 우리의 마음 속에 거하시는 예수 그리스도는 강하고 크다. 그리고 이런 이유 때문에 아무리 우리의 신앙이 작고 약하다고 할지라도 분명한 사실로 드러나는 것은, 신앙 안에서 우리는 그리스도인의 삶의 질서와 감사하고 회개하는 방법과 「선악의 표준」(das Kriterium des Guten und Bösen)을 부여받았고, 더 나아가서 신앙은 사랑(그리고 하나님의 율법의 성취) 없이는 결코 존재할 수 없을 뿐만 아니라, 결국 신앙으로 행하는 우리의 모든 행위는 선행이 될 수밖에 없다는 것이다.

3. 참된 그리스도인의 삶(Die Wahrheit des christlichen Lebens)

제15조 율법의 완전성과 인간의 불완전성

우리는 하나님의 율법이 가장 의롭고 공정할 뿐만 아니라 거룩하고 완전하고, 또한 그 명령이 온전히 지켜질 때 인간에게 생명을 부여하고 영원한 복락을 가져다 주는 것으로 받아들여 고백한다(레 18:5 갈 3:12: 딤전 1:8; 롬 7:12; 시 19:7-9; 19:11). 그러나 인간의 본성은 지극히 타락하여 연약하고 불완전하므로, 우리는 결코 하나님의 율법을 완전하게 준행할 수 없다(신 5:29: 롬 10:3), 비록 우리가 중생한 후라 할지라도 죄가 없다고 주장한다면, 그것은 스스로를 속이는 일이며 하나님의 진리가 자기 안에 존재하지 않는다는 사실을 보여줄 따름이다(왕상 8:46; 대하 6:36; 잠 20:9; 전 7:22; 요일 1:8).

그러므로 율법의 목표이자 완성이신 그리스도 예수의 의와 속죄 안에서 그를 온전히 붙잡는 것이 우리를 위한 가장 기본적인 삶이다. 또한 우리가 비록 모든 면에서 율법을 지키지 못함에도 불구하고 그로 말미암아 하나님의 저주가 우리 위에 떨어지지 않게 되어 참된 자유를 얻을 수 있었다(롬 10:4; 갈 3:13: 신 27:26). 성부 하나님께서는 그의 아들 그리스도 예수의 몸 안에서 우리를 바라보시며, 비록 불완전한 순종이라 할지라도 그것을 완벽한 것인 양 간주하시고 받아주신다(빌 2:15). 그리고 많은 허물과 함께 더러워진 우리의 행위를 그의 아들의 의로써 덮어주신다(사 64:6). 우리가 이미 알고 있듯이 이는 자유를 얻은 성도들이라고 해서, 율법에 복종할 의무가 없어진다는 것을 의미하지 않는다.

우리는 율법이 요구하는 것들에 순종하는 행위에 대하여 과거와 현재와 미래에 복종하시는 그리스도 예수 이외에는, 지구상의 어느 누구도 그 율법을 다 행할 수 없다는 사실을 확신한다. 우리가 모든 일들을 행했을 때는 겸손하게 무릎꿇고 솔직한 심정으로 무익한 종임을 고백할 수 있어야 한다(눅 17:10). 그러므로 자기 자신의 행위의 공로를 자랑하거나 자기의 넘치는 공적을 신뢰하는 사람은, 누구든지 헛된 것을 자랑하는 것이 되고 저주받을 우상에 신뢰를 두는 것과 같다.

제1절

우리는 현실적인 그리스도인의 삶에 대해 살펴 보았다. 즉 그것은 성령의 사역에 힘입어 행하는 예수 그리스도에 대한 신앙의 반복이라고 할 수 있는 「매일매일의 감사와 참회」(tägliche Dankbarkeit und Buße)에 있다는 사실을 알게 된 것이다. 그리고 우리는 그리스도인의 삶의 질서에 대해 살펴 보았다. 즉 그리스도인의 삶의 질서가 필연적으로 우리로 하여금 하나님 사랑과 이웃 사랑을 하도록 인도하는 한, 그것도 예수 그리스도에 대한 신앙에 있다는 사실을 알게 된 것이다. 이제 우리는 참된 그리스도인의 삶에 대해 묻고자 한다.

「스코틀랜드 신앙고백」 제15조의 표제어는 여기서 제기되고 대답될 수 있는 문제를 매우 분명하게 지시하고 있다; "율법의 완전성과 인간의 불완전성에 관하여."(Die Vollkommenheit des Gesetzes und die Un-vollkommenheit des Menschen). 이런 확증과 더불어 진실성의 문제가 제기된다. 성경에서 관용적으로 사용되고 있는 "참되다"(wahr)는 말은 실질적인 것(따라서 그 개념 속에 포함되어 있는 요구에 상응하는 것)을 의미하고, 자체에 근거하게 된 것(따라서 확실한 것)을 의미한다. 참된 그리스도인의 삶이 존재하는가? 실질적이고도 믿을 만한 감사나 회개가 존재하는가? 율법의 성취가 존재하는가? 하나님께 복종하는 인간이 존재한다는 사실이 고려될 수 있는가?

만일 참으로 율법이 완전하고 인간이 불완전하다면 이런 물음을 물을 만한 원인이 성립된다. 우리가 생각해야 할 중요한 것은, 불완전하게 성취될 수 있는 어떤 율법이 아니라는 것이다. 우리 모두는 우리가 항상 단지 대략적인 것(따라서 완전히 성취하지 못하는 것)으로 알고 있는 「어떤 도덕적인 율법」(ein moralisches Gesetz)을 알고 있다고 생각한다. 우리가 우리에게서 발견할 수 있다고 믿고 있는 바로 그 「대략적인 것」(annäherung)을 통해 우리는 우리의 불완전성에 대해 위안을 얻게 된다. 즉 우리는 그와 같은 우리의 불완전성에도 불구하고. 바로 그 때문에 우리의 도덕적인 삶이 실제적인 것도 아니고 믿을 수도 없다는 사실을 거의 확인하려고 하지 않는다는 것이다.

그럼에도 불구하고 우리는 완전성(Vollkommenheit)을 열망하고 있다. 그리고 바로 이 열망하는 가운데 우리의 진정한 도덕적인 삶이 있다. 그러나 참된 그리스도인의 삶은 그렇게 쉽게 우리의 불완전성(unvollkommenheit)과 양립할 수 없다. 만일 우리가 그리스도인의 삶의 질서의 완전성을 열망한다고 할 때도 양립할 수 없다. 왜냐하면 이 그리스도인의 삶의 질서는 하나님의 율법이기 때문이다. 그러나 이 율법에서는 전적으로 양자택일을 요구하고 있다. 우리가 감사드릴 것이냐 아니냐, 우리가 회개할 것이냐 아니냐, 우리가 하나님과 이웃을 사랑할 것이냐 미워할 것이냐를 요구하고 있다.

우리가 위로를 느낄 만한 어떤 "대략적으로"가 성립되는 제3의 중재자적인 것이 여기에는 없다. 바로 이것이 율법의 완전성이다. 「하이델베르크 요리문답」(문 62)은 그것을 넘어서서 다음 사실을 의미하고 있다;

> "하나님의 심판 앞에 설 수 있는 의는 완전해야 하고, 하나님의 율법이 전적으로 합치되어야 한다. 그런데 우리의 최선의 선행도 불완전하고 죄로 오염되어 있다."
>
> "Darum, weil die Gerechtigkeit, die vor Gottes Gericht bestehen soll, durchaus vollkommen und dem göttlichen Gesetz ganz gleich

förnug sein muß, aber auch unsere besten Werke in diesem Leben alle unvollkommen und mit Sünden befleckt sind."

불완전성은 불순종(따라서 불의)을 의미한다. 그러나 인간은 불완전하다. 도덕적인 의미에서 말하면 그것은 우리가 언제나 맛볼 수밖에 없는 일반적인 사항이다.

기독교적인 의미에서 말하면 그것은 우리를 파멸시킬 수밖에 없는 심판이다. 왜냐하면 인간이 불완전하다는 것은, 그리스도인의 삶의 진실성과 구원의 진실성을 문제 삼고 그것을 부인하게 하기 때문이다. 감사와 참회 그리고 하나님과 이웃에 대한 사랑을 요구하는 하나님의 율법 앞에서, 인간은 자기가 대내외적으로 행한 업적을 갖고 서게 된다. 즉 그가 행하거나 생각하거나 느낀 것을 갖고 하나님과 이웃을 사랑하지 않고 증오했던, 감사할 수도 없고 참회할 능력도 없는 존재로서 율법 앞에 서게 된다.

아니면 그런 방식이 아닌 다른 방식으로 일찌기 그 누가 하나님의 율법 앞에 설 수 있었던가? 그것과 다른 방식으로 설 수 있다고 주장하려는 사람은, 하나님의 율법이 아닌 다른 율법을 마음 속에 간직하고 있음에 틀림 없다. 그런 경우에 인간은 율법을 범한 자로 거기에 서 있고, 그리스도인의 삶으로서 그의 삶은 합당한 것도 아니고 신뢰할 만한 것도 아니고 참된 것도 아니다. 그런 경우에 그의 삶은 전혀 그리스도인의 삶이 아닌 것이다.

참된 그리스도인의 삶은 무엇인가? 즉 오직 그리스도인의 삶을 지배하는 그리스도인의 삶의 질서 및 하나님의 율법으로부터 인식될 수밖에 없기 때문에, 우리의 삶 자체에서는 우리의 대내외적인 업적에서는 어떤 경우에도 발견될 수 없고 실제로는 우리의 삶 속에서 문제가 될 뿐이고 부정될 뿐인 그런 그리스도인의 삶은 무엇인가. 만일 여기서 대답이 제시되어야 한다면 「스코틀랜드 신앙고백」을 시험하는 것이 될 것이고, 우리도 그런 시험을 받고 있다고 할 수 있을 것이다. 여기서 참된 그리스도인의 삶에 대한 물음에서는 다음과 같은 것이 결정되어야 할 것이다;

"본질적으로 우리의 삶(생명)인가."

예수 그리스도가 우리의 삶(생명)인가. 만일 그리스도인의 삶이 문제가 된다면(그리스도인의 삶에 대해 물을 수밖에 없다면), 그런 물음에 대한 정의가 분명히 내려져야 할 것이다.

그러나 만일 그리스도인의 삶에 대한 물음이나 예수 그리스도가 우리의 삶(생명)이라는 사실이 진지하게 고려되지 않는다면, 만일 그것이 우리에게는 경건한 귀절에 불과하고 찬송과 신앙을 심어주는 말과 기도를 위해서는 충분하지만 참된 그리스도인의 삶에 관해 묻는 물음에 대한 대답으로서는 실제적인 중요성을 지니지 못한다면, 그리고 만일 우리가 실제로 우리 자신 안에서 우리의 삶을 찾거나 발견하게 된다면(즉 우리가 취하는 태도 속에서, 우리가 우리 자신의 것으로 삼고 있는 신념 속에서, 우리가 수행할 수 있는 행동 속에서, 우리의 삶을 찾거나 발견하게 된다면) 그런 경우에 우리의 삶은 무엇인가.

이런 경우에 우리는 딜레마에 직면하게 된다. 즉 우리에게서 비롯하는 그리스도인의 삶은 없고, 따라서 우리에게서 비롯하는 하나님에 대해 순종하는 삶은 전혀 없다는 사실과 그로 인해 우리에 대한 사망의 판결이 확증되고 우리가 허무와 절망 가운데 떨어지게 된다는 사실을 우리가 승인할 것인가, 아니면 더욱 나쁜 것으로서 타조처럼 모래에 우리의 머리를 쳐박을 것인가(즉 우리에게 제시된 율법은 완전하거나 존엄한 하나님의 율법이 전혀 아니고 단지 우리가 어떤 내용을 충족시킬 수 있다고 생각하는 도덕적인 규범에 불과하다고 말할 것인가)라는 것이다. 그리고 그런 도덕적인 법이 지배하는 가운데서 우리는 안식을 취하거나, 최소한 하나님과 화평을 이루지 못하고 살아가는 우리의 삶이 상실된 삶이라는 사실을 잊을 수 있다.

「스코틀랜드 신앙고백」은 "예수 그리스도는 우리의 삶(생명)이라"는 사실을 전제하고 있다. 그리고 또한 우리가 지금까지 「스코틀랜드 신앙고백」을 통해 알게 된 모든 것에 의거해 볼 때, 어쨌든 우리도 수사적으로가 아니라 아주 진지하고 실제로 그런 사실을 전제해야 할 것이다. 우리가 예수 그리스도에 대해 신앙하는 것이 우리의 삶이라고 할 때 우리는 바로 그런 것을 말하고 있는 것이다. 적절하게 말하면 우리가 믿는 한에서 그리고 우리가 예수 그리스도 안에서, 하나님을 우리의 주님으로 인정하는 한에서 우리는 삶을 영위한다.

한번 더 말하자면 그것은 하나님이 예수 그리스도 안에서 사시고, 우리의 주님으로 존재하시고, 우리가 예수 그리스도 안에서 사는 것을 허용하시고 명령하시는 한에서 우리는 넉넉히 삶을 영위하게 된다고 말하는 것과 똑같은 것이다. 그분 앞에서나 뒤에서, 그분 위에서나 아래서 그리고 그분과 나란히 하는 것은 그분 안에서 사는 것이 아니다. 왜냐하면 거기에는 하나님과 인간의 화해나 사귐이 없기 때문이다. 그러나 그 모든 것(전후, 상하, 좌우의 모든 것)은 그분 안에 있다.

그러므로 우리의 삶도 그분 안에 있다. 그분 자신이 우리의 삶이다. 그것이 잘 견지된다면 참된 그리스도인의 삶에 대한 물음은 다른 양상을 띠게 될 것이다. 그런 경우에 범할 수 없는 그리스도인의 삶의 질서인 완전한 하나님의 율법에 대립해 서 있는 것은, 불완전하고 불순종하는 인간이 아닐 것이다. 우리가 진정으로 우리 자신의 삶을 가지려고 하든 않든 간에, 우리 자신으로서의 우리의 삶은 우리 자신의 삶에 파멸을 가져올 수밖에 없는 심판에 떨어질 뿐이다. 그러나 우리가 우리 자신의 삶을 살기 위해 서 있어야 했던 거기에 예수 그리스도께서 서 계신다. 그리고 그분은 우리의 삶으로 존재하신다.

따라서 진정한 우리의 삶에 대한 물음은 그분을 향하게 된다. 그리고 「스코틀랜드 신앙고백」에 의하면 이것이 바로 참된 그리스도인의 삶에 대한 물음이다. 따라서 만일 우리가 우리 자신으로서의 우리의 삶을 갖고(우리의 신념과 행위를 갖고) 하나님의 율법에 마주선다고 할 때 그리고 율법 앞에서 우리 자신에 대해 변호해야 한다고 할 때 제시되어야 하는 것과는 다른 대답이 제시되어야 할 것이다. 우리는 앞 장에서 참 하나님과 참 사람으로서의 예수 그리스도 자신이, 우리가 복종하게 되는 하나님의 율법이라는 사실을 살펴 보았다.

이제 우리는 더 진전시켜야 할 것이다. 즉 참 하나님과 참 사람으로서의 예수 그리스도는 「율법의 성취」(Gosetzes Erfüllung)라는 것이다. 그러면 감사와 참회는 어디에 있는가? 십계명이 요구하고 있는 하나님과 이웃에 대한 사랑은 어디에 있는가? 우리가 십계명이 요구하고 있는 것에 대한 참된 순종을, 우리 자신으로서의 우리의 삶 속에서 찾는 것은 공연한 헛수고가 될 것이다. 그러나 우리가 율법의 성취와 「하나님의 뜻의 사건」(Geschehen des Willens Gottes)에 대해 질문받게 될 때, 예수 그리스도 자신과 그의 고난과 순종을 바라본다면 그것은 쓸데없는 것이 아닌 것이다.

이제 그의 삶은 우리의 삶이 된 것이다. 그리고 그분이 행하신 것은 바로 우리의 자리에서 우리를 위해 행하신 것이다. 그분이 행하신 것은 이제 그분 안에서 우리가 행한 것이 되었다. 따라서 예수 그리스도의 순종에 대해 하나님이 승인하신다는 사실이 직접적으로 우리에게 도움이 된다. 참된 그리스도인의 삶은 그분 안에 있다. 그러나 우리 자신인 그리스도인의 삶이 되시는 그분 안에서만 참된 그리스도인의 삶이 존재한다. 즉 그분 안에서만 우리의 참 감사와 참회 그리고 하나님과 이웃에 대한 참 사랑과 참된 예배가 있다. 왜냐하면 이 모든 것이 참된 것은 그것이 예수 그리스도에 대한 신앙이기 때문이고, 예수 그리스도에 대한 신앙인 한에서만 참되다고 할 수 있기 때문이다.

제2절

참된 그리스도인의 삶에 대한 물음이 예수 그리스도 안에서 대답된다고 우리가 믿을 때, 우리는 참된 그리스도인의 삶에 대한 물음에 대한 대답을 발견하게 된다. 그러나 그 물음은 어리석은 형태로 다시 제기될 수 있고 되풀이 될 수 있다. 「스코틀랜드 신앙고백」에서는 이 어리석은 형태에서 제기될 수 있는 다음 물음에 대해 대답하는 것이 필요하다는 사실을 올바르게 인식하고 있다;

> "우리 그리스도인의 삶은 언제나 우리 자신으로서의 우리 자신의 삶이 아니고, 예수 그리스도가 배제된 신앙에서 떠난 삶이 아니지 않은가?"

우리는 실제로 존재하는 그런 갈등에 대해 들은 게 있다. 그렇지만 우리는 예수 그리스도 안에서의 참된 우리 그리스도인의 삶을 확실히 믿고 있기 때문에, 그런 갈등이나 복종의 의무로부터 벗어나게 된 것이 아닌가? 예수 그리스도에 대한 신앙 안에서 하나님과의 우리의 관계가 질서를 이루게 된 후에는, 신앙을 떠난 어떤 삶의 영역이나 다음과 같은 여러 삶의 영역이 존재하지 않는가? 여기서 여러 삶의 영역은 곧 우리의 행동이 우연이나 도덕법이나 다른 법들(아마도 생물학. 미학. 경제학. 정치학의 법)에 종속되는 영역이고, 우리가 이 세상의 불완전성을 인식하고 승인하면서 여러 방면에서의 완전성을 열망하는 것으로 만족할 수 있는 영역이다.

예수 그리스도 안에 있는 우리의 삶으로서의 참된 그리스도인의 삶의 진리는, 특별한 종교적이고 우리에게 하늘을 보증하는 진리이고 이와 나란히 하여 다른 종류의 삶의 진리를 포괄하는 전우주적인 진리로 존재하는가? 우리가 필연적으로 이 세상 속에 그리고 우리의 개인적인 사고와 행동의 방식의 형태 속에 종속하게 되는 것처럼, 우리 자신의 삶 가운데서 필연적으로 하나님의 율법에 종속하게 되는 것으로부터 예수 그리스도 안에 있는 우리의 삶을 통해 우리가 해방될 수 있는가?

이 어리석은 질문에 대해 「스코틀랜드 신앙고백」에서는 즉각적이고 매우 분명하게 그 모든 것은 전혀 문제되지 않는다고 대답하고 있다; 즉 "예수 그리스도만이 참된 그리스도인의 삶이라"는 것이다. 그리고 그것은 어떤 새로운 해방의 시작을 의미하는 것이 아니라 모든 해방의 끝을 의미하고, 그리고 우리가 율법으로부터 벗어나는 것을 의미하는 것이 아니라 우리가 예수 그리스도 안에서 (오직 그분 안에서만) 율법의 성취를 인식하기 위해 이제야 비로소 우리가 율법에 실제적이고 전적으로 종속하게 되었다는 것을 의미한다는 것이다.

우리 자신으로서의 우리의 삶, 인간의 전체 영역 가운데 있는 우리 인간의 삶, 우리의 사고와 행동방식, 우리의 대내외적인 업적은 우리가 예수 그리스도를 믿음으로써(따라서 예수 그리스도가 우리의 삶이 되심으로써) 이루어지는 것보다 더 주도적이거나 완전한 것이라고 스스로 주장하거나 요구할 수 없다. 그 모든 것은 비록 그것이 좁든 넓든 간에 다른 것이 아닌 바로 그것만을 중심으로 갖고 있는 원 이외에 다른 어떤 것으로 존재할 수 있겠는가? 여기서 어떻게 우연이나 도덕이나 다른 임의적인 요인이, 그 자체의 특별한 법으로 존재할 수 있겠는가. 어떻게 우리가 우리 자신의 불완전성에 대해 만족할 수 있겠는가? 어떻게 다른 삶의 진리가 거기서 자리를 차지할 수 있겠는가?

예수 그리스도는 우리가 악하게 만든 것을 선하게 만들기 위해 고통당하시고 순종하시는 가운데 우리의 자리에 들어오셨기 때문에, 우리는 우리 자신으로서의 우리의 삶을 갖고 하나님의 법으로서의 그분과 연합하게 되었다. 중요한 것은 우리가 이런 우리의 삶을 갖고 율법을 성취하는 것이 아니라는 것이다. 그리고 또한 중요한 것은 이런 우리의 삶은 율법을 회피하는 삶이 아니고, 어떤 부분에서나 어떤 상황 가운데서나 어떤 시기에서는, 우리가 감사하고 회개하고 하나님과 이웃을 사랑하는 것 이외의 다른 어떤 것을 하려는 것을 허용하지 않는 삶이라는 것이다. 참된 우리의 행동은 예수 그리스도의 행동이다.

그러나 그 참된 행동은 우리의 행위로서, 우리에게 요구되고 있는 행위인 것이다. 우리 자신의 행위로서의 우리의 행위는, 언제나 불성실하고 경솔하고 불충분한 행위로 존재하게 된다는 사실에 대해 이의를 제기할 수 있겠는가. 그것에 대해서는 다음과 같이 대답할 수 있을 것이다;

> "정당하든 부당하든 이런 방식에 대한 모든 자기 비판은 최소한 본성상 그러하듯이 우리의 순종이 하나님 안에서 예수 그리스도에 대한 신앙으로 나타났다는 사실에 대한 승인을 통해 극복된다는 것이다."
>
> "alle berechtigte und unberechtigte Selbstkritik dieser Art ist längst überholt durch die Anerkennung, die unser Gehor-sam, wie er auch beschaffen sein mag, als Glaube an Jesus Christus bei Gott schon gefunden hat."

그렇지만 본성상 그러하듯이 바로 이 승인을 통해 우리는 고려하지 않고, 순종 안에서의 우리의 자기 비판의 결과를 고려하지 않고, 순종하는 위치에 서게 되고 지속적으로 순종하게 되는 것이다. 그것은 마틴 니묄러(Martin Niemöler)가 옥중 편지에서 기록하고 있는 바와 같다;

"우리는 '우리가 우리 자신을 얼마나 신뢰하고 있는가'에 대해 물을 것이 아니라 '우리가 하나님의 말씀을 현재하는 하나님의 말씀으로 신뢰하고 있는가' 그리고 '하나님의 말씀에서 말하고 있는 바를 행하고 있는가'를 물어야 한다."

"wir haben nicht zu fragen, wieviel wir uns zutrauen, sondern wir werden gefragt, ob wir Gottes Wort zutrauen, daß es Gottes Wort ist, und tut, was es sagt."

우리가 하나님의 말씀을 현재의 하나님의 말씀으로 신뢰하고 그리고 하나님의 말씀에서 말하고 있는 바를 행함으로써, 우리는 현재와 미래에 지속적으로 각성하게 되고 행동하게 되고 감사와 회개 그리고 모든 환경 가운데서 중단하지 않고 하나님과 이웃을 사랑하게 된다. 하나님 앞에서 우리가 의롭다고 인정되는 것이 예수 그리스도 안에서 한번에 영원히 일어났으며, 그런 사실을 우리가 믿는다는 사실을 통해 현재의 시간 속에서 우리의 성화가 이루어지고 있는 것이다.

제3절

만일 우리가 참된 그리스도인의 삶에 대한 물음은 예수 그리스도 안에서 대답된다는 사실을 믿고 있으면, 그 물음에 대한 대답은 이미 이루어진 것이다. 그러나 그 물음은 두번째 어리석은 형태로 다시 제기되거나 되풀이될 수 있을 것이다. 이런 형태로 제기되고 있는 물음에 대해 「스코틀랜드 신앙고백」에서는 적절하고 분명하게 대답하고 있다. 먼저 제기된 물음부터 살펴보자. 만일 우리가 신앙 안에서 (따라서 예수 그리스도 안에서) 삶을 영위하고 있다면, 우리의 삶은 이제 우리 자신의 삶이 아닌가. 즉 우리의 삶은 우리의 사고방식이나 행동방식을 통해서, 그리고 우리 자신의 특정하게 생각하고 말하고 행동하는 방식일 뿐만 아니라 그 자체로 선한 생각과 말과 행동방식을 통해 형성되는 것이 아닌가.

이런 경우에 우리의 삶은 어떤 점에서 본다면 그 자체로 그 자체를 통해서 참된 그리스도인의 삶과 순종과 「율법의 성취」가 되는 그런 것으로 존재할 수 없는가. 그것으로 인해 어떤 의미에서 본다면 예수 그리스도에게서 독립한 가운데 있는 그런 삶일 수는 없는가. 우리의 삶이 한 영역(곧 그리스도인의 인간적인 삶의 영역)을 제공할 수는 없는가. 아마도 그리스도인의 경건의 영역이나 전적인 그리스도인의 문화의 영역이나, 적어도 특별한 그리스도인의 관습과 도덕의 영역을 제공할 수는 없는가. 곧 그 관습과 도덕의 영역에서 우리 인간이 확실히 하나님의 은혜가 없는 것은 아니라고 할지라도, 하나님과 지상에서 하나님이 행하시는 일에 참으로 공헌하는 일은 있을 수 없는 것인가. 그러므로 우리 인간이 그의 의무를 어쩌면 그의 의무 이상의 것을 행해야 했다는 확신을 갖고, 따라서 예수 그리스도 안에서 뿐만 아니라 그런 자신의 활동 속에서 곧 자기 자신 알에서 의롭다고 인정받고 천거받게 되어 하나님 앞에 설 수 있다는 확신을 갖고 그런 삶의 영역을 바라볼 수는 없는가?

이에 대해 「스코틀랜드 신앙고백」에서는 즉각적이고 분명하게 부정적인 대답을 하고 있다. 거기서는 그와 같이 특별하고 독자적인 그 기독교(즉 그리스도의 의와 구별된 가운데 존재하는 기독교)를 우상숭배(Idololatrie, Götzendienst)로 규정하고 있다. 「스코틀랜드 신앙고백」에서는 다음과 같은 성경 말씀을 기억하게 한다;

> "이와 같이 너희도 명령받은 것을 다 행한 후에 이르기를 우리는 무익한 종이라 우리가 하여야 할 일을 한 것뿐이라 할지니라"(눅 17:10).

그 당시에 이 대답이 지향하고 있는 것은 로마 가톨릭 교회였다. 그러나 우리는 그것이 오늘날 개혁교회의 신학과 실제적인 삶에 적용될 수 있다는 사실을 간과해서는 안 될 것이다. 이런 사실을 말하는 가운데 의심할 수 없는 사실로 드러나는 것은, 우리도 그 「스코틀랜드 신앙고백」에서 제시되고 있는 대답을 우리 자신에게 적용해야 한다는 것이다. 분명한 사실은 예수 그리스도가(예수 그리스도만이) 참된 그리스도인의 삶이고, 계속해서 참된 그리스도인의 삶으로 존재한다는 것이다. 우리가 바로 예수 그리스도를 통해 순종하도록 일깨워지고 행동하게 되는 것은, 새로운 자기 의의 시작을 의미하는 것이 아니라 우리 자신의 모든 의가 끝나는 것을 의미한다.

또한 그것은 우리가 우리 자신에 대해 새로운 확신을 갖도록 요청받는 것이 아니라, 전적으로 예수 그리스도만 신뢰하도록 요청받고 있음을 의미한다. 이런 확신 속에서만 우리는 우리에게 요구되고 있는 순종을 수행할 수 있는 것이다. 만일 우리가 우리 자신을 신뢰한다면, 우리는 불순종을 행할 수밖에 없을 것이다. 바로 우리가 순종하게 된다면 우리가 하나님의 참된 판결에 따라 "명령대로 모든 일을 다 했다면" 우리는 그 판결이 은총이라는 사실과 받아들일 만한 것이 아무 것도 없음에도 불구하고 받게 된 판결이라는 사실을 확실히 할 수 있을 것이다.

즉 우리가 율법을 성취했거나 우리의 대내외적인 업적이 진실하거나 깊이가 있거나 완전한 것에 근거하고 있는 것도 아니고, 우리의 대내외적인 업적 속에 있는 특별한 기독교적인 특성에 근거하지도 않는 판결이라는 사실을 확실히 할 수 있을 것이다. 우리는 옳든 그르든 그런 우리의 과신과 관계를 맺게 될 것이다. 그러나 그런 자기 과신은 바로 우리가 자기 비판에서 살펴 보았던 바와 같이 두드러지게 될 것이다.

그것은 불완전성(따라서 불의)를 통해 두드러지게 될 것이다. 즉 우리가 예수 그리스도로부터 자신을 분리시켜 생각하자마자, 곧 우리가 우리의 최선의 행위와 가장 고결한 우리의 마음과 가장 빛나는 우리의 업적을 갖고 하나님 앞에 서게 될 때, 우리는 그런 불완전성과 불의 가운데 빠지게 될 것이다. 만일 우리가 하나님 앞에서 우리의 의를 보려고 한다면, 또 우리가 참된 그리스도인의 삶과 그 삶의 참된 영광과 업적을 보려고 한다면, 우리는 자신을 예수 그리스도로부터 분리시켜서는 안 될 것이고 전적으로 예수 그리스도 안에서 우리 자신을 찾아야 할 것이다.

만일 우리가 설 수 있는(참으로 확신을 갖고 설 수 있는) 근거를 알려고 한다면, 우리는 우리가 예수 그리스도 안에서 우리의 죄를 용서받았다는 사실을 알아야 할 것이다. 그런 경우에 우리는 우리가 인간적인 영역 속에서 쌓은 우리의 업적의 가치와 효용성에 대해 확신할 수 없을 것이다. 게다가 부차적이거나 보충적인 확신조차 할 수 없을 것이다.

우리가 인간의 영역 속에서 쌓은 업적이 보다 진지하게 되면 될수록 그리고 보다 커지면 커질수록 우리는 더욱 더 하나님의 은혜만 기다리게 될 것이다(벧전 1:13). 그런 우리 인간의 업적이 우리 주 예수 그리스도의 은혜보다 더 진실되거나 더 큰 것일 수 없고 또 오직 우리 주 예수 그리스도의 은혜가 참된 그리스도인의 삶에 대한 처음과 마지막 말로 수용되는 곳에서만, 참된 그리스도인의 삶이 보다 밝히 빛을 발할 수 있다는 사실을 의심하는 일 없이 소망 가운데서 기다릴 수 있을 것이다.

4. 교회의 비밀 (Das Geheimnis der Kirche)

제16조 교회

우리는 성부. 성자. 성령이신 한 하나님을 믿듯이, 처음부터 있었고 지금도 있고 또 세상 끝날에도 있을 한 교회가 하나님에 의해 선택받은 사람들의 한 무리인 회중을 의미하고 있음을 확고히 믿는다. 그리고 그 회중은 진리로 하나님을 섬기고 예수 그리스도에 대한 참된 신앙을 통해(즉 그리스도의 몸이요 신부인 이 교회의 유일한 머리에 대한 신앙을 통해) 하나님을 의지하고 있음을 믿는다(마 28:20; 엡 1:4).

이 교회는 모든 시대, 모든 지역, 다양한 민족과 언어들, 유대인과 이방인들을 포함하고 있으므로 보편적인(가톨릭) 성격을 지니고 있다. 그것은 성부 하나님과 성자이신 그리스도 예수와 더불어 성령에 의한 성화를 통해 영적인 공동체를 이루게 된다(골 1:18; 엡 5:23-24 등; 계 7:9). 그러므로 교회는 세속적인 사람들이 모인 곳이 아니라, 천상의 예루살렘 시민으로서 모인 성도들의 공동체라고 불린다(엡 2:19). 그들은 한 하나님, 한 주 예수 그리스도, 한 믿음 그리고 한 세례로부터 오는 측량할 수 없이 유익한 열매들을 소유하고 있다(엡 4:5).

이 교회 밖에는 참 생명이 없을 뿐만 아니라 영원한 복락이 존재하지 않는다.

따라서 우리는 이것을 모독하는 자들을 철저히 혐오한다. 그 대신 공평과 정의를 추구하고 그것에 따라 살고자 하여 믿음을 고백하는 사람들이 구원받는다는 사실을 확신한다. 왜냐하면 그리스도 없이는 생명과 구원이 존재하지 않기 때문이다(요 3:36). 그러므로 성부께서 그의 아들 예수 그리스도에게 주신 자들이 아니면 아무도 그를 믿고 고백함으로써 정해진 때에 그에게 나아와 교회에 속할 수 없다(요 5:24, 6:37, 39, 65; 17:6).

우리는 믿음의 부모들과 더불어 그 자녀들을 교회에 속한 자로 받아들인다(행 2:39). 또한 불가시적인 교회에 대해서는 하나님 한 분만이 알고 계시며, 그만 홀로 자신이 택한 자들을 알고 계신다(딤후 2:19; 요 13:18), 그 교회는 이미 세상을 떠난 선택받은 성도들과, 일반적으로 「승리의 교회」라고 칭해지면서 현재 죄와 사탄에 대항하여 싸우는 성도들 뿐만 아니라, 장차 이 세상에 태어나 살아가게 될 성도들을 포함하고 있다(엡 1:10: 골 1:20; 히 12:4).

제17조 영혼불멸

선택받은 성도들이 죽게 되면 세상의 일들로부터 해방되어 평안과 안식을 얻게 된다(계14:13). 어떤 광신자들이 주장하듯이 그들은 자는 것도 아니고 망각에 빠지는 것도 아니며, 이 세상에서 받는 모든 공포와 고통 및 모든 유혹으로부터 구출받게 된다(사 25:18; 계 7:14-17; 21:4). 우리를 비롯한 선택된 하나님의 자녀들은 이 세상에서 받는 모든 공포와 고통 및 모든 유혹으로부터 구출받는다(사 25:8; 계 7:14-17; 21:4). 따라서 성도들은 그 과정에서 일어나는 문제로 인해 전투하는 교회라고 불린다.

이와 달리 믿음이 없는 자들은 죽은 후 말로 형언할 수 없는 고뇌와 고통을 당하게 된다(계 16:10-11; 사 66:24; 막 9:44, 46, 48). 그들이 기쁨과 고통을 느낄 수 없는 잠에 빠지지 않는 것은, 예수 그리스도의 비유(눅 16:23-26)와 한편 강도를 향한 예수님의 말씀(눅 23:43) 그리고 제단 아래서 울부짖는 영혼이 “거룩하시고 진실하신 주님 우리가 얼마나 더 오래 기다려야 땅위에 사는 자들을 심판하시고 또 우리가 흘린 피의 원수를 갚아 주시겠나이까”(계 6:9-10)라는 구절에서 증거되고 있다.

제25조 a. 은총으로 교회에 주신 은사들

하나님의 말씀이 진실하게 선포되고 성례가 올바르게 시행되며 하나님의 말씀에 따라 권징이 집행되는 것이 참된 교회의 확실하고 무오한 표지이지만, 그것이 교회 공동체에 속한 모든 사람이 그리스도 예수의 선택된 백성이라는 사실을 의미하지 않는다(마13:24 등). 우리는 많은 가라지와 잡초들이 곡식 가운데 뿌려져 그 안에서 무성하게 자란다는 사실을 알고 있다. 즉 유기된 자들도 선택받은 자들의 교제 가운데 머물러 있으면서, 저들과 함께 말씀과 성례의 외적인 혜택을 나누어 가질 수 있다. 그러나 그들은 자신의 마음이 아니라 단지 입술로써 일정 기간 동안 하나님을 고백할 뿐, 신앙을 끝까지 유지하지 못하고 버리게 된다(마 13:20-21). 그러므로 그들은 그리스도의 죽음과 부활 및 승천의 열매를 소유하지 못한다.

제1절

올바른 예배(즉 올바른 그리스도인의 삶)에는 수직적인 면이 있다. 그리스도인의 삶의 기원과 대상의 차원에서 이 수직적인 면에서 본 그리스도인의 삶을 이해한다면, 그것은 단순하면서도 철저하게 예수 그리스도 자신의 삶이다. 즉 사람들은 믿음 안에서 「거룩하신 하나님의 영」(성령)과 하나가 되어, 그리스도의 삶이 그들의 삶이 되고 그들의 삶이 그리스도의 삶이 되는 것이다. 예수 그리스도에 의한 그리스도인의 삶의 규정은 전체적인 규정이고, 이 규정을 제외한다면 보편적인 것이든 특별한 것이든 그리스도인의 삶의 진리는 없다.

그리고 이런 그리스도인의 삶의 현실에는 수평적인 면이 있는데, 이 수평적인 면도 이 전체성을 지양하거나 제한하는 것이 아니라 오히려 더 확고히 하게 된다. 그러나 그 수직적인 면을 확고히 하거나 반복하는 곳에서 수평적인 면이 나타난다. 우리가 수평적인 면을 임의로 이끌어 내는 것이 아니라, 그리스도인의 삶의 현실 자체가 이 수평적인 면을 요구하는 것이다. 그리스도인의 삶이 예수 그리스도의 삶이라고 한다면, 그것은 이미 한 사람 예수 그리스도의 삶인 동시에 여러 사람의 삶(즉 한 백성의 삶)을 의미하고 있다.

오직 이 한 사람(그리스도 예수) 안에만 그리스도인의 삶이 있고 또 그리스도 예수에 대한 믿음 안에만 그리스도인의 삶이 있다면, 그것은 이 한 사람 예수 그리스도가 자신을 위해서나 자기 자신 때문에 그의 참된 삶을 사는 것이 아니라, 믿음 안에서 성령을 통해 자신의 삶을 그리스도 안에서 누리고 있는 그리스도인들에게 그 참된 삶을 제공해 주려고 하는 것이다. 그리하여 그들이 연합하여 위에서 말한 한 백성을 이루게 되는 것이다. 바로 그들이 그들의 공동의 기원과 역사와 언어에 힘입어 예수 그리스도께서 그의 신적인 삶을 이 땅 위에서 인간적으로 살아가는 사람들의 구주로서, 위에서 말한 이 땅 위에서의 그리스도인의 삶의 진리로서 살아가는 영역을 나타내고 있는 것이다.

바로 그들이 그들 가운데 이미 세워졌고 또 항상 반복해서 세워질 표지이고, 사람에 대한 하나님의 선택과 소명의 표지다. 「스코틀랜드 신앙고백」은 처음부터 이 많은 사람들과 이 백성과 이 영역에 관해 그리고 이 영역 한가운데 있는 이 표지에 관해 언급하고 있다. 그리고 이것에 관해서 우리는 「스코틀랜드 신앙고백」 제4-6조에 대해 강의하고 있는 제6절을 참조할 수 있을 것이다. 이 예수 그리스도의 백성이 곧 이스라엘 백성이다. 예수 그리스도 안에서 하나님과 화해하게 되고 감사와 회개로써 주를 섬겨 주의 영광을 드러낼 수 있게 된 많은 사람들이 이 백성 안에, 이 백성의 영역 안에, 이 백성에게 부여된 표지 안에 결집되어 있는 것이다.

이 이스라엘 백성은 본래의 유대 민족 자체와 동일한 것은 아니었다. 오히려 유대 민족이 하나님의 영광을 드러내는 백성이 될 약속을 받고 그 약속을 오늘날까지 지켰다면, 이 이스라엘 백성(본래의 유대인과 동일하지 않는)은 자연적으로 독립적으로 그런 약속을 결코 요구할 수 없었을 것이다. 이런 사실은 그들이 그들의 메시야를 배척하고 이방 재판관의 재판을 받도록 이방인의 권력에 그들의 메시야를 넘겨 주었을 때 분명히 드러나게 되었다. 유대인들이 그와 같이 메시야를 배척하고 넘겨준 일과 이방인들이 그 메시야에 대해 행한 일로 인해, 결코 폐쇄되지 않았던 문들이 활짝 열리게 된 것이다.

그들 가운데서 그리고 그들을 위해 그리스도께서 고난받으셨던 저 불순종의 백성인 예수 그리스도의 백성은, 이제 성령을 통해 모이게 되고 그리스도께 죄를 짓고 그리스도로 말미암아 자유하게 된 모든 사람들로 이루어진 이스라엘(즉 유대인과 이방인)로 이루어진 하나의 거룩한 교회인 것이다. 이 백성은 이 세상적인 출신의 차이에도 불구하고, 십자가에 달리신 하나님의 아들 안에서 그들이 공동으로 원하기 때문에 하나가 되었다. 이 백성은 본래적인 언어의 차이에도 불구하고 하나님께서 이루신 크신 일에 대해 말하는 공동 언어인 성령의 언어를 통해 하나가 되었다.

이 백성은 (「스코틀랜드 신앙고백」 제17조에서 열거되고 있듯이) 산 자와 죽은 자가 구별됨에도 불구하고, 공동의 은혜를 통해(즉 우리는 아직 더 받을 수 있지만 먼저 간 사람들은 이미 다 받은 은혜를 통해) 하나가 되었다. 그리고 이 백성은 그들의 근원이 그리스도의 십자가 아래 있기 때문에, 매우 분명하게 드러나는 불순종의 백성임에도 불구하고 거룩하게 되었다. 하나님 없이 살아가는 자들을 의롭게 만드시는 그 분으로 말미암아 거룩하게 되었고, 그들의 주이시고 머리이신 그 분의 성별과 소명을 통해 거룩하게 되었고, 그들이 믿음 안에서 그리스도의 구원에 대해 긍정함으로써 거룩하게 되었다.

이것이 그리스도인의 삶의 수평적인 면이고 예수 그리스도의 교회의 삶이다. 이 교회가 하나이고 거룩하다는 것은, 물론 숨겨진 사실이고 믿음 안에서 이루어지는 것이다. 그러나 교회가 존재한다는 것은, 드러난 사실이고 눈으로 볼 수 있는 것이다. 교회는 하나님께서 터를 닦고 세우셨다는 사실로서는 숨겨져 있지만, 사람들이 모여 공동체를 이루고 있다는 사실로서는 드러나 있다.

교회는 말씀과 영으로 태어난 이스라엘(즉 하나님의 영광을 드러낼 백성)로서는 숨겨져 있지만, 기독교의 역사적인 형태로서는 드러나 있다. 교회는 예수 그리스도의 몸과 신부로서는 숨겨져 있지만, 사람들이 "진리 안에서 하나님을 섬기고 그리스도 예수에 대한 참된 믿음을 통하여 하나님을 붙잡는 곳"에는 어디에서도 드러나 있다.

제2절

올바른 예배(즉 참된 그리스도인의 삶)와 하나의 거룩한 교회의 삶은 구별하여 이해할 수 있지만 사실 둘이 아니다. 그리스도의 삶이 없는 곳에는 교회가 없을 것이고, 교회가 없는 곳에는 그리스도인의 삶도 없을 것이다. 즉 「스코틀랜드 신앙고백」에서 말하고 있듯이 "이 교회 밖에서는 생명도 없고 영원한 축복도 없다"는 것이다. 왜냐하면 그의 삶이 그리스도인의 삶이 되는 예수 그리스도께서는 하나님 안에서 살아 계시고, 영원한 나라(즉 교회의 가장 높은 곳)에서 신비롭고 보이지 않는 교회의 머리로서 아버지의 우편에 앉아 계시기 때문이다. 그리스도는 그 나라에서도 하나님의 신분으로서는 자신을 낮추셨지만 사람의 신분으로서는 높아지심을 받기 위함이었다.

그러므로 그 나라에서 그리스도는 우리의 중보자이시고 대변자이시고 대제사장이시다. 따라서 그리스도는 그 나라에서 당신의 백성을 지상에서 선택하시고 부르셨으며, 믿음을 통해 그리스도와 하나가 된 많은 사람들과 함께 하신다. 거꾸로 말하자면 예수 그리스도는 우리를 위해 땅 위에서 시간 속에서 바로 그의 백성 한가운데서 그 백성의 역사의 의미와 내용으로서 사시고, 또 그 백성이 받은 약속의 근거와 진리로서 그 백성의 믿음의 대상으로서 사신다는 것이다.

예수 그리스도는 당신의 복음이 선포되고 수용되게 하기 위해 사신다. 예수 그리스도는 당신의 이름으로 두 세 사람이 모인 곳에 계신다. 예수 그리스도는 사람들이 그와 더불어 하나가 되고 거룩하게 되기를 원하는 곳에 계신다. 예수 그리스도는 당신의 주권이 행사되도록 하기 위해 왕의 신분으로 사시지만, 이 모든 것은 예수 그리스도가 그의 교회 안에 계신다는 사실을 의미한다. 물론 예수 그리스도는 개방성 속에서가 아니라 은폐성 속에서, 그리고 교회 밖이 아니라 교회 안에 계신다. 이것은 사람들이 그리스도를 찾으면서도 그의 백성을 피하거나, 그리스도는 사랑하면서도 그의 백성을 미워하는 일이 없게 하기 위함이다.

그러므로 사랑 안에서 이루어지는 믿음은, 개인이 자신의 사적인 일로 간주하거나 행할 수 있는 것은 아니다. 물론 종교는 개인의 사적인 일일 수도 있을 것이다. 그러나 우리가 여기서 말하고자 하는 것은, 종교에 대해서가 아니라 신앙에 대해서인데 신앙은 사적인 일일 수 없다는 것이다. 그리스도인의 삶에서 중요한 것은 우리가 기독교적인 인격을 갖추게 되는 것이 아니라, 그와 비슷한 의미의 인격에 이런저런 방식으로 접근해 가는 것도 아니다. 그 모든 일은 다 매우 좋은 일이지만, 만일 그렇게 된다면 그 때는 이미 사람들이 근본적으로 자기 자신이 행한 업적을 의지하는 우상숭배를 또 다시 시작하는 것과 같다.

그리스도인의 삶에서 중요한 것은, 오직 말씀과 영으로 태어난 이스라엘 백성의 지체가 되는 것이다. 올바른 예배는 하나의 거룩한 교회의 사귐 속에서만 일어나고 달리는 전혀 일어날 수 없다. 올바른 예배는 우리가 예수 그리스도를 믿고, 그리스도가 우리 대신 우리를 위해 그의 삶을 사신다는 사실을 받아들이는 곳에서 이루어진다. 그러나 그의 삶은 머리의 삶으로서 그의 몸의 삶으로부터 분리하거나, 한 사람으로서의 그의 삶을 많은 사람들의 삶으로부터 분리할 수 없는 것이다.

예수 그리스도의 삶이 우리의 삶이라면, 우리의 삶은 그 몸의 지체들의 삶일 수밖에 없다. 그러므로 우리는 그리스도 밖에 존재하는 것이 아니라, 그리스도와 더불어 그분 안에 존재할 수밖에 없다. 우리는 이런 관계를 다른 경우와 혼동하여 오해하는 일이 있어서는 안 된다. 우리는 어떤 정당에 소속하지 않아도 훌륭한 시민일 수 있고, 어떤 악단에 가입하지 않아도 음악가일 수 있다. 우리는 철학자이면서도 절충주의자나 회의주의자로서 모든 철학 학설을 멀리할 수 있다.

그러나 우리는 교회 안에서 교회와 더불어 신앙하지 않고는 기독교 신앙을 지닐 수 없다. 교회는 정당도 아니고 협회도 아니고 학설도 아니다. 교회는 기독교 신앙의 존재 형태다. 왜냐하면 이 신앙은 많은 사람들을 위해 죽었다가 다시 살아나신 한 분에 대한 신앙이기 때문이다. 이 신앙의 내용은 교회의 형태를 지녀야 하고, 오직 이 형태만을 지닐 수 있는 것이다.

제3절

우리는 이미 그리스도인의 삶이나 교회의 삶은 한편으로는 보이지 않지만, 다른 한편으로는 보이고 드러난 것이라고 말한 바 있다. 사람들이 올바르게 그리고 순종하는 가운데서 하나님을 공경하고 예수 그리스도에 대한 참된 믿음을 통해 하나님을 붙잡고자 하는 곳에서는 어디서나, 또 사람들이 이런 그들의 신앙을 고백하고 행동으로 하나님의 계명에 복종하고자 하는 곳에서는 어디서나 그리스도인의 삶과 교회의 삶이 눈에 보이고 밝히 드러나는 것이다. 어떻게 그런 삶이 눈에 보이거나 밝히 드러나지 않을 수 있겠는가. 물론 교회에는 눈에 보이거나 확실히 드러나게 행하려 하지 않는 사람들이 많다.

교회는 한 얼굴을 갖고 있다. 즉 교회는 다른 형태와 구별되는 한 가지 형태를 갖고 있다. 그리고 그 형태를 통해 모든 사람들이 금방 확고하게 구별할 수 있게 된다. 이런 교회의 얼굴은 아름다운 면과 아름답지 못한 면, 그리고 숭고한 면과 실망스런 면을 겸하여 갖고 있다. 이 두 다른 면은 우리가 어디서 교회를 바라보느냐에 달려 있다. 두 면은 다 사실로 존재한다.

즉 한 면에서는 오랜 역사를 통해 교회가 축적하게 된 인간적인 위대함과 용맹함, 통찰력과 사랑, 획기적인 사업과 민족들이나 무수한 개인들에 대한 조용하면서도 성과가 없지 않는 교육 활동 등의 보고(寶庫)가 있다. 그리고 다른 면에서는 인간적인 우둔함과 죄악성, 무지한 보수주의와 보다 더 무지한 진보주의 그리고 빛을 가장 밝게 비치는 것처럼 보이는 곳에서 그리고 나타나는 아주 심각한 오류와 사람들이 가장 기뻐하는 곳에서 드러나는 무시무시한 분열과 음울한 오점들로 가득 찬 바다가 있다.

이것이 바로 교회사이고 교회의 현재 모습(즉 눈에 보이거나 드러나 있는 교회의 실상)이다. 낙관주의와 비관주의가 서로 싸울 수 있는 것은, 그럼에도 불구하고 여기서 우리가 결국 기뻐할 수 있는 것인지 아니면 결국 울 수밖에 없는 것인지에 대해서일 뿐이다. 그런데 이 두 입장이 다 있어서는 안될 것은, 그 둘이 다 말하고 있고 또 다 보이는 형태에 따라 판단하는 그 대상이 자체 안에 비밀을 갖고 있다는 사실이다.

그리스도인의 삶의 진실성과 교회의 단일성과 거룩성은, 그 어디에서도 볼 수 없고 드러나 있지 않다. 그런 것들은 모든 사람이 금방 확인할 수 있게 드러나 있는 것이 아니다. 교회는 예수 그리스도 안에서 자신의 진실성과 단일성과 거룩성을 지니고 있다. 즉 교회는 교회에 모인 사람들이 존재하거나 말하거나 행하는 가운데 진실성과 단일성과 거룩성을 지니고 있는 것이 아니라, 예수 그리스도가 그들을 위해 존재하시고 그들에게 말씀하셨고 그들을 위해 행하시는 가운데서 그런 것들을 지니고 있는 것이다.

다시 말하면 교회는 성령께서 은밀히 역사하시는 가운데서, 그리스도께서 선택하시고 부르시고 다스리시고 위로하시는 가운데서 그 진실성과 단일성과 거룩성을 지니게 되는 것이다. 우리가 눈으로 보는 것은 믿음 안에서 예수 그리스도를 여러가지 방식으로 이해하려는 사람들이 있다는 사실이다. 그러나 진리는 사람들이 하고자 하는 데에 있는 것이 아니라 하나님이 하고자 하시는 데에 있는 것이다. 우리는 하나님이 하고자 하시는 일 그대로를 눈으로 볼 수 없다. 따라서 교회가 그 찬란한 면의 한 부분을 우리에게 제시하고 있는 것처럼 보이는 곳에서도 볼 수 없다. 하나님의 생각은 우리의 생각과 다르다. 교회에 관한 낙관주의는 이것을 기억해야 할 것이다.

그러나 이런 사실은 부정적인 면에서도 타당하다, 즉 교회의 진실성과 단일성과 거룩성이 실제로 존재하지 않고 교회가 예수 그리스도의 교회가 아니고 하나님으로부터 버림받은 공허한 형태가 되었을 뿐이라면, 그것도 눈에 보이거나 드러나는 것이 아니라 감춰져 있는 것이고 그리고 하나님이 심판하시는 것이지 사람이 심판하는 것이 아니다. 여기에서도 하나님의 생각은 우리의 생각과 다르다. 우리가 눈에 보이는 것을 근거로 성령이 교회 안에서 역사하신다고 판정할 수 없다면, 눈에 보이는 것을 근거로 성령이 교회에서 떠났다고 판정할 수도 없을 것이다.

우리 눈에 보이는 것은 우리가 붙잡기 어려운(어쩌면 전혀 붙잡을 수 없는) 방식으로 예수 그리스도를 신앙 안에서 붙잡으려는 사람들이 있다는 사실이다. 그러나 만일 예수 그리스도께서 그럼에도 불구하고 그들을 붙잡으셨다면, 그들도 그럼에도 불구하고 예수 그리스도를 붙잡히지 말라고 어떻게 말할 수 있겠는가. "남의 하인을 비판하는 너는 누구냐 그가 서 있는 것이나 넘어지는 것이 자기 주인에게 있으매 그가 세움을 받으리니 이는 그를 세우시는 권능이 주께 있음이라"(롬 14:4).

이것이 바로 비관주의자들이 들어야 할 말이다. 교회의 진실성과 단일성과 거룩성은 교회의 비밀이다. 교회의 삶이 실제로 예수 그리스도 자신의 삶이라면 왜 비밀이 아닐 수 있겠는가?

제4절

교회의 형태로부터 교회의 비밀로 그리고 교회의 분열된 가시성과 개방성으로부터 교회의 진실성과 단일성과 거룩성으로 인도하는 길이 신앙의 길이다. 이 길은 우회할 수 없고 언제나 앞으로 나아갈 수 밖에 없는 길이다. 만일 우리가 그 길을 가지 않는다면 그 때 우리는 세상의 도처에서 그러하듯이, 어리석은 낙관주의와 어리석은 비관주의 사이에서 소망없이 오르락 내리락 하게 될 것이다. 그렇게 된다면 우리는 오늘은 신나서 감격해 한다고 해도, 내일은 지쳐서 회의를 품은 교인이 되는 것이다. 교회 교인이나 교회 지체가 아니라 신났거나 지쳐있는 구경꾼이 되는 것이다.

그것은 어떤 운동 시합의 구경꾼이 때로는 손뼉을 치고 휘파람을 불거나, 아니면 그 시합의 결과에 내기를 걸고 시합의 진행 과정에 관심을 갖는 것과 같다. 그러나 이 모든 태도는 그가 참으로 시합에 참여한 사람이 아니라는 사실을 증명하고 있을 뿐이다. 운동 선수 자신은 내기를 걸지도 않고, 손뼉을 치지도 않고, 휘파람을 불지도 않고, 운동만 할 뿐이다. 이것이 시합에 참여한 사람의 태도다. 그리고 교회의 삶에 참여하는 것은 바로 신앙이다. 신앙함으로써 우리는 교회의 구경꾼이 아니라 지체가 되는 결단을 하게 된다. 그리고 바로 이 신앙 안에서 우리는 눈에 보이는 드러난 형태에 대해서 뿐만 아니라, 동시에 교회의 진실성과 단일성과 거룩성에 참여하는 결단을 하게 되는 것이다.

신앙 안에서 우리가 예수 그리스도를 우리의 주님으로 긍정함으로써 우리는 참된 교회, 하나인 교회, 거룩한 교회에 대해 묻고 있는 것에 대한 대답을 이미 얻었고 우리 스스로 그 대답을 제시하고 있는 것이다. 그때 우리는 눈에 보이는 모든 인간적인 위대성의 저편에서 또 눈에 보이는 모든 인간적인 빈곤의 저편에서, 교회의 머리이신 예수 그리스도 안에서 교회를 찾거나 발견하게 되는 것이다. 교회를 그 밖의 다른 곳에서 찾으려는 사람은 언제나 헛되이 애만 쓰게 될 것이다. 교회의 형태가 더 찬란하든 더 비참하든, 이처럼 신앙으로 찾고 발견하는 데서 교회는 사는 것이다.

그러나 이 신앙은 여기 시간 안에서는 언제나 결단이고, 우리는 아직 "승리한 교회" 안에 서 있는 것이 아니다. 「스코틀랜드 신앙고백」 제17조에서 말하고 있듯이 우리는 모든 두려움과 고통과 유혹을 면하게 된 것이 아니라 "투쟁하는 교회 안에 서 있기 때문에"(즉 여러 세기 동안 그리고 매일매일 살아있는 교회의 지체들의 사건 속에서만 존재할 수 있기 때문에), 이 신앙으로 찾고 발견하는 것은 우리가 인간적인 드러난 교회의 삶에서 밀려나거나 피할 수 있다는 것을 의미하는 것은 아니다.

교회의 시간적인 형태를 기피하는 자가 어떻게 교회의 신성하고 감추어진 삶에 참여할 수 있겠는가. 그것은 시간적인 교회 형태를 기피하는 자가 영예롭다고 할 수 있는 「찾는 것과 발견하는 것」을 기피하거나 교회의 주님을 기피하는 것과 같지 않겠는가. 길을 가려고 하지 않는 사람이 그 길의 목적지에 이를 수 있겠는가. 그런데 그 길은 교회의 인간적이고 역사적이고 세속적인 형태에서 시작되는 것이다. 우리는 낙관주의자나 비관주의자로서 그 길에 머물러 있어서는 안된다.

그러나 그것을 뛰어 넘어도 안된다. 왜냐하면 투쟁하는 교회의 생명은, 교회가 신앙 결단 속에서 항상 반복적으로 교회가 되어야 하는 데에 있기 때문이다. 교회는 과거에도 그랬다. 즉 우리는 우리 이전에 있었던 사람들의 신앙 결단으로부터 유래한다. 그리고 미래의 교회도 그럴 것이다. 즉 교회가 미래의 교회(다시 말하면 참된 하나인 거룩한 예수 그리스도의 교회)가 되는 것은 우리 자신의 신앙 결단에서 이루어진다. 그리고 그 교회는 가시적인 형태를 갖고 있고, 그 형태 속에서 주님은 교회의 비밀로서 우리 뒤에 오게 되는 많은 사람들을 만나게 될 것이다.

5. 교회의 형태(Die Gestalt der Kirche)

제18조 a. 참된 교회와 거짓된 교회가 구별되는 특징과 올바른 교리 표준에 대한 주제

사탄은 처음부터 사악한 유대인 회당을 하나님의 교회라는 이름으로 위장했다. 그리고 살인자들의 잔인한 마음으로 참된 교회와 그에 속한 성도들을 핍박하고 문제를 일으켜 괴롭히기 위해 온갖 노력을 다 기울였다. 그것은 마치 가인이 아벨에게(창 4:8) 이스마엘이 이삭에게(창 21:9) 에서가 야곱에게(창 27:41) 또한 유대인 제사장들이 그리스도 예수와 나중에 그의 사도들에게 행했던 것과 같다(마 23:34; 요 15:18-20, 24; 11:47, 53; 행 4:1-3; 5:17 등). 그러므로 가장 본질적인 것은 참 교회가 명확하고 완전한 징표에 의해, 오염된 회당과 구별되어 무엇을 버리고 무엇을 수용할지 분명히 알아 스스로 속지 않음으로써 우리 자신을 저주에 빠지지 않도록 해야 한다.

그리스도 예수의 신부로서 배도한 창부와 구별되는 확실한 특징과 표지는 결단코 오래된 역사와 잘못된 칭호에 달린 것도 아니며, 어떤 사실에 동조하는 자들의 수에 달려 있지도 않다. 가인은 나이와 형제 관계에서는 아벨과 셋을 앞섰다(창 4:1). 예루살렘은 지구상의 모든 다른 장소들에 비해 우선시 되었고(시 48:2-3; 마 5:35) 그 안에서 제사장은 아론의 직계 후손들로 이어져 왔다. 또한 많은 사람들이 그리스도 예수와 그의 교훈을 믿고 따르기보다 서기관들과 바리새인들과 제사장들을 추종했다(요 12:42). 그러나 우리는 그전에 제멋대로 판단하는 자들이 하나님의 교회라는 이름을 붙여 사용했을지라도 그것을 받아들이지 않는다.

그러므로 우리는 하나님의 참된 교회의 표지는 다음과 같은 조건을 갖추어야 하는 것으로 믿고 고백한다; 첫째로 하나님께서 자신을 우리에게 드러내 보여주시도록 성경에 기록된 선지자들과 사도들의 글이 순수하게 선포되어야 한다. 둘째로 그리스도 예수의 성례가 올바르게 시행되어야 하며 그것을 통해 우리의 마음속에 그것들을 인치고 확증함으로써 하나님의 말씀과 약속이 우리 가운데 결합되어야 한다(엡 2:20; 행 2:42; 요 10:27; 18:37; 고전 1:13; 마18:19-20; 막 16:15-16; 고전 11:24-26; 롬 4:11). 셋째로 하나님의 말씀이 규정하는 대로 악행이 억제되고 선행이 고양되도록 교회의 권징이 정당하게 시행되어야 한다(마 18:15-18; 고전5:4-5). 이런 표지들이 언제든지 드러나고 지속된다면 수에 무관하게 의심의 여지없이 그리스도께서 자신의 약속에 따라 저들 가운데 계시는 참된 교회라고 할 수 있다(마 18:19-20). 이것은 앞에서 말한우주적인 교회와 다르며, 바울이 하나님의 말씀을 선포하고 친히 하나님의 교회라고 불렀던 고린도(고전 1:2; 고후 1:2) 갈라디아(갈 1:2) 에베소 및 그밖의 지역에 세워진 구체적인 교회들(엡 1:1; 행 16:9-10; 18:1 등; 20:17 등)을 일컫는다.

제1절

우리는 교회의 신성한 비밀을 그것의 인간적인 형태 안에서 찾을 수밖에 없다. 그렇지 않으면 우리는 교회의 비밀을 결코 찾을 수 없을 것이다. 결정적으로 교회는 개체성(Eomzelnheit)과 다수성(Vielheit)을 지니고 있다는 사실로 그 교회의 형태가 규정된다. 하나의 거룩한 교회는 오직 개체성과 다수성이라는 형태로만 존재한다. 만일 우리가 교회를 그런 형태 안에서 찾지 않는다면, 우리는 교회를 발견할 수 없을 것이다. 그러므로 일찌기 신약성경에서도 이미 교회들(다수의 교회)을 말함으로써 교회(보편적인 교회)를 말하고 있는 것이다. 즉 교회들을 말할 때는 사실 곧바로 그리고 직접적으로 교회(보편적인)를 말하고 있다. 교회는 나란히 서 있는 에베소 교회이고 고린도 교회이고 로마 교회다.

거꾸로 말하자면 나란히 서 있는 에베소 교회. 고린도 교회. 로마 교회가 곧 교회인 것이다. 그것에 반해 각 개교회들이 부분적인 교회로서 관계를 이루게 되는 하나의 조직된 교회의 개념이나 조직되어야 할 교회 개념 또는 단지 이념적인 면에서 통합된 교회 개념은 신약성경에서 전혀 찾아 볼 수 없다. 우리에게 너무나 상식화 되어 있는 이 개념은, 사실의 본질에 비추어 볼 때에도 근거를 얻을 수 없다. 예수 그리스도는 한 분이시고 부분으로 존재하시지 않는다. 교회가 그리스도의 승천과 재림 사이의 시간 속에서 그 세속적인 인간적인 존재 형태를 지니고 있다면, 이 교회도 부분으로 존재하는 것이 아니라 어디에 교회가 존재하든 각각 전체 교회로서 존재할 것이다.

그렇다면 교회는 전체로서 여기 저기에 존재하는 교회이고, 마치 하나 하나의 수가 합하여 많은 수를 이루는 것과 같은 교회들의 「총계」(Summe)도 아니고, 마치 하나 하나의 목소리들이나 악기들이 합하여 조화를 이루는 것과 같은 교회들의 「화음」(Harmonie)도 아니다. 어떤 교회가 자기 자신을 다른 부분들과 병존하는 교회의 한 부분으로 이해하고 그리고 전체 교회는 교회의 개별성 속에서만 존재할 수 있다고 매우 진지하게 생각하지 않는다면, 교회는 아직 자신을 교회(즉 머리이신 예수 그리스도 아래 모인 모임)로 이해하거나 진지하게 수용하지 못하고 있는 것이다.

이념과 과제에 비추어 볼 때 어떤 단체는 그 이념과 과제를 실행함에 있어서 그와 동일한 이념과 과제를 갖고 있는 다른 단체들과 구분되는데, 그것은 그들이 공통의 일을 취급하면서도 한 쪽은 이 쪽에 다른 쪽은 저 쪽에 더 치중하기 때문이다. 그러나 교회는 교회가 예수 그리스도 안에 있다는 사실에서, 신앙하는 데에서 그리고 하는 일에서 서로 구분되는 것은 아니다. 물론 교회는 어디에서도 각각 전체 교회이기를 원하고, 또 그렇게 행하는 곳에서만 교회일 수 있고 그렇지 않으면 전혀 교회가 아닌 것이다.

합법적인 방식으로 교회를 구분하는 것은 시간과 공간의 차이를 통해 규정되는 기술적인 성질의 구분일 뿐이다. 다시 말하면 우리는 지금 우리 시대의 자녀들로서 외형적으로는 4세기의 그리스도인들과 합동으로 하나님께 예배드릴 수 없고, 애버딘의 그리스도인들은 에딘버러의 그리스도인들이나 바젤의 그리스도인들과 평상시에 외형상 합동하여 모일 수 없는 것과 같은 사정으로 규정되는 부분이다. 그러나 그 모임 자체는 본질상 그 때나 지금이나 저기나 여기나 단 하나인 구분되지 않는 것이고, 그 때나 지금이나 저기나 여기나 각각 다 똑같은 교회고 언제나 전체 교회다.

개교회들이 어떤 공동 회의와 공동의 발언이나 행동과 관계를 맺게 된다고 할 때, 그것은 한 지방이나 한 나라라는 비교적 좁은 범위 안에서든 세계교회의 연합이라는 넓은 범위 안에서든, 그런 연합을 통해서만 비로소 하나의 교회가 이룩되거나 될 수 있다는 사실을 의미하는 것은 아니다. 개교회가 각각 개성을 지닌 교회로 존재하지 않는다면, 비록 세계의 모든 교회가 아무리 밀접하게 연합된다고 할지라도 그 때문에 한 교회가 되는 것은 아니다.

이런 연합으로 이루어지는 것은 단지 교회들이 세계 앞에 그리고 서로에게 한 교회를 증거하는 것이고, 이 증거는 교회들이 각각 개성을 갖고 있고 각각 기술적인 면에서 다른 교회들과 구별된다고 할지라도 다같은 하나의 교회이고, 바로 교회 자체의 신앙이나 행위에서 그리고 다른 교회들과의 관계에서 하나이면서 전체인 교회이고자 한다는 사실의 척도에서 이루어지고 있다.

모든 회의(Konferenzen)와 모든 연합(unionen)이 이런 근거 위에서 이루어지는 것이 아니라면, 그것은 모두 헛된 이야기와 행동이 될 것이기 때문에 중지하는 것이 좋거나 더 나을 것이다. 왜냐하면 그것은 참 교회의 문제를 더 흐리게 할 수 있을 뿐이기 때문이다. 이 문제야말로 모든 개교회와 교회 회중 자체가 가장 진지하게 생각해야 할 것이고, 각 개교회에 의해 대답되지 않으면 안 된다.

제2절

교회는 인간적인 개방성(menschliche Offentlichkeit) 따라서 시간과 현재 세계) 속에 존재하는 만큼, 그의 머리이신 예수 그리스도로부터 전체적으로나 부분적으로 떨어져 나갈 가능성(다시 말하면 교회로서의 성격을 상실하게 될 위험)을 결코 배제할 수 없다. 교회는 교회다운 교회(즉 예수 그리스도에 의해 세워지고 보존되고 인도되는 공동체)로서 존재할 수 있고 지속할 수 있다. 교회는 "평화의 끈으로 함께 묶어 주는 성령의 하나 되게 하심"(Einigkeit im Geist durch das Band des Friedens) 즉 "몸도 하나요 성령도 하나요 부르심에 따르는 소망도 하나요 주도 하나요 믿음도 하나요 세례도 하나요 하나님 아버지도 하나이시라"(엡 4:3 이하)는 사실을 통해 연합되고 지속될 수 있다.

그리고 여기서 이 하나는 바로 교회가 "하나인 예수 그리스도의 교회"(die eine Kirche Jesus Christi)로 존재한다는 것을 의미한다. 그러나 교회는 예수 그리스도 안에서의 이 하나됨을 전적으로나 부분적으로 상실할 수 있다. 교회는 사람이 자기 힘으로 설립하고 수호하고 이용하는 단체나 기관이 될 수 있고, 또한 하나님을 섬긴다는 미명 아래 공공연히 또는 비밀스럽게 자신의 영예를 목적으로 하는 하나의 사업으로 변할 수도 있을 것이다. 이런 것은 대개 곧바로 교회 안에서의 긴장과 불화로 드러나게 되고, 또한 참된 교회가 반드시 지켜야 할 약속과 계명에 수반되는 교훈과 삶을 분명하게 거부하는 것으로 드러날 것이다.

그러나 그것은 반드시 언제나 금방 드러나게 되는 것은 아니다. 어떤 교회는 외면적인 사귐(교제)을 충분히 유지하고 전통과 정통성을 완전히 수호하고 있음에도 불구하고 비교회화 할 수 있다. 나는 선조들이 「스코틀랜드 신앙고백」에서 그런 것을 이미 매우 분명하게 보았는지 그리고 우리가 그것을 어떻게 보아야 하는지를 알지 못한다. 그러나 우리가 분명히 보고 똑똑히 말하지 않을 수 없는 것은 교회가 참된 교회냐 거짓된 교회냐라는 물음을 통해 항상 위협받게 되고, 그 물음을 받았을 때 교회가 참 교회라고 아주 확고하게 말할 때 가장 심각한 위협을 받게 된다는 사실이다.

이런 사실은 교회 생활과 개교회 그리고 개교회들 간의 관계에 「필연적인 불안」(eine notwendige unruhe)을 초래한다. 즉 참된 교회와 거짓된 교회가 있다는 것이다. 일찍이 어떤 교회도 "내가 참된 교회인가"라는 물음으로부터 해방된 일은 없다. 그리고 어떤 교회도 다른 교회들을 통해서 "네가 참된 교회냐"라는 물음을 받게 되는 것으로부터 해방된 일이 없다. 이런 구별과 물음이 사랑이나 평화 때문이라는 구실로 제지되어서는 안 된다. 이 평화가 예수 그리스도 안에서 누리게 되는 평화가 아니라면, 우리는 평화를 누릴 수 없을 것이고 거짓된 평화만 누릴 것이다.

참된 교회와 거짓된 교회 사이에는 이런 저런 협조(übereinkünfe)나 관용(Taleamz) 그리고 그와 같은 것들이 성립될 수 있지만, 우리가 「예수 그리스도 안에서 누리는 평화」(Friede in Jesus Christ)는 이루어질 수 없다. 그러므로 만일 우리가 참된 교회와 거짓된 교회를 하나인 예수 그리스도의 교회의 일부라고 본다면[마치 포괄적인 「협화음」(Akkord)의 견지에서 보면 훌륭한 화음을 이룰 수 있는 「불협화음」(Dissonanzen) 같은 것으로 본다면], 그것은 어리석은 일일 뿐만 아니라 그야말로 성립되지 않는 말을 하는 격이 될 것이다.

이 쪽이나 저 쪽에서 모두 불협화음이 문제된다면 그것은 타당한 말일지도 모른다. 즉 거짓된 교회들 사이에서는 그와 같이 「보다 높은 일치」(höhere Einheit)로 통합될 수도 있다는 것이다. 그리고 우리는 많은 교회들의 회의나 연합이 순조롭게 잘 되어가는 것은, 그것이 거짓된 교회인 까닭(즉 거짓된 교회와 더불어 자연히 서로를 잘 이해하게 되고 쉽게 통일을 이루게 되는 까닭)이라고 생각할 수 있을 것이다. 그러나 불협화음은 단지 서로를 방해하거나 폐기할 수 있을 뿐이다. 참된 교회와 거짓된 교회는 이처럼 서로 통일되는 것이 아니라, 오히려 불과 물처럼 나뉘는 것이고 이 사실을 부정하는 자에게는 화가 있을 것이다.

즉 그가 참된 교회로 간주되는 것 자체가 이미 거짓된 교회라는 사실을 입증하는 것이고, 또한 그가 가증스럽게도 참된 교회를 거짓된 교회인 것처럼 취급하고 있다는 사실을 입증하는 것이 될 것이다. 왜냐하면 참된 교회는 진리에 의해 진리 안에서 살고, 진리는 그것의 반대인 거짓과 섞일 수 없기 때문이다. 참된 교회와 거짓된 교회 사이의 대립 관계는, 사랑이나 정당하게 이해된 평화를 위한다는 구실로 억제되어서는 안되고 어디까지나 명예롭게 드러내야 할 것이다.

그 대립 관계는 교회 안에서 어떤 사람이 다른 사람에 대해 승리함으로써 그리고 한 교회가 다른 교회에 대해 승리함으로써가 아니라, 오직 예수 그리스도께서 교회 안에서 주권을 회복함으로써 극복될 수 있는 것이다. 진리에 의한 이런 과오의 극복이야말로, 모든 교회에서 그리고 모든 교회가 맺고 있는 다른 모든 교회와의 관계에서 언제나 제기되고 해결되어야 할 문제다. 이 문제가 제거되지 않는 교회는 스스로 거짓된 교회임을 나타내고 있다고 할 수 있을 것이다.

제3절

교회는 교회로서의 자기 진리를 위한 싸움을 싸우게 된다. 모든 교회는 언

제나 다음과 같은 물음에 직면하게 된다;

"그 교회 안에 참되고 하나이고 거룩한 교회가 존재하는가. 그 교회 자체가 그런 교회로 존재하는가 아니면 전혀 다르게 존재하는 것은 아닌가. 혹시 그 교회가 위치하고 있는 지방이나 나라에서 존경할만한, 그리고 어떤 가문들이나 계급들이 일찌기 손질해온 전승의 일부에 지나지 않는 것은 아닌가. 혹시 사회 내지 그 사회의 지배적인 계급이 권력의 도구로 사용하는 것 중의 하나에 불과한 것은 아닌가. 더구나 모든 좋다고 하는 도덕이나 세계관들을 진열해 놓고 사람들에게 파는 가게에 불과한 것은 아닌가. 어떤 교회라도 어떤 거대한 국가 교회나 세계 교회라도(그리고 비록 로마교회처럼 교회의 교리와 질서가 확고하게 수립되었다고 할지라도), 또한 어떤 교파 교회라도(그리고 비록 그 교회의 삶이 아무리 깊이가 있고 활동적이라 할지라도) 언제나 그 교회가 참된 교회로 존재하는가."

"Existiert in ihr die wahre, die eine, heilige Kirche? Existiert sie selbst als solche? Oder nicht vielleicht ganz anders? Vielleicht bloß als ein Stück ehrwürdiger, von gewissen Familien und Kreisen nun einmal gepflegter Ueberlieferung des Ortes oder des Landes, in der sie existiert? Vielleicht bloß als eines von den Instrumenten der Macht der Gesellschaft, bezw. der in der Gesellschaft herrshenden Klasse? Viel-leieht bloß als ein Verein zur Befriedigung gewisser reli-glöser Bedürfnisse? Vielleicht sogar bloß als ein Kaufladen, in welchem allerlei gut gemeinte Moral und Weltanschau-ung feilgeboten und an den Mann gebracht wird? Es gibt keine Kirche, keine große Landes-oder gar Weltkirche (und wenn sie, wie die römische, in Lehre und Ordunung noch so gefestigt wäre), aber auch keine Sektenkirche (und wenn ihr Leben noch so tief und bewegt wäre), die nicht immer vor dieser Frage stünde: ob sie als wahre Kirche existiere?, die darum, daß sie als wahre Kirche existiere, nicht zu kämpfen hätte."

이런 물음들 앞에 서 있지 않는 교회라면(따라서 그 교회가 참된 교회로 살아가기 위해 싸우려고 하지 않는 교회라면) 그것은 교회가 아니다. 참된 교회는 인간적인 형태 속에 그리고 시간과 역사의 흐름 속에 존재하고, 따라서 교회의 진리에 대해 언제나 안팎에서 위협을 가하는 유혹(즉 그 교회가 거짓 교회가 될 수 있다는 위험을 의미하는 유혹) 속에 존재하기 때문에 이런 유혹에 맞서서 투쟁해야 하는 것이다.

여기서는 "바르게 투쟁한다는 것"(딤후 2:5)이 가장 중요하다. 정당한 투쟁은 어디서 언제 일어나게 되는가. 우리는 우리가 그리스도인의 삶의 현실과 질서와 진리에 대해서 그리고 교회의 비밀에 대해서 들었던 모든 것에 의지하여 명백히 다음과 같이 대답해야 할 것이다; "올바른 투쟁은 교회 안에서 성령이 역사하시는 곳에서"(in der Kirche das We가 des Heiligen Geistes) 이루어진다. 성령의 역사만이 예수 그리스도에 대한 신앙, 감사와 회개 안에서 이루어지는 신앙, 하나님과 이웃에 대한 사랑 안에서 하나님의 율법을 성취하는 신앙, 하나님의 아들이 우리 속에 들어오심을 믿는 신앙을 근거짓고 세우고 보존하는 것이다.

사람들이 이 신앙에 대한 자극과 각성으로 인해 이 신앙을 지킨다면 그것이 「하나님의 은총이고 역사」(Gottes Gnade und Werke)다. 그런 하나님의 은총과 역사가 울려나오는 곳에만 참된 교회가 있다. 그러므로 원칙적으로 그리고 일반적으로 말해서 교회의 실존을 위한 교회의 투쟁은, 바로 교회 안에서 신앙이 생기고 성령의 역사가 일어나는 곳에 있다. 그 이상의 것은 우리가 아무리 타당성을 부여한다고 할지라도 결정적인 것이 아니다. 「스코틀랜드 신앙고백」은 앞에서 우리가 참된 교회의 증거로 제시하려고 했던 몇 가지를 열거하고, 또한 그것에 대해 요구되는 물음이 제시되고 있다.

여기서는 다시 로마 가톨릭 교회와의 대립 관계에서 말하고 있다. 즉 선을 행하게 된 비(非)로마 교회가 있다는 것이다. 그 내용은 다음과 같다; 교회의 진실성의 문제에 대해 결정적인 것은, 오랜 역사도 아니고(가인은 아벨보다 연장자였다) 장소도 아니고(예루살렘은 하나님의 도성이었지만 그리스도는 거기서 십자가에 달리셨다) 계승도 아니고(아론의 후예에게 이런 계승이 있었지만 결국에는 안나와 가야바가 그 계승자였다) 숫자도 아니다(서기관들과 바리새인들은 예수의 제자들 보다 훨씬 수적으로 우세하였다).

더 나아가서 결정적인 것은 교회 안에서 지배적인 경건성의 강도(强度)에 있는 것도 아니고(바리새인들은 결코 경건에 있어서 부족하지 않았다), 교회 제의의 아름다움도 아니고(벧엘에서 드리는 제사도 아름답지만 하나님은 아모스의 입을 통해 그것을 물리치셨다), 교회의 행위나 희생이나 도덕도 아니고(바로 그런 것을 위한 열심 때문에 그리스도는 십자가를 지시게 되었다) 교회의 신학도 아니다(예루살렘이 멸망할 때처럼 신학이 아름답게 꽃핀 시절은 없었다).

왜 그 모든 우월성을 가진 교회가 거짓된 교회일 수 있는가. 왜냐하면 그 모든 것은 우리 자신의 척도에 의한 우월성이고, 그 척도는 우리 사람의 판단을 통해서 본 규모나 가치를 존중히 여기고 평가하는 척도이기 때문이다. 그러나 교회의 진실성은 이런 규모나 가치에 속한 것이 아니다. 참된 교회가 거짓된 교회와 구별되는 것은, 예수 그리스도께서 교회 안에서 권능을 행사하시는 것을 통해서만 이루어진다.

오직 예수 그리스도의 권능에 힘입어 예수 그리스도 자신을 문제삼게 되는 곳(즉 다른 어떤 것이나 결과나 외적인 증거 혹은 그 크기나 도덕이나 지혜나 그런 것들에 대해서가 아니라 예수 그리스도 자신에 대해서만 묻는 곳)에, 참된 교회가 있고 참된 교회가 생겨나고 교회가 유혹에 의해 투쟁하게 되고 교회가 거짓된 교회가 되려는 위험에서 벗어나게 된다. 이 물음으로 불붙는 곳에서 그것으로 인해 불안과 갈망과 분노와 사랑 가운데서 참된 교회가 산다. 오직 그런 물음 안에서만 참된 교회가 산다. 왜냐하면 그 물음만이 신앙의 물음이기 때문이다.

제4절

참된 교회와 거짓된 교회의 구별은 언제나 영적인 구별이다. 그리고 그 구별은 영적인 구별로서만 분명히 드러나게 된다. 영적인 구별은 그 구별이 불가시적이라는 의미가 아니라, 오직 하나님에 의해서만 영적 구별이 이루어지고, 그리고 오직 하나님을 통해서만 가시적이 된다는 것을 의미한다. 그것은 우리가 영적 구별을 하는 것이 아니라, 오직 믿음 안에서 하나님 자신에 의해 이루어진 것으로 인식할 수 있게 된다는 것을 의미한다.

「스코틀랜드 신앙고백」이나 종교개혁 시대의 다른 신앙고백들은, 하나님께서 구별하신다는 사실을 볼 수 있는 세 곳을 지적하고 있다; ① 선지자들과 사도들이 증거한 하나님의 말씀에 대한 참된 설교가 행해지는 곳, ② 예수께서 제정하신 성례가 바르게 집행되는 곳, ③ 하나님의 말씀을 통해 우리에게 제시된 교회 질서(즉 교회 안에 있는 사람들 각 개인에게 필연적인 위기를 의미하는 교회 질서)가 있는 곳.

그런데 우리는 이 세 관점이 다 영적인 본성을 지니고 있다는 것을 보게 된다. 그 셋은 다 하나님의 거룩한 영이 원하는 곳에서 참된 교회를 볼 수 있다는 사실을 말하고 있다. 왜냐하면 어디서 참된 설교가 이루어지고 성례가 바르게 집행되고 모든 규율과 위기가 성실하게 지켜지고 극복되느냐를 하나님의 거룩한 영이 결정하시기 때문이다. 그리고 하나님의 거룩한 영이 어떻게 그런 것에 대해 결정하시는지는, 신앙 안에서(따라서 성령 자체를 통해서) 보게 되고 인식하게 되고 인정하게 되는 것이다.

성령이 거하시면서 그 거하시는 곳에서 우리에게 오시는 곳(바로 하나님의 말씀이신 예수 그리스도)에서, 하나님의 거룩한 영이 말씀하시고 우리는 그 분 안에서 말씀을 들을 수 있다는 것이다. 따라서 세 가지 관점을 제시하고 있는 종교개혁 시대의 신앙고백이 의미하는 바는 다음과 같다;

> "우리가 참된 교회에 대한 물음을 물을 때에는 설교와 성례와 교회 질서를 보면서, 하나님의 말씀으로서의 예수 그리스도에 대해 물어야 한다는 것이다."

그리고 예수 그리스도에 대해서 우리는 다음과 같이 물을 수 있다;

> "예수 그리스도가 성경 안에서(즉 선지자들과 사도들이 기록한 말씀 안에서) 구체적인 형태로 존재하시는가."

그리고 우리는 그것에 대한 물음에 대한 대답을 얻게 될 것이다. 우리가 교회의 삶을 예수 그리스도라는 척도로 재어본다면 우리는 분명 그리스도께서 당신의 교회(즉 참된 교회)로 세우시고 보존하시는 교회를 볼 수 있게 되는 동시에, 예수 그리스도의 교회가 아닌 거짓된 교회(즉 「스코틀랜드 신앙고백」이 말하고 있듯이 "전염병이 가득찬 회당")도 보게 되는 것이다. 이상의 세 가지 점(설교와 성례와 교회 질서)에서 교회가 예수 그리스도에 의해 개혁된(즉 그리스도 자신에 의해 그리스도 자신을 섬길 수 있도록 되어 있는) 교회냐 아니냐가 드러나게 되고, 그것으로써 그 교회의 진실성이 판가름나게 된다.

참된 교회는 언제나 하나님의 말씀을 통해 이와 같은 개혁(즉 위에서 세 가지 점으로 말한 바 있는 설교와 성례와 교회 질서의 개혁) 속에 위치하게 된다. 거짓된 교회는 일찌기 400년 전에 개혁된 바 있고, 현재 계속해서 개혁하고자 하는 것에 두려움을 느끼고 있는 교회다. 교회는 언제나 계속해서 하나님의 말씀에 의한 개혁에 자신을 맡김으로써, 거짓된 교회로부터 자신을 참된 교회로 구별할 수 있게 하는 신앙이 요구된다. 또한 이런 구별을 하기 위해서도 신앙이 요구된다.

하나님의 일은 하나님에 의해서만 이루어지고, 또 하나님이 하나님의 일을 하신다는 것도 하나님에 의해서만 인식하게 되는 것이다. 그러나 우리가 겨자씨만한 믿음이라도 지녔다면 교회는 개혁 속에 위치하게 될 것이고, 우리가 겨자씨만한 믿음이라도 지녔다면 우리는 그 개혁을 볼 수 있을 것이다. 그 개혁과 더불어 참된 교회와 거짓된 교회의 구별도 볼 수 있을 것이다.

6. 교회의 정치 (Die Regierung der Kirche)

제18조 b.

우리는 스코틀랜드 주민들이 거하는 여러 도시와 마을에 있는 예수 그리스도를 고백하는 교회들에서 참된 교리를 가르치도록 요구한다. 하나님의 말씀인 신·구약성경(즉 처음부터 정경으로 증거된 이 책들) 안에, 우리가 교회에서 가르치는 교리들이 포함되어 있다. 우리는 그 책 안에 사람이 구원을 위해 믿어야 할 모든 것이 충분히 들어 있음을 확신한다(요 20:31; 딤후 3:16-17). 또한 우리는 성경해석이 결코 개인이나 공적인 직책을 맡은 사람에게 달려 있지 않을 뿐만 아니라 걸출하거나 우선시되는 어떤 개교회나 지역 교회에 속한 것이 아니라, 성경을 기록한 하나님의 성령에 달려 있음을 고백한다(벧후 1:20-21).

또 성경의 어떤 본문과 문장에 관한 논쟁이 일어나거나 하나님의 교회 안에서 해석상의 남용데 대해 시정하고자 할 때, 우리는 사람들의 견해나 우리 이전에 있어온 견해에 지나치게 의존하지 말아야 하고 성령께서 성경 본문 가운데서 다양하게 하신 말씀과 예수님 자신이 행하고 명령한 것에 주의를 기울여야 한다(요 5:39). 하나님의 성령은 일관성을 지니고 있으며 결코 모순되지 않는다는 사실에 대해서는 우리 모두가 동의하고 있다(엡 4:3-4). 만일 어떤 신학자나 교회 혹은 공의회의 해석이나 견해가 성경 본문에 기록된 순수한 하나님의 말씀에 어긋난다면, 비록 공의회나 왕국이나 민족이 그것을 인정하고 받아들인다고 할지라도 그것이 성령으로부터의 참된 해석에 근거한 의미가 아닌 것이 분명하다. 우리는 신앙의 근본적인 원리와 성경의 순수한 본문에 위배되거나 사랑의 원리에 반하는 해석을 받아들여 동의해서는 안 된다.

제19조 성서의 권위

우리는 하나님으로부터 주어진 성경이 하나님의 자녀를 가르치고 온전케 하기에 충분하다는 사실을 믿고 고백하며, 그 책의 권위가 인간들이나 천사들에 의해 기록된 것이 아님을 확신한다(딤후 3:16-17). 그러므로 우리는 성경이 교회로부터 받은 것 이외에 달리 권위가 없다고 주장하는 것은, 하나님을 모독하는 일이고 참된 교회를 해롭게 한다는 점을 확신한다. 참된 교회는 항상 자신의 신랑과 목자이신 그리스도의 음성을 듣고 순종할 뿐, 그 위에 군림하듯이 스스로 부당한 주인이 되어 그 음성을 지배하려 들지 않는다(요 10:27).

제20조 총회의 권세와 권위 및 회집의 이유

우리는 공적으로 적법하게 총회에 회집한 선한 사람들을 무분별하게 비난하지 않는다. 이와 마찬가지로 총회의 이름으로 사람들 앞에 선포된 어떤 것이라 할지라도 무비판적으로 받아들이지 않는다. 이것은 그들도 인간이므로 크고 중요한 문제들에 있어서 실수를 범할 수 있을 것이 분명하기 때문이다(갈 2:11-14). 그러므로 총회는 순수한 하나님의 말씀에 근거하여 그 법령들을 확정짓는 한, 우리는 그것들을 존중하고 수용한다. 그러나 만일 사람들이 총회의 이름을 핑계대어 우리에게 믿음에 관한 새로운 주장들을 조작해서 법제화하려고 시도하거나 하나님의 말씀에 반하는 결정들을 시도한다면, 우리는 유일하신 하나님의 음성이 아니라 사람들의 교리와 교훈을 따르는 것으로부터 우리 영혼을 이끌도록 악한 자들의 교리로서 그것들을 확실하게 거부해야 한다(딤전 4:1-3; 골 2:18-23).

총회의 회집 이유는 하나님께서 이전에 제정하지 않으신 어떤 사안에 대한 주장들을 내세우거나 하나님의 말씀에 권위를 부여하기 위해서도 아니다. 또한 하나님의 말씀 가운데 그의 거룩한 뜻이 기록되지 않은 것에 대하여, 그의 말씀이 되게 만들어 그에 대한 현실적인 해석을 가하려고 함도 아니다(행 15:1 등). 그러나 회의를 개최하는 이유는 적어도 한편으로 이교 사상을 논박하기 위한 것이고, 다른 한편으로 기록된 하나님 말씀의 권위에 의해 작성된 그들의 신앙의 공적인 고백을 다음 세대에 전수하기 위해서다.

그것들은 회의에 참석한 사람들의 어떤 의견이나 특권에 의해 오류 없이 실행된다는 의미가 아니다. 우리는 이에 관한 시행이 총회가 회집되는 가장 주된 이유라고 받아들인다. 또한 총회의 소집 이유는 이와 더불어 하나님의 집으로서 교회 안에 선량한 제도와 질서가 성립되고 지켜지도록 하기 위해서다(딤전 3:15; 히 3:2). 그것은 모든 것들을 질서 가운데 조화를 이루게 한다(고전 14:40). 우리는 의식에 대한 어떤 제도와 질서도, 모든 세대와 시대와 장소를 위해 제정될 수 있다고 생각하지 않는다. 사람들이 고안한 의식들은 일시적인 성격을 지니므로 그것들이 교회를 위한 덕을 끼치기보다 미신적인 것으로 변질되어 갈 때는 바꾸어 개선해야 한다.

제1절

누가 교회를 다스리시는가. 「스코틀랜드 신앙고백」은 이 물음에 대해 분명한 대답을 제시하고 있다.

"교회는 결코 자기 자신을 다스리도록 요청하지도 못하고, 자신을 다스릴 만한 능력도 없다는 것이다. 교회는 교회의 주인이신 분의 신적인 비밀 안에서와 마찬가지로, 교회의 인간적·역사적인 형태 안에서도 자유롭고 생기있게 존재한다. 교회는 말하고 행동할 자유가 있고 그렇게 해야 한다. 교회는 결단할 수 있고 또 그렇게 해야 한다. 그러나 교회는 단지 이 모든 일에 봉사할 수 있을 따름이다. 교회는 자기 스스로 개혁할 수 없고, 오직 교회의 주님이 교회에 대해 행하시는 개혁을 승인할 수 있을 뿐이다. 교회에 대한 주님의 개혁을 승인하는 데에 교회의 삶과 자유가 있다."

"Die Kirche ist in ihrer menschlichen geschicht-lichen Gestalt nicht weniger frei und lebendig, wie sie es im Geheimnis ihres göttlichen Herrn ist. Die Kirche darf und soll reden und handeln. Die Kirche darf und soll Ent-scheidungen vollziehen. Die Kirche kann aber in dem Allem nur dienen. Sie kann sich nicht selbst reformieren, sie kann nur die Reformation anerkennen, die ihr von ihrem Herrn her widerfährt. Daß sie das tut, darin besteht ihr Leben und ihre Freiheit."

「스코틀랜드 신앙고백」이 여기서 말하는 대립 관계는, 로마 가톨릭 교회의 체제에 관한 것으로서 그 본질적인 것은 다음과 같다;

"로마 가톨릭 교회는 자칭 사도의 자리를 차지한 자로서, 자칭 그리스도의 대리자와 잠정적인 일치를 이루고 있는 전체 사제들을 대표로 구성되는 교직을 통해 자기 자신을 다스리고 있다. 그러나 그런 귀족적·전제적인 이념에 반대하여, 이를테면 민주주의적인 국가 사상에 따라서 전체(즉 신도의 다수)를 교회의 정치권력을 가진 자로 보는 현대적인 개념도 신앙고백을 배제하고 있다. 교회 정치는 이렇든 저렇든 사람에 의해서 행해져서는 안되고 하나님의 말씀에 의해 행해져야 한다."

"Die Kirche durch das kirehliche Amt, vertreten in der Gesamtheit der Bischöfe in ihrer virtuellen Einheit mit dem angeblichen Vikar Christi als dem Inhaber des angeblich apostolisehen Stuhles sich selber regirert. Aber die Kon-fession hat damit doch auch schon im voraus diejeige mo-derne Konzeption abgelehnt, nach welcher im Unterschied zu jener aristokratisch-monarchischen Idee nun etwa ent-spreehend dem demokratischen Staatsgedanken die Gesamt-heit, bezw. die Mehrheit der Gläubigen als die In-haberin der kirchlichen Regierungsgewalt zu betrachten wäre. Die Regierung der Kirche geschieht weder so noch so durch Mesnchen. Sie gescieht durch das Wort Gottes."

「스코틀랜드 신앙고백」과 모든 개혁교회는 신·구약성경을, 하나님의 말씀으로 예수 그리스도의 구체적인 형태로 이해하고 있다. "성경은 선지자들과 사도들이 예수 그리스도에 대해 증거하고 설명한 것이고, 예수 그리스도 자신을 언제나 또 누구나 찾고 발견하게 되는 장소이고, 언제나 누구나 들을 수 있는 하나님의 거룩한 영의 음성이고, 따라서 신앙으로 언제나 예수 그리스도와 하나님에 대한 인식을 새롭게 창출하게 되는 원천으로 이해하고 있다."

개혁자의 신앙고백이 오직 성경만을 하나님의 말씀으로 승인한다고 할 때 그것은 성경의 문학에 대한 각별한 편애 때문이 아니라, 오직 과거나 현재의 사람들이 하나님이나 신들에 대해 느끼고 생각해야 한다고 믿은 것을 기록한 좋은 문학은 많이 있지만 하나님이 자기 자신에 대해 말씀하신 예수 그리스도에 관한 증거는 하나 뿐이라는 단순한 생각에 근거하고 있는 것이다. 그러므로 「스코틀랜드 신앙고백」 제19조는 이렇게 말하고 있다;

"사람이 좋게 여기는 것이나 사람의 판단에 근거해서가 아니고, 또 교회가 그와 같은 견해를 옳다고 보기 때문도 아니고, 오직 성경의 내용에 의해서(즉 성경 안에서) 하나님 자신이 자기 자신에 관해 말씀하시기 때문에 성경은 하나님 자신의 권위를 지니고 있다."

"Als nicht auf Grund eines menschlichen Wohlgefallens und Urteils, nicht weil die Kirche es so für richtig hält, sondern weil es laut des Inhalts der Schrift so ist, daß hier Gott selber von sich selber redet, hat die Schrift die Autorität Gottes selber."

위에서 말한 그런 과거와 현재의 다른 문학들도, 종교에 흥미를 갖고 있다고 생각할 만한 종교적인 가치를 지니고 있을 것이다. 그러나 교회는 종교에 흥미를 느끼는 것이 결코 아니고, 오히려 오직 하나님 자신[즉 하나님 자신의 목소리를 들을 수 있는 사람의 증거(즉 성경의 증거)]에게 관심을 갖고 있는 것이다. 그러므로 교회는 이런 증거만이 하나님의 말씀이라고 일컫는다. 물론 교회가 이 책처럼 자체나 성경 기자들의 견해나 사유 과정을 하나님의 말씀으로 보는 것은 아니다. 오히려 교회는 그들도 우리 모든 사람들처럼 과오를 범할 수 있는 사람들이었다는 사실을 알고 있다. 따라서 교회가 생각하고 있는 것은, 이 책(오직 이 책만)이 증거하고 있는 것이 하나님의 말씀이라는 것이다.

이런 의미에서 교회는 성경만이 교회 안에서 치리권을 갖고 행사할 수 있음을 말하고 있는 것이다. 교회는 성경을 해석할 수 있고 또 해석해야 하고, 그 해석을 통해 예수 그리스도를 전할 수 있고 전해야 하는 것이다. 모든 해석 위에 언제나 도움을 요청할 수 있는 심판자로서 성경 자체가 서 있는데, 이것은 그리스도께서 신앙의 대상(Gegenstand)으로서 신앙 위에 서 있고 또한 「교회의 진리의 비밀」(Geheimnis)로서 교회 위에 서 있는 것과 같다. 그러므로 교직이나 신자의 전체나 다수가, 교회의 치리권을 장악하려고 해서는 안된다. 왕좌는 이미 점유되어 있고, 그 왕좌에 앉으신 분이 이미 말씀을 발하셨고 교회 개혁을 이미 장악하셨다.

교회 안에서 그분을 「섬기는 자」(Diener) 이상으로 존재하려는 사람은, 단지 교회에서 교회의 「자유와 생동성」(Freiheit und Lebendigkeit)을 강탈하거나 교회를 사로잡아 이 세상 신들 중의 하나에게 지배받도록 끌어들이는 낯선 자일 수밖에 없을 것이다. 교회는 이 낯선 사람의 목소리를 들어서는 안될 것이다. 교회 안에서 위대한 사람은 지배자일 수 없고, 오직 교직자이든 아니든 하나님의 말씀을 섬기는 자 즉 「하나님 말씀의 사역자」(minister verbi divini)일 것이다.

제2절

시간 속에서의 교회의 역사는 「성경 해석」(Aus legung der heiligen Scrigt)의 역사다. 성경 해석은 「주석」(Kommentacen)의 형식으로 성경 본문의 말씀이나 내용을 직접적으로 설명하는 좁은 의미에서의 해석에 그치는 것이 아니다. 해석은 또한 설교하고 가르치는 것이고, 교의학이라는 특별한 교회 학문이고 도덕과 예술이고, 교회의 대내외적인 정치다. 교회사는 교회를 토대로 교회의 문헌인 성경을 통해 교회에 부여된 한 주제가 계속 변화되어 온 것(Variation)이다.

좋든 나쁘든 언제나 교회는 자체가 선지자들과 사도들이 그리스도에 대해 증거한 것으로부터 유래한다는 사실을 논의해야 한다. 이 논의의 결과가 교회사를 형성한다. 만일 교회가 이 주제를 지니고 있지 않으면, 우리는 교회사를 일반 세계사와 문화사로부터 구별할 권리(정당성)를 잃어버리게 될 것이다. 바로 이 주제 때문에 교회사를 다른 모든 역사 속에서 매우 독특한 방식으로 뽑아내게 되는 것이다.

그러나 우리는 더 나아가서 다음과 같이 물을 수 있을 것이다. 누가 성경을 해석하는가. 따라서 누가 교회사의 주체인가. 교회 안에 있는 주석자들이나 교사들이나 설교자들인가. 신·구교의 종교회의인가. 신학교인가. 오류 없는 교황인가. 그렇지 않으면 종교적인 천재인가 아니면 기독교의 백성 자체인가. 「스코틀랜드 신앙고백」에서는 이 모든 것을 부인하면서 다음과 같이 설명하고 있다;

"성경 해석은 어떤 개인이나 공적인 인물이 하는 것이 아니라… 성경을 기록하신 하나님의 영이 하는 일이다."

"Die Auslegung der Schrift ist weder die Sache einer privaten noch die einer öffent-lichen Person… sondern allein die Sache des Geistes Got-tes, durch den sie auch niedergelegt ist."

실제로 성경이 하나님의 말씀이신 예수 그리스도에 대한 증언이라면 성경은 종교서적도 아니다. 또 어떤 특정한 재능을 가진 사람이 그 내용을 좌우할 수 있는 마법서가 아니라면, 하나님 자신 이외에 누가 성경을 해석할 수 있겠는가. 그리고 사람이 하는 성경해석은 역시 봉사하는 것 이외에 그 무엇으로 존재할 수 있겠는가. 즉 인간적인 성경 해석은 성경 자체(즉 성경의 주인)이신 예수 그리스도께서 자기 자신에 대해 행하시는 해석을, 충실하고 조심스럽게 따라가는 것 이외에 그 무엇으로 존재할 수 있겠는가.

그러나 만일 그렇다면 이제 교회사(즉 성경 안에서 교회에 부여하고 있는 주제에 대해 교회가 논의한 역사)는, 무엇보다도 먼저 이 논의 과정에서 드러나게 되는 것으로서 「인간적인 견해나 결단이나 행동의 역사」(die Geschichte der menschlichen Meinungen, Ertschlüsse und Taten)로 이해되는 것이 아니다. 다시 말하면 무엇보다도 먼저 여러 세기의 흐름 속에서 직·간접적으로 성경을 이해하기 위해 수고한 사람들(즉 경건하거나 불경건한, 지혜롭거나 어리석은, 착하거나 덜 착한 사람들)의 역사로 이해되는 것이 아니다. 오히려 교회사는 무엇보다도 먼저 「하나님의 말씀에 의한 교회 정치의 역사」(die Geschichte der Regierung der Kirche … dunch das Wort Gottes)로서 다시 말하면 성경에 의해(즉 예수 그리스도 자신에 의해) 교회 안에서 수행된 성경해석의 역사로서 이해되어야 할 것이다.

한 마디로 "성경이 성경의 해석자인 것이다"(Scriptura Scripturae interpres). 어느 때든 어디서든 여러 모양의 인간적인 견해나 결단이나 행동에 의해 드러나게 되는 인간적인 해석이 반영되는 것을 통해서만, 우리가 성경의 자기 해석을 인식할 수 있다는 것은 분명한 사실이다. 그러나 문제가 되는 것은 우리가 이런 해석을 앞에서 말한 본질적이고 실제적인 해석의 반영으로서(즉 성경의 자기 해석을 따르는 데 어느 정도 성공을 거둔 다양한 시도로서) 이해하고 있다는 사실이다. 이렇게 이해한다는 것은 우리가 교회사를 추상적으로 단순한 교회사 자체로서가 아니라, 언제나 성경을 동시대적으로 연구하는 가운데 성경의 자기 해석을 듣는 것으로 간주하고 묘사하고 판단할 수 있다는 것을 의미한다.

그리고 현재 교회가 말하고 행동하는 것이 문제가 된다면, 그것에 불가결한 인간적인 견해나 결단 자체가 결코 추상적으로 논의되어서는 안 될 것이고 오히려 언제나 동시대적으로 교회를 다스리시는 견해나 행동으로서의 하나님의 말씀이 논의되지 않으면 안될 것이다. 교회사에는 제2차적인 주체가 있을 수밖에 없다. 그리고 이와 같은 제2차적인 주체는 어느 시대에나 인간적인 견해나 결단을 갖고 있는 사람일 수밖에 없다. 그러나 이 사람은 자기 자신을 제2차적인 주체로 이해할 줄 알아야 하는 것이다. 그리고 그가 교회적으로 생각하거나 행동하는 것을 배우려면, 그는 하나님의 말씀을 따르고 그 말씀에 순종하는 가운데서 생각하고 말하는 것을 배워야 할 것이다.

제3절

그렇다고 바로 이것이 교회에는 어떤 구체적인 결단이나 규정이 있을 수도 없고 있어서도 안된다는 의미로 이해되어서는 안된다. 그런 결단이나 규정은 있지 않으면 안된다. 만일 교회가 결단하고 규정하는 것을 두려워 한다면, 교회는 자유도 없고 생동력도 없을 것이고 그리고 자신의 주인을 섬기지 못할 것이다. 「스코틀랜드 신앙고백」 제20조는 교회회의나 일반적으로 교회를 다스리는 인간적인 기관의 권유를 전혀 부정하지 않는다. 교회를 다스리시는 하나님의 말씀은, 교회가 하나님의 말씀에 대해 변증할 것을 요구한다. 거짓을 통한 유혹과 교회가 거짓된 교회가 될 수 있다는 위험 때문에, 교회는 진리에 대해서는 긍정(Ja)을 말하고 거짓에 대해서는 부정(Nein)을 말하도록 요구받고 있다.

그러므로 이런 요구에 응하는 것은 일정한 사람의 견해나 결단을 형성하는 형태로 나타날 수밖에 없는 것이다. 모든 설교(결국 모든 교회 자체의 삶의 표현)는 이런 형태로 이루어진 결단이고 신앙고백이다. 어떤 회의(혹은 협의회)의 결정이나 성명은, 이런 형태로 이루어진 결단일 수밖에 없는 것이다. 교회는 하늘에서가 아니라 땅 위에서만 말할 수 있다. 그럼에도 불구하고 교회는 과감하게 말할 수 있어야 한다. 그리고 교회가 믿음 안에서 과감하게 말할 수 있을 때 권위를 요구할 수 있다. 교회가 자신의 신앙을 고백한다고 할 때, 그 교회는 금지된 것을 행하는 것이 아니라 명령받은 것을 행하는 것이다.

그 때 교회의 결단은 확실히 권위있게 존재하고, 듣고 순종하는 것을 기대할 수 있게 된다. 「스코틀랜드 신앙고백」 자체도 교회가 특히 혼란스러웠던 시대에 되어진 바로 그런 결단이다. 그러나 그 혼란했던 시대는 「교회를 다스리시는 하나님의 말씀」(das die Kirche regierende Wort Gottes)에 특별히 주목했던 시대였다. 우리가 그 신앙고백에서 분명히 알 수 있는 것은, 이 신앙고백에는 식탁에서 나누는 담화같은 것도 없고, 아무 구속이 없는 훈화를 말하지도 않고, 종교적인 시사성도 없고 오직 책임있게 권위를 갖고 말하고 있다는 것이다.

바로 이 「스코틀랜드 신앙고백」에서는 그 본연의 의무 때문에, 그런 교회의 결단이 어떤 권위를 가질 수 있거나 없는지를 조심스럽게 설명했던 것이다. 교회의 결단은 어떤 경우에도 하나님의 말씀을 대신하려고 해서는 안된다. 그 결단은 모든 시대에 의무를 지우거나 무조건적인 타당성을 요구할 수는 없다. 그 결단은 하나님의 말씀을 넘어서는 새로운 가르침이나 질서를 세울 수도 없고 제한하거나 확대할 수도 없다. 그 결단은 원칙적으로 오류가 있을 수 밖에없다. 그 결단은 인간의 결단이고, 인간의 결단으로 남아 있을 것이다. 그 결단이 그 이상으로 존재하고자 할 때 그 결단은 그 이하로 존재하게 될 것이고, 그것은 곧 하나님의 말씀에 방해가 될 것이다.

그 때에는 그 결단에 대해 순종할 필요가 없고, 그 결단의 거짓된 권위에 대해 신앙과 예수 그리스도의 이름으로 저항해야 할 것이다. 그러나 그 결단은 그런 한계 속에서 하나님의 말씀에 자유롭게 이르는 통로가 되는 인간적인 결단으로 존재할 수 있고, 하나님의 말씀을 통해 필연적인 것이 될 수도 있다. 또 그 결단은 그 오류를 제한할 수도 있다. 그 결단은 장차 올 인류에게도 한번 인식된 진리를 다시 기억하게 하는 가치있는 기호나 도구로 존재할 수도 있을 것이다. 그 결단은 신앙 위에 있는 율법으로서가 아니라, 선지자들과 사도들의 증거를 착실히 반복하는 것으로서 하나님의 말씀에 봉사할 수 있다.

그렇게 자기 본분을 지키는 한, 그 결단은 타당성과 힘을 갖게 된다. 교회는 스스로 자기 자신에 대한 신앙을 고백할 수 없다. 교회의 신앙고백이 과대평가되거나 무시되는 곳에서 흔히 일어나듯이 교회의 신앙고백은 자신에 대한 신앙을 고백하는 것으로, 아니면 교회 안에서 일찍이 지배적이었던 경건이나 세계관을 절대화하는 것으로 이해되거나 취급되어서는 안된다. 교회가 신앙을 고백할 때는 오직 「교회의 주님」(Herrn der Kirche)께만 신앙을 고백할 수 있다. 그리고 교회의 신앙고백은 「교회의 주님」께 대한 고백으로 이해되고 존중되기를 원하고 있다.

만일 신앙고백이 그렇지 않고 다르게 간주된다면[그와 같이 존중되는 것이 아니라 그와 더불어 부여된 자유 안에서 「신앙에 대한 율법」(Gesetz des Glauben)으로 사용한다면] 이 율법은 깨어지거나 지켜질 것이고, 그 신앙고백은 정통주의적인 우상숭배의 대상이 되거나 자유주의적인 우상파괴의 대상이 될 것이고, 우리는 아직 그 신앙고백을 교회의 신앙고백으로 시작하지 못했을 것이다.

그 때 우리는 정통주의자들이나 자유주의자들이 이 문제를 처리하기 위해 먼저 손을 씻고 새롭게 출발하도록 요청할 수 있을 것이고, 그 새로운 출발은 다음과 같은 곳에서 이루어질 수 있을 것이다. 즉 신앙으로 순종하는 가운데 우리의 선조들이 신앙 안에서 말했던 것을 듣는 곳에서, 그리고 다시금 우리 자신이 신앙으로 순종하는 가운데서 우리의 자녀들이나 그들의 후손들이 믿음 안에서 들을 수 있는 것을 말하는 곳(즉 약한 인간의 말로 겸손하고 기쁘게 하나님의 말씀에 대한 신앙을 고백하는 곳)에서 이루어질 수 있을 것이다.

제4절

이제 우리는 우리가 처음에 언급한 「교회법 문제」(kirchen rechtliche Frage)를 간단히 언급함으로써 교회론을 끝맺고자 한다. 우리가 다시 확실히 해야 할 것은 교회 정치는 교회의 특별한 교직자의 일도 아니고 신자 전체나 다수의 일도 아니라는 사실이다. 그리고 성경이 교회를 다스리고, 교회의 직무나 공동체는 교회의 주인이 아니라 교회를 섬기는 기관이라는 사실이다. 이 점이 인정된다면 이제 말할 수 있는 것은, 이런 섬김에서는 「전제적인 원칙」(monadrchische Prinzip)이 「민주적인 원칙」(demokratisches Prinzip)보다 우월성을 지닐 수도 없고, 반대로 민주적인 원칙이 전제적인 원칙보다 우월성을 지닐 수 없다는 사실이다. 「스코틀랜드 신앙고백」이 그 모든 문제에 대해 전혀 언급하지 않는다는 사실은 주목할 만하다. 개혁교회들은 일반적으로 「장로주의-의회주의의 제도」(presbyterial-synodale Verfassung)로 기울어지고 있음을 드러내고 있다. 그렇다고 우리는 그런 헌법이 반드시 개혁교회의 헌법이라고는 말할 수 없다. 왜냐하면 예를 들면 헝가리에서처럼 감독주의 제도(episkopal Verfassung)를 채택한 개혁교회도 있기 때문이다.

단지 우리는 먼저 말한 장로주의-의회주의 제도의 상대적인 우위성을 말할 수 있을 뿐이다. 예수 그리스도는 교회의 주님이시고 구원자이시다. 교회 자체는 그 주님 앞에서 스스로 변호해야 하는 것이다. 그리고 공동체가 오직 교직자들 때문에 살아가는 것이 아니라, 교직자가 오직 공동체 안에서 사는 것이다. 하나님 말씀의 자유 그리고 불가피하게 그것에 동반되는 교회의 결단과 규정에 대한 합법성은, 특별한 직분을 맡은 사람이 다른 모든 사람들과 공동으로 책임지는 가운데 단지 동료 중의 대표자로서 말하고 행동하게 하는 곳(이를테면 어떤 소수만이 아니라 전부가 각성하고 진리를 지키도록 부름받고 자격을 부여받게 된다는 사실이 바르게 설명되고 있는 곳)에서는 덜 위협을 받게 된다.

그리고 복음적인 감독주의를 지지하는 자들도, 특별한 복음적인 감독주의가 본래 어떻게 이해되고 있는지에 대해서 결코 충분한 설명을 제시하지 못하고 있다. 혹시 헝가리에서는 알고 있는지 모르겠다. 또한 영국이나 스웨덴이나 덴마크에서는 알고 있는지 모르겠다. 그러나 적어도 독일의 루터 교회가 아직까지 그 문제를 알지 못하고 있다는 것은 내가 안다. 감독주의가 더 좋은 것이라고 할 만한 정당한 이유는 분명히 없다. 그러나 또한 장로주의-의회주의를 지지하는 사람들도, 그 문제를 교회의 진리를 위태롭게 할 수 있는 문제로 취급할 만한 정당한 이유는 없다. 감독주의는 좀 섭섭하게 여길 수도 있겠지만, 그것 때문에 감독주의가 거짓 교회인 것은 아니다.

7. 하나님의 행위로서의 교회예배

(Der kirchliche Gottesdienst als göttliches Handeln)

제21조 성례

율법 아래 살았던 선조들에게는 희생제물의 실체 외에 두 가지 주된 예전들(곧 할례와 유월절)이 있었다. 이것들을 거부하는 자들은 하나님의 백성으로 인정되지 않았다(창 17:10-11; 출 23:3 등; 창 17:14; 민 9:13). 이처럼 복음의 시대인 지금도 주 예수에 의해 특별히 제정되고 그의 몸의 지체로 존재하게 될 모든 성도들에 의해 시행되도록 요구한 두 가지 주된 성례인 세례와 성찬으로서, 예수 그리스도의 몸과 피의 교제라고 불리는 두 가지 성례가 있음을 믿고 인정한다(마 28:19; 막 16:15-16; 마 26:26-28; 막 14:22-24; 눅 22:19-20; 고전 11:23-26).

신·구약 성경에 기록된 이 성례들은 모두 하나님에 의해 제정되었는데, 이것은 언약 백성과 그와 상관이 없는 자들을 가시적으로 구분하는 역할을 한다. 뿐만 아니라 이 성례에 참여함으로써 그의 자녀들이 믿음을 실천하고, 선택받은 백성이 그의 약속과 더불어 저들의 머리인 그리스도 예수와 함께 가장 복된 연합과 일치 및 교제를 마음속에 인치게 된다.

그리하여 우리는 성례를 겉으로 드러나는 표지 이외에 아무 것도 아니라고 주장하는 자들의 헛된 확신을 경멸한다. 우리는 세례에 의해 우리 자신이 그리스도 예수에게 접붙여져 그의 의에 참여하게 된다는 사실과, 그로 인해 우리의 죄가 가려지고 용서받게 된다는 사실을 확실히 믿는다. 그리고 올바른 성찬을 행함으로써 예수 그리스도가 우리와 연합되어 그가 우리의 영혼을 위한 영적인 영양과 음식이 된다는 사실을 믿는다(고전 10:16; 롬 6:3-5; 갈 3:27).

우리는 로마교회가 악하게 가르치고 잘못 믿고 있듯이, 떡이 그리스도의 몸으로 변하고 포도주가 피의 실체로 변화되는 것으로 생각하지 않는다. 그러나 그리스도 예수의 몸과 피와 함께 성령에 의해 성례가 올바르게 시행됨으로써, 참된 믿음에 의해 육신적이고 지상적인 눈에 보이는 모든 것 위로 옮겨짐으로써 일치와 연합이 이루어진다. 또한 단번에 자신의 몸을 주시고 피를 흘리셨지만 지금은 천상에 계시는 그리스도 예수의 살과 피로 우리가 자라나게 된다. 그리고 우리로 하여금 성부 하나님의 존전에 나타나도록 하신다(막 16:19; 눅 24:51; 행 1:1; 3:21).

천상에 계신 그리스도의 영화로운 몸과 지상에 있는 우리의 죽을 몸 사이의 간격에도 불구하고, 우리가 떼는 떡이 그리스도의 몸과 연합하게 되고, 마시는 포도주가 그의 피와 교제를 이루는 축복이 된다는 사실을 굳게 확신한다(엡 5:30). 그리하여 영원한 하나님께서 그리스도 예수에게 육신을 주셔서 죽음을 내어주심으로써(마 27:50; 막 15:37; 눅 23:46; 요 19:30), 부패하여 죽을 수밖에 없는 우리가 그리스도 예수의 살과 피를 먹고 마시는 것을 통해 우리에게 생명과 불멸의 몸을 허락하셨다.

이것이 오직 성례의 능력과 덕목에 의해 단순히 일시적으로 우리에게 주어진 것이 아닐 뿐만 아니라, 믿는 자들이 주님의 식탁에 온전히 참여함으로써 자연적인 인간으로서는 이해할 수 없는 그런 연합이 그리스도 예수와 함께 이루어진다는 사실을 확신한다(요6:51; 6:53-58). 나아가 우리는 믿는 자들이라 할지라도 나태함과 인간의 연약함으로 인해 방해받아 성찬을 받는 순간에 충분한 유익을 얻지 못하지만, 좋은 밭에 살아있는 씨앗이 뿌려지듯이 나중에 열매를 맺게 되리라는 사실을 확신한다.

주 예수의 몸으로부터 결코 분리되지 않는 성령께서는, 신비한 사역의 열매가 되는 믿는 자들을 내치시지 않는다. 다시 말하거니와 이 모든 것은 우리 안에서 홀로 성례를 효력하게 하시는 그리스도 예수를 붙잡는 참된 믿음에서 온다. 그러므로 만일 어떤 자가 성례는 상징 이상 아무 것도 아니라고 주장하면서 우리를 비방한다면 그들은 명백한 실체에 대항하여 중상모략하는 자들이다.

한편 우리는 그리스도 예수의 영원한 본질과, 성례적인 표지의 원소들 사이의 차이를 인정한다. 따라서 우리는 그것들에 나타나는 의미 대신에 그 표지의 요소들을 경배하지 않을 뿐만아니라, 그것들을 경멸하거나 무시하지 않는다. 그 대신 우리는 사도의 입술을 통해 전해진 "그러므로 누구든지 주의 떡이나 잔을 합당치 않게 먹고 마시는 자는 주의 몸과 피를 범하는 죄가 있느니라"는 말씀을 믿기 때문에, 성찬을 나누기 전에 우리 자신을 부지런히 살피는 가운데 경건하게 그것들을 받아들이고 그것에 참여한다(고전11:27-29).

제1절

종교개혁자들의 가르침에 의하면 올바른 예배와 교회의 삶은, 일반적으로 사람들이 좁은 의미에서 예배라고 부르는 것에 구체적인 중심을 두고 있다. 즉 예배는 하나님에 의해 요구되고 지시된 것이고, 그리스도인의 삶을 각성시키고 정결하게 하고 촉진하는데 봉사하는 모여든 교회 공동체의 행동이라는 것이다. 「스코틀랜드 신앙고백」이 제21-23조에서 이 예배의 문제를 "성례에 관하여" 등의 제목 아래 취급한 까닭은, 먼저 성례(특히 제단의 성례)를 통해 규정된 예배에 대한 중세기적인 이해에 대해 논의하기 위함이었음을 우리는 알아야 할 것이다.

그 중세기적인 이해에 반대하여 이 신앙고백은 하나님의 말씀에 따르는 교회 예배에 대한 올바른 이해를 수립하려고 한 것이다. 그러나 주목할 만한 것은 그 신앙고백이 이 예배에 대한 올바른 이해도 처음부터 끝까지 성례의 견지에서 제시했다는 사실이다. 16세기 우리의 선조들은 성례를 경시하는 생각에서 멀리 떠나 있었다. 그들은 로마교회와 대립하여 올바른 성례를 집행하려고 했던 것이다. 그러므로 우리는 그들이 그렇게 함으로써 그들의 대적자들보다 더 진지하게 더 원칙적으로 성례를 집행하려고 했다는 사실을 고려해야 한다는 것이다.

이 엄격한 종교개혁 문서(「스코틀랜드 신앙고백」) 속에서 교회의 기도나 신앙고백에 대해서는 전혀 언급하지 않고 설교에 대해서도 간혹 언급하고 있을 뿐이지만, 오직 세례와 성찬 특히 성에 대해서만 본질적인 것으로 논의하고 있다는 사실은 놀랄만한 일이다. 후대에 개혁교회가 마치 성례를 결여한 듯하거나 성례를 혐오하는 교회인 듯하는 인상을 일반이 받게 되었다는 사실은, 우리가 이 개혁교회를 오해한 것이고 그리고 개혁교회 자체가 스스로를 얼마나 오해한 것이었던가.

분명히 우리의 선조들은 성례(특히 성찬)의 교훈과 질서가 옳게 확립되어 있는 곳이라야만, 교회 예배 전체도 그것에 따라 반드시 옳게 될 것이라는 견해를 갖고 있었기 때문에 성례를 높이 평가했던 것이다. 이런 역사적인 사실 아래서 드러나게 되는 이런 인식은, 지금까지 우리가 들은 강의의 과정에 비추어 보면 아주 생소한 것은 아니다. 사실 우리가 교회 예배의 문제를 이런 견지에서(즉 성례의 견지에서) 시작하는 것보다 더 나은 길은 없을 것이다.

실제적인 내용에 부합하는 고대 교회의 정의들이나 「스코틀랜드 신앙고백」에 의하면, 성례는 하나님이 집행하시고 사람이 봉사하는 행동(그것도 하나님의 지시를 실행하는 형태로 이루어지는 행위)이고, 그 행위로 인해 구체적이고 특정한 수단이 사용됨으로써 하나님의 은혜가 증명되고 인간의 신앙이 일어나게 되고 순수하게 되고 촉진되는 것이다. 이 정의는 원칙적으로 좁은 의미에서의 성례에 국한하지 않고, 교회 예배 전체를 가리켜서 말한 것이다. 우리가 먼저 생각해야 할 것은 교회 예배는 하나님의 행위라는 점이다.

「스코틀랜드 신앙고백」 제21조는 예배를 그와같이 묘사하고 있다;

우리는 「스코틀랜드 신앙고백」 제22~23조와 관련되는 다음 장에서, 인간의 행위로서의 예배에 대해 고찰하게 될 것이다. 우리가 언제나 부딪치게 되는 「기독교 교리의 전체적인 리듬」(der ganze Rhythmus der der Christlichen Lehre)인 "참 하나님 참 인간"(Vere Deus vere homo)이 여기서 어떻게 확증되는지를 유의해야 할 것이다. 먼저 교회 예배는 "일차적이고 근본적이고 본질적인"(Primär, unsprünglich, substantial) 하나님의 행동이고, 그 다음에 비로소 "이차적이고 근본에서 유래하고 우연적인"(secondär, abgeleitet, akzidentiell) 사람의 행동인 것이다.

여기서 사람이 해야 하고 또 할 수 있는 일은 오직 봉사하는 것 뿐이다. 그런데 이 봉사가 「하나님께 대한 봉사」(즉 예배)가 되게 하는 것은 사람이 아니라 오직 하나님만이 하시는 일이다. 하나님이신 그 분이 예배가 집행되기를 원하신다. 하나님은 예배에 적절한 수단을 예비하시고, 그리고 그 수단을 통해 당신의 은혜를 입증하신다. 이렇게 하심으로써 하나님은 신앙을 일으키시고 순수하게 하시고 촉진시키신다. 이 모든 일의 흐름에서 주인공은 사람이 아니라 하나님이시다. 그 모든 일의 흐름에서 사람은 오직 섬기는 자로서, 하나님의 뜻을 수행하는 자로서 일할 뿐이다.

우리가 이제 이런 관점에서 첫째로 교회 예배의 목적과 방향과 근거에 대해 묻는다면, 우리가 교회 예배에서 행하기를 원하고 있고 또 할 수 있는 모든 일은 부차적인 것에 속한다는 사실이 곧 분명하게 드러날 것이다. 교회 예배는 「경건의 훈련」(eine übung der Andacht)이 아닐 수 없다. 즉 교회의 비밀과 그리스도인의 삶의 비밀에 관한 사상이나 감정을 응집시키는 것, 예수 그리스도 안에 나타난 하나님의 은총을 바라보는 것, 그리고 당신의 말씀 안에서 우리를 찾아내신 그 분에 대해 새롭게 탐구하는 것이 아닐 수 없다는 것이다. 그러나 그것이 교회 예배의 일차적인 근거는 아니다.

교회 예배는 「우리의 교훈」(unsere Belehrung)을 의미하지 않을 수 없다. 예수 그리스도는 우리가 아무리 들어도 다함이 없는 진리다. 이 그리스도에 대한 증거인 성경은 해석되고 설명되기를 요구한다. 지금은 오랫동안 교회를 지배해 온 반(反)주지주의가 막을 내릴 때다. 아무 것도 배울 것이 없는 예배는 예배일 수 없다. 우리는 하나님의 말씀으로부터 유래하는 교훈을 필요로 한다. 그러나 그것도 교회 예배의 일차적인 근거는 아니다.

또한 모든 예배는 「신앙고백」(ein Bekmtnis)이 아닐 수 없다. 물론 예배에서 하나님의 말씀이 선포되고 들려지게 되고, 교회의 지체들이 서로 교류하게 되고, 그 지체들이 서로에게 속하게 됨에 따라 참된 교회가 드러나게 된다. 우리는 예배를 드림으로써 우리들 서로 간에 교회와 하나님 말씀에 대해 신앙을 고백하게 되는 것이다. 어쨌든 신앙을 고백한다는 것은 드러낸다는 것을 의미한다. 이런 것은 일어날 필요가 있다. 그러나 그것 역시 교회 예배의 일차적인 근거는 아니다. 교회 예배의 일차적인 근거는 우리 바깥에(즉 예수 그리스도께서 현재하시고 행동하시는 데에) 있다.

예수 그리스도께서는 「자비와 신실로」(in Barmherzigkeit und Treue) 지배하려고 하신다. 예수 그리스도는 그 자신이 존재하고 있고 지속되고 있듯이, 교회도 그렇게 존재하고 지속되기를 원하신다. 예수 그리스도는 그의 인격과 활동 속에서 모든 인간 역사의 의미와 목표로 존재하시기 때문에, 교회의 지체들이 그리스도인의 삶을 사는 가운데 사랑받고 찬양받기를 원하신다. 이 의미와 목표는 교회 안에서 드러나게 되기 때문에, 그리스도는 교회를 만드시고 보존하신다. 그러므로 교회 예배는 꼭 필요한 것이다.

교회 예배의 능력은 우리가 하고자 하거나 할 수 있는 것에 있는 것이 아니라, 오직 우리가 순종하게 되는 「지시하심과 부르심」(Anordung und Berufung)에 있는 것이다. 교회 예배는 하나님 자신이 이루시는 「하나님의 활동」(Opus Dei)이다. 현대의 가련한 실용주의자들에게는 다음 사실을 다시 한번 말해주는 것이 참으로 유익하고 위로가 될 것이다. 즉 실용성은 지니고 있는 한 가지 일(즉 우리가 실용주의적인 것에 근거를 설정할 수 있는 것)이 아니라, 오직 우리가 명령받은 것에 일차적인 근거를 두고 있는 한 가지 사실이 있다는 것이다. 그 일이 바로 교회 예배다.

제2절

교회 예배의 일차적인 내용은 이 일차적인 근거에 상응한다. 교회 예배에서 일어나는 것은, 오직 하나님의 뜻과 명령을 성취하기 위해서만 행해질 수 있는 것이다. 이 하나님의 뜻과 명령은 교회가 존재하고 지속되는 데 있다. 이것이 이루어지는 것은 교회 예배에서 성령이 역사하기 때문이다. 이제 우리는 이미 왜 「스코틀랜드 신앙고백」이 이 예배 문제를 다룸에 있어서, 오직 세례와 성찬에 대해서만 말하고 있고 또 그것으로 말하고자 하는 바를 다 말했다고 생각하고 있는지를 어느 정도 알게 되었다. 세례는 우리에게 무엇을 증명해 주고 있는가? 「스코틀랜드 신앙고백」은 "우리가 그리스도 안에 심기워져 그리스도의 의에 참여하게 되는 것"이라고 말하고 있다.

또한 성찬은 우리에게 무엇을 증명해 주고 있는가. "우리가 그리스도 안에 그리스도가 우리 안에 머물러 계신 것"은 우리가 언제나 새롭게(살과 피로 된 인간이신 그리스도께서 영원하신 하나님과 더불어 누리셨던 사귐에 들어갈 수 있게) 하기 위함이라는 것이다. 우리가 알다시피 세례에서 중요한 것은 교회가 존재한다는 사실이다. 그러나 교회는 개혁되고 있기 때문에, 이제 모든 강조점이 전적으로 성찬에 집중되고 있다. 왜냐하면 성찬에서 중요한 것은 교회가 지속된다는 사실에 있기 때문이다.

그래서 세례와 성찬을 동반하는 모든 하나님의 명령은 교회 예배 전체를 포괄하고 규정하고 한정하는 것이다. 말하자면 세례나 성찬은 예배에서 꼭 필요로 하는 영역을 형성하고 있다. 왜냐하면 세례와 성찬이 예배의 유일하고도 적절한 영역이기 때문이다. 또한 예배 안에서 일어나는 것은 세례에서 유래하는 것일 수밖에 없다. 즉 교회가 존재하는 것으로부터, 그리고 예수 그리스도가 단번에 영원히 우리를 위해 죽으셨고 부활하셨다는 사실로부터 우리가 최종적으로 확고하게 그의 것이 되었고, 오직 그를 통해서 의롭다고 인정받고 성화되고 영광을 받도록 규정되었다는 사실로부터 유래하는 것일 수밖에 없다.

그리고 또한 교회 예배에서 일어나는 것은 성찬을 지향하는 것일 수밖에 없다. 즉 교회가 지속되는 것을 지향하고, 예수 그리스도께서 우리로 하여금 하나님과 함께 하는 존재인 동시에 인간인 자신의 존재에 참여하게 하심을 지향하고, 그리고 그리스도의 활동의 대상으로 존재하게 하는 우리에 대한 규정이 거듭하여 성취됨을 지향해야 하는 것이다. 이 출발점과 끝나는 점 사이에서 하나님의 은총을 증거하도록 하고, 그리고 우리의 신앙을 일깨우고 순수하게 하고 촉진하는 것이 바로 교회 예배다.

이 한계점 사이에 있는 것은 무엇으로 존재할 수 있는가. 이제 우리는 거듭해서 묻지 않을 수 없다. 만일 예수 그리스도의 교회가 그리스도께서 명령하신 바에 따라 모이게 되고, 세례의 징표 안에서 교회의 유래(즉 하나님의 말씀에 의한 교회의 창조)를 생각하게 된다면 무엇이 일어날 수밖에 없는가. 교회가 참으로 그리고 서로 함께 모여 친교를 이루는 공동체로 존재해야 하고 따라서 그 공동체 안에서 말씀이 선포되어야 한다면, 어떤 말씀이 하나님의 계시 자체를 선포하는 말씀일 수 있는가. 교회의 모든 길의 처음부터, 교회 안에 있는 것들의 모든 길의 처음부터, 교회에서 되어지는 사고나 의지나 행동의 처음부터, 하나님의 크신 일에 관한 복음이 충분한 것은 아니지만 들려지고 있고 존속하고 있다.

그리고 그 크신 하나님의 일은 「스코틀랜드 신앙고백」의 마지막 부분에서 말하고 있듯이, 그리스도께서 자기 자신을 하나님으로 증명하시기 위해 극심한 분노와 넘치는 자비하심 가운데서 부활하셨고, 그의 원수들 가운데서 부활하셨고, 이스라엘의 메시야로서 부활하셨고, 동정녀의 아들로서 부활하셨고, 죽은 자 가운데서 사흘만에 다시 살아나셨다는 사실이다. 교회는 이 일을 잘못 생각해서도 안되고, 또한 교회가 그것으로부터 유래한다는 사실에 대해 침묵을 지켜서도 안된다.

하나님이 예수 그리스도 안에 계시된다는 사실은, 교회 한가운데서 현재나 미래에도 언제든지 선포되어야 할 말씀이다. 교회의 이런 유래를 증거하는 것이 세례다. 교회는 가끔 그것을 잊을 수도 있고 오해할 수도 있고 그 뜻을 변경시킬 수도 있다. 그러나 교회 한가운데에는 성경이 놓여 있어서 침묵하게 하는 것이 아니라, 다른 것이 아닌 바로 그것에 대해 말하도록 하고 있다. 성령께서는 끊임없는 열정으로 교회 예배가 언제나 복음을 선포하는 가운데서 성립될 수밖에 없게 하신다.

이제 우리는 더 나아가서 다음과 같이 물을 수 있다; 예수 그리스도의 교회가 성찬의 징표를 통해 교회의 나아갈 방향(즉 하나님 말씀을 통한 교회의 보존)을 생각하게 된다면, 무엇이 일어날 수밖에 없는가. 또 교회가 참으로 함께 모여 말씀을 통해 친교를 이룰 수밖에 없게 된다면, 그 말씀은 신앙의 말씀(곧 하나님의 계시의 말씀 따라서 다른 모든 기도(즉 회개의 기도와 찬양의 기도)를 포괄하는 감사 기도의 말씀이 아니고 다른 무슨 말씀일 수 있겠는가?

유카리스트(Eucharistie)란 말은 고대에서는 물론 성찬식을 의미했고, 성찬식은 바로 예배 전체를 유카리스트(즉 감사드리는 것)로 특징짓고 있다. 예배는 바로 계시의 선포로 존재하듯이 듣고 보게 되는 것이다. 성찬에서 증거되고 있듯이 우리가 믿음 안에서 사람으로서의 예수 그리스도의 존재(곧 그의 살과 피)를 받아 먹고 마셔서 우리의 것으로 만들고 또 그리스도가 하나님과 하나인 것처럼 우리도 그리스도 안에서 하나님과 하나가 되도록 양육받는다는 사실에서 감사의 조건(즉 하나님의 계시로 인해 하나님께 드릴 감사의 조건)이 성립되고 교회가 교회로 지속되는 것이다.

우리가 하나님께 드릴 수 있는 감사는 오직 예수 그리스도께서 우리에게 주신 것을 우리가 받는다는 사실에 있다. 「스코틀랜드 신앙고백」은 매우 지혜롭고 정당하게 다음 사실을 말하고 있다; 이 감사드림(Danksgung; 성찬)에서 문제되는 것은 신앙 안에서 이루어지는 예수 그리스도와의 관계를 우리가 얼마나 많고 적게 느끼거나 경험하게 되느냐에 있는 것이 아니라, 오히려 옥토에 뿌려진 씨앗에 비교할 수 있는 성령의 역사(즉 예수 그리스도의 사역과 분리될 수 없기 때문에 이 성례와도 분리될 수 없는 성령의 역사)라는 것이다.

사실 우리가 교회 예배에서 심사숙고하지 않을 수 없는 것은 신앙이 우리 자신의 불신앙과 불순종에 저항한다는 사실과, 오직 예수 그리스도 안에서 베푸시는 하나님의 은혜롭고 전능하신 지배하심과 돌보심에 의지할 수밖에 없다는 사실이다. 사람은 언제나 자기 자신에 항거하면서 믿을 수밖에 없다. 사람은 오직 하나님만이 참으로 인간을 위해 존재하신다는 사실을 믿어야 한다.

만일 교회 예배의 내용이 그리스도인의 경건이나 도덕일 뿐이고 그리스도인의 신앙이 아니라면, 교회 예배는 아무 쓸모 없는 것에 불과할 것이다. 교회 예배는 지상에서 있을 수 있는 모든 일 중에서 가장 중요하고 가장 절실하고 가장 영광스러운 일이다. 왜냐하면 예배의 일차적인 내용이 사람의 일이 아니라, 성령의 일이고 신앙의 일이기 때문이다.

제3절

교회 예배의 일차적인 형식도 이 일차적인 내용에 상응한다. 물론 계시와 신앙은 예배에서 일정한 형태를 지니게 된다. 구체적이고 피조적인 수단(즉 예배)을 통해 계시와 신앙이 증거되는 것[즉 교회의 인위적인 장치(세례의 물을 통해서, 성찬의 떡과 포도주를 통해서, 설교자와 회중의 말과 행동)를 통해서 증거되는 것]이다. 그러나 이 형식도 일차적으로 근본적으로 그리고 본질적으로는 하나님의 행동에 속하고, 그 다음에 비로소 이차적으로 동반하는 것으로서 사람의 행동에 속하는 것이다.

그 구체적이고 피조적인 수단은 사람이 상상하거나 기뻐하는 것에 내맡겨질 수는 결코 없고, 오히려 하나님이 선택하시고 지시하신 근거 위에서 교회 예배 안에서 이런 저런 일들이 행해져야 하는 것이다. 이 봉사(예배)를 위해 하나님은 물을 성별하셨고, 떡과 포도주를 성별하셨고, 사람의 말을 성별하셨다. 이 하나님이 창조의 주시고 교회의 삶의 주시다. 이런 삶의 모든 인간적인 형식들은 오직 하나님의 말씀 안에서 우리에게 부여된 교회 예배의 본래 형식을 바르게 준수하려는 한 가지 시도일 수밖에 없다.

이 점에서 「스코틀랜드 신앙고백」은 올바른 교리와 질서를 다음 두 가지 측면에서 변호하지 않으면 안 되었다. 「스코틀랜드 신앙고백」이 가톨릭 교회와 동시에 루터 교회에게 기억을 촉구하지 않을 수 없었던 것은, 하나님에 의해 제정된 형태는 오직 예배의 형태일 뿐이지 예배의 내용이 아니라는 것이었다. 우리가 먹는 떡과 마시는 잔은 예수 그리스도의 살과 피를 나누는 것이다. 그 떡과 잔은 오직 피조물이 여기서 존재할 수 있고 행할 수 있는 것만으로 존재하고 행해지게 된다. 그 둘은 무엇을 지시하고 표시한다. 그 둘은 증거하고 중재한다.

우리는 그 두 가지 봉사를 통해서 예수 그리스도의 참된 살과 피를 먹고 마시게 된다. 바로 그 일을 위해 그것이 제정된 것이다. 그 두 형태는 하나님이 부여하신 기능을 지니고 있을 뿐이지, 그 두 형태가 봉사하는 대상 자체인 것은 아니다. 교회 예배의 형태는 하나님이 지정하신 것이다. 그러나 그것은 피조물적인 형태를 지니고 있을 뿐이고, 신적인 내용을 지니고 있는 것은 아니다. 그 형태 자체가 계시나 신앙일 수 없고 성령의 역사도 아니다.

오히려 성령의 역사가 일어날 때 이 형태를 사용하게 되고, 이 형태가 기여할 수 있게 되는 것이다. 그 형태는 "불가시적인 대상에 대한 가시적인 표지다"(어거스틴). 그 불가시적인 대상은 가시적인 표지 없이는 존재하지 못한다. 그러나 가시적인 표지 자체가 그 대상인 것은 아니다. 예수 그리스도께서는 교회의 인간적인 제도를 통해 자기 자신이 필요 이상의 존재가 되도록 하시지는 않았다. 예수 그리스도 자신이 없으면 우리는 아무 것도 할 수 없다. 바로 이것 때문에 개혁교회의 신앙고백은 「실재론적인 성례관」(der realistischen Sakramentslehre)을 부정했던 것이다.

그러나 우리는 그 배후에 있는 긍정을 간과해서는 안된다. 그 긍정은 전적으로 하나님 자신이 우리에게 내려오셨기 때문에, 높은 데 계신 영원하신 하나님을 사모하고 찾는 긍정이다. 그 긍정은 기적에 대한 긍정이다. 즉 기적으로 인해 경탄(Admirandum)을 느끼면서도 이상함(Stupendem)을 느끼지 않는 순수한 기적에 대한 긍정이다. 또한 그 긍정은 당신에게 봉사하는 피조물 안에서 물론 주님으로 계시고, 홀로 영광받으시기에 합당하신 하나님에 대한 긍정이다. 이 긍정이 있지만 우리는 종교개혁적인 부정을 폐기해 버리기 전에 재고해야 할 것이다. 애굽의 고기 그릇이 있는데, 그것은 우리가 돌이켜 좋게 여겨서는 안된다는 것이다.

그러나 「스코틀랜드 신앙고백」은 그 시대와 모든 시대의 열광주의자들(Schwärmern)이나 유심론자들(Spiritualisten)에 대해 똑같이 분명하게 다음 사실을 기억하도록 촉구해야 했다. 즉 교회 예배의 형태는 하나님이 제정하신 것이고, 따라서 예배의 내용과 분리될 수 없다는 것이다. 물론 우리가 먹는 떡과 축복으로 받는 잔은 예수 그리스도와의 사귐을 나누는 것이고, 떡과 잔은 피조물이고 피조물로 남아 있을 것이다. 그러나 하나님께서는 당신의 지혜와 능력을 통해서 그 떡과 잔이 봉사하고 지시하고 표지하고 증거하고 매개하도록 제정하셨다. 다시 말하자면 그 떡과 잔의 봉사를 통해 우리는 예수 그리스도의 참 살과 피를 먹고 마시게 되는 것이다. 물론 입이나 이로 먹고 마시는 것이 아니라, 성령의 능력을 통해 믿음 안에서 먹고 마시는 것이다.

그러나 그 떡과 잔의 봉사가 배제되는 것이 아니라, 그 떡과 잔의 봉사를 통해 먹고 마시는 것이다. 우리는 하나님이 제정하신 떡과 잔의 기능을 배제해도 안되고, 또한 그 기능을 천하게 여기거나 등한히 여겨서도 안된다. 그 떡과 잔은 아무 것도 아닌 공허한 표지가 아니다. 그 떡과 잔은 하나님께서 약속하시고 명령하신 것에 대한 표지다. 교회 예배의 내용인 계시와 신앙이 예배의 형태를 띠고 있는 것은 아니다. 그러나 그것은 형태 없이 가시적인 표지

없이 존재하는 것은 아니다. 바로 이 형태가 사용되는 것은 성령의 역사 안에서다. 하나님께서는 자기 자신을 속박하시지 않기 때문에, 그리고 속박하는 것이 당신의 권한에 속한 것이기 때문에 우리를 속박하셨다.

예수 그리스도께서는 자기 자신이 필요 이상의 것이 되게 하시지 않기 때문에, 자신이 세우신 교회의 인간성 속에서 스스로를 영화롭게 하시기를 기뻐하셨다. 이것이 모든 관념론이나 모든 가시적인 교회를 피하고자 하는 것에 대해 개혁교회가 가르치는 부정이다. 그러나 여기서도 우리는 우리의 선조들이나 사실 자체를 바르게 이해하기 위해서, 이 부정 안에 있는 긍정을 들을 수 있어야 한다. 그 긍정은 당신이 기뻐하심에 따라 피조물의 영역 안에서 위엄을 나타내시는 하나님이 낮아지셨다는 사실을 의미한다.

또한 그 긍정은 피조물을 통해 우리로 하여금 당신을 칭송하고 찬양할 기회와 가능성을 열어주시는 하나님의 자비를 의미한다. 그 긍정은 말씀의 화육을 의미하고 규정된 인간적인 제도를 통해 나타나게 된다. 다시금 우리가 이런 측면에서 종교개혁적인 부정에 대해 관심을 갖게 되는 모든 근거는 바로 이 긍정 때문이다. 우리가 일차적으로 교회 예배를 하나님의 행동으로 이해할 때만, 비로소 그 형태도 일차적으로는 하나님의 행동에서 기인하는 것으로 이해할 수 있게 되는 것이다.

8. 인간의 행위로서의 교회예배

(Der kirchliche Gottesdienst als menschliches Handeln)

제22조 성례의 올바른 집행

올바른 성례를 시행하기 위해서는 두 가지 사실이 필요하다. 첫째는 그것이 적법한 사역자에 의해 시행되어야 한다는 사실이다. 우리는 이들이 하나님의 말씀을 설교하도록 지정되고 하나님께서 복음을 설교하는 권한을 주셨으며 교회에 의해 적법하게 부름받은 자들임을 확신한다. 둘째는 하나님이 지정하신 성분적인 요소들과 방법에 따라 시행되어야 한다는 사실이다. 그렇지 않으면 그리스도 예수의 참된 성례로서 아무 의미가 없다.

우리가 로마가톨릭의 성례를 중단하고 그 가르침을 버린 이유는 다음과 같다; 첫째로 그 교회의 사역자들은 그리스도 예수의 사역자가 아니기 때문이다. (그들은 사실 성령께서 교회 가운데서 설교하도록 허락하지 않으신 여성들에게도 세례를 베풀도록 허락한다). 둘째로 그들은 이 성례를 그리스도의 원래 사역 가운데 요구된 것들과 근본적으로 아무 상관이 없는 다른 것들과 혼합시키고 있기 때문이다. 즉 그들이 기름. 소금. 침을 세례를 베풀 때 덧붙여 사용하는 것은 단순한 인간적인 고안에 지나지 않는다.

성찬을 경배하고 존경하기 위해 그 빵을 상자에 담아서 거리와 시가지를 줄지어 행진하는 것은 그리스도의 성례에 대한 올바른 사용이 아니라 그것을 남용하는 행위다. 그리스도께서는 "너희가 받아 먹으라… 나를 기념하여 이를 행하라" 고 말씀하셨다(마 26:26; 막 14:22; 눅 22:19; 고전 11:24). 이 말씀과 명령에 의해 그는 성별된 빵과 포도주를 자신의 거룩한 몸과 피의 성찬이 되게 하여 모든 성도들이 그것들을 먹고 마시게 하셨다. 그러나 그것들이 로마 교회주의자들이 하듯 하나님의 몸으로서 경배되거나 숭상되어서는 안 된다. 나아가 성찬의 일부(즉 축복의 잔)를 일반 성도들로부터 빼앗는 것은 신성모독죄를 범하는 것이다.

또 만일 그 성찬이 올바르게 시행된다면 그 제도의 의도와 목적을 이해하는 것이 기본이다. 만일 성찬 참여자들이 그것을 통해 무슨 일이 발생하는지 이해하지 못한다면 구약시대의 희생제사에서 보여지듯이 성례가 올바르게 시행되는 것이 아니다. 이처럼 만일 교회의 교사가 하나님께서 혐오하시는 잘못된 교리를 가르친다면, 비록 성찬이 규칙에 따라 행해질지라도, 하나님의 명령을 벗어나 다른 목적을 위해 그것을 사용하는 한 그 성찬은 올바르게 행해진 것이 아니다. 우리는 로마 가톨릭에서 이같이 행해지는 성례가 주 예수의 모든 교훈들이 형식과 목적과 의미에 있어서 혼합되어 나타난 것임을 확신한다.

그리스도 예수께서 본을 보이시고 행하도록 명령하신 것은 복음서와 바울 서신에서 분명하게 나타나 있다. 구약시대 제사장이 제단에서 행한 것을 우리가 되풀이해 언급할 필요가 있다, 그리스도께서 그 제도를 제정하신 의도와 목적인 "너희가 이 빵을 먹고 이 잔을 마실 때마다… 주님이 오실 때까지 그의 죽음을 보여주며… 그를 기념하여 행하라"(고전11:24-26)는 말씀의 요구에 따라 행해져야 한다. 이를 통해 그리스도를 존귀하게 높여 설교하고 전파하며 찬양하게 된다.

그러나 로마 가톨릭의 미사에 사용되는 용어와 그 선생들의 가르침이 미사의 목적과 의미를 증언하고 있다. 그들은 그리스도와 그의 교회 사이의 중재로서, 산 자와 죽은 자들을 위하여 죄를 속하기 위한 화해의 제사를 성부 하나님께 드려야 한다고 주장한다. 이 교리는 그리스도 예수가 모든 성도들을 성결케 하시기 위해 십자가 위에서 단번에 바쳐진 충분하고 유일한 희생제물(히 9:27-28; 10:14)이라는 사실로부터 그 의미를 박탈함으로써, 그를 모독하는 것이기 때문에 우리는 그것을 극도로 혐오하며 비난한다.

제23조 성례에 연관된 자들

우리는 세례의식이 판단력을 갖춘 성인들에게와 마찬가지로 성도의 어린 자녀들에게도 적용되는 것으로 받아들인다. 그리고 신앙과 이해력을 갖기 이전의 유아들이 세례받는 것을 부인한 재세례파의 오류를 거부한다(골2:11-12; 롬4:11; 창17:10; 마28:19). 또한 우리는 주님의 성찬이 오직 믿음의 권속들에게만 나누어져야 한다는 사실을 고백하며, 저들의 신앙과 이웃에 대한 의무 수행을 주의깊게 살펴보아야 한다. 믿음이 없거나 형제들에 대한 화평과 선한 뜻이 없이 거룩한 음식을 먹고 마시는 것은 헛된 것에 지나지 않는다(고전11:28-29). 이것이 교회의 사역을 맡은 직분자들이 공적으로 각 성도들을 살펴, 주 예수의 성찬에 참여하는 것을 허락할지에 대해 판단해야 하는 이유다.

제1절

「스코틀랜드 신앙고백」 제22조와 제23조는, 교회에서의 올바른 성례 집행에 관해서(즉 이 개념의 일반적인 면에서), 말하자면 예배에서 교회 안에 있는 사람들에게 기대되거나 요구되는 것에 대해 논의하고 있다. 그렇지 않으면 여기서 사건의 본질에 속하는 것은 신앙고백이 형성된 역사적인 상황(즉 교황 교회에 대한 투쟁 이상으로 그 당시에 불가피했던 투쟁 전선)에서는, 그런 모습(성례의 집행)이 지배적이었을 것이라는 사실이다. 중세 가톨릭 교회와 개혁교회 사이의 대립이 시작되었을 때인 그 당시에, 바로 여기서 기인하는 인간적인 예배에 대한 견해나 현상에 대한 의문을 제기하는 것에 백성들 중에서 최후에 남은 자들까지 참여할 수밖에 없었을 것이다.

그러므로 우리는 여기서 갖가지 자세한 내용을 말할 수 있게 된다. 예를 들면 한편으로는 급작스런 죽음에 직면했을 때의 산파 세례. 성찬배. 성체 숭배. 미사 성체 등이 있고, 다른 편으로는 자유로운 설교자 선택, 평신도의 성찬배, 교회의 계율 등이 있다. 따라서 스코틀랜드 교회가 여기서 종교개혁적인 가르침으로 제시하고 있는 것의 원칙적인 내용을 밀고 나가는 것이 그리 쉬운 것은 아니었다. 그럼에도 불구하고 그런 모든 개별적인 특수한 것들을 통해 관철된 몇 가지 근본 노선 그 자체가 여기서 확립되고 있고 어느 정도 자유롭게 현재 적용되고 있는 것에 관해 설명하고 있다.

먼저 우리는 다시 한 번 교회 예배의 근거(즉 제2차적인 근거)에 대해 묻고자 하며, 이 물음에 대한 답은 이 본문의 앞장에서 확인한 바에 따라 얻게 될 것이다. 즉 사람이 이 문제에서 수행해야 하는 것은 「겸손한 순종」(schlichter Gehorsam)이라는 것이다. 이 신앙고백은 이런 관점 아래서 중세기에 변질된 교회 예배를 바로 잡고자 했던 것이다. 만일 우리가 예배를 우리의 종교적인 요구나 능력의 척도에 근거하여 형성된 것이라고 한다면, 그 예배는 개혁교회의 예배 형태와는 아주 다른 것이 될 것이고 아마도 로마 가톨릭 교회의 미사 형태를 지닐 수밖에 없을 것이다.

또한 올바른 예배에 관한 물음에 대해서 이런 척도에 따라 대답하려는 사람은, 그가 어떤 깊은 생각이나 독창력을 갖고 있다고 할지라도 조만간에 결국은 로마 교회의 미사에 접근하게 될 것이다. 그 미사는 이념이나 내용이나 구조에서 분명히 타의 추종을 불허하는 「한 종교적인 걸작」(ein religiöses

Meisterwerk) 즉 종교사적인 발전의 정점이 될 것이다. 그러나 우리가 주의해야 할 것은 바로 이 점을 종교개혁의 신앙고백이 비난하고 있다는 것이다. 걸작을 지닌 종교와 순종하는 기독교 신앙은 전혀 다른 것이다. 이 둘 사이의 가장 중요한 차이점은 기독교 신앙은 순종이라는 것이다.

따라서 기독교의 예배도 발명된 것이 아니라(즉 깊이 생각한 것이거나 독창적이거나 수 세기 또는 수천년 동안 함께 노력하여 이룩하게 된 발명품이 아니라) 단지 순종으로 존재할 수 있을 뿐이라는 것이다. 우리가 묻고자 하는 것은 우리가 생각하고 있는 장엄함, 아름다움, 연극술, 교육학, 심리학, 신비학 등을 어떻게 예배에 일치시킬 수 있고, 그런 관점 아래서 예배가 어떻게 형성될 수 있는가에 대해서가 아니라(로마가톨릭 교회의 미사가 성립됨에 있어서는 분명히 모든 것이 문제되고 있고 이방 종교도 이 모든 것에 대해 문제삼고 있다), 어떻게 함으로써 예배가 예배의 일차적인 근거(즉 교회 가운데 임재하여 행동하시는 예수 그리스도의 은혜로우신 뜻)에 가장 잘 상응할 수 있는가이다.

그러므로 우리가 문제삼고자 하는 것은, 우리의 욕구나 능력이 아니라 우리의 순종인 것이다. 올바른 예배에 대한 물음이 개신교에서 중단될 수 없다는 것은 너무나 당연한 것이다. 올바른 예배가 16세기에 결정적으로 발견되고 소개된 것은 결코 아니다. 오히려 여기서 우리가 물어야 할 것은 오늘날 우리가 교회 예배로 알고 있는 것이 참으로 교회의 주님에 대한 순종에 근거하고 있는지, 아니면 그것이 바로 이 교회의 일차적인 근거에 대한 물음으로 전환될 수 없는 것인지에 대해서다.

그러나 오직 이 근거에 대한 물음을 통해서만 우리는 교회 예배를 개혁하려고 할 수 있을 것이다. 여기서 다른 모든 척도는 단지 예배를 손상시킬 수 있을 뿐이다. 그리고 그런 손상은 있어서는 안 될 것이다. 언제나 이런 「낯선 개혁척도들」(fremde Reformmaßstäbe)을 적용함으로써 거짓된 교회가 생겨나게 되는 것이다. 우리가 교회를 둘러싸고 있는 세계를 고려할 때에는, 그런 낯선 개혁척도의 적용이 불가피하게 요구된다고 말하는 것은 옳지 않다. 바로 이와 같이 생각하는 것이 그 반대 결과를 가져오게 될 것이다.

세계에서 추측되고 있거나 실제로 요망되는 사항을 교회가 고려하여 예배에서 순종이 아닌 다른 태도를 취하려고 한다면, 교회는 세계에 대해 그리고 교회가 세계에 대해 위탁받은 것에 대해 잘못 봉사하게 될 것이다. 교회는 교회 스스로가 현명하게 처신하거나 적응하게 하는 의무를 세계에 대해 지고 있는 것이 아니라, 예수 그리스도의 복음을 세계에 전할 의무를 지고 있는 것이다.

그리고 교회가 순종하는 것 대신에 현명하게 처신하는 것을 더 중시한다면, 어떻게 복음을 전파할 수 있고 또 전파될 수 있겠는가, 그리고 순종하지 않는 교회가 이 세계에 대해 무슨 의미를 가질 수 있겠는가.

만일 교회가 지혜로운 자들보다 더 지혜롭게 그리고 과감하게 뒤돌아 보지 않고 주님의 말씀을 고수하려고 할 때 교회는 「세상의 빛」(ein Licht in der Welt)으로 존재한다. 이때 교회는 주님의 약속에 따라 존재하는 빛이 되는 것이다.

제2절

이제 우리는 둘째로 교회 예배의 내용(즉 이번에는 교회 예배의 2차적인 내용)에 대해 묻고자 한다. 교회 예배에서 계시와 신앙은 하나님의 행동이다. 따라서 우리는 이것에 상응하는 사람의 행동에 대해 묻고자 한다. 하나님을 섬기는(예배하는) 삶은 하나의 행위 내지 행동이고 「하나님의 일에 봉사하는 행동」(die Aktion des Dienstes am ous Dei)이다. 그리고 그 행동에 대해서는 하나의 기술적, 군사적, 정치적인 행동처럼, 그 자체가 사리에 맞게 수행되어야 할 행동이라는 점을 강조하는 것이 꼭 필요하다.

또한 이 점을 우리들보다 우리의 선조들이 훨씬 더 분명하게 인식하고 있었다는 사실은 의심할 여지가 없다. 교회가 사멸할 수 없기 때문에 우리는 다시금 그 점을 분명히 해야 한다. 우리는 앞장에서 교회는 계시에 의해 존재하고, 신앙에 의해 지속된다는 사실을 강조했다. 그러나 이 교회가 존재하거나 지속되는 것은, 교회 안에서 쉬거나 기다리거나 꿈꾸거나 잠자는 것이 아니라 행동하게 된다는 사실을 의미한다. 사실 여기서 주의해야 할 것은 교회적으로 행동이 이루어져야 하고, 따라서 이 행동의 특별한 사실성 안에서 행동이 이루어져야 한다는 점이다.

다른 활동으로는 어떤 활동이라 할지라도 불충분하다. 즉 어떤 선의의 활동이나 다른 관점에서 본다면, 어디서나 유용하고 찬양받을 만한 활동으로도 충분하지 못하다. 교회는 「자선 기관」(Wohltätigkeitsanstalt)도 아니고, 일반적으로 「세계 인간 개조 운동」(Welt-und Meschen erbesserung) 기관도 아니다. 교회는 「공동생활 훈련」(Gemeinschaltspflege) 기관도 아니고, 「정신위안기관」(geistige Vergnugung senstalt)도 아니다. 근대 교회는 종종 이 점을 간과하고 모든 면에서 활동하려고 손을 뻗었기 때문에, 자기 고유의 행동을 잊어버렸거나 게을리 했다. 이것은 교회가 자기 고유의 행동을 잊어버리거나 게을리 하면서, 여러 면에 손길을 뻗친 것은 「희망 없는 기도」(ein hoffnungsloses unternehmen)이지만, 다른 활동에서 최소한 쓸데 없이 바쁘게 돌아가는 것을 통해서 활동적인 실존의 겉모습만이라도 건져 보려고 했기 때문이다.

그러나 그렇게 함으로써 우리는 단지 겉모습만 건질 수 있을 뿐이다. 한가한 중에도 바쁘게 돌아간다는 사실이, 계시와 신앙에 순종하는 교회 예배의 내용은 아니다. 행동한다는 것은 교회 안에서 듣는다는 것(즉 하나님의 말씀을 듣거나 그 말씀을 통해 계시의 신앙을 듣는 것)을 의미한다. 하나님의 말씀을 듣는 것에서 성립되는 것보다, 더 강렬하고 노력을 요하거나 감격적인 행동은 이 세상 어디에도 없다. 즉 언제나 새롭게 언제나 더 훌륭하게 보다 진실되고, 보다 힘있게 말씀을 듣는 것은, 하나님의 말씀을 듣는 데서 가능하다는 것이다.

이런 행동(하나님의 말씀을 들음) 가운데서 예배의 내용이 성립되는 것이다. 교회가 설교하고 세례와 성찬을 베풀고 감사하는 이유는, 그 교회가 하나님의 말씀을 듣기 때문이고 그 말씀을 반복해서 듣지 않으면 안되기 때문이다. 교회는 이미 들었고 또 반복해서 듣지 않으면 안될 사람들이 모이는 공동체였다. 교회는 하나님의 말씀을 들음으로써 하나님을 섬기게 된다. 교회의 지체들은 하나님의 말씀을 함께 들음으로써 서로 봉사하게 된다. 교회는 그와 같이 들음으로써 세워지고 살고 자라나고 일하게 되고, 교회와 세계 안에서 하나님의 이름을 영화롭게 하는 것이다.

교회가 「듣는 교회」(hörende Kirche)로 존재할 때 그 교회가 참된 교회인 것이다. 교회가 전체적으로나 개별적으로 다른 목표를 갖고 있고 또 그 다른 목표가 다른 이름 가운데서 행해진다고 할지라도 오직 이것만을 의미할 수 있을 뿐이다. 즉 하나님의 말씀을 듣는 것에 이르러야만 한다는 것이다. 이 들음을 능가하는 것은 모두 선하신 하나님의 손에 있고, 우리의 일이 아니라 하나님의 일이다. 그러나 교회 안에서 이루어질 수 있고 또 이루어져야 하는 일(즉 하나님의 말씀을 듣게 된다는 것)은 우리의 일이다. 교회 예배를 향해 묻게 되는 물음은, 그 예배 내용이 과연 이 일에서 성립되느냐라는 것이다.

이제 잠시 실제적인 문제를 언급하고자 한다. 우리가 오늘날 가톨릭 교회에서든 개신교에서든, 교회 예배라고 생각하는 것은 단편에 지나지 않는다. 가톨릭 교회에서는 「설교 없는 성례 예배」(Sakrament gottesdienst ohne Predigt)를 드리고 있다. 그러나 내가 지금 말하려고 하는 것은 가톨릭 교회에 대해서가 아니라 우리 개신교에 대해서다. 개신교는 「성례 없는 설교 예배」(Predigtguttesdienst ohne Sakrament)를 드리고 있지만, 세례와 성찬은 교회 예배의 본질적인 영역을 형성하고 있다. 그러나 이런 영역이 개신교의 예배에서는 일반적으로 나타나지 않고 있다. 우리는 이미 성례 없는 예배가 표면상으로도 불완전한 예배라는 사실을 전혀 인식하지 못하고 있다.

일반적으로 우리는 이와 같이 표면상 불완전하게 예배드리는 것을 당연한 것으로 알고 있다. 도대체 어떤 정당한 이유를 갖고 있기에 그런 예배를 드리게 되는가. 위에서 말한 것처럼 본질적인 출발점이나 끝나는 점이 없이, 대내외적으로 불완전한 예배를 드린다는 것은 얼마나 위험한 일인가. 예배에서의 모든 것이 세례로부터 유래하여 성찬을 지향하고 있는 것으로 밝히 드러난다면, 우리의 예배에서 설교는 아주 다르게 행해지고 들려지고 아주 다르게 감사드리게 되지 않겠는가.

개신교에서 의식개혁(儀式改革)을 위해 무수한 운동을 벌였거나 시도했던 것이 전혀 성과를 거두지 못한 이유는, 개신교가 일반적인 예배에서 범하고 있는 것으로서 이 근거(세례와 성찬)의 결여와 이 불완전성(즉 성례의 결여)을 파악하지 못했기 때문이 아니겠는가. 그리고 이런 상태에서 우리가 로마 교회의 예배에서 보게 되는 우리와 반대되는 불완전성을 지적한다고 해도, 그 비판이 무슨 힘을 가질 수 있겠는가. 내가 이런 맥락에서 그런 사실을 말하는 이유는 교회

본연의 운동을 의미하는 「하나님 말씀을 듣는 사건」(Hören des Wortes Gottes)에서 가장 중요한 것은, 그 말씀을 듣는 것이 두 성례가 집행되는 가운데 이루어져야 하기 때문이다.

예수 그리스도 안에서 모든 것이 우리를 위해 이루어졌고 우리가 그리스도에게서 모든 것을 기대해야 한다는 사실을 우리가 듣게 될 때, 우리는 하나님의 말씀을 듣게 되는 것이고 착한 포도원 농부가 되는 것이다. 과연 우리가 그렇게 듣고 있는가. 만일 우리 개신교가 오랫동안 들을 수 있고 또 들어야 하는 바대로 듣지 않았다면 그리고 설교가 아직 그렇게 해야 하는 반대로 행해지지 않았고 그렇게 들려지지 않았고 그렇게 감사드려지지 않았다면, 그것은 성례가 우리에게 아직 폭넓게 드러나지 않고 있고 우리의 예배도 아직 한 단편에 지나지 않는다는 사실 가운데서 성립되는 그 근거의 결여와 연관된 것이 아니겠는가.

우리는 이 교회 예배의 내용에 관한 말을 끝맺기 전에 한 가지 더 말해 둘 것이 있다. 그것은 바로 교회 공동체가 행하게 되는 것으로서 약속하는 행동이나 책임은, 교회의 직분을 맡고 있는 책임자나 회중을 이루고 있는 평신도에게 처음부터 끝까지 공동으로 다 연관된다는 것이다. 아무도 그 듣는 것에서 벗어날 수 없고, 아무도 그 일에 관여하는 데서보다 낮은 비중을 차지할 수는 없다. 모두 다 듣는 사람이고 따라서 모두가 설교자이다.

특별한 직분을 맡은 자와 일반 신자들 사이의 구별과 가르치는 교회와 듣는 교회 사이의 구별은, 단지 기술적인 구별일 따름이지 원칙적인 구별일 수는 없다. 왜냐하면 한편의 사람들이 다른 편의 사람들에게 말하는 것은 결국 들은 것으로부터 새롭게 듣는 것으로의 계승 과정을 이루기 때문이다. 그러나 이 계승 과정은 한편의 사람들이 듣고 전하는 가운데, 현재는 우선 듣기만 하는 사람들과 공동으로 수행하게 되는 것이다.

비록 교회 예배에서 말하는 것 자체가 한 쪽 사람들의 일이지 다른 쪽 사람들의 일이 아니라고 할지라도(즉 하나님이 말씀하시고 사람이 듣는 것으로 비유할 수밖에 없다고 할지라도), 다른 쪽 사람들이 화답하는 찬송을 통해 하나님의 계시에 대한 감사의 소리(설교도 그 감사에 속한다)가 온 교회의 소리가 될 수밖에 없다는 사실이 바로 비유적으로 드러나게 된다. 그리고 살아 있는 교회 안에서는 그 가르침(그것 역시 공동체가 다시 듣게 되는 일의 한 기능일 뿐이다)의 특별한 약속이나 책임에 이렇게 또는 저렇게, 그리고 직접적으로 또는 간접적으로 참여하는 것 이외에는 다른 것이 존재할 수 없다.

제3절

하나님의 말씀을 듣는 것이 교회 예배의 내용이라면, 이제 우리가 끝으로 묻고자 하는 물음인 "어떤 것이 교회 예배의 형태(이차적인 형태)인가" "하나님 편에서 그와 같이 특정한 수단과 표지 그리고 증거를 부여하고 있고, 이런 수단, 표지, 증거를 사람이 사용함으로써 하나님의 말씀을 순종하여 듣는 자가 되어야 하고 그런 자로 존재해야 하고 거듭해서 그런 자가 되어야 한다는 사실을 통해서 사람 편에서 일어날 수 있고 또 일어나야 하는 것은 무엇인가"라는 물음 속에 그런 사실이 결정되어 있다. 우리가 이미 들었던 것처럼 교회 예배의 형태는 역시 우리 자신이나 우리가 상상하는 것이나 의지에 맡겨진 것이 아니라 특정한 길을 가도록 지시되어 있다는 것이다.

그리고 이 길은 우리가 가지 않으면 안된다는 것이다. 세례의 물도 아무래도 좋은 물을 우리가 받는 것이 아니라, 이와 같은 증거의 물로 받아야 되는 것이다. 또한 성찬의 떡과 포도주역시 아무래도 좋은 음식물을 우리가 받는 것이 아니라, 이와 같은 증거의 음식으로 받아야 되는 것이다. 또한 성경 말씀도 아무래도 좋은 말씀을 우리가 받는 것이 아니라 「이 증거의 말씀」(diese Wort des Zeugnisses)으로 받아야 되는 것이다. 이와 같이 사람 편에서 중요한 것은 예수 그리스도께서 세우신 교회 제도를 지속하고 검토하고 식별하는 것이다. 이 교회 제도는 그리스도께서 우리에게 주신 것이지만 우리 자신이 그 제도 자체를 인식하고 승인하게 된다.

그러므로 우리가 그 제도를 통해서 하나님의 말씀을 듣도록 중재받는 것은, 그 제도의 기반 위에서 수행되는 교회의 행동은 부적절하게 이 말씀을 선포하고 받아들이는 데서 성립되는 것이 아니라, 적절하게 이 말씀을 선포하고 받아들이는 데서 성립되는 것이다. 그것은 반드시 "바르고 겸손하게" 이루어져야 한다. "바르다"(aufrichtig)는 것은 하나님의 말씀의 진리에 대해 개방적인 것을 의미한다. "겸손하다"(demütig)는 것은 하나님의 말씀의 우월성에 대해 허리굽히는 태도를 의미한다. 이렇게 되지 않으면 비록 우리에게 지시되거나 예시된 길이 있다고 할지라도 우리가 그 길을 가지 않는 것이 될 것이다.

그런 경우에는 선포하고 그 선포를 받아들이는 모든 일이 쓸데 없는 것이 될 것이다. 그런 경우에는 우리가 듣지 않는 것이 될 것이다. 그리고 우리가 당연히 듣게 되는 것도 아니다. 우리가 바르고 겸손하다는 것도 당연한 것이 아니다. 오히려 우리는 교회 예배의 이 필연적이고 이차적인 형태에서 과제를 부여받게 된다. 즉 비판적인 노력을 하는 과제를 부여받게 된다. 그리고 이것을 우리는 피할 수도 없고 정지시킬 수도 없다. 「스코틀랜드 신앙고백」은 이런 맥락에서 설교자와 교회의 다른 구성원들에게 철두철미한 요구를 제시하고 있다.

이런 요구에 응하려고 노력하지 않으면, 우리는 그 증거의 물이나 음식 그리고 말씀을 받는 것이 아니라, 아무래도 좋은 물이나 음식 그리고 말씀을 받는 것이 될 것이다. 물론 우리가 그 증거의 징표나 말씀을 받는다는 것은 일차적으로는 「성령의 역사」(des Heiligen Geistes Werk)다. 그러나 이 성령의 역사는 우리 편에서 위에서 말한 비판적인 노력이 따르지 않을 때는 이루어지지 않는다. 이제 우리가 말할 수 있는 것은 이 비판하고 검토하고 식별하려는 노력을 통해서 모든 것을 잘 살필 수 있게 된다면 바로 그것이 신학이다. 신학은 물음을 묻는 것이고, 그 물음이 없으면 교회는 대답을 얻을 수 없게 될 것이다. 사람 편에서 볼 때 신학은 단지 이와 같은 의미를 지녔을 뿐이다.

그러므로 신학은 성령의 역사를 대신할 수도 없고 보충할 수도 없다. 그리고 신학도 사람 편에서 볼 때 이와 같은 형식적인 의미를 지니고 있기 때문에, 교회 예배에서 인간 본연의 활동이라고 할 수 있는 교회의 들음을 대신할 수도 없고 보충할 수도 없다. 그러나 신학은 다음과 같은 의미를 갖고 있다;

"신학은 우리가 들을 수 있는 자격에 대해서, 그리고 우리가 선포하고 받아들이는 것의 정당성에 대해서, 예수 그리스도께서 세우신 교회 제도와의 관계 속에서 묻는 것이다. 신학은 교회가 올바른지와 겸손한지에 대해 묻는다. 그런 한에서 신학도 교회 예배에 포함되고, 신학 자체가 교회 제의의 한 요소가 되는 것이다."

"sie fragt nach der Qualifizierung unseres Hörens, nach der Angemessenheit unseres Verkün-digens und Vernehmens im Verhältnis zu der von Jesus Christus gestifteten Einrichtung der Kirche. Sie fragt die Kirche nach ihrer Aufrichtigkeit und nach ihrer Demut. In-sofern gehört auch die Theologie zum kirchlichen Gottes-dienst, ist sie selbst ein Element der Liturgie der Kirche."

그리고 그런 한에서 거꾸로 말하자면 교회 예배는 필연적으로 신학적인 활동이라고 말하지 않을 수 없다. 예배에 대해 말하고 싶은 것은 그것은 "훌륭하고 선하고 올바른 신학의 활동"(der Akt einer guten, der rechten Theologie)이라는 것이다. 그러면 어떤 것이 선한 신학이고 올바른 신학인가. 모든 비판적인 신학(즉 교회의 주님을 통해서 그리고 성경을 통해서 표현되고 있는 비판적인 신학)이 선하고 올바른 신학이다. 왜냐하면 그런 신학은 자신 스스로 바르고 겸손하게 성경에 굴복하고 있기 때문이다. 따라서 나쁜 신학은 이런 점에서 볼 때 그것과 반대되는 무비판적인 신학이다.

9. 정치적 예배 (Der Politische Gottesdienst)

제24조 위정자

우리는 제국, 왕국, 영지 및 도시 등은 하나님에 의해 구별되어 세워진 것으로 고백하고 인정한다, 제국의 황제, 왕국의 왕, 영지의 영주, 도시의 관리의 권력과 권위는 모든 시민들의 선과 복지를 위한 것이며, 하나님 자신의 영광이 드러나도록 하기 위해 하나님의 신성한 의도에 의해 허락되었다(롬 13:1; 딛 3:1; 벧전 2:13-14). 우리는 누구든지 정당하게 수립된 시민적인 권력에 대항하거나 그것을 뒤엎으려고 시도하는 자는 단순한 인간적인 항거자일 뿐만 아니라, 하나님의 뜻에 저항하는 자라는 사실을 확신한다(롬 13:2). 더군다나 우리는 그와 같은 권위를 소유한 사람들이 사랑과 영예와 두려움의 대상으로서 가장 존경받아야 할 자들이라는 사실을 확신한다(롬 13:7; 벧전 2:17).

이것은 그들이 하나님의 권세를 대행하는 자들이고, 저들의 공회인 재판석에서 하나님의 대리자 역할을 하기 때문이다(시 82:1). 그들은 하나님께서 자신의 영광을 위해서 선량한 자들을 보호하고 악을 행하는 자들을 징계하기 위해 칼을 맡기신 재판관이자 통치자들이자 그리고 관료들에게 특별히 맡겨진 임무로 받아들인다. 그들은 시민 정부를 위하여 세워졌을 뿐 아니라 참된 종교를 유지하고 모든 우상과 미신을 척결하기 위해 세워졌다.

이것은 다윗(대상 22-26) 여호사밧(대하 17:6 이하; 19:8 이하) 히스기야(대하 29-31) 요시야(대하 34-35)에게서 볼 수 있으며, 그들 외에도 그것을 위해 열정을 다함으로써 높이 인정받는 사람들이 많이 있다, 그러므로 우리는 통치자들이 자신의 영역 안에서 정당하게 행동하는 한, 저들의 고유한 권력에 저항하는 자들은 하나님의 규례에 저항하는 것이며 죄가 된다는 사실을 분명히 한다. 나아가 왕과 통치자들은 방심하지 말고 자신들의 직무를 수행해야 하며, 누구든지 자신의 지배욕으로 인해 시민들의 협조와 조언과 지원을 거부한다면 그것은 하나님을 부인하는 것과 같다는 사실을 천명한다.

제1절

내가 「스코틀랜드 신앙고백」 제24조의 내용을 보고 붙인 제목인 「정치적 예배」는 희한하고 부자연스러운 것으로 들릴 것이다. 내가 이 조항의 맥락이나 내용을 숙고하는 동시에 정치적 예배 자체를 숙고한다고 했을 때, 나는 그것을 바로 다음과 같은 사실을 표현하는 것으로 알고 있다. 즉 종교개혁자들의 가르침에서는 이 책의 제17, 18장에서 우리에게 제시된 바 있듯이 그 개념의 좁은 의미에서의 그리스도인들의 삶의 예배나 교회 예배만 인정하는 것이 아니라, 제의 영역에서 고찰하게 되거나 현실로 나타나는 정치적 예배를 인지하고 있는 것이다.

만일 우리가 그리스도인의 삶이나 교회의 삶이 아직 하나님의 말씀을 듣지 못한 예수 그리스도의 주권이나 심판이 아직 낯선 것으로 취급되고 있다(따라서 신앙으로 복종할 것을 아직 요구받지 않고 있는 세상의 영역에서 이루어지고 있다)는 사실을 고려한다면 이 제3의 영역이 분명해질 것이다. 우리가 주의해야 할 사실은 "아직 아니"(noch nicht)가 항상 그리스도인들(이를테면 교회의 지체, 깨어 있고 살아 있는 교회의 지체)에게 적용되는 한, 또한 그리스도인들(그들 안에서 그들과 더불어 교회 자체)이 항상 영과 육이 싸움하는 가운데 있는 한 그들은 이 세상에 속해 있다는 것이다.

또한 그들이 언제나 세상에 존재하고 세상에 속하여 세상 자체로 존재하는 한, 세상과 교회는 어떻게 될 것인가. 여기서 결정적인 대답을 분명히 하지 않을 수 없는데, 그 대답은 "세상은 하나님의 말씀을 들을 수 있고 또 들어야 한다"(die Welt darf und soll das Wort Gottes hören)는 것이다. 그것이 교회 선교의 주제다. 그리고 여기서 교회는 교회가 수행해야 하는 선교를 교회 자체가 가장 필요로 하고 있다는 사실을 솔직하게 보증하게 되는 것이다. 그러나 바로 교회가 세상에 대해 선교하기 때문에, 원칙적으로 그것은 교회가 세상을 위해 할 수 있는 유일한 것이다. 어느 정도 세상은 선취(Antizipation)를 이루게 된 것이다.

그것은 교회가 세상에 존재한다는 사실[즉 교회가 세상에 하나님의 말씀을 잠정적이지만 진정한 세상의 성화(Heiligung)를 담대히 말해야 한다는 사실]을 의미한다. 먼저 교회는 잠정적(Vorläufig)이다. 이것은 이를테면 세상이 말씀을 듣고 신앙을 갖도록 부름받게 되고, 따라서 자체가 교회가 되어간다는 사실을 결과하게 되는 성화와 혼동해서는 안된다. 그러나 교회는 또한 실제적(real)이다. 이제 밖을 향하게 하는 그리고 "아직 아니" 자체의 그런 영역 전체에 관계하도록 하는 것이 성령의 활동이다. 사실 이 영역("아직 아니"의 전체 영역)은 그리스도인의 삶의 영역도 아니고 교회의 영역도 아니다.

제24조는 이 "아직 아니"를 간과했으며, 도시나 시골에 성도의 나라를 세울 수 있고 세워야 한다고 생각했던 16세기의 운동에 대립해서 말하고 있다. 여기서 문제가 되고 있는 것은 다른 잠정적이고 부차적인 과제들이다. 그러나 마치 예수 그리스도가 이 영역의 주님, 참으로 유일한 주님이나 심판자가 아닌 것처럼 존재하는 것은 아니다. 그리스도께서는 그런 (주인이고 심판자라는) 사실을 공개하신다. 물론 이 영역 속에 하나님의 말씀을 선포하시고 이 영역 속에서 그에 대한 신앙이 고백되고 있을 때 그러하다. 그러나 이 선포나 신앙고백이 아직 들려질 수 없는 곳에서는 그것을 비밀로 하신다.

하나님의 말씀이 선포되고 예수 그리스도에 대한 신앙이 고백되는 곳에서는 특별히 바로 다음과 같은 것이 선포되고 고백된다;

> "그리스도의 왕국은 끝이 없고, 또한 위에서 말한 외적인 영역에는 교회의 위임을 제한하거나 사랑으로 행하는 신앙을 배제하거나 저지할 수 있을 뿐인 그런 율법이나 진리나 현실이 없다"(daß sein Königreich kein Ende hat, daß es auch in jenem äuße-ren Bereich kein solches Gesetz, keine solche Wahrheit und Wirklichkeit gibt).

따라서 그런 곳에서는 필연적으로 위에서 말한 선취가 수행된다. 이런 곳에서 세상은 단지 세상으로 존재하거나, 자기 자신을 세상의 율법으로 제시하게 하는 그런 요구를 진정으로 받지 않게 된다. 예컨대 세상이 냉담하거나 분노하는 것에 대해 방임한다는 의미에서도 아니고, 이제 세상이 독자적으로 생활할 수 있다는 근거 위에서 세상이 소위 특허장을 발부받게 되었다는 의미에서도 아니다.

또한 제24조는 여기서 16세기의 운동(즉 냉정하게 세상과 관계를 끊고자 했던 운동)에 대립하여 말하고 있고, 루터교처럼 이런 억제와 더불어 그리스도의 나라에 대립되는 세상 나라의 독자성을 승인하려고 했던 것에 대립하여 말하고 있다. 종교개혁자들의 교훈에 의하면 이 두 나라는 진정으로 구별할 수 있지만 어떤 점에서는 한 나라다. 그것은 예수 그리스도께서 교회의 주님이실 뿐만 아니라, 전혀 다른 방식으로(즉 정치적인 질서를 요구하는 형식으로)는 세상의 주님이신 것과 같다.

따라서 모든 사람들에게 요구되는 이 질서에 대한 요구는 특별한 세상법에서 요구하고 있는 것이 아니라, 교회에서 선포하고 있고 세상을 위해 유익한 하나님의 한 율법에서 요구하고 있는 것이다. 이 요구는 「하나님의 거룩하신 규정」(Gottes heiliger)에 근거하고 있다. 그런 점에서 그 요구는 합법적이면서도 실제적인 근거를 갖고 있다. 즉 정치적인 질서는 「인류의 유익과 복지」(der Nutzen und die Wohlfalmot)를 위해서 뿐만 아니라 「하나님의 주권을 계시하는 것」(Offenbarung der Herrlichkeit Gottes)을 위해서도 기여하게 하는 것이다.

그리고 바로 그런 점에서 정치적인 질서는 인간의 삶에 적절하고 유익한 질서인 것이다. 그것은 아직 믿음과 사랑의 질서는 아니지만, 앞서 나가는 그림자처럼 외적인 법과 평화와 외적인 자유의 질서인 것이다. 또한 그것은 내적이고 영적인 법과 평화의 질서가 아직 아니고 하나님의 자녀들의 자유의 질서도 아직 아니고, 참으로 하나님의 영원한 나라의 질서도 아직 아니지만, 세상나라의 혼란가운데 있는 그런 것들에 대한 약속인 것이다.

그것이 교회의 존재를 통해 이루어지는 「세상의 성화」(die Heiligung der Welt)인 것이다. 그것은 교회가 세상에 대해 하나님의 말씀을 선포하는 것과 더불어[즉 교회가 교회의 질서를 그리고 정치적인 질서가 예배의 질서로(즉 통치자들이나 피통치자들이 이 "아직 아니"의 영역에 적당한 방식으로 특별하고도 우선적이고 준비된 방식으로) 하나님께 대한 순종(따라서 감사와 속죄)으로 부름받게 되는 것으로 요구하는 것과 더불어] 세상에 대해 수행하게 되는 예기(Antizipation)다.

여기서는 단지 외적인 법, 평화, 자유가 창조되고 보존될 수 있을 뿐이고, 바로 물리적인 권력의 도움으로 그와 같은 것이 일어날 수 있다. 여기서 중요한 것은 오직 믿음과 사랑의 삶처럼, 예수 그리스도 안에 있는 삶과의 관련뿐이다. 그러나 바로 이런 관련 속에서 하나님께서는 세상에 그런 법, 평화, 자유가 창조되고 보존되게 하셨다. 따라서 세상에 순종의 예배(즉 「정치적인 예배」(politischer Gottesdienst)가 있게 된 것이다.

제2절

우리는 이 강연의 두번째 부분을 통해 그리스도인의 삶과 교회의 삶이 어떻게 위기에 처하게 되는지를 살펴 보았는데, 그것은 올바른 예배에 대한 그리고 참된 그리스도인의 삶과 교회의 삶의 본질에 대한 물음을 제기함으로써 이루어졌다. 또한 우리는 만일 예수 그리스도께서 항상 새롭게 모든 개인들이나 전체로서의 교회를 위해 이 물음에 응답하시지 않는다면, 그들이 어떻게 손상을 입게 되는지를 살펴 보았다. 그리고 또한 우리는 어떻게 이 물음이 교회 안에 있는 사람들에게서, 지속적으로 제기되는 문제나 결코 소홀히 할 수 없는 과제를 의미하게 되는지를 살펴 보았다.

만일 상응하는 진술이 어느 정도 그리스도인의 삶과 교회의 삶에 일치하는 정치적인 예배를 말할 수 있다면 우리는 그렇게 놀라지 않을 것이다. 정치 질서는 그때마다의 특정한 정치 권력이나 지배자의 손에 달려 있다. 바울은 그가 로마서 13장 6절에서 이 지배자들을 「하나님의 사역자들」[λεctουρ□ ο; 즉 이 정치 질서를 집행하도록 하나님께서 임명하신 사람들(롬 13:1)]로 기술했을 때, 종교적인(거룩한) 표현을 사용했음은 분명한 사실이다. 예컨대 하나님께서 교회의 구성원들을 하나님의 말씀을 선포하고 듣게 하기 위한 신자들의 모임으로 지정하셨던 것과 똑같은 방식으로, 그들이 그들 자신의 위치를 부여받았음이 분명하다는 것이다.

따라서 "교회가 교회 이름이 의미하는 것처럼 존재하느냐"라는 물음을 계속해서 받고 있듯이, 국가(즉 특정한 정치 지도자를 통해 구체적인 형태 가운데 통치받고 있는 정치 질서)도 그런 질문을 부단히 받고 있는 것이다. 정치 질서가 하나님에 의해 제정되었다는 사실을 통해, 교회가 이런 물음으로부터 보호받듯이 국가도 보호받게 된다. 정치 질서는 하나님의 은총과 더불어 서거나 넘어진다.

또한 여기서는 다시금 우리 인간이 부단히 찾거나 다시 발견하게 될 것임에 틀림없다는 사실이 배제되는 것이 아니라 수용되고 있다. 여기서 명백한 사실은 그런 예배의 의미가 지금 이곳에서는 분명하지만, 다른 곳에서는 불분명하게 될 수 있다는 것이다. 이런 예배의 의미가 분명하게 되는 것은 단지 이 지배자들이 그 기독교 신앙을 고백하게 되거나 개인적으로 참으로 경건한 사람으로 인정되는 데 있는 것은 아니다. 만일 그렇다면 우리는 그들을 위해 그리고 아마도 교회를 위해 그런 사실에 대해 기뻐할 수 있었을 것이다. 그러나 그것 자체가 예배로서의 정치 질서의 의미를 분명히 하는 것은 아니다.

특별히 우리와 관련되고 있는 지배자가 승인하는 기독교에 직면하여, 그 의미를 매우 분명히 알 수 있음에 틀림없다고 생각하는 곳에서 종종 그 의미가 매우 모호하게 된 경우가 있었다. 반대로 말하자면 당시의 지배자가 교회와 관계를 맺고 있지 않거나 불분명한 관계를 맺고 있다는 사실을 통해서, 그 의미가 필연적으로 불분명해지는 것이 아니라 오히려 그 의미가 사정에 따라 매우 분명하게 될 수 있다는 것이다. 즉 국가가 바로 기독교적인 모습을 드러내는 것으로 보이는 곳에서 보다 더 분명하게 될 수 있다는 것이다.

오히려 여기에서의 문제는 관계를 맺고 있는 정치 권력이 뜻하거나 행하고자 하는 것에 관한 문제처럼 매우 단순한 것이다. 그래서 다음과 같은 물음이 「스코틀랜드 신앙고백」에서 제시되고 있다;

> "정치 권력자들이 그들의 직무를 행하고 있는가. 그들이 하나님의 계명을 준수하고 있는가. 그들이 정의와 그들이 위탁받은 것의 테두리 안에 머물러 있는가. 따라서 그들이 그런 태도를 보여 줌으로써 합법적인 권위를 지니고 있는가. 이 문제들은 모든 정치 권력자들과의 관계 속에서 항상 제시될 수 있고 또 제시되어야 하는 것이 아닌가."

이 문제는 분명히 하나님에 의해 제시된 것이다. 물론 다른 문제도 제시될 수 있을 것이다. 예컨대 정치 권력을 가진 자들이 그들의 의무를 수행하지 않는 것, 그들이 보호해야 하는 정의나 평화나 지유를 손상시키거나 파괴하는 것, 제14조에서 명백히 제시되고 있듯이 그들의 권력이 폭정이 되고 그들이 이런저런 방식으로 합법적인 권위를 드러내지 못하는 것 등이다. 이런 경우에 하나님께 대한 봉사(예배)로서의 정치 질서의 의미가 매우 불분명하게 되고 믿을 수 없게 되면, 참으로 경멸하게 될 것이고 정치 권력을 가진 자들에 의해서도 경멸받게 될 것이다.

이제 그들이 하나님에 의해 지정받았고 하나님 자신이 재판하는 가운데 앉아 계시고, 그들이

하나님의 권위를 요구한다는 것은 무엇을 의미하는가. 비록 이 모든 것들이 전혀 변하지 않게 된다고 할지라도, 매우 분명한 사실은 정치 권력자들이 지금 그들의 행위를 통해 불분명하게 만들고 있는 것을 분명하게 되게 한다고 할지라도, 앞에서 말한 경우와는 매우 다른 의미를 갖고 있다는 것이다. 하나님께서 정치 질서를 제정하셨다는 사실에서 변경될 것이 아무 것도 없기 때문에, 이제 분명하게 적용할 수 있는 것은 하나님이 정치 권력자들이 재판하는 가운데 앉으셔서 재판관이나 지배자들 자신을 심판하신다는 사실이다.

그리고 이제 「스코틀랜드 신앙고백」은 이 첫번째 문제와 나란히 두번째 문제를 제시하고 있다. 그렇지만 이 두번째 문제에서는 어떤 점에 대해서는 「스코틀랜드 신앙고백」이 취급했던 것보다 더 신중하고 조심스럽게 표현되어야 할 것이다. 즉 「스코틀랜드 신앙고백」에서 확실히 하고 있는 것은, 정치 권력을 올바로 사용하는 것은 그 자체로 분명히 교회와의 관계 속에서 그 권력이 집행되고 있음을 나타내게 된다는 것이다. 이것은 지나친 표현이다. 게다가 교회가 국가를 필요로 하고 있다면[즉 국가가 참된 교회를 보호할 뿐만 아니라 어떤 경우에는 교회 개혁(따라서 참된 교회를 회복시키는 일)을 떠맡거나 구약성서에 나오는 왕들의 본을 따라 우상숭배나 교회 안에서 일어나는 모든 미신을 국가가 배척하는 것을 필요로 한다면] 거기에는 어떤 신학적인 오류가 개재되어 있는 것이다.

그것은 너무 지나친 것이고, 참으로 위험천만한 방식으로 말하는 것이다. 영적인 오류는 영적인 것을 통해 극복되어야 하는 것이지, 정치 권력을 통해 극복되어서는 안된다. 만일 교회가 그것을 인식하는데 실패한다면, 어느날 교회에 어떤 종교개혁이 무력으로 부당하게 요구될 수 있다는 것을 보증하려고 하겠는가. 만일 이런 관점이 옳다면 히틀러가 교회를 개혁하려고 시도한 것이 옳은 것이 될 것이다.

그러나 다행스럽게도 교회 개혁이 국가의 과제는 아니다. 그러나 국가가 교

회에 자유를 공급하고 보존하는 곳에서는(즉 교회가 더 이상 아무 것도 필요로 하지 않고 전혀 다른 것에 관심을 갖고 있는 곳에서는) 하나님에 대한 봉사(예배)로서의 정치 질서의 의미가 분명해진다고 말하는 것은 옳다. 그러나 교회는 국가의 과제와 구별되는 그 자신의 과제를 수행하는데 필요한 충분한 자유를 필요로 하고 있다. 죄의 용서는 정의와 다른 것이고, 영생은 평화나 자유와 다른 것이다. 교회는 주님의 이름으로 죄의 용서와 영생의 메시지를 전달하기 위한 영역을 필요로 한다. 하나님께 대한 봉사(예배)로서의 국가 질서의 의미가 불분명하게 되는 것은 다음과 같은 곳에서 일어난다;

> "즉 국가가 교회에 이런 영역을 제공하지 않거나 제한하는 곳에서, 국가가 교회로 하여금 국가의 목적에 종속되거나 순응할 것을 요구하는 곳에서, 국가가 교회에 배치되는 거짓된 교회를 요구하는 곳에서, 국가가 그 자신의 절대적인 목적을 이루기 위해 교회가 되는 곳에서(즉 의심할 바 없이 거짓된 교회이고 모든 교회 중에서 가장 너그럽지 못한 교회가 되는 곳에서)다."
>
> "Wo der Staat der Kirche diesen Raum verweigert oder beschräkt, wo er von der Kirche verlangt, daß sie sich seinen Zwecken unterordne und anpasse, wo er gar in Verabsolutierung seiner eigenen Zwecke selber zur samste aller Kirechen sein wird."

따라서 국가가 피할 수 없는 문제는 국가가 하나님께 대한 봉사(예배)로서의 정치 질서의 의미를 분명히 하느냐 불분명하게 하느냐라는 것이다. 국가는 로마서 13장에서 말하고 있듯이 「하나님의 대표자이고 제사장」이 되느냐, 아니면 계시록 13장에서 말하는 바다에서 「올라오는 짐승」이 되느냐의 기로에 서 있는 것이다.

제3절

앞에서 제시된 문제에 대한 대답으로부터, 정치 질서 안에서 우리가 취해야 할 구체적인 입장이 제시되고 있다. 여기서 내가 분명히 말하고 싶은 것은 "안에서"라는 것이다. 비록 정치 권력의 산물이라 할지라도, 정치 질서나 그 자체의 필연성이 문제되는 것은 아니다.

그리고 또한 하나님께 대한 봉사(예배)로서의 정치 질서의 의미가, 한편에서는 분명하게 되고 다른 편에서는 불분명하게 되는 것을 통해 영향받는 것은 아니다. 따라서 모든 상황 가운데서 우리가 취할 수 있는 태도는, 이 질서 "안에서"의 태도일 뿐이다. 그러나 이 질서의 의미가 분명하다고 할 때 이 질서 안에서 우리가 취하는 태도는, 이 질서의 의미가 불분명할 때 취하는 태도와는 다르게 될 것이다.

우리가 그 때마다의 정치 지배자들의 과제와 목적에 대해 적극적으로 그들에게 협조해야 한다는 내용을 지닌 것으로서, 기독교적인 보편타당성을 지닌 요구 사항은 없다. 여기서 「스코틀랜드 신앙고백」은 합법적인 정치 권위와 비합법적인 정치권위 사이를 아주 분명하게 구별하고 있다. 만일 우리가 보기에 하나님에 대한 봉사(예배)로서의 정치 질서의 의미가 국가 자체를 통해서, 국가의 태도나 행위를 통해서, 국가가 정의와 자유와 평화를 보증하는 것을 통해서, 교회에 대한 국가의 태도를 통해서 분명하고 확실하게 된다면 우리는 국가에 대해 그런 적극적인 협력을 할 수 있을 것이다.

이것은 「스코틀랜드 신앙고백」에서 거듭 적용했던 한계다. 만일 그런 제한이 이루어지지 않으면 우선 일반적으로 말해서, 우리는 단지 우리가 제지할 수 없는 다른 악한 세력에게 고통당해야 하는 것과 똑같은 방식으로 고통당할 수 있을 뿐이다. 비록 정치 권력을 행사하는 자들이 하나님에 대한 봉사(예배)로서의 정치 질서의 의미를 경멸한다고 할지라도 그 의미는 그대로 남아 있는 것이다.

그러나 우리는 그 의미의 책임성에는 참여할 수 없을 것이고, 그 질서의 의미가 지향하는 바를 촉진시킬 수 없을 것이고, 그 목표를 이루기 위해 열심히 노력할 수 없을 것이다. 그리고 그것을 결코 행할 수도 없고 변경할 수도 없을 것이다. 우리는 위에서 제시된 문제에 대한 물음을 스스로에게 물어야 할 것이다. 그리고 만일 우리가 실제로 정치 질서 안에서 적극적인 입장을 받아들일 수 있다면, 그것은 책임있는 믿음과 사랑의 결단을 의미한다.

그러나 우리 그리스도인에게는 국가에 적극적으로 협력하기를 거부하거나 국가의 책임에 참여하는 것을 거부할, 보편타당한 의무도 없고 심지어 보편타당한 권리도 없다. 만일 우리가 보기에 하나님께 대한 봉사(예배)로서의 정치 질서의 특성이 실제로 불분명하다면, 우리는 그것을 거부할 의무를 갖고 있을 것이다. 그러나 이 점에 대해서 「스코틀랜드 신앙고백」이 매우 분명하게 말하고 있듯이, 이런 국가 질서의 특성이 구체적으로 매우 분명한 한에서는 우리는 그것을 거절할 권리가 없다.

그런 경우에 우리는 정치 권력에 협력할 의무가 있는 것이다. 그 때 우리는 국가가 그의 의무를 수행하도록 국가에게 우리의 도움을 제공하거나 우리 자신을 내어놓도록 연결되어 있는 것이다. 그런 경우에 만일 우리가 시민으로서의 우리의 의무 이행을 거절한다면, 그것은 마치 우리가 그리스도인의 신앙고백을 부인하는 것처럼 하나님 자신을 부인하는 것이 될 것이다. 다시금 우리는 우리가 위에서 언급한 문제에 직면하게 된다. 그리고 우리가 실제로 정치 질서 안에서 다른 것들(즉 적극적인 태도)을 수용할 수 있다면, 그것은 책임있는 믿음과 사랑의 결단을 의미한다.

제4절

우리가 이제 되돌아가야 하는 그리고 우리로 하여금 이런 맥락에서 한걸음 더 나아가도록 강요하는 특별한 구절이, 제6계명에 대한 해석인 「스코틀랜드 신앙고백」 제14조에 있다. 거기서 분명히 말하고 있는 것은 "폭정에 저항하는 것"(der Tyrannei zu widerstehen), 그리고 우리가 저항할 수 있다면 무죄한 피흘림을 허용하지 않는 것이 "살인하지 말라"는 계명을 지키는 것에 속한다는 것이다. 이것은 무엇을 의미하는가. 「스코틀랜드 신앙고백」에 의하면 어떤 상황에서는 하나님이 저항을 허용하시지 않았을 뿐만 아니라, 하나님이 원하시지 않는 정치 권력에 대해서는 저항할 수 있다는 것을 의미한다.

존 낙스(John Knox)와 그의 친구들은 그들이 겪고 행한 것을 통해서 이것에 대한 분명한 주석을 추가했다. 즉 이 저항은 단지 수동적인 저항이 아니라 적극적인 저항(예컨대 권력에 대립하는 권력을 수립하는 일)이, 어떤 상황에서는 일어날 수도 있는 저항을 의미한다. 전제 군주에 대한 저항이나 무죄한 피흘림을 저지하는 것은 달리 수행될 수 있는 것이 아닐 것이다.

우리는 이것에 대해 무엇을 말해야 할 것인가. 내가 생각하기에 이 모든 것을 고려해 볼 때 우리는 여기서 「스코틀랜드 신앙고백」이 말하는 것을 긍정해야 할 것같다.

사실 우리는 하나님에 대한 복종과 로마서 13장에서 말하고 있듯이 정치 질서에 대한 복종을 회피할 수 없고, 또한 디모데 전서 2장 1-4절에서 말하고 있듯이 정치 권력을 행사하는 자들이 누구이고 무엇을 행하든지 그들을 위한 기도를 회피할 수 없다. 우리가 보기에 하나님께 대한 봉사(예배)로서의 정치 질서의 의미가 분명하든 불분명하든, 어쨌든 이 복종과 기도를 중지할 수 없을 것이다.

그러나 정치 권력을 구체적으로 행사하거나 대표하는 자에 대한 이 복종과 기도의 형태는 위에서 언급한 적극적이거나 수동적인 입장과 다른 입장을 취할 수도 있을 것이다. 우리가 정치 질서에 대한 복종과 동시에 믿음과 사랑을 확고히 하고자 한다면, 정치 질서에 대해서가 아니라 이 정치 질서를 구체적으로 담당하고 있는 사람들에게 순종하는 것이 불가능하게 될 수도 있다. 우리가 하나님께 불순종하거나 사실상 정치 질서에 불순종하는 가운데서만, 특정한 지배자에게 순종할 수 있는 경우가 있을 수 있다.

우리가 거짓말하고 약속을 이행하지 않는 정부 및 살인하고 방화를 일삼는 정부와 관련을 맺을 수밖에 없고, 스스로 하나님을 대신하려고 양심을 속박하고 교회를 억압하고 스스로 반그리스도적인 교회가 되려고 하는 정부와 관련을 맺을 수밖에 없는 경우가 있을 수 있다. 우리가 하나님께 불순종하는 가운데 이런 정부에 복종하거나, 하나님께 순종하는 가운데 이런 정부에 불복종하는 것을 선택할 수 있는 경우가 분명히 있을 수 있다. 그런 경우에 사람보다는 하나님께 복종해야 하지 않겠는가. 또한 우리가 단순히 고통을 감수하려고 하는 것은 금지되어야 하지 않겠는가.

그런 경우에 사랑 안에서 생동하는 「예수 그리스도에 대한 신앙」이 우리가 이런 선택에 직면하게 되었을 때 우리의 수동적인 저항이나 적극적인 협동을 필연적인 것으로 만드는 것처럼 우리의 적극적인 저항을 필연적인 것으로 만들어야 하지 않겠는가. 그 신앙이 바로 상응하는 상황 가운데서 교회 안에서의 개혁과, 그것에 따른 교회 안에서의 불화(즉 참된 교회와 거짓된 교회 사이의 불화)를 필연적인 것으로 만드는 것과 똑같은 방식으로 적극적인 저항을 필연적인 것으로 만들어야 하지 않겠는가.

하나님 앞에서 정부를 구성하는 개인들을 위하고 그들의 회심과 영원한 구원을 위한 중재를 중단하지 않고, 이 정부를 위한 기도는 분명히 정치 지배자로서 그들이 해결해야 하는 것을 위한 기도가 되어야 하지 않겠는가. 그리고 우리가 이 기도에 상응하는 행동을 취해야 하지 않겠는가. 물론 이에 대한 반문이 제기될 수도 있을 것이다. 도대체 우리는 그리스도인으로서 권력을 행사하는데 관여할 수 있고 관여할 권리가 있는가.

이 반문을 통해 우리는 우리가 이 장 전체에서 숙고하려고 시작한 입장을 다시 한번 회상하게 된다. 즉 우리는 여기서 아직 구원받지 못한 세계 영역 안에 있는 교회의 한계를 발견하게 된다. 이 세상에서 산다는 것과 이 세상에서 하나님께 복종한다는 것은, 직접적으로든 간접적으로든 권력 행사에 관여하게 된다는 것을 의미한다. 물론 권력 행사의 문제는 우리가 하나님께 순종하는 가운데 어떤 정치 지배자에 대해서는 적극적인 저항을 해야 한다고 논의하고 있는 이 마지막 경우에 비로소 제기되는 것은 아니다.

분명히 딛고 넘어가려면 우리가 하나님의 계명에 따라 정치 질서에 복종하게 되는 모든 경우에, 우리는 권력 행사에 참여하게 된다는 것이다. 또한 우리가 위에서 말한 수동적인 참여라는 중간 길을 선택하는 것이 당연하다고 생각하는 경우에도 그 권력 행사에 참여하게 되는 것이다. 그리고 전제 군주에 대한 저항에서는 무력적인 저항의 문제가 대두된다는 것은 처음부터 결정될 수 있는 것이 아니다. 물론 「첫번째 수단」(prima ratio)이 무력이 될 수는 없을 것이다.

그러나 적극적인 저항 자체가 무력적인 저항이라는 「최후의 수단」(ultima

ratio)에 대한 두려움 때문에 배제될 수 없고 배제되어서도 안 될 것이다. 그리고 물론 우리는 결과적인 면에서 보면 무력적인 저항도 가능하다는 사실을 처음부터 배제해서는 안 될 것이다. 우리는 위에서 말한 선택이 유보될 수 있도록(아니면 그것이 불가능하다면 최소한 무력적인 저항이라는 최후 수단이 유보될 수 있도록) 기도할 수 있고 기도해야 할 것이다. 그리고 우리는 여기서 가능하다면 앞에서 말한 다른 해결책에서 보다 더 신중하게 이 입장에 대한 우리의 책임을 시험해 봐야 하고 시험하게 될 것이다.

그러나 일어나지 않아야 할 한 가지가 있다. 즉 우리는 하나님께 대한 순종이 이 세상 영역에서 유보되거나 정치적인 예배 자체가 유보되도록 기도해서도 안 되고 원해서도 안 될 것이다. 그리고 우리는 일찍이 그런 것을 요구해 왔기 때문에, 우리에게 요구된 그런 결과의 어떤 사항에 대해서도 회피할 수 없게 되었다. 세상은 인간을 필요로 하지만 그리스도인들이 사람이기를 원하지 않는다면 비참한 일일 것이다.

10. 위로의 은혜와 희망 (Die Wohltat des Trostes und der Hoffnung)

제25조 b

그러나 꾸밈없는 마음으로 믿고 저들의 입술로 담대하게 주 예수를 고백하는 자들은 확실히 그의 은사들을 받게 된다(롬 10:9, 13). 첫째로 그들은 이 세상에서 오직 그리스도의 피에 대한 신앙으로 말미암아 죄를 용서받는다. 그렇다고 할지라도 죄는 우리의 썩을 몸 가운데 지속적으로 남아 있게 된다. 그러나 그것이 우리를 멸망에 빠뜨릴 수 없으며, 그리스도의 의로써 그것을 덮어버려 용서받게 한다(롬 7장; 고후 5:21).

둘째로 종말의 심판 때에 모든 사람의 육체적인 부활이 있게 된다(요 5:28-29).

바다는 그 안에서 죽은 자들을 내어놓고 땅은 무덤에 묻힌 자들을 내어놓게 된다. 영원한 우리 하나님은 그의 손을 티끌 위에 펼치실 것이고, 죽은 자들이 썩지 않을 몸으로 일어난다(계 20:13). 모든 사람들은 자신이 생전에 가졌던 바로 그 육체의 모습으로 부활하여(욥 19:25-27) 저들의 행위에 따라 영광이나 형벌을 받게 된다(마 25:31-46). 헛된 쾌락과 잔악성. 음행. 미신. 우상숭배와 같은 것들은 이제 꺼지지 않는 불의 저주 아래 놓이게 될 것이며, 모든 혐오스러운 방법으로 마귀를 섬기는 자들의 육체와 영혼은 그 가운데서 영원한 고통을 받게 될 것이다.

그러나 주 예수를 담대하게 고백하고 끝까지 견디는 자들은 영광과 존귀와 불멸을 얻어 그리스도 예수와 더불어 영원한 생명을 누리게 되고(계 14:10; 롬 2:6-10), 그의 모든 선택받은 자들은 그와 같이 영화로운 몸을 입게 되고(빌 3:21) 그가 심판하시기 위해 다시 오셔서 그 왕국을 성부 하나님께 넘겨줄 때 하나님의 축복이 모든 것들 가운데 영원토록 존재하며 유지된다(고전15:24, 28). 성자와 성령과 더불어 성부 하나님께 지금부터 영원토록 존귀와 영광이 있을지어다. 아멘.

"주여, 일어나사 당신의 대적들을 치소서, 당신의 거룩한 이름을 미워하는 자들로 하여금 당신의 존전에서 도망가게 하소서. 당신의 종들에게 담대한 마음으로 당신의 말씀을 전할 수 있는 힘을 주소서. 그리고 모든 민족들로 하여금 당신에 대한 참된 지식을 가지게 하소서. 아멘"(민 10:35; 시 68:1; 행 4:29).

제1절

우리는 이미 「스코틀랜드 신앙고백」 제25조(마지막 조)의 1/3을 14장에서 취급했다. 거기서 말했던 것은 그 내용상 제16조와 17조의 중간에 속하고, 거기서 말한 것이 아니라 여기서 말하고자 하는 것은 전체 문서의 특성을 이루고 있는 것에 어떤 것을 서둘러 부가시킨 흔적을 지닌 것 중의 하나일 수 있다는 것이다. 우리가 그것을 "신·구약 성경의 구절과 관련시켜야 한다고 생각한다면 베껴쓰는 사람의 오해를 통해 여기서 위치가 어긋나는 일이 일어나게 된 것이 아니냐"라는 문제를 제기하는데(곧 통찰력 있는 자세로 비판하는데) 실패하지 않을 것이다. 항상 우리가 주의해야 할 것은 다시 한번 역사적인 교회의 모호성을 회상하는 것도 다음 맥락에서 참된 의미를 지닐 수 있다는 것이다.

모든 개혁에도 불구하고 지금 참된 교회는 거짓된 교회와 항상 같이 존재하는데, 그것은 밀이 가라지와 함께 자라거나 제13조에서 말하고 있듯이 항상 투쟁하고 있음에도 불구하고 그리스도인의 삶에는 영적인 것이 육적인 것과 함께 존재하고 있는 것과 같다.

교회는 마지막 영원한 심판을 바라보고 있고, 이 심판에서 그 둘의 구별이 이루어질 것이고, 참된 교회를 명백히 보게 될 것이다. 이 심판은 지금은 아직 은폐되어 있는 교회에 대해 의롭다 인정하심을 확실히 하는 것으로 존재하게 될 것이다.

만일 우리가 정치적 예배에 대한 우리의 마지막 강연의 결과로부터 출발한다면, 우리는 그것이 의미하는 바를 보다 분명하게 제시할 수 있을 것이다. 우리는 국가의 삶과 필연적인 관계를 이루고 있는 교회의 삶을 살펴 보았다. 즉 정치적인 의무와 책임으로서의 필연적인 규정을 받고 있는 그리스도인 삶을 살펴 보았다. 우리는 이 관계와 규정을 부인할 수 없다. 우리는 그것을 외면할 수 없고 그것으로부터 회피할 수 없다. 신앙의 삶은 이 세상에서 이루어지고 있다. 신자들은 그들이 하는 모든 말과 더불어, 그들이 떼어 놓는 모든 발걸음과 더불어 이 세상에 속한다. 만일 신자가 세상밖에 있는 순간 동안만 생각했다면 그는 상상만을 제시할 수 있었을 것이다.

그러나 세상이 일반적으로 질서를 유지하고 있는 한, 세상 질서는 정치 질서다. 그리고 또한 가장 좋은 형태를 이루고 있는 바로 이 질서가 문제삼을 만한 질서인 것이다. 질서가 창조하고 보존할 수 있는 것은 외적인 정의와 자유와 평화다. 그러나 그 배후에는 불의와 부자유와 불화의 바다 전체가 은폐되어 있다. 우리가 아직 하나님 나라 안에 있는 것은 아니다. 그것은 이 질서가 단순히 최상의 형태에서도, 권력과 압제의 수단을 통해 보존될 수 있을 뿐이라는 사실에서 분명히 드러난다.

그리고 다시금 이 질서의 보다 나은 형태를 통해 보다 나쁜 형태가 대체되는 것이 문제되는 곳은, 어디든지 필연적으로 권력과 압제의 위협을 받게 된다. 그러나 신앙이 그의 삶을 그 속에서 지니게 되는 사랑(그와 더불어 신앙 자체)

은, 우리가 권력과 압제의 수단에 호소해야 할 때에는 분명히 위험에 처하게 된다. 이런 위험은 이 질서의 특별히 나쁜 형태에 대한 혁명의 가능성과 더불어 시작되는 것이 아니라, 가장 좋은 것으로 생각할 수 있는 형태 가운데서 규범적인 복종의 태도와 더불어 일어난다. 그런 경우에도 우리는 직접적으로든 간접적으로든 권력과 압제를 긍정하게 된다.

우리는 오직 한 가지 사실을 기억하도록 하자! 즉 우리가 보기에 하나님께 대한 봉사(예배)로서의 그 특성이 아주 분명한 국가의 삶이 이미 전쟁을 치를 준비를 하고 있음에 틀림 없고, 우리 자신이 이런 준비성 속에 어쩌면 이르든 늦든 이 준비성 이상의 것과 연루되어 있다는 사실을 기억하도록 하자! 그렇다면 사랑과 신앙으로부터 무엇이 이루어질 수 있을 것인가. 우리는 우리가 어떤 경우에도 믿음과 사랑 안에서 전쟁에 참여할 수 없다는 사실을 말하고 있는 것은 아니다. 그러나 전쟁(전쟁 뿐만 아니라 정치적인 삶의 특징을 이루는 권력과 압제의 분위기)이 믿음과 사랑의 시급한 위태로움을 의미한다는 사실을 확립하게 하는 유력한 원인은 있는 것이다.

우리는 이 수단을 사용함과 더불어 단순히 예수 그리스도를 섬기는 것으로부터 다른 주인을 섬기는 것으로 옮아가는 것은 아닌가. 그것이 정치적 예배의 문제점이고 위험인 것이다. 정치적 예배의 필연성과 그것의 문제점이나 위험 이 두 가지가 우리의 이목을 벗어날 수 없다면, 거기서 드러나는 사실(즉 교회나 그리스도인도 지금 여기서 아직 구속받지 못한 세상의 한계 내에서 살고 있고, 이 세상은 이미 예수 그리스도 안에서 그의 화해 사건이 성취되었지만 아직 은폐되어 있는 죄된 인간의 세상이라는 사실)도 은폐될 수 없다.

골고다 위에서 인간을 위해 단번에 영원히 이루어졌고 그리고 인간의 삶이 영원하신 하나님의 비밀 속에 있다는 사실은, 여기서 지금 인간이 스스로 경험하고 생각하고 행동한다는 것과는 전혀 다른 것이다. 하나님 말씀과 신앙이 이 둘 사이의 가교인 것이다. 즉 이 둘 사이에는 심연이 놓여 있기 때문에, 오직 하나님 말씀과 신앙을 통해서만 가교가 형성되는 것이다. 그러므로 이런 이중적인 실존을 에워싸고 있는 모든 문제들과 더불어, 우리가 교회와 국가 안에서 존재하고 또한 모호한 교회의 형태가 존재하고, 서로 다투는 영과 육의 삶이 있고, 심판이 모든 것의 목표와 끝으로서 그리고 우리 그리스도인들의 날의 목표와 끝으로서 그리스도의 날이 있는 것이다.

제2절

주목할 만한 사실은 이 마지막 조항의 제목이 "마지막 심판"이 아니라 "은총으로 교회에 선사된 선물"이라는 사실이다. 나는 이 조항의 내용에 일치시켜 임의로 "위로의 은혜와 소망"이라고 번역했다. 우리의 선조들은 세상 안에서의 교회와 그리스도인의 삶의 문제를 간과하지 않았다. 바로 이런 문제에 직면하여 그들은 하나님께서 교회에 표명하시고 약속하신 은혜를 보존해 왔던 것이다. 그리고 앞으로 다가올 그리고 이 문제를 종국적이고 영원히 해결할 하나님의 심판에서, 우리의 선조들은 두려움이나 공포의 대상을 발견한 것이 아니라 하나님의 위로를 발견했던 것이다.

그들은 심판을 기쁜 마음으로 기다렸다. 이것이 우리가 그들로부터 궁극적으로 배워야 하는 교훈인 것이다.

따라서 교회와 그리스도인의 실존 속에서의 불화를 우리는 볼 수 있고 인정하게 된다. 만일 교회가 이 불화 속에 용기있게 뛰어드는 것을 회피한다면, 교회는 삶을 지탱할 수 없게 될 것이다. 만일 교회가 불화를 불화로 인지하지 않거나 그 불화 가운데서 고통하지 않는다면, 교회는 그의 삶을 지속할 수 없을 것이다. 그리고 만일 교회가 그리스도인이 느끼고 생각하고 말하고 행동할 수 있는 어떤 것을 통해서 이 불화를 극복할 수 있다고 생각한다면 그도 삶을 지탱할 수 없을 것이다.

"교회와 그리스도인들이 그들 존재의 수수께끼와 모순을 어떻게 처리할 수 있고, 그리고 그들 존재에 대한 위험에 직면하여 어떻게 화평을 이루어낼 수 있는가"라는 조언을 교회와 그리스도인들에게 제공함으로써, 교회와 그리스도인들로 하여금 세상 속에서의 그들의 존재에 대한 힘과 확신을 주는 의미있고 충족할 만한 체제들이 있다. 위에서 말한 문제점들을 극복하기 위해 교회가 가능한 한, 내적으로는 그 자신을 확고히 해야 하고 외적으로는 국가와 백성 그리고 사회와 학문과 더불어 확고한 연합을 이루어야 하는 보수적인 체제들이 있다.

그리고 하나님의 나라가 이르든 늦든 교회 자체의 영역 속에서 그리고 정치적·경제적·사회적인 관계 속에서 임하거나 드러나게 되는 것을 기다릴 수 있는 권리를 얻기 위해서, 교회는 내적인 면에서는 성령이 자유롭게 교통하도록 해야 하고 외적인 면에서는 교회 자체가 소유하고 있는 믿음과 소망의 능력을 자유롭게 펼칠 수 있게 하는 혁명적인 체제들이 있다.

이 두 체제는 똑같이 이미 일어났던 것과 아직 드러나지 않은 것 사이의 심연에 다리를 놓는 것이 우리에게 위탁된 것이 아니라는 사실을 간과하고 있다. 그리고 두 체제는 똑같이 이런 사실에서 화평을 이루려고 하는 사람은, 불화 가운데서만 봉사할 수 있을 뿐이라는 사실(거꾸로 말하자면 여기서 화평을 이루고자 하는 사람은 결코 불화를 피하려고 하지 않는다는 사실)을 간과하고 있다. 이 두 체제에서는 똑같이 위에서 말한 심연을 가로지르는 하나의 실제적인 가교인 하나님 말씀과 신앙을 간과하고 있다.

「스코틀랜드 신앙고백」이 우리로 하여금 교회에 제시되고 약속된 은혜를 회상하게 할 때에는, 바로 이 가교를 다시 한번 회상하게 하는 것이다. 즉 교회가 해야 하는 어떤 선한(보수적이든 혁명적이든) 행위를 회상하게 하는 것이 아니라, 하나님이 교회에 제시하셨고 앞으로 제시하실 은혜에 대해 회상하게 하는 것이다. 「스코틀랜드 신앙고백」이 이 은혜를 기술할 때에는 두 가지 사실을 기술하고 있는데, 그것은 죄의 용서라는 위로의 말씀과 부활과 영생에 대한 소망이다. 「스코틀랜드 신앙고백」은 모든 문서의 은연중의 길잡이가 되고 있는 사도신경의 마지막 말씀과의 관계 속에서 이 두 가지 사실을 분명히 말하고 있다.

그러나 우리가 주목해야 할 것은 어떻게 이 두 가지 사실이 교회와 그리스도인이 존재 한가운데를 통과하는 저 심연의 본성에 아주 정확히 일치하느냐라는 것이다. 더 나아가 우리가 주목해야 할 것은 두 가지 사실이 하나님의 심판과 우리에 의해서가 아니라, 하나님에 의해 수행될 수 있는 저 심연에 가교를 형성하는 일을 어떻게 그들 자체의 방식에 따라 지시하느냐라는 것이다.

그리고 끝으로 우리가 주목해야 할 것은 그 두 가지 사실이 오직 우리가 여기서 지금 심연을 넘어갈 수 있는 하나의 실제적인 가교를 어떻게 우리에게 지시하느냐라는 것이다.

a. 죄의 용서

비록 하나님과 우리 사이의 화해가 아직 은폐되어 있다고 할지라도(예컨대 골고다의 사건 속에서도 은폐되어 있고 우리가 그리스도인의 삶이라고 부르는 것에서도 볼 수 없고 또한 우리의 정치적 예배에서도 볼 수 없다고 할지라도), 죄의 용서는 우리에게 제시된 하나님의 은혜요 우리가 파악하고 소유해야 하는 위로인 것이다. 또한 우리는 지금 여기서 우리 존재의 모순 한가운데서 화해를 이루지 못하는 것은 아니다.

화해를 이루지 못한 이유는 우리의 화해가 바로 그 곳에(즉 골고다의 사건 속에) 은폐되어 있기 때문이다. 그리고 바로 그곳이 우리의 이곳보다 더 크다. 그 예수 그리스도의 시대가 우리의 여기가 전적으로 바로 그곳의 빛 속에 있고 우리의 시대가 전적으로 자신을 그 시대 속에서 주님으로 계시하신 분의 손에 달려 있다는 것이다.

그 시대에 그곳에서 이미 오늘을 위해 심연이 폐쇄되었다. 하나님께서 그곳에서 이미 우리에 대해 판결을 내리셨고, 또 그곳에서 이미 우리를 위해 의와 자비를 결정하신 한 이미 하나님의 심판은 그곳에서 이루어진 것이다, 우리가 놀라게 된 것은 우리 그리스도인의 삶이 심히 만족스럽지 못하다는 사실과, 참된 교회와 거짓된 교회가 항상 가시적으로 함께 존재한다는 사실, 그리고 우리의 정치적 예배가 시급하게 문제되고 위험하다는 사실이다. 우리는 놀랄 수 있고 또 놀라야 할 것이다.

그러나 우리에게 보다 절박한 것은 놀라는 것이 아니라 행해야 한다는 것이다. 우리는 우리에게 우리 자신이 고발할 수 있거나 다른 사람들이 고발할 수도 있는 온갖 죄가 있고, 그 모든 죄를 예수 그리스도 안에서 용서받았다. 그리고 이것은 우리에게 어떤 공적이 있기 때문은 아니지만, 의와 충분한 타당성에 의거하여 이루어진 것이라는 위안으로 받아들여야 한다. 우리 자신이나 다른 어떤 사람이, 우리에 대해 고발할 수 있는 것보다 훨씬 더 무시무시한 고발을 이미 우리는 받고 있다. 그러나 그 판결은 이미 났고, 그 내용은 우리가 예수 그리스도 안에 있기 때문에 하나님 앞에서 의로움을 갖는다는 것이다. 여전히 이것은 보다 중요하고 참된 것이다.

게다가 궁극적으로 모든 다른 것들보다 훨씬 더 중요하고 참된 사실은, 예수 그리스도가 없다면 우리는 의심할 바 없이 온갖 불의에 처해 있을 수밖에 없다는 것이다. 우리가 보다 절박하게 관계해야 하는 것은, 믿는 것(즉 우리가 예수 그리스도 오직 그 분 안에서 의로움을 얻었다는 사실)을 확고히 견지하는 것이다. 또 우리가 보다 절박하게 관계해야 하는 것은, 모든 면에서 이 신앙 안에서의 삶을 살아가는 것이다. 즉 우리의 개인적인 생활과 교회와 국가 안에서 이 신앙의 삶을 살아가는 것이다. 이 신앙 안에서 우리는 온갖 우리의 죄가 용서받은 사실을 깨닫고 소유하게 되는 것이다. 따라서 이 신앙 안에서 우리는 신뢰에 찬 삶을 살게 된다.

b. 육체의 부활과 영원한 생명

이제 하나님께서 우리에게 약속하신 은혜는 육체의 부활과 영원한 생명이다. 그것은 비록 하나님과 우리 사이의 화해가 은폐되어 있고(다시 말하면 그리스도와 우리 사이의 화해가 하나님 안에 은폐되어 있고), 따라서 모든 영역에 아직 드러나지 않고 있다고 할지라도 우리가 깨닫고 품을 수 있는 소망인 것이다. 다시 한번 말하자면 우리는 "지금 여기서" 화해를 이루지 못하고 있는 것은 아니다. 왜냐하면 우리의 화해는 그 어떤 곳이 아니라 바로 그곳(즉 예수 그리스도)과 더불어 하나님 안에 은폐되어 있기 때문이고, 따라서 과거의 시간과 마찬가지로 우리의 미래 시간도 그 분의 손에 달려 있기 때문이다. 이것이 교회의 소망이다. 오직 예수 그리스도만이 교회의 위로가 되듯이, 오직 예수 그리스도만이 교회의 소망인 것이다.

엄밀히 말하자면 우리는 하나님의 말씀이 우리에게 말하고 있는 것(곧 예수 그리스도께서 죽음에서 부활하셨고 하나님과 더불어 영원한 삶을 살고 있다는 사실과 바로 예수 그리스도께서 우리의 주님, 창조의 주님, 우리 전존재의 주님이시기 때문에, 그리고 우리가 우리 자신에 속해 있는 것이 아니라 그 분에게 속해 있기 때문에 그리스도의 부활과 그의 영원한 생명이 우리가 미래에 누릴 수 있는 것이라는 사실 이외에는 육체의 부활과 영원한 생명에 대해 전혀 아무 것도 알지 못하고 있다.

그러나 바로 우리가 그런 사실을 알 때 우리는 충분히 알고 있는 것이다. 그 분 안에서 우리에 대한 판결은 이미 내려졌을 뿐만 아니라 이미 수행되었다. 그리스도의 의가 부활이고 영원한 생명이라면 그리고 그리스도의 의가 우리의 의라면, 우리가 기다려야 하고 우리의 미래로 우리에게 계시된 것은 역시 부활과 영원한 생명일 것이다. 바로 그것이 소망이다. 즉 우리가 삶을 살아가는 모든 영역(우리의 개인적인 삶과 교회 및 국가) 안에서 삶을 살아가는 소망인 것이다. 현재 우리의 모든 어두움은 이 빛에 저장하기에는 부족하다.

우리가 현재 충분히 겪을 수 있는 모든 약함이나 불확실성이나 두려움은, 우리가 이 빛 속에서 살아가는 데 필요한 능력이나 확신을 깨뜨리기에는 크게 부족하다.

그러나 이 빛 속에서의 삶은 부활하신 예수 그리스도께서 항상 우리를 만나주시는 하나님의 말씀에 의한 삶이고 하나님의 말씀과 더불어 살아가는 삶인 것이다. 그리스도께서 그와 같이 행동하시고 또 그리스도께서 그의 말씀이 울려퍼지게 되고 들려지도록 하시기 때문에, 소망은 소멸할 수 없고 무익하게 될 수 없고 권태나 의혹에 휩싸이지 않고 권태와 의혹 속에서 소망이 수립될 수 있고 또 수립되는 것이다.

그러나 바로 그 때문에 신자는 신앙과 하나님 말씀 안에 머물러야 한다. 하나님의 말씀과 예수 그리스도 자신의 미래가 아닌 다른 모든 미래는, 그 신앙고백이 우리에게 경고하고 있는 우리의 파멸과 영원한 죽음으로 존재할 뿐이다. 단지 다음 사실을 경고하여 말할 수 있을 뿐이다.

즉 우리가 자기 자신을 떠나서 스스로를 상실하게 된 인간으로 존재할 가능성은 예수 그리스도 안에서 제외된 경우에 해당한다는 사실을 언급하는 것으로만, 그리고 하나님의 말씀 밖에는 생명이 있는 것이 아니라 단지 시간적이면서도 영원한 고통이 있을 뿐이라는 사실을 기억하게 하는 것으로만 존재할 수 있을 뿐이다. 만일 우리가 하나님의 말씀 안에 머문다면, 우리는 이

고통을 시간이나 영원 속에서도 잊어버리게 되는 것으로만 생각할 수 있고 또 생각하게 될 것이다.

제3절

우리는 이제 마지막에 이르렀다. 나는 이 강연을 시작하면서 내가 자연신학에 대해 폭넓게 말하지 않고 자연신학에 엄격히 대립되는 것(즉 종교개혁자들의 가르침)과 대비함으로써 자연신학에 기여할 것(자연신학을 근거짓거나 확장하는 것)을 약속했다. 이 대비는 이제 이루어졌다. 내가 생각하기에 「스코틀랜드 신앙고백」에는 자연신학에서 그렇게 중요하다고 할 만한 진술이 없는 것같다. 따라서 나의 강연에서도 중시할 만한 진술이 제시되지 않고 있다. 즉 자연 신학을 옹호하는 사람이 생각하기에는, 그 자신의 계획에 반대되는 것으로(그리고 특히 그 자신의 계획에 흥미나 유익을 제공하지 못하는 것으로) 생각될 수박에 없는 것이 제시되고 있을 뿐이다.

나는 「스코틀랜드 신앙고백」의 끝에 나오는 기도에 대해 간단한 입장을 밝힘으로써 끝맺고자 한다;

> "주여 일어나셔서 당신의 원수들을 쳐부수소서. 당신의 거룩한 이름을 증오하는 자들이 당신 앞에서 도망치게 하소서. 당신의 종에게 힘을 주셔서 확신을 가지고 용감하게 당신의 말씀을 전하게 하소서. 모든 백성들이 당신을 진실로 알게 하소서. 아멘."

이 기도의 첫번째 문장은 시편 82편 2절을 인용했고, 두번째 문장은 사도행전 4장 29절을 인용했고, 세번째 문장은 「스코틀랜드 신앙고백」을 기술한 사람이 임의로 구성한 것처럼 보인다.

만일 우리가 종교개혁자들의 신앙고백이 기도로 끝맺어야 하고 따라서 자연히 기도로만 시작할 수박에 없다고 생각한다면, 그리고 여기서 가능한 기도가 "주여 일어나셔서 당신의 원수들을 쳐부수소서… 당신의 종에게 힘을 주소서"라는 기도일 수밖에 없다고 이해한다면 종교개혁자들의 가르침을 바르게 이해한 것이다.

그리고 여기서 드리는 기도("주여 일어나셔서 당신의 원수들을 쳐부수소서… 당신의 종에게 힘을 주소서")는 하나님의 말씀과 계시에 관한 기도이고, 신앙을 위한 기도이고, 거듭 반복해서 드리는 하나님 자신의 행동에 관한 기도(즉 우리가 올바른 신인식과 예배를 위한 최상의 노력을 경주할 때 항상 비방받는 것을 오로지 선하게 만드실 수 있는 하나님의 자신의 행동에 관한 기도)인 것이다.

교회는 기도함으로써 교회가 스스로를 신뢰하는 것이 아니라, 예수 그리스도 한 분의 위로와 그에 대한 소망을 그리고 아버지와 아들과 성령이신 하나님, 유일하신 참 하나님(곧 모든 영광과 영예를 홀로 받으시기에 합당하신 하나님)의 이름의 능력을 신뢰하고 있음을 선언하는 것이다. 교회는 기도함으로써 위에서 언급한 하나님의 참된 가교를 통해 심연을 건너가고 있음을 선언하고 있는 것이다.

종교개혁자들의 가르침은 그런 기도가 없다면 아주 허공에 뜬 것이 될 것이다. 정확히 말해서 만일 우리 자신이 위에서 언급한 모든 진실들을 통해 그런 기도를 드리고자 한다면, 그런 진술들을 바로 이해할 수 있게 될 것이다. 자연신학은 그런 기도를 필요로 하지 않거나 그런 기도와 함께 시작하거나 끝맺는 것을 필요로 하지 않는다는 사실을, 종교개혁자들의 가르침에서 찾아보기 어려운 장점이라고 생각하고 있는 것이다.

확실한 것은 자연신학이 하나님과 세계와 인간에 대해 안다는 것은, 그런 기도 없이 알고 있다는 사실이다.

이것이 장점인가. 만일 우리가 종교개혁자들의 신학적인 진술들을 듣고 논의할 뿐만 아니라 진리의 말씀으로 인식하려고 한다면, 나는 이런 견해를 밝힘과 더불어 우리가 주목해야 하는 차원을 다시 한번 지시한 후에 이 문제에 대한 문을 개방하고자 하는 것이다.

부록

칼 바르트의 신(神)인식론과 교회론

1. 칼 바르트의 계시론과 신(神)인식론*

1. 그리스도 중심의 신학(Cristo centric Theology)

바르트가 「기독교교의학」(Christian Dagmatics, 1927)에서 「교회교의학」[Church Dogmatics, 1932(이후에는 C.D.로 약칭)]으로 책 제목을 바꾼 것은 의미깊은 일이다. 왜냐하면 이렇게 함으로써 바르트는 신학이란 예수 그리스도에게서 절정에 도달한 「하나님의 계시」(the revelation of God)에 대한 교회의 반성이고 해석이라는 점을 강조했기 때문이었다.[1] 이 작품 이후 30년 동안 그는 교회교의학을 계속 발간하는 데에 온갖 힘을 쏟았다. 마지막 권(C.D. Ⅳ/4)은 1967년 바르트가 바젤 대학을 은퇴(1935-1962)한지 5년 지나서 쓴 것이었다.

어느 독자든지 바르트의 『교회교의학』을 읽으려고 할 때 먼저 그 방대함 때문에 압도감마저 느낀다. 그러나 바르트가 전적으로 하나님의 말씀에 순종하는 신학자가 되기를 열망했다는 사실을 염두에 둘 경우, 아무리 풋내기라도 바르트 신학이 다루는 각 교리의 신학적인 방향과 경향을 이해할 수 있다. 이런 의미에서 건전한 신학은 구약과 신약의 하나님에게 주의를 집중하되, 이 하나님의 말씀이 예수 그리스도 안에서 이루어졌다는 것을 중시하는 신학이다.

따라서 어떤 신학자든 어떤 교파든, 성경에 증언된 하나님의 계시 이외의 그 무엇을 규범으로 삼을 때, 그들은 모든 신학적인 진술의 기초를 벗어난 것이나 다름없다. 『교회교의학』 전체를 볼 때 바르트 신학의 결정적인 특

* 이 글은 데이비드 뮐러(David Müler)의 『Karl Barth』(Hendrickson Publishers, 1972) 제2장을 번역한 것이다.
1) C. D. Ⅰ/1, p.ix. 비교

징은 「그리스도중심적인」(Christocentric) 것에 있다. 바르트는 교의학 서설(Prolegomena) 초두부터 교의학의 임무는 다음과 같은 것이라고 말한다. 즉 교회의 하나님에 대한 언어는 교회의 본질(essence)이고, 교회 신학의 「규범이자 척도」(norm and measure)인 예수 그리스도 안에 나타난 하나님의 「결정적 계시」(decisive revelation)를 가리킨다는 것이다.[2]

예수 그리스도 자신이 "길이요 진리요 생명"(요 4:6)이기 때문에, 신학의 지배적인 관심은 이 예수 그리스도께 하나님과 인간 그리고 인간과 인간 사이의 관계를 의미있게 하시는 분임을 증거하는 것이다. 바르트의 기독론적인 방법이 그의 신학을 이해하는 열쇠라고 주장할 때, 우리는 그가 이 출발점을 점차적으로 확정짓게 되었다는 사실을 염두에 두어야 한다. 바르트가 『교회교의학』을 쓰는 과정에서, 그의 신학의 기독론적인 출발접과 규범이 점점 두드러지게 나타났다.

바르트는 예수 그리스도를 모든 신학적인 진술의 궁극적인 표준으로 여기는 점에 있어서 종교개혁자들을 능가한다. 아마도 그의 신학이 전적으로 「그리스도중심적인」 것으로 굳어졌다는 사실을 1942년 출판된 그의 선택론(C.D. II/2)에서 알 수 있다. 바르트의 그리스도중심적인 선택론과 그의 신학 전체를 이해하는데 열쇠가 되는 본문으로 골로새서 1장 19절을 들 수 있다; "아버지께서 예수 안에 모든 충만으로 거하시기를 기뻐하셨다."[3] 이 관점에서 우리는 바르트 신학 전체에 걸쳐서 그의 그리스도중심성이 어떤 의미를 갖는지는 알 수 없다.

그러나 바르트의 그리스도중심적인 신학이 어떤 것인지를 바르트 자신의 몇 가지 말로 알아보는 것이 중요하다. 그는 화해론에서 다음과 같이 말한다; "그러므로 하나님의 자기 계시 안에서 예수 그리스도는 모든 신학에 기본이 되는 본문이다."[4] 화해론에 앞서 그는 이와 비슷한 맥락으로 말한다;

---

2) C. D. I/1, pp. 11-12.

3) C. D. II/2, p. 7.

4) C. D. IV/2, p. 122.

"예수 그리스도가 단순히 한 인격을 가리키는 말이 아니라 하나의 원리라면, 우리는 그를 성경 메시지의 「인식론적인 원리」(epistemological principle)라고 해야 한다."[5]

이와 같은 「그리스도중심성」에 관한 언급은 이미 계시론에서 예상되고 있다. 왜냐하면 바르트에게 있어서 이 계시는 계시의 객관적인 실재와 가능성의 근거로서 예수 그리스도를 의미했기 때문이다(C.D.Ⅰ/2). 「하나님 말씀의 신학」이나 「그리스도중심의 신학」을 펼치기 위해서, 바르트는 의식적으로 19세기의 신(新)개신교 자유주의와 로마 가톨릭의 잘못된 계시 해석과 입장을 달리했다.

먼저 우리는 여기서 바르트가 자유주의, 데카르트주의(Cartesianism), 신(新)개신교 신학, 근대주의 혹은 인간론적인 신학이 이해하는 계시와 신학방법을 어떻게 비판적으로 이해하고 있는지를 알아야 한다. 이와 같은 모든 명칭들은 인간을 「만물의 중심과 척도와 목적」(the centre and measure and goal of all things)[6]으로 삼는 근대 신학의 전통을 말한다. 이와 같은 신학 경향은 모든 신학 사상들(특히 하나님과 계시)을 이해하는 데 있어서 인간과 인간적인 상황의 출발점이다.

바르트는 이와 같은 신학방법의 기원이 중세 신비주의와 르네상스 인문주의에 있다고 본다.[7]

그런데 바르트는 신(神)존재의 확실성은, 인간의 자기 실존에 대한 확실성에 기반을 두는 데 카르트(1596-1650)에게서 그 고전적인 표현을 본다. 그리고 17세기 개신교 정통주의의 합리주의에서도 이와 같은 경향이 보이는데, 더욱 이것이 꽃 피게 될 것은 계몽주의의 전통을 이어받은 19세기 인간론적인 신학과 인본주의적인 신학에서 더 분명히 나타났다.

---

5) C. D. Ⅳ/1, p. 17.

6) C. D. Ⅰ/2, p. 293.

7) C. D. Ⅰ/1, p. 36.

즉 슐라이에르마허(Schleiermacher)와 그를 따르는 신학자들에게서 시작하여, 포이에르바하(Feuerbach)와 하르낙(Harnack)과 트렐취(Troeltsch)에게서 절정에 달했다.[8]

우리가 이미 지적한 대로 바르트는 『교회교의학』을 쓰기 훨씬 전부터 자유주의적인 현대신학에 반대했다. 1956년에 행한 강연인 『하나님의 인간성』(Humanity of God)에서, 바르트는 19세기의 자유주의 신학에 불만을 토로하고 있다.

> "복음주의 신학은 모든 형태와 경향들에서 확실히 종교주의적이고 인간론적이라는 의미에서 인본주의적이 되었다. 본인이 말하려고 하는 것은 인간의 외적이고 내적인 경향과 정서(즉 인간의 경건심), 아마도 기독교적인 경건일지 모르겠지만 이 모든 신학 연구의 대상이고 주제인 것이다. 저들은 바로 이와 같은 대상과 주제를 맴돌았고 또 빠져나올 줄 몰랐다… 하나님의 신성(deity)에 대해서 저들은 아랑곳 하지도 않았다.
>
> 이와 같은 신학이 하나님에 관해 생각한다는 것은, 바로 인간에 대해 생각하는 것이나 다름 없었다. 즉 종교적인 인간(곧 기독교적인 종교인)이 신학의 대상이고 목적이다. 다시 말하면 하나님에 대해 말한다는 것은 고양된 모습으로 인간에 대해 말하는 것이나 다름없다. 인간의 계시들·이적들·신앙·행위들 그리고 이런 사실은 의심의 여지가 없다. 하나님을 없애고 인간을 위대하게 만드는 것이 저들의 신학 활동이었다. 진정 인간과 대면하시는 주권적인 하나님(즉 주님, 창조주, 구속주)이 인간을 대면하셔야 하는 것이 무시되었다."[9]

전통적인 로마 가톨릭의 계시 해석과 이와 관련된 신학 방법은 바르트가 반론하는 두 번째 거짓된 입장이다. 바르트의 19세기 자유주의 신학의 계시

---

8) Karl Barth, The Humanity of God, trans. T. Weiser and J. N. Thomas(John Knox Press, 1960), pp. 12-14. 다음부터는 HG로 표기하겠음.

9) HG, pp. 39-40.

이해와 신학 방법에 대한 반대를 보면, 벌써 로마 가톨릭에 대한 그의 반대를 예측할 수 있다. 가톨릭의 교리에 의하면 교회는 성경과 사도들의 구전(口傳)에 내포되어 있는 계시 진리들을 "해석하고 교리를 결정하여 선포하도록" 그리스도로부터 권한과 권위를 받았다고 한다.

가장 큰 잘못은 교회가 하나님의 계시를 소유했다는 사실에 있을 뿐만 아니라, 교회가 이 계시 진리를 주권적으로 제어할 수 있다는 데 있다. 종종 로마 가톨릭은 계시를 「정적인 공탁물」(a static deposit)로 여기고, 교회가 이 계시 진리들을 오류없이 해석하여 이를 확정된 교리로 선포한다. 로마 가톨릭은 교회의 존재가 "신인적인 위격"(a divine-human Person)이신 예수 그리스도라는 사실을 인정하지 않는다.

그리고 이 예수 그리스도는 "인간에 대한 하나님의 행동이고 교회가 믿고 인정하는 교리는 그 행동에 대한 수용으로서 가치 있고 존중히 여겨야 할 것이지만, 결코 오류가 없을 수 없는 것도 아니고 항상 그것이 관계에서 나온 것인지 물어야만 한다."[10] 바르트는 위의 두 전통 모두를 「인간중심적인 신학」(anthropocentric theology)의 유형들이라고 본다. 바르트가 19세기의 신개신교의 자유주의 신학이 종교개혁자들에게서 나온 것이 아니라 중세 가톨릭 신학에서 나온 것이라고 할 때, 로마 가톨릭 전통과 19세기 개신교의 관계는 놀랄만한 일이 아니다.

더욱이 우리는 가톨릭 신학과 19세기 개신교 신학 각각이, 자연주의 신학의 발전을 지지하는 전제들에서 동일한 입장을 취하고 있음을 알 수 있다. 모든 다른 인본주의 신학과 마찬가지로, 위의 두 전통은 신지식에 대해서 예수 그리스도 안에 나타난 하나님의 자기 계시를 무시한다. 바르트의 입장은 다음과 같이 확고하다;

"우리는 오직 교회의 본질로서의 예수 그리스도를 표준으로 해야만, 기독교

---

10) C. D. I/1, p. 16.

적인 언어의 참 내용이 무엇이어야 하고 무엇이 기독교적인 언어와 교리 이해에 이르는 참 내용이 무엇이어야 하고 무엇이 기독교적인 언어와 교리 이해에 이르는 참 길인 줄 알 수 있다."[11]

따라서 로마 가톨릭이나 자유주의적인 개신교가 계시와 신학방법을 이해할 때 충분히 취급하지 못한 내용은, 바로 예수 그리스도가 하나님의 계시의 중심이고 신학적인 궤도의 중심으로서 모든 신학적인 진술들의 표준이라는 점이다.

2. 하나님 말씀에 대한 교리 : 기독교 신학의 규범

바르트는 그의 『교회교의학』을 위한 방대한 서설(Prolegomena)로서 「하나님 말씀에 대한 교리」[12]를 다루고 있다. 그런데 바르트는 하나님의 말씀에 대한 교리라는 넓은 틀 속에서 ① "삼위일체 하나님"(The Triune God) ② "말씀의 성육신"(The Incarnation of the World) ③ "성령의 부음"(The Outpouring of the Holy Spirit)이란 견지에서 하나님의 계시를 취급하고 있다. 이것은 하나님의 말씀에 대한 해석이나 다름 없다. 바로 이 내용들이 담겨 있는 책이 바르트의 『교회교의학』 처음 두 권의 서설(C.D. I/1, I/2)에 해당한다.

바르트가 이 서설에서 발전시키려고 한 것은 기독교 신학의 적극적인 내용을 말하기 위한 서론이 아니라, 교의학 한복판에서 할 이야기의 모든 기초를 여기서 소개하는 것이다. 바르트는 하나님의 말씀에 대해 여러 가지로 말하면서, 어느 한 가지 단순한 정의로 만족할 수 없게 한다. 왜냐하면 「하나님의

11) C. D. I/1, p. 45.

12) C. D. I/1, pp. 98-140 참조.

말씀」(the World of God)은 「하나님의 자기 계시」(God's self-revelation)와 동의어이기 때문이다. 성경에 나타난 하나님은 인간의 손안에 들어갈 수 있는 어떤 대상이나 물체의 소여(datum)가 아니다.

하나님은 아무리 위대한 화가도 그리기 힘든 날아가는 새와도 같다. 따라서 누구든지 하나님의 말씀을 정의하려고 할 때, 그 출발부터 하나님과 그의 말씀은 하나님이 은혜로 자기를 계시하는 한 인간에 의해 인식될 수 있다는 사실을 인정해야 한다. 최근에 하나님의 말씀에 대한 바르트의 다음과 같은 언급은 그의 입장을 잘 말해 준다;

"하나님의 말씀은 하나님께서 모든 인간들에게 말씀하셨고, 지금 말씀하시고 또 앞으로 말씀하실 말씀이다. 이 말씀은 인간들이 듣든 말든 모든 인간에게로 향한다. 그것은 하나님이 인간에게, 인간을 위해 그리고 인간과 더불어 성취하신 일에 대한 말씀이다. 그가 하신 일은 입을 다물고 있는 것이 아니라 큰 소리로 외쳐 말한다. 오직 하나님만이 그가 하시는 일을 하실 수 있기 때문에, 오직 하나님만이 그가 성취하신 일을 통해 그가 말씀하실 바를 말씀하실 수 있다. 그리고 하나님의 일은 나뉠 수 없고 단순하다. (하나님의 일은 일의 기원에서 목적에 이르기까지 여러 형태를 갖지만) 마찬가지로 하나님의 말씀도 단순하고 하나다. (이 말씀의 풍요로운 형태에도 불구하고)… 하나님은 일하신다. 그리고 하나님은 일하시기 때문에 말씀하신다. 그의 말씀은 인간을 향해 오신다… 우리는 복음의 하나님, 그의 일과 행동에 관해 그리고 그의 일과 행동이 동시에 그의 언어인 복음의 하나님에 관해 말하고 있는 것이다. 이것은 하나님의 말씀이고 그의 로고스다. 이것이 신학적인 로기아(logia)와 신학적인 언어와 논리의 「창조적인 초석이자 생명」(creative basis life)이다."[13]

위의 언급에 비춰 볼 때 우리는 바르트가 그의 『교회교의학』 처음 부분에

13) Karl Barth, Evangelical Theology(앞으로는 ET로 약기), trans. Grover Foley(Rinehart and Winston, 1963), pp. 18-19.

서, 하나님의 말씀을 3중적인 형태로 풀이하는 것을 잘 이해할 수 있다. 바르트는 결국 「설교되는」(preached) 하나님의 말씀, 성경에 「기록된」(written) 하나님의 말씀, 그리고 예수 그리스도이신 하나님의 「계시된」(revealed) 말씀에 관해 말하고 있다. 그런데 비록 바르트가 설교된·기록된·계시된 하나님 말씀에 대해 차례대로 말하고 있지만, 여기서 먼저 계시된 하나님 말씀을 먼저 다루는 것이 말씀의 교리를 이해하는 데 큰 도움이 될 것이다.

① 계시된 하나님의 말씀(The Revealed Word of God), 예수 그리스도

바르트가 계시나 하나님 말씀의 근원적인 형태에 대해 말할 때, 「성육신하신 말씀」(the incarnate word; 즉 예수 그리스도)에 대해 집중하는 것은 그의 신학의 특징이기도 하다. 그가 신약성경(요 1:1, 14; 히 1:2; 계 19:13)에 근거하여, 계시된 하나님 말씀이 가장 잘 표현된 것이 예수 그리스도라고 말한 것은 합당하다;

> "계시는 예수 그리스도의 위격(位格; Person)이나 다름 없다. 계시는 또한 이 예수 그리스도 안에서 성취된 화해나 다름 없다. 계시에 대해 말한다는 것은 '말씀이 육신이 되셨다'(The Word became flesh)고 말하는 것이나 다름 없다."[14]

그런데 만일 우리가 성육신하신 하나님 말씀을 유일한 말씀의 형태라고 본다면, 바르트의 그리스도중심적인 말씀 교리를 잘 파악하지 못한 것이다. 바르트는 최근에 그의 신학적인 진술에서 이것을 잘 밝히려고 애썼다;

> "예수 그리스도 안에 나타난 하나님의 모든 말씀이, 바로 신학이 청종하고 응답해야 할 하나님의 말씀이다. 그런데 이 하나님의 말씀은 이스라엘 역사가 예수 그리스도의 역사에 관계하면서, 그리고 예수 그리스도의 역사가 이스라엘

---

14) C. D. I /1, p. 134.

의 역사에 관계하면서 말씀된 말씀이다.

그런데 신학이 성육신하신 하나님의 말씀만 청종하고 말하려고 할 때 결코 전체 하나님 말씀에 응답하는 것이 아닐 것이다… 이것은 마치 예수 그리스도 안에서 일어난 하나님의 일은 「하나님과의 세상의 화해」(the reconcilliation of the world with God)가, 이스라엘에게 주어진 하나님의 약속들을 무시하거나 이 약속들을 떠나서 이해될 수 있는 것과 같다."[15]

만약 우리들이 하나님의 말씀에 대한 이런 포괄적인 정의를 염두에 둔다면, 바르트가 왜 하나님의 계시의 중심을 예수 그리스도에게 두는지를 잘 이해할 수 있을 것이다. 비록 바르트도 기록된 말씀과 설교된 말씀을 말하고 있을지라도, 이것은 말씀의 제2차적인 형태임을 우리는 알 수 있다. 성경과 설교된 말씀이 성령을 통해 일어나는 하나님의 은혜로운 행동과 현존에 의해서 하나님의 말씀이 되는 것이 사실이지만 이 양자는 부차적인 하나님의 말씀이다. 왜냐하면 그것들은 예수 그리스도에게서 절정에 도달하는 「언약사」(the covenant history)에 나타난 하나님의 구체적인 행동들을 지시하기 때문이다.

② 기록된 하나님 말씀, 성경

두 번째 형태의 하나님 말씀은 성경이다. 바르트에게 있어서 신구약 성경의 기자들은 하나님의 놀라운 계시 활동들에 대한 원초적인 증인들이기 때문에 교회 안에서 특별한 권위를 갖는다; "그들은 하나님의 말씀에 의해 직접 이 말씀을 들을 수 있는 자들이 되도록 부름을 받았고, 다른 사람들에게 이 말씀을 전하고 참됨을 증명하도록 임명받았다."[16] 후대의 모든 사람들이 하나님의 계시 행동들에 대해 배울 수 있는 것은 성경의 증거를 통해서다.

성경 그 자체는 계시의 원초적인 형태가 아니지만, 하나님의 계시에 대한

---

15) ET, pp. 23-24.

16) ET, p. 26.

원초적인 증거들을 포함하고 있다. 성경은 "교회가 과거에 일어난 하나님의 계시를 회상하고, 미래에 일어날 하나님의 계시를 기대할 수 있는 매개체다. 따라서 우리는 이 매개체를 통해 말씀을 선포하도록 도전받고 능력받고 인도된다."[17] 이처럼 바르트는 계시된 하나님과, 성경에서 우리에게 다가오는 계시에 대한 증언을 구별한다.

물론 바르트가 종교개혁자들이 그들의 시대에 그러했듯이 교회를 위한 성경의 권위를 견고히 했고 강조한 것이 사실이지만, 그는 결코 「성경 우상화」(bibliolatry)를 말하지는 않는다. 1943년 고백교회에 의해 선포된 「바르멘 신학 선언」(Barmen Theological Declaration)의 처음 조항에서 바르트의 일관된 입장이 표명되었다;

> "성경에서 우리에게 증언된 예수 그리스도는 하나님의 한 말씀으로서, 우리는 이 말씀을 청종해야 하고 신뢰해야 하고 살든지 죽든지 순종해야 한다."[18]

바르트는 어떤 식으로 성경이 하나님의 말씀이라고 하는가? 어떻게 인간적이고 오류 가능한 예언자들과 사도들의 증언이 하나님의 말씀이 되는가? 바르트의 대답은 항상 일관성이 있다. 즉 "성경은 하나님이 그것을 그의 말씀되게 하시는 한, 그리고 하나님이 이 성경을 통해 말씀 하시는 한, 하나님의 말씀이다."[19] 바르트는 성경에 대한 교리를 계속 취급하면서 그 의미를 다음과 같이 밝히고 있다;

> "성경은 성령에 의해 그것이 교회를 위한 하나님의 계시에 대한 증언이 되기 때문에, 거룩하고 또한 하나님의 말씀이다."[20]

---

17) C. D. Ⅰ/1, pp. 124-25.

18) C. D. Ⅱ/1, p. 172.

19) C. D. Ⅰ/1, p. 123.

20) C. D. Ⅰ/2, p. 457.

이처럼 성령으로 성경 기자들에게 영감을 주신 하나님께서, 성령을 통해, 그들의 증언 속에 다시 현존하실 때 우리는 성경이 하나님의 말씀이라고 고백한다. 이것은 다음과 같은 사실을 의미한다. 즉 우리는 예수 그리스도 안에 있는 신성과 인성을 동시에 인정하듯이, 우리는 성경과 하나님 계시와의 관계를 이해하기 위해서 신성과 인간성을 다 인정해야 한다.

> "만약 우리가 성경을 하나님의 계시에 대한 진정한 증언으로 생각하기를 원한다면, 우리는 두 가지 사실을 항상 염두에 두고 숙고해야 한다. 즉 성경의 '제약성과 적극적인 요소'(the limitation and the positive element), 계시와의 상이성(distinctiveness from revelation)을 인정해야 한다. 왜냐하면 이 성경은 계시에 대한 인간적인 증언인 동시에 이 계시와 동일시 될 수도 있기 때문이고, 또한 계시가 이 성경적인 증언들의 기초이고 대상이고 내용이기 때문이다."[21]

위의 인용에 의하면 왜 바르트가 기록된 하나님의 말씀으로서의 성경과, 이 성경이 가리키는 하나님의 계시를 긴밀하게 연결시키는가를 알 수 있다. 바르트가 성경 기자들을 영감시키는 데에 작용한 성령과 후대 세대를 통해 성경의 증언들을 살아 있는 하나님의 말씀이 되게 하는 성령을 주장할 때, 우리는 그가 종교개혁자들이 말하는 성경의 권위와 17세기 개신교 정통주의자가 말하는 성경의 권위를 존중히 여기는 것을 알 수 있다.

그러나 바르트는 종교개혁 이후 발전한 개신교 정통주의에서 말하는 성경의 「무오성」(infallibility)에 대한 교리를 비판한다. 17세기 개신교 정통주의는 성경의 권위를 무너뜨리는 자들에 반대하여, 성경을 무조건 하나님의 말씀과 동일시 했다. 그리하여 이 정통주의는 성경이 "오류가 있을 수 없는 하나님의 역사"(a divine and in fallible history)를 말해야 하는 것으로 가정한 나머지, 성경을 계시에 대한 증언으로 보지 않고 교리 자료집으로 생각했다.

---

21) C. D. I/2, p. 463.

이렇게 함으로써 이 경직되고 합리주의적인 정통주의적인 영감 교리는, 성경적인 증언들에 대한 하나님의 주권을 거부하는 결과를 가져 왔다. 영감론을 강하게 주장함으로써 성경의 권위를 확보하려는 정통주의의 시도는 실패로 돌아갔다. 왜냐하면 이 정통주의는 성경의 본성을 오해하여, 성경의 인간적인 측면과 오류 가능성을 설명하지 못했기 때문이다.

따라서 17세기 정통주의는 "루터와 칼빈의 「성경 영감론」과 「성경 권위의 교리」에서 멀리 떠났다. 바르트는 루터와 칼빈에게서 성경은 「문자적으로 영감되었고」(literally inspired), 「계시된 신탁집」(a revealed book of oracles)이 아니라 「계시에 대한 증언」(a witness to revelation)이고, 이 성경은 그 주제의 관점에서 그리고 그 주제에 비추어 더 나아가 그 주제에 일치하도록 해석되어야 한다"[22]고 주장했다.

그러나 17세기 개신교 정통주의의 영감론은 성경을 「종이 교황」(paper Pope)으로 만들었다. 바르트는 다음과 같은 결론에 도달했다;

> "정통주의는 성경 그 자체가 그 자신에 관해 무엇을 말하는지를 진지하게 생각하지 않았고, 이것을 진지하게 해석하지도 못했다. 더욱이 정통주의는 이 성경의 기원과 전통에 대해서도 아랑곳하지 않는다."[23]

그런데 바르트는 개신교 정통주의의 영감론에 대해서 불만족하게 느꼈음에도 불구하고, 성경의 권위를 긍정하는 정통주의의 의도와 해석학의 어떤 측면에 대해서는 공감했다. 계몽주의 이후 근대 개신교는 성경의 중요성을 완전히 상실했다. 이와 같은 자유주의적인 개신교의 일그러진 성경관은 신학의 역사(특히 개신교의 역사)를 통틀어서 통탄할 일이다.

바르트가 1939년에 기록한 바에 의하면 종교개혁의 기본 주장을 파괴하는 이 자유주의들의 입장은 이미 지나가버린 것 같다고 주장한다. 바르트는

---

22) C. D. Ⅰ/2, p. 521.

23) C. D. Ⅰ/2, p. 526.

이 신개신교가 없어져 가고 있는 그 부분적인 이유를 다음과 같이 말한다;

"그것은 성경과 종교개혁의 입장에서 본 교회와 신학의 본질과 의무를 더 이상 만족시킬 수 없기 때문이다."[24]

③ 설교(선포)된 하나님 말씀(The Preached Word of God)

선포되거나 설교된 하나님 말씀이, 우리가 생각해야 할 세 번째 형태의 하나님 말씀이다. 다시 한번 바르트는 종교개혁자들(특히 루터)에게 있어서, 설교가 하나님 말씀의 형태라는 사실에 근거하여 이 말씀의 세 번째 형태에 대해 말한다. 그의 교회교의학 서설에 나타나는 설교에 관한 두 계획적인 저술에서 바르트는 그의 입장을 명백히 드러내고 있다;

"교회에서 발견되는 하나님에 관한 언어는 선포(proclamation)인데, 이 선포는 설교(preaching)와 성례(sacrament)의 형태로 인간에게 주어진다. 그런데 이 교회의 선포는 자기에게 주어진 위탁에 따라 인간에게 신앙으로 들려질 하나님 말씀을 말해야 할 것을 주장하면서 그것을 기대한다."[25]

"하나님의 말씀은 예수 그리스도의 교회의 선포에서 하나님 자신이다. 하나님께서 자기 자신에 관해 말해야 할 책임을 교회에게 위탁하는 한, 그리고 교회가 이 위탁 명령을 수행하는 한, 그의 증인들을 통해 그의 계시를 선포하는 것은 하나님 자신이다. 이 선포가 인간의 말이지만 계시에 대한 성경적인 증거와 일치하다면, 그리고 이것이 하나님의 말씀에 대한 순종을 창조한다면 교회의 선포는 순수한 교리이다."[26]

24) C. D. Ⅰ/2, p. 663.
25) C. D. Ⅰ/1, p. 51.
26) C. D. Ⅰ/2, p. 743.

설교에 관한 바르트의 주장에서 몇 가지 주목할 것이 있다. 첫째로 비록 교회가 하나님에 관해 말할 수 있는 여러 수단들이 있다고 할지라도 설교와 성례는 특별한 위치를 차지한다. 왜냐하면 교회는 예수 그리스도로부터 이 두 수단을 통해 하나님의 계시를 선포하도록 위탁받았기 때문이다. 바르트는 이 설교를 다음과 같이 정의한다;

> "교회 안에서 정식으로 설교하도록 부름받은 사람이 계시에 대한 성경적인 증언의 일부를 자기의 말로 해석하기를 시도하고, 자기 시대의 사람들에게 「하나님의 계시에 대한 약속」(the promise of God's revelation)과 화해 및 부름을 이해시키려고 노력하는 것이다."[27]

둘째로 설교는 그것이 참 설교가 되려면, 오직 성경 안에 증언된 하나님의 말씀에만 순종해야 한다. 이와 같은 관점에서 바르트는 로마 가톨릭과 신개신교의 설교에 관한 견해가 모두 부족하다고 생각한다. 로마 가톨릭은 하나님께서 믿는 자들에게 은혜를 베푸시는 수단은 무엇보다 성례이기 때문에 설교를 부차적인 위치에 놓는다. 바르트는 하나님께서 교회의 성례들에도 현존하시지만, 이 경우에 "은혜는 인격적이고 자유로운 하나님의 말씀이 아니기 때문에"[28] 로마 가톨릭의 전통적인 성례 교리를 반대한다.

다른 한편 개신교 자유주의는 설교를 설교자의 경건의 전개로 봄으로써 주관적인 방향으로 움직인다. 이처럼 설교가 "자기 해석"과 동일시 되자마자 설교는 와해되고 만다. 이럴 경우 설교자는 더 이상 하나님의 자기 계시에 대한 성경적인 증언에 귀를 기울이지 않는다. 결국 그럼으로써 자유주의의 경우 설교는 하나님의 은혜로운 현존을 통해서 하나님의 말씀이 된다는 사실을 상실한다.

셋째로 성경이 성령을 통한 하나님의 임재로 말미암아 살아있는 하나님의

---

27) C. D. I/1, p. 61.

28) C. D. I/1, p. 75.

말씀이 되는 것처럼, 설교자의 인간적인 말들이 성령을 통해 시시때때로 살아있는 하나님의 말씀이 된다. 이 세상에서 일어나는 하나님의 현존의 이적은 로마 가톨릭이 가리키는 대로 떡과 잔이 물리적으로 성체(聖體)가 되는 데에 있는 것이 아니라, 그보다는 하나님께서 그의 기쁘신 뜻을 따라 그의 종들의 말을 성화시킴으로 그들의 말이 인간의 말인 동시에 "하나님 자신이 이 말들 속에서 그리고 이 말들을 통해서 자기 자신에 관해 말씀하신다"[29]는 것이다.

따라서 말씀론을 결론지으면서 바르트 자신이 주장하는 것은 다름 아니라, 하나님의 한 말씀이 세 가지 형태로 우리를 만나신다는 사실을 강조하는 것이 중요하다. 비록 바르트가 계시란 이 계시를 증거하는 다른 두 가지 형태의 말씀을 산출했지만, 사실 계시는 성경과 선포 없이 인식될 수 없는 것이다. 그러므로 바르트는 하나님 말씀의 세 형태들의 상호 관계를 다음과 같이 말한다;

> "우리가 「계시된 하나님 말씀」(the revealed Word of God)을 인식하는 것은, 오직 교회의 선포가 채택하는 성경과 이 성경에 근거한 교회의 선포를 인식하지 않고는 불가능하다. 우리가 「기록된 하나님 말씀」(the written Word of God)을 아는 것은 오직 선포를 가능하게 하는 계시와, 그 계시에 의해 가능하게 된 선포를 인식하지 않고는 불가능하다. 우리가 「선포된 하나님 말씀」(the proclaimed Word of God)을 아는 것은, 오직 성경을 통해 증거된 계시와 이 계시를 증거하는 성경을 알지 않고는 불가능하다."[30]

이제 우리는 우리가 이 하나님의 말씀을 어떻게 신앙으로 수용하는가에 대해 논하려고 한다. 여기서는 우리가 하나님의 계시를 인식하려면, 오직 피조물적이고 세상적인 형태로 취한 성경과 선포를 인식하지 않고는 불가능하다는 사실만 말하면 충분하다. 그래서 계시에 대한 우리의 지식은 "오직 간접

---

29) C. D. I/1, p. 106.

30) C. D. I/1, p. 136.

적이다. 왜냐하면 그것은 성경과 선포를 통해 일어나기 때문이다."[31]

3. 하나님의 계시

본 장에서 우리는 바르트의 계시 이해를 분석한다. 우리의 목적은 계시의 내용과 본성을 보다 완전히 취급하려는 것이다. 우리는 바르트에게 있어서 하나님의 말씀에 대한 이해가 바로 그가 의미하려는 계시 이해인 것을 보았다. 더욱이 하나님의 계시된 말씀(곧 예수 그리스도)은, 성육신이 하나님 말씀의 근원적인 형태(따라서 계시의 근원적인 형태)라고 지적하고 있다.

그런데 사실 우리는 바르트가 하나님의 말씀과 예수 그리스도(즉 성육신하신 말씀)로 계시를 기독교적으로 이해할 때, 그의 의도는 기독교적인 계시와 모든 비독교적인 계시를 구별하는 데 있었다는 사실을 미리 밝혔어야 했다. 바르트는 성경적인 계시 이해나 성경적인 하나님 이해를 계시의 보편 개념이나 궁극적인 존재의 틀 안에서 이해하려는 근대 신학자들과 달리, 성경적인 계시 이해와 그의 계시에서 자기를 계시하시는 성경적인 하나님 이해를 일관성 있게 긍정하고 있다.

바르트는 하나님의 현실적이고 구체적인 자기 계시에서 출발하는 것을 좋아한다. 따라서 그는 철학·형이상학·종교철학·비교종교학에 의해 결정된 계시 개념이나, 인간이 창출해 낸 그 어떤 개념적인 도식에 의해 결정된 계시 개념에서 출발하지 않는다. 어느 학자가 바르트의 「실재를 추구하는 정열」(pathos for reality)이라고 명명한 말이 계시에 대한 다음 인용에서 분명해진다.

"계시에 대한 지식은 추상적인 인간을 대면하시는 추상적인 신지식이 아니

31) C. D. I/1, p. 136.

다. 인간의 구체적인 상황에서 인간을 찾으시고 만나시고 발견하시는 구체적인 신지식이다. 계시는 하나님과 인간에 대한 구체적인 지식인데, 이것은 「주권적인 하나님이 주도적으로 일으키시는 사건」(the event brought about by the initiative of a sovereign God)에서 발생한다."[32]

바르트에 의하면 인간이 창출해낸 개념적인 도식에 의해 결정한 계시 개념들은 모두 잘못된 것이다. 왜냐하면 그것들은 하나님의 자기 계시가 취하는 실제적인 형태를 무시하고 하나님의 계시를 이해하려고 하기 때문이다.

우리가 지금까지 하나님의 계시의 본성에 관해 언급한 것은, 바르트가 흔히 즐겨 쓰는 "하나님은 하나님을 통해서만 인식될 수 있다"(Through God alone may God be known)는 구절로 요약된다. 오직 하나님만이 자기를 계시하신다. 오직 하나님만 언제 어디에서 어떻게 자기를 계시하실 것인가를 결정하신다. 더욱이 하나님은 그가 어떤 조건에서 인간에 의해 인식될 수 있는가를 결정하신다. 하나님에 대한 참된 이해는, 하나님은 그 자신 안에서 궁극적인 실재임을 인식하는 것이다.

하나님은 자기를 계시하실 때마다 그 자신은 자유로우신 주님으로 머물러 계신다. 이것의 의미는 다음과 같다; "성경이 하나님의 계시에 관해 증거함에 있어서 하나님과 인간을 대면시키고 관계시킬 때, 이 성경이 계시하는 존재의 확정적인 질서는 이것에 상응하는 인간의 확정적인 질서를 요구한다."[33] 이것이 의미하는 바는 또한 다음과 같다. 즉 인간은 하나님의 계시를 통해 하나님에 의해 만나기 전에는, 계시가 무엇이어야 하는가를 말할 수 없고 생각할 수도 없다는 것이다.

만약 어떤 신학이 하나님과 인간 사이의 중도(midway)를 취할 수 있다고 할 때, 그것은 「이중적인 환상과 전제」(a twofold illusion and assumption) 위에 기초해 있다. 첫째는 "하나님과 우리 사이에서 계시가 사건화하기 위해서 하나님

32) Karl Barth, God in Action, trans. E. G. Homrighausen(Round Table Press, 1936), pp. 11-12.

33) C. D. I/2, p. 5.

이 무엇을 하실 수 있고 무엇을 하셔야 하는지를, 그리고 인간에게 무엇이 꼭 필요하고 적합한 것인지를 인간이 알고 있다는 오만한 주장"이다. 둘째는 "우리가 우리 자신의 필요와 가능성을 모두 알고 있다는 오만한 주장이다."[34] 그런데 바로 이와 같은 접근이 1700년 경에 개신교 신학에 침투되어 19세기까지 지배해 온 인간론적인 신학을 특징짓는다.

바르트는 역시 계시에 대해 말하려는 의도를 가진 사람들을 날카롭게 비판한다. 즉 "인간이 그렇게 방자하게 되고 심판주의 자리에 서고 자기가 받을 심판이 어떻게 될지 모를 경우에, 이 인간은 하나님과는 아무 상관이 없고 하나님이 창조하신 계시의 사실과도 아무 관계가 없다."[35] 이와 같은 접근에 반대하여 바르트는 다음과 같이 제안한다;

> "하나님의 결정과 하나님의 계시는 인간의 인정이 아니라, 하나님에게 적합한 것이 무엇이고 우리 인간에게 유익한 것이 무엇인가에 대한 표준이다."[36]

① 삼위일체 하나님(The Triune God)

바르트는 계시론의 첫 번째 부분에 삼위일체 하나님(C. D. Ⅰ/1, § 8-12)[37]이란 제목을 붙였다. 바르트는 삼위일체론으로 계시론을 전개할 때, 적어도 세 가지 점에서 근대신학의 상습적인 출발점과 철저하게 다른 출발점을 취한다. 첫째로 바르트는 삼위일체를 기독교적인 계시 이해와 하나님 이해의 열쇠로 삼았다. 둘째로 그는 이 삼위일체론을 신론을 전개하기 전에 이미 그의 서설에서 취급한다. 셋째로 바르트는 슐라이에르마허 이후 개신교 자유주의가 무시해 온 이 삼위일체론을 부활시켰고, "종교개혁 이후 이 삼위일체에 관한 가

---

34) C. D. Ⅰ/2, p. 3.

35) C. D. Ⅰ/2, p. 5.

36) C. D. Ⅰ/2, p. 5.

37) Robert W. Jenson, God After God(The Bobbs-Merrill Co., 1969) 참고.

장 방대한 논문을 전개시켰다."[38] 바르트가 하나님의 계시를 삼위일체론으로 해석하려는 시도가 다음에 잘 나타나 있다;

> "하나님의 말씀은 하나님의 자기 계시로서 하나님 자신이시다. 그도 그럴 것이 하나님은 자기를 주님으로 계시하시기 때문이고, 성경에 의해 즉 이것이 계시에 관해 의미하는 바는, 하나님 자신이 손상받을 수 없는 통일성과 손상될 수 없는 상이성을 지닌 계시자(Revealer)·계시(Revelation)·계시됨(Revealedness)이라는 것이다."[39]

바르트가 계시론을 삼위일체론으로 설명하는 주된 이유는 "자기를 계시하시는 하나님은 누구신가"에 대한 물음에 대답하는 데서 출발한다. 그는 다음과 같이 말한다; "우리가 생각하는 하나님의 계시 개념은 성경과 선포가 말하는 예수 그리스도의 아버지, 예수 그리스도 자신, 그리고 이 성부와 성자의 성령이신 하나님의 계시다."[40] 따라서 만약 우리가 성령이 말하는 삼위일체 하나님에 대해 말하기를 원한다면, 결코 우리의 출발점이 자기 자신을 그의 아들과 성령을 통해 알리신 성부를 떠나서 추상적이고 보편적인 신(神)개념이나 궁극적인 존재에 관한 교리가 되어서는 안 된다.

뿐만 아니라 자연, 문화, 역사, 인간 실존에서 유비(類批)해 낸 하나님의 삼위일치성(vestigia trinitatis)도 안 된다. 이것은 역시 다른 형태의 자연신학으로서 인간의 투사에 불과하다. 바르트는 성경에서 우리가 삼위일체론을 발견할 수 있는 것은 아니라고 한다. 그러나 하나님의 자기를 계시하시는 그의 통일성과 다양성을 이해하려고 할 때, 우리는 "삼위일체론의 문제에 부딪힌다"고 했다.[41] 혹은 바르트는 계시에 대한 성경적인 증거가 삼위일체론의 뿌리(root)

38) C. D. I/1, p. v.

39) C. D. I/1, p. 339.

40) C. D. I/1, p. 334.

41) C. D. I/1, p. 348 이하.

이자 초석(ground)이라고 말한다.[42] 삼위일체론이 사변적이고 가독교적인 자기 의식의 직접적인 의미와 거리가 멀기 때문에, 교의학의 끝 부분에서 간단히 취급한 슐라이에르마허와 반대로 그리고 이 삼위일체론을 기독교 교의학의 주변 부분에서 취급하려는 슐라이에르마허 이후의 신학자들에 반대하여 바르트의 입장은 다음 인용에서 분명하게 나타난다;

> "근본적으로 모든 비기독교적인 신론과 계시론으로부터, 기독교적인 하나님과 계시론을 구별시키는 것은 근본적으로 삼위일체론이다."[43]

이처럼 바르트의 계시론을 일별할 때 우리는 그의 삼위일체론을 약술해야 한다. 물론 바르트의 주석적이고 신학사적인 자료도 독자들이 읽어야 하리라고 생각하지만, 우리가 여기서 국한하려는 것은 바르트의 삼위일체론이 어떻게 발전했는가에 대해 몇 가지로 지적해야 한다. 유비보다도 우리는 바르트의 삼위일체론은 신약성경에 나타나는 예수 그리스도를 주라고 고백하는 신앙고백에 의해 형성되지 않으면 안 되었다. 이처럼 교회는 하나님이 예수님 안에 현존하심을 인정했다.

하나님은 아들 안에서 다른 형태로 현존하시기를 결정하셨다. 초대 교회가 아들과 아버지가 그들의 본질적인 본성이나 본질에 있어서는 통일되시는 동시에, 두 분이 다 구별된다고 가르친 것은 옳다. 결국 교회는 하나님이 성령 안에서도 다른 형태로 현존하신다는 사실을 긍정했다. 여기서도 한 하나님이 다른 형태로 현존하신 것이다. 바르트는 초대 교회를 따라 적어도 성자는 성령 안에서의 하나님의 자기 계시의 본성에 관해 두 가지 중요한 진리들을 주장하지 않으면 안 된다고 한다.

첫째로 우리는 「종속 교리」(subordinationism)를 배제한다. 즉 성자나 성령이 성부에게 종속되지 않는다. 우리는 성자와 성령 안에서 어떤 반신적(半神的) 존

---

42) C. D. Ⅰ/1, pp. 349-83.

43) C. D. Ⅰ/1, p. 346.

재들을 만나는 것이 아니다. 오히려 한 하나님이 그의 존재의 세 양태로 우리를 만나신다. 바르트에게 있어서 하나님의 존재가 역사 속에서 이 세 양태로 나타나지만 우리를 만나시는 하나님은 바로 하나님 자신이라는 것을 강조하는 것이 중요하다! 그렇지 않으면 우리는 성자와 성령에게서 다른 하나님을 만나고 말 것이다. 이것이 사실이라면 우리는 하나님의 참 계시에 관해서 말할 수 없다.

둘째로 바르트는 하나님이 성자와 성령으로 자기를 나타내시는 것은 잠정적 역할을 위한 것이라고 하는 고대교회의 양태론도 부정한다. 이들 양태론자들은 하나님은 그가 우리에게 알맞게 적합하시려고 일시적으로 취하신 역할(성자와 성령)을 넘어서 계시는 감추어진 신비라고 주장한다. 이러한 입장을 인정하면 계시가 문제된다. 이 입장은 우리가 하나님을 그의 계시에서 만난다고 하는 것을 거부하는 것이다.

우리는 삼위일체론에 관해 몇 가지를 꼭 알아야 한다. 다음의 인용은 삼위일체론에 관한 우리의 토론을 위해서 그 요약을 제시한다;

> "우리가 의미하는 삼위일체론이란 일반적으로 그리고 잠정적으로 다음과 같은 것이다. 즉 기독교 교회가 하나님이라고 부르며 하나님으로 선포하는 하나님은 성경에서 자기를 계시하신 하나님이신데, 손상될 수 없는 통일성을 지니신 동일한 하나님이 또한 손상될 수 없는 다양성을 세 번 다르게 지니시는 동일한 하나님이시다. 혹은 교회가 확정한 삼위일체론에 대해 말한다면 성경의 계시 증언에 근거한 성부, 성자, 성령은 그들의 본질의 통일성에 있어서 한 하나님이시요, 성경의 계시 증언에 나타난 한 하나님은 인격들의 다양성으로 말하면 성부, 성자, 성령이시다."[44]

바르트의 삼위일체론은 다음과 같은 명제들을 밑에 깔고 있다. 첫째로 하

44) C. D. I/1, p. 353.

나님은 그의 본질적인 존재나 본체 혹은 본성에 있어서 하나이시다. 바르트는 「3신론」(tritheism)을 반대하여, 무엇보다 「하나님의 하나되심과 통일성」(the oneness and unity of God)을 강조한다. 오직 하나의 신적 본질이 있을 뿐이고 세 본질이 있을 수 없다. 확실히 교회의 삼위일체론은 이것이 특수한 통일성이라고 주장한다. 바르트는 이것을 「셋이면서 하나」(a oneness in threeness)라고 했다. 우리는 이것을 하나님에게 삼위일체성이 있다고 말할 수 있다.

둘째로 바르트는 전통적인 삼위일체론을 따라 한 하나님 존재 안에 세 인격, 세 위격, 세 존재 양태가 있다고 말한다. 그는 "하나님은… 한 분이시지만 세 존재 양태를 가지신 한 분이시다. 그리고 이들은 상호관계 속에서 성부·성자·성령이시다"[45](God… is One in three of His modes of existence, which consist in their mutual relationships, Father, Son, Holy Spirit)라고 말한다.

즉 「하나님의 하나되심 속에 셋 되심」(a threeness in the oneness of God)이 있다는 것이다. 따라서 하나님은 그의 한 존재가 세 양태의 상호 관계를 가지므로 풍요로운 내적 삶을 누린다. 하나님은 "3인격적"(tripersonal)이고 "삼위일체적"(triune)이다. 하나님 안에 구별(하나님 존재의 양태)이 있다는 주장의 근거는, 동일한 한 하나님이 세 번 자기를 계시하시되 성부와 성자와 성령으로 계시하신다는 사실에 있다.

바르트는 이것을 「하나님 자신의 3중적 반복」(God's threefold repetation of himself)[46]이라고 말했다. 하나님의 자기 계시와 자기 반복(경륜적 삼위일체)을 특징짓는 이런 구별들은, 하나님 자체 내에서의 구별(내재적 혹은 존재론적 삼위일체)을 가리킨다. 이처럼 하나님의 계시에서 우리가 볼 수 있는 셋은 하나님으로서, 하나님의 본성을 구축하는 「삼위일체성 혹은 셋 됨의 반사」(a reflection of the triunity or the threeness)다. 하나님이 이와 같은 분이 아니실 경우 이 하나님은 성경에 계시된 하나님이 아니시다.

하나님이 자기를 계시하시는 서로 다른 모양 방법을 묘사하는 위격(혹은 인

---

45) C. D. I/1, p. 400.
46) C. D. I/1, p. 402.

격; persons)이라는 전통적인 용어가 흔히 3신론적으로 오해되곤 하기 때문에, 바르트는 하나님의 한 존재가 3"양태"를 갖는다고 말하기를 더 좋아한다. 바르트는 다음과 같이 주장한다;

> "하나님이 3존재 양태(즉 성부·성자·성령)로 되신 한 분이시라는 것은, 한 하나님(즉 한 주님이나 한 인격적인 하나님)이 하나님 양태로만 계시지 아니하고 (우리는 성격적인 계시 증언의 분석 결과에 호소하지만) 성부와 성자와 성령의 양태로 계신다."[47]

우리는 하나님의 자기 계시는 "셋 되심으로 계시는 하나 되심"(the oneness in threeness)이라고 말함으로써, 위의 두 주요 명제들을 다시 요약해도 좋다. 또한 우리는 「하나님 되심」(Godhead)과 계시(revelation)에서의 구별을 지시하기 위해서 "하나 되심 안에서의 셋 되심"(three in oneness)이라는 사실을 강조해야 한다. 끝으로 바르트는 이 두 명제들을 합하여 하나님은 "하나 속에 있는 셋"[48](a three in oneness)이라고 말한다.

셋째로 분리될 수 없는 하나님의 전적인 본질은 하나님 존재의 세 양태 각각에게 해당한다. 따라서 하나님 존재의 3 양태들 사이에 나뉘어질 수 있다고 하거나, 성부의 본질이 성자나 성령 안에서 축소된다고 말하는 것은 옳지 않다. 바르트가 말하는 「종속」(subordination)은 오직 하나님 안에서 일어나는 관계(즉 하나님 존재의 양태들 안에서 일어나는 관계)에 관련해서 만 그러하다. 이것은 하나님 존재의 「세 양태들 상호간의 침투나 내주」(mutual interpenetration or mutual indwelling)를 의미한다.

이것은 하나님이 그의 존재 양태들 각각 안에 완전히 현존하신다는 사실을 고대 교리에 일치시켜 주장하고 있는 것이다. 예컨대 우리가 창조를 성부께, 화해를 성자께, 그리고 성화를 성령에게 돌릴 때, 이것은 결코 하나님의 어느 한 부분이 3양태 각각에게 현존하시는 것이 아니다. 우리는 하나님의

47) C. D. I/1, p. 413.

48) C. D. I/1, pp. 423-31.

계시에 관해 묘사할 때 이와 같은 구별을 해야 한다. 그리고 한 하나님이 그의 존재 양태 각각에게 전적으로 현존하신다는 사실을 기억하면 된다. 그것들은 한 하나님 안에 공존하고 상호 침투하고 있다.

넷째로 바르트는 하나님의 삼위일체적인 본성을 신학적인 명제로 나타날 때 적합하지 않다는 사실을 의식한다.

그러나 그는 삼위일체 교리는 가능한 한, 하나님의 본성을 이해하려는 교회의 시도였다고 말한다. 궁극적으로 우리는 하나님 그 자신을 알 수는 없다. 그러나 바르트의 주장은 삼위일체 교리의 언어는 그 대상이 하나님과 유사할 수 있기 때문에, 이것은 "진리성이 없는 것이 아니라"[49]는 것이다. 「삼위일체는 교리의 의미」라는 부분의 결론 부분에서 바르트는 우리의 논의에 결론을 제시한다;

> "삼위일체 교리는 적극적인 기독교 신관인데(비기독교 신관을 반대하는), 그것은 성경의 증언에 따라 자신을 인간에게 계시하시는 그 분이 우리의 하나님이 되실 수 있으며 어느 정도 그렇게 되실 수 있다고 선포한다. 이 분이 우리의 하나님이 되실 수 있는 것은, 그 분은 그의 3실존 양태에서 동일하신 주님이시기 때문이다. 성경의 증언에서 나타나는 계시에 대한 지식은, 우리를 만나시고 우리를 자신과 연합시키시는 분을 주님으로 인식하는 것인 바, 성경 증언에 의한(즉 예수 그리스도 사건을 둘러싸고 나타나는) 삼위일체 하나님 지식이다. 이 주님이 우리의 하나님이실 수 있다.
>
> 이 분이 우리를 만나시고 우리를 자기와 연합시키신다. 왜냐하면 이 주님은 성부·성자·성령이라는 세 존재 양태로 계시는 하나님이시기 때문이고 또한 창조·화해·구원 그리고 그가 우리의 하나님이 되시고 싶어 하시는 바 그의 전체 존재·언어·행동이 바로 하나님의 본질 내지 하나님의 신성 자체에 뿌리내리고 있기 때문이다."[50]

---

49) C. D. I/1, p. 426.
50) C. D. I/1, pp. 439-40.

② 하나님 말씀의 성육신: 하나님의 객관적인 계시

바르트의 계시론의 처음 부분은 삼위일체 교리에 대한 그의 방대한 해석이다. 우리가 이 순서를 따라 온 것은 자신을 계시하시는 하나님의 본성에 대한 물음에 대답하는 것이, 하나님에 대해 말해져야 할 것을 위해 가장 필요한 것이기 때문이다. 지금 우리는 「말씀의 성육신」(제2부)과 「성령의 부으심」(제3부)이라는 제목들로 발전된 바르트의 계시 교리(C. D. I/2)를 더 분석하고 해명해야 한다.

이렇게 할 때 우리는 지금까지 논한 계시 개념을 떠날 수 없다. 오히려 우리는 예수 그리스도께서 어떻게 「계시의 객관적인 실재성과 가능성」(the objective reality and possibility; 즉 어떻게 예수 그리스도께서 우리를 위한 하나님의 계시가 되시는가)에 주목한다. 성령으로서의 하나님의 사역이 다음 장의 주제다. 거기서 우리는 바르트가 하나님의 계시를 인간이 어떻게 주체적으로 수용하는가(즉 "우리 안에 있는 하나님의 계시")에 대해 어떻게 생각하는지를 분석할 것이다.

왜 바르트가 예수 그리스도 안에 있는 하나님의 계시의 "가능성"의 문제에 앞서, 그 계시의 "실재성"의 문제를 논의함으로써 계시에 대해 논하기 시작하는지를 지금쯤 분명히 밝혀야 한다. 즉 우리는 하나님이 인간을 위해 자유로우신 방식으로서 예수 그리스도 안에 나타난 하나님의 구체적인 계시에서 출발해야 한다. 우리는 적어도 다음과 같은 질문들로 시작해서는 안된다;

> "하나님은 계시는가" "계시는 가능한가" "하나님이 자신을 계시하실 때 만족될 필요가 있는 인간의 조건들은 무엇인가."

이런 질문들은 「기독론적인 출발」이 아니라 인간론적인 출발이다. 바르트는 예수 그리스도 안에 나타난 하나님 계시의 현실성과 실재성으로 출발함으로써, 최근 개신교 신학이 채택해온 통상적인 방법을 뒤집어 놓았다. 따라서 바르트는 계시의 객관적인 가능성으로서의 예수 그리스도에 관한 질문으로 돌아간다. 우리는 이렇게 함으로써 사실(fact)의 문제에서 해석

(interpretation)의 문제로 넘어간다.

이제 문제는 계시의 예수 그리스도 안에서 일어났는가의 문제가 아니다. 예수 그리스도 안에 있는 하나님의 계시가, 어느 정도로 인간을 위한 하나님의 계시가 되는지를 이해하려는 시도가 문제다. 계시의 실재성을 물은 다음에 그 가능성을 묻는다는 것은 현실성으로부터 가능성을 읽어내는 것을 의미한다. 모든 신학에서 그렇듯이 여기에서도 계시 사건에 대한 이해와 조명을 계속 추구하는 신앙이 중요하다.[51]

바르트가 성육신 교리로 계시를 풀이하는 것을 살펴보려고 할 때, 우리는 여기서 그의 기독론이 전부 전개된 것을 기대할 수는 없다. 여기서 바르트가 강조하는 것은, 하나님이 어떻게 예수 그리스도 안에서 인간을 위해 현존하시고 자유로우신지에 대한 것이다. 우리는 본 주제에 관한 바르트의 언급을 다음과 같이 인용하는 것이 좋다;

> "성경에 의하면 하나님의 계시는 하나님의 말씀이 한 인간이 되었고, 이 인간이 하나님의 말씀이 되었다는 사실에서 일어난다. 하나님의 영원하신 말씀의 성육신(곧 예수 그리스도)이 하나님의 계시다. 하나님은 이 사건의 실재를 통해 자기가 자유롭게 우리의 하나님이 되심을 증명하신다."[52]

본 장의 요점은 우리에게 나타난 우리를 위한 하나님 계시의 "객관적인 실재성"은, 역사적인 인격이신 예수 그리스도와 동일하다. 그런데 이 예수 그리스도는 그의 성육신·삶·죽음·부활을 포함한다. 바르트는 다음의 이중적인 진술로서 신약성경이 증거하는 예수 그리스도 안에 나타난 하나님의 계시의 실재성을 요약한다;

"말씀이나 하나님의 아들이 한 인간이 되었고, 이 분이 나사렛 예수라고

---

51) C. D. I /2, pp. 1-44.
52) C. D. I /2, p. 1.

불리워졌다. 따라서 이 인간(곧 나사렛 예수)이 하나님의 말씀이고 하나님의 아들이다."[53]

이 요약은 예수 그리스도의 「신인 되심」(the God-manhood)을 긍정할 수 있는 근거이고, 이와 같이 고대 교회를 따라 바르트는 예수 그리스도께서 "참으로 하나님"이시고 "참으로 인간"이심을 긍정한다. 첫째로 기독론은 요한적인 것으로서, 하나님의 말씀이 인간이 되신 것을 나타낸다. 여기서는 계시가 "위로부터 아래로"(from above to below) 운동한다. 즉 영원한 말씀이 육신이 되셨다는 것이다. 그러나 공관복음서는 "아래서 위로"(from below to above) 운동한다. 즉 인간이신 나사렛 예수께서 하나님의 아들이라는 것이다.

바르트는 반복해서 말하기를 만약 우리가 19세기 개신교식으로 하나님, 성육신의 본성, 성자의 신성 혹은 하나님 말씀의 신성에 대해 전이해(前理解)나 전개념(前概念)을 갖고 출발하여 이 이해와 개념이 예수 안에서 성취된 것으로 볼 때 우리는 결코 예수 그리스도의 신성을 인정할 수 없다. 이와 같은 접근에 우리가 굴복하는 것은 가현설(docetism)을 따르는 것이나 마찬가지다.

이 경우 우리는 예수의 인간성의 실재성을 중시하지 않는 것이다. 우리는 예수의 인격을 바라볼 때만, 하나님이 예수 그리스도 안에 현존하심을 알 수 있다. 예수만이 성육신이 무엇을 의미하는지를 아신다. 오직 예수 그리스도를 바라봄으로써만, 우리는 신약성경과 더불어 "말씀이 육신이 되셨다"(요 1:14)고 고백한다. 바르트는 이 요한의 신앙고백이 예수 그리스도께서 "참 하나님이시고 참 인간이심"(very God and very man)을 이해하기 위한 길잡이라고 생각한다.[54]

이 인간 나사렛 예수가 하나님의 아들이시라는 공관복음서의 신앙고백에 관해서는, 예수에 대한 "에비온적인(Ebionite) 해석"을 바르트는 경고한다. 예수의 신성을 인간 본성의 최고 표현이고 발전이라고 주장하는 어떤 자유주의 개신교 신학자들에게서, 이미 근대 교회에 있었던 이단이 반복되고 있다. 결

53) C. D. I/2, p. 13.

54) C. D. I/2, p. 132.

과는 인간의 신화(神化; deification)인데, 이럴 경우 우리는 계시가 진정 초월적인 차원으로부터 사건화 한다는 사실을 말할 수 없다. 반대로 신약성경(특히 공관복음서)의 기독론은, 이 인간(곧 나사렛 예수) 안에서 하나님의 아들이 인간들을 만나셨다고 주장한다.

하나님의 자기 계시의 실재로서 이 예수 그리스도에 대한 이중적인 고백은 하나님에 대한 모든 교의학적 사고의 기초다. 바르트는 다음과 같이 요약한다; "성경의 증언을 따르면 우리 인간을 위한 하나님의 자유는, 예수 그리스도 안에서 하나의 사실이다. 이 이름을 지닌 자에 관해 최초로 할 말과 최후로 할 말은, 이 분이 참 하나님이시고 참 인간이시라는 것이다. 이 통일성에 있어서 그는 하나님 계시의 객관적인 실재다."[55]

예수 그리스도 안에 나타난 계시의 실재성에 근거하여, 우리는 바르트와 더불어 이 실재가 어떻게 "인간을 위한 하나님의 계시"[56]가 될 수 있는지를 말할 수 있다. 이것이 다름 아닌 "계시의 객관적인 가능성"으로서의 "예수 그리스도"의 문제다. 바르트는 이와 같은 표현으로 예수 그리스도를 떠나서는 하나님과 인간의 관계에 대한 참된 지식이 있을 수 없다는 것을 강조하고 싶어한다. 그는 다음과 같이 말한다;

> "하나님이 감추어져 있고 인간은 하나님에 대해 눈이 멀어 있다는 것을 알기 위하여 계시가 필요하다. 계시만이 하나님과 인간을 대면시킴으로써 양자를 떼어 놓는다. 그도 그럴 것이 계시는 하나님과 인간을 연합시킴으로써 하나님과 인간 자신에 관해 알린다. 이 때 하나님은 영원하신 주님으로 창조자·화해자·구원자로 계시되고, 인간은 피조물과 죽을 수 밖에 없는 죄인으로 계시된다. 인간이 피조물과 죄인으로 계시되는 것은 하나님이 우리를 위해 자유로우시고, 인간을 창조하셔서 지탱하시고, 이 인간의 죄를 용서하시고 이 인간을 죽음에서 구원하시는 것에 근거한다. 그러나 계시는 이 하나님이 이 인간을 위해 자유

---

55) C. D. I/2, p. 25.

56) C. D. I/2, p. 27.

로우시다고 말한다."[57]

계시의 가능성은 예수 그리스도 안에 나타난 하나님의 자유에 근거한다. 우리는 이것이 바르트에게 무엇을 의미하는지에 대해 다섯 가지로 말할 수 있다. 첫째로 예수 그리스도의 실재성이 의미하는 바는 "하나님은 자기 자신에게 하나님이시면서, 우리 안에서 그리고 우리들과 더불어 하나님이시라"(not only in Himself, but also in and among us)는 것이다. 즉 "하나님은 자신과 우리 사이의 경계선을 건너실 수 있다"[58]는 것이다. 여기서 우리는 성육신의 모습으로까지 자기를 낮추신 하나님의 신비를 알 수 있다.

둘째로 예수 그리스도의 실재성이 의미하는 바는 "하나님은 그의 말씀이나 그의 아들이 인간이 되게 함으로써(성부나 성령이 성육신하신 것이 아니라) 자기 자신을 우리에게 계시하신다는 의미에서 우리를 위해 자유로우시다"[59]는 것이다. 여기서도 바르트가 다시 강조하는 것은, "하나님은 그의 전체 신성(神性) 안에서 인간이 되셨다"[60]는 것이다.

셋째로 하나님이 인간의 역사 속에서 인간의 육신을 입고 자기를 계시하셨다는 사실은, "하나님은 우리에게 알려진 다른 형식들과의 유비(類批)를 통해 인식될 수 있다"[61]는 사실을 의미한다. 다른 장소에서 바르트는 말씀이 육신이 되었다는 사실은, "모든 표지들 중에 가장 근원적이고 지배적인 표지"[62]라고 말한다. 예수 그리스도의 인간성에서 출발하여 하나님은 피조물 가운데서, 어떤 대상들은 자기 자신과의 관계를 효과적이게 하는 수단이 되도록 정하셨다.

57) C. D. I/2, p. 29.

58) C. D. I/2, pp. 31-32.

59) C. D. I/2, p. 33 이하.

60) C. D. I/2, p. 33.

61) C. D. I/2, p. 35.

62) C. D. II/1, p. 223.

우리가 여기서 다시 기억할 것은 저 근원적인 싸인인 예수 그리스도를 가리키는, 기록된 말씀과 선포된 말씀이 다름 아닌 하나님에 의해 사용되는 피조물에 의해 매개되었다는 사실이다. 그런데 하나님의 사랑 가운데 예수 그리스도의 인간성을 통해 자기를 알리신다는 사실은 순수한 은총이다. 인간인 우리는 죄 때문에 피조물과 피조물적인 그 무엇에서 창조주에게로 올라갈 수 없다.

넷째로 비록 말씀이 예수 그리스도 안에서 인간이 되셨으나, 그렇다고 이것이 하나님 되시기를 그만두시는 비하(condescension, kenosis)를 의미하지는 않는다. "말씀이 성육신 후에도 그 전에 영원히 하나님 자신이듯이 전적으로 그리고 진정으로 하나님이시다."[63]

마지막으로 예수 그리스도 안에 나타난 하나님 계시의 실재성은 "하나님의 아들이나 말씀이 육신이 됨으로써 가능하다. 그는 그 어떤 자연적인 존재자가 된 것이 아니라 우리와 같은 인간이 되신 것이다."[64] 하나님이 인간이 되시는 것은, 하나님의 자유로운 선택이다. 우리는 인간성이 하나님을 계시할 수 있는 잠재력을 지녔기 때문에 성육신의 필연성을 주장할 수 있는 것이 아니다. 우리는 예수 그리스도의 인간성을 바라봄으로써 인간이 된다는 것이 무엇인지를 안다. 우리는 예수 그리스도에 의해 창조되었고 지탱된다는 것을 알고 있다. 더욱이 하나님의 아들은 우리 인간들의 죄악된 인간성을 몸소 걸머지심에서 인간의 "모든 죄의 저주"를 걸머지신 것이다.

a. 계시의 시간(the time of revelation)

계시의 시간에 관한 바르트의 해석에 관해 우리는 간단히 논하겠다. 이에 관한 주된 신학적인 진술은 다음과 같다;

63) C. D. Ⅰ/2, p. 38.

64) C. D. Ⅰ/2, pp. 39-40.

"예수 그리스도의 「현존 사건」(the event of the presence)에 나타난 하나님의 계시는 「우리를 위한 하나님의 시간」(God's time for us)이다. 그것은 이 사건 자체에서 완성되었다. 구약은 「기대의 시간」(time of expectation)이고 신약은 「회상의 시간」(time of recollection)으로 이 사건을 증거하는 시간이다."[65]

우리가 직접 주목할 수 있는 바르트의 해석은 어떤 특징들을 갖고 있다. 예수 그리스도 안에 나타난 하나님의 계시의 의미를 다른 방법으로 말하면, 하나님이 인간을 위해 시간을 가지신다고 말할 수 있다. 더군다나 시간과 역사가 계시에 비추어 해석되어야 한다. 그 반대는 안 된다. 이런 까닭에 바르트는 다음과 같이 말하게 된다;

"유한하고 타락한 시간은 계시 시간의 현현이고, 참된 시간이나 완성된 시간의 현현인 「예수 그리스도의 사건」(the event of Jesus Christ)에 입각해서 해석되어야 한다."

그러나 우리가 이미 앞에서 지적했듯이 예수 그리스도는 구약에서부터 내려오는 계약 없이는 이해될 수 없다. 혹은 더 잘 표현하자면 구약의 기대하는 시간(계시 이전 시간)은, 예수 그리스도 안에서 일어난 시간의 완성 없이는 이해될 수 없다. 이처럼 구약은 「기대되고 장차 오고있는 계시」(the expected and coming revelation)를 증거한다. 다른 한편 신약성경 증거의 시간은 예수 그리스도의 성취된 시간과 긴밀한 관계가 있다. "이와 같은 예수 그리스도의 사건 뒤에 오는 시간은 신약성경의 시간이거나 「계시를 회상하는 증거의 시간」"[66](the time of the witness to recollection of revelation)이다.

바르트는 이런 식으로 주장하면서 예수 그리스도 안에 나타난 하나님의 계시가 두 계약(구약과 신약)을 해석하는 데에 구성적인 역할을 하는 바, 이 양

---

65) C. D. I/2, p. 45.

66) C. D. I/2, p. 101.

자의 차이점과 통일성을 설명한다. 하나님의 아들이 시간에 들어온 하나님의 계시라는 사실은, 십자가 사건에 감추어졌다가 죽은 자들로부터의 부활에서 분명히 드러난다. 이와 같은 결정적으로 중요한 사건은 그의 재림을 기대하는 신약성경에 나타나는 기독교적인 소망(hope)과 종말론적인 전망(prospective)의 기초이다.[67]

바르트는 그의 인간론에서 그리스도중심적인 시간에 대한 전망이 의미하는 바를 말한다. 여기서 우리는 다만 입문적인 그의 주장을 소개할 수 있다;

> "인간은 그에게 할당된 현재·과거·미래의 삶을 영위한다. 이 인간보다 먼저 계신 분, 그리고 이 인간보다 나중에 계신 분, 따라서 이 인간 존재의 한계를 확정하시는 분은 그의 영원한 하나님이시고, 그의 창조주이시고 언약의 파트너이시다. 이 하나님은 인간이 시간 속에서 살아가면서 바라는 소망이시다."[68]

b. 계시의 신비(mystery of revelation)

바르트의 기독론의 맥락은 성육신을 다루는 데 있어서, 계시의 신비를 가리키는 것으로 부연된다. 우리가 이미 언급한 대로 바르트의 계시와 기독론에 대한 그의 토론을 보면 고대 기독교 특히 칼케돈 회의(A.D. 451)의 결정을 따라, 성육신의 내용은 한 위격이신 예수 그리스도 안에서 연합하고 있는 신적인 본성과 인간적인 본성으로 이해되어야 한다고 주장함으로써 그의 토론을 시작하고 끝내는 것을 우리는 본다. 그는 이것을 다음과 같이 말한다;

> "예수 그리스도 안에 나타난 하나님의 계시의 신비는 다음과 같은 사실에 있다. 즉 하나님의 영원하신 말씀이 인간의 본성과 실존을 선택하셨고, 거룩하게 하셨고, 입으심으로 자기와 하나를 이루심으로써 예수 그리스도께서 참 하나

67) C. D. Ⅰ/2, pp. 45-121 참고.

68) C. D. Ⅲ/2, p. 437.

님과 참 인간으로서, 하나님이 인간에게 말씀하신 화해의 말씀이 되셨다는 것이다."[69]

c. 크리스마스의 기적(miracle of Christmas)

바르트는 예수 그리스도에 관한 그의 교리를 하나님 말씀의 성육신과, 인간에게 주어진 하나님의 객관적인 계시 및 동정녀 탄생의 교리를 강하게 변호함으로써 결론을 맺는다. 고대 교리가 가르치는 이 교리는 크리스마스의 기적을 가리킨다. 그것이 관심을 갖고 있는 것은 하나님의 계시가 우리에게 임하는 형식이다. 동정녀 탄생의 교리는 하나님 말씀의 성육신이신 예수 그리스도 안에 나타난 하나님이 계시의 신비를 가리킨다.

이 교리는 예수 그리스도의 「신인 되심」(the God-manhood)은 신앙으로 고백될 수밖에 없는 신비라는 사실을 강조한다. 더욱이 그것이 강조하는 것은, 하나님만이 성육신의 적극적인 주체라는 사실이다. 따라서 성육신에서 인간이 「하나님의 협조자」(God's coworker)라는 「신인협동설」(synergism)이 배제되어야 한다. 그러나 예수님이 동정녀 마리아에게서 탄생하셨다는 사실은, 동시에 하나님께서는 "인간 본성이 불의하고 거룩하지 않음에도 불구하고 그것을 의롭다고 하시고 성화시킴으로써 그의 말씀이 거할 성전이 되게 하신다는 표지다."[70] 우리는 바르트의 입장을 그의 말로 요약할 수 있다;

> "예수 그리스도의 부활에서 계시된 이 신비(즉 성육신)의 징조는 그의 탄생의 기적이다. 즉 그는 성령으로 잉태되어 동정녀 마리아에게서 탄생하셨다."[71]

③ 성령의 부으심: 하나님의 주관적인 계시

---

69) C. D. I/2, p. 122.
70) C. D. I/2, p. 201.
71) C. D. I/2, p. 122, pp. 172-202.

우리는 머나먼 길을 건너서 지금 이 시점에 왔다. 우리는 바르트의 계시 이해를 위해 다음 네 가지를 말했다; 첫째로 그의 계시론을 하나님의 말씀에 대한 교리로 생각했다. 그 다음 우리는 자기를 계시하시는 하나님의 본성에 관해 둘째로 삼위일체 교리로 생각했다. 그리고 바로 전 장에서 우리는 하나님이 우리를 위해 자유롭게 행동하시는 셋째로 객관적인 사건(즉 하나님 말씀의 성육신)에 관해 통찰력을 얻었다. 넷째로 이제 우리는 인간이 예수 그리스도 안에 나타난 하나님의 계시를 어떻게 수용하는지를 알아야 한다. 이것은 바로 우리를 바르트의 계시론의 주관적인 축과 그의 성령론으로 인도한다.

a. 몇 가지 잘못된 접근들

초기 바르트의 독자들은 일련의 의구심을 갖고 『교회교의학』에서 성령의 역사에 대한 그의 취급을 기대했음직도 한다. 독자들은 바르트가 신개신교가 주관적인 기독교적 경험을 강조한 나머지, 하나님의 객관적인 계시 활동을 무시하는 데 이른 것을 비판했다는 사실을 기억할 것이다. 그래서 1920년대에는 모든 변증법적인 신학자들이 신비주의를 도매금으로 거부했다.

1924년 브룬너(Emil Brunner)는 슐라이에르마허와 그를 따르는 자들이 기독교 신앙을 합당치 않은 신비주의로 만들었다고 비난하는 책을 썼다. 이런 입장을 취하는 변증법적 신학자들은 리츨(Albrecht Ritschl; 1822-1889)의 계열을 따라 개인의 주관적인 경험에 초점을 맞추는 개신교적인 경건주의에 반대하여, 예수 그리스도 안에 나타난 하나님의 계시와 하나님의 나라를 강조했다.[72]

바르트는 인간이 계시를 어떻게 수용하는가에 대하여, 1932년에 출판된 교회교의학 첫 권 전반부에서 분명히 다루고 있다; "하나님 말씀과 경험에 대해 다루면서, 바르트는 19세기 자유주의 신학이 말하는 「인간의 종교 의식」(man's religious consciousness)을 제대로만 이해하면 배격할 필요가 없다"고 했다.

72) Karl Barth, An Introduction to the Theology of Albrecht Ritschl(The Westminster Press, 1969) 참조.

바르트가 의미하는 바는(이 주장을 그는 다시 변경하지 않았다) 다음과 같은 것이었다;

> "하나님의 말씀을 경험한다는 것은 우리가 인간으로서 우리들의 실존이 하나님의 말씀에 의해 결정된다는 것이다."[73]

그래서 우리들이 신앙과 기독교적인 경험을 항상 하나님의 활동으로 믿게 된다는 사실에 입각하여 생각할 때 우리는 올바른 궤도에 놓여 있는 것이다.[74] 바르트는 그의 계시론에 근거하여 신개신교와 경건주의를 특징짓는 "자기중심적인 자아 경건"(self-centered I-piety)을 계속 훗날에도 비판하고 공격한다. 하나님의 구원 행동들을 찬양하는 종교개혁에 반해, 근대 개신교는 「근대 종교적인 자기 고백의 콸콸거리는 식도」[75](gurgling gullet of modern religious self-confession)에 집착했다.

바르트는 근대 개신교의 주관적인 영향에 대해 맹렬히 반대하면서도 "성경 안에 「주관적인 시편」(I-Pslams)이 있기 때문에, 근대 개신교의 주관주의에 대한 비판은 절대적이 아닌 상대적인 비판이라"[76]고 말한다. 바르트의 후기 『교회교의학』에는 계시의 주관적인 이해에 적당한 자리를 주고 있다. 그러나 그는 후기 작품에서 신앙의 경험적인 차원을 더 깊이 이해하고 있다.[77]

이미 우리가 언급했듯이 바르트가 지적하는 근대 개신교의 주관주의가 지닌 약점들에 첨부하여, 우리는 다른 하나를 더 언급해야 한다. 바르트는 개신교적인 경건주의자들과 의견을 달리한다. 왜냐하면 이들은 인간이 하나님의 계시를 수용하는 정확한 방법과 이와 결부된 주관적인 상태와 기분을 강조하기 때문이다. 여기서도 바르트는 인간이 성령을 "경험"하는 방법에 관해 말

---

73) C. D. Ⅰ/1, p. 227.

74) C. D. Ⅰ/1, pp. 226-83 비교.

75) C. D. Ⅰ/2, p. 256; pp. 250-57 비교.

76) C. D. Ⅳ/1, p. 755.

77) C. D. Ⅳ/2, p. x.

하기를 주저한다. 성경이 이에 대해 근거를 주지 않기 때문이다.

바르트는 다음과 같이 말하는 것으로 만족해 한다. 즉 예수 그리스도 안에서 일어난 하나님의 객관적인 계시와, 성령의 역사를 통해 일어나는 그 계시에 대한 주관적인 수용도 하나님의 은혜의 나타나심이라고 말한다;

> "이 양자 사이에 놓여 있는 중간적인 것을 우리는 표현할 수도 없고 진술할 수도 없다. 왜냐하면 그것은 계시된 것이 아니기 때문이다. 그것은 계시 자체가 아니므로 우리에게 계시되지 않는다."[78]

계시의 수용에 관한 마지막 바르트의 반대자는 분파주의자들(소종파)이다. 이 전통에 의하면 성령의 증거라는 것은 "말씀과 말씀의 증거를 간과해 버리는 직접적인 영적 감화"[79]라고 한다. 인간의 신지식(神知識)이야말로 하나님의 말씀에 속박되어 있고 성령을 통해 인식되기 때문에 소종파주의는 반박되어야 한다.

위에서 언급한 반대 입장들을 염두에 두는 것이 중요한 이유는, 바르트의 교의 전개가 그와 같은 입장을 염두에 두고 있기 때문이다. 바르트에 의한(즉 신학이 지니는) 항구적인 위험은(근대 개신교가 이 위험에 떨어졌지만), 인간의 계시 수용과 아울러 일어나는 신앙과 경건을 신학에서 독립적이고 주된 주제로 삼는 것이다. 바르트가 불트만의 신학에 반대하는 이유도, 불트만이 현대의 인간론적인 신학을 대표하기 때문이다.[80]

이와 같은 오류를 피하기 위해 바르트는 신앙의 경험이 예수 그리스도에 비추어 이해되어야 할 것을 강조한다. 즉 "신앙은 예수 그리스도 안에 그 원천을 갖고 있으며, 이 예수 그리스도 안에서 흘러나오는 것이다."[81] 이것은 인간

---

78) C. D. Ⅰ/2, p. 234: pp. 232 이하 비교.

79) C. D. Ⅰ/2, p. 236.

80) Karl Barth, "Rudolf Bultmann: Ein Versuch, ihn zu verstehen," Theologische Studien, no. 34 (1952) 비교.

81) C. D. Ⅳ/1, p. 249.

이 신자가 된다는 것은 선행(先行)하는 하나님의 은총과 계속되는 하나님의 은총 없이는 불가능하다는 사실을 의미한다. 바로 이와 같은 점에서 바르트는 신개신교가 가장 비난받기 쉬운 것이라고 생각한다.

이 신(新)개신교는 인간을 전적인 죄인으로 보지도 않고, 이 인간이 오직 은총을 통해서만 하나님의 계시 행동에 참여하게 된다는 것도 모른다. 따라서 성령의 역사에 대한 강한 교리도 그들에게는 없다. 비록 그들이 성령에 대해 언급한다고 해도, 바르트에 의하면 그들의 진정한 관심은 "인간의 내면성과 진지성의 정신 및 신비주의와 도덕주의의 정신"[82]이었다. 여기서는 신지식에 관해 꼭 필요한 것은 인간과 인류의 정신이다.[83]

b. 신앙과 신지식(神知識)

우리는 이제 바르트의 사상에서 인간이 하나님을 향해 어떻게 자유롭게 되는지를 알아볼 준비가 되었다. 다음의 인용에서 우리는 바르트의 주장을 읽을 수 있다;

> "성경에 의하면 우리가 하나님의 계시를 수용할 수 있는 것은, 하나님의 성령의 조명으로 하나님의 말씀을 인지함으로써 가능하다. 성령을 부어주신 것은 하나님의 계시다. 이 사건의 실재를 통해 우리는 하나님의 자녀가 되고, 계시에 나타난 하나님을 알고 사랑하고 찬양하는 자유를 누린다."[84]

바르트가 하나님의 계시에 대한 인간의 주관적인 수용을 말할 때에도 성경의 가르침을 전제한다. 따라서 계시에 대한 인간의 수용을 다루지 않고, 예수 그리스도 안에 나타난 하나님의 행위를 말하는 신학은 불완전하다. 더욱

---

82) C. D. Ⅰ/2, p. 257.

83) C. D. Ⅰ/2, pp. 251 이하 비교.

84) C. D. Ⅰ/2, p. 203.

이 인간은 고립된 개인으로서가 아니라, 그리스도의 몸인 교회 안에서 하나님의 계시를 이해한다. 이런 공동체가 이 세상에 실재하고 있다는 사실은 오순절(Pentecost) 성령 강림에 기인한다. 이 공동체가 역사 속에서 영속되어지는 것은, 교회 안에 있는 어떤 표지들을 통한 하나님의 계속적인 은혜의 자기 현현 때문이다.

이 표지는 그리스도(즉 계시의 객관적인 실재)를 증거하는 성경·설교·성례를 일컫는다. 이처럼 바르트는 계시의 주관적인 실재인 성령으로 시작하는데, 이 성령은 교회라는 특수 공동체 안에 있는 하나님의 자녀들로 하여금 하나님을 인식하게 한다.[85] 계시를 수용하는 것에 대하여 바르트는 하나님이 그분의 성령을 통해 인간에게 자신의 현존을 전달하신다고 말하면서 시작한다. 그는 계시의 주관적인 실재인 성령의 사역에 대한 그의 관점을 다음과 같이 요약한다;

> "계시의 주관적인 실재는 우리가 그리스도를 통해 그리고 교회 안에서 우리의 존재를 갖게 된다는 사실과, 그리고 우리가 하나님의 증언을 수용한 사람들로서 하나님의 자녀가 된다는 사실에 있다. 그런데 우리가 이런 존재가 된다는 사실은 성령의 역사다. 그러므로 성령은 「계시의 주관적인 실재」(the subjective reality of revelation)다."[86]

따라서 우리의 두번째 질문(즉 하나님의 계시가 어떻게 인간 안에 들어오는가)을 하게 된다.[87] 이미 우리는 하나님이 그의 성령을 통해 "어떻게" 역사하여, 어떤 사람들을 신앙으로 인도하는가에 대해 바르트가 주저하는 것을 보았다. 마치 우리가 예수 그리스도의 「신·인 되심」(the God-manhood)의 신비를 전부 헤아려 알 수 없듯이, 성경은 성령을 통해 「하나님이 우리와 함께 그리고 우리 앞에

85) C. D. Ⅰ/2, pp. 203-32.

86) C. D. Ⅰ/2, p. 242.

87) C. D. Ⅰ/2, p. 222.

서 하나님 현존의 신비」(the mystery of God's presence with us and in us through with Spirit)를 우리에게 헤아리게 할 수 없다.

그러므로 바르트는 계시의 객관적인 실재를 주관적인 실재로 만드는 성령의 부어 주심에 관해 다음과 같이 제안한다;

"우리는 이 사실은 하나님이 일으키시는 것으로 신비에 싸여 있음을 인정해야 한다. 이것은 이해하기 어렵고 말로 표현하기 힘든 하나님의 인격과 사역(person and work of God)의 신비인 것이다."[88]

예수 그리스도 안에서 하나님의 객관적인 계시가, 어떻게 우리에게 현실화되었는지에 대해 바르트는 다음과 같이 말한다;

"주관적인 계시는 객관적인 계시(곧 가감을 불허하는 하나의 진리)가 인간에게 와 닿고, 인간에 의해 인식되고 인정되는데 이것은 성령의 역사에 의해 일어난다. 성령의 역사에 관해 우리는 아무것도 명백히 말할 수 없다. 오직 우리는 이것에 관해 반복적으로만 말할 수 있다. 즉 우리에게 객관적으로 말씀된 사실(즉 하나님이 그리스도 안에서 이 세상을 자기와 화목하게 하셨다는 사실)을 반복하는 것이다. 성령의 역사는 멀었던 우리의 눈이 열리고, 과연 그것이 그렇구나하고 아멘하면서 감사하는 것이다… 주관적인 계시는 인간에 관계하고 있는 객관적인 계시의 반복(repetition)이고 인상(impression)이고 봉인(sealing)이다. 혹 다르게 말하면 성령이 우리가 할 수 없는 것을 하게 하시고, 우리의 눈과 귀와 마음을 열어 주셔서 우리를 이끌어 계시의 실재에 닿게 했을 때, 성령은 우리가 그리스도에 의해 그리스도 안에 있다는 것만 말해 준다. 그러므로 우리가 해야 할 말은(원칙상 이것이 우리가 말할 수 있는 전부이지만), 우리가 하나님의 아들의 형제들이고 하나님의 말씀을 듣고 행하는 자들이라는 사실이다."[89]

88) C. D. I /2, p. 233.

89) C. D. I /2, pp. 239-40.

바르트는 인간이 하나님을 향해 자유롭게 되는 것이 성령의 역사에 의한 것이라고 말함으로써 종교개혁자들의 전통을 이어받았다. 그러므로 계시의 "주관적인 가능성"은 성령의 역사에 근거한다. 다시 한번 우리는 현실태(現實態)로부터 가능태(可能態)로 옮겨 온다. 즉 하나님이 성취하신 일에서, 이것이 우리가 하나님과 관계 맺는 일에 무슨 의미를 갖는가의 문제로 옮겨온다. 하나님을 향한 인간의 자유의 가능성에 대해 바르트는 다음과 같이 말한다;

> "우리가 하나님을 향해 자유로울 수 있음은 성령을 통해 실현된다. 그리고 이것은 우리가 성령을 통하지 않고는 하나님을 향해 자유로울 수 없음을 결정해 준다. 그러므로 성령의 역사 그 자체는 하나님을 향한 다른 가능성을 우리에게서 제거한다."[90]

바르트는 성령의 부으심을 통해 인간이 하나님을 향해 자유롭게 되는 것의 적극적인 의미를 다음과 같은 명제로 설명하고 있다;

① 성령의 부으심을 통해 하나님의 계시가 인간에 와 닿음으로써 인간을 자유롭게 한다. 왜냐하면 이 성령으로 말미암아 우리는 하나님의 말씀을 들을 수 있게 되기 때문이다.
② (더욱이) 성령의 부으심을 통해 인간은 자유로운 가운데 하나님의 계시가 인간을 만난다. 왜냐하면 인간은 성령을 통해 하나님의 말씀을 들을 때, 자기 스스로에게는 이 만남의 가능성이 없음을 알게 되기 때문이다.
③ 성령의 부으심을 통해 하나님의 계시는 자유 가운데 있는 인간을 만난다. 왜냐하면 이 성령 안에서 하나님의 말씀은 불가피하게도 그의 주가 되시기 때문이다.[91]

---

90) C. D. Ⅰ/2, p. 243.
91) C. D. Ⅰ/2, pp. 242-79.

바르트가 성령을 "말씀의 선생"(더 나아가 예수 그리스도와 계시의 모든 지식의 원천)이라고 거듭 강조할 때, 종교개혁자들의 길 안내를 받고 있다. 그에게 있어서 예수 그리스도에 관한 지식을 말한다는 것은, 성령의 수용과 선물이 신비와 기적이라는 사실을 증거하는 것이다.[92] 우리는 "예수 그리스도께서 이 성령의 능력이고 빛이고 내용이고 그 기원이고 목적이라는 사실"[93]에서 하나님의 성령을 신적인 것으로서 말할 수 있다.

이처럼 바르트는 성령과 성자를 긴밀히 관련시킴으로써, 신적이기 보다는 「악마적인 성스러움」(the numinous)에 대한 경험을 성령과 혼란시키는 것을 배제한다.[94] 인간이 하나님에 관해 인식하고 있다고 할 때, 이것은 성령이 불러일으킨 신앙의 반응이다. 바르트는 다음과 같은 말로 신앙에 대한 이해를 지적한다;

> "신지식은 성령에 의한 그의 말씀의 계시가 성취되었을 때 일어나며, 따라서 그것은 믿음과 그 복종의 실재 속에서 그리고 그것들의 필연성과 함께 일어난다."[95]

하나님과 인간의 관계를 말할 때는 늘 하나님께 우선권이 있다. 따라서 하나님이 어떻게 이 관계를 결정하셨는지를 바라보는 모든 신앙의 논지는, 성경적인 신앙보다는 다른 어떤 것에 대해 말하고 있다. 바르트는 강력하게 그의 논지를 다음과 같이 밝힌다;

> "성경적인 신앙은 결코 인간의 자기에 대한 신앙, 즉 종교적인 「자기-도움」(self-help) 「자기-만족」(self-satisfaction) 「자기-충족」(self-sufficiency)에 대한 갈

---

92) C. D. Ⅳ/2, pp. 125ff.

93) C. D. Ⅳ/2, p. 130.

94) C. D. Ⅳ/2, p. 129.

95) C. D. Ⅱ/1, p. 3.

망이 아니다. 성경적인 신앙은 하나님의 객관성에 의존한다… 하나님은 말씀하시고 주장하시고 약속하시고 행동하시고 진노하시고 은혜를 베푸신다. 이 「하나님의 객관성」(the objectivity of God)을 제거하면 신앙도 사랑도 신뢰도 순종도 모두 무너질 것이다."[96]

이처럼 우리는 인간의 신지식에 대한 바르트의 견해를 토의하면서, 인간의 신앙은 하나님의 은총의 표지라는 사실을 염두에 둘 필요가 있다. 이 신앙은 결코 하나님을 떠나서 인간 스스로가 일으킬 수 있는 인간의 일이나 행동이 아니다. 신앙이 있는 곳에서는 이미 하나님의 기적이 일어난 것이다.[97]

하나님과 인간이 만날 때 하나님과 인간의 관계는 어떤 것이고, 하나님의 주체와 인간의 주체 사이의 관계는 어떤 것인가에 대해 더 깊이 물어야 한다. 바르트는 하나님이 자기를 인간에게 어떻게 관계시키는가에 대한 지식론을 이론화하지 않았다. 그러나 그는 인간 밖에 있는 대상들을 인간이 인식할 때에는, 철학적인 도식(주체와 객체라는 도식)을 사용한다고 말한다. 하나님은 항상 행동하시는 주체라는 바르트의 거듭되는 강조에 익숙해 있는 독자들은 하나님이 계시에서 한 객체가 되신다는 사실을 인정하기 어려울 것이다.

바르트에게 있어서 하나님은 「분해될 수 없는 주체」(Indissolubly Subject)이기 때문에, 부버(Martin Buber)처럼 이 주제는 결코 「그것」(it)[98]으로 바뀔 수 없다고 주장하는 것이 신학자로서의 바르트의 특징으로 보는 제임스 브라운(James Brown)의 말은 옳다. 그러나 바르트는 하나님이 우리에게 인식되는 방법을 이렇게 말했다;

"만일 하나님이 인간의 신앙 지식에서 대상이 되신다면, 이것은 하나님이 인간의 인식 객체가 되신다는 것을 의미한다."[99]

---

96) C. D. II/1, p. 13.

97) C. D. IV/1, pp. 645-46.

98) James Brown, Subject and Object in Modern Theology(Macmillan Co., 1955), pp. 140-67.

99) K. D. II/1, p. 14; C. D. II/1, p. 14 비교.

여기서 말하는 하나님의 객관성은 제2차적인 객관성으로 「옷 입혀진 객관성」(a clothed objectivity)인데, 하나님이 자신을 인식하도록 사용하시는 여러 피조물적인 매개체들을 통해 간접적으로 우리에게 오는 것을 말한다. 이 객관성은 하나님의 삼위일체적인 존재 안에서 하나님이 자기 자신에게 객관적이 되는 제1차적인 객관성에 따라오는 제2차적인 객관성을 말한다.[100] 그의 제1차적인 객관성에서 하나님은 우리로부터 숨어계신다.

그러나 우리는 하나님이 인간을 만나실 때 예수 그리스도 안에서 「당신」(thou)으로 나타나셔서, 이 예수 그리스도의 인성을 수단으로 자기 자신과 인간 사이의 상호 관계를 확립하신다는 것을 본다. 설교나 성례 같은 다른 피조물적인 매체나 표지는, 하나님이 자기 자신을 간접적으로 매개시키시는 통로들이다. 이런 이유에서 신앙의 지식은 유일무이한 것이고, 그것은 항상 하나님의 선택에서 유래한다.

이 신앙은 모든 면에서 선행(先行)하는 하나님의 은총에 의존한다. 신앙이란 단순히 따르는 것(즉 그 대상을 따르는 것)이다. "신앙은 이미 길 표시가 되어있고 잘 준비된 길을 따라가는 것이다"(faith is going away which is marked out and prepared).[101]

인간은 결코 계시의 하나님을 지배할 수 없기 때문에, 바르트는 하나님을 알고 싶어 하는 사람에게 가장 적합한 태도는 「기도」(prayer)라고 말한다.[102] 바르트는 인간이 하나님의 말씀을 경험하는 일에 「전적으로 참여하는 것」(total participation)을 묘사하는 가장 적적한 개념을 "인정(認定)"(Anerkennung-acknowledgement)이라고 본다. 이 개념은 8가지 이유에서 하나님과 인간의 만남을 잘 묘사한다;

"첫째로 말씀 자체는 「하나의 합리적인 사건」(a rational event)을 의미한다.

---

100) C. D. Ⅱ/1, pp. 16이하. 참조.

101) C. D. Ⅳ/1, p. 742.

102) C. D. Ⅱ/1, p. 22; cf. C. D. Ⅰ/1, p. 25; ET on "Prayer", pp. 159-70.

둘째로 그것은 「인격들 사이의 관계」(a relationship between persons)를 의미한다. 셋째로 그것은 인정된 것을 「수용」(acceptance)하는 것을 의미한다. 넷째로 인정의 개념은 우리가 관심을 갖고 있는 것은 「하나님의 실존적인 현존」(real presence of God)이지, 과거의 하나님을 단순히 회상하는 것이 아니라는 사실에 주목한다. 다섯째로 인간 쪽에서 일어나는 인정은 하나님의 말씀에 대한 「순종」(obedience)을 의미한다. 여섯째로 이 개념은 신앙은 「인간의 결단」(decision)을 포함한다는 것을 강조한다. 일곱째로 하나님을 인정한다는 것은 계시가 항상 동반하는 「필연적인 신비를 존중한다는 것」(the necessary respect for the mystery)을 말한다. 마지막으로 이 인정이란 단어는 우리의 마음을 끈다. 왜냐하면 이 개념이 하나의 「운동」(movement)을 의미하지, 결코 인간의 정적인 태도를 의미하지 않기 때문이다."[103]

바르트는 이 개념을 사용할 때마다 일종의 독특한 인간 지식이라고 지적한다; "그것은 인정의 형태를 띤 인식이다. 즉 신앙과 순종 아래 있는 인식이다."[104] 바르트는 신앙의 제1차적인 인지적인 특징을 세 단어로 묘사한다. 바르트는 이 단어들을 「신앙 행동」(Act of Faith)을 논하는 데에 기초로 삼는다. 그에 의하면 "기독교 신앙은 인정(Anerkennung)·인식(Erkennen)·고백(Bekennen)으로 일종의 지식이다."[105] 신앙이 인정으로 이해될 때, 그것은 무엇보다 인간이 살아 계신 그리스도의 선행(先行)하시는 역사와 존재를 인식하는 인식적인 행위다. 보통 인간이 자기 밖에 있는 객체와 관계 맺는 순서에는 인식이 인정보다 앞서 있다.

그러나 신앙에서는 그 반대가 진리다. 즉 인정하는 행동이 제1차적인 것이고, 인식하는 행위는 이것의 필연적인 결과로 따라오는 것이다. 이와 같은 신앙의 순간에서 인정이 우위에 있다는 것에 관해 바르트는 다음과 같이 말한다;

---

103) C. D. Ⅰ/1, pp. 233-39.

104) C. D. Ⅲ/1, p. 349.

105) C. D. Ⅳ/1, p. 758.

"인정은 인식이든 고백이든 그 어떤 지식보다도 앞선다. 인식과 고백은 인정(즉 순종의 행동)에서 기원하며 이 안에 포함되어 있다."[106]

인식의 과정은 신앙이 분명해지고 이해되는 과정이다. 우리는 안셀름(Anselm)이 그의 신학 방법론에서 이것을 특별히 강조함을 보았다. 안셀름처럼 바르트도 반지성적인 신앙을 거부한다. "지식의 증가가 없이 신앙은 성장하지 못한다."[107]

끝으로 신앙이 완전하게 되려면 그것은 하나의 고백이 되어야 한다. 즉 인간에 의해 인정되고, 인식된 예수 그리스도를 증거하는 것이다.[108]

바르트가 신앙과 지식을 엄격하게 연결시키고 있지만, 신앙을 결코 교리들이나 신학 체계에 대한 「수긍」(assent) 정도로 보지는 않는다. 여기서 바르트는 이와 같은 신앙을 반대하는 헤르만(Herrmann), 불트만(Bultmann) 및 실존주의자들과 의견을 달리한다.[109] 바르트에 있어서 신앙은 무엇보다도 "성경이 증거하고 이 성경의 가르침을 따라 교회가 선포하는 살아계신 예수 그리스도 자신에 대한 인정이다."[110]

이것은 신앙을 인간이 스스로를 구원하는 독립적인 인간의 행동으로 생각하는 것을 배제한다. 바르트는 종교개혁자들과 더불어 오직 신앙으로 말미암아 일어나는 구원은 인간이 스스로 성취한 것을 인정하고 신뢰하는 것이 아니라, 이 인간을 위해 예수 그리스도 안에서 하나님이 성취하신 것을 인정하고 신뢰하는 것이라고 주장했다.[111]

---

106) C. D. Ⅳ/1, p. 758.

107) K. D. Ⅳ/1, pp. 854-55; C. D. Ⅳ/1, p. 764.

108) C. D. Ⅳ/1, pp. 776-79.

109) C. D. Ⅳ/1, p. 761.

110) C. D. Ⅳ/1, p. 760.

111) C. D. Ⅳ/1, pp. 617-27.

④ 자연신학과 유비 및 종교에 대한 바르트의 비평

우리는 바르트의 계시 교리에서 그가 계시의 객관적인 실재와 주관적인 실재 및 객관적인 가능성과 주관적인 가능성을 모두 하나님에 근거시키고 있는 것을 보았다. 우리의 신지식은 예수 그리스도 안에서 일어난 하나님의 구원 사역에서 기원할 뿐만 아니라 성령 하나님의 사역을 통해 완성된다. 따라서 우리의 신지식의 처음과 마찬가지로 마지막에서도, 우리가 감사함으로 인정해야 할 것은 그의 계시에서 나타내시는 「하나님의 은혜로우신 자기-현현」(God's gracious self-manifestation)이다.

바르트는 계시를 논함에 있어서 순환론법을 인식하고 있으나, 이것은 결코 감추어져 있는 형이상학에 기인하는 것은 아니다. 계시는 하나님이 그에 대한 인간의 모든 지식의 출처이시며 동시에 완성자이시라는 사실에 기인한다. 그런데 이렇게 말할 때 인간의 사고가 하나님의 진리의 순환 속에 마음대로 들어갈 수 있다는 것이 아니다. 오직 은총을 통해서만 그의 지식이 하나님의 진리에 참여할 수 있다는 것을 신학자는 결국 인정해야 한다. 이처럼 인간은 오직 은총에 의지하면서, 인간은 오직 하나님의 진리를 가능케 하고 완성시키는 예수 그리스도와 성령의 역사를 통해서만 하나님의 진리에 참여할 수 있다고 고백한다.[112]

a. 자연신학에 반대하는 바르트

앵글로색슨 신학자들은 바르트가 철저히 자연신학을 거부했다는 사실과, 게다가 그가 창조와 인간을 통한 자연계시를 전적으로 무시했다는 점에서 그를 비판하고 있다. 이러한 바르트의 입장에 대한 분석은 정확하다. 정말 바르트는 1937-1938년 「기포드 강연」에서 자기 자신을 "모든 자연신학을 절대

---

112) C. D. Ⅰ/2, p. 280 비교; C. D. Ⅱ/1, pp. 204-54.

반대하는 사람"[113]이라고 못박았다. 그런데 바르트가 자연신학 즉 신인 사이의 공통점에 근거하는 유비 사용을 허용하는 가톨릭 및 개신교 신학, 그리고 신지식에 도달하는 길잡이로서 사용하는 인간의 종교를 비판할 때, 그것들이 모든 것을 그의 그리스도중심적인 계시론에 근거하고 있음을 우리는 알아야 한다.

우리가 본 장 처음에서 언급한 대로 신지식에 대한 위와 같은 모든 접근은 "인간론적 신학"의 보편적인 계시(즉 창조, 인류 역사, 인간의 양심과 의식에 나타난 계시)에 근거하여 신지식을 구축한다. 바르트는 그의 로마서 주석, 고백교회 운동, 1934년에 있었던 브룬너와의 신학 논쟁 및 『교회교의학』 도처에서 현대신학에서 유래를 찾아보기 힘들 정도로 자연신학을 공격하고 있다.

바르트는 속사도 시대부터 지금에 이르기까지 교회사를 통해 자연신학이 큰 역할을 해 왔다는 사실을 인정한다. 중세 이래로 로마 가톨릭은 자연신학을 받아들였고 사용했다. 로마 가톨릭은 자연신학을 하나님(곧 창조주)에 대한 지식을 자연과 역사 및 인간의 양심과 의식에 나타난 하나님의 계시를 해석할 수 있는 이성적 존재로서 인간의 능력에 근거시켰다.

가톨릭 교리에 의하면 창조주로서의 하나님에 대한 이 자연신학적인 지식은 성경이 증거하고 교회가 해석하는 하나님의 초자연적인 계시에 근거한 하나님에 대한 진리들에 의해서 보충된다. 비록 종교개혁자들이 종종 자연신학을 약간 사용하기는 하지만 바르트는 결코 이들이 자연신학의 옹호자는 아니라고 본다. 그러나 17세기 개신교 정통주의는 자연신학을 적극적으로 사용함으로써 계몽주의 이후 개신교 신학 안에 자연신학의 역할을 부각시켰다.

결과적으로 지난 200년 동안의 개신교 신학은 자연과 은총의 종합을 거듭 시도하는 역사였다고 바르트는 해석한다. 즉 이 개신교 신학은 창조 계시에 근거한 신학과, 이스라엘을 통해서 나타난 하나님의 구속 행동과, 예수 그

---

113) Karl Barth, The Knowledge of God and the Service of God According to the Teaching of the Reformation, trans. J. L. M. Haire and Ian Henderson(London: Hodder and Stoughton, 1955), p. 6.

리스도에 초점을 둔 교회에서 유래한 신학을 종합하려고 시도했다.[114]

자연신학에 대한 바르트의 강경한 태도는 고백교회 투쟁 기간 동안에 굳어졌다. 바르트는 「독일의 그리스도인들」에게 극구 반대했는데, 이들은 독일의 민족주의적인 사회주의를 계시의 제2의 출처로 여김으로써 복음과의 종합을 옹호했다. 바르트의 판단에 따르면 이 「독일 그리스도인들」의 사악한 종합의 시도는 19세기 신개신교 신학의 그것과 다르지 않다는 것이다. 모두 예수 그리스도 중심의 계시 이해를 손상시킨다. 그래서 바르트는 1934년 브룬너에 반대하여 "No!"라는 작품을 썼다. 이 작품에서 그는 다음과 같이 주장한다;

> "1916년 이후 즉 본인이 전쟁 전 자유주의 신학의 영향에서 벗어나기 시작하던 때 이래로, 우리 세대의 신학 과제는 계시를 은혜로, 그리고 은혜를 계시로 이해하는 것을 배워야 한다. 그러므로 '참된' 자연신학이든 '잘못된' 자연신학이든 모든 자연신학으로부터 돌아서야 한다."[115]

1934년 독일의 바르멘에서 고백교회는 독일의 나치당과 "독일 그리스도인들"에 항거하여, 자연신학을 배격하고 예수 그리스도를 통한 신지식을 강조하였다. 『바르멘 신앙고백』은 바르트의 영향을 크게 받았다. 처음 조항에서 예수 그리스도는 "하나님의 한 말씀"이며, 그래서 모든 신지식의 유일한 수단이라고 고백하는 신앙고백은 『바르멘 신앙고백』 외에서는 찾을 수 없다. 고백교회는 다음과 같이 주장한다;

> "우리는 교회가 하나님의 이 한 말씀을 떠나서 다른 사건들, 능력들, 형식들, 진리들을 하나님의 계시라고 인식할 수 있고 또 인식해야 한다고 가르치는 거

114) C. D. II/1, pp. 27-29; 127 이하; 172 이하.

115) Karl Barth and Emil Brunner, Natural Theology, trans. Peter Frankel(The Centenary Press, 1946), p. 71.

짓 교리를 정죄한다."[116]

바르트는 예수 그리스도 안에 나타난 하나님의 계시가 독특하다는 데에 명백한 입장을 취함으로써, 그는 『바르멘 신학선언』이 복음주의 교회가 강행한 자연신학에 대한 최초의 반대였으며, 따라서 이 사건은 "근대 교회사에서 가장 주목할 만한 사건들 중에 하나"[117]라고 기술할 수 있었다.

우리는 바르트의 자연신학 정의를 소개하고, 왜 그가 자연신학을 "불가능한 방법"이라고 했는가에 대한 몇 가지 이유를 지적함으로써 자연신학에 대한 그의 태도를 결론지어야 한다;

> "자연신학이란 예수 그리스도 안에 나타난 하나님의 계시 밖에서 인간과 하나님의 연합이 있다고 말하는 교리다. 이 자연신학이 이루는 신지식은 이처럼 인간 스스로가 독립적으로 하나님과 연합한다는 사실에 근거하며, 이것의 결과로 하나님·세계·인간의 관계가 규정된다."[118]

첫째로 우리가 바르트의 계시 교리를 분석함에 있어서, 그에게 있어서 모든 참된 신지식은 성령 안에서 하나님의 현존을 통해서 인식하며 신앙으로 확신하는 예수 그리스도를 통한 하나님의 자기 계시와 불가분리의 관계에 있다는 사실이 분명해졌다. 이것은 하나님의 구속행위를 떠난 신지식의 가능성을 배제한다. 이런 의미에서 자연신학이 말하는 구속주(Redeemer) 하나님에 대한 지식을 떠난 창조자 하나님에 대한 지식은 참 지식이 아니다.

바르트가 자연신학을 반대하는 두번째 이유는 그것이 성경적인 근거에 의해 정당화될 수 없기 때문이다.

성경이 증언하는 중요한 맥락은 참 신지식은 바르트가 보여준 것처럼, 구

---

116 C. D. II/1, p. 172.

117) C. D. II/1, p. 176.

118) C. D. II/1, p. 168.

약과 신약에 나타나는 하나님의 백성들의 역사 속에서 역사하신 하나님의 특별하고 구속적인 행동에서 나온다는 것이다. 바르트는 창조된 질서의 세계와 인간이 하나님의 솜씨를 반사해 주고 확인하는 구절들이 성경에 주변적으로 나온다는 것을 인정한다.

그러나 그는 이 주변적인 구절들은 "이스라엘과 예수 그리스도 안에 나타난 하나님의 계시"[119]에 대한 특수한 증언의 부분으로 해석되어야 한다고 주장하였다. 이 구절들은 마치 인간이 우주 안에서 하나님의 자기 계시 없이 독립적으로 신지식에 도달할 수 있는 것으로 해석되어서는 안 된다.[120] 자연신학의 옹호자들이 과연 바르트가 묘사하고 있는 그런 방법으로 그들의 신학방법을 이해하고 있는가에 대하여는 우리가 여기서 생각할 문제가 아니다.

자연신학에 대한 세번째 반론은 이미 앞에서 논한 것들과 긴밀한 관계에 있다. 바르트는 성경에 의해 인간은 하나님으로부터 소외된 죄인이고 하나님의 심판 아래 있다는 것을 강조한다. 하나님에 대한 독립적인 관계도 없으며, 인간의 죄에 의해 영향을 받지 않는 신지식에 대한 독립적인 관계도 없다. 바울도 로마서에서 죄의 보편성을 강조한다;

> "곧 예수 그리스도를 믿음으로 말미암아 모든 믿는 자에게 미치는 하나님의 의니 차별이 없느니라. 모든 사람이 죄를 범하였으매 하나님의 영광에 이르지 못하더니, 그리스도 예수 안에 있는 구속으로 말미암아 하나님의 은혜로 값없이 의롭다 하심을 얻은 자 되었느니라"(롬 3:22-24).

바르트는 이 주장이 성경의 주류를 나타낸다고 본다. 따라서 바르트는 성경의 주변적인 구절들이 결코 인간의 죄성을 무시하는 신지식의 가능성을 말하는 것이 아니라고 경고한다. 그는 자연신학을 주장하는 자들이, 자연인이 하나님의 계시에 대해 준비되어 있고 개방되어 있다는 사실을 결코 성경

---

119) C. D. II/1, p. 108.

120) C. D. II/1, pp. 98-110.

안에서 확증을 얻지 못한다고 본다. 엄밀히 말해서 그 반대가 참이다. 즉 인간 그 자체는 「은혜의 적」(the enemy of grace)인 것이다.[121]

기독교 신학자가 왜 자연신학을 거부해야 하는가에 관한 최종적이고 결정적인 이유는 인간은 오직 예수 그리스도를 통해 하나님께 화해될 수 있다는 사실에 근거한다. 예수 그리스도는 하나님에 대해 준비되어 있고 개방되어 있는 인간이시다. 이런 까닭에 신지식의 가능성은 인간 그 자체가 지닌 속성처럼 인식 가능한 것이 아니다.[122]

하나님과 인간 사이에 화해가 일어난 것은, 예수 그리스도(특히 십자가 상에서의 그)의 완전한 순종을 통해서다. 예수 그리스도가 그의 성령을 통해 우리에게 알려진 것처럼, 오직 예수 그리스도 안에 있는 믿음에 참여해야만 인간은 하나님을 옳게 인식할 수 있다. 교회와 그것의 선포가 예수 그리스도 안에서 일어난 하나님의 계시에 붙잡히게 될 때마다, 자연신학은 치명적인 환상으로 여겨진다. 이 자연신학에서 인간은 「자기 해명」(self-exposition)과 「자기 정당화」(self-justification)에 부심한다.[123]

우리는 인간과 그의 하나님에 대한 관계를 예수 그리스도에 조명해서 보아야 하기 때문에, 이 예수 그리스도를 떠나서 인간을 보려는 자연신학은 크게 왜곡된 것이다.[124]

바르트는 인간 실존을 오직 예수 그리스도에 비추어서만 보려고 하기 때문에 이 예수 그리스도를 떠나서 인간을 보려는 자연신학은 크게 왜곡된 것이다. 바르트는 인간 실존을 오직 예수 그리스도에 비추어서만 보려고 하기 때문에 틸리히와 불트만이 인간 실존에 대한 이해를, 신앙을 위한 전제로서 신앙의 결과에 우선하는 것으로 혹은 적어도 인간이 하나님의 은총에 대해 개방성을 지닌 것으로 해석하려는 것에 대해 불만족하였다.

121) C. D. II/1, pp. 129-42.

122) C. D. II/1, p. 145.

123) C. D. II/1, p. 168.

124) C. D. II/1, pp. 142-78.

b. 신앙의 유비와 존재의 유비

자연신학에 대한 바르트의 비판은 로마 가톨릭과 그 외 다른 사람들이 사용하는 존재 유비(存在類批; the analogy of being=analogia entis)에 대한 그의 비판과 같은 것이므로, 우리는 후자에 관해 간략하게 논하는 것도 좋다.[125] 존재 유비에 근거한 신지식론은 인간과 하나님은 "존재"에서 비슷하므로 하나님의 "행동" 없이도, 인간은 하나님의 존재에 대한 어떤 지식에 도달할 수 있다고 주장한다. 이와 같은 접근은 여기에 근거한 자연신학이 그렇듯이 몇 가지 점에서 불충분하다.

첫째로 그것은 창조자로서의 하나님과 구속자로서의 하나님에 대한 지식을 분리한다. 둘째로 그것은 인간이 투사한 최고의 존재를 성경적인 하나님과 동등하게 여긴다. 셋째로 그것은 신지식에 관해 하나님의 행동을 떠나서 말한다. 이것은 바르트의 신론과 본질과 전혀 모순된다. 즉 그것은 하나님은 스스로 계신 분이고, 그의 행동에 비추어서만 그 분이 어떤 분인가를 인식한다는 것이다.[126] 간략하게 말하면 바르트에게 있어서 존재 유비에 근거한 자연적인 신지식은 추상적인 것이고, 하나님과 계시에 관한 일그러진 이해일 뿐이다.

바르트는 그의 계시론에서 존재 유비에 반대하고 「신앙 유비」(analogia fidei)를 말한다. 신지식은 인간과 하나님이 공통적으로 소유하고 있는 존재에서 추론하여 얻어지는 것이 아니라, 오직 신앙을 통해 인식되는 하나님의 은총에 근거해서만 얻어진다는 것이다. 인간의 언어가 하나님을 가리킬 수 있지만 신앙에서만 그것은 하나님에 대한 참 좋은 언어가 된다. 그러나 바르트에게 있어서 이것은 항상 은혜의 싸인(징표)이다. 이것은 결코 인간 혹은 인간의 언어 안에 존재하는 어떤 능력으로 말미암는 것이 아니다.

그러므로 우리의 언어가 그 대상에 대해 유비적이라고 말하는 것은, 우리

---

125) C. D. II/1, pp. 63-128 비교.

126) C. D. II/1, pp. 257-72 비교.

가 하나님을 지칭하려고 사용하는 견해와 개념들이 하나님에 의해 성화되었다는 것을 증거한다. 이것이 가능하기 때문에 설교와 신학이 가능하며 인간의 모든 신지식이 가능하다.[127] 성령의 기적적인 현존으로 신앙이 일깨워질 때 인간과 하나님 그리고 인식하는 자와 인식되어지는 하나님 사이의 불일치가 극복된다. 이 사건이야말로 인간에게 기쁨 넘치는 감사와 경외심을 불러일으킨다.[128]

c. 종교에 반대하는 바르트

바르트의 종교 현상에 대한 태도는 본질상 자연신학에 대한 비판과 비슷하므로 그의 도전적 입장에 대하여 간단히 논하는 것으로 충분하다. 종교 현상에 대한 바르트의 분석은 르네상스에서 시작하여 신개신교에서 절정에 도달한 발전 진행을 뒤집어 놓았다. 이 종교 현상에서 성경적 계시는 아마도 보다 포괄적이고 보편적인 종교라는 범주에 종속된다.[129] 종교는 자연신학처럼 성경적인 계시에 비추어서 판단되고 평가되어야 한다.

하나님의 객관적인 계시와 하나님의 현존에 대한 인간의 주관적인 수용은 모두 하나님의 일이기 때문에, 인간의 종교는 인간에게 올바른 신지식의 가능성이나 능력을 줄 수 없다. 바르트가 종교에 대한 문제를 취급하면서 「종교의 폐지로서의 하나님의 계시」(The Revelation of God as the Abolition of Religion)[130]라는 제목을 붙인 것도 이런 이유 때문이다. 계시에 비추어 판단한다면 "종교는 불신앙이다. 종교는 불경건한 인간이 갖는 지대한 관심이다."(Religion is unbelief. It is the one great concern... of godless man).[131]

---

127) C. D. I/1, pp. 260-83 비교; C. D. II/1, pp. 204-54.

128) C. D. II/1, pp. 216-23.

129) C. D. I/2, pp. 284-91.

130) C. D. I/2, p. 280.

131) C. D. I/2, pp. 299-300.

바르트가 『로마서 주석』을 쓴 이래 계속해서 인간이 스스로 하나님께 도달하려는 시도의 결과인 「종교의 원수」(the foe of religion)가 되어 왔다는 것은 주목할 만하다. 따라서 종교는 결국 인간의 자기 정당화와 자기 구원의 시도다. 간단히 말해서 인간의 종교는 항상 「우상숭배」(idolatry)다. 이런 이유에서 바르트는 타종교들을 복음 전파를 위한 접촉점으로 여기는 근대 선교신학에 반대한다. 그가 「인간의 자연적인 신지식」(자연신학)이 기독교 신앙과 대등할 수 있는 어떤 것에 대한 예비 단계로서 간주되는 것을 허락하지 않는 것은 이런 이유 때문이다;

> "계시는 이미 현존해 왔고 실천되어온 인간의 종교와 연속성을 갖지 않는다. 계시와 종교는 서로 모순된다. 계시는 종교에 의해 대치될 수 없고 종교는 계시에 의해 대치될 수 없다. 신앙은 종교화한 신앙과 연속성을 가질 수 없다. 이 둘은 서로 모순되고, 종교는 불신앙이고 모순의 행동이다."[132]

바르트는 참 종교에 관해 다음과 같이 말한다: "교회가 은총을 통해 또 은총에 의해 살고 있는 한, 교회는 「참 종교의 자리」(the locus of true religion)다."[133] 심지어 기독교 종교도 그 자체에서 그 자체로부터 참 종교이고, 하나님의 심판 아래 있다. 마치 죄인이 구속되기 위하여 하나님의 칭의를 필요로 하듯이, 기독교 종교도 하나님의 은총을 통해 참된 종교로 고양되어야 한다.[134] 예수 그리스도 안에 있는 하나님의 은총을 의지하면서 살고 있는 하나님의 자녀들이 교회 안에 있는 한, 기독교 종교만이 참 종교다.[135]

---

132) C. D. Ⅰ/2, p. 303.

133) C. D. Ⅰ/2, p. 280.

134) Herbert Hartwell, The Theology of Karl Barth(The Westminster Press, 1964), pp. 87-88 참고. 독일어 Aufhebung이 "폐지"와 "고양"(高揚)이라는 두 가지 의미를 갖는다는 사실에 주목해야 한다. 이것은 바르트가 하나님의 계시를 인간의 종교 세계 안에서 심판하시는 하나님의 현존으로 뿐만 아니라, 화해하시는 하나님의 현존으로 말한다는 사실을 설명해 준다.(C. D. Ⅰ/2, p. 280; pp. 325 이하).

135) C. D. Ⅰ/2, p. 346. 현대신학에서 종교 문제에 대한 암시적인 분석을 위해서 Hendrik Kraemer, Religion and the Christian Faith(Lutterworth Press, 1956). 특히 pp. 182-99를 언급한다.

2. 칼 바르트의 교회론*

고백교회의 투쟁기(1933-1945)를 중심으로

1. 1933년~1945년의 정치와 교회의 상황

1920년대에 이르러 '독일과 독일 국민'이라는 개념은 바이마르 공화국을 혐오하던 독일인들에게 하나의 고백적인 언어가 되어가고 있었다. 그 당시 사람들은 경제적, 정치적, 정신적인 어려움에 맞서서 이 개념을 이상화하였다. 제1차 세계대전의 패배로 말미암아 겪게 된 민족적인 목욕감, 정치적인 혼란, 경제 공황을 통해 발생한 6백만 명 이상의 실업자 등으로 인해 야기된 감정은 독일을 하나의 비합리적인 이상(理想)으로 끌어올렸다. '국민교회'(Volkskirche)의 이념도 은근히 혹은 분명히 이 이상과 결합되어 있었다.

교회에 속한 사람들 중에서는 국민과 신앙이 분리되는 위협을 방지하기 위해, 국가를 종교적으로 이해하기를 원하는 자들이 많이 생겨났다. 국민들의 운동이 점차 종교적인 색채를 띠게되면서 독일 국민, 독일 성서, 독일 전통을 모든 비독일적인 것과 대립시키려는 열망이 일어났고, 급기야는 독일 게르만적인 종교를 열망적으로 숭배하려는 경향이 일어났다. 점점 더 분명하게 독일 국민은 그 자신의 구원자로 등장했고, 히틀러(A. Hitler)라는 인물 속에서 그 구원의 창조자를 필요로 했다.

---

* 이 글은 이신권의 『칼 바르트의 교회론』(한들출판사, 2000)에 수록된 한 장을 소개한 것인데, 특히 「바르멘 신학선언」의 독일어는 편저자가 독자들의 이해를 돕기 위해 추가한 것이다.

1. 「독일 그리스도인들」의 등장과 「고백교회」의 탄생

이런 과정에서 주도적인 역할을 한 이른바 「독일 그리스도인들」(Deutsche Christen)의 운동이 일어난 배경은 다음과 같다. 1927년에 레플러(S. Leffler)와 로이트호이저(J. Leutheuser)라는 두 목사가 「고백적인 신앙」에 얽매이는 것을 싫어한 나머지, 루터 교회로부터 탈퇴한 후 튀링엔(Thüringen)의 자유 교회에서 봉사했다. 이 교회의 강령은 「개신교회의 자유와 관용의 안식처」였다.

그들은 학생 그룹에 소속되어, 노래와 무용과 오락 등을 통해 교회를 지도하는 방법을 배웠다. 교회 활동은 처음부터 인간을 그 자연적인 특성으로부터 이해하는 것을 목표로 삼았다. 그들의 관심은 음악과 놀이 외에도 국가 문제에 관한 토론에 있었다. 그들의 그룹에는 농부와 수공업자와 각종 노동자들이 속해 있었다. 이 교회 주변에서 일어난 노동 운동은 다분히 계급의식을 띄고 있었고, 사회주의적이고 무신론적인 특징을 갖고 있었다.

비라탈(Wieratal)에 「국가사회주의 노동당」(NSDAP)의 첫 지구당이 창당된 지 3년 후, 레플러 목사와 로이트호이저 목사는 동일한 목적(즉 마르크스주의 타도)을 갖고 이에 합류했다. 「국가사회주의 노동당」과 교회의 활동 사이에 교류가 이어질 수 있었던 것은, 동일한 사람들이 두 단체에 속해 있었고 정신적인 지도자들도 같은 사람들이었기 때문이었다.

1931년에 그들은 「독일 그리스도인들」이라는 명칭 아래, 교회의 대표 선거에 참여하여 60석 중에서 5석을 확보했다. 그후 이 운동은 다른 교회에서도 조직되었고, 1933년 1월경에는 주(州) 지방 차원에서 30%의 찬성을 획득하였다. 그에 앞서 열렸던 집회에서 이 새로운 운동은성명서를 발표하여, 사람들의 인기와 관심을 모은 적이 있었다. 그 성명서에서 그들은 "우리는 창조자를 통해 독일 국민의 피와 운명의 공동체 속에서 태어났고, 그 곳에서 하나님의 과업을 수행해야 한다"고 천명했다.

이 운동은 교회 안에서 교회정치 활동을 통해 다수의 지원자를 획득하게 되었는데, 이 운동의 종교적인 핵심 사상은 레플러 목사를 통해 다음과 같이 표명되었다;

"독일 그리스도인들의 과제는 독일이고 그 능력은 그리스도인이다."

그들은 전통적인 신학체계를 비방했고, 자연적인 국민 의식을 지도 이념으로 삼았다. 그것은 브룬너(E. Brunner)나 아퀴나스(Th. Aquinas)가 말한 자연신학이 아니라, 모든 신학적인 성찰을 벗어난 광신주의와 다름이 없었다. 그것은 다음과 같은 로이트호이저의 말에서 잘 드러난다;

"진정으로 예수를 믿는 독일인들은 히틀러 운동에서 하나님 나라의 정신을 새삼 감지할 수 있었다. 교회가 있음에도 불구하고 능력과 영원과의 유대감을 상실해 버린 수백만의 독일인들은, 히틀러를 통해 다시금 하나님과 그의 나라를 믿는 법을 배웠다… 예수의 영이 독일을 통해 나타났고, 지옥의 권세를 압도하는 하나님 나라의 승리에 대한 신앙이 출현했다."

또 레플러는 다음과 같이 말했다;

"우리는 영도자의 인물 속에서 독일을 역사의 주(主) 앞에 세우시고, 말의 예배가 레위인과 바리새인의 예배로부터 사마리아인의 거룩한 예배로 부르시는 하나님의 사자(使者)를 본다. 그러므로 우리는 그분을 위해 목사가 되려고 결심한다."

튀링엔에서 일어난 전국적으로 확산되어가던 「독일 그리스도인들」의 운동은 1932년에 베를린에서 동지를 얻게 되었다. 나치(Nazi) 정당의 지도자들은 교회 단체를 정복하는 것이 정치적으로 중요한 일이라고 판단한 후, 호쎈펠트(J. Hossenfeld) 목사의 주도 아래 신앙 운동을 일으키게 했다. 이들은 튀링엔 사람들과 제휴하여 그들이 사용하던 「독일 그리스도인들」이라는 명칭을 채택했다. 그 후 이 운동은 여러 운동권으로부터 많은 회원들을 영입하여 거대한 조직으로 발전했는데, 이 조직의 가장 중요한 교회정치적인 목표는 루터적인 특징과 아리안 종족의 통일 제국교회를 설립하는데 있었다.

사태가 이렇게 발전하자 1933년 5월에, 이 운동에 저항하는 「젊은 개혁자들의 운동」(Jungreformatorische Bewegung)이 일어나기 시작했다. 여기에는 니묄러(M. Niemöller), 야코비(G. Jacobi), 퀸네트(W. Kunneth), 하임(Heim)과 같은 여러 교회신학적인 특징을 갖춘 인물들이 대거 참여했다. 이 운동은 국가 감독직 선거의 후보자로 보델쉬빙(F. von Bodelschwingh)을 내세워 당선시켰으나, 몇 주 후 그는 온갖 조작과 음모에 의해 그 자리에서 쫓겨났다. 그 대신 히틀러가 배후에서 교회의 끄나풀로 삼기 위해 지목한 군목 멀러(N. Muller)가 1933년 9월 27일에 열린 국가 총회에서 국가 감독에 선출되기에 이르렀다.

이것은 「독일 그리스도인들」이 나치당의 도움을 받아, 교회 선거에서 「독일 개신교회」(DEK)의 실권을 장악한 후의 일이었다. 1933년 11월 13일에 「독일 그리스도인들」의 운동 가담자들은 베를린 체육관에 모여 성명서를 발표했다. 이 성명서는 그들의 정체를 여실히 드러내는 계기가 되었고 많은 사람들을 경악케 하였다. 이 성명서의 주된 내용은 다음과 같다;

> "우리는 교회가 「아리안 조항」(이것은 유대인 뿐만 아니라 유대인과 결혼한 독일인까지도 교회의 공직에서 배제해야 한다는 주장을 담고 있다)을 속히 촉진시키고… 핏줄이 다른 모든 개신교인들을 그들 자신의 교회 안으로 결집시키고, 유대인 그리스도인들의 교회를 세우는 일을 도와주기를 기대한다. 우리는 교회가 독일 국민의 교회로서, 예배와 신앙고백에서 다른 모든 비독일적인 교회(특히 구약성서와 그 유대적인 보응 윤리)로부터 벗어나기를 원한다. 우리는 독일교회가 동양적으로 왜곡된 모든 요소를 청산한, 단순하고 기쁜 복음과 영웅적인 예수상을 진정한 기독교의 기초로 선포되길 요구한다. 이 기독교에서는 부끄러운 종의 영혼 대신에, 하나님의 자녀로서 하나님과 그 백성에 대한 의무를 절감하는 자랑스러운 인간이 등장해야 한다. 우리는 유일한 참 예배가 「우리 백성들에 대한 예배」라고 고백하고, 마틴 루터의 종교개혁을 완성한 것으로 볼 수 있는 「국가사회주의 국가」의 절대적인 주장에 걸맞은 진정한 「국민 교회」를 세우라는 하나님의 뜻에 「투쟁의 교회」로서 의무감을 지고 있음을 느낀다."

이 놀라운 선언을 통해 많은 그리스도인들은 「독일 그리스도인들」의 진정한 목적이 무엇인지를 여실히 깨닫게 되었다. 이 선언서가 전교회에게 던진 충격은 굉장한 반응을 일으켰다. 많은 사람들이 「독일 그리스도인들」의 운동으로부터 탈퇴했고 이 운동은 여러 갈래로 찢겨졌다. 이 즈음에 「고백 교회」(Bekennende Kirche)의 운동이 태동하기 시작했다. 이 운동은 1933년 7월에 예정된 「젊은 개혁자들의 운동」의 선거 소집서에서 처음으로 거론되기 시작했다;

> "우리는 고백 교회를 위해 싸운다. 우리의 고백이 침해받고 있지 않다는 것으로는 족하지 않다. 교회는 구약성서와 신약성서에서 증거된 「십자가에 달리신 주님」을 신앙한다는 것을 고백하는 법을 다시 새롭게 배워야 한다."

1933년 9월에는 베를린에서 니묄러 목사의 호소에 따라 「목사 긴급동맹」(Pfarrernotbund)이 결성되었다. 1934년에는 7,000명 이상의 목사들이 이 조직에 가담한 이후로, 독일 전역에 고백교회들이 늘어나기 시작했다. 그러자 1934년 1월 4일에 국가 감독의 훈령이 발표되었다. 이것은 교회가 예배를 교회 정치의 토론 목적을 위해 악용하지 말 것, 또 교회당이나 교회 장소를 교회정치 집회의 통보 수단으로 허용하거나 이용하지 말 것, 그리고 문서, 성명서, 회람을 통해 교회 체제와 그 조치를 공공연히 하거나 공격하지 말 것 등을 명시했다.

「목사 긴급동맹」은 이에 맞서서 격렬한 저항을 시도했다. 그러자 연이어 파면, 교육, 침묵 강요 등이 이루어졌다. 그러나 국가 감독은 교회에 대한 간섭을 더 강화했고 합병 시도를 계속 추구했다. 이런 조치들은 「고백교회」의 총회를 형성하는 실마리를 제공하였다. 니묄러 목사의 주도 아래 코흐(P. Koch)는 1934년 5월 29-31일 간에 바르멘(Barmen)에서 열릴 「고백교회」의 총회를 소집했다.

25개 주(州) 교회와 지역 교회로부터 139명의 대표들이 참석하여, 신학의 문제점과 차이에도 불구하고 신학적·법적·영적인 문제에 합의하려고 노력했다. 그 결과 종교개혁 이래 처음으로 독일 개신교인들은 「성서와 고백」이라는 공동 유산의 토대 위에 집결하여, 하나님이 그들의 입에 의탁하셨다고 확신한 신앙고백서(바르멘 신학선언문)를 온 세계 앞에 천명했다.

2. 바르멘 신학선언의 내용

「바르멘 신학선언」(Barmen Theologische Erklärung)은 하나님의 기적과 같이 나타났고, 고백 교회의 대헌장(大憲章)으로서 기념비적인 가치를 갖게 되었다. 「바르멘 신학선언」의 내용은 다음과 같다;

제국 교회 당국의 독일 그리스도인들이 교회를 황폐화 시키고 독일 복음주의 교회의 일치를 깨뜨리고 있다. 우리는 독일 그리스도인들의 과오를 분쇄하여 복음의 진실들을 다음과 같이 고백한다;

Wir bekennen uns angesichts der die Kirche verwüstenden und damit auch die Einheit der Deutschen Evangelischen Kirche sprengenden Irrtümer der Deutschen Christen und der gegenwärtigen Reichskirchenregierung zu folgenden evangelischen Wahrheiten:

제1항

내가 곧 길이요 진리요 생명이니 나로 말미암지 않고는 아버지께로 올 자가 없느니라(요 14:6).

내가 진실로 진실로 너희에게 이르노니 양의 우리에 문으로 들어가지 아니하고 다른 데로 넘어가는 자는 절도며 강도요, 내가 문이니 누구든지 나로 말미암아 들어가면 구원을 얻고… (요 10:1, 9).

1. Ich bin der Weg und die Wahrheit und das Leben; niemand

kommt zum Vater, denn diuch mich.

Warhrlich, wahrlich ich sage euch: Wer nicht zur Tür hineingeht in den Schafstall, sondem steight anderswo hinein, der ist ein Deib und ein Mörder. Ich bin die Tür; so, jemand duch mich eingeht, der wird selig werden.

성서에서 우리에게 증언된 예수 그리스도는 우리가 들어야 하며, 사나 죽으나 신뢰하고 복종해야 할 하나님의 유일한 말씀이다.

우리는 마치 교회가 그 선포의 원천으로서 이 하나님의 유일한 말씀 외에 그리고 그것과 나란히 다른 사건들, 권세들, 형상들과 진리들도 하나님의 계시로서 인정할 수 있고 인정해야 하는 것처럼 가르치는 잘못된 가르침을 배격한다.

Jesus Christus, wie er uns in der Heiligen Schrift bezeugt wird, ist das eine Wort Gottes, das wir zu hören, dem wir im Leben und im Sterben zu vertrauen und zu gehorchen haben,

Wir verwerfen die falshe Lehre, als könne und müße die Kirche als Quelle ihrer Verkündigung außer und neben diesem einen Worte Gottes Offenbarung anerkennen.

제2항

예수는 하나님께로부터 나와서 우리에게 지혜와 의로움과 거룩함과 구속함이 되셨으니(고전 1:30).

2. Jesus Christus ist uns gemacht von Gott zur Weisheit and zur Gerechtigkeit und zur Heiligung und zur Erlösung.

예수 그리스도는 우리의 모든 죄를 용서하시는 하나님의 판결인 것처럼, 또한 그와 조금도 다름이 없이 우리의 온 생명을 요구하시는 하나님의 강력한 주장이기도 하다. 그분을 통하여 우리는 이 세상에 얽매인 불신앙적인 예속으로부터 기쁘게 해방되어, 그분의 피조물에게 자유롭게 감사하면서 봉사하게 된다.

우리는 마치 우리의 삶에서 예수 그리스도가 아닌 다른 주(主)들에게 속하는 영역, 그분을 통한 칭의와 성화가 필요 없는 영역이 있는 것처럼 가르치는 잘못된 가르침을 배격한다.

Wie Jesus Christus Gottes Zuspruch der Vergebung aller unserer Sünden ist, so und mit gleichen Emst ist er auch Gotter kräftiger Anspruch auf unser anzes Leben; durch ihn widerfährt uns frohe Befreiung aus den gottlosen Bindungen dieser Welt zu freiem, dankbarem Dienst an seinen Geschöpfen.

Wir verwaerfen die falsche Lehre, als gebe es Bereiche unseres Lebens, in denen wir nicht Jesus Christus, sondem anderen Herren zu eigen waren, Bereiche, in denen wir nicht der Rechtfertigung und Heiligung durch ihn bedürfen.

제3항

오직 사랑 안에서 참된 것을 하여 범사에 그에게까지 자랄지라. 그는 머리니 곧 그리스도라. 그에게서 온 몸이… 상합하여… (엡 4:15-16).

3. Lasset uns aber rechtschaffen sein in der Leibe und wachsen in allen Stücken an dem, der da Haupt ist, Christus, von welchem aus der ganze Leib zusammengefügt ist.

그리스도의 교회는 예수 그리스도가 말씀과 성례 속에서 성령을 통해 주님으로서 현존하면서 행동하시는 형제들의 공동체다. 그리스도의 교회가 은총을 입은 죄인들의 교회로서 죄 많은 세상의 한복판에서 그 신앙과 순종으로써 그 사신(使信)과 직제로써 증거해야 할 것은, 자신과 오직 그분의 소유이며 그분의 오심을 기다리면서 오직 그분의 위로와 교훈으로 살고 있고 또 살기를 원한다는 사실이다.

우리는 마치 교회가 그 사신과 직제의 형태를 자신의 기호에, 혹은 때때로 지배하는 세계관적이고 정치적인 확신들의 변화에 내맡겨도 되는 것처럼 가르치는 잘못된 가르침을 배격한다.

Die christliche Kirche ist die Gemeinde von Brüdem, in der Jesus Christus in Wort und Sakrament durch den Heiligen Geist als der Herr gegenwärtig handelt. Sie hat mit ihrem Glauben wie mit ihrem Gehorsam, mit ihrer Botschaft wie mit bezeugen, daß sie allein sein Eigentum ist, allein von seinem Tröst und von seiner Weisung in Erwartung seiner Erscheinung lebt und leben möchte.

Wir verwerfen die falsche Lehre, als dürfe die Kirche die Gestalt ihrer Botschaft und ihrer Ordnung ihrem Belieben oder dem Wechsel der jeweils herrschenden weltanschaulichen und politischen Überzeugungen überlassen.

제4항

이방인의 집권자들이 저희를 임의로 주관하고 그 대인(大人)들이 저희에게 권세를 부리는 줄을 너희가 알거니와 너희 중에는 그렇지 아니하니 너희 중에 누구든지 크고자 하는 자는 너희를 섬기는 자가 되고… (마 20:25-26).

4. Ihr wisset, daß die weltlichen Fürsten herrschen und die Oberherren haben Gewalt. So soll es nicht sein unter euch; sondem so jemand will unter euch gewaltig sein, der sei euer Diener.

교회 안의 다양한 직책들은 어떤 직책들이 다른 직책들을 지배하기 위한 것이 아니라, 온 공동체에 위탁되고 명령된 봉사를 수행하기 위한 기초다.

우리는 마치 교회가 이 봉사를 떠나서 통치권을 부여받은 특별한 영도자들을 허용하거나 허용하게끔 할 수 있고 또 해도 되는 것처럼 가르치는 잘못된 가르침을 배격한다.

Die verschiedenen Ämter in der Kiche begründen keine Herrschaft der einen über die anderen, sondern die Aüsbung des der ganzen Gemeinde anvertrauten und befohlenen Dienstes.

Wir verwerfen die falsche Lehre, als könne und dürfe sich die Kirche abseits von diesem Dienst besondere, mit Herrschaftbefugnissen ausges tattete Führer geben oder geben lassen.

제5항

하나님을 두려워하며 왕을 공경하라(벧전 2:17).
5. Fürchtet Gott, ehret den König.

성서는 우리에게 말한다. 국가는 하나님의 섭리에 따라 다음과 같은 과제(즉 교회도 속해 있는 아직 구원받지 못한 세상에서 인간의 통찰과 능력의 분량에 따라 권력으로써 위협받고 권력을 행사하면서 정의와 평화를 보호할 과제)를 가진다. 교회는 하나님께 감사하고 그분을 경외하면서 이러한 그분의 섭리의 은혜를 인정한다. 교회는 하나님의 나라, 하나님의 계명과 그분의 의, 그리고 통치자들과 피통치자들의 책임을 상기시킨다. 교회는 하나님께서 만물을 유지하시는 수단인 말씀의 능력을 신뢰하고 이에 복종한다.

우리는 마치 국가가 그 특별한 임무를 넘어서 인간 생활의 유일하고 전적인 조직이 되고, 그래서 교회의 사명까지 실현해야 하며 또 그렇게 할 수 있는 것처럼 가르치는 잘못된 가르침을 배격한다. 우리는 마치 교회가 그 특별한 임무를 넘어서 국가적인 형태, 국가의 과제와 국가의 위엄을 취하고, 또 그리하여 자신이 유일한 국가의 기관이 되어야 하며 또 그렇게 할 수 있는 것처럼 가르치는 잘못된 가르침을 배격한다.

Die Schrift sagt uns, daß der Staat nach göttlicher Anordnung die Aufgebe hat, in der noch nicht erlösten Welt, in der auch die Kirche steht, nach dem Maß menschlicher Einsicht und menschlichen Vermögens unter Androhung und Ausübung von Gewalt für Recht und Frieden zu sorgen. Die Kirche erkennt in Dank und Ehrfurcht gegen Gott die Wohltat dieser seiner Anordnung an. Sie erinnert an Gottes Reich, an Gottes Gebot und Gerechtigkeit und damit an die Verantwortung der Regierenden und Regierten. Sie vertraut und gehorcht der Kraft des Wortes, durch das Gott alle Dinge trägt.

Wir verwerfen die falsche Lehre, als solle und könne der Staat über seinen besonderen Auftrag hinaus die einzige und totale Ordnung menschlichen Lebens werden und also auch die Bestimmung der Kirche erfüllen. Wir verwerfen die falsche Lehre, als solche und könne sich die Kirche über ihren besonderen Auftrag hinaus staatliche Art, staatliche Aufgaben und staatliche Würde aneignen und damit selbst zu einem Organ des Staates werden.

제6항

볼지어다 내가 세상 끝날까지 너희와 항상 함께 있으리라(마 28:20).
하나님의 말씀은 매이지 아니하리라(딤후 2:9).
6. Siehe, ich bin bei euch alle Tage bis an der Welt Ende.(Mt. 28, 20.)
Gottes Wort ist nicht gebunden.

교회의 자유의 근거이기도 한 교회의 임무는 그리스도 대신에, 그리고 설교와 성례를 통해 그분의 말씀과 사역에 봉사하면서, 모든 백성에게 하나님의 값없는 은총의 복음을 전파하는 데 있다.

우리는 마치 교회가 인간을 스스로 높이면서, 주님의 말씀과 사역을 인간들이 임의로 선택한 어떤 소원과 목적과 계획에 이용할 수 있는 것처럼 가르치는 잘못된 가르침을 배격한다.

Der Auftrag der Kirche, in welchem ihre Freiheit gründet, besteht darin, an Christi Statt und aldo im Dienst seines eigenen Wortes und Werkes durch Predigt und Sakrament die Botschaft von der freien Gnade Gottes auszurichten an alles Volk.

Wir verwerfen die falshe Lehre, als könne die Kirche in menschlicher Selbstherrlichkeit das Wort und Werk des Herrn in den Dienst irgendwelcher eigenmächtig gewählter Wünsche, Zuwecke und Pläne stellen.

3. 바르트는 이때 무엇을 하였는가.

국가사회주의가 대두하고 독일교회가 이에 호응하려는 즈음, 스위스 출신으로서 독일의 (Bonn) 대학에서 강의하던 바르트는, 가급적 정치활동을 멀리하면서 오직 신학 연구에만 몰두하려고 했다. 그러나 무능하고 술에 취한 자가 운전하는 위험한 차 속에 앉았을 때처럼 위급한 독일의 정치적인 상황 앞에서 바르트는 자신의 입장을 표명해야 할 필요성을 점점 더 절감하기 시작했다. 1931년 5월에 그는 독일 사회민주당(SPD)에 가입했다. 그에게서 정당 가입은 사회주의 이상과 세계관에 대한 신조 때문이 아니라 하나의 실천적인 결단이었다.

그가 독일 사회민주당에 가입한 것은 그것이 노동자 계급의 정당, 민주주의 정당, 비군국주의적인 정당, 독일 민족을 긍정하는 정당이기 때문이다. 비록 그는 스위스 사람이었지만 독일 속의 스위스 사람이라는 자각 속에서, 독일에 대한 그의 사랑과 소속감을 잊으려고 하지 않았다. 그리고 그의 동료 덴(G. Dehn)이 전쟁에 관해 비판적인 발언을 했다는 이유로, 할레 대학에서 강의하다가 습격을 받고 퇴진을 강요당했을 때 바르트는 적극적으로 그를 옹호하고 나섰다.

그리고 그는 파시즘을 하나의 종교로 규정하고서, 기독교가 거기에 적응하려는 유혹에 빠져드는 위험에 처해 있음을 경고하기 시작했다. 1933년 1월 30일에 히틀러가 권력을 장악하고 독일 백성이 우상을 경배하기 시작하자, 바르트의 태도는 현저히 적극적으로 변해 갔다. 「시간들 사이에서」(Zwischen den Zeiten)라는 잡지의 협력자인 고가르텐(F. Gogarten)이 「독일 그리스도인들」의 운동에 가담하자, 바르트는 그를 나치의 지성적인 선동자로 간주하고 그로부터 공개적으로 돌아섰다.

그리고 그는 학생들로 하여금 일상적인 수업에 충실하도록 지도한 반면에, 교회로 하여금 지배적인 세계관에 대항하여 복음에 따라 자신을 보존하도록 돕는 것을 자신의 의무로 생각했다. 1933년에 두 차례 행한 강연('신학적 공리로서의 제1계명')에서, 바르트는 계시의 개념을 인간의 실존, 질서, 국가, 민족 등과 같은 어휘들과 연관시키려는 모든 신학의 우상숭배적인 위험을 지적했으며, 모든 종류의 자연신학으로부터 결별하여 예수 그리스도 안에 나타난 하나님만 의지할 것을 호소했다.

그러나 독일의 교회-정치적인 상황에 대한 바르트의 최초적 공개적인 태도 표명은 1933년 7월에 출판된 소책자 《오늘의 신학적 실존》(Theologische Ezistenz heute)에서 나타났다. 이 책은 히틀러에게도 증정되었으며, 압수되기까지 3,700여 부가 인쇄되었다. 여기서 바르트는 "교회가 신학적인 실존을 잃어버렸고, 하나님의 말씀이 아닌 인간의 정치적인 판단의 소리를 들으려고 하다가 교회가 자신의 본질을 망각했다. 하지만 성서가 주인이 될 때, 비로소 신학적인 실존이 있고 교회 개혁이 가능하다"고 외쳤다.

그 밖에도 그는 유대인 문제, 나치당의 독재적인 주장, 야당 탄압 등을 언급하면서, 나치에 도전했다. 1933년 10월에 행한 강연 「결단으로서의 개혁」

(Reformation als Entscheidung)에서도, 바르트는 "오늘날 교회에서 지배하는 운동은 종교개혁에 대한 불충실의 최종적인 형태임"을 지적하고 이에 맞선 저항을 호소했다. 바르트는 1934년 5월 31일에 채택된 「바르멘 신학선언」을 기초하는 작업에 결정적인 역할을 하였다.

물론 브라이트(T. Breit)와 아스무센(H. Asmussen)도 기초 위원으로 위촉되어 문안 작성에 참여했다. 그리고 사쎄(Sasse)와 알트하우스(P. Althaus)의 뜻대로 '성례'라는 낱말도 문안에 추가되었다. 하지만 전체적인 구조와 내용으로 판단하면, 이 「바르멘 신학선언」은 실제로 바르트 자신의 문장과 다름이 없는 것이었다. 전형적으로 칼빈주의적인 문장으로 이루어진 기초안을 총회는 채택하였다.

그 후 히틀러에 대한 충성을 맹세하는 서약을 거부한 이유로 바르트는 교수직에서 해직을 당하였고, 1935년 2월에 학생들에게 이별사를 남기고 강단을 떠났다. 그의 마지막 충고는 "주석, 주석, 그리고 또 한번 주석!··· 우리에게 주어진 말씀, 성서를 굳게 붙들라"였다고 한다. 같은 해에 그는 네덜란드의 우트레히트(Utrecht) 대학에서 16회에 걸쳐 'Credo'(사도신경 해설)를 강연했다. 여기서 그는 신앙을 하나님의 현실의 인정 및 결단과 고백으로 정의했고, 예수 그리스도에 대한 인식이 창조 신앙의 원천이기도 하다고 역설했다.

1935년 5월에 바르트는 독일을 떠나 스위스로 되돌아갔으며, 바젤(Basel) 대학의 교수가 되어 온 세계로부터 몰려오는 많은 학생들을 가르쳤다. 1945년에 독일로 다시 여행할 수 있었던 그때까지 그는 10여 년 동안, 뜨거운 애정과 비판적인 동정을 갖고 독일과 함께 호흡하며 살았다. 스위스에 있으면서도 그는 매우 적극적으로 말과 문서로 정치적인 투쟁에 참여했으며, 방송과 편지 등을 통해 독일인을 비판하고 격려하였다. 이것은 나중에 《한 스위스인의 목소리》(Eine Schweizer Stimme)라는 책으로 발간되었다. 이제 우리는 1933년과 1945년 사이에 드러난 바르트의 교회론을 고찰해 보자.

2. 교회의 본질

1. 교회의 자리

종교개혁자들은 "우리가 어디서 참된 교회를 발견할 수 있는가"라는 문제를 가지고 씨름했다. 이것은 교회의 공간적인 위치에 관한 물음이 아니라, 참된 교회와 거짓 교회를 구별하는 교회의 참된 표지에 관한 물음이었다. 바르트는 참된 교회의 표지를 어디에서 찾았는가? 그에 의하면 하나님이 인간에게 말씀하셨기 때문에, 인간이 그 말씀을 듣는 바로 그곳에 교회가 존재한다. 교회가 참된 용기와 진정한 의의를 가질 수 있으려면 "많은 숫자, 도덕적인 자질, 활동적인 프로그램 혹은 외부로 향한 영향력과 인기에서 잘못된 용기를 발휘하고 그 의의를 찾으려는 것을 과감하게 포기하고 오로지 하나님의 말씀을 듣는 것에만 몰두해야 한다."[1]

바르트에 의하면 오직 인간이 하나님의 말씀을 듣는다는 사실만이 교회를 세우고 보존하고 교회를 참된 교회가 되게 한다.[2] 바르트가 진정한 교회의 표지(標識)로서 하나님의 말씀을 강조한 것은, 하나님의 말씀 외에 그리고 그것과 나란히 다른 것(즉 독일인의 피와 영웅적인 히틀러)을 추종하려던 당시 교회의 잘못된 시도에 맞선 그의 예언적인 외침이었다. 그러나 참된 교회의 표지에 관한 바르트의 이런 입장은 「아우그스부르크 고백」(Confession Augstanna: 1530년에 채택된 루터교 신앙고백) 제7항을 따른 것이기도 하다;

"항상 하나의 거룩한 그리스도의 교회는 존속하는데, 그것은 모든 신도들의 모임이며, 거기에서는 복음이 순수하게 선포되고 거룩한 성례가 복음에 따라

---

1) K. Bath, Offenbarung, Kirche, Theologie, 1934, in: Theologische Fragen und Antworten, Zollikon 1957, 167.

2) Ibid 168.

집행된다고 가르친다."[3]

칼빈(Calvin)도 이와 동일한 입장을 표명한 적이 있다;

"왜냐하면 하나님의 말씀이 순수하게 설교되고 들려지는 것, 그리고 성례가 그리스도의 제정에 따라 집행되는 것을 우리가 인정하는 곳이라면 그 어디에나 하나님의 교회가 우리 앞에 있다는 것은 결코 의심할 여지가 없기 때문이다."[4]

바르트는 특히 성례에 특별한 의미를 부여하기보다는, 말씀에 더 큰 의미를 부여한 칼빈의 전통 속에 있음을 볼 수 있다. 바르트에 의하면 하나님의 말씀을 듣는다는 것은 곧 성서의 말씀을 듣는다는 것과 다름이 없다. 그러므로 하나님이 "성서를 통해" 위대한 행위의 언어로 말씀하시고 인간이 이것을 듣는 바로 그곳에 교회가 생기고 존재한다. 하나님에 대한 교회의 충성은 구체적으로 "성서에 대한 충성"으로 나타난다.

교회다움은 바로 이것에 달려 있다. 그에 반해 멋대로 생각해낸 하나님과 인간에 대한 표상(表象) 위에 세워진 구원 계획과 구원 방법이 지배하는 곳에는 교회가 존재하지 않는다.

바르트에 의하면 우리가 신앙하는 하나님은 인간이 스스로 발견하여 거기다 하나님의 이름을 덮어 씌운 그 어떤 능력이나 진리 혹은 존재가 아니라, 계시 속에서 행동하시고 심판하시고 용서하시고 거룩하게 하시면서 인간에게 다가오시는 인간의 진정한 주님이시다. 따라서 교회는 하나님의 말씀이 계시된 성서를 항상 겸손하게 연구하고 주석하고 그리고 여기에 자신을 견주어 보아야 한다.[5] 교회는 오로지 하나님과 그분의 음성 그리고 성서의 증언에

---

3) H. Steubing (Hrsg.), Bekenntnisse der Kirche, Wuppertal 1985, 42.

4) J. Calvin, Unterricht in der christlichen Religion(Instutio Christianae Religionis), nach der letzten Ausgabe, übersetzt und bearbeitet von O. Weber, Neukirchen-Vluyn 1984, 691.

5) K. Barth, Offenbarung, Kirche, Theologie, 170ff.

만 관심을 기울여야 한다.[6]

그리고 바르트는 성서의 원천과 핵심과 대상이 예수 그리스도라는 사실을 강조한다.[7] 교회의 메시지는 모두 예수 그리스도와 관련되어 있다. 「바르멘 신학선언」 제1항도 "예수 그리스도가 성서에서 증언된 대로 우리가 듣고 신뢰하고 순종해야 할 유일한 하나님의 말씀이라"고 선언한다.[8] 이 말씀 외에는 그 어떤 사건들·권세들·형상들·진리들도 하나님의 계시와 교회 선포의 원천으로 인정될 수 없다.[9] 그러므로 두 세 사람이 예수 그리스도의 이름으로 모인 곳, 예수의 말씀을 듣고 그 말씀을 통해 그분의 영과 숨결을 받아들이는 곳에 교회가 있다.[10]

따라서 "교회가 참된 교회인가"라는 물음에서 결정적인 해답은 오랜 역사, 의식의 미(美), 그 업적·헌금·도덕·신학이 아니다. 참된 교회와 잘못된 교회가 갈라서는 분기점은, 예수 그리스도가 그 속에서 힘차게 들려지고 있고 그분에 대해 질문되고 있는지에 달려 있다. 그것은 교회의 성공과 외적인 안전·확장·미덕과 지혜에 있지 않다.[11]

2. 형제들의 공동체로서의 교회

"교회가 무엇이 아닌가"라는 물음에 확실한 대답을 내리다 보면, "교회가 무엇인가"라는 물음에 대한 대답도 자연히 주어진다. 그러므로 바르트가 "교회가 아니라"고 말하는 교회를 먼저 언급할 필요가 있다. 그는 교회가 제도화

---

6) K. Barth, Gotteserkenntnis und Gottesdienst nach reformatorischer Lehre, Zürich 1938, 175.

7) K. Barth, Die theologische Voraussetzung kirchlicher Gestaltung, in: Theologische Fragen und Antworten, 253.

8) K. Barth, Kirche oder Gruppe, EvTh. 2. 1936, 209.

9) K. Barth, Texte zur Barmer Theologischen Erklärung, 2f.

10) K. Barth, Verheißung und Verantwortung der christlichen Gemeinde im heutigen Zeitgeschehen, 1945.

11) K. Barth, Gotteserkenntnis und Gettesdienst, 170f.

된 하나님의 계시인 것처럼 주장하는 로마 가톨릭 교회관을 배격한다. 왜냐하면 가톨릭 교회에서는 하나님의 뜻과 진리와 은총이 인간의 소유물로 변하거나, 인간이 임의로 처분하고 다스릴 수 있는 대상이 되고 말았기 때문이다. 그러나 바르트에 의하면 교회는 인간의 구원 방법과 구원 장치와 동일시될 수 있는 하나님의 나라가 아니다.[12] 바르트는 교회와 하나님 나라의 차이를 엄격히 고수한다;

"우리는 교회를 오직 하나님의 나라와 상이성 속에서만 인식한다. 교회는 하나님의 나라가 예수 그리스도의 출현 속에서 가까이 그러나 비로소 가까이 왔다는 그 사실로 인해 세워진다."[13]

"교회는 그 모든 행위 속에서 이 한계를 바라보아야 한다. 교회는 다음과 같이 기도하고 간구해야 한다;

"나라가 임하옵소서!" 교회는 분명히 기다리고 재촉하는 교회다. 여기서 교회는 실로 아직 이 목표에 이르지 못했다."[14]

"교회는 하나님의 나라를 창조할 수도 없거니와, 그분의 계시를 끌어올 수도 없다. 교회는 오직 기도할 뿐이다. 나라가 임하옵소서."[15]

"바르트에 의하면 교회는 하나님의 나라가 아니라, 예수 그리스도의 승천과 재림의 중간 시기에 있는 그리스도의 나라의 실존 형태일 뿐이다."[16] 그리고 바르트는 교회가 하나님의 계시로부터 인가에게 흘러들어 왔다고 믿어지는 인상(印象)과 경험과 감정을 보호하기 위해 자유롭게 결성된 단체인 것처럼 주장하는 당대의 현대주의자들의 교회론도 반박했다. 바르트에 의하면 교회는 계시에

---

12) K. Barth, Offenbarung, Kirche, Theologie, 166.

13) K. Barth, Credo, 129.

14) Ibid.

15) K. Barth, Verheißung und Verantwortung, 325f.

16) K. Barth, Die Kirche und die Kirchen, in: ders., Theologische Fragen und Antworten, 221.

대한 인간의 선택·결단·태도 표명으로부터 생겨난 것이 아니라, 하나님이 인간에 대해 내리신 선택과 결단과 태도 표명으로부터 생겨났다. 교회는 종교단체가 아니다.[17] 교회는 경건한 인간들의 교회가 아니라 예수 그리스도의 교회다.[18] 「바르멘 신학선언」 제3항에서 바르트는 교회를 "예수 그리스도가 말씀과 성례 속에서 성령을 통해 주님으로서 현존하시면서 행동하시는 형제들의 공동체"로 정의했다. 여기서 우리는 이런 교회관이 그 구조에서 「아우그스부르크 신앙고백」의 교회론과 거의 일치하며, 또 세밀한 문장 구조에 이르기까지 이것을 수용했다는 사실을 확인할 수 있다.[19] 「아우그스부르크 신앙고백」 제7항은 다음과 같이 고백한다;

"거룩한 그리스도의 교회는 복음이 순수하게 선포되고 복음에 따라 성례가 집행되는 모든 신자들의 모임이다."[20]

그러나 양자 간의 차이점도 간과되어선 안 된다. 「바르멘 신학선언」은 예수 그리스도가 교회에서 주님으로 행동하신다는 사실을 강력하게 부각시켰다. 그러나 거의 문자적으로 루터(Luther)의 입장에 따라 멜랑히톤(Mclanchton)이 기초했던 「아우그스부르크 신앙고백」에는 그리스도론적인 규정이 빠져 있다.[21]

교회는 「형제들의 공동체」로 모이는 단체다. 비록 제3항에는 '모임'이라는 표현이, 분명히 나타나지 않지만 그 안에 암시되어 있다. 이 교회론을 해석할 수 있는 신약성서의 핵심 구절은 마태복음 18장 20절("누구든지 두 세 사람이라도 내 이름으로 모이는 그곳에 나도 함께 있을 것이다")이다. 여기에는 예수의 이름을 부르고 선

17) K. Barth, Verheißung und Verantwortung, 167.

18) A. a. O., 174.

19) R. Weth, Barmen als Herausforderung der Kirche, München 1984, 98.

20) H. Steubing(Hrsg.), Bekenntnisse der Kirche, Wuppertal 1985, 42.

21) K. Scholder(Hrsg.), Die Bedeutung des Barmer Bekenntnisses für die Evangelische Theologie und Kirche, in: EvTh. 27, 1967, 446ff.

포하기 위한 인간 모임의 활동성과 사회성이 분명히 결합되어 있다.[22] 즉 교회는 어떤 경우든지 모임, 무리, 공동체이며, 특별히 형제들과 자매들의 공동체다.[23]

「형제들의 공동체」라는 교회 개념은 「바르멘 신학선언」 제3항에서 '그리스도의 몸' 이해와 매우 밀접하게 결합되어 있다. 즉 교회는 예수 그리스도를 머리로 삼고 있는 몸이다. 교회는 민족, 국가, 사회 단체가 아니라 「형제들의 공동체」이고, 그것도 피로 이루어진 것이 아니라 그의 머리이신 예수 그리스도 안에서 형제가 된 자들의 공동체다.[24] 그리스도인들은 모든 것을 예수를 통해 또 그분 안에서 공유하고 있고, 서로에게 속해 있으며 형제와 자매로서 함께 살고 있다. 그들은 예수를 머리로 삼고 있는 한 몸의 여러 지체들이다.[25]

3. 교회의 주님으로서의 예수 그리스도

"예수 그리스도가 교회의 주님이시라"는 신앙고백은 특히 「바르멘 신학선언」에서 첨예하게 천명되었다. 바르멘 총회가 소집된 가장 큰 이유는, 예수 그리스도가 교회의 주님이 되심을 다시 한번 확인하려는 것이었다. 이 총회는 누가 이 세상과 교회에서 통치하는지, 그리고 교회가 누구의 음성을 듣고 누구를 신뢰하고 누구에게 복종해야 하는지 분명히 물었고, 예수 그리스도가 그 몸의 머리요 교회의 주님이 되신다는 사실을 확고하게 밝혔다.[26] 예수 그리스도는 교회 안에서 주님으로서 현존하시면서 행동하시고, 이 행동을 통해 항상 새롭게 교회를 창조하시고 교회를 보존하신다. 그런 의미에서 그분

---

22) R. Weth, a. a. o., 27ff.

23) K. Barth, Die Kirche und die Politische Frage von heute in: K. Barth. Eine Schweizer Stimme, 69.

24) K. Barth, Kurze Erläuterung der Barmer Theologischen Erklärung, 1934, in Rohkrämer (Hrsg.), a. a. o., 2f.

25) K. Barth, Verheißung und Verantwortung, a. a. o., 309.

26) E. Busch, a. a. o., 260.

은 교회의 첫째 가는 본질적인 주제이시다.[27]

그리스도와 교회의 이런 본질적인 상관성에 대한 진술은 「바르멘 신학선언」 제3항의 앞머리 성서 구절(엡 4:15-16)에 의해 미리 제시되었다; "오직 사랑 안에서 참된 것을 하여 범사에 그에게까지 자랄지라. 그는 머리니 곧 그리스도라. 그에게서 온 몸이 상합하여." 예수 그리스도는 자신의 통치 속에서 왕이 되신다.[28] 예수 그리스도는 성서 안에 주어진 증언이라는 구체적인 형태 속에서 다스리신다.[29] 그분은 성령의 현존 속에서 다스리시되, 말씀과 성례를 떠나서 다스리시는 것은 아니다. 오히려 그분의 신적인 행동은 이런 특별한 인간의 행동과 결합되어 있다.

그렇다고 해서 예수 그리스도가 말씀과 성례 속에 용해되어 사라지는 것은 아니고, 그런 인간 행동에 의해 대변되거나 대체되는 것도 아니다. 그분은 말씀과 성례 속에서 인간적인 행동을 이용하면서도 여전히 교회 안에서 자유로운 주님으로 머물러 계신다. 이런 사실은 다음과 같이 분명히 표명되었다; "말씀과 성례 속에서 성령을 통해 주님으로 현존하시면서 행동하신다."[30] 그러므로 이 문장은 모든 종류의 조작 가능성과 자율성을 배제하고 있다.[31] 예수 그리스도는 항상 주님으로서 다스리신다.

그리고 교회는 십자가와 부활 그리고 종말시의 하나님 나라 사이의 중간 시기에 다스리시는 예수 그리스도의 통치의 특별한 형태로 존재한다. 이처럼 제3항의 고백을 통해 「바르멘 신학선언」은 개신교회가 종교개혁 이래로 상실해온 것(즉 복음주의적인 교회론)을 회복하였다. 이제 교회론은 그리스도론으로부터 규정되었다. 즉 먼저 예수 그리스도에 관해 언급함으로써, 바로 그 다음에 교회에 관해서도 언급할 수 있게 되었다. 이로써 「바르멘 신학선언」은 종교개

27) R. Weth, a. a. o., 98.
28) K. Barth, Gotteserkenntnis und Gottesdienst, 157.
29) K. Barth, Credo, 121.
30) R. Weth, a. a. o., 99ff.
31) A. a. o., 16.

혁 이래로 처음으로 교회의 본질을 그리스도론적으로 정립할 수 있었다.[32]

3. 교회의 사명

1. 증언 봉사의 주체로서의 교회

격변하는 독일의 교회적·정치적인 상황에 대한 바르트의 최초의 공개적인 입장 표명이었던 《오늘의 신학적 실존》에서 그는 다음과 같이 말했다;

> "하나님의 말씀이 선포되고 들려져야 한다는 요구보다 더 절박한 주장은, 이 세상에서 있을 수 없음에 관해 우리 모두 교회에서 일치된 견해를 갖고 있다."[33]

바르트는 하나님이 말씀으로 만물을 유지하시고, 모든 물음에 대한 해답을 주시고, 그분이 창조하신 모든 것을 보존하시고 그 진정한 목표로 이끌어 가신다는 사실을 깊이 확신하고 있었다. 이 세상의 어떤 것도 그분의 말씀 없이는 존속하거나 번영할 수 없다. 따라서 우리는 우리의 선포와 가르침을 통해, 교회와 세상 속에서 하나님의 말씀에 봉사해야 한다.[34] 하나님의 말씀을 선포하는 것이 곧 교회 사명의 핵심이다. 이 임무는 다른 그 어떤 것보다 못하거나, 다른 것과 똑같은 것일 수 없다. 사람들이 원하든 원하지 않든, 이해하든 말든, 좋다고 하든 싫다고 하든, 이 임무는 수행되어야 한다.[35] 「바르멘 신

32) K. Scholder, a. a. o., 442.

33) K. Barth, Theologische Existenz heute! 1933, München 1984, 27f.

34) A. a. o., 28.

35) A. a. o., 84f.

학선언」 제6항은 교회의 이런 사명을 다음과 같이 분명히 하고 있다;

> "교회 자유의 근거이기도 한 교회의 임무는, 그리스도 대신에 그리고 교회와 성례를 통해 그분의 말씀과 사역에 봉사하면서 값없는 은총의 복음을 모든 백성에게 전하는 데 있다."

교회는 그리스도의 사역과 위로의 능력을 받아 은총을 입은 죄인들의 교회가 되었기 때문에, 그분의 분부에 따라 죄많은 세상 한복판에서 증인이 되어야 한다. 여기서는 교회의 선교적 임무뿐만 아니라, 교회의 유혹에 대해서도 언급되었다. 만약 교회 안에서 예수 그리스도를 증거하지 않는 것이 있다면, 그것은 교회의 사명과 아무 관계도 없다. 오히려 바로 그 때문에 교회는 때때로 지배하는 세계관적·정치적인 확신의 변화에 편승할 위험에 빠진다.

여기서 주목할 점은, 제3항이 신앙과 순종의 관계와 복음과 직제의 관계를 불가분리한 것으로 주장하고 있다는 사실이다. 순종과 직제는 동등하게 교회의 사명에 속해 있다. 물론 순종은 신앙으로부터, 또 직제는 복음으로부터 나온다는 내적인 필연성이 존재한다. 따라서 루터의 신앙고백서에 교회 직제가 빠져 있기 때문에, 교회의 직제를 그 본질로부터 분리하는 법을 만들 수 있을 것이라는 오해는 제거되었다.[36]

바르트에 의하면 목회 상담, 사회적인 자선 활동, 문화적·정치적인 과제에 대한 협력 등 그 어떤 것들도 증언의 사명에 대해 독립적인 위치와 가치를 지닐 수 없다.[37] 교회의 존재는 오직 명령하고 구속(拘束)하는 이 증언의 임무로부터만 주어진다. 이 임무는 하나님의 영원한 말씀이 인간 예수 그리스도가 되심으로써, 모든 인간에게 영원히 타당한 말씀으로 들려졌다는 사실과 더불어 주어졌다.[38] 그리고 교회의 증언 봉사는 하나님의 능력 속에 나타나신 예

---

36) K. Scholder, a. a. o., 455.

37) K. Barth, Credo, a. a. o., 125.

38) K. Barth, Die Kirche und die Kirchen, 216.

수 그리스도를 고백으로 반복하는 데 있다. 그분은 아버지를 가리키시는 예언자, 하나님 앞에 선 대언자·제사장·왕·주님 그리고 구세주이시다.[39]

하나님의 말씀은 예수 그리스도 외에 그 어떤 다른 이름과 내용을 갖고 있지 않다.[40]

그런데 바르트에 의하면 예수 그리스도에 대한 증언은 단순한 반복이 아니라, 항상 예수 그리스도에 대한 고백의 명확한 반복이다. 즉 그것은 특정한 시대와 그 가능성으로 인해 규정되는 신앙고백이다. 그러므로 신앙고백은 불가피하게 교회와 세상을 움직이는 시대의 질문 속으로 개입해 들어가면서 수행된다. 신앙고백은 시대 정신으로부터 나올 수 없지만, 그것에게 또 그것과 함께 말한다. 그래서 신앙고백을 할 때 교회는 "옳은 것은 옳다. 흰 것은 희고, 검은 것은 검다"고 결정적으로 말해야 한다.

교회가 어떤 편에 서는 모습을 보일까 두려워서, 그 어떤 편에도 서지 않으려고 한다면 결국 악마와 타협하고 만다.[41] 그런 교회는 "좋은 명성과 깨끗한 외모를 위해 신경을 쓰느라고 영원히 침묵하는 교회, 영원히 명상하고 토론하는 교회, 영원히 중립적인 교회이며, 하나님 나라의 초월성에만 너무 골몰하는 나머지 짖지 못하는 개와 같은 교회다."[42]

2. 시대 사건(時代事件) 속에서의 교회의 증언 책임

바르트에 의하면 특정한 시대 속의 명확한 고백으로 나타나는 예수 그리스도에 대한 증언은, 교회로 하여금 당대의 시대 사건에 대해 책임적이게 한다. 교회가 예수 그리스도의 말씀을 듣게 되고 선포할 때 시대를 떠난 어떤 추상적인 영역 속에 있지 않고 바로 시대 속에 있기 때문에, 교회는 시대 속

---

39) K. Barth, Die Kirche und Politische Frage von heute, a. a. o., 71.

40) K. Barth, Theologische Existenz heute!, 28.

41) K. Barth, Die Kirche und die Politische Frage von heute, a. a. o., 72ff.

42) A. a. o., 76.

에서 일어나는 모든 것과 연루되어 있고 그것의 도전과 요구를 받게 되어 있다. 그러므로 교회는 모든 시대에서 시대 사건에 참여해야 한다.[43] 그런데 바르트는 먼저 교회가 빠지기 쉬운 세 가지 유혹을 지적하고 이에 저항하여 싸울 것을 강조했다.

첫째 유혹은 마치 시대 사건이 우리와 아무 상관 없는 것처럼 그것에 대해 무관심하는 것에 있다. 그러나 인간적인 것이라고 해서 그것을 쳐다보지 않으려는 사람은 하나님의 일도 보지 못할 것이다.[44]

둘째 유혹은 더 큰 유혹으로서, 마치 우리가 어디서나 오직 인간적인 것만 볼 수 있을 뿐이고, 게다가 그것도 거의 항상 악하고 슬픈 모습으로 나타나는 것처럼 그리고 마치 통치하시는 하나님이 전혀 존재하지 않는 것처럼 시대 사건 속에서 하나님의 존재를 부정하는 태도에 있다.[45]

셋째 유혹은 거짓 신을 경배하고, 시대 사건 속의 인간적인 요소를 하나님의 것과 혼동하고, 스스로 어떤 신을 고안하고 발명하고 선택하고 끌어들이려는 시도에 있다.[46] 그러나 예수는 주님이시고 승리자이시다. 예수는 인간을 위해 모든 유혹을 완전히 물리치셨다. 예수가 신앙되는 곳에서 인간은 그분의 저항을 본받아 그 유혹을 끝까지 물리칠 수 있다. 교회는 이것도 증언해야 한다.[47]

이런 관점에서 독일 제3제국의 시대 사건 속에서, 교회가 책임적으로 증언해야 할 것이 무엇이었는지 바르트가 지적한 세 가지 내용을 살펴보기로 하자.

첫째는 「하나님의 나라」다. 교회는 참으로 아브라함과 이삭과 야곱의 하나님, 예수 그리스도의 하나님이 통치하신다는 것을 증언해야 할 사명을 갖고 있다. 물론 이 사실은 예수 안에서 계시되었으나, 시대 사건 속에서는 항상 은폐

---

43) K. Barth, Verheißung und Verantwortung, a. a. o., 310.

44) A. a. o., 311f.

45) A. a. o., 312.

46) Ebd.

47) A. a. o., 324.

되어 있다. 그렇지만 그것은 시대 사건 속에서도 전혀 볼 수 없는 것은 아니기 때문에, 눈을 가진 자들에게는 권능있는 「하나님 증명」으로 읽을 수 있다.

교회는 항상 볼 수 있다는 약속을 갖고 있다. 교회가 볼 수 있기 때문에 교회는 "하나님이 이 악한 세상도 통치하시고 악한 사람들의 주님도 되시고 그들의 심판자 ·구원자·보호자라는 사실, 그리고 이 악한 세상과 악한 사람들도 하나님이 멸망하도록 내버려 두시지 않고 그분의 품 안에 안겨 있다는 사실을 고백하고 선포하도록"[48] 요구받고 있다.

둘째는 하나님이 지상에서 옳고 자유로운 국가를 필요로 하신다는 사실이다. 교회는 인간이 어리석음과 악함에 빠지지 않기 위한 하나님의 인내의 섭리로서 하나님에 의해 제정된 진정하고 올바른 권력과 권세를 존중해야 한다. 진정한 정치는 하나님께 드리는 예배이기도 하다. 지상의 정의와 자유는 하나님의 선물이기도 하다. 그러므로 교회는 옳고 자유로운 국가를 보존하고 발전시키는 일에 무관심해서는 안 된다. 물론 교회가 스스로 정치하고 통치하려고 나설 수 없고 또 그래서도 안 된다.[49]

교회는 자신의 특수한 임무를 넘어서 일종의 국가가 되려고 한다거나 국가의 과제와 가치를 지니려고 해서는 안 되고, 스스로 하나의 국가 기관이 되려고 해서도 안 된다.[50] 교회는 언제나 교회로 머물러 있어야 한다.[51] 그러나 교회는 정치가 예배이고 정의와 자유가 하나님의 선물이라는 사실을 백성들과 통치자들에게 증언할 사명이 있다. 교회는 국가 안에서 국가를 통해 일어나는 것에 책임을 느껴야 한다.[52] 교회는 국가에게 하나님의 나라와 국가의

---

48) A. a. o., 326.

49) A. a. o., 327.

50) K. Barth, Texte zur Barmer Theologischen Erklärung, a. a. o., 4.

51) K. Barth, Rechtfertigung und Recht, 1935, in: Theologische Studien, 104, 1970, 39. 교회와 국가에 관한 바르트의 입장에 관해서는 이 논문 외에 「교회 공동체와 시민 공동체」(Christengemeinde und Burgergemeinde: 1946)를 참조하라.

52) K. Barth, Verheißung und Verantwortung, a. a. o., 328.

통치적·보존적인 책임을 환기시켜야 한다.[53]

셋째는 사죄에 관한 말씀이다. 교회는 죄인이라도 멸망하지 않고 회개하고 생명을 얻길 원하시는 하나님의 은혜로부터 산다. 교회는 이 자비로우신 하나님이 통치하신다는 사실, 홀(笏)을 잡고 계신 분이 바로 인내와 위로의 하나님이시라는 사실을 증언해야 한다. 교회는 모든 백성들에게 사죄의 말씀이 선포되어야 하는 일에 책임이 있다.[54]

4. 교회의 형태

교회는 이 세상 속에서 어떤 형태를 취해야 하는가? 이런 질문에 대답하기 위해서는 먼저 교회를 설립하는 일에 결정권을 가진 자(즉 교회를 만드는 자)가 누구인지를 묻고 이에 답해야 한다. 이것은 교회 형성의 신학적인 전제(前提)에 관한 물음이다. 바르트에 의하면 교회 형성의 전제는 결코 어떤 인간적인 자의(恣意)나 역사적·심리적인 조건이 될 수 없다.[55] 교회의 형성의 신학적인 전제는 하나님의 뜻과 지시에 대한 순종이고[56] 결정적인 것은 하나님의 값없는 은총이다.

그러므로 교회 형성은 교회에 이미 주어진 것이고, 항상 새롭게 인식하고 인정해야 할 질서의 사항이다.[57] 모든 교회의 형성은 예수 그리스도의 영적인 직분의 행위다. 오직 그분만이 교회를 형성하신다.[58] 그렇다면 바르트는

53) K. Barth, Kurze Erläuterung der Barmer Theologischen Erklärung, 22.

54) K. Barth, Verheißung und Verantwortung, 329ff.

55) K. Barth, Die theologische Voraussetzung kirchlicher Gestaltung, 329ff.

56) A. a. o., 235.

57) A. a. o., 251.

58) A. a. o., 235.

어떤 것을 참된 교회의 형태로 간주했는가? 무엇보다도 그는 모든 종류의 지배를 거부한다;

> "교회는 지배의 표지가 아닌 다른 표지를 세워야 한다. 교회의 임무는 그 나름대로 지배를 이룩하는 데 있지 않다. 즉 세상의 도시에 맞서서 하나님의 도시를 세우거나, 불경한 자들의 나라에 맞서서 경건한 자들의 나라를 세우거나 악의 바다 가운데서 의롭고 축복받은 자들의 나라를 세우는 것이 교회의 임무가 아니다."[59]

그러므로 바르트는 성직주의(聖職主義)를 배격한다. 그에 의하면 성직주의는 자연과 은총의 일치에 관해 일가견이 있다고 생각하는 자들의 지배다. 어떤 형태를 띠든지 그것은 적그리스도의 통치다. 교회 위에 세워지는 표지인 겸손과 봉사는 성직주의적인 겸손과 봉사로부터 철저히 구별되어야 한다. 그렇지 않으면 그 교회는 교회가 아니다.[60]

바르트는 교회의 참 모습은 지배에 있지 않고 오직 봉사에 있음을 역설한다.[61] 교회는 형제들과 자매들의 공동체로서, 오직 봉사하는 모습으로 활동해야 한다는 것은 「바르멘 신학선언」 제4항에서도 뚜렷이 강조되었다;

> "교회 안의 다양한 직책들은 어떤 직책들이 다른 직책들을 지배하기 위한 것이 아니라, 온 공동체에 위탁되고 명령된 봉사를 수행하기 위한 기초다. 우리는 마치 교회가 이 봉사를 떠나서 통치권을 부여받은 특별한 영도자들을 허용하거나 허용하게끔 할 수 있고 또 해도 되는 것처럼 가르치는 잘못된 가르침을 배격한다."

---

59) K. Barth, Offenbarung, Kirche, Theologie, 173.

60) A. a. o., 174.

61) A. a. o., 173.

볼프(E. Wolf)의 해석에 따르면 이 제4항은 다음과 같은 지배 형식의 가능성을 배격한다. 첫째는 직무 수행자들이 교인들에게 행사하거나 그 반대로 행사할 수 있는 지배이고, 둘째는 상부 기관이 설교자에게 행사할 수 있는 지배이고, 셋째는 외부로부터 주어진 전권자들(예를 들면 정부에서 특별히 임명한 교회 관리들)의 지배다.[62]

봉사하는 형제들의 공동체로서의 교회에 관한 진술은, 앞머리에 있는 성서 구절["이방인의 집권자들이 저희를 임의로 주관하고 그 대인(大人)들이 저희에게 권세를 부리는 줄을 너희가 알거니와 너희 중에는 그렇지 아니하니 너희 중에 누구든지 크고자 하는 자는 너희를 섬기는 자가 되고"(마 20:25-26)]에 의해 이미 암시되었다.

「바르멘 신학선언」은 봉사를 교회 생활의 형태로 천명했다. 교회 안에서는 예수의 이름 아래 지배 체제가 무너진다. 이런 이유에서 바르트는 교회를 '봉사'라는 근본 원칙 아래 두었다. 그는 세상적인 지배 형태를 거부했고, 교회를 각자가 받은 은사(남을 섬기는 은사)로 조직되는 형제들과 자매들의 공동체로 이해했다.

그러므로 교회의 형성 원리는 각 지체들이 서로를 섬기면서 그리스도의 몸을 세우기 위해 다양한 은사들로 협동하는 원리다.[63] 그러나 바르트는 「바르멘 신학선언」에서 다양한 직책들에 관해 언급했지만, 봉사와 형제 사랑 이상의 것에 관해서는 말하지 않았다. 왜냐하면 이 선언의 목적이 처음부터 영적인 직무론을 전개하려는 데 있지 않았기 때문이다. 그것은 오로지 영적인 직무의 표지와 한계가 되는 것만 말했을 뿐이다.[64]

---

62) E. Wolf, Barmen, Kirche zwischen Versuchung und Gnade, Beiträge zur Evangelischen Theologien Bd. 27, München 1957, 132.

63) A. Burgsmüller (Hrsg.), Kirche als Gemeinde von Brüdern, Barmen II, Votum des Theologischen Ausschusses der Evangelischen Kirche der Union, Bd. 2, Gütersloh 1980, 44.

64) E. Wolf, a. a. o., 132f.

5. 참된 교회와 거짓 교회 사이에서 투쟁하는 교회

1937년과 1938년 두 해에 걸쳐 스코틀랜드에서 행한 기포드 강연(Gifford Lectures)인 『종교개혁자들의 가르침에 따른 하나님 인식과 하나님 예배』에서 바르트는 다음과 같이 말했다;

"교회는 자신이 참된 교회인지 거짓된 교회인지에 대한 질문을 통해 항상 위협받고 있다. 그것도 아마 자신이 참된 교회라고 가장 확실하게 생각할 때에 가장 그러할 것이다."[65]

또한 바르트는 다음과 같이 말했다;

"교회는 참된 교회를 위한 투쟁 속에 있다. 모든 교회는 그 속에 「참된 하나의 거룩한 교회」가 존속하고 있는지에 대한 질문 앞에 서 있다."[66]

이미 1934년에도 바르트는 이와 비슷한 경고를 말한 적이 있다;

"예수 교회는 오로지 하나님의 은혜로부터 산다. 그러나 교회는 오류와 타락에 맞선 고백의 투쟁 속에서 산다. 이제 우리는 결단 앞에 서 있다. 순종이냐 불순종이냐 고백이냐 부인(否認)이냐를 결단해야 한다."[67]

---

65) K. Barth, Gotteserkenntnis und Gottesdienst nach reformatorischer Lehre, a. a. o., 166f. 바르트는 1937년에 '하나님 인식'의 제목 아래, 그리고 1938년에는 '하나님 예배'의 제목 아래 각각 10 항목씩 구별하여 강연했는데, 이것이 한데 묶여 1938년에 『개혁자들의 가르침에 따른 하나님 인식과 하나님 예배』라는 제목 아래 출판되었다.

66) A. a. o., 168.

67) K. Barth, Kirche, gestern, heute, morgen in: EvTh, 1934, 292.

그러므로 바르트는 예수의 가르침대로 교회가 항상 깨어 기도할 것을 강조했다. 하지만 독일 교회는 제3제국 속에서 시련과 유혹에 빠졌다. 바르트는 독일 교회가 어떤 유혹과 시련에 빠졌다고 보았을까?

첫째로 독일 교회는 성서 속의 유일한 계시 외에 자연·역사·백성 속에서 다른 계시를 추가하려고 한 유혹에 빠졌다.[68] 독일 교회는 하나님의 음성 외에 다른 음성을 들었고, 이 둘을 다시 사이좋게 화해시키려고 했다.[69] 독일 교회는 다른 것을 주장하는 요구의 힘에 밀려, 하나님의 말씀의 능력과 배타성을 더 이상 인정하지 않으려는 그 당시의 유혹에 빠졌다. 독일 교회는 국가사회주의의 노도(怒濤)와 같은 매력적인 인상 아래서 하나님을 예수 그리스도 밖에서 찾았고 예수 그리스도를 성서 밖에서 찾았다.[70]

물론 바르트도 하나님이 온 세상과 온갖 형상들과 사건들과 권세들을 장악하고 계시하신다는 사실을 부인하지 않았다. 단지 그는 그러한 것들이 예수 그리스도 안에 있는 하나님 인식과 다른 인식을 제공한다는 것을 부인했다. 그에 의하면 하나님은 자신을 하나의 장소에서 분명히 드러내셨다. 그리고 우리가 하나님의 말씀이 어디에 있느냐고 묻는다면, 우리는 이 한 장소를 견지해야 한다. 그곳을 지나치는 모든 말은 교회의 배반과 교회 파괴를 의미한다.[71]

둘째로 독일 교회는 자신의 소명을 다른 곳에서 온 소명으로부터 해석하고 형성하려고 하는 유혹에 빠졌다.[72] 독일 교회는 그 당시 지배하던 영들이 일으킨 당혹감과 어지러움 아래 주변 세계의 소원을 충족시키고 그 조건들을 받아들이려고 했다.[73]

---

68) A. a. o., 290.

69) A. a. o., 293.

70) K. Barth, Theologische Existenz heute!, 30.

71) K. Barth, Kurze Erläuterung der Barmer Theologischen Erklärung, a. a. o., 19.

72) A. a. o., 40.

73) K. Barth, Die Christliche Gemeinde in der Anfechtung, 1942, in: Theologische Fragen und Antworten, 295f.

셋째로 독일 교회가 무책임하게 세계사의 어떤 형태와 결합하려는 유혹에 빠졌다.[74] 즉 독일 교회는 히틀러와 그 부하 지휘관들의 모습 속에 나타난 영도자 원리를 교회를 위해서도 실현해야 한다고 주장했다.[75] 독일 교회는 특정한 국가 형태를 모방하여, 그에 따라 자신의 통치 형식을 형성하기를 기대했다.[76]

가장 무거운 넷째 시련은 "이와 같은 시련은 전혀 시련이 아니고 위협적인 유혹도 유혹이나 위험이 아니다. 오히려 외부 세계가 기대하는 것을 교회 스스로가 실행함으로써, 자신의 생명과 능력을 입증할 수 있는 절호의 기회라고 주장하는 사람들이 교회 한복판에서 등장했던 것이다. 이런 사람들은 시대 정신의 소리 안에서 성령의 특별한 바람과 속삭임을 들었다고 주장했다."[77]

이런 교회의 시련 속에서 열린 바르멘 총회는 「바르멘 신학선언」을 통해 복음을 국가사회주의의 세계관에 적응시키고 인종·피·국민을 계시의 둘째 원천으로 선전하려던 그 당시의 「독일 그리스도인들」의 시도에 저항했다. 「바르멘 신학선언」 제3항의 반박 문장에서 지적된 대로, 만약 교회가 "그 메시지와 직제의 형태를 때때로 지배하는 세계관적·정치적인 확신들의 변화에 내맡기려" 한다면 낯선 형체로 변하고 만다.[78]

그래서 「바르멘 신학선언」은 무엇보다 교회 안에서 「독일 그리스도인들」의 운동이 추진한 대로, 국가가 교회의 내적인 직제 안으로 개입하고 간섭하던 것에 저항했다. 그 당시 교회가 직면했던 위험은 공개적인 무신론이나 순수한 우상숭배가 아니라 기독교 신앙과 국가사회주의 세계관의 타협이었으며, 교회가 그 당시에 지배하던 세계관적·정치적인 확신에 빠져드는 것이었다.

---

74) K. Barth, Theologische Existenz heute!, 40.

75) A. a. o., 45ff.

76) A. a. o., 51.

77) K. Barth, Die Christliche Gemeinde in der Anfechtung, 297.

78) K. Barth, Texte zur Barmer Theologischen Erklärung, 3.

복음을 전혀 다른 목적을 달성하기 위한 수단으로 격하하고, 예수 그리스도를 전혀 다른 목적을 추구하는 이데올로기로 이용하려던[79] 「독일 그리스도인들」에 맞서서 「바르멘 신학선언」 제3항의 반박 문장은 이렇게 주장했다;

> "우리는 마치 교회가 그 메시지와 직제의 형태를 자신의 기호에, 혹은 때때로 지배하는 세계관적·정치적인 확신들의 변화에 내맡겨도 되는 것처럼 가르치는 잘못된 가르침을 배격한다."

그러므로 교회는 세계관적·정치적인 확신들의 변화를 항상 경계해야 하며, 그 자신의 일(즉 성서와 고백)에 머물 용기가 있어야 한다.[80] 그리고 교회의 본질과 사명의 기본 원리는 교회 형성과 그 직제의 공개적인 책임에 대해서도 적용된다. 교회는 모든 변질에 방어하면서, 오로지 예수 그리스도로 말미암아 규정되고 증언의 임무에 의해 형성되어야 한다.[81]

여기서 우리는 「바르멘 신학선언」이 교회 변질의 위험 가능성 뿐만 아니라, 그 메시지와 직제의 형태를 스스로 교만하게 조작할 위험도 경고하고 있다는 사실에 주목해야 한다. 즉 그것은 교회의 기호에 따라 그 메시지와 직제의 형태를 임의로 바꾸는 가능성에 대해 경고했다.

그러므로 교회는 자신이 참된 교회인지 거짓 교회인지, 예수 그리스도의 교회인지 적그리스도의 교회인지 항상 검증해야 한다.[82] 왜냐하면 교회는 항상 거짓 교회가 될 위험을 안고 있기 때문이다. 그러므로 진리로 오류를 극복하려는 자세가 없는 교회는 그 자체로 거짓 교회다.[83]

---

79) W. Kreck, Das Kirchenversändnis von "Barmen" als Kritische Frage an unsere Kirche heute, in: ders., Krisis der bürgerlichen Welt, München 1980, 154.

80) Ebd.

81) A. Burgsmüller (Hrsg.), Kirche als Gemeinde von Brüdern, Barmen Ⅲ, Bd. 2, a. a. o., 51.

82) A. a. o., 52f.

83) K. Barth, Gotteserkenntnis und Gottesdienst, 168.

3. 영국교회와 스코틀랜드 신앙고백의 정신*

오늘 한국교회에 제기되는 질문은 크게 두 가지로 요약할 수 있다. 무엇이 교회의 본질인지 다시 확인하고 되돌아가라는 외침이 있다. 교회 성장학과 경영학 기법의 추구와 같은 주제는 어떤 경우에도 본질일 수는 없다. 둘째로 세상에 대해 온전한 과제를 수행하는 교회로 자리 잡으라는 요구가 있다. 둘 중 어느 것이 선행되어야 하는가라는 질문을 받는다면 전자가 먼저일 것이다. 그것을 위해 신앙의 중심이 무엇인지에 대한 확인, 세속 권력을 비롯한 힘에 대한 자세의 정립, 그리고 역사의 흐름 속에서 어떤 방향을 모색해야 할 것인가라는 질문이 뒤따른다.

기독교 역사는 어떤 상황에서든지 "주님은 그리스도이십니다"(막 8:29)라는 고백과 함께 시작된 「신앙고백의 역사」라고 할 수 있다. 교회는 그리스도를 주님으로 고백하는 「고백공동체」로서의 정체성을 갖고 있다. 종교개혁이 일어났을 때도 다양한 교파들이 신앙고백을 담은 신조들을 통해 정체성을 확립하고, 앞으로 나아갈 길을 열려고 시도했다. 이 부록은 많은 신앙고백 전통 중에도 「스코틀랜드 신앙고백」에 집중해 보고자 한다. 왜냐하면 이 신앙고백이 신학적인 입장 표명과 역사적인 상황에 대한 질문 모두를 고려하는 특징을 갖고 있기 때문이다.

칼 바르트는 이 신앙고백 안에서 권력과 힘의 관계, 교회와 사회의 관계, 그리고 기독교인의 삶의 문제와 같은 주제들에 대한 지침을 찾으려고 했다. 따라서 한국교회의 모습에 대해 반성적으로 성찰하면서 교회의 나아갈 방향에 대해 모색하려고 할 때, 칼 바르트가 관찰한 스코틀랜드 신앙고백의 정신은 한국교회에게 적절한 지침을 제공할 것이다.

---

* 이 글은 이상은의 "개혁자들의 신앙고백과 한국교회 : 바르트의 스코틀랜드 신앙고백 해석"(「한국개혁신학」 vol. 57, 2018) 중에서 일부를 요약 · 정리한 것이다.

1. 스코틀랜드 신앙고백의 정신

「스코틀랜드 신앙고백」은 칼빈의 영향을 받은 존 낙스(J. Knox)에 의해 작성된 대표적인 초기 개혁주의 신앙고백이다. 이 신앙고백은 칼빈주의의 정신을 담고 있으면서도, 사회와 역사 속에서 어떤 것이 중요한 핵심이 되어야 하는지를 정확히 다루고 있다. 이 신앙고백의 성격을 누구보다 잘 간파하고, 그 해석과 적용의 가능성을 모색한 사람은 칼 바르트였다. 그는 최소한 명시적으로 두 차례의 중요한 강연을 통해 이 신앙고백을 다룬 바 있다.

첫 번째는 1923년 괴팅겐 대학에서 개혁주의 석좌 교수직을 수행하는 가운데 행한 강연이었고, 두 번째는 1938년 스코틀랜드 애버딘의 유명한 「기포드 강좌」(Gifford Lectures)의 틀 안에서 수행된 강연이었다. 특히 두 번째 강연은 제2차 세계대전을 지나 냉전 시대에 많은 신학적인 영향을 끼친 「정치적인 예배」(politischer Gottesdienst)라는 개념을 제시함으로써 사람들의 기억에 각인되었다.

그러면 바르트는 어떤 근거에서 「스코틀랜드 신앙고백」의 상황적인 해석을 감행했던 것일까. 그가 잉글랜드의 신앙고백(39개 신조 등)에 대해 관심을 갖게 된 것은, 이 신앙고백이 다른 어떤 주제보다 윤리적인 주제에 대해 많은 관심이 기울어져 있고, 전체적으로 믿음과 행위의 관계에 대해 집중하고 있다고 보았기 때문이다. 그런데 칼 바르트는 「스코틀랜드 신앙고백」에서 잉글랜드의 신앙고백과 다른 분위기를 감지하고 "어떤 다른 급진적이고 공격적인 영이 여기에 붙고 있다"고 말했다. 특히 그는 「스코틀랜드 신앙고백」이 다음과 같은 말로 끝맺고 있다는 것은 인상적이라고 말한다;

> "높임을 받으소서 주님. 그리고 당신의 대적이 무너질 것입니다! 당신의 거룩한 이름을 미워하는 사람들을 당신의 면전에서 피하게 하소서! 큰 확신 속에 당신의 말씀을 선포하는 당신의 종들에게 힘을 주소서. 모든 백성들이 당신의 진

리를 깨닫고 인정해야 합니다. 아멘."[1]

「스코틀랜드 신앙고백」은 선지자적인 성격을 담고 있다.[2] 여기에 낙스의 고난과 투쟁의 경험이 반영되어 있기 때문에, 이 신앙고백은 투쟁적일 수 밖에 없었다.[3] 그러나 바르트는 단지 투쟁적이고 역사적이고 실천적인 성격만 주목했던 것이 아니다. 그는 「스코틀랜드 신앙고백」이 종교개혁 신앙의 본질적인 내용을 담고 있음을 간파하고 분석해 나간다. 먼저 구조적인 측면에서 바르트는 「스코틀랜드 신앙고백」에서는 예수 그리스도의 성육신과 그로 인한 악의 파괴가 중요한 내용이 되고 있다고 보고 있다;

"이 선언에서는 하나님, 창조, 원죄에 대한 도입 항목을 다룬 다음, 4-5항에서는 신·구약의 계시가 일치하고 연결되어 있다는 것에 대한 발전된 관점을 제공한다는 것, 여인의 씨로부터 뱀의 머리를 부수겠다는 약속, 그리고 노아·아브라함·다윗과 성육신에 이르기까지 모든 신자들에 의해 믿어진 계시의 일치성이 예수 그리스도의 성육신을 지향한다는 것, 이 모든 사람들이 예수의 성육신을 보고 기뻐했다는 것이 중요하다."[4]

둘째로 바르트는 「스코틀랜드 신앙고백」에 교회와 하나님 나라에 대한 시각이 제공되고 있다고 보고 있다;

"하나님께서 모든 시대에 그의 교회를 유지하시고 가르치시고 성장시키시고, 영광을 주시고, 장식해 주시고, 죽음으로부터 생명으로 이끄시고, 그것을 「거룩한 도성」(sancta civitas)으로 삼으셨다는 것이 중요하다."[5]

---

1) Karl Barth, Die Theologie der reformierten Bekennenischrifen, 203.

2) Ibid.

3) Ibid.

4) Ibid.

5) Ibid.

이에 덧붙여 바르트는 이스라엘과 기독교 사이의 일치성 그리고 잉글랜드의 다른 신앙고백들에서 중요하게 보았던 모세 율법의 지속적인 효용성에 대한 주장보다, 선택받고 하나님에 의해 승리의 모습으로 역사적인 격량 속으로 들어가는 굴복할 수 없는 백성들의 모습이 나타나고 있다는 것이 중요하다고 보고 있다.

셋째로 바르트는 이 신앙고백의 예정론이 하나님의 전적인 은총과 그리스도를 통한 구원의 핵심 내용을 담고 있다는 점을 중시한다. 그는 이 신앙고백의 예정론이 특별히 그리스도의 성육신에 대한 하나님의 영원한 결정안에 근거가 놓여 있다고 본 것이 중요하다고 파악한다;

> "하나님의 의로 인해 그리스도께서는 참된 인간이셔야 하고, 그의 긍휼로 인해 그는 참된 하나님이어야 한다."[6]

동시에 바르트는 「스코틀랜드 신앙고백」이 그리스도론을 통해(9-11항) 심판을 향해 다시 오실 주님에 대한 시각을 담고 있으면서, 그것에 대한 기억 속에서 우리는 고난을 다스릴 수 있고 우리를 지상의 왕들의 위협이나 죽음의 공포나 모든 위협 속에서도 주님과 우리의 공동체를 분리시킬 수 없다는 "헤아릴 수 없는 확신으로"(inaestimabilis confirmatio) 이끌고 있음을 분명히 한다.[7]

이런 일반적인 논점과 더불어 특히 중요한 것은, 그가 「스코틀랜드 신앙고백」 속에서 세상의 권력과 힘에 대한 하나님의 주권과 절대적인 우위성을 읽어낸다는 점이다. 그는 다음과 같이 말한다;

> "스코틀랜드에서 자유롭고 분명한 하나님의 행동에 대한 주된 관점이 매우 강하게 도출되고 있다. 그에 반해서 인간 안에서 인간을 통해 일어난 모든 것은 부차적인 것으로 보인다. 하나님 아버지로부터 우리는 창조되었고, 예수 그리

6) Ibid.

7) Ibid.

스도로부터 구원받았으며, 성령으로부터 다시 태어났고 거룩해졌다."[8]

인간은 이런 하나님의 주권에 의지하는 가운데 세상을 살아갈 올바른 방향을 얻을 수 있다. 인간에게 필요한 것은 단순한 도덕적인 성찰이나 인격적인 도야가 아니다. 도덕적인 성찰보다 중요한 것은 누구와 연합하는가라는 본질적인 질문이다. 여기서 바르트는 「스코틀랜드 신앙고백」에서는 성령을 통해 주어지는 성화의 중요성이 부각되는 것에 주목한다.[9] 이것은 칭의와 성화를 분리시키려는 목적이 있는 것이 아니라, 구원이 전적으로 하나님으로부터 주어진다는 사실을 강조하는 데서 비롯된다는 것이다.

이런 점에서 바르트는 「스코틀랜드 신앙고백」에서 칭의의 주체가 하나님이고, 하나님께서 주신 믿음이 핵심 주제이고, 하나님만이 성령을 통해 믿음을 창조하셨다는 것이 핵심이라고 밝힌다. 윤리는 인간 의지의 자유로 가능한 것이 아니라, 인간의 마음에 참된 믿음 가운데 거하시는 그리스도의 영 안에서 이루어진다. 그리고 선하다는 것은 오로지 하나님께서 그분과 이웃에 대한 우리의 관계에서 인정해 주신 것이지,[10] 당위(sollen)라는 관점으로부터는 절대 도출될 수 없다. 하나님께서 원하시는 것이 선이고 그의 말씀에 거역하는 것이 곧 악이다.[11]

바르트는 이런 내용이 「스코틀랜드 신앙고백」의 핵심 내용이라고 말하고 있다. 바르트는 이런 핵심 내용을 통해 앵글로 색슨의 칼빈주의가, 성공회주의와 다른 길을 걸어갈 수 있었다고 강조한다. 인간에게는 도덕주의가 아닌 하나님의 참된 은총이 필요하다. 따라서 바르트에 따르면 우리가 항상 제기해야 할 질문은 세 가지다; 첫째로 "하나님께서는 무엇을 원하시고 무엇을 행하시는가", 둘째로 "인간은 어떻게 그의 구원에 이를 수 있는가", 셋째로 "어

8) Ibid.

9) Ibid, 205.

10) Ibid, 206.

11) Ibid.

떻게 인간은 그의 구원에 이른다는 것을 확실히 알게 되는가."[12]

이와 함께 바르트는 「스코틀랜드 신앙고백」에서 교회의 중요성을 읽고 있다. 그는 「스코틀랜드 신앙고백」이 삼위일체 하나님에 대한 신앙고백을 하는 것만큼 확실하게, 교회에 대한 신앙고백을 한다는 점에 주목하고 있다.[13] 교회는 과거나 현재나 미래에 「영원한 선택을 받은 자들의 모임」(coetus electorum)이고, 교회 없이는 어떤 생명도 없고 어떤 복도 있을 수 없다는 점을 그는 주목한다. 바르트는 「스코틀랜드 신앙고백」이 말하는 복의 기준은, 인간이 말하는 복지가 아니라, 하나님의 선택에 달린 것이라는 점을 분명히 한다.

그런데 이 교회의 특성은 사탄과 죄와 싸우는 교회라는데 있다. 왜냐하면 교회는 단순히 「보이지 않는 교회」가 아니라 하나님의 교회이기 때문이다.[14] 이 교회는 태초부터 세상 속에서 사탄에게 대항했던 하나님의 교회다. 그러므로 교회와 「사탄의 회」 사이의 구별은 필연적이다. 그렇다면 어떤 기준에 의해 하나님의 교회를 구별할 수 있을 것인가? 바르트는 「스코틀랜드 신앙고백」이 참된 교회의 징표를 오래된 교회나 대형교회 여부에서 찾지 않았다는 점을 주목한다. 왜냐하면 가인은 아벨보다 나이가 많았고, 예수 그리스도를 따르는 제자들보다 바리새인이 다수였기 때문이다.

그러므로 바르트는 외적인 기준이 아닌 다음과 같은 기준이 지켜지는 교회가 올바른 교회라는 점을 「스코틀랜드 신앙고백」이 표방했다고 밝힌다; ①"참된 설교"(vera praedicatio) ②"적법한 성례의 시행"(legitima sacramentorum administratio) ③"교회치리의 엄격한 관리"(severa observatio). 이미 세워진 제도가 올바른 교회를 만들어가는 것이 아니라, 참되고 올바른 시행이 이루어지는가에 따라 올바른 교회가 성립된다. 이런 교회는 추상적인 교회가 아니라, 바로 지금 올바른 예배를 드리고 있는 구체적인 교회(즉 고린도교회, 에베소교회, 스코틀랜드 교회와 같은 실질적인 교회)가 중요하다.

---

12) Ibid, 207.

13) Ibid.

14) Ibid.

또한 지상에 있는 교회가 신비적인 열광주의나 이상적인 합리주의로 빠지지 않는지 스스로를 점검하면서도, "하나님께서 주신 은사"(Gottesgabe)와 "삶의 과제"(Lebensaufgabe)가 잘 연결되어 있는지, 그리고 예정론의 의미에 온전히 서 있는지를 시험해야 한다.[15] 예정은 인간이 행한 것이 아니라 하나님이 행하신 일이라는 것을 깨닫는 것이 핵심 과제다. 만일 그것을 깨닫고 이해하는 사람이라면, 그는 그 비밀 가운데 길을 잃어버릴 염려가 없다는 것이다.[16]

여기서 보는 바와 같이 바르트는 「스코틀랜드 신앙고백」으로부터, 세상 속에 존재하는 교회가 취할 방향에 대한 올바른 관점을 얻으려고 한다. 과연 믿음은 어떤 근거에 기반을 두고 있고 어떤 방향을 지향하고 있는가, 기독교인은 과연 누구를 중심으로 살고 있고 어떤 힘과 가치를 지향하면서 살고 있는가라는 질문에 대한 대답을 「스코틀랜드 신앙고백」에서 찾고 있는 것이다.

바르트가 보기에 「스코틀랜드 신앙고백」의 지향점은 단순하고 분명했다. 이런 기준은 오늘 한국교회의 상황에서라고 달라지는 것이 아니다. 교회가 무엇이고 교회와 세상 사이의 관계를 우리가 어떻게 정립하고 있는가라는 근본적인 질문에 대한 대답이 달라질 수 있는 것이 아니다. 바르트가 「스코틀랜드 신앙고백」에서 찾고자 했던 질문은 바로 이런 질문들이었다고 할 수 있다. 이런 관찰의 결과 바르트는 1923년 강의에서 다음과 같은 결론을 내린다;

> "「스코틀랜드 신앙고백」을 기독교 교리에 대한 규범적이고 모범적인 신앙고백이라고 받아들여도 좋을 것이고 츠빙글리의 서론, 칼빈의 1545년 제네바 요리문답, 갈리칸 신앙고백, 하이델베르크 요리문답과 더불어 다섯 가지를 초기 개혁주의가 갖고 있던 적합한 모습을 갖고 있는 것들이라고 밝힐 수 있다. 다른 모든 신앙고백은 사실상 이것들의 반복이자 변형이고, 그 변형을 취하는 가운데 오히려 약간씩 오류도 나타날 수 있는 것이다."[17]

---

15) Ibid, 209.

16) Ibid.

17) Ibid.

따라서 바르트는 다음과 같이 말한다;

"17세기에 「스코틀랜드 신앙고백」이 쇠퇴하고, 오늘날 단지 역사적인 의미만 남게 된 것은 매우 애석한 일이었다."[18]

2. 시대적인 위기 극복의 기초가 된 스코틀랜드의 정신

위에서 살펴본 바와 같이 1923년 바르트가 「스코틀랜드 신앙고백」에서 읽고자 했던 핵심 정신은 "교리적인 기초에 기반을 둔 세상 속에서의 신학적인 방향의 모색"이었다고 할 수 있다. 여기서 더 나아가 우리는 다음과 같은 질문을 제기한다; "바르트가 했던 이와 같은 신앙고백 해석의 자세가, 세속적인 문제의 도전(즉 정치사회적인 도전)과 같은 상황에서도 동일한 효력을 발할 수 있을까." 예컨대 교회는 사회에 대해 어떤 참여의 입장을 가질 수 있고 또 그 한계는 어디까지인가라는 질문은, 근대 이후 한국교회의 현장에서 자주 제기되는 질문이기도 하다.

그리고 이런 문제에 대한 해답을 제시한 것이 바로 1938년 「스코틀랜드 신앙고백」의 정치적인 해석이라고 할 수 있다. 이 시기 바르트는 애버딘에서 개최된 「기포드 강연」을 맡게 되었으며, 그 주제로 "종교개혁적인 교리에 따른 하나님 인식과 하나님 예배"(Gotteserkenntnis und Gottesdienst nach reformatorischer Lehre)라는 제목으로 강연하게 되었다.[19] 20강으로 이루어진 이 강연인 「스코틀랜드 신앙고백」 해석은, 신앙고백의 정치적이고 상황적인 해석의 가능성을 보여준다.

이런 해석이 가능했던 첫 번째 이유는 1923년과 1938년 사이에 있었던

18) Ibid.

19) K. Barth, Gotteserkenntnis und Gottesdienst(Zollikon: Verlag der Evangelischen Buchhandlung 1938).

몇 가지 중요한 사건 때문이었다. 잘 알려진 사건으로 1933년 독일에서 국가 사회주의가 집권한 이후, 그들의 주된 작업 중 하나는 히틀러의 통치를 기독교의 구원을 대체하는 종교적인 위치로 올려 놓은 것이었다. 1938년 기포드 강연이 이루어지기 직전에는, 유대인들에 대한 본격적인 박해가 이루어지기 시작한 「수정의 밤」(Kristallnacht) 사건이 발생하기도 했다.[20]

바르트 자신의 신학적인 흐름에서 볼 때, 그는 국가 사회주의의 도전에 대해 1934년 「바르멘 신학선언」(Barmen Theologische Erklaerung)에 참여함으로써 "오직 성서에서 말씀하시는 예수 그리스도 이외에 다른 주는 없다"는 신학적인 응답을 제시했고, 1938년에는 유명한 「칭의와 법」(Rechtfertigung und Recht)이라는 강연을 통해 국가는 어떤 경우에도 하나님의 통치를 벗어날 수 없다는 입장을 밝힌 바 있다.[21]

바로 직후 바르트의 「기포드 강연」(Gifford Lectures, 1936-38)은, 세속 영역에서 제기되는 수많은 도전에 대한 응답을 신앙고백 속에서 어떻게 찾을 수 있을까라는 고뇌를 담고 있다. 왜냐하면 이런 해석은 우리에게 중요한 시사점을 주는데, 그것은 신앙고백의 의미에 충실하면서도 상황적인 질문이 도전해 올 때 기독교 신학 속에서 어떻게 응답할 수 있을까라는 대답을 찾고 있었기 때문이다.

내용적인 측면에서 볼 때 바르트는 20강으로 이루어진 강의의 첫 번째 장부터 중반부에 이르기까지, 1923년에 했던 내용과 비슷한 맥락에서 신앙고백을 해설해 나간다. 여기서 몇 가지 특징이 보이는데 첫째로 그는 첫 번째 강의를 통해 「자연신학」을 비판하고, 삼위일체 하나님의 중심성과 주권을 강하게 부각시키고 있다.

---

20) G. Plasger, Die relative Autorität des Bekenntnisses bei Karl Barth, 181. "수정의 밤"(Kristallnacht) 사건은 집권 이후 유대인들에 대해 추방과 억압을 진행해 나가던 나치 정권이, 본격적으로 유대인 압살 정책을 시작하게 된 전환의 계기를 의미한다. 1938년 11월 나치는 수만 개의 상점을 약탈했으며, 250개의 회당을 불지르고, 본격적으로 유대인들을 수용소에 가두기 시작한다.

21) 김명용은 1938년 「칭의와 법」(Rechtfertigung und Recht)과 1946년 「그리스도인 공동체와 시민공동체」(Christengemeinde und Bügergemeinde) 두 강연을, 교회와 국가 사이의 관계를 다루는 중요한 강연으로 언급한다[김명용 『칼 바르트의 신학』(이레 2007), 302].

물론 그 주된 이유 중 하나는 브룬너(E. Brunner)와의 논쟁을 통해 유명해졌던 바와 같이 「자연신학」에 기반을 두고, 정치 권력의 신학적인 합리화를 추구했던 「국가 사회주의」(Nazi)에 대한 반박을 추구했기 때문이다.[22] 그러나 어쨌든 세속 권력이나 힘의 문제에 대해 하나님이라는 해답을 통해 대답하려고 했던 바르트의 사유는 주목할 가치가 있다.

둘째로 이 강의에서 그는 예수 그리스도를 통해 나타난 하나님의 계시(6강)와 그 안에서의 인간의 선택과 예정이라는 내용을 반복한 후(7장), 목적으로서의 하나님 나라에 대해 강조하고 있다;

> "하나님 나라… 모든 인간들에게 유일하고 효력있고 현실적인 주권과 힘(Gewalt)은 예수 그리스도의 나라다. 예수 그리스도의 나라 바깥에는 어떤 효력있고 참된 주권과 힘도 없고 또 그런 국가도 없다."[23]

그 까닭은 "그에게 하늘과 땅의 모든 힘이 주어져 있기 때문이다."[24] 바르트는 하나님 나라는 곧 예수 그리스도가 통치하시는 나라, 재림을 통해 다시 오실 미래적인 하나님 나라로서 뿐만 아니라, 지상에서 힘을 발하시는 예수의 통치권으로 이해하고 있다. 하나님 나라는 곧 예수 그리스도의 나라이고, 예수 그리스도의 나라는 하나님의 능력 안에 있는 예수 그리스도의 나라다. 이런 내용은 세상에 살고 있는 그리스도인들이 분명한 지향점을 갖고 살아야 한다는 사실을 재차 강조하고 있다.

셋째로 바르트는 그리스도인들의 삶의 변화가, 예수 그리스도와 그의 나라를 지향한 것에서 비롯되는 것임을 강조한다(11~13강). 다시 말해서 예수 그

---

22) 한편으로 바르트가 「자연신학」에 대해 그토록 비판적인 입장을 취한 자세에 대해서는 이견을 가질 수도 있을 것이다. 왜냐하면 그와 논쟁했던 브룬너의 입장이 칼빈의 「하나님을 인식하는 이중 지식」(Duplex Cognitio Dei) 개념에 훨씬 접근했던 것으로 볼 수 있기 때문이다. 이런 극단적인 비판의 자세를 바르트는 후에 수정한다.

23) K. Barth, Gottes Erkenntnis und Gottesdienst nach reformatorischer Lehre, 112.

24) Ibid.

리스도가 인간의 삶을 뿌리로부터 변화시키고, 인간을 새롭게 만드실 능력이라고 주장한다. 왜냐하면 예수 그리스도의 사역이 곧 인간의 구원이고, 하나님의 사역 자체이기 때문이다. 여기서 일어난 것보다 더 큰 변화가 인간의 삶에는 존재할 수 없다.

바르트는 이것을 죄의 기억·감사의 삶·감사의 깨달음과 더불어, 인간의 실존을 새로운 방식으로 은총과 성화로 이끌고 가는 것이라고 이해한다. 예수 그리스도는 곧 인간의 삶에 대한 거대한 변화와 교체와 부정을 의미한다. 왜냐하면 그것은 그 안에 모든 보화가 감추어진 변화이기 때문이다(골 3:3).

넷째로 하나님의 백성들은 항상 현재라는 긴장 가운데 살아야 하는 것으로 파악된다. 그는 예수 그리스도 안에 있는 사람들이라면 보이는 변화들을 수반해야 하는데, 그것은 곧 실재(Realität)의 변화일 수 밖에 없다고 밝힌다. 그것은 동시에 인간의 미래와 내일을 규정하는 것으로 이어진다. 나는 스스로 내일 무엇이 될지 모른다. 다만 그분 예수 그리스도께서 나의 미래를 규정하는 실재이고, 예수 안에서 나는 미래를 향해 나가도 되는 것이다.

말하자면 그분이 우리의 미래고, 그를 향해 맞서 달려갈 수 있다는 것이 본질적이다. 그것이 나의 현재를 규정하는 실재이고 비밀이라는 것이다. 이런 원칙적인 내용에 더해서 그는 이른 바 "정치적 예배"(politischer Gottesdienst)의 가능성을 이야기한다. 이 용어는 말 그대로 예배에 대한 바르트의 이해 속에서 설명되는 개념이다. 이 용어는 단순히 신학의 공적인 참여에 대한 촉구를 담고 있지는 않다.

그것은 무엇보다도 교회가 교회답게 올바르게 서 있는 가운데, 어떤 진리의 영향을 사회에 끼치고 있는지를 다루는 것이다. 그것에 대한 설명을 위해 그는 교회론을 먼저 다룬다. 특히 「스코틀랜드 신앙고백」의 교회론을 교회의 신비(14강)와 교회의 형성(15강)을 통해 다룬 후에 "교회의 통치"에서 본격적으로 설명해 나간다.[25]

---

25) Ibid, 173.

여기서 바르트는 다음과 같은 질문(즉 "누가 교회를 다스리는가")으로부터 시작한다. 자명한 것처럼 보이지만 종교개혁 당시나 오늘 한국교회에서는 이 말처럼 절실한 질문이 없다. 바르트는 「스코틀랜드 신앙고백」이 이 질문에 대해 분명한 대답을 제시하고 있음을 주목한다. 교회 통치자는 한 분 밖에 있을 수 없고, 교회는 스스로 다스리기 위해 모인 기관이 아니다. 바르트는 「스코틀랜드 신앙고백」이 로마 가톨릭 성직주의를 반대하고, 신자들 다수가 교회를 통치할 수 있는 주체가 된다는 것에 대해서도 반대한다고 밝힌다.[26]

교회는 역사적인 상황으로부터 완전히 자유로울 수 없다. 교회는 역사 속에서 말하고 행동할 수 있고, 그리고 실제로 말하고 행동해야 한다. 그렇지만 교회는 정치 집단이 아니다. 교회를 통치할 수 있는 근거는, 오로지 하나님 말씀의 기반 위에서만 가능하다.[27] 바르트에 따르면 여기서 말하는 하나님의 말씀은 우선 신·구약 성경인데, 이 성경은 예수 그리스도의 구체적인 형상이다. 그리고 성경은 성령 하나님의 목소리 가운데 각 시대 속에서 사람들로부터 발견된다.

이것은 교회의 선포 속에서 일어난다;

> "교회는 성서를 해석할 수 있고 해석해야 하고, 그것과 더불어 예수 그리스도를 선포할 수 있고 또 선포해야 한다."[28]

이 모든 해석 위에 매 순간 심판자로서 성경이 서 있고, 교회 안에서 중요한 사람은 특정한 직분의 소유자가 아니라 「말씀을 섬기는 자」(minister verbi divini)일 수 밖에 없다고 밝힌다.

그런데 누가 성경을 해석할 권한을 부여받고 있는가. 바르트는 「스코틀랜드 신앙고백」은 성서 해석은 궁극적으로 어떤 인물에게 달려 있는 것이 아니

---

26) Ibid, 174.

27) Ibid.

28) Ibid, 175.

라 "하나님의 영의 일"이고 그것을 통해 주어지는 것이라는 점을 분명히 했다는 사실을 주목한다. "하나님의 말씀은 성서(즉 예수 그리스도 자신)로부터 성취된 교회의 「성서 해석 역사」(Scriptura Scripturae interpres)다." 물론 우리는 인간의 해석적인 반성 속에서 성서의 자기 해석이 이루어지는 것으로 이해하지만, 여기서도 인간은 어디까지나 "부차적인 주체"이고, 오직 하나님의 말씀을 따르고 순종하는 일 안에서 이 모든 일을 행할 수 있을 뿐이다.

바르트는 보이는 교회가 해석의 책임을 수행하는 것은 사실이지만, 「스코틀랜드 신앙고백」은 교회를 다스리는 하나님의 말씀이 항상 교회의 책임을 묻는다고 밝힌다(20항). 교회는 어떤 경우에도 하나님 말씀의 자리에 앉을 수는 없다.[29] 교회는 하나님의 말씀에 값을 매기는 교리나 질서를 만들 수도 없고, 하나님의 말씀에 권위를 부여하는 일을 하는 것도 아니다. 오직 하나님의 말씀 스스로가 있을 뿐이고 "성경 스스로가 교회를 다스리는 것"이다.[30] 교회 직분자들과 교회 공동체 자체도 "말씀을 섬기는 기관"일 뿐이다. 바르트는 이 섬김의 원칙이 우선적이고, 민주적인가 군주적인가는 부차적인 문제로 드러난다는 점을 지적한다.

이런 교회론적인 원리에 기반을 두고, 바르트는 교회의 올바른 예배 문제로 다루어 나간다.[31] 그는 예배를 크게 세 가지 형태로 나눈다; ① 하나님의 행위로서의 교회 예배 ② 인간의 행위로서의 교회 예배 ③ 정치적인 예배.

첫째로 예배는 형식적인 면에서 볼 때 하나님의 행동이다. 여기서 「참 하나님」(vere Deus)이 앞서가고 우선적이고 본질적이다. 예배는 하나님이 홀로 창조하시는 하나님의 행위다. 하나님께서 원하시고 예배가 거행되게 하시고, 그것을 통해 은총을 증거하신다.[32] 인간은 단지 예배자로서 그리고 하나님의 의지의 수행자로서 마주선다. 예배는 곧 신앙고백이고, 하나님 말씀의 선포와 들

29) Ibid, 180.

30) Ibid, 181.

31) Ibid, 183.

32) Ibid, 184.

음이 이루어지고, 교회의 지체들이 서로 함께 속해 있는 장이다.[33] 그런 면에서 예배는 「하나님의 일」(opus Dei)이고, 스스로 일어나는 하나님의 사건이다.

그리고 내용적인 면에서 예배에서 일어나는 것은 주님의 뜻과 명령의 성취다.[34] 바르트는 「스코틀랜드 신앙고백」이 하나님의 행동인 세례를 통해, 그리스도 안에서 교회가 존재하게 되고, 성찬을 통해 교회가 남아있게 된다는 점을 중시했다고 본다. 바르트에 의하면 말씀과 성례가 기본적으로 하나님의 행동인데, 그는 이 행동에서 특히 성령의 역사를 강조함으로써 그 실질적인 의미를 발견할 수 있다고 주장한다. 그는 개혁주의 성례론은 하나님의 행동에 대한 실질적인 접근에 대해 부정(Nein)을 말하고, 높은 곳에 계시는 하나님을 찾는 기도의 긍정(Ja)과 하나님의 기적을 구하는 긍정으로서 대답을 찾는다고 밝힌다.

둘째로 예배는 인간적인 행동이기도 하다. 특히 형식적인 면에서 인간에게 요구되는 것은 「순종」이다. 바르트는 우리는 로마 가톨릭처럼 우리의 종교적인 필요에 따라 예배드려서는 안 된다고 강조한다.[35] 예배는 세상의 현실적인 소망을 담고 있는 투사가 아니다. 예배는 단지 우리의 순종 여부에 대해 질문을 던질 뿐이다. 그 밖의 모든 다른 기준들에 대한 질문은, 예배의 중요성을 해체시키는 결과를 낳을 뿐이다. 예배는 세상의 질문이 아닌, 예수 그리스도의 복음에 빚을 지고 있을 뿐이다.

그리고 바르트는 내용적인 측면에서 볼 때 예배는 「하나님의 행동」(opus Dei)에 상응하는 인간의 행동이라고 말한다. 즉 그것은 어떤 경우에도 머물러 있지 않고, 하나님의 계시에 상응하는 행동을 하는 것을 의미한다.[36] 교회는 예배 이외의 것에서 자신의 정체성을 구할 수 없다. 바르트는 교회는 복지 기관도 아니고, 인간의 삶을 개선시키기 위한 장소도 아니고, 공동체의 사교장

33) Ibid, 185.
34) Ibid, 187.
35) Ibid, 195.
36) Ibid, 197.

도 아니라는 점을 분명히 한다. 교회의 경영적인 측면을 중시하는 일상생활도 예배의 본질에 상응할 수 없다. 바르트는 이것을 근대 교회는 간과했다고 주장한다.[37]

바르트의 해석에 따르면 예배에서의 교회의 행동은 우선 하나님의 말씀을 듣는데 있다. 그의 해석에 따르면 듣는 교회만이 참된 교회이고, 교회에서 수행하는 모든 목적은 하나님의 말씀을 듣는 것이어야 한다. 직분을 가졌거나 공동체에 참여하는 사람은 모두 듣는 사람들이고, 그런 길을 통해 예배에 참여한다. 그리고 그들은 듣는 사람인 동시에 제사장이다.[38]

이 들음은 공동체의 작업이고 공동체가 참여하는 일이다. 물론 들음이 올바로 일어나기 위해서는 올바른 선포가 수행되어야 하고, 모든 비판적·검증적·특별한 노력(즉 신학적인 노력)은 이것에 기여해야 한다. 그런 면에서 예배는 신학적인 행동이다. 모든 신학은 말씀에 비추어서 예배를 올바르게 드리기 위해 비판적인 작업을 수행해야 한다.

그런데 들음과 순종은 오직 교회 공동체의 일에 머무는가. 바르트는 세상도 하나님의 말씀을 듣고 그것에 봉사해야 한다고 밝힌다. 이 생각에 따라서 다루는 형태가 바로 "정치적인 예배"(politischer Gottesdienst)다. 바르트는 개혁주의 교리는 기독교의 삶의 예배와 교회의 예배만 아는 것이 아니라, 현실 속에서의 "정치적 예배"를 안다고 밝힌다.[39] 예배의 세 번째 차원이 이루어지는 장은, 아직은 예수 그리스도의 주권이나 심판에 낯설게 서 있는 곳일 수 있다. 그러나 그리스도인들은 이 세상에 속해 살고 있다. 세상은 곧 분명한 교회의 지체들이 삶을 영위해 가는 장이다. 바르트에 의하면 세상은 하나님의 말씀을 들을 수 있고 또 들어야 하는데, 바로 그 세상이 교회의 선교 대상이라고 밝힌다. 왜냐하면 세상 사람이 알지 못하더라도, 세상의 참된 주님은 하나님 한 분 외에는 없기 때문이다. 바르트에 따르면 교회는 자신의 사명을 세상을

---

37) Ibid.

38) Ibid, 200.

39) Ibid, 204.

향해 수행함으로써 "기대"(Antizipation)를 성취하는 동시에, 실재적인 세상의 성화를 감행해야 한다는 것을 의미한다.

그러나 우선 교회는 하나님의 말씀을 들음으로써 믿음으로 부름받아야 하고, 스스로 교회에서 올바로 서야 한다. 그러나 이런 「정치적 예배」의 사건이 실재적일 수 있는 것은, 성령의 역사가 교회 안에서처럼 바깥에서도 행해지고, 궁극적으로 하나님의 나라를 향해 전진하고 있다는 믿음 때문이다. 이런 원칙은 후에 그가 그리스도의 주권에 기반을 둔 저항 운동, 화해 와 평화의 신학적인 선포를 감행하는 원동력으로 작용해 나가기도 했다.[40]

더 나아가 정치적 예배의 주장에 기반을 두고, 바르트는 스코틀랜드 교회가 16세기 종교개혁 운동 속에서 세상 국가들을 향해 성화된 나라를 세우기를 원했다고 강조한다(24항). 그것에 따르면 개혁주의 교리는 루터교회의 두 왕국론처럼, 세상의 나라를 그리스도의 나라에 맞서 세우기를 원하지 않았다. 개혁주의 교리는 세상의 나라와 그리스도의 나라가 모두 예수 그리스도를, 교회의 주님일 뿐만 아니라 세상의 주님으로도 요청되는 분으로 인정하고 있다는 면에서 하나로 보았다는 것이다.[41]

세상이나 교회나 모두 교회를 통해 선포될 세상을 향해 효력이 있는 「하나님의 율법」의 요구를 받고 있다. 그것은 「하나님의 거룩한 질서」(Gottes heilige Anordnung)에 기반을 두고 있다. 이 율법은 정치 질서에 대해 단지 "인류의 유익과 평안"을 향해서만 기여하는 것이 아니라, "하나님 주권의 계시"를 향해 기여한다.[42] 그런 한에서 그것은 「치유적인 율법」에 기여하는 것이다. 물론 교회의 법(즉 믿음의 법)은 아직 외적인 법을 완성하는 것은 아니다.

그러나 바르트는 그것을 "혼돈과 세상 나라 한 가운데서의 약속"이라고 정

---

40) S. Fazakas, "Karl Barth im Ost-West Konflikt," Karl Barth im europäischen Zeitgeschehen (1935-1950) Widerstand-Bewahrung-Orientierung, ed., M. Beintker/Chr. Link/M. Trowitzsh (Theologischer Verlag 2010), 267-86.

41) K. Barth, Gottes Erkenntnis und Gottesdienst nach reformatorischer Lehre, 207.

42) Ibid.

의한다.[43] 교회는 그 약속을 향해 말씀을 선포하고, 「믿음의 삶」으로서 예수 그리스도 안에서의 삶에 대한 암시로서 세상에 기여할 수 있다. 물론 「스코틀랜드 신앙고백」 본문이 말하듯이, 정치 질서는 일단 정치 권력의 소유자의 손안에 있다. 이 정치 권력의 소유자에 대해서 로마서 13장은 "하나님께서 세운 자"라고 밝히고 있다. 그런데 여기에 대해 바르트는 정치 질서가 하나님으로부터 세워졌다면, 그들도 하나님의 은혜로 서기도 하고 넘어지기도 하는 자라고 해석한다.[44]

따라서 바르트는 여기서 「스코틀랜드 신앙고백」이 핵심적으로 질문하는 것은, 정치 권력의 소유자가 하나님께서 명령하신 의무를 행하고 있는가에 대한 질문이라고 밝힌다.[45] 만일 그가 올바른 위탁을 수행하지 않고 독재를 행한다면, 정치적인 예배는 그 자체로 이미 웃음거리가 되고 만다.[46] 그러므로 교회는 세상의 나라를 향해 이런 위탁을 온전히 감당하도록 촉구할 의무가 있다.

바르트에 따르면 국가는 교회가 참된 예배의 자유를 누리고 그것을 유지할 수 있도록 도와야 한다. 「스코틀랜드 신앙고백」은 이것을 잘 알고 있었고 이것을 선포했다. 「스코틀랜드 신앙고백」은 정치 질서의 예배적인 의미가 「법·평화·자유를 위한 행동」을 통해 신뢰할 만하게 되는데 있다고 말한다. 그런데 만일 정치 권력이 올바른 위탁을 수행하지 못하게 되면(즉 정치적 예배에서 벗어나게 되면), 교회는 어떻게 해야 할 것인가라는 질문이 제기된다.

이 질문에 대해 우선 바르트는 「스코틀랜드 신앙고백」 본문에 따라, 권력의 소유자가 그를 무시하더라도 우리는 당장 그들이 책임지도록 개입하거나 그들을 재촉할 수는 없다고 본다. 그러나 동시에 국가에 대한 우리의 적극적인 참여를 거절할 이유도 없다고 본다. 이것은 바로 적극적인 저항도 가능하

---

43) Ibid, 206.

44) Ibid, 208.

45) Ibid.

46) Ibid.

다는 것을 의미한다. 바르트는 「스코틀랜드 신앙고백」 제14항을 다음과 같이 해석한다; "「살인하지 말라」는 계명의 성취에 「독재자에게 저항하라」(represse tyrannie) 「무죄한 피가 흘려지는 것을 참지 말라」는 조항이 담겨 있다." 결국 우리가 돌아갈 곳은 하나님의 궁극적인 계명이다.

이런 면에서 바르트는 「스코틀랜드 신앙고백」에서 "하나님이 요청한 바 정치 권력에 반대하는 저항(Resistenz)의 정신"을 읽을 수 있다고 본다. 바르트는 특히 존 낙스와 그의 동료들로부터 "적극적인 저항"이 표명되고 있다고 주장한다. 즉 폭력에 저항하는 폭력(Gewalt)을 행사함으로써, 무죄한 피를 흘리는 것을 막는 것이 이야기되고 있다는 것이다. 특히 이런 입장에 대해 바르트는 적극적으로 긍정을 말해야 한다고 주장한다. 물론 그리스도인들이 로마서 13장의 말씀과 딤전 2:1-4에 따라 권력자들을 위해 기도하는 것을 멈출 수 있는 것이 아니지만, 순종과 기도는 세상의 정치 권력을 소유한 자들이 어떤 입장을 취하느냐에 따라 달라질 수 있다는 것이다.[47]

만일 권력의 소유자가 하나님께 반역하는 불순종을 행하는 자들로 변질되고, 스스로 거짓된 자와 살인자가 된다면(궁극적으로 스스로 하나님의 자리에 앉아서 교회를 억압하는 적그리스도의 모습을 갖는다면), 그리스도인들은 하나님의 편에서 그들에 대한 불순종을 선택할 수 있다. 더욱이 「사랑 안에서 행하는 예수 그리스도에 대한 믿음」이 우리로 하여금 능동적으로 저항하도록 이끌기도 한다. 만약 참으로 정부를 위해 기도하고 그들이 올바른 일을 하도록 기도하는 것에 관련된 일이라면, 그리스도인들은 이 기도에 상응해서 행동할 수도 있다는 것이다. 더 나아가 그리스도인들도 힘(Gewalt)을 행사할 수 있는가라는 질문이 제기된다면 어떻게 대답할 것인가. 바르트는 아직 구원받지 못한 이 세상 사람들이라면, 하나님께 대한 순종은 힘의 실행에 참여하는 것을 가능하게 만든다고 밝힌다;

---

47) Ibid, 213.

"만일 우리가 하나님께 대한 순종 속에서 정치 권력자에 대한 능동적인 저항으로 넘어가야 한다면 그러하다."[48]

물론 바르트는 한편으로는 힘을 통한 저항이 여전히 행사되지 않고 남아있도록 기도해야 하고, 그 책임에 대해서도 끊임없이 검증해야 한다고 주장한다. 다시 말해서 힘의 사용은 최후의 수단이지만, 신자는 어떤 경우에도 하나님 앞에서 그리고 이 세상 안에서, 그리스도인들이 정치적인 예배가 유보된 채 남을 것을 기도해서는 안 된다고 밝힌다.

---

48) Ibid, 215.

결론

『스코틀랜드 신앙고백』은 16세기 종교개혁 시대의 고백서들 중에서 대표적인 신앙고백서다. 이 고백서는 영어로 된 최초의 개혁주의 신앙고백이며, 스코틀랜드 교회와 세계 장로교회의 헌장으로 불린다. 이 고백서는 1647년 『웨스트민스터 신앙고백』이 나오기까지 스코틀랜드 교회의 표준적인 신조로 사용되었다.

니케아 신경과 사도신경 이후 아우구스부르크 신앙고백(1530), 제네바 교회 신앙문답(1542), 스코틀랜드 신앙고백(1560), 벨직 신앙고백(1561), 하이델베르그 요리문답(1563), 영국의 39개 신조(1563), 스위스 제1신앙고백(1563)과 스위스 제2신앙고백(1566), 웨스트민스터 신앙고백 및 요리문답(1647) 등이 대표적인 신앙 규범들이다.

본서에서 다룬 『스코틀랜드 신앙고백』은 1560년 8월 17일 스코틀랜드 의회에서 인준을 받아 채택되었다. 그러나 그것이 4일만에 조급하게 만들어졌고[3] 내용도 체계적이지 못하다는 지적이 있다. 그러나 신앙고백의 내용은 이미 낙스와 다른 작성자들이 유럽 대륙에서 목회하면서 경험한 것과, 유럽의 루터와 쯔빙글리 개혁신학에 기초하여 성경의 중요한 내용을 정리하고 체계화한 개혁주의 입장에서 성립된 신앙고백 헌장이었다.

무엇보다 16세기 개혁신학과 장로교 신조의 근거를 찾는 데에는 16세기 스코틀랜드 신앙고백서는 매우 중요한 문서다. 왜냐하면 스코틀랜드의 장로교가 구체적으로 존 낙스의 후계자인 앤드류 멜빌과 사무엘 루터포드에 의해 발전되어 나타나고 있기 때문이다. 이런 점에서 유럽의 장로교 신앙과 개혁신학을 이해하기 위해서 『스코틀랜드 신앙고백』을 살펴보는 것은 역사적으로 매우 의미있는 일이라고 생각한다.

왜냐하면 스코틀랜드 신앙고백이 웨스트민스터 신앙고백보다 87년 전에 이미 작성되었다는 것과, 교회 제도적인 면에서 볼 때 국가의 공적인 장로교회의 구체적인 모습이 스코틀랜드에서 나타나기 때문이다. 그러므로 본서는

『스코틀랜드 신앙고백』을 살펴봄으로써 장로교 신앙과 개혁주의 신학의 핵심을 이해하려고 했다. 이를 위해 먼저 그것의 작성 배경과 역사적 의의를 살펴볼 필요가 있다.

『스코틀랜드 신앙고백』의 작성 배경을 이해하려면, 존 낙스의 신앙과 그를 중심으로 한 스코틀랜드 종교개혁사를 알아야 한다. 그래서 본서는 제1부에서 1560년 이전의 스코틀랜드 종교개혁의 상황을 다루었다. 존 낙스는 스코틀랜드 칼빈주의자가 분명하지만 이미 그 이전에 스코틀랜드에는 유럽 대륙의 개혁신앙이 전파되었고, 루터파인 패트릭 해밀턴과 쯔빙글리파인 조지 위샤트의 영향을 받고 있었다.

특히 위샤트는 낙스의 고향 교회의 목사로서 낙스에게 적지 않은 영향을 주었을 뿐만 아니라, 스위스 개혁자 불링거가 만든 스위스 제1신앙고백을 영역한 사람이다. 스코틀랜드에는 1546년 3월 위샤트의 순교 이후 2달이 채 지나기 전에 추기경 비튼이 개신교도들에 의해 살해되었다. 개신교도들은 세인트안드류스 성으로 피신했고, 낙스는 여기서 처음으로 설교하면서 목회를 시작했다.

1547년 7월 스코틀랜드 정부의 요청으로 프랑스 군대가 성을 공격함으로써, 성안에 있던 낙스와 개신교도들은 포위되어 결국 프랑스 노예선의 노예 신세가 되었다. 잉글랜드 에드워드 6세의 도움으로 낙스는 석방된 후 잉글랜드의 종교개혁을 돕게 되었다. 그러나 잉글랜드의 메리 튜더가 즉위하면서 개신교도에 대한 박해가 심하자 낙스는 유럽 대륙으로 망명했고, 특히 제네바에서 잉글랜드 망명자들을 위해 수년 동안 목회하면서 칼빈과 교제하기도 했다. 낙스는 자신의 신앙과 개혁 신학을 배울 수 있었고, 나중에는 『스코틀랜드 신앙고백』을 작성할 수 있었다.

낙스는 유럽에서 고국 스코틀랜드의 종교 상황이 호전되기를 기대하면서 기다렸다. 1557년 12월 3일 스코틀랜드의 개신교 귀족들과 신자들은 에딘버러에 모여 「언약서」(a Convenant)에 서명함으로써, 스코틀랜드의 개혁 세력을 결집하고 개신교 회중의 입장을 표명하기 시작했다. 이 언약서는 스코틀랜드 개신교의 결속과 연합을 확인하는 종교적이고 상호적인 계약의 성격을 지녔다.

이들이 말하는 회중은 나중에 교회(the Kirk)로 변경되었고, 로마 교회를 반대하는 「참된 그리스도 교회」(the true Church of Christ)로 인정받았다. 이런 배경 하에서 스코틀랜드 교회내의 미신과 우상숭배를 거부하고 하나님의 말씀을 서약하는 「회중 지도자들」(the Lords of Congregation)의 요청으로, 1559년 낙스가 스코틀랜드로 귀국했고 1560년 『스코틀랜드 신앙고백』이 채택됨으로써 스코틀랜드 개혁 신앙과 예배가 공식적으로 가능했다.

이 신앙고백은 7년 후 스코틀랜드 국회의 합법적인 인정을 받았다. 그리고 1560년 의회에는 많은 사람들이 참석했고, 의회 소집 중 낙스는 "성전을 재건하라"는 내용의 학개서 본문을 갖고 설교했다. 이 설교 이후 낙스와 그의 동료들은 스코틀랜드 의회가 개신교를 탄압하기 위해 금지했던 교리에 대해 청원했다. 청원의 내용은 화체설, 성체 공경, 선행의 공로에 대한 인정, 면죄부, 연옥, 순례, 교황의 권위 등에 관한 카톨릭 교리를 비판하는 것이었다.

이 청원은 성직자의 삶의 개혁, 진실한 성직자에 대한 교회 재정의 지원, 학문의 장려, 빈민 구제 등이 포함되어 있었다. 이런 청원에 대한 대안으로 의회는 개신교 목사들에게 신앙고백의 작성을 요청했다. 이에 4일만에 낙스를 비롯하여 세인트안드류스 목사 더글라스(Douglas), 부수도원장 윈람(Winram), 법학박사 로우(Row), 프란시스파 출신 윌록(Willok), 로디안 지역의 감독 스포티스우드(Spottiswoode) 등 6명의 존(John)의 이름을 가진 사람들이 참여하여 신앙고백서를 작성했다.

이 신앙고백서는 성직자, 귀족, 평민으로 구성된 대표들에 의해, 1560년 8월 17일 「무오한 하나님의 말씀에 기초한」(upon the infallible Word of God) 교리임을 선포하면서 국회에서 공적으로 인정받았다. 『스코틀랜드 신앙고백』의 채택 이후 라틴어로 번역되면서 유럽 대륙에 널리 소개되었다. 그리고 1567년 개신교 목사들과 성도들에 의해 의회는 개혁교회(the Reformed Church)를 '이 나라 안에 있는 유일하고 참되고 거룩한 예수 그리스도의 교회'로 인정했다. 1572년에 모든 목사들에게 이 신앙고백에 서명할 것을 요청했고, 1688년 명예혁명 때까지 『스코틀랜드 신앙고백』은 스코틀랜드의 장로교회와 감독교회(the Episcopal Churches)의 유일하고 합법적인 교리의 표준서로 인정되었다. 어빙

(Edward Irving)은 『스코틀랜드 신앙고백』에 대해 다음과 같이 평했다;

> "이 신앙고백은 스코틀랜드 개혁교회의 초석으로… 1560년 스코틀랜드 의회에서 25개 조항이 인준되었다. 이 고백은 교황권에 반대한 사람들을 하나의 확고한 신앙으로 결속하게 했으며, 한 세기 동안 고난과 고통에 있는 사람들을 하나로 연합하도록 이끌었다. 이 문서는 가장 정직하고 올바르고 강력한 문체로 되어 있고, 어떤 불평이나 아첨이 아니라 논리성이나 학문적인 정확성에서 보더라도 뒤떨어지지 않는다."

스탠포드 리드(W. Stanford Reid)교수도 『스코틀랜드 신앙고백』에 대해 다음과 같이 말했다;

> "이 신앙고백은 칼빈의 요리문답과 제네바에 있는 영국인 교회의 신앙고백에 기초하고 있기 때문에 신학적으로 칼빈주의적인 성격의 고백서다. 그럼에도 불구하고 『스코틀랜드 신앙고백』은 조항의 실제적인 내용과 표현에 있어서, 스코틀랜드 개혁교회의 특성을 잘 드러내는 독특한 신앙고백서다."

교회의 신앙고백은 성경의 진리를 바로 이해하고 고백하기 위해 작성되지만, 이단에 대처하여 성경적인 교회를 세우는데 필요한 신조다. 따라서 이 세상의 교회는 '대문 밖의 적들'과 '대문 안의 적들'에 대처하기 위해 바른 성경적인 교리를 이해하고 고백해야 할 역사적인 사명이 있다. 『스코틀랜드 신앙고백』은 장로교 신학의 기초와 근거가 어디에 있는지를 분명하게 보여준 개혁주의 신앙고백이다.

개혁주의 신앙고백이라는 근거는 이것이 칼빈주의 전통에서 강조하는 성경적인 원리와 사상을 표현하고, 스코틀랜드 교회에서 하나님의 말씀을 순전히 지키려는 언약 사상을 강조하고 있기 때문이다. 이에 우리는 『스코틀랜드 신앙고백』과 개혁사상을, 언약사상에 기초한 칼빈주의적인 장로교 신학이라고 말할 수 있다.

또한 우리는 개혁주의와 장로교 전통을 스코틀랜드의 역사적인 상황에서 찾아 볼 수 있다. 즉 1560년 『스코틀랜드 신앙고백』과 1638년과 1643년의 국민언약 운동과 엄숙한 동맹과 언약, 그리고 1643년의 『웨스트민스터 신앙고백』의 모든 고백과 선언은 스코틀랜드 종교개혁의 역사적인 결과물이다.

『스코틀랜드 신앙고백』이 한국의 개혁주의와 장로교회에 주는 역사적인 의미는, 먼저 성경의 진리에 대한 바른 이해와 신앙고백이 없는(그렇기 때문에 이단이 득세할 수 밖에 없는) 오늘날의 교회 상황에서 말씀의 훈련이 성도들에게 절대적으로 필요하다는 것이다. 한국의 수많은 개혁 교단과 장로교 신학이 있지만, 교회가 걸어온 발자취와 이것을 이끌었던 교회 지도자인 목사의 목회 방향 그리고 성도들의 모습을 보면 분명한 신학과 신조가 없다는 것이다.

오늘날 이단과 종교 다원주의의 시대에 처한 교회가, 성경적인 분명한 신앙고백을 제시하지 못한 것에 문제가 있다. 그러므로 교회 내의 바른 신앙고백과 개혁신학의 정립이 절실히 필요하다고 본다. 편저자가 제2부에서 칼 바르트의 『스코틀랜드 신앙고백 해설』을 소개하는 것은, 그 책의 본래 제목[「종교개혁자들의 가르침에 따른 신인식과 예배(하나님께 대한 봉사)」]이 가리키듯이 종교개혁자들의 사상을 대변하고 있기 때문이다.

바르트는 자연신학에 반대되는 입장에서 『스코틀랜드 신앙고백』을 해설하는 방식으로 종교개혁자들의 신앙고백을 해명하고 있다. 그는 개혁주의 입장을 수용하여 그것을 올바르게 성경에 입각해서 해명하고 있다. 바르트는 자연신학에 반대되는 입장에서 복음주의 신학을 말함으로써 올바른 자연신학에 기여한다. 특히 그는 예배 부분에서그리스도인의 삶과 교회에 대한관한 내용을 많이 제시하고 있다.

바라건데 한국 교회가 개혁주의 신앙의 기본 교리인 하나님 말씀의 절대 권위를 인정하고, 예수님의 구원 사역에 대한 바른 이해, 그리고 성경적인 교회상에 필요한 순수한 말씀 선포와 성례의 바른 시행 그리고 교회 순결에 필요한 권징을 강조하는 『스코틀랜드 신앙고백』의 정신을 잃지 않기를 기원한다.

제3부
스코틀랜드 신앙고백(1560)의 신학

- 종교개혁의 정신을 다음 세대로 이어가기 위해서! -

성령과 개혁자의 뜨거운 숨결이 쏟아진 역사적인 스코틀랜드 신앙고백(25조)에서
청교도 개혁주의의 신앙과 신학을 분석하고 현대 교회의 확고한 신앙의 방패를 삼는다.

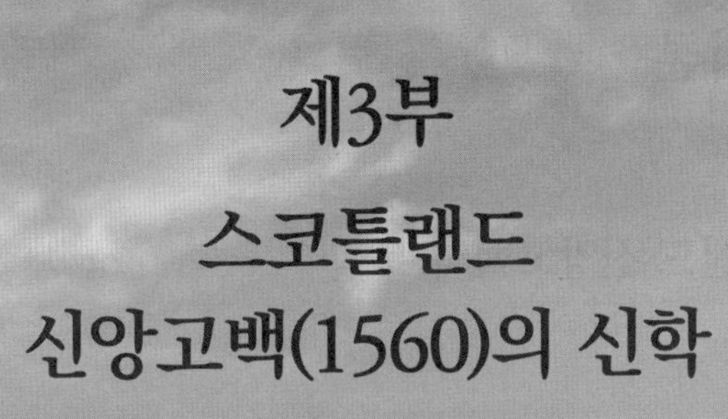

제1장 서론

1. 스코틀랜드 신앙고백의 부활

우리나라에서 오랜 세월에 걸쳐 널리 알려지고 친숙해진 하이델베르크 교리문답과는 달리, 스코틀랜드 신앙고백은 오랫동안 개혁교회의 전통적인 겉무대에서 떠나 있었고 완전히 잊혀졌다. 그 이유는 잉글랜드와 스코틀랜드와 아일랜드라는 세 나라의 기독교를 동일한 신앙고백 아래 동일한 장로제도에 따라 통일하기 위해 1647년 런던에서 작성된 웨스트민스터 신앙고백을, 스코틀랜드 교회가 공식적인 신앙규준으로 채택함으로써 스코틀랜드 신앙고백이 그때까지 사용했던 신앙규준으로서의 공식적인 위치를 잃었기 때문이다.

그후 스코틀랜드에서는 웨스트민스터 신앙고백이 비판이나 변증 논의의 중심이 되어, 그 해석을 둘러싸고 국내외에서 여러 대립, 충돌, 분열이 일어남으로써 스코틀랜드 신앙고백은 사실상 완전히 「과거의 유물」이 되었다. 그런 스코틀랜드 신앙고백에 다시 빛을 비추면서 부활시킨 인물은 20세기를 대표하는 개혁주의 신학자인 칼 바르트(Karl Barth)였다. 그는 1937~38년에 걸쳐 애버딘 대학에서 「종교개혁 교설에 따른 하나님 인식과 하나님 예배」(The Knowledge of God and the Service of God according to the Teaching of the Reformation)라는 주제로 실시한 20회의 연속 강화인 「기포드 강연」(Giford Lecture)은 1938년에 독일어와 영어로 동시에 출판되었다.

이 강연을 통해 다시 한 번 스코틀랜드 신앙고백 안에 넘쳐 흐르고 있는 개혁주의 신앙의 풍요로움을 재발견할 기회가 주어졌다. 어떤 신학자는 칼 바르트와 스코틀랜드 신앙고백을 관련지어서 다음과 같이 말했다; "바르트는 제2차 세계대전 중 이 신조를 되풀이해 읽고 위안을 얻었다고 전해진다. 이 신조는 혼란스러운 현대 교회에서 새로 다시 읽혀야 한다." 스코틀랜드 신앙고백은 종종 덜 깎여나갔다거나 논쟁적, 공격적이라는 평가를 받아 "상당히 천박한 표현이 보인다"는 말까지 들었으나, 20세기를 대표하는 한 사람의 위대한 신학자가 이 신앙고백으로부터 얻은 것이 「위안」이라는 점은 대단히 흥미롭다.

더욱이 스코틀랜드 신앙고백 제정(1560년)되고 3년 후에 작성된 하이델베르크 교리문답(1563년)이 가장 먼저 「위안」을 물었다는 것은 매우 시사하는 바가 크다. 현대에서 개혁주의 전통을 존중하면서 살아가는 사람이 스코틀랜드 신앙고백을 새로 읽고 얻게 되는 「위안」은 어떤 것인가. 16세기의 문맥에 맞춰서 21세기 현재의 문맥으로 해석하고, 실제로 스코틀랜드 신앙고백의 본문 내용과 그 요점을 정리하는 것이 요구된다. 성령과 개혁자의 뜨거운 숨결이 쏟아진 역사적인 스코틀랜드 신앙고백의 신앙과 교리를 배우고, 그것을 21세기를 살아가는 개혁교회의 확고한 신앙의 방패로 삼아 종교개혁의 정신을 다음 세대로 계승해야 한다.

2 표제, 성경구절, 서문

1) 표제

"1560년 8월 스코틀랜드의 귀족 제후들 앞에 제시되고 그들의 공식적인 투표에 따라 거짓됨 없는 하나님의 말씀에 바탕을 두는 교리로서 승인되었다 그 후 의회 및 합법적인 전체 총회의 여러 법을 통해 확립되고 공적으로 비준된 스코틀랜드의 개신교를 통해 믿고, 고백되는 신앙과 교리의 고백"

2) 성경구절

"맹인과 저는 자들이 성전에서 예수께 나아오매 고쳐주시니"(마 21: 14)

3) 서문

스코틀랜드 귀족들은 예수 그리스도의 거룩한 복음을 고백하는 스코틀랜드 국민과 함께 간절히 다음과 같이 기도합니다;

"자신들과 같은 귀족 계급에 있는 이들에게 그리고 주 예수를 고백하는 다른 여러 나라들과 그 국민들에게, 구원을 위해 우리 주 예수 그리스도의 아버지 하나님이 내려주시는 은혜와 자비와 평화가 의의 심판자이신 성령과 함께 있게 해 주소서. 친애하는 형제들에게 우리는 스스로가 공언하고 또 그를 위해 치욕이나 위험을 무릅쓴 그 교회를 온세계에 알리고 싶습니다, 우리는 오랫동안 그런 간절한 소망을 품어 왔습니다. 그러나 우리들에 대한 또 그리스도의 영원한 진리에 대한 사탄의 위협은 바로 얼마 전에도 우리들 사이에서 새로 다시 태어났습니다. 그 때문에 본래라면 기뻐하고 있었을테지만, 오늘날까지 자신들의 신앙을 표명할 시기나 기회가 없었습니다. 우리들이 오늘날까지 얼마나 괴로웠는가는 유럽에서 널리 충분하게 알려져 있다고 생각합니다.

하지만 우리들의 하나님(그 자신의 고난을 겪는 백성들이 완전히 패배하는 것을 결코 묵인하지 않으시는 분)의 헤아려 알 길이 없는 다정함에 따라 우리들의 입장에서는 생각지도 못할 안식과 자유가 주어졌기에, 우리들에게 제출되고 우리들이 믿고, 고백할 교리에 관한 이 간결하고 명백한 신앙고백을 제시하지 않을 수 없습니다. 그것은 어떤 면에서는 우리들에 대한 비방에 의해 깊이 상처입고 지금도 상처입고 있다고 여겨지는 형제들에게 충분히 응답하기 위함이고, 또 어떤 면에서는 들은 적도 없고 이해하지도 못하는 그 교리를 뻔뻔하게 비난하는 염치없는 모독자들의 입을 막기 위함이기도 합니다.

우리는 그런 악의가 단지 우리의 신앙고백에 의지하는 것만으로 해결될 거라고 생각하지 않습니다. 왜냐하면 우리는 복음의 기분좋은 향기는 멸망의 자식들에게는 죽음이고 또 죽음이어야 한다는 것을 알고 있기 때문입니다. 그러나 우리들이 주로 고려하고 있는 것은 우리 자신의 연약한 형제들인데, 그들이 우리의 신성한 계획을 깨부수려고 사탄이 널리 퍼뜨리고 있는 여러 소문들에 현혹되거나 떠밀려 가는 일이 없도록 그들에게 우리들의 진의를 전하는 것입니다.

만약 우리들의 신앙고백 안에 하나님의 거룩한 말씀에 반하는 조항이나 문장을 눈치챈 사람이 있다면, 그것을 부디 관대함과 그리스도인의 배려심을 담아 문장으로 남기어 우리들에게 알려주셨으면 합니다. 그리고 우리는 자신의 명예에 걸고 하나님의 은혜에 따라 하나님의 입(즉 성경)으로부터 만족할 수 있을 답을 제시하거나 잘못이라고 증명된 것은 모두 바로 잡을 것을 약속합니다. 왜냐하면 우리들이 여러 이단적인 분파나 잘못된 교리를 가르치는 여러 교사들을 진심으로 미워하고, 겸손을 다해 그리스도의 복음의 순수함을 받아들이고 있다는 것을 마음에 담아주시기를 하나님께 간구하기 때문입니다.

그리스도의 복음은 우리들의 영혼이 입에 담는 유일한 양식이고 또 우리들에게 가장 귀중한 것이기에, 그것이 우리들의 영혼으로부터 기만당해 빼앗기기보다 오히려 최대한 세계적으로 위험마저 뒤집어 쓰는 것으로 우리들의 갈 길이 정해져 있기 때문입니다. 왜냐하면 우리는 그리스도 예수를 부정하는 이들 앞에서 주님을 욕보이는 이는 누구든지 아버지 하나님과 거룩한 천사들 앞에서 부정당하게 된다고 굳게 믿기 때문입니다. 따라서 우리는 우리 주예수의 권능있는 영이 도와주심에 따라 종말의 때에 이르기까지 우리들이 하는 신앙고백 안에 계속 굳건하게 머무르도록 하겠습니다."

본문보다 앞서서 다음 세 가지를 확인할 필요가 있다. 그것은 정식 제목, 표지에 게재된 성경구절의 의미, 그리고 서문이다.

1) 정식 제목

일반적으로 「스코틀랜드 신앙고백」이라 불리우는 명칭은 사실 「약칭」이다. 실제로 1560년에 비준된 문서의 정식 제목은 앞에서 밝힌 바와 같이 매우 길다. 스코틀랜드 신앙고백은 영어로는 더 짧게 알파벳 다섯 문자(Scots)인데, 바로 이것이 스코틀랜드 신앙고백을 나타내는 일반적인 호칭이라는 시민권을 얻었던 것이다. 생략된 부분을 다시 한 번 확인해 본다면 이 신앙고백이 공시하는 종교개혁 진영 인물들의 마음이 떠오르게 된다.

첫째로 이 문서가 「의회」에서 이루어진 공식 절차를 거친 합법적인 문서라는 점이 강조된다. 이런 점을 전면에 내세움으로써 이 신앙고백이 종교개혁 진영에서 비롯되는 선전 문서가 아니라 「공적으로 비준된」(즉 국가 전체에 공적인 구속력을 갖는) 문서라는 것을 돋보이게 한다. 둘째로 이 문서는 「하나님의 말씀에 바탕을 둔 교리」로, 교회의 신앙 토대가 성경(하나님의 말씀)이라는 「복음주의 선언」이다.

마르틴 루터가 1517년 10월 31일 선보인 「95개조의 논제」에서 날카롭게 비판했던 것은 「하나님의 말씀에 바탕을 두지 않은」 면죄부(속유장)라는 가르침과 그 판매였다. 종교개혁은 「성경(하나님의 말씀)」으로 돌아가는 것이고, 개혁 원리의 특징 중 하나로 「오직 성경」(sola Scriptura)이라는 표어가 고양되었다는 것은 잘 알려져 있다. 그리고 스코틀랜드 종교개혁이 「하나님의 말씀에 바탕을 둔 교리」에 입각한 성경적인 신앙이 무엇인지를 명백히 한다는 결의도 읽게 될 것이다.

2) 표지에 기재된 성경구절의 의미

출판된 신앙고백의 표지에는 앞에서 본 제목 아래 성경구절 하나가 쓰여져 있다. 그것은 마태복음 24장 14절이다. 낙스를 비롯해서 신앙고백을 기초한 개혁자들이 많은 성경구절들 중에서 이 구절를 채택한 이유는 무엇이었을까. 아쉽게도 그 이유를 명시한 기록은 현존하지 않아서 추리할 수 밖에 없지만, 개혁자들이 하나님의 말씀에 바탕을 둔 복음이 「널리 전해지는 것」에 종교개혁의 중점을 두었기 때문에 이 구절이 선택되었다는 것은 자명하다고 말할 수 있을 것이다.

스코틀랜드 종교개혁이 지닌 특징은 「복음을 널리 전하는」 것에 중점을 둔 철저한 「복음주의」였다. 또 앞에서 확인했던 바와 같이 교회의 최우선 과제로 「설교」의 중요성이 강조되었고, 이 신앙고백 제18조 「진정한 교회의 증표」에서 첫 번째 증표로 「설교」가 자리하게 되었다. 이것은 루터파와 개혁파에서 공통된 교회론인데, 특히 이 성경구절을 표지의 중앙에 내걸고 「복음을 널리 전하는 것」을 교회의 개혁과 선교의 중심에 두는 것을 인상깊게 명시했던 것이라고 생각된다. 그 뿐만 아니라 이 성경구절의 「종말이 온다」는 묵시문학적인 종말론 신앙도 확실히 다른 종교개혁 운동(특히 이탈리아의 사보나놀라가 주도했던 개혁 운동)에서 드러나는 강조점이었다.

예를 들면 도날드 매킴은 『문답으로 보는 종교개혁』에서 "사보나놀라가 이야기하는 메시지에는 묵시문학적인 특성이 갖춰져 있었다. 그는 교회 회복에 앞서 당장이라도 내려오려고 하는 교회에 대한 천벌을 예고했다… 그는 성직자의 부패, 독재정치, 가난한 사람들을 착취하는 것 등에 저항하는 설교를 했다"고 이야기하면서 15세기 말 이탈리아에서 태어난 사보나놀라에게서 비롯되는 개혁 운동의 메시지는 하나님의 뜻을 따르는 묵시문학적인 심판같은 특징을 띄고 있었다고 지적했다.

또 16세기 이전에 페스트가 전세계적으로 대유행(팬더믹)함에 따라 실로 많은 생명이 사라졌고, 흡사 종말에 이루어지는 최후의 심판이 시작된 것같은 그런 불안과 공포와 혼란이 유럽 세계 전체를 뒤덮었고, 이를 틈타 면죄부 매매가 왕성해졌으며 이것이 훗날 루터의 종교개혁이 일어나는 도화선이 되었던 것이다.

하나님의 말씀에 바탕을 두고 복음이 올바르게 계속 널리 전해질 때, 무엇보다도 먼저 하나님의 말씀에 바탕을 두지 않는 「거짓된 가르침」이 밝혀진다. 그것은 개혁자들이 목숨걸고 증명했던 진실이었다. 복음이 성경에 바탕을 두고 널리 전해질 때, 개혁자들이 날카롭게 비판했던 당시 로마 가톨릭 교회의 부패와 지배의 「끝이 온다」. 복음이 널리 전해질 때 신자는 면죄부에서 비롯되는 구원이 아니라, 죄에 대한 진정한 회개가 닥쳐오는 동시에 예수 그리스도의 십자가와 부활에 따르는 진실된 구원이 명확해진다.

이리하여 스코틀랜드 신앙고백의 표지에 제시된 한 성경구절에 의해 유럽 전체를 석권했던 복음주의적인 개신교의 선교적인 특징이 나타남과 동시에, 「복음 선교」를 중시한다는 스코틀랜드 종교개혁의 방향성이 단적으로 나타난다고 말할 수 있을 것이다.

3) 서문

이 신앙고백에는 본문보다 앞서 긴 서문이 있다. 동시대의 여러 개혁교회에서 작성한 신앙고백서들 중에 서문이 있다는 것은 보기 드문 특징이라고 할 수 있다. 미 합중국 장로교회[PC(U.S.A.)]의 『신앙고백집』(Book of Confessions)에는 이 서문을 생략한 본문만 수록되어 있었기 때문에, 많은 미국 그리스도인들도 스코틀랜드 신앙고백에 이 서문이 있다는 것을 몰랐던 것으로 보인다.

이 서문은 1560년 8월 스코틀랜드 의회에서 승인된 뒤 가필된 것이다. 「6인의 존(John)」에 의해 작성된 본문에 종교개혁을 지지하고 공적으로 소관하는 개신교 귀족 의원들이 이 서문을 덧붙인 것인 양, 서문이 「스코틀랜드 귀족은」이라는 주어로 시작되고 있는 것은 바로 이 때문이다.

스코틀랜드 종교개혁의 수립 배후에는 제1장에서 확인했듯이 잉글랜드와 프랑스까지 들어간 삼국관계의 틈새라는 정치적인 역학도 얽혀, 국내에서는 프랑스 출신이고 로마 가톨릭을 신봉하는 상황후면서 섭정인 메리 드 기스의 권세에 저항하여 이미 종교개혁에 착수했던 잉글랜드와 친화 노선을 닫으려는 귀족들의 강력한 협력 아래 추진되어 나갔다. 이런 귀족들의 입장에서 잉글랜드와 마찬가지인 종교개혁의 실현은 대망하던 사건이었다. 내용에 관해서는 종반에 다음과 같이 쓰여져 있다;

> "만약 우리의 신앙고백 안에 하나님의 거룩한 말씀에 반하는 조항이나 문장을 눈치챈 사람이 있다면… 문장으로 써서 그것을 우리들에게 알려 주십시오. 그리고 우리들은 자신의 명예를 걸고 하나님의 은혜에 따라… 성경에서 만족할 만한 답을 제시하거나 잘못이라고 증명된 것은 모두 바로잡을 것을 약속합니다."

여기서는 「만약」이라고 가정한 후에 신앙고백의 내용을 둘러싸고 잘못이 판명되면 그것을 바로 잡겠다고 약속한 것이었다.

이것은 이 신앙고백의 무오류성에 대한 부정이었다. 그것은 신앙고백도 어차피 인간의 손으로 쓰여진 것이고, 시대의 제약 안에서 짜여진 것인 이상 잘못도 있을 것이고, 앞으로 뒤엎여서 바로 잡혀야 하는 무지몽매도 포함될 가능성도 인정한 것이다. 확실히 그 말도 맞지만 여기서 말해지는 것은 오히려 「성경에서」라는 철저하게 성경 말씀에 바탕을 둔 교리의 재확인이다. 성경 말씀으로 돌아가서 잘못을 바로 잡는다는 것이 바로 종교개혁의 주안점이었다.

확실히 이 서문은 나중에 귀족들이 가필한 문서이지만, 절묘하게도 스코틀랜드 종교개혁의 「말씀에 따라 끊임없이 개혁된다」는 자세가 선언되었다고 할 수 있다. 아마도 이 서문은 귀족들의 손으로만 적성된 것이 아니라, 신앙고백의 원안을 기초한 개혁자들(특히 낙스)에게 의견이 요청되었던 것이라 생각할 수 있다. 그렇다면 이하에서 「스코틀랜드 신앙고백」(1560) 본문의 내용을 정성들여 확인해 나가도록 하겠다.

제2장 본문 해설

제1조 하나님

"우리는 오직 한 분이신 하나님을 고백하고 인정하며, 이 분만 의지해야 할 것입니다. 이 분만을 섬겨야 하고, 이 분만을 예배하여야 하며 그리고 이 분에게만 신뢰를 보냅니다. 이 분은 영원하시고 무한하시며 헤아려 알 길도 이해할 수 있는 길도 없는 전능하시고 불가시하십니다. 그 본질에서 하나이이면서도 성부, 성자, 성령이라는 세 위격으로 구별되십니다. 이 분의 뜻으로 하늘과 땅에 있는 것, 눈에 보이는 것과 보이지 않는 것도 모두 창조되었으며 그 존재가 유지됩니다. 우리는 하나님의 영원한 지혜와 선과 의의 목적을 향해, 또 하나님 자신의 영광이 밝혀지기 위해서 그 헤아려 알 길 없는 섭리를 통해 지배하시고 인도하신다고 믿고 고백합니다"

제1조의 주제는 「하나님」이다. 위셔트가 번역했던 제1스위스 신앙고백(1536년)에서는 하나님은 제6조에 위치해 있었고 제1조에 성경이 위치해 있었다. 또 제네바교회 신앙고백(1536/37년) 제1조에 「하나님의 말씀」이 배치되었고, 제2조에 「유일하신 하나님」이 배치되었기 때문에 낙스가 단지 선행하는 신앙고백을 흉내내서 이 신앙고백을 하나로 모은 것이 아니라는 점을 알수있다. 오히려 낙스가 제1조에 하나님을 배치했다는 것의 의의를 생각해야 할 것이다. 제1조의 요점을 세 가지(오직 한 분이신 하나님에 대한 응답, 하나님의 본성, 하나님의 창조와 섭리)로 한정해서 확인해 나가겠다.

1) 「오직 한 분이신 하나님」에 대한 응답

신앙고백은 신자가 믿는 하나님은 「단 한 분 뿐」이라는 것을 고백하고 인정하는 것에서 시작된다. 영어 원문에서도 「뿐」(only)이라는 말이 여러 번 인상적으로 되풀이 된다. 흥미로운 점은 다른 신앙고백에서는 곧바로 하나님의 본성이나 속성이 열거된다는 것인데, 이 신앙고백에서는 그 고백과 인식이 구체적으로 인간측의 응답(즉 「의지한다, 섬긴다, 예배한다, 신뢰한다」는 것)으로 전개된다는 점이다.

이에 관해서는 "우리들은 유일하신 하나님이 존재하신다는 것을 인정한다, 우리들은 이 하나님을 인정해야 하고 섬겨야 하고, 모든 신뢰와 희망을 그 분께 두어야 한다"고 이야기하는 제네바교회 신앙고백과 명확하게 유사한 점을 찾을 수 있을 것이다. 오직 한 분이신 하나님을 인정했다면 인간은 이 분에 대해 어떤 태도로 임해야 하는가를 질문하게 되는 것이다.

이때까지 로마 가톨릭 교회에서는 사도 베드로의 대표자로 위치하게 된 교황이라는 최고 권위자가 군림하고, 그 교황을 정점으로 삼는 피라미드형의 위계제라는 권력 구조가 확립되어 있었다. 교황권은 12세기 말에 교황으로 선출된 인노켄티우스 3세의 시대에 전성기를 맞이했고 유럽 각국에 영향력을 행사했다는 것은 고등학교 세계사 교과서에서 배우고 있었다. 교황은 중세 유럽에서는 유일무이한 존재였다. 이 교황이 어느샌가 신자의 입장에서는 의지해야 하는 분, 섬겨야 하는 분, 신뢰해야 하는분이되었다.

그러나 종교개혁이 선명하게 만들었던 것은 의지해야 하는 존재는 교황도 아니고 성자도 아니라 「오직 한 분이신 하나님 뿐」이다. 그리스도의 제자인 그리스도인은 「오직 한 분이신 하나님만」 예배하는 것이다. 스코틀랜드 종교개혁의 출발점은 교회와 신앙에 존재하는 단 한 분이신 하나님의 위치 회복을 외치는 이 첫 번째 목소리로 시작된다.

2) 하나님의 본성

다음으로 단 한 분이신 하나님의 본성이 열거되어 나간다. 다른 신앙고백에서 인정되는 「의」「선」「영광」 등 하나님에게 갖춰진 본성은 후술할 하나님의 섭리로 옮겨가 있다. 그 이유는 확실하지 않으나 본성을 열거하는 것보다, 하나님이 완전히 인간을 초월한 분이라는 인식을 언명하는 것에 중점이 놓여 있다.

그리고 인간의 인식을 초월한 「한 분이신 하나님」은 「성부, 성자, 성령이라는 세 위격으로 구별」되면서도, 신성에서 완전히 동질인 「삼위일체」 하나님으로서 그 자신을 계시하는 분이라는 점이 언명된다. 인간의 신인식은 조사나 연구나 수행 등의 결과에 의해 도달하는 것이 아니며 완전히 우리들을 초월한 분의 자기계시에서 비롯되는 것이다.

3) 하나님의 창조와 섭리

인간을 아득하게 초월한 하나님은 이 세계의 창조자다. 「하늘과 땅에 있는 것, 눈에 보이는 것과 보이지 않는 것 모두가」라는 표현은 니케아(콘스탄티노폴리스) 신조에서 가장 처음에 나오는 말과 일치하고 있다. 이것은 우연이 아니라 의도된 것이라고 생각해야 할 것이다. 단 한 분이신 하나님이 창조자이고, 하나님이 아닌 모든 것은 피조물이다.

그리고 이 한 분이신 하나님은 이 세계와 인간들의 영위를 초월한 높은 장소에서 바라보고 계시는 방관자가 아니다. 이 세계는 하나님이 계속 지켜주시기 때문에 멸망하지 않고 보존되고 있다. 게다가 하나님은 이 세계를 유지하실 뿐만 아니라, 이 세계를 통치하시고 하나님의 영광이 밝혀지기 위해서 그 자신의 지혜와 선과 의를 바라보시면서 이 세계를 인도하고 계신다.

이 세계에는 힘겨운 일이나 슬픈 일, 게다가 부조리하다고 말할 수 밖에 없는 마음아픈 재앙도 일어난다. 그런 고통이나 탄식으로 뒤덮인 시련의 때도 있는가 하면 장래를 내다보지 못할 불안에 빠질 때도 있다. 그래도 하나님은 이 세계를 인도하고 계신다. 하나님은 악조차 「선과 의」를 불러오게 하기 위해서, 마이너스에서 플러스를 이끌어내기 위해서 이 세계를 다스리시고 인도하신다. 바로 이것이 기독교 섭리관이다.

종교개혁기에 작성던 많은 신앙고백서에서는 하나님의 섭리가 고백된다. 잘못하면 죄의 힘이 지배적이어서 살기 팍팍하다고 생각되는 이 세상 속에서도, 하나님의 섭리라는 신앙은 인류에게 위안과 격려를 불러오는 동시에 인내도 불러온다. 지금 내려오는 고난이나 고통 한가운데서도 하나님은 그 자신의 「선과 의」로 세운 계획 아래서, 그 앞에 있는 「선과 의」를 향해 인도해 주신다는 소망이 있다(롬 8:28). 바로 그렇기 때문에 신자는 재앙 한가운데 있을지라도 소망을 가슴에 품고 지금을 참고 견딜 수 있는 것이다.

제2조 인간의 창조

"하나님이 우리들(즉 우리들의 선조 아담)을 그 자신의 뒤에 자신과 닮도록 창조하시고, 이 인간에게 지혜와 주권, 정의와 자유의지 그리고 자의식을 주셨다. 우리는 그 결과 인간의 온갖 본성 안에서 불완전성같은 것을 발견할 수 없었다고 고백하고 인정합니다. 남자와 여자가 함께 그 영예와 완전성에서 타락하고, 뱀의 유혹을 받은 여자와 여자의 목소리에 따랐던 남자가 함께 금지된 나무의 열매를 따서 먹으면 죽으리라는 뚜렷한 말씀으로 미리 경고하신 지고하신 하나님의 주권에 등을 돌렸던 것입니다."

제2조에 위치하게 된 것이 「인간의 창조」다. 제1조는 「하늘과 땅에 있는 것, 눈에 보이는 것과 보이지 않는 것 모두가」라는 니케아 신조의 말을 사용하여, 오직 한 분이신 삼위일체 하나님에 의한 세계의 창조와 섭리를 선언했고 제2조는 하나님의 창조세계를 살아가는 인간에 대해 말하고 있다.

동시기에 작성된 다른 신앙고백서와 비교하면 인간을 언급하는 것이 신앙고백서 전체에서 제 2조라는 상당히 앞부분에 위치해 있는 것도 특징적이라고 할 수 있다. 예를 들면 프랑스 신앙고백과 벨기에 신앙고백 모두가 하나님 다음에 「성경」을 말하고 있다. 어떻게 하나님을 알 수 있는가라는 질문에 대해 「그것은 성경을 통한 신의 자기계시에서 비롯된다」는 식으로 하나님 뒤에 성경이 나오는 것은 자연스러운 흐름이다.

그것과 대조적으로 스코틀랜드 신앙고백이 「인간」을 제2조에 위치시킨 이유를 생각하면 이 신앙고백이 성경정경의 순서에 입각하여 구성되어 있다는 특징을 지적할 수 있다. 창세기 서두에서 창조자 하나님이 등장하고 그리고 하나님이 창조하신 이 세계에 등장하는 것은 성경이 아니라 아담과 이브라는 인간이다. 따라서 성경정경 순으로는 하나님에서 인간으로 간다는 흐름은 자연스러운 것이다.

뿐만 아니라 칼뱅의 『기독교 강요』 서두에서 이야기했던 「신인식과 인간인식의 불가분성」도 상기된다. 그는 다음과 같이 말했다;

"우리들의 지혜로 어쨌든 진리를 따르고, 또 견실한 지혜와 본받아야 할 모든 것은 두 부분으로 이루어진다. 즉 하나님을 인식하는 것과, 우리 자신을 인식하는 것이다. 그렇지만 이 둘은 많은 끈을 통해 결합되어 있기 때문에 어느 쪽이 다른 쪽보다 앞서고, 어느 쪽이 다른 쪽을 낳을 것인가를 인식하는 것은 간단하지 않다."

이런 점을 의식한다면 이 신앙고백의 기초자들은 인간을 제2조에 위치시키는 것으로 제1장에서 기록한 신인식과의 연속성이나 불가분성을 구조적으로 돋보이게 만드는 동시에, 자연스럽게 칼뱅이 저술한 『기독교 강요』의 가르침(개혁신학)과의 연속성을 나타내고 있다고 해석할 수도 있을 것이다.

제2조의 요점을 세 가지(하나님의 형상, 인간의 본성, 인간의 타락)로 한정해서 확인해 나가겠다.

1) 하나님의 형상

아담의 창조에 대해서는 「흙」(아다마)이나 「생명의 숨길」 등에 대한 언급은 특별하게 보이지는 않고 「하나님의 형상」(Imago Dei)이라는 한 점에 집중되어 있다. 「형상」을 의미하는 라틴어 「이마고(Imago)」는 영어 「이미지」(image)의 어원이다. 한국에서도 「이미지하다」 처럼 완전히 일상어로 정착하여 「상상한다, 비춰준다」와 같은 의미로 쓰이고 있다.

우리들은 아마도 매일 거울 너머로 자기 자신의 얼굴이나 용모를 확인하고 있을 것이다. 거울을 정면으로 바라보지 않는다면 거울은 자신의 형상(모습)을 비춰주지 않는다. 정면으로 마주하고서야 비로소 거울은 자신의 형상을 비춰준다. 이 거울의 실례는 하나님과 인간의 관계로 바꿔 놓을 수 있다. 인간은 본래적으로 하나님과 정면으로 마주하여 「하나님을 비춰주는(Imago Dei)」 존재로 창조되었다.

그런 하나님과 인간의 타고난 인격적인 관계성을 나타내는 것이 「하나님의 형상」이다. 인간은 인종, 국적, 성경이나 종교의 차이를 넘어 한 사람 한 사람이 이 「하나님의 형상」이라는 공통되고 동등한 본성을 갖추고 있다. 온세계 누구나 다 「하나님의 형상」이라는 공통된 끈으로하나로 묶여 있다.

2) 인간의 본성

스코틀랜드 신앙고백은 인간을 타락전과 타락후로 뚜렷하게 구별하면서, 타락전의 인간은 긍정해야 할 본성이 하나님의 뜻으로 내려져 있었다고 명시한다. 이 부분은 제1스위스 신앙고백의 영향을 받고 있다고 말할 수 있을 것이다. 왜냐하면 이렇게 타락전의 인간이 지닌 본성을 「가장 존귀하고 고상하다」거나 「의롭고 올바르다」고 전적으로 긍정하였다.

이와 대조적으로 제네바교회 신앙고백같은 경우(제4조)라고 말하면서 타락전·후의 구별없이 인간의 타고난 본성은 전적으로 긍정되었다. 이렇게 스코틀랜드 신앙고백은 제1스위스 신앙고백을 본받아서 타락전 인간의 본성을 전적으로 긍정하고, 타락후 인간의 본성을 전적으로 부정하는 구조라고 할 수 있다.

본문에서는 하나님이 인간에게 내려준 본성으로서 「지혜」, 「주권」, 「정의」, 「자유의지」, 「자의식」 같은 말이 사용되면서, 어느 것이든 세상 만사를 올바르게 판단하고 구별하는 것과 깊은 관련을 가진 능력이다. 제1스위스 신앙고백이 인간의 본성에 대한 평가의 말로 가득한 것과는 대조적으로, 스코틀랜드 신앙고백에서는 인간의 본성에 갖춰진 구체적인 능력(즉 그 본성의 내용)을 언급하였다.

인간은 본래 하나님의 뜻으로 어떤 능력을 부여받았는가가 예로 들어지면서, 어느 것이든교회든 정치든 통상적인 시민 생활이든 간에 예나 지금이나 앞으로 인간에게 요구되는 기본적인 능력이다. 어느 시대든 변함없이 요구되는 이런 능력들은 어느 것이든 하나님에게서 유래되었기 때문에 하나님으로부터 내려지지 않는다면 인간에게는 누구에게도 갖춰지지 않는 것이다.

인간 한 사람 한 사람에게 갖춰지는 풍부한 능력은 하나님이 내린 선물이다. 인간의 본성을 이루는 것은 어느 것이든 모두 하나님이 내려주신 선물이라는 확신을 바탕으로, 죄를 짓기 전의 인간(최초의 선조 아담)에게는 불완전한 부분이 전혀 없었다는 인식이 나타나 있다.

3) 인간의 타락

그러나 인간은 남자든 여자든 하나님의 말씀을 잊고, 뱀의 유혹을 당해 하나님이 확실하게 금지한 것을 어기고 말았다. 하나님의 말씀을 잊고 하나님의 경고를 무시하는 것은 명확하게 「하나님의 주권」에서 등을 돌리는 것이다. 그 결과 불완전한 부분같은 건 없었을 터인 인간은 하나님으로부터 받은 영예와 완전성을 잃게 되었다. 이것이 「원죄」로 알려졌다.

최초의 인간이 지은 최초의 죄로 죄의 본질이 하나님의 말씀을 잊고 하나님의 경고를 무시하고, 하나님의 주권에서 등을 돌리는 것이라는 점을 돋보이게 만들고 있다. 또 남자와 여자라고 양성을 명시하는 것은 이 신앙고백의 특징이다. 남자든 여자든 이 타락은 「하나님의 말씀」을 잊었을 때, 사냥감을 노리는 뱀처럼 기척을 죽이면서 인간 가까이에 다가온다.

제3조 원죄

"하나님의 형상은 일반적으로 원죄라고 알려져 있는 죄과에 따라 완전히 파괴되었으며, 인간과 그 자손은 날 때부터 하나님의 적대자, 사탄의 노예 그리고 죄의 종이 되었습니다. 이리하여 영원한 죽음은 예나 지금이나 그리고 앞으로도, 위로부터 새로 태어나는 일이 없는 사람들 전부에 대해 이때까지도 앞으로도 맹위를 떨치고 그들을 지배하고 계속 지배합니다. 이 중생은 말씀에 관해 우리들에게 계시된 하나님의 약속 안에서 보증된 신앙을 하나님이 선택하신 자들의 마음 속에 창조해 주시는 성령의 힘을 통해 찾아옵니다. 우리는 이 신앙에 따라 약속된 은혜와 자애를 그 자신 안에 갖추고 계시는 그리스도 예수를 이해합니다."

제3조는 앞의 제2조 「인간의 창조」로부터 나오는 직접적인 연속성을 지니는 조항이다. 제3조의 요점을 다음 세 가지(하나님의 형상 파괴, 중생, 성령의 힘)로 한정해서 확인해 나가도록 하겠다.

1) 하나님의 형상 파괴

앞에서 보았던 제2조에서 이야기되었듯이 인간은 하나님의 말씀을 잊고 유혹을 당하여 하나님의 주권에서 등을 돌리고 말았다. 그것이 「원죄」

(original sin)이라 불리우는데 바로 거기에 죄의 기원이 있다. 이 원죄가 인간에게 가져온 것은 하나님의 형상 파괴였다.

그것은 매일 자신의 얼굴을 비추는 손거울을 깜빡 바닥에 떨어뜨려 깨버리고, 그 거울 너머로 자신의 모습을 볼 수 없게 된 것과 같은 것이다. 그 손거울은 이젠 도움되는 게 하나도 없고 처분할 수 밖에 없는 물건이다. 게다가 깨진 유리는 만진 사람을 상처입히는 위험물이 되고 말았다. 이렇게 죄에 의해 하나님의 형상이 파괴된 인간은 「날 때부터 하나님을 적대하는 자, 사탄의 노예 그리고 죄의 종」으로 변하고 말았던 것이다.

원죄에서 비롯되는 하나님의 형상 파괴는 인간의 본성을 격변시키고 만다. 사람은 하나님과의 관계에서 날 때부터 여기서 표현되어 있는 그런 본성이 되었던 것이다. 이것을 뒤집어 본다면 그만큼 「하나님의 형상」이라 본성이 인간에게 얼마나 중요한가를 이야기해 주고 있다. 이 신앙고백은 「죄인」이라는 말에 너무 익숙해진 신자들에게 지금 바로 현실의 인간이 빠져있는 비참한 상태를 직시할 것을 요구한다고 말할 수 있다.

2) 중생

더 나가서 원죄에 따라 불리워진 더 큰 비참함이 「영원한 죽음」이라고 표현되어 있다. 그것은 하나님에게서 비롯되는 궁극적인 구원을 대표하는 「영원한 생명」과 대극을 보여주고 있다. 원죄에 의해(즉 하나님의 말씀을 잊고 하나님의 경고를 무시하고 하나님의 주권에서 등을 돌림으로써) 인간은 스스로가 불러온 비참한 상태로부터 자력으로 빠져 나오거나 자력으로 회복할 수 없다. 인간이 이 참상에서 빠져나오기 위해 필요한 것은 「위에서 새로 태어나는 것」이다.

「위에서」(즉 하나님의 영을 통해) 하늘로부터 부름받는 「중생」 없이는 인간은 원죄에 의해 빠지게 된 비참함에서 탈출할 수 없다. 이스라엘 백성들이 이집트에서 겪었던 비참한 노예상태로부터 탈출할 수 있었던 것은, 모세를 통해 역사해 주셨던 하나님 자신의 힘에서 비롯된 것이지 자신들의 지혜나 노력의 성과에서 비롯된 것이 아니었다.

인간이 죄의 노예상태로부터 탈출할 수 있다고 한다면, 그것은 하나님의 은혜를 통해 성령의 힘을 통해 신앙을 통해 위로부터 새로 태어남에 의지하는 것말고는 없다. 이런 신생은 물리적인 외적 차원에서 일어나는 것이 아니라 영적인 내적 차원에서 일어나는 사건으로, 신자로서 살아간다는 것은 이 중생의 은혜 안에 들어가 사는 것이다.

3) 성령의 힘

대체 누가 새로 태어나고 이 비참한 상태로부터 벗어나는가. 그들은 「하나님이 선택하신 사람들」이다. 여기서 칼뱅의 개혁신학에 특징을 부여하는 예정의 교리가 반영되어 있다는 것을 확인할 수 있다. 구원받을 가치가 없는 죄인인데도 불구하고 예수 그리스도 안에서 은혜의 선물이라는 구원을 자유롭게 내리시는 권한은 오직 하나님만 지녔을 뿐이다. 하나님의 주권을 강조하는 것이 개혁신학에서 드러나는 예정론의 기본이다.

우리 인간측의 행함이나 노력에 따라 중생을 전리품처럼 쟁취하는 것도 아니고 상으로서 내려받는 것도 아니고, 오직 하나님께서 은혜 충만한 선택으로 중생이 주어지는 것이다. 이 중생을 불러오는 것은 성령의 힘이다. 인간이 자력으로 새로 태어나는 것은 완전히 불가능하다. 죄인은 위에서 내려오는 성령의 힘으로 새로 태어나고, 영원한 죽음의 지배로부터 영원한 생명의 지배 안으로 완전하게 새로 다시 태어난다.

신앙을 갖지 않은 사람의 마음 속에 신앙을 창조하는 성령이 새로 태어남을 불러오는 것이다. 그리고 우리들은 성령을 통해 창조된 신앙에 의해 진정한 예수 그리스도를 이해하고, 신앙을 통해 영적으로 그리스도와 하나로 결합되는 은혜를 경험한다. 예정과 함께 성령의 힘과 권능에 초점이 놓인다는 점도 개혁신학의 현저한 특징 중 하나다.

제4조 약속의 계시

"하나님은 참으로 두렵고도 무시무시하게도, 아담이 하나님 자신에게 바치는 복종에서 이반한 뒤에도 그를 찾아다니시고 그를 부르시고 꾸짖고, 그리고 그 자신의 죄를 자각시키셨고 결국에는 「여자의 자손이 뱀의 머리를 부순다」(즉 여자의 자손이 악마의 사역을 깨부신다)는 기쁜 약속을 그에게 여러 번 나타내셨다, 우리들은 그 사실을 계속 믿습니다. 이 약속은 그때마다 되풀이되고 명확해져 왔습니다. 그것은 기쁨으로 충만하여 아담으로부터 노아에게로, 노아로부터 아브라함에게로, 아브라함으로부터 다윗에게로, 그리고 예수 그리스도의 수육에 이르기까지 모든 신앙심 깊은 사람들을 통해서 한 번도 끊어지지 않고 이어져 왔습니다. 모든 사람들(율법 아래서 계속 신앙을 지켜온 선조들)은 그리스도 예수의 기쁜 날을 우러러 보고 기쁨으로 넘쳤습니다."

제4조는 죄를 지은 인간에게 하나님이 어떤 분인가를 제시하는 조항이다. 제4조의 요점을 세 가지(악마의 사역에 대한 승리의 약속, 약속의 계승과 실현, 기쁨의 근거)로 한정해서 확인해 나가도록 하겠다.

1) 악마의 사역에 대한 승리의 약속

앞에서 제3조에서 쓰여졌듯이 원죄에 의해 인간에게 주어진 하나님의 형상이 파괴되고 이로 인한 인간 죄의 성질을 「무섭고도 저주받을 인간의 이반」이라고 규정하였다. 죄는 하나님이 인간으로부터 떠난 것이 아니라 인간이 하나님으로부터 이반한 것이라는 것이다. 그런데도 불구하고 하나님은 이반한 인간을 버리지 않고 「찾아다니고 부르짖어」 주시는 분이시다. 그리고 하나님 자신의 말씀에 따라 인간을 「질책하고 죄를 자각시키는」 분이시다.

여기에 자기 자식을 바라보는 부모같은 하나님의 인격적인 모습이 묘사되어 있다. 하나님은 다정함과 동시에 엄격함을 모두 갖춘 인격적인 신이다. 이 부자 관계를 조금 다른 각도에서 생각해 본다면, 육아에는 부모가 자식에게 하는 예절 교육이 중요하다. 영어에는 이 「예절교육」과 합치하는 말은 없고 「디시플린」(Discipline)이 이에 해당된다, 이 말은 제자를 의미하는 「디사이플」(Disciple)에서 유래되었고, 부자 관계보다 사제 관계에서 드러나는 「규율, 훈련」을 의미한다.

스코틀랜드 종교개혁에서는 신앙고백과 함께 의회에 제출된 중요한 문서가 『규율의 서』(Book of Disciple)였다. 스코틀랜드 종교개혁은 진정한 교회의 세 번째 증거로 「규율」(제18조)을 중시했다는 점도 잊어선 안 된다. 하나님과의 인격적인 관계의 확립은 신자와 교회에 모두 필요불가결했던 것이다.

그런데 제4조의 본문에서 인간에게 죄를 자각시킨 후에 「회개시키라」는 말이 없다는 것을 알 수 있다. 회개는 자신의 죄를 자각했을 때 성령의 힘에 의해 인간 안에서 생기는 것이다. 그것은 인간을 다시 못 알아보게 만드는 방향전환이다. 하나님은 자신의 죄를 자각시키기까지 인간을 인도하신다. 자신의 죄를 자각했을 때 사람은 회개하는 것인가. 아니면 그 죄의 책임을 다른 사람에게 전가하는 것인가.

원죄의 장면에서 드러나는 인간 최초의 실수는 「책임전가」였다. 「나는 뱀에게 유혹을 당하고 말았다 잘못한 건 뱀이다」라고 책임 전가한 이브, 「나는 잘못한 게 없다. 당신이 나와 함께 있게 하신 이 여자 때문이다」라고 이브에게 책임을 전가하고 원래 책임은 하나님에게 있다고 전가했던 아담. 인간이 하나님의 약속을 어기고 손에 넣었던 선악을 아는 지혜가 이렇게 악한 자기 자신과 책임전가를 위해 이용되고 말았다는 것은 얄궂다고 할 수 있다.

다시 한 번 위로부터 새로 태어난 인간은 다시 하나님 앞에서 질문을 받게 된다. 진정으로 죄를 자각했을 때 우리들의 자유의지와 사람의 진가와 선악이 질문받고 있는 것이다.

2) 약속의 계승과 실현

「악마의 사역을 패퇴시킨다」는 약속은 아담의 창조로부터 그리스도의 수육에 이르기까지 인간의 역사를 관통하는 하나님의 약속이다. 그리고 이 약속은 예수 그리스도를 통해서 성취되었다. 주 예수는 「나는 이미 세상을 이겼다」(요 16:33)고 선언했다. 그리고 사도 바울도 「우리는 우리를 사랑하시는 분의 뜻으로 눈부신 승리를 거두었다」(롬 8:37)고 선언했다. 예수 그리스도는 우리들을 하나님으로부터 찢어놓는 죄의 힘을 깨부수고 「악마의 사역을 패퇴시킨」 승리자다.

신의 약속은 신앙심 깊은 사람들을 통해서 끊임없이 계승되고, 이리하여 21세기라는 시대까지 계승되어 왔다. 신앙자에게는 차세대, 다음 시대로 신의 약속을 끊임없이 이어나갈 사명이 있다. 단절을 불러오는 악의 힘이 이때까지도, 앞으로도, 교회의 신앙을 계속 위협할 것이다. 그러나 신의 약속 그 자체가 악의 힘에 대한 승리를 선언한다. 신앙자는 이 신의 약속에 호소하면서, 이 신의 약속에 몸을 맡기면서, 신의 약속을 다음 세대로, 22세기의 시대로 이어나가야만 한다.

3) 기쁨의 근거

하나님의 약속은 아담으로부터 주 예수의 수육에 이르기까지 역사 속에서 끊임없이 계승되어 왔다. 약속을 믿고 이어받은 사람들은 모두 약속의 성취와 소망을 갖고, 기쁨으로 넘쳤던 것이다. 여기서 말하는 「그리스도 예수의 기쁜 날」은 강탄일(크리스마스) 부활의 날(이스터) 재림의 날이라고 해석할 수 있다.

어쨌든 신앙에 자리잡은 기쁨의 근거는 「그리스도 예수」인 것이다. 신자에게 요구되는 것은 「우리들을 언제나 그리스도의 승리하는 행진의 뒤를 따르게」 해 주시는(고후 2:14) 승리자 그리스도를 우러러보며 계속 기쁘게 발걸음을 내딛어 나가는 신앙이다.

제5조 교회의 존속, 성장, 유지

"우리는 가장 확실한 것으로서 다음을 믿습니다. 하나님께서는 아담의 시대로부터 그리스도가 육신으로 오시기까지 여러 시대에서 그 자신의 교회를 유지하시고 인도하시고 번영하게 하시고 영예를 주시고, 죽음으로부터 생명으로 불러내셨다고 믿습니다. 왜냐하면 하나님께 서는 아브라함을 선조의 나라로부터 불러내시고 그를 인도하셨으며, 그리고 그의 자손을 번성시키시는 등 하나님은 놀라운 방식으로 그를 보호하시고, 더 나아가 놀라운 방법으로 그 자손을 파라오의 예종과 폭정으로부터 구해 주셨기 때문입니다. 하나님은 그들에게 그 자신의 여러 율법이나 규칙 그리고 의식을 내려주셨으며 더 나아가 가나안의 땅을 주셨습니다. 하나님께서 그들에게 사사들을 내리신 뒤에는, 그리고 더 나아가 사울 뒤에 왕 다윗을 내려 주셨습니다. 그리고 하나님은 그에게 그 자손으로부터 태어날 자가 영원히 그 왕좌에 앉는다 는 약속을 내리셨습니다. 하나님은 또 이 백성이 우상숭배에 빠질 때마다 그들을 하나님의 올바른 길로 되돌리시기 위해서 예언자들을 보내셨습니다. 그런데도 불구하고 그들은 완강하게 하나님의 의로움을 가벼이 여겼기에 이전에 하나님께서 모세의 입을 통해 경고하셨던 바와 같이 그들을 원수의 손에 넘기셨습니다. 성도는 파괴되고 신전은 불타서 없어졌으며 전토는 70년에 걸쳐 황폐해졌습니다. 그렇지만 하나님은 긍휼히 여기심으로 그들을 다시 예 루살렘으로 돌려보내 주셨습니다. 그들은 성도와 신전을 재건하고 약속에 따라 구세주께서 오실 때까지 사탄의 온갖 시련과 공격에 맞서며 계속 기다렸습니다."

제5조는 제4조의 뒷내용으로서 승리의 약속이 역사 속에서 끊이지 않고 신앙심 깊은 선조들을 통해 계승던 이유가 이야기되었고, 거기서 교회가 담당했던 중요한 역할이 나타난다. 제5조의 요점을 세 가지(계약의 백성, 주님이신 하나님, 교회의 시련)으로 한정해서 확인해 나가도록 하겠다.

1) 계약의 백성

보통 사도행전 2장에 나오는 오순절의 성령강림을 통해 교회가 탄생했다, 우리들은 그렇게 인식하고 있으나 이 제5조는 교회는 「오순절 때부터」가 아니라 「아담의 때부터」 이미 존재하고 있었다고 믿고 고백한다. 제5조의 본문 안에 교회라는 말은 딱 한 번 사용되었지만, 제5조의 표제를 보면 교회가 키워드라는 것은 명백하다. 여기서 말하는 교회가 무엇인가를 생각할 필요가 있다.

교회로 이야기되고 있는 것은 아브라함과 그 자손들이다. 스코트랜드 신앙고백은 구약성경에 등장하는 선조 아브라함으로부터 이어지는 이스라엘 백성을 교회라고 부른다. 양자에 공통되는 것은 아브라함이 그러했듯이 갈 곳도 모르는 채 오직 하나님의 약속을 신뢰하면서 전진한다는 삶인데 바로 그것이 교회의 본질이다. 교회는 예나 지금이나 「모든 시대에서」 하나님의 약속 성취에 신뢰와 희망을 맡기고 전진하는 「계약의 백성」이다.

고난이나 위기에서 멈추거나 몸을 웅크리거나 후퇴하지 않고 하나님의 약속을 신뢰하면서 전진한다는 것이 교회의 진정한 모습이다. 신앙인은 세례식에서 고백한 서약에 입각하여 「계약의 백성」의 일원이 되고, 함께 하나님의 구원이라는 은혜 안에 들어간다. 그러므로 「모든 시대」에서도 신앙인은 교회와 함께 하나님의 약속을 믿고 소망을 품고 전진해 나가는 것이다.

2) 주님이신 하나님—내려주시는 하나님

본문의 주어와 술어에 착안한다면 일관되게 "하나님(주어)은… 내려주셨다(술어)"고 인상깊게 되풀이된다. 여기서 이야기되고 있는 것도 「교회」다. 여기서는 계약의 백성인 이스라엘의 지도자들이나 후계자들이 언급되고 있다. 오늘날의 문맥으로 바꿔 해석한다면 교회에 목사와 장로를 세우시는 것은 하나님이시고 교회에 후계자를 내리시는 것도 하나님이시다.

그러므로 「우리들이」이 아니라 「하나님이」 주어가 될 때, 제5조의 표제대로 교회는 존속하고성장하고 유지되어 나간다. 「주님이신 하나님」은 자연스럽게 「주님이신 하나님」이시기 때문에 교회는 늘 그 「주님」을 잘못 봐서는 안 되는 것이다.

3) 교회의 시련

그러나 「하나님의 의를 가벼이 여기는」 것도 교회의 현실적인 일면이다. 하나님의 의를 가벼이 여길 때 교회는 영적으로 황폐해지고 존속의 위기에 빠져서 시련의 때를 맞이한다. 구약성경에서는 실제로 이스라엘은 멸망하고 신전도 붕괴했던 것이다(역하 36:19). 그러나 교회는 하나님의 긍휼로 재건이 허락된다. 예수 그리스도의 "먼저 하나님의 나라와 그의 의를 구하라"(마 6:33)는 가르침은 교회에 보내는 말씀이다.

하나님의 의를 구하고 하나님의 승리라는 약속을 확신하고 계약의 백성으로서 전진하는 것이, 「모든 시대」에서 변함없는 진정한 「교회」의 모습이다. 이것이 종교개혁을 통해 재건하려고 했던 진실된 교회라고 할 수 있을 것이다. 지금 이 시련의 시대에서 살아가는 신앙인에게도 교회의 재건이 요구되고 있다.

제6조 그리스도 예수의 수육(受肉)

"때가 되어 하나님은 영원한 지혜 그 자신이 누리시는 영광의 본질인 성자를 이 세상에 보내주셨습니다. 성자는 성령의 권능에 의해 동정녀의 실체로부터 인간의 본성을 가지셨습니다. 이리하여 「다윗의 의로운 자손」 「하나님의 위대한 계획의 사자」 「약속된 구세주」는 태어나셨습니다. 우리들은 그를 임마누엘(즉 하나님과 인간이라는 두 완전한 본성이 하나의 인격에서 합일하고 결합된 참 하나님이시자 참 인간)이시라는 것을 인정하고 고백합니다. 우리들의 이 고백에 따라 알레이오스, 마르키온, 에우티케스, 네스토리오스 등 유해한 이단자들을 단죄하고, 또 마찬가지로 성자의 신성이 지니는 영원성이나 성자의 인성이라는 진리를 부정하거나 그런 양성을 혼동하거나 분리하는 사람들을 단죄합니다."

제4조와 제5조에서는 그리스도가 육신으로 지상에 오실 때까지 하나님은 끊임없이 「계약의 백성」(교회)을 지키시고 인도하신다는 신앙이 표명되어 있었다. 그런 흐름으로 인해 제6조에서는 그리스도의 도래(즉 수육, incarnation)에 대해 이야기되어 있다. 제6조의 요점을 세 가지(하나님의 영광 그 실체, 인간의 본성, 참 하나님이시고 참 인간)로 한정해서 확인해 나가도록 하겠다.

1) 하나님의 영광 그 실체

예수 그리스도는 어떤 사람인가. 교회는 이것을 둘러싸고 고대로부터 여러 논의를 거듭해 왔다. 그것이 「그리스도론 논쟁」이라 불리우며, 니케아 신조(381년)나 칼케돈 신조(451년)는 이런 논쟁에 따르는 분열과 대립을 정리하기 위해 제정된 중요한 「기본 신조」다. 스코틀랜드 신앙고백은 하나님이 이 세상에 「하나님의 영원한 지혜」 또는 「하나님 자신의 영광스런 본질」인 「성자」를 보내셨다고 이야기하였다.

예수 그리스도는 하나님의 성자이시고 이 성자에게서 또 성자를 통해 하나님의 영원한 지혜가 계시되고, 그리고 성자는 그 본질에서 하나님 자신의 영광 그 자체라고 천명하였다. 스코틀랜드 신앙고백의 그리스도 고백은 다른 여러 신앙고백들과 비교하면 상당히 간결하다. 그리고 성자에게서 또 성자와 함께 하나님이 이 세상에 자신의 영원한 지혜를 보내셨다는 표현은 다른 신앙고백에서 볼 수 없는 특징이다.

2) 인간의 본성

크리스마스를 맞이할 때마다 되풀이해서 떠오르는 사건 중 하나가 마리아의 처녀강탄이다. 하나님의 영광 그 실체인 성자가 성령의 권능으로 인간의 뱃속에 깃들었다는 이 사건은 신학적으로 「수육」이라 불리우고 있다. 하나님의 영광 그 실체인 성자가 그 본성에서 인간이라는 실체를 갖춘 「참 인간」이 되어 이 세상에 태어났던 것이다.

「계약의 백성」(교회)을 인도해 오셨던 하나님은 이때까지와 전혀 다른 새로운 방법으로 백성을 인도하실 것을 선택하신 것이다. 그것은 하나님 자신이 그 백성의 일원이 되고, 백성이 이때까지 자력으로 도저히 선처할 수 없었던 것을 그 백성을 대신해서 그리고 백성을 대표해서 행한다는 그야말로 참신한 방법이었다. 헤아려 알 길이 없는 하나님의 「영원한 지혜」가 바로 여기에 계시되어 있다.

그렇게 해서 극복되었던 것이 제3조에서 이야기된 「죄」다; "하나님이 세상을 이처럼 사랑하사 독생자를 주셨으니 이는 그를 믿는 자마다 멸망하지 않고 영생을 얻게 하려 하심이라"(요 3:16). 성자의 수육은 성자의 십자가에 따르는 속죄로, 부활에서 비롯되는 영생으로, 일직선으로 이어지는 사건이다.

3) 참된 하나님 그리고 참된 사람

죄는 인간이 끌어안은 가장 심각한 문제다. 게다가 인간이 자력으로 극복할 수 있는 문제가 아니다. 그것을 극복할 수 있는 분은 하나님이시다. 그래도 인간의 문제인 이상 역시 무슨 일이 있어도 인간이 극복해야 하는 것이다. 성자의 수육은 이 딜레마를 극복하는 사건이었다. 성자는 「참된 하나님」이심을 버리고 「참된 인간」으로 태어났던 것이 아니라, 그 본성에서 진정한 하나님이신 채로 그 본성에서 진정한 하나님이 되셨던 것이다.

칼케돈 신조 이후로 정통 교회는 예수 그리스도가 「참된 하나님이시고 참된 사람」이라고 고백해 왔다. 스코틀랜드 신앙고백도 그 전통을 명확하게 계승한다. 하나님은 구원의 약속을 성취하기 위해서 하나님의 영광 그 실체이면서 본성에서 하나님이신 성자를, 수육을 통해 이 세상에 인간으로서 보내셨다. 수육으로 드러나는 신성과 인성의 결합은 하나님의 지혜이고 신비며, 인간의 구원 성취에 필요불가결한 사건이다.

제7조 중보자는 왜 참된 하나님이시고 참된 인간이어야 하는가

"그리스도 예수에게서 드러나는 신성과 인성 사이의 이 놀라운 합일은 하나님의 영원불변하신 결정에서 유래되며, 우리들의 구원 전부는 그로부터 발생하고 거기에 의존하고 있다는 것을 인정하고 고백합니다."

제6조에서 「그리스도 예수의 수육」에 대해 이야기한 후 제7조에서는 그 수육의 이유와 유래가 이야기된다. 제7조의 요점은 세 가지(최단, 중보자, 하나님의 영원불멸한 결정)로 한정하여 확인해 나가도록 하겠다.

1) 최단(最短)

이것은 제7조의 전문(全文)이다. 스코틀랜드 신앙고백은 총25조로 이루어졌는데 제7조의 특징으로 바로 눈치채게 되는 것은 그 본문이 대단히 짧다는 점이다. 제6조의 내용과 긴밀하게 연속되어 있다 보니 제6조에 이 한 문장을 포함시켜도 될 법도 하지만, 이 한 문장을 제6조로부터 잘라내어 제7조로서 독립시켰다. 그러나 칼 바르트는 이 제7조를 제6조와 연결시키지 않고 제8조 「선택」과 연결시켰다. 즉 『스코틀랜드 신앙고백 해설』 제7강 「하나님의 결단과 인간의 선택」은 스코틀랜드 신앙고백 제7조와 제8조가 조합되어 구성되어 있다. 바르트는 거기서 다음과 같이 말했다;

"스코틀랜드 신앙고백의 집필자들은 제7조와 제8조의 내용을 지금 이야기했던 것처럼 배열을 통해 우리들에게 다음과 같은 이유를 명백하게 나타냈다; '소위 말하는 예정론이라 불리우는 사항의 전체 맥락은 그리스도론을 통해 설명되는 것이고, 반대로 그리스도론은 예정론을 통해 해명되어야 한다는 것이다'."

여기서 바르트는 제7조가 제8조와 이어지는 것에 진정한 의의가 있다고 지적한 것이다. 즉 이 제7조는 「수육」(제6조)과 「선택」(제8조)이라는 두 중요한 주제를 중개하는 가교 역할을 했다는 것이다. 그러므로 우리는 제7조로서 이 한 문장만 굳이 독립시켰다는 점에서, 스코틀랜드 신앙고백의 기초자들이 어떤 의도를 갖고 있었는지를 헤아려야 할 것이다.

2) 중보자

먼저 표제에 착안해 본다면 「중보자는…」이라는 주어로 시작된다. 이 「중보자」라는 말은 제 7조 본문에는 나오지 않으나 제6조로부터 이어지는 일련의 흐름으로부터 그것이 예수 그리스도를 가리킨다는 것이 명백하다. 제6조에서 언급했던 바와 같이 「그리스도란 어떤 분인가」를 둘러싼 논쟁을 「그리스도론」이라 부르지만, 이 신앙고백은 그리스도가 「중보자」라는 것을 본문 안에서 논한 것이 아니라 조항의 표제에서 인상적으로 선언하였다.

20세기 스코틀랜드를 대표하는 신학자 중 한 사람인 토마스 트랜스는 스코틀랜드 종교개혁의 신학에는 주로 두 가지 특징이 있다고 말하면서 그 중 하나가 하나님과 사람을 이어주는 「중보자」인 그리스도를 강조한다는 점을 지적했다. 그는 그뿐만 아니라 "낙스가 말하는 신앙과 메시지의 핵심은 중보자 예수 그리스도라는 교리 안에서 발견된다"고 말했다.

그의 말은 「중보자」 그리스도론이 낙스의 신앙을 이해하는 중요한 단서라는 것을 거듭 지적한 것이다. 스코틀랜드에서는 하나님과 사람을 중개하는 중보자라는 그리스도론은 낙스 이후로 전통이 되어 있다.

3) 하나님의 영원불멸한 결정

그리스도가 「참된 하나님과 참된 사람」이어야 하는 이유는, 「참된 하나님과 참된 사람」이기에 하나님과 사람 사이를 이어주는 진정한 「중보자」가 될 수 있기 때문이다. 이것이 「신성과 인성 사이의 놀라운 합일」이라고 표현되는 이유다. 그리고 이것은 「하나님의 영원불변한 결정」에서 비롯되는 것이고, 인간에게는 완전한 신비이고, 하나님의 깊은 뜻이다. 이 하나님의 결정은 「하나님의 결의」 「하나님의 뜻」이라고도 번역되고 있다.

아시아의 타종교와 달리 기독교에서는 기도하고 소망하는 인간이 아닌 하나님이 모든 주도권을 인정한다는 점이 특징적이다. 철저하게 하나님의 뜻이나 결의, 계획이나 결정이 우리 인간의 마음이나 소망보다 앞선다. 예수께서 "그들(이방인들)을 본받지 말라 구하기 전에 너희에게 있어야 할 것을 하나님 너희 아버지께서 아시느니라"(마 6:8)고 말씀하신 것을 떠올릴 필요가 있을 것이다.

애초부터 이 세계와 인간의 창조도 인간이 창조되기 전에 인간보다 앞서는 창조자 하나님의 결정에서 비롯되는 것이다. 또 죄인의 구원도 구원받고 싶다는 인간의 소원이 있기 때문에 복잡한 공덕이나 공적에서 비롯되는 것이 아니라, 인간보다 앞선 하나님의 선택에서 비롯되는 것이다.

루터의 말대로 구원이 「신앙에서 비롯된다」고 할 수 있겠지만, 칼뱅의 말대로 그것은 "하나님의 선택(뜻, 결정, 의사)에서 비롯된다"고 할 수 있을 것이다. 수육에서 비롯되는 신성과 인성의 합일은, 죄로 인해 분리된 하나님과 인간을 그리스도 안에서 다시 하나로 결합하는 것을 선택하신 하나님의 뜻에서 비롯된 것이다.

제8조 선택

"앞에서 이야기했던 영원한 성부 하나님은 세계의 기초가 갖춰지기 전부터 오직 은혜로 성자 그리스도 예수 안에서 우리들을 인도해 주셨습니다. 그리고 그를 우리들의 머리, 우리들의 형제, 우리들의 목자, 그리고 우리들 영혼의 대제사장으로 임명하셨습니다. 그러나 하나님의 의와 우리들의 죄 사이의 대립은 극명했고 육신을 가진 자는 누구나 자력으로 하나님에게 도달하지 못하였습니다. 또 허락되지 않았기 때문에 하나님의 성자가 우리들에게 내려 오셨고 자신을 우리 육신의 육신, 우리 살의 살, 우리 뼈의 뼈가 되어주셔서 하나님과 인간 사이의 중보자가 되셨습니다.

하나님은 성자를 믿는 많은 이들에게 하나님의 자녀가 될 힘을 주셨습니다. 그것은 성자 자신이 "나는 나의 아버지며 너희의 아버지인 분 또 나의 하나니이며 너희의 하나님인 분이 계시는 곳으로 올라간다"고 말씀하신 그대로입니다. 이에 따라 아담에 의해 우리들이 잃었던 가장 거룩한 형제의 교통은 우리들에게 다시 돌아왔습니다. 그러므로 우리들은 두려움없이 하나님을 우리 아버지라고 부를 수 있습니다. 그것은 하나님께서 우리를 창조하셨다는 이유 그 이상으로, 하나님께서 그의 성자를 우리들의 형제로 내려 주셨고 그리고 앞에서 이야기했듯이 우리들의 유일한 중보자로서 그를 인정하고 받아들이기 위한 은혜를 내려 주셨다는 이유인 것입니다.

게다가 구세주이시고 죄의 대속주가 참된 하나님이시자 참된 인간이 되실 필요가 있었던 것은 우리들의 죄과가 받아 마땅한 징벌을 주님이 맡아주시고 우리들을 대신해서 성부의 심판 앞에 스스로 출두하시어 우리 대신 죄와 불순종에서 오는 고통을 받아주셨고 죽음을 통해 죽음의 창시자에게 승리하실 수 있었던 분입니다. 그러나 신성만으로는 죽음을 받는 일없고, 또 인성만으로는 죽음을 극복할 수 없기 때문에 그 양성은 주님 안에서 하나의 인격으로 통합되어야 했습니다. 한편으로 인성의 약함은 우리들이 받아야 하는 죽음을 받고 죽음에 복종해야 했고, 다른 한편으로 완전무결한 신성의 힘은 죽음에게 승리하고 우리들을 위해 생명과 자유 그리고 영원한 승리를 쟁취해 주셨다고 우리는 고백하고 아무 의심없이 확신합니다."

선택을 둘러싼 개혁교회의 이해 방식은 교회사 안에서 종종 쟁점이 되었다. 훗날 스코틀랜드 신앙고백을 대신해서 교회의 신앙규준이 된 웨스트민스터 신앙고백(1647년)을 둘러싼 「예정론」은 채택된 후부터, 여러 가지로 해석되고 오해를 불러일으켰으며 교회를 분열시키는 불씨가 되기도 했다. 스코틀랜드 신앙고백은 예정론을 포함한 이 선택의 문제를 어떻게 기록했을까, 제8조의 요점을 세 가지(그리스도 안에서 이루어지는 선택, 중보자, 우리들을 대신해서)로 한정해서 확인해 나가도록 하겠다.

1) 그리스도 안에서 이루어지는 선택

선택은 인생에서 드러나는 예수 그리스도의 탄생(제6조)과 죽음(제9조) 사이에 배치되어 있다. 칼 바르트는 이런 위치부여에 대해서 "소위 예정론이라고 불리우는 것의 모든 맥락은 그리스도론을 통해 해명되는 것이다. 그와 반대로 그리스도론은 예정론을 통해 해명되어야 한다"고 해설하였다.

즉 선택은 그리스도를 빼놓은 선택(예정)이 아니라 「그리스도의 선택, 그리스도에게서 비롯되는 선택, 그리스도 안에서 이루어지는 선택」인 것이다. 하나님이 우리들을 선택하시는 것은 그리스도 안에서다. 그리스도와 선택(예정)을 밀접하게 관련시키고 있다는 점은 스코틀랜드 신앙고백의 명확한 특징이다.

2) 중보자

제7조에서 언급했듯이 스코틀랜드 신학의 특징 중 하나가 「중보자」라는 그리스도론이다. 수육하시고 인간의 본성을 스스로에게 내리신 하나님의 독생자 예수 그리스도는, 스스로를 그 본성에서 인간으로까지 내려가심으로써 역설적으로 인간을 자신과 동등하게 끌어 올리셨고 하나님을 아버지라고 부를 수 있는 「하나님의 아들」이 될 자격이 주어지는 것이다. 오늘날 신자들이 하나님을 「아버지」라고 부를 수 있는 것은 중보자인 그리스도의 선택이라는 은혜에서 비롯되는 것이다.

3) 우리들을 대신해서

11세기 말에 잉글랜드의 안셀무스가 『쿠르 데우스 호모』(하나님은 왜 인간이 되셨는가)라는 책을 썼다. 이 질문에 대해 몇 가지 대답이 상정된다, 스코틀랜드 신앙고백이 말하는 것은 「수고대리설」이다. 이것은 그리스도는 본래 우리들이 받아야 하는 심판과 죽음을 우리들의 대표로서 우리 대신 받기 위해 수육하시고 참된 인간이 되셨다고 주장한다. 그리스도가 죄인을 대신하기 위해 선택된 것이고, 그것이 성자 예수 그리스도를 통해 나타나는 하나님 자신의 선택인 것이다. 이것은 인간의 입장에서는 그야말로 상정 외의 선택이라고밖에 할 말이 없는 것이다.

이 선택을 생각할 때 자신이 당하게 될 수난을 앞에 두고 "내 아버지여 만일 할 만 하시거든 이 잔을 내게서 지나가게 하옵소서 그러나 나의 원대로 마옵시고 아버지의 원대로 하옵소서"(마 26:39)라고 겟세마네에서 기도하시는 주 예수의 장면이 상기된다. 우리 대신이 된다는 것은 결코 간단한 선택이 아니었다. 하나님은 그런데도 불구하고 그리스도를 통해서 우리 대신 죄인을 구원하실 것을 선택하셨던 것이다.

그것은 어디까지나 인간에 대한 하나님의 은혜와 긍휼과 사랑이 그것을 선택하게 만들었다고 할 수 있을 것이다. 「아버지」로 대표되는 부모가 자기 아이에게 쏟는 사랑이 이런 형태가 되어 나타난 것이다. 인간에 대한 이런 하나님의 사랑, 그리고 칼 바르트가 스코틀랜드 신앙고백으로부터 받은 위안은 여기에도 있다고 말할 수 있을 것이다.

제9조 그리스도의 사랑과 수난 그리고 장례

"우리들의 주 예수가 스스로 솔선하시어 우리들을 위하여 아버지께 산 제물로 자신을 바치 셨다는 것, 주님이 죄인들로부터 오는 모욕을 참고 견디셨다는 것, 주님이 우리들의 죄과 때문에 상처를 입고 고난을 겪으셨다는 것, 깨끗하고 죄없는 하나님의 어린 양이신 주님이 이 세상의 심판이 이루어지는 곳에서 단죄받으셨다는 것, 우리들의 하나님이 내리시는 심판의 자리 앞에서 우리들이 죄사함받았다는 것, 그리고 주님은 하나님의 심판에 따르는 고난으로 잔혹하게도 십자가에 못박혀 돌아가셨을 뿐만 아니라 죄인들이 이미 받았던 아버지의 격노로 고난을 겪으셨다는 것. 그러나 주님은 그 자신의 백성에게는 충분한 속죄(atonement)를 이루시기 위해 신체와 영혼에 뒤집어 썼던 아픔과 고통 한가운데서도 아버지 하나님께 계속 충분히 사랑받으시고 축복받으신 하나님의 성자이시라는 것. 이로부터 우리는 주님의 다른 죄를 위한 산제물은 존재하지 않는다는 것을 고백하고 주장합니다. 만약 달리 존재한다고 주장하는 자가 있다면 그는 그리스도의 죽음에 대해 또 그 죽음에 의해 획득된 영원한 속죄에 대한 모독자라고 주저없이 단언합니다."

앞에서 본 제8조에서 그리스도와 「선택」이 밀접하게 관련되어 있었다는 점을 확인했다, 그런 연속성을 강하게 의식하고 있기 때문에 여기서는 주 예수가 그의 「선택」을 통해서 「스스로 솔선하셔서 우리들을 위한 제물」이 되셨다는 것, 또 그 결과 십자가에 못박혀 돌아가셨다는 것이 명시된다. 제9조의 표제를 확인해 보면 그리스도의 「죽음 → 수난 → 장례」라는 순서로 쓰여져 있다는 것을 알 수 있다.

사도신조에서는 「수난 → 죽음 → 장례」라는 순서인데 왜 스코틀랜드 신앙고백에서는 「수난」 앞에 「죽음」이 위치하게 되었을까. 그 문제점을 바탕에 두고 생각해 보고 싶다. 제9조의 요점은 세 가지(죄를 위한 제물, 그리스도의 수난, 속죄)로 한정해서 확인해 나가도록 하겠다.

1) 죄를 위한 제물

이 조항에서 구조적으로 돋보이는 것은 문장이 「.」로 구별되지 않고 「~하다」는 구절이 되풀이되고 이어져 있다는 점이다. 그 여러 구절의 최초와 최후에 등장하는 말이 「제물」이다. 그것은 우연히 그렇게 된 것인지 의도된 것인지는 확정되지 않았으나, 어쨌든 이렇게 되풀이 되고 있다는 것으로로 봐서 이 조항에서는 중요한 단어라는 것은 분명하다.

「제물」은 구약성경에서는 인간으로부터 하나님에게 바쳐지는 대표적인 봉헌물이었다. 목적에 따라 사용되는 동물이나 바치는 방법이 달라지지만 자신이 소유한 가축을 죽여서 바치는 것은 일관된 것이었다. 창세기에는 하나님이 아브라함에게 자기 아들을 제물로 바치라는 장면이 나온다(창세기 22장). 아버지 아브라함은 사랑하는 아들 이삭을 바치려고 했지만 하나님은 아브라함의 진심을 알고 자기 아들을 손수 죽이기 직전에 그에게 천사를 보내 아브라함은 결과적으로 자기 아들을 죽이지 않아도 되었던 것이다.

이 중요한 이야기의 복선은 구약성경 이스라엘의 역사를 뚫고 나가 결국 신약성경에서 회수되게 되었다. 즉 이번엔 아버지 하나님이 아들 예수를 진심으로 죄를 위한 제물로 바쳤던 것이다. 그것을 하나님 자신이 선택하셨다는 것은 하나님이 그 독생자를 주실 만큼 세상을 사랑하셨고 그를 믿는 자는 한 사람도 멸망하지 않고 영생을 얻게 하시기 위해서였다(요 3:16).

주 예수는 인간을 대신해서 또 인간의 대표로 인간에 대한 하나님의 심판을 받으셨다. 우리는 십자가에 못박혀 돌아가신 그 희생에 의해 죄사함받고 구원받고 영생 안에 들어가는 것이다. 죄사함도 구원도, 영생도 인간측의 공덕이나 선행에 의해 획득되는 보상이 아니다. 제물로서 스스로를 희생할 것을 마다하지 않고 선택하신 주 예수의 뜻으로 신자에게 주어지는 선물이다.

2) 그리스도의 수난

참된 사람으로서 스스로 인성을 가지신 주 예수는 그 인성으로 진실되게 십자가에 못박혀 돌아가셨던 것이다. 서두에서 표제가 「죽음 → 수난 → 장례」라는 순서대로 쓰여져 있다는 점을 지적했는데, 이것은 주 예수의 죽음이 먼저 진실된 죽음이라는 것을 나타내는 것과 동시에, 그 죽음이 어떤 죽음이었는가를 나중에 상세히 이야기한다는 논술법에서 비롯된 것이라고 생각된다. 그리고 표제에는 「장례」가 포함되어 있는데, 실제 제9조의 본문 어디에도 장례에 대한 언급은 없고 오로지 「죽음과 고난」에 집중되어 있다.

주 예수의 죽음은 제사장들이나 율법학자들이나 본디오 빌라도같은 인간의 손에서 비롯된 것 이상으로, 죄많은 인간에 대한 철저한 「하나님의 심판에서 비롯되는 고난」이고 게다가 「아버지 하나님의 분노」를 동반한다. 영원하고 대단히 엄격한 심판이었다. 주 예수가 받은 죽음은 이때까지 어느 누구도 경험한 적이 없는 격렬한 고통을 동반했던 것이다.

3) 속죄

예수의 죽음과 그가 스스로 받아들이셨던 격렬한 고난은 모두 명확한 목적이 있었다. 그것은 「그 자신의 백성들에게 충분한 속죄를 이루기 위해서」다. 그야말로 그러기 위한 죽음이자 고난이었다. 속죄는 영어로 atonement다. 이 말은 하나님과 인간의 관계에서 양자가 「하나가 되는 것」(at-one-ment)을 의미한다.

주 예수는 「성부에게 사랑받고 축복받은 하나님의 독생자」다. 그 독생자가 인간들을 대신해서 인간의 죄를 짊어지셨다. 그리고 죄와 교환하여 그 독생자가 받아야 하는 사랑과 축복을 인간이 대신 누리게 된다. 이리하여 주 예수의 십자가는 우리들에게 「행복한 교환」을 불러오는 것이다.

즉 우리들의 죄와 주 예수의 의가 교환되어, 우리들의 죄가 주 예수의 것이 되고 주 예수의 의가 우리들의 의가 된다. 이렇게 의로워진 인간과 하나님 사이에 화해와 일치(하나가 되는 것)가 찾아오게 된다. 바로 그것이 구원이고 신자가 누리는 참된 위안인 것이다.

제10조 부활

"우리는 죽음의 슬픔이 생명의 창시자를 억누를 수 없으므로, 십자가에 못박히시고 돌아가시어 장사지내시고 음부에 내려가신 우리 주 예수는 우리들을 의롭게 하시기 위해 부활하셨다는 것, 죽음의 창시자를 쓰러뜨리시고 죽음과 그 밧줄에 붙잡힌 우리들에게 다시 생명을 내려주셨다는 것을 아무 의심도 없이 믿습니다. 우리는 주님의 부활은 주님의 적대자들을 통한 증언에 따라 또 죽은 자의 부활(즉 장사지내진 무덤이 열리고 죽은 자들이 살아나서 예루살렘 성도에 살고 있는 많은 사람들 앞에 나타났다)을 통해 확증된다는 것을 잘 압니다. 그뿐만 아니라 주님의 부활 후에 주님과 대화하고 함께 먹고 마시는 사도들이나 그 외의 사람들이 갖고 있는 많은 인식이나 판단으로부터도 확증되었습니다."

제10조는 예수 그리스도의 부활을 확증하는 데에 집중해 있다. 제1조에서는 「하늘과 땅에 있는 것, 눈에 보이는 것과 보이지 않는 것도 모두」라는 니케아(콘스탄티노폴리스) 신조의 처음에 나오는 말이 사용되고 있다는 점을 지적했다. 여기서 「십자가에 못박히시고 돌아가시고 장사지내셨으며 음부로 내려가시고」처럼 사도신조의 표현이 그 순서 그대로 사용되고 있다는 점으로 봐도, 스코틀랜드 신앙고백이 명백하게 고대의 기본 신조를 의식하고 있다는 증거라고 할 수 있다.

재10조의 요점을 세 가지(우리들을 의롭게 하시기 위해, 승리라고 하는 부활, 부활의 확증)로 한정해서 확인해 나가도록 하겠다.

1) 우리들을 의롭게 하시기 위해

먼저 주 예수의 부활이 「우리들을 의롭게 하시기 위해」라는 점이 고백된다. 이것은 사도 바울이 "예수는 우리가 범죄한 것 때문에 내줌이 되고 또한 우리를 의롭다 하시기 위하여 살아나셨느니라"(롬 4:25)고 말했을 때의 요점이다. 스코틀랜드 신앙고백은 부활이 주 예수 자신을 위한 것 이상으로, 죄인인 우리들을 의롭게 하시기 위한 것이라고 고백하였다.

루터로 대표되는 것이 「신앙에 의한 의인」(신앙의인; justification by faith)이라고 한다면, 여기서는 「부활에 의한 의인」이라고 표현할 수 있다. 부활과 의인을 이렇게 직접적으로 연결시키는 신앙고백은 스코틀랜드 신앙고백 외에는 없을 것이다. 확실히 「부활에 의한 의인」이라는 표현은 들어본 적도 없지만 바울의 "그리스도께서 만일 다시 살아나지 못하셨으면 우리가 전파하는 것도 헛되고 너희 믿음도 헛것이며… 그리스도께서 다시 살아나신 일이 없으면 너희의 믿음도 헛되고 너희가 여전히 죄 가운데 있을 것이요"(고전 15:13~17)라는 말로 봐서도 주예수의 부활이야말로 「신앙에 의한 의인」을 받쳐주는 결정적인 사건이라는 것은 떠올려야 할 것이다. 왜냐하면 주 예수는 "우리들을 의롭게 하시기 위해 다시 살아나셨기" 때문이다.

2) 승리라고 하는 부활

제4조 「약속의 계시」 강해에서는 「악마의 사역에 대한 승리의 약속」을 요점 중 하나로 들었다. 그리고 이 제10조에서는 부활이 「죽음의 창시자」에 대한 승리로서 자리잡게 되었다. 「생명의 창시자(=하나님)」와 대칭을 이루고 있기 때문에 「죽음의 창시자」는 여러 가지로 모습을 바꾸어가며 인간에게 몰래 다가가고 죄로 유혹하는 악(=사탄)을 가리킨다고 할 수 있을 것이다.

악은 뱀의 모습으로 이브에게 다가가고 결과적으로 하나님과 한 약속을 어겼다는 죄(원죄)가 생겨난 이후로 인간은 죽음의 밧줄에 묶인 포로가 되었다. 그러나 그리스도의 「부활에 의한 의인」이라는 결정적인 승리는 우리들을 죄와 죽음의 밧줄에서 해방한다. 인간은 「부활에 의한 의인」을 통해 최초에 에덴동산에서 누리고 있던 하나님과 함께 살아가는 영생을 다시 받게 되는 것이다.

3) 부활의 확증

초대교회 시대부터 오늘날에 이르는 약 2천년의 역사 속에서, 부활의 역사적인 사실성을 둘러싼 논의들이 수없이 생겨 왔다. "죽은 자 가운데서 부활이 없다"(고전 15:12)는 목소리는 오늘날 교회 안에서도 들려올지도 모른다. 그러나 낙스 등은 이 신앙고백을 통해서 성경에 쓰여진 부활 증언을 사도들이 지어낸 이야기같은 것이 아니라 확실한 「확증」으로서 견고하게 믿는 신앙을 표명한다.

그것은 바울이 "그리스도께서 만일 다시 살아나지 못하셨으면 우리가 전파하는 것도 헛것이요 또 너희 믿음도 헛것이며... 너희가 여전히 죄 가운데 있을 것이요"(고전 15:14, 17)라고 말했듯이 부활은 기독교 신앙의 토대라고 할 수 있다. 성경을 통해서 성령의 역사에 의해서 그리고 믿음 안에서 신자는 그 확증을 느끼는 것이다.

제11조 승천

"우리는 동정녀에게서 태어나시고 십자가에 못박히셨고 돌아가시 장사지내시고 부활하신 주님의 육신이 모든 것을 성취하기 위해 승천셨다는 것을 굳게 믿습니다. 그곳에서 주님은 우리들의 이름으로 또 우리들을 위안하기 위해 하늘과 땅의 온갖 권능을 받으시고 우리들의 변호자시자 유일한 중보자를 맡아주시어 천국을 이어받아 성부의 오른편에 앉아 계십니다. 그 영광과 영예와 특권은 주님이 모든 적을 자신의 발판으로 삼으실 때까지 형제들 사이에서 오직 주님에게만 속합니다. 왜냐하면 그(적)들은 반드시 최후의 심판에 쓰러질 것이라고 확신하기 때문입니다.

또 우리는 그 주 예수가 최후의 심판을 위해 승천하셨을 때와 마찬가지로 눈에 보이는 모습으로 다시 오신다고 확신합니다. 그 때 모든 사람들이 새로워지고 회복될 때가 도래할 것이며, 그를 따라 의를 위한 폭거, 욕됨, 부정을 뒤집어쓴 사람들은 처음부터 그들에게 약속되어 있던 불멸(불사)의 축복을 계승하게 된다고 확신합니다. 그러나 다른 한편으로 어리석은 자들, 불순종한 자들 잔인한 위정자들, 더러운 자들, 우상숭배자들, 그리고 온갖 불신자들은 구더지처럼 숨이 끊어지지 않고, 불이 꺼지지 않는 완전한 암흑인 지하 감옥에 투옥될 것입니다.

그 날과 그 날 집행될 심판을 기억하는 것은 우리들의 육신적인 욕망이 제어되는 고삐가 될 뿐만 아니라 이 세상의 왕자들에게서 나오는 위협과 현재의 두려움과, 이 세상 죽음의 두려움 모두가 우리들의 머리이시자 유일한 중보자이신 그리스도 예수의 지체인 우리들이 지니는 축복받은 교통을 우리들로 하여금 단념하게 되거나 포기하게 되는 일이 없는 헤아려 알 수 없는 큰 위안이라고 할 수 있다. 이 분을 약속된 메시아, 교회의 유일한 머리, 올바른 율법의 부여자, 유일하신 대제사장, 도와주시는 주님, 중보자라고 고백합니다. 사람이든 천사든 만약

이 분의 영광과 직무를 침해하는 사람이 있다면, 우리들의 대속주이시자 지고한 통치자이신 예수 그리스도를 모독하는 자로서 그 자를 철저하게 미워하고 혐오합니다."

第6조 「수육」으로부터 이어지는 예수 그리스도를 둘러싼 고백이 제12조에서 총괄되었다. 표제는 「승천」이지만 내용은 「최후의 심판」을 위한 「재림」에 대해 상세히 이야기되고, 더 나 아가 주 예수가 제자들에게 "너희는 나를 누구라 하느냐"(마 16:15)라는 질문에 대답하는 것처럼 「그리스도 고백」으로 마무리 지어진다는 점은 최후를 총괄하기에 적절한 것이라고 할 수 있을 것이다. 제11조의 요점은 세 가지(승천, 최후의 심판, 메시아 고백)로 한정해서 확인해 나가겠다.

1) 승천

예수 그리스도의 십자가와 부활로 대표되는 하나님의 구원 역사에 대해서는 설교를 통해 실제로 들을 기회가 많을 것이라고 추측된다. 그것과 비교해서 예수 그리스도의 「승천」이 강조되고 그 의미가 지적되는 기회는 적지 않을까. 이 지상에 수육하신 「참된 하나님」이 「참된 사람」이 되기 위해 인간이기를 버리고 하늘로 돌아가시는 것이 아니라, 「참된 사람」과 「참된 하나님」으로서 하늘로 돌아가신 것이다. 그리고 예수는 하나님의 오른편에 앉아서 「모든 것을 성취하기 위해」 승천하셨다.

십자가와 부활로 드러나는 예수 그리스도의 구원이 이스라엘에서 있었던 약 2천년전 과거의 사건이 아니라, 오늘을 살아가는 신자들에게도 적용되는 것은 오로지 「승천」에서 비롯되는 것이라고 말할 수 있을 것이다. 왜냐하면 승천하시어 하나님의 오른편에 앉은 그리스도를 통해서 하늘나라에서 이루어질 하나님의 영원한 구원을 이 유한한 시공(時空)이라는 세계에서 살아가는 신자에게도 적용해 주시기 때문이다.

2) 최후의 심판

사도신조의 고백과 마찬가지로 그리스도론의 총괄에 그리스도 재림이라는 신앙이 표명되었다. 주님이 재림하실 때는 최후의 심판 때다. 스코틀랜드 신앙고백은 주님이 최후의 심판을 위해 다시 오신다는 것을 기억한다는 의의로 다음 두 점을 나타낸다. 먼저 육욕에 빠져서 주일에 악이라고 여겨지는 것을 행하는 것을 억제할 것, 그리고 다른 하나는 정말 경외해야 할 분을 앎으로써 이 지상에서 경외하지 않아도 되는 것으로부터 해방되는 것이다.

최후의 심판은 무시무시한 공포로 넘치는 「파멸의 때」가 아니라, 심판주이시면서 동시에 신자들의 변호자로 심판에 임해 주시는 예수 그리스도의 구원을 완성할 때다. 따라서 스코틀랜드 신앙고백이 말했듯이 「헤아려 알 수 없을 정도의 큰 위안」이 신자들에게도 찾아오는 은혜와 환희의 때이기도 하다.

3) 메시아 고백

주 예수는 제자들에게 "너희는 날 누구라 하느냐"고 물으셨다. 그 질문에 베드로는 "주는 그리스도시오 살아 계신 하나님의 아들이시니이다"(마 16: 16)라고 대답했던 것이다. 스코틀랜드 신앙고백에서는 「그리스도(메시아, 구세주), 하나님의 아들」에다 다섯 가지 표현을 추가해서 주 예수에게 하는 고백이 다음과 같이 열거되었다; 「교회의 유일한 머리」, 「올바른 율법의 부여자」, 「유일한 대제사장」, 「도와주시는 주님」, 「중보자」.

주 예수가 제자들에게 물었던 것은 세간의 일반적인 평가가 아니라 「너희 자신」의 실존이었을 따름이다. 이런 내게는 또 자신의 인생에서는 예수 그리스도는 어떤 분이신가. 이것은 사실 기도할 때마다 예배드릴 때마다 하나님과 마주할 때마다 주님으로부터 받는 질문일 것이다; "너희는 나를 누구라 하느냐." 신자는 주님이 던지신 이 질문에 언제든 어떤 상황이든 똑바로 대답할 수 있겠는가. 신자는 늘 그 질문에 대답할 마음가짐을 갖춰 두어야 한다.

제12조 성령을 믿는 신앙

"우리들의 신앙과 그 확증은 피와 살(즉 우리들의 육신이 지닌 생래적인 능력)에서 발생하는 것이 아니라, 성령의 부으심에서 비롯되는 것입니다. 우리는 이 분을 성부와 성자와 동등한 하나님이시고, 이 분이 우리들을 성화시키시고, 이 분 자신의 권능을 통해 모든 진리로 우리들을 인도해 주십니다. 이 분이 계셔주시지 않는다면 우리들은 계속 영원히 하나님의 적일 것이고, 성자 그리스도 예수를 알 수 없다고 고백합니다. 왜냐하면 우리는 타고난 그대로는너무 둔감하고 무분별하고 고집불통이기에 만약 주 예수의 영이 죽은 자들을 다시 살리시고 우리들의 마음에서 어둠을 없애주시면서 이 분의 뜻에 복종하도록 우리들의 마음을 부숴주시지 않았다면, 우리는 칼에 찔린다고 해도 아무 것도 느끼지 못할 것이고 빛이 빛나도 그것을 볼 수 없고, 하나님의 뜻이 계시되어도 거기에 동의할 수 없기 때문입니다.

그러므로 우리들은 우리들이 존재하지 않았을 때 아버지 하나님이 우리들을 창조하셨다는 것과, 우리들이 적이었을 때 이 분의 성자이신 우리들의 주 예수가 우리들을 구원해 주셨다는 것을 고백하는 것입니다. 그뿐만 아닙니다. 성령은 우리들이 새로 태어나기 전이든 후든 우리들이 불러오는 어떤 공적도 고려하지 않고 우리들을 깨끗하게 만들어주시고 중생해 주신다고 고백합니다. 이것을 더 뚜렷하게 말한다면 우리 자신의 창조와 대속에 대해 우리들은 어떤 영예도 영광도 기꺼이 집어던질 것이므로, 우리들의 중생과 성화에 대해서도 우리들은 기꺼이 그리합니다. 왜냐하면 우리들은 자력으로는 선한 생각조차 마음에 품을 수 없고, 오히려 우리 안에서 역사하시는 성령만이 우리들을 그곳에 붙잡아 두시면서 우리들에게 어울리지 않는 그 분 자신의 은혜로운 찬미와 영광에 이르게 하기 때문입니다."

제6조 「수육」으로부터 제11조 「승천」까지인 「그리스도론」의 뒤를 잇는 것이 제12조부터 시작되는 「성령론」이다. 제12조의 요점을 세 가지(신앙의 확증, 중

생과 성화, 우리들 안에서 역사하시는 성령)로 한정해서 확인해 나가도록 하겠다.

1) 신앙의 확증

신자들이 신앙의 확실성을 보증하는 것은 슬프게도 우리들 자신 안에는 아무 것도 없다. 아무리 신앙력이 긴 사람도 그리고 3, 4대 그리스도인 내력이 이어지는 가문의 사람도 또 교회예배 출석 빈도가 높은 사람도 그것들이 신앙의 확실성을 보증하는 것은 아니다. 신앙의 확실성을 보증하는 유일한 근거는 인간이 아닌 하나님(즉 성령)에게 있다는 것이 가장 먼저 제시된다. 여기서 말하는 「성령의 부으심」은 추상적인 표현이지만 성령의 영감(inspiration)을 번역한 말로 쓰여 왔다.

「영감」이라고 번역되지만 「유령을 느낄 수 있는 감성」을 나타내는 용어로 널리 쓰이고 있기 때문에, 사고가 그쪽으로 끌려가는 일이 없게 하기 위해서 「부으심」이라고 번역했다. 「인스피레이션」이라는 말은 원래 「안에」(in)+「불어넣다(spire)」+「상태(ation)」로 이루어지는 복합어로, 성경에서 「생명의 숨결」이나 「바람」이라고 표현되는 성령이 인간 안쪽에 불어넣어져 있는 상태를 나타내는 것이다. 신앙의 확실성은 그 사람 안에 성령이 부어져 있는지 어떤지에 달려 있다.

그리고 이 「성령이 성부와 성자와 동등한 하나님」(삼위일체 하나님)이시라는 것이 나타나면, 더 나아가 「이 분」과 말을 겹쳐서 인간과 맺는 관계에서 드러나는 성령의 역할이 예시된다. 그것은 「성화」, 「진리로 인도함」, 「그리스도를 알 유일한 원인」이다. 이 분(성령)이 계셔주시지 않는다면 어느 누구도 「신앙을 가질」(신앙으로 살) 수 없다. 성령이 바로 우리들의 신앙을 보증하는 유일한 근거다.

2) 중생과 성화

성령은 인간이 이 세상에서 했던 어떤 선행도 공적도 고려하지 않고 일방적인 은총으로 우리들을 깨끗하게 만들어주시고 중생시켜 주신다. 이 확신의 표명은 다른 종교개혁자들과 마찬가지로 당시 로마 가톨릭 교회의 「행위의 인」이라는 가르침에 대해 명확하게 「아니오!」라고 할 수 있다.

인간은 자신의 힘으로 스스로를 죄로부터 깨끗하게 하고, 자력으로 스스로를 중생시킬 수 없고, 자신의 행위로 그것을 좌우하게 만들 수도 없다. 사람이 다시 새로 태어나는지 어떤지는 인간의 결의나 열심 그리고 선행이나 수행에 의거하는 것이 아니라, 인간의 생각을 아득하게 뛰어넘은 하나님에게 달려 있다. 신앙에서 비롯된 인간의 중생과 성화는 성령의 권능과 역사에 달려 있다.

3) 우리들 안에 역사하시는 성령

우리들 한 사람 한 사람의 「생명」이 지금 우리들 안에서 계속 역사하고 있듯이 「생명을 내리는 성령」(니케아 신조)은 우리들 안에서 역사하시는 하나님이다. 성령(Holy Spirit)은 인체의 「생명」에 관여할 뿐만 아니라, 마음이나 이성 등 인간 내면에 있는 「정신」(spirit)에도 관여하는 하나님이시다.

사람의 마음에 싹트는 선한 마음, 다정함, 긍휼히 여김도 사람 안에서 성령이 살아 역사하시는 증거다. 성령이 우리들 안에서 역사하시고, 우리들을 하나님의 은혜와 찬미와 영광으로 인도해 주신다. 그렇다면 아니 바로 그렇기에 신자들은 더욱 더 인간의 내면에서 이루어지는 성령의 역사를 열심히 기도하고 소망해야 한다.

제13조 선행의 원인

"선한 행동의 원인은 우리들의 자유의지에 있는 것이 아니라, 오히려 진실된 신앙에 의해 우리들의 마음 속에 깃듭니다. 그리고 우리들은 우리들이 걸어가도록 하나님께서 갖춰 주신 행동을 하게 만드시는 주 예수의 영에 있다고 고백합니다. 왜냐하면 우리는 성화의 영을 갖지 못한 사람들의 마음 속에 그리스도가 깃들어 있다고 주장하는 것은 모독이라고 소리높여 선언하기 때문입니다. 따라서 사람을 죽이는 자들, 억압하는 자들, 잔인한 박해자들, 간음하는 자들, 품행이 방정하지 못한 자들, 우상숭배자들, 폭음하는 자들, 강도질하는 자들 그리고 부정을 저지르는 자들은 모두 그들이 계속 죄악 안에 머무르는 한, 진실된 신앙을 갖거나 주 예수의 영이 주시는 이익을 받지 않는다고 단언하는 것에 주저함이 없습니다. 왜냐하면 하나님이 선택하신 자녀들이 진실된 신앙을 통해 받은 주 예수의 영은 어떤 사람일지라도 그 마음을 붙잡자마자 곧바로 그 사람을 중생시키고 새롭게 만들며 그 결과 그 사람은 그 때까지 사랑하던 것을 미워하기 시작하고 그 때까지 미워하고 있던 것을 사랑하기 시작하기 때문입니다. 이리하여 하나님의 자녀들 안에서는 영과 육 사이의 끊임없는 싸움이 일어납니다.

그러나 타락하고 자신을 기쁘게 하기를 간절히 원하는 육신적인 인간은 역경에서는 남들을 원망하고, 순경에서는 교만해져서 어떤 순간일지라도 하나님의 주권을 침범하려 하고 또 솔선해서 침해합니다. 하지만 우리들이 하나님의 자녀라는 것을 우리들의 영에게 증거하는 하나님의 영은 우리들이 쾌락에 저항하고 부패한 쾌락을 증오하고 하나님의 거룩함 앞에서 타락의 노예라는 신세로부터 구원받기를 간절히 원하도록 해 주시고, 최종적으로는 죄가 우리들의 썩어 없어질 육체를 지배하지 못하도록 죄에 대해 승리하게 해주십니다. 다른 사람들은 하나님의 영을 갖추고 있지 않기 때문에 이 갈등을 공유하지 못하고, 그들은 오히려 악마처럼 행동하고 자신들의 타락한 본성은 부추김을 받기 때문에 죄에 종속되고 죄에 복종하여 어떤 후회도 느끼지 않습니다. 그렇지만 하나님의 자녀들은 죄와 싸우고 자신들이 사악한 일을 하도록 유혹받고 있는 것을 알면 슬퍼하고 탄식하지만, 그들이 유혹에 졌다면 열심있고 진지한 회개를 하면서 다시 일어섭니다. 그들이 그렇게 할 수 있는 것은 우리들의 힘에서 비롯된 것이 아니라 주 예수의 힘에서 비롯된 것으로. 그들은 이 분에게서 멀어진다면 아무 것도 할 수 없습니다."

앞의 제12조부터 「성령론」이 시작되고, 제13조에서는 성령이 「주 예수의 사역」으로 「인간의 선행과 악행」이라는 문맥에서 어떻게 역사하시는가에 초점이 놓인다. 제13조의 요점을 세 가지(선의 원천, 하나님의 선택, 주 예수의 권능에 따라)로 한정해서 확인해 나가도록 하겠다.

1) 선의 원천

여기서는 먼저 인간에게서 비롯되는 선행의 원인을 묻는 것부터 시작된다. 선한 행동을 하면 하나님으로부터 의롭다고 인정받는다는 당시 로마 가톨릭의 「행위의인」(行爲義認)으로는 선행의 목적이 의인이 되고, 사람은 의롭다고 여겨지기 위해서 선행에 힘쓰게 된다. 그러나 그런 선행은 너무 타산적이고 위선적일 것이다. 인간에게 선행을 촉구하는 것에는 어떤 원인이 있는데, 스코틀랜드 신앙고백은 그 원인을 「인간의 자유의지」에 있는 것이 아니라 「주 예수의 영」에 있다고 보았다.

그렇지만 이 세계를 둘러본다면 신자 외에도 세상과 사람을 위해 선행하고 있는 사람은 많이 있다. 하나님의 영은 교회 안에서 뿐만 아니라 교회 바깥에서도 자유롭게 역사하신다는 것을 잊어선 안 된다. 성령은 신앙을 갖지 않은 사람들과 세계 여러 곳에서 역사하신다. 생명을 내려주시는 성령은 신앙 유무에 관계없이 한 사람 한 사람에게 생명을 내려주시고 있다. 더 나아가 말해본다면 「선한 행동」은 종종 상대화한다.

예를 들면 A의 입장에서 보면 선한 행동이 되고, B의 입장에서 보면 악한 행동이 된다는 것이다. 이런 구도는 테러가 빈발하는 오늘날의 세계 정세에서 보다 선명해진다. 여기서 질문받고 있는 것은 인간의 잣대로 재는 선이 아니라, 하나님이 보시는 선이고 하나님의 거룩한 뜻을 따르는 선이다. 인간이 그런 선을 행할 수 있다고 한다면, 그것은 인간을 솔선해서 부르시고 인도하시는 「주 예수의 영」의 역사 밖에 없다.

2) 하나님의 선택

「선택」은 이미 제8조의 주제로서 다루어졌지만 「선행」이라는 문맥에서도 다시 강조점이라고 할 수 있다. 스코틀랜드 신앙고백에서 「선택」은 철저하게 그리스도와 이어져있다는 것은 앞에서 확인했던 그대로다. 주 예수의 영이 우리들을 잡았을 때 거기서 「중생」이 일어나고, 그 중생에서 「하나님이 갖추신」 선을 추구하기 시작한다는 대(大)역전극이 일어나는 것이다.

즉 「자신의 입장에서 자신을 위해」라는 자기중심적인 삶이 중생의 결과 「하나님의 입장에서 하나님을 위해」를 생각하게 되고, 「그 때까지 사랑하던 것을 미워하기 시작하고 그때까지 미워하고 있던 것을 사랑하기 시작한다」는 것이다. 이 대전환은 하나님의 선택 안에 들어있고 「주 예수의 영」이 이루시는 역사에 의해 찾아오는 것이다.

3) 주 예수의 권능에 따라

「주 예수의 영」을 통해 새로 태어난 사람은 악행에 마음이 아파오고 또 하나님을 바라보며 악행을 회개한다. 왜냐하면 악행은 선을 추구하는 것도 아니고 인간의 잣대로 재는 선도 아니고, 하나님이 갖춰주시는 선을 추구하는 것이 하나님의 뜻이라는 것을 알기 때문이다. 사탄은 「주 예수의 영」에 붙잡힌 사람들을 타락시키고 죄 안에 빠뜨리려고 하기 때문에 신자들은 이 세상에서 수 많은 여러 유혹이나 시련과 마주친다.

그러나 우리들이 회개하고 기도를 계속하고, 하나님에게 예배드리고 신앙을 유지할 수 있는 것은, 이미 사탄의 유혹을 이겨내신 「주 예수의 영」이 우리들을 붙잡고 「주 예수의 권능」이 역사하시기 때문이다. 그러므로 우리 신자들은 「주 예수의 권능」을 통해 몇 번이고 떨쳐 일어서고 살아가는 것이다.

제14조 어떤 행동이 하나님 앞에서 선하다고 인정받는가

"하나님은 인간에게 거룩한 율법을 내리십니다. 우리는 거기서는 하나님의 거룩한 주권을 침해하거나 어기는 행동이 금지될 뿐만 아니라, 하나님께서 기뻐하실 행동이나 하나님이 보답해주신다고 약속하신 행동도 명령되어 있다고 고백하고 승인합니다.

이런 행동에는 두 종류가 있습니다. 하나는 하나님의 영광을 위해 이루어지고, 다른 하나는 우리 이웃의 이익을 위해 행해지는데, 어느 쪽이든 계시된 하나님의 의사를 그 확증으로 삼습니다. 우선 유일하신 하나님을 존숭하고 예배하고 영광을 돌릴 것, 우리들이 그 어떤 고난에 빠질지라도 이 분을 부르며 간구할 것, 이 분의 거룩한 이름을 찬양할 것, 이 분의 말씀을 듣고 그것을 믿을 것, 이 분의 거룩한 성례에 참여할 것은 첫 번째 것입니다.

그리고 아버지와 어머니, 왕이나 지배자 그리고 상위의 권위들을 공경할 것(즉 그들을 사랑하고 받들 것), 하나님의 여러 계율에 어긋나지 않는다면 그들의 명령을 따를 것, 무고한 사람들의 생명을 구원할 것, 폭정을 제어하고 핍박받는 사람들을 지킬 것, 자신들의 육신을 청결하고 거룩하게 지킬 것, 성실하고 검소하게 생활할 것, 모든 사람들을 상대로 언행에서 공정하게 대할 것, 마지막으로 자신들의 이웃을 해치려는 욕망을 억누르는 것은 두 번째 종류인 것입니다.

이런 것들은 하나님 자신의 뜻으로 명령되기 때문에 하나님께서 가장 기뻐하시고 받아들여지는 것입니다.

그것과 정반대의 행동은 죄입니다. 우리들이 그리해야 할 때 오직 하나님만 부르고 간구하는 일을 하지 않는 것이나 경애하는 마음으로 거룩한 말씀을 들으려고 하지 않고 오히려 그것을 모독하거나 경멸하는 것, 우상을 가지는 것이나 그것을 존숭하는 것, 우상숭배를 계속하거나 옹호하는 것, 거룩한 하나님의 이름을 가벼이 생각하는 것, 그리스도 예수의 성례를 더럽히고 어기고 모독하는 것, 하나님이 권위를 부여하신 사람을 상대로는 그들이 자신의 직권이라는 틀을 넘어가지 않는 범위에서 그들에게 저항하는 것, 사람을 죽이거나 그것을 용인하는 것, 미움을 품거나 저지할 수 있는데도 불구하고 죄없는 사람들의 피가 흐르는 것을 그대로 두는 것 등은 언제나 하나님이 기뻐하시지 않고 하나님을 분노하게 만드는 것입니다.

즉 우리는 첫 번째와 두 번째 종류에 속하는 계율이 무엇이든 그것의 불이행은 죄이고, 그것들에 의해 하나님의 분노나 불편하심이 교만하고 감사의 마음을 잃은 세계에 대해 불타 오른다고 고백하는 것입니다. 그러므로 우리는 선행이 신앙 안에서 이루어지고, 게다가 하나님 자신의 율법 안에서 하나님이 기뻐하시는 것을 명시하시는 하나님의 계율에 의해 이루어지는 행동이라고 고백하고 확신합니다. 반면에 악한 행동은 명백하게 하나님의 계율에 등돌리고 이루어질 뿐만 아니라, 신앙상의 일이나 하니님 예배에서 인간의 발상이나 견해 이외에는 확증이 없다고 확언합니다. 하나님께서 처음부터 그런 것을 물리치셨다는 것은 예언자 이사야의 말이나 우리들의 주님이신 그리스도 예수가 "인간의 계율을 가르치면서 허무하게 나를 섬기고 있다"고 말씀하시니 우리들이 배운 그대로입니다."

앞에서 본 제13조에서부터 인간의 선행은 「성령론」이라는 문맥에서 이야기되고 있다. 제13조에 이어 제14조도 「인간의 행동」에 조명이 비춰진다. 제13조의 요점을 세 가지(하나님의 영광을 위해, 이웃을 위해, 죄)로 한정해서 확인해 나가도록 하겠다.

1) 하나님의 영광을 위해서

하나님은 생명의 신앙을 비롯해 인간에게 많은 것을 내려 주셨다. 하나님은 사랑하는 성자도 내려 주셨다. 하나님이 인간에게 내려주신 것에는 십계로 대표되는 「율법」도 포함되어 있다. 십계에서는 「~하지 말지어다」라고 금지된 행동이 되풀이된다. 차차 그런 것들과 관련 있는 지엽적인 금지령의 해석이 부풀어 올라 율법주의로 전개되어 나갔다; "율법은 애초부터 하나님이 무엇을 싫어하시고 무엇을 기뻐하시는가."

하나님은 그 자신의 뜻을 우리 인간에게 계시하신다. 제14조에서 드러나는 하나님께서 기뻐하시는 첫 번째 행동은 십계 전반 부분에 해당되는 「하나님의 영광을 위해서」라는 행동이다. 구체적인 예로서 다음과 같이 열거된다;

"유일한 하나님을 믿는 것, 이 분을 예배하고 그에게 영광을 돌리는 것, 우리들이 어떤 곤란 아래 있을지라도 이 분을 부르고 간구하는 것, 이 분의 거룩한 이름을 우러러 보는 것, 이 분의 말씀을 듣고 믿을 것, 이 분의 거룩한 성례에 참여하는 것."

이것들은 어느 것이든 오늘날의 예배에서는 빼놓을 수 없는 요소다. 오늘날에 드려지는 우리들의 예배가 「하나님의 영광을 위한」 것이고, 「하나님의 영광」에 적절한 것이 되어있는지를 재확인하고, 늘 하나님이 기뻐하실 예배를 갖춰 나가고 싶은 것이다.

2) 이웃을 위해

하나님께서 기뻐하실 두 번째 행동은 십계의 후반에 해당되는 「이웃의 이익을 위한」 행동이다. 공동체를 형성하고 사람이 함께 살고 원활하게 생활하는 데에 필요한 최저한의 계율이 나타난다. 가족이라는 최소의 공동체를 건전하게 유지하기 위해서 우리들에게 부모를 공경할 것, 사회 공동체의 지식을 위해서 시민들에게는 상위에 있는 권위를 존중할 것을 명령했다. 여기서 공경한다는 것은 그들을 사랑하고 받쳐주는 것이라고 논해져서, 이렇게 공경하고 사랑하고 지탱할 것이 이웃을 마주하는 올바른 행동으로 나타난다. 사랑한다는 것은 상대를 공경하고 받쳐주는 것이고, 받쳐준다는 것은 상대를 사랑하고 공경하는 것이다. 그렇게 하여 공동체 안에서 이웃과 함께 살아가는 생활에 필요한 지침이 제시되어 나간다.

마지막 후반부만 인용해 본다면 "성실하고 검소하게 생활할 것, 모든 사람들을 상대로 말과 행동으로 공정하게 대할 것, 그리고 마지막으로 자신들의 이웃을 해치려는 어떤 욕망도 억누를 것"이라고 쓰여졌다. 이 이웃 사랑은 모세의 시대든 예수의 시대든 16세기 종교개혁의 시대든 더 나아가 21세기라는 현대든 간에, 하나님과 이웃과 함께 살아가기 위해서는 시대에 관계없이 필요불가결한 것이다. 이것은 모든 신자가 이 이웃 사랑에 바탕을 두고 행동하는지 어떤지를 돌아보면서 자신의 옷깃을 바로 잡아 주기를 바라는 것이다.

3) 죄

여기서는 앞에서 보았던 것과는 반대가 강조된다. 「하나님의 기쁨」의 반대는 「하나님의 분노」다. 하나님이 분노하시는 것이 인간의 「죄」다. 「~하지 말지어다」라는 율법의 금지 명령은, 만약 그것을 한다면 하나님이 분노하시는 인간의 행동이다. 그것들은 하나님의 영광과 이웃을 시야에 넣지 않으면서 자기 중심에 빠진 방약무인한 인간의 모습이다.

스코틀랜드 신앙고백은 십계의 금지 명령을 바탕으로 하나님의 영광을 깎아내리고 흐리게 만드는 죄의 행동을 열거하였다. 거기에는 하나님을 경시하고 하나님의 말씀을 경멸하는 것이나 우상숭배 등이 예로 들어지고, 더 나아가 성례를 더럽다고 여기고 모독하는 것에 대해 말해졌다. 성례를 둘러싼 이해의 차이는 16세기에서는, 개신교 교파를 넘어선 일치를 가로막는 중요한 문제가 되었다,

그것은 성례의 오용과 남용이 하나님을 분노하게 만드는 죄와 깊은 관련을 가진 문제이기 때문이다. 스코틀랜드에서는 종교개혁 이후로 세례받을 때에는 엄격한 심사가 이루어지게 되는 등 성례에 대해 대단히 높은 관심을 보내는 전통이 교회 안에서 자라났다. 하나님의 눈에 「죄」라고 여겨지는 악행에 대해 신앙고백은 다음과 같이 정리하였다;

> "악한 행동이란 명백하게 하나님의 계율에 등을 돌리고 행해질 뿐만 아니라, 신앙적인 사항이나 하나님 예배에서 인간의 발상이나 견해는 어떤 보증도 없다고 우리들은 확신합니다."

신앙적인 사항에 관해 인간의 발상이나 견해가 하나님의 거룩한 뜻보다 우선되는 방식으로 실행되어서는 안된다. 교회에 모이는 신자들은 성령의 인도하심을 기도하면서 하나님의 거룩한 뜻과 영광을 놓치지 않고 모든 것을 판단하고 실행해 나갈 필요가 있다.

제15조 율법의 완전성과 인간의 불완전성

"우리는 하나님의 율법이 가장 공정하고 공평하고 거룩하고 완전하여, 생명을 내리시고 사람을 영원한 행복으로 인도할 수 있는 것을 명령한다고 고백하고 승인합니다.

그러나 우리들의 본성은 너무 타락했고 약하고 불완전하기 때문에 우리들은 율법의 행위를 완전하게는 수행할 수 없습니다. 만약 우리들이 새로 태어난 뒤에도 우리들에게 죄가 없다고 주장한다면 우리들은 스스로를 속이는 것이고 하나님의 진리는 우리들 안에 없을 것입니다. 그러므로 우리들의 입장에서는 그리스도 예수의 의와 속죄 안에서 이 분께 의지하는 것이 기본이라고 할 수 있습니다.

왜냐하면 이 분은 율법의 끝이자 완성이기 때문이고, 게다가 우리들이 모든 점에서 율법을 수행할 수 없는 데도 불구하고 하나님의 저주가 우리들에게 내려오는 일이 없도록 우리들이 자유로워진 것은 이 분에게서 비롯되었기 때문입니다. 아버지 하나님이 그 아들 그리스도 예수의 육신으로 우리들을 바라보시기 때문에, 하나님께서는 우리들의 불완전한 복종을 완전한 것처럼 받아들여 주시고, 게다가 많은 얼룩으로 더러워진 우리들의 행동을 성자의 의로 덮어 주십니다.

우리들은 우리들이 율법을 따를 필요가 없을 정도까지 자유롭지 않다는 것을 잘 알고 있다. 그렇지 않고 오직 한 분이신 그리스도 예수 외에는 지상의 어떤 사람도 율법이 요구하고 있는 율법에 대한 복종을 실행했던 것도 시행할 것도 또 앞으로 실행할 일도 없다고 확언합니다. 우리들이 모든 것을 했을 때에는 우리들은 엎드려서 자신들이 못난 종이라는 것을 진심으로 고백해야 합니다. 따라서 자기 자신이 한 활동의 공적을 자랑하거나 공덕 행위를 신뢰하는 사람은 누구든지, 존재하지 않는 것을 자랑하고 또 미워해 마땅한 우상숭배를 신뢰하는 것입니다."

제15조에서는 제14조에서 보였던 하나님의 기쁨과 분노의 관점에서 다시 본 인간의 행위를 바탕에 두고, 완전성이라는 관점에서 율법과 인간이 대조

적으로 해설되어 있다. 제15조의 요점을 세 가지(완전과 불완전, 예수의 의와 속죄, 자랑해 마땅한 주님)로 한정해서 확인해 나가겠다.

1) 완전과 불완전

앞에서 본 제13조에서 확인했듯이 「율법」은 하나님이 무엇을 싫어하고 기뻐하시는가, 그 하나님의 거룩한 뜻을 우리 인간에게 계시한다. 하나님의 거룩한 뜻을 직접적으로 비춰주는 율법에 대해서, 스코틀랜드 신앙고백은 「가장 공정하고 공평하고 거룩하면서도 완전하다」고 고백하였다.

그런데 그 율법을 받아야 하는 인간은 그 본성이 「너무 타락하고 약하고 불완전하기」 때문에 율법을 행할 수 없다. 즉 인간이 하나님의 거룩한 뜻에 맞는 그런 삶이나 행동을 하는 것이 불가능한 것이다. 만약 그렇게 할 수 있는 사람이 있다고 한다면, 그것은 「참된 하나님이고 참된 사람」인 예수 그리스도 외에는 없다.

2) 예수의 의와 속죄

하나님의 율법을 행할 수 없는 인간은 「어차피 못하는데」하고 자포자기해서 율법을 무시하고 살아간다, 하나님은 이것을 좋아하시지 않으시고, 그런 약하고 불완전한 인간을 위해서 사랑하는 독생자를 내려 주셨던 것이다. 우리는 그리스도의 십자가와 부활이라는 사건을 통해서 하나님과 다시 하나로 결합된다. 그것이 「속죄」(atonement)다.

제9조에서도 말했듯이 atonement의 본래 의미는 하나님과 사람이 「하나가 되는 것」(at-one-ment)이다. 불완전한 인간이 신앙으로 그리스도와 하나로 맺어져 있기 때문에, 하나님은 우리들의 불완전한 순종마저 그리스도에게서 비롯되는 완전한 순종과 똑같이 여겨주신다. 그리스도와 하나로 맺어지는 행복은 여기에도 있다고 할 수 있을 것이다.

3) 자랑해 마땅한 주님

율법은 오직 그리스도를 통해서만 성취된다. 우리들은 자력으로 하나님의 거룩한 뜻을 행할 수 없다. 우리들이 만약 하나님의 뜻에 따른다고 한다면, 그것은 그리스도와 하나로 맺어지기 위한, 그리스도의 영의 인도하심에서 비롯되는 것이다.

인간은 율법에 관해서 자랑할 수 있을 만한 것은 하나도 갖고 있지 않다. 바울은 고린도서에서 이것을 되풀이 해서 강조했다; "자랑하는 자는 주 안에 자랑하라"(고전 1:31, 고후 10:17). 율법은 인간이 진정으로 자랑해야 하는 것을 우리들에게 가르치고 있다; "주 안에서 자랑하라."

제16조 교회

"우리들이 성부와 성자와 성령이 한 분이신 하나님을 믿는 것과 마찬가지로, 우리들은 처음부터 존재하고 지금도 존재하고 그리고 세상 끝날 때까지 존재하는 교회(즉 그리스도 예수의 몸이자 신부이기도 한 교회)의 유일한 머리이신 그리스도 예수를 믿는 신앙을 통해 하나님을 올바르게 예배하고 받아들이는 「하나님에게 선택받은 사람들」의 동료 한 사람이나 한 무리를 굳게 믿습니다.

이 교회는 유대인이든 이방인이든 성령에게서 비롯되는 성화를 거쳐서, 아버지 하나님과 성자 그리스도 예수와 교통하거나 인연을 갖는 모든 시대의 모든 나라, 민족, 부족들로부터 선택받은 사람들로 이루어진 공동적((catholic)이고 보편적(universal)인 공동체다. 그러므로 그것은 세속적인 인간들의 교통이 아니라 하늘에 있는 예루살렘의 시민으로서, 헤아려 알 수 없는 은혜의 결실(즉 유일하신 하나님, 한 분이신 주 예수, 하나의 신앙, 유일한 세례)을 받은 성도들의 교통이라고 불리운다.

이 교회의 바깥에서는 생명도 영원한 축복도 없습니다. 따라서 우리는 어느 종교를 고백할 것인가에 전혀 관계없이, 공정과 정의에 따라 살아가는 사람들이 구원받는다고 주장하는 사람들의 모독을 완전히 혐오합니다. 왜냐하면 그리스도 예수를 빼놓고는 생명도 구원도 없기 때문이며 그 결과 성부가 성자 그리스도 예수에게 내려주신 사람들과 결국에는 그리스도가 계시는 곳으로 와서, 이 분의 가르침을 공적으로 말하고 이 분을 믿는 사람들(신자인 부모를 가진 아이들도 거기에 포함) 외에는 어느 누구도 거기에 들어가지 못하기 때문입니다.

이 교회는 눈에는 보이지 않고 누구를 선택하셨는가를 잘 알고 계시는 하나님만 알고 계시며, 그리고 세상을 떠난 선택받은 사람들(즉 승리의 교회 더 나아가 지금도 살아서 죄나 사탄과 싸우고 있는 사람들)과 앞으로 뒤에 태어날 사람들도 여기에 포함됩니다."

제5조에서 「교회의 존속, 성장, 유지」라는 표제 아래 언급된 「교회」는, 창세기에서 시작되는 족장들로부터 대대로 이어져오는 하나님의 백성 「이스라엘」을 말하는 것이었다. 특히 「계약의 백성」 안에서 교회의 본질을 찾아내기 때문에 스코틀랜드 신앙고백은 구약의 이스라엘 백성들을 주저없이 교회라고 불렀다. 이 제16조에서는 「교회」의 정의에 대해 다시 한 번 논의가 이루어진다. 제16조의 요점을 세 가지(우리는 교회를 믿습니다, 천상의 예루살렘, 하나님만이 아신다)로 한정해서 확인해 나가도록 하겠다.

1) 우리는 교회를 믿습니다

성부, 성자, 성령이라는 삼위일체 하나님을 믿는다는 것과 마찬가지로 여기서 교회를 믿는다고 하는 신앙이 표명된다. 교회가 「신앙의 대상」으로 언명되고 있는 것인데, 제16조에서 이야기되고 있는 「교회」는 지상의 눈에 보이는 지교회를 말하는 것이 아니라 눈에 보이지 않는 교회를 말하는 것이다. 아우구스티누스로 대표되듯이 고대로부터 「눈에 보이는 교회」와 「눈에 보이지 않는 교회」가 구별되어 왔다. 눈에 보이는 지교회는 각각 「창립기념일」 같은 역사적인 시작이 있다.

그러나 여기서 이야기되는 교회는 「처음부터 존재하고 지금도 존재하고 그리고 세상이 끝나는 날까지 존재하는 하나의 교회」로 지교회를 말하는 것이 아니다. 천지창조 이전부터 「하나님의 궁전」으로 존재했고 세상이 끝나는 날까지 존재한다. 이 교회는 역사를 꿰뚫고 역사를 뛰어넘는 천상의 교회다. 이 교회는 신앙으로 살아가는 그리스도인들은 지상의 눈에 보이는 지교회를 통틀어서, 시공을 뛰어넘어 천상의 눈에 보이지 않는 하나의 교회로 집약되어 「천상의 예루살렘에 사는 시민으로서」 한 몸같은 사이가 되는 것이다.

2) 천상의 예루살렘

교회는 여기서 「천상의 예루살렘」이라고 표현될 뿐만 아니라, 사도신조가 고백하는 「성도의 교통」이라고 불리우고 있다. 지상의 교회에서는 「인간 상호간의 교통」도 간과할 수 없는 중요한 과제이지만 그 이상으로 교회가 「거룩한」 존재로서 「한 분이신 주 예수, 하나의 신앙, 유일한 세례 아래 들어가는 성도들의 교통」이라는 것을 잊어선 안 된다. 왜냐하면 그것은 교회의 생명선으로, 거기에 교회의 참된 생명이 있기 때문이다.

천상의 예루살렘에 성부, 성자, 성령이라는 내재적인 생명의 교통이 있듯이, 지상의 교회도 삼위일체이신 하나님과 신앙으로 이루어지는 영적 교통을 이룩하는 것이 중요하다. 그러기 위해서도 예배를 풍성하게 갖추는 부단한 노력이 요구된다.

3) 하나님만이 아신다

여기서 제8조의 주제가 된 「선택」이 다시 질문을 받고 있다. 스코틀랜드 신앙고백에서는 선택은 그리스도론의 문맥에 놓이기 때문에, 선택은 「그리스도의」 선택으로 이해되고 고백되고 있다. 그리스도가 대체 누구를 어떻게 선택하시는지는 인간이 헤아려 알 수 없는 깊은 뜻이다. 선택은 그리스도 자신의 완전한 자유 아래서 행사되기 때문에 「하나님만이 아시는」 사항이다.

한편 교회는 그리스도의 선택 안에 들어가기에 부적절한 죄인들의 모임이

기도 하다. 그리스도는 결여나 깨짐을 안고 있는 우리들도 선택해 주시는 분이시다. 그리스도는 예나 지금이나 앞으로도 그런 우리들을 선택해 주시고, 지상의 눈에 보이는 교회를 통해 그 자신의 눈에 보이지 않는 천상의 교회로 불러내 주신다.

제17조 영혼의 불멸

"세상을 떠난 선택받은 사람들은 평안 속에 있고 고난으로부터 해방되어 있다. 어떤 공상가들이 생각하는 것처럼 그들은 잠들어 있는 것도 아니고 망각 속을 떠돌아 다니는 것도 아닙니다. 왜냐하면 그들은 우리들이나 하나님에게 선택받은 사람들 전부가, 이 세상의 생애에서 뒤집어 쓸 온갖 두려움, 고통, 유혹으로부터 해방되어 있기 때문입니다. 한편 세상을 떠난 유기 된 사람들이나 신앙없는 사람들은 말로 표현할 수 없는 고통, 고난, 고민을 맛봅니다. 따라서 누가복음 16장의 비유에 나오는 어떤 부자(원문은 「thief, 강도」)에 대한 그리스도의 말씀이나, 제단 아래서 죽은 자들의 영혼이 외치는 말('진실하고 거룩하신 주님 언제까지 심판을 행하지 않고 땅에 사는 우리들의 피를 위한 복수를 안 하시는 겁니까' 같은 말)을 통해 확정되어 있는 바와 같이, 어떤 사람이든 기쁨도 고뇌도 느끼지 않는 「잠과 같은 상태」에 빠지는 것이 아닙니다."

제16조와 제18조의 주제가 「교회」이기는 하지만, 양자 사이에 끼어있는 것이 「영혼의 불멸」이다. 표제만 본다면 이 배치에 대해 의문을 품을지도 모르겠으나 그 내용은 제16조와 밀접하게 이어져 있다. 제17조의 요점은 세 가지(승리의 교회, 전투의 교회, 유기된 사람들)에 한정해서 확인해 나가도록 하겠다.

1) 승리의 교회

제17조는 제16조와 하나로 이어도 위화감이 전혀 없고, 오히려 원래 한 문장이었던 것이 아닌가 싶을 정도인 조항이다. 왜냐하면 제16조의 종반에 「세상을 버린 선택받은 사람들」(즉 승리의 교회)이라고 쓰여져 있는데, 제17조의 서두에서 다시 「세상을 버린 선택받은 사람들」이 언급되었기 때문이다. 이미 세상을 버리고 하늘로 부름받은 사람들의 영혼은 지금 현재 어떻게 되어있는가. 이 물음은 루터가 종교개혁을 일으키는 계기가 된 「면죄부」와 관련이 있다. 당시 죽은 사람들의 영혼은 연옥으로 보내지고 정죄의 불길로 몸이 불탄 뒤에 정결해진 영혼만 천국으로 간다는 가르침이 이루어졌고, 사후에도 여전히 이어지는 불길의 고통이 강조되어 왔다.

로마가톨릭 교회는 그 고통으로부터 해방시키는 효능을 주장하면서 면죄부를 판매했던 것이다. 신앙고백은 이런 당시의 사후 세계 이해에 대해, 세상을 떠난 사람들은 승리의 교회가 되어서 "평안 속에 있고 그리고 자신들의 고생도 정지해 있다"고 말했다. 개신교 교회는 종교개혁에 따라 사후의 삶에 대해, 로마 가톨릭의 연옥 사상과 다른 새로운 이해를 전개해 갔던 것이다.

2) 전투의 교회

사람은 이 세상을 살아가는 동안은 고뇌나 시련에서 벗어날 수 없다. 게다가 십자가에 못박혀 돌아가신 그리스도를 통해 죄사함을 받았으면서도, 여전히 계속 죄를 짓는 연약함이나 어리석음을 끌어안고 있는 것이 신자의 현실이다. 이 연약함이나 불신앙 그리고 죄나 자신에게로 다가오는 유혹이나 시련과 계속 싸우는 것이 신자가 살아가는 이 세상의 모습이다. 따라서 그런 신자 한 사람 한 사람이 함께 모이는 지상 교회가 여기서는 「전투의 교회」라고 표현되어 있다.

특히 종교개혁이 한창이던 16세기에, 개혁자들이 계속 서 있었던 장소는 틀림없이 「전투의 교회」였다는 자각도 늘 보이는 표현이라고 말할 수 있을 것이다. 종교개혁은 이 지상 교회를 그리스도 안에서 되찾기 위한 전투인데, 이 전투는 지금도 여전히 이어지고 앞으로도 이어져 나가는 것이다. 하늘로 부름받은 사람들은 이런 전투로부터 해방되어, 이미 「승리」를 거둔 영원한 천상 교회에 더해 그 환희와 평안을 누리고 있다고 여겨지고 있다.

3) 유기된 사람들

자기 자신의 연약함이나 불신앙과 싸우지 않고 오히려 죄로 살아갈 것을 선택한 사람들을 앞에 두고, 사후에 「말로 표현할 수 없는 고민, 고뇌, 고통」이라는 댓가가 기다리고 있을 것이라 고 말해진다. 선택받은 자들이 누리는 승리의 환희가 영원한 것이라고 한다면, 다른 한편으로 유기된 사람들의 「고민, 고뇌, 고통」도 영원하다고 할 수 있을 것이다. 당신은 두 「영원한 생명」중에서 어느 것으로 살고 싶은가.

신앙고백은 지상에서 살아가는 사람들에게 그 결단을 묻는 것이다. 「영생을 믿사옵나이다 아멘」(사도신경)이라고 계속 고백하는 신자의 입장에서, 사후의 삶은 영혼이 없어지고 수면 상태가 된다는 것이 아니라, 하나님과 함께 평안과 환희 가운데 살아가는 것이다. 이 구원 사건은 신자가 자력으로 쟁취하는 것이 아니라, 철저하게 그리스도의 선택에서 비롯되는 것이다.

교회에서 장례식이 치러질 때마다 우리들은 그 부름받은 형제 자매가 「승리의 교회」에 들어갔다는 것을 확신하면서, 유족들에게 그리스도에게서 비롯되는 위안과 평안이 내려오기를 기도하고 소망하는 것이다.

제18조 거짓된 교회와 참된 교회

"사탄은 처음부터 계속 자신의 유해한 회당을 하나님의 교회라는 칭호로 꾸미는 것에 힘을 쏟고, 게다가 카인이 아벨에게 이스마엘이 이삭에게 에서가 야곱에게, 유대인 제사장 전체가 그리스도 예수에게 그 뒤 그의 사도들을 상대로 그러했듯이 잔인한 살인자들을 몰아세우며 참된 교회와 그 구성원들을 박해하고 괴롭히고 고민하게 만들었습니다.

따라서 우리들이 기만당하여 참된 교회와 거짓된 교회를 잘못 구분하거나 오인해서 자기 자신에게 멸망의 선고가 내려지는 일이 없도록 명료하고 완전한 증거를 통해서 그 더럽혀진 회당으로부터 참된 교회가 판별하게 되는 것은 불가결합니다.

우리는 그리스도의 순결한 신부가 무시무시한 창부(즉 거짓된 교회)로부터, 그것에 따라 판별되는 증표와 확실한 증거품이란 세월의 길이로도 부당하게 빼앗기는 칭도 아니고 대대로 계승된 사도권도 아니고 특정한 장소도 아니고 오인을 시정하고 있는 사람들의 숫자가 얼마나 되는지도 아니라고 말합니다.

왜냐하면 카인은 연령도 지위도 아벨과 셋보다 앞서고, 예루살렘은 지상의 어떤 장소보다 우선되고, 또 거기서 제사장들은 대대로 아론가의 직계로 그리스도 예수와 그의 가르침을 진심으로 믿고 따랐던 사람들보다 훨씬 더 많은 사람들이 율법학자, 바리새인, 제사장들을 따랐다… 등이 있어서 식견있는 사람이라면 여기서 예시했던 사람들도 하나님의 교회였다고 판단하는 사람은 없기 때문입니다. 따라서 하나님의 참된 교회가 지닌 진정한 증표는 다음과 같다고 믿고 고백하고 공언합니다.

가장 먼저 예언자들이나 사도들의 문서가 밝혔듯이, 하나님이 거기서 그 자신을 우리들에게 계시한다는 하나님의 말씀이 담긴 참된 설교입니다. 그 다음으로는 올바른 그리스도 예수의 성례 집행인데, 거기서는 하나님의 말씀과 약속이 우리들의 마음에 봉인되고 확증되기 위해서 그런 것들과 결합되어 있어야 합니다. 그리고 마지막으로는 하나님의 말씀이 명하는 대로 올바르게 실시되는 교회규정인데 그것에 따라 악덕이 억제되고 미덕이 촉진됩니다.

따라서 이런 증표가 인정되고 그리고 언제까지나 지속되는 곳이라면 어디서든지 사람이 많이 모이든 모이지 않든, 의문을 제기할 여지없이 그곳의 중심에 있다고 스스로 약속하시는 그리스도의 참된 교회가 있습니다. 이것은 앞에서 이야기했던 보편적인 교회를 말하는 것이 아니라, 바울을 통해 책임이 시작되고 그 자신이 하나님의 교회라고 불렀던 고린도, 갈라디아, 에베소나 그 밖의 장소에 있는 각 지교회를 말하는 것입니다.

그리스도 예수를 고백하는 스코틀랜드 주민인 우리들은 자신들의 교회 안에서 가르침을 받은 교리 때문에, 또 글로 쓰여진 하나님의 말씀(즉 성경)에 들어가 있고 처음부터 정경적이라고 여겨져 왔던 여러 책들에 포함된 교리 때문에 자신들의 도시나 마을 그리고 개혁된 지역에 그런 교회가 있다는 것을 확실하게 주장합니다. 우리는 이런 것들(교회, 성경, 선들) 중에서 인간의 구원에서 믿어져야 하는 모든 것이 충분히 표현되어 있다고 말합니다.

성경 해석은 어떤 개인이나 공인에 속하는 것도 아니고, 인물이나 장소에서 유래되는 우월성이나 우위성으로부터 어떤 교회에 속하는 것도 아니고 성경을 써서 남기신 하나님의 영에 속한다고 고백합니다. 성경은 몇몇 부분이나 성경구절의 올바른 해석을 둘러싸고, 혹은 하나님의 교회 안에 있는 어떤 악습을 개혁하기 위해서 논쟁이 일어날 경우에 우리들은 자신들보다 앞에 있던 사람들이 무엇을 이야기하고 무엇을 했는가에서 지나치게 답을 찾으려고 해선 안됩니다.

오히려 우리는 성경 전체 안에서 성경이 일관되게 말씀하고 있는 것이 무엇인가, 아니면 그리스도 예수 자신이 무엇을 하시고 무엇을 하도록 명령하셨는가에서 답을 찾아야 합니다. 왜냐하면 일치하는 영이신 하나님의 영이 모순된 것을 이야기하실 리가 없다는 것은 누구나 다 동의하는 점이기 때문입니다.

그러므로 어떤 신학자 어떤 교회 또 어떤 교회회의의 해석이나 견해일지라도, 만약 그것이 성경의 어떤 다른 부분에 쓰여진 명료한 하나님의 말씀에서 등을 돌리는 것이라면 설령 회의들, 왕국들, 국민들이 그것을 승인하고 받아들였다고 해도 그것은 성령에 대한 올바른 견해도 아니고 본래의 의의도 아니라는 것은 명백합니다.

우리들은 자신들의 신앙에 관한 중요한 점과 다른 명료한 성경 문서에 대해서 혹은 사랑의 율법에 대해서 그런 것들과 모순되는 어떤 해석을 승낙하거나 승인하는 일은 결코 없습니다."

여기서 볼 주제도 제17조의 뒤를 이어 교회인데, 특히 이 제18조는 전체

25조 중에서도 가장 많이 인용되고 언급된다. 제18조는 스코틀랜드 신앙고백의 개성을 돋보이게 만드는 조항이기도 하다. 제네바 교회 신앙고백도 제18조가 교회인데, 스코틀랜드 신앙고백은 이것과 배열이 일치하지만 그것은 의도된 바는 아닐 것이다. 종교개혁자 루터나 칼뱅이 참된 교회의 징표를 두 가지로 명시했던 것과 대조적으로, 이 신앙고백은 거기에 또 하나를 더해 세 가지를 지적한다. 그것이 이번에 살펴볼 설교, 성례, 규율이다.

1) 설교

대륙의 개혁교회와 앵글로색슨계의 장로교회에서는 전통적으로 성경해석이라고도 할 수 있는 설교가 중시되어 왔다. 설교는 목사의 책임 중에서도 최우선에 위치해야 할 과제다. 여기서는 "하나님이 거기서 그 자신을 우리들에게 계시하신다"는 설교의 기능이 쓰여졌을 뿐, 「설교가 무엇인가」 같은 정의나 분석이 나오는 것은 아니다. 그러나 이 신앙고백이 말하는 설교의 계시적인 역할을 재인식하고, 실제로 주일마다 교회에서 이야기되는 설교를 통해서 하나님이 계시되고 있는지 어떤지를 재확인할 필요가 있을 것이다.

예배 형식에 따라 「설교」라고 쓰여져 있다 보니 거기서 나오는 이야기가 「설교」가 된다는 것은 아니다. 하나님이 계시되는 설교야말로 「하나님의 말씀」이라는 설교다. 설교를 이야기하고 듣는 데에 목사도 장로도 신자도 구도자도, 그런 점에 의식과 주의를 기울일 필요가 있다. 설교가 교회를 살리는 생명선이란 것은, 설교와 성령의 역사를 통해 회중은 하나님의 「계시」를 접하고 비로소 하나님과의 만남이 사건이 되기 때문이다. 스코틀랜드 신앙고백은 설교의 계시적인 역할을 강조한다.

2) 성례

「성례의 올바른 집행」도 종교개혁자들이 중시했던 참된 교회의 징표다. 성례의 오용이나 남용은 교회의 진정성을 왜곡하는 행동이다. 뒤에서 볼 제21

조의 표제가 「성례」이고, 성례의 구체적인 문제는 거기서 정성들여 논의된다. 여기서 드러나고 있는 것은 「성례」와 「하나님의 말씀과 약속」의 연결이다. 이 양자의 결합이야말로 성례가 성례이기 위해서는 빼놓을 수 없는(보다 구체적으로 말한다면) 설교를 통해 계시되는 「하나님의 말씀과 약속」과 성례의 결합이다.

확실히 예배에서 성례가 집행될 때에는 언제나 설교가 이야기되고 있는 것이 분명하다. 그러나 중요한 것은 형식적인 결합이 아니라 실질적인 결합이다. 즉 성례에 관한 신학적인 의미 내용이 성경에 바탕을 두고 해명되고 있는지 어떤지가 요점이라고 할 수 있다. 성례가 집행되는 예배에서는 이 성경구절에서 봐도 그 때 이야기되는 설교 안에서 성례의 의미나 이에 참여하는 의미에 대해 해명되는 것이 보다 더 요구된다. 성례를 영적으로 풍요롭게 꾸려나가기 위해서 설교의 내용과 일체성을 지니는지를 더욱 더 진지하게 생각할 필요가 있다.

3) 규율

규율(discipline)은 교회의 거룩함(聖性)을 유지하기 위해 필요한 질서다. 「그리스도의 몸」이라는 식으로 교회는 「인체」에 비유된다(고전 12:27). 몸의 건강을 유지하기 위해서 건전한 생활 습관이 요구된다. 이 생활 습관이 무너진다면 자신도 모르는 사이에 건강도 서서히 무너져내린다. 바깥 쪽에서는 전혀 보이지 않는 체내에서는 작은 종양을 던져 놓았기 때문에 심각한 중병으로 진전되는 일도 있다. 혹은 예상하지도 못한 돌연한 사고나 자연재해 때문에 신체에 큰 외상을 입는 경우도 있다. 매일 보내는 생활 속에서 건강의 소중함이 뼈에 사무친다. 교회도 마찬가지로 교회의 건강을 유지하기 위해서는 영적인 질서가 필요하다. 그것이 「규율」이다. 이것은 「훈련」 혹은 「규칙」이라고 바꿔 말할 수 있다.

이 세계에서는 여러 규칙이 있고 교회에도 「교회규칙」이 있다. 애초부터 규칙은 누구나 똑같은 공통 인식 아래서 생활을 건전하고 원활하게 꾸려 나가기 위한 것이다. 「교회규칙」은 교인 한 사람 한 사람이 공통적으로 같은 주님을 숭경하면서 건전하게 「참된 교회」의 영성과 거룩함을 지키기 위한 소중한 지침으로 교회의 과거·현재·미래를 꿰뚫는 교회형성의 비젼으로서도 불가결한 것이다.

그리스도의 몸인 교회에서 발증(發症)하는 병은, 이 세상적이고 인간의 자의적인 지혜를 통해 간단하게 감염된다. 종교개혀자들은 자신이 소속된 교회가 그 병마에 걸려 있다고 인정하면서 그 개선을 위해 소리를 높이고 일어서서 개혁에 몰두해 나갔다. 우리는 그 개혁자들로부터 계승된 정신을 잃어선 안 된다. 신자는 그리스도의 몸인 교회이기 위해서, 악덕을 없애고 미덕을 확립하기 위해 하나님의 말씀과 함께 영적 질서를 지키는 규율의 소중함을 잊어선 안 된다.

제19조 성경의 권위

"우리는 성경이 하나님께 속한 사람을 가르치고 완전하게 만들기에 충분하다고 믿고 고백하기 때문에, 자연스럽게 성경의 권위는 하나님 자신에게서 유래되고 인간이나 천사에게서 비롯되는 것이 아니라고 말하고 공언합니다. 따라서 성경에는 교회로부터 받는 것 외에는 어떤 권위도 없다고 주장하는 사람들은 하나님을 모독하는 자들이고, 또 자신의 신랑이나 목자이신 분의 목소리를 항상 잘 듣고 따르고 자신이 그 분의 주인이 되지 않는 참된 교회에서 가해자라고 말합니다."

제18조의 논점은 「참된 교회」와 「거짓된 교회」를 식별하기 위한 증표였다. 이 제19조는 교회에서 말하는 「성경의 권위」를 어디에 위치시키는가로 「참된 교회」를 논하는 문맥에 놓여 있다는 점이 중요하다. 제19조의 요점을 세 가지(권위의 유래, 교회의 성경, 교회의 주인)로 한정해서 확인해 나가도록 하겠다.

1) 권위의 유래

1517년 10월에 루터가 「95개조의 논제」를 비텐베르크의 성교회 문에 붙인 것을 계기로, 이 때까지 쌓여 왔던 로마가톨릭 교회에 대한 비판과 교회개혁 운동에 불이 붙어서 그 불길이 유럽 각국에 널리 퍼져 나갔다. 그 뒤에 잇달아 일어났던 각국의 종교개혁은 각각 다양한 모습을 띄기는 했으나, 공통점은 교회에서 성경의 권위를 회복하는 것이었다. 기독교의 중심에 그리고 사람들의 신앙생활 중심에서 성경을 되찾는 것이, 종교개혁자들에게 공통된 싸움이었으며 그것은 스코틀랜드에서도 마찬가지였다.

인토켄티우스 3세가 교황이었던 시대에 이 세상의 어떤 권위도 능가하는 절정기를 맞이했던 유럽의 기독교 세계에서는, 그 뒤에도 오랫동안 교황의 권위가 지배적이었고 교회는 그 권위 아래서 발전을 이루어 나갔다. 그 상징이라고 할 수 있는 것이 유럽 각지에 건립된 수많은 장엄한 대성당이었다. 그러나 16세기에 들어와서 루터가 던진 돌멩이 하나는 당시 사람들의 가치관을 크게 변화시켰다. 그것은 교회에서 하나님의 말씀인 성경의 권위는, 교황의 권위를 크게 능가한다는 「권위를 둘러싼 돌멩이」였던 것이다

마르틴 루터는 「기독교계의 개선에 관하여 독일 기독교인 귀족들에게 보내는 편지」에서 교황의 권위를 날카롭게 비판했다;

> "교회에 존재하는 권력은 개선을 위한 것이어야 한다. 따라서 자유로운 공의회를 여는 것을 거부하기 위해 교황이 권력을 행사하려 하고, 그것으로 교회의 개선이 가로막힐 경우에 우리들은 교황과 그 권력을 인정하면 안 된다. 또 교황이 파문하고 질책할 경우에는 사람은 그것을 광인의 계획이라고 경멸하고, 하나님을 신뢰하면서 오히려 교황을 파문하고 추방해야 한다. 실제로 이런 교황의 불손한 권력은 무의미한 것이고, 교황이라 할지라도… 그런 권력을 가지려고 하면 곧바로 성경 말씀 앞에 쓰러지게 되는 것이다."

이것은 종교개혁이 교회에서 일어나는 권위 문제에 대해 확실한 결판을 내

는 싸움이었다고 할 수 있을 것이다. 인간이 성경에 권위를 내리는 것이 아니다. 스코틀랜드 신앙고백은 성경은 성령의 역사에 의해 하나님에게서 직접적으로 유래되고, 하나님은 성경을 통해 그 자신을 계시하시는 대단히 중요한 권위라고 천명하였다.

2) 교회의 성경

성경에 관해서는 다음과 같은 견해도 있다; "성경에 권위를 부여하는 것은 하나님이 아니라 교회다. 왜냐하면 교회가 성경 정경을 66권으로 결정하고 있기 때문이다." 이 말은 교회가 있어야 비로소 성경이 있기 때문에, 만약 교회가 없다면 성경도 없다. 따라서 성경에 권위가 있다고 한다면 그것은 교회가 성경에 권위를 부여했기 때문이라는 뜻이다. 이렇게 16세기까지 교회에 존재하는 최고 권위는 「교황」이고, 그 권위는 유럽의 기독교 세계에서는 절대적이었다.

종교개혁은 거기에 메스를 들이댔던 것이다. 교황으로 대표되는 교회의 권위는 성경의 가르침도 자의적으로 바꿀 정도로 지배적인가라고 면죄부 비판을 전개했던 루터의 비판의 창은 바로 그런 점에 있었다. 성경의 권위가 핍박받고 있다는 사실에 루터를 비롯해서 그 뒤의 개혁자들은 당시의 로마 가톨릭 교회에서 비롯되는 「하나님에 대한 모독」을 날카롭게 꿰뚫어 보고철저하게 항의(protest)했던 것이다.

3) 교회의 주인

성경에 대한 자세 중에 참된 교회와 거짓된 교회를 식별하는 열쇠가 있다. 여기서 「구분한다」「따른다」「주인이 되지 않는다」라는 동사가 사용되었다. 여기서 상기되는 것이 요한복음 10장에서 예수께서 말씀하신 「양의 비유」다. 양은 목자의 목소리를 구분하고, 강도를 따르는 것이 아니라 목자를 따른다. 이런 양의 모습 안에 참된 교회의 모습이 있다. 목자와 양의 관계는 절대 바뀔 수 없다.

그러나 종교개혁자들의 눈에 비친 현실은 목자를 종속시키는 양처럼, 하나님의 계시인 성경의 권위를 소홀히 하고 하나님의 주권을 짓밟는 「거짓된 교회」의 모습이었다. 루터의 종교개혁으로부터 500여년이라는 시간이 지난 지금, 우리들의 교회와 신앙에서 성경의 권위와 그 위치를, 그리고 우리들의 입장에서 성경이 무엇인지를 재확인해야 할 것이다.

제20조 교회회의들과 그것들의 권능과 권위 그리고 그 소집 이유

"우리들은 합법적으로 소집된 여러 교회회의에 모인 경건한 사람들이 우리들에게 제안했던 것을 가볍게 폐기하는 일은 없지만, 교회회의들의 이름으로 사람들에게 포고하는 것 전부를 무비판적으로 받아들이는 일은 결코 없습니다. 왜냐하면 인간인 이상 그들 중에는 명백하게 잘못을 하는 사람도 있다는 것, 게다가 대단히 중대하고 중요한 문제들에서 그렇게 하는 것이 명백하기 때문입니다. 따라서 교회회의가 명백한 하나님의 말씀에 따라 자신의 결정을 뒷받침한다면 우리는 그것들을 존중하고 받아들입니다.

그러나 만약 사람들이 어떤 교회회의의 이름 아래 우리들에 관한 신앙의 새로운 조항을 만들어내거나 하나님의 말씀과 반대되는 결의를 하려고 한다면, 우리들은 우리들의 영혼을 유일한 하나님의 목소리로부터 멀리 떨어뜨리고 인간의 교리와 가르침에 따르게 하려는 악마들의 교리로서 그것들을 단호하게 거부해야 합니다. 교회회의들이 소집되는 이유는 하나님이 아직 만들지 않으신 항구한 법을 만들기 위함도 아니고, 우리들의 신앙에 관한 새로운 조항을 만들기 위함도 아니고, 하나님의 말씀에 권위를 부여하기 위함도 아닙니다.

하물며 그 거룩한 의사에 따라 하나님의 말씀 아래 뚜렷하게 말로 표현되지 않은 것을 하나님의 말씀이라고 주장하거나, 하나님의 말씀을 정확하게 해석한 것이라고 주장하지 않기 위함이라는 것은 말할 것도 없습니다. 오히려 교회회의의 목적이 적어도 그 이름을 받을 가치가 있는 이유는 이단을 논박하거나 자신들의 신앙에 관한 공식적인 신앙고백을 다음 세대로 전하고 또 이런 것들을 글로 쓰여진 하나님의 말씀이 지닌 권위를 통해 행할 때 그 많은 숫자 때문에 잘못될 리가 없다고 하는 견해나 특권을 통해 행해서는 안됩니다. 이것이 교회회의의 으뜸가는 이유입니다.

두 번째 이유는 하나님의 집에서는 모든 것들이 똑바로 질서있게 이루어지고 있듯이, 교회안에서 좋은 교회정치나 질서가 구축되어야 하기 때문입니다. 우리는 어떤 교회정치나 의식들의 질서가 모든 시대 모든 때 모든 장소에서 지정될 수 있다고는 생각하지 않습니다. 왜냐하면 인간이 고안한 여러 의식은 이 세상적인 것이어서, 그것들이 교회를 교화하기 보다 오히려 미신을 조장하는 것이라면 그것들은 변해도 되는 것이고 오히려 변해야 하는 것이기 때문입니다."

제20조에서 논점이 되는 것은 「교회회의」다. 여기서는 특히 교회의 총회(general assembly)가 상정되어 있는데, 각 지교회에서 이루어지는 교회회의(장로회, 교회총회)와도 통하는 문제가 논의되고 있다. 제20조의 요점을 세 가지(하나님의 말씀에서 비롯되는 뒷받침, 교회회의의 목적, 신앙의 계승)로 한정해서 확인해 나가도록 하겠다.

1) 하나님의 말씀에서 비롯되는 뒷받침

루터가 「95개조의 논제」에서 일반 신자들에게 신학적으로 물었던 것은, 사람이 무엇으로 구원받는가라는 「구원론」이었다. 그의 비판의 밑바닥에 있었던 것은 통속적인 연옥 사상과 면죄부에 「하나님의 말씀」(성경)을 뒷받침하는 것이 어디에도 없었다는 점이었다. 루터의 눈에는 면죄부는 명백하게 「인간의 교리와 가르침」(즉 인간이 자의적으로 만들어낸 발명품)이었던 것이다.

스코틀랜드의 종교개혁에서는 로마 가톨릭 교회의 가르침과 위계제(位階制)를 물리치고, 교회의 최고 의사 결정권을 전체 총회에 맡기게 되었다.

교회의 판단이나 결정은 무엇을 근거로 이루어져야 하는가, 종교개혁에 따라 탄생한 개신교 교회들은 공통적으로 「하나님의 말씀」인 성경을 그 근거로 삼았던 것이다. 그러나 성경 안에 교회회의에서 결정해야 하는 사항(예를 들면 교회 묘지의 취득과 관리 운영에 관한 문제나 교회규칙 개정 등)이 상세하게 쓰여져 있지 않았다.

그러나 성경에 기록되어 있지 않다는 이유만으로, 세상 일을 모두 부정하는 것은 완전한 극론이자 폭론이다. 교회회의에서 질문되는 것은 누구의 의사가 우선되어야 하는가라는 「의사결정」이다. 하나님의 의사는 늘 「거룩한 뜻」이라고 불리워 왔다. 주기도문을 통해서 신자들은 "아버지의 뜻이 하늘에서 이루어진 것처럼 땅에서도 이루어지게 하소서"라고 되풀이해서 기도해 왔다. 교회회의에서 최우선되어야 하는 것은 하나님의 뜻이기 때문에, 그 뜻에 맞는 판단과 결단을 행해야 한다.

목사나 다른 「유력자」의 개인적인 의견은 주님의 거룩한 뜻 앞에서는 먼지와 같은 것으로, 거기에 개인에 대한 「척도」의 여지같은 것은 눈꼽 만큼도 없다. 그래서 회의에서 드러나는 주권이 어디에 있는지를 늘 재확인할 필요가 있다. 성경을 통해 계시되는 하나님의 뜻에 복종하는 자세가 중요하기 때문에 교회회의는 개회시와 폐회시에 기도하고, 그 회의의 주권을 확인하는 동시에 그 주권자이신 하나님의 인도하심을 간구해야 한다.

2) 교회회의의 목적

옛부터 「이단」은 성경의 잘못된 해석에 바탕을 둔 잘못된 판단으로부터 생겨나기 때문에, 교회회의는 「잘못」이나 「착각」을 구분하고 그것을 바로잡는 회의장이기도 하다. 예나 지금이나 앞으로도 교회는 자정 능력을 갖지 못한 조직이어선 안 된다.

종교개혁 이전의 교회에서는 지교회 단위로는 교회회의와 같은 논의나 대화의 장은 설치되지 않았다고 추정된다. 왜냐하면 교황을 정점으로 삼는 절대적인 위계제 아래서는 각 지역의 대주교가 지니는 권한에서 상의하달만 있고, 하급자들이 입을 열 여지가 없었다. 만약 루터처럼 입을 열고 이의를 제기하면 이단자 취급을 받았을 것이다.

교회회의가 건전하게 이루어지지 않고 특정한 개인이 절대적인 영향력을 가진다면, 그 교회의 정통성은 왜곡되고 이단화되어 갈 우려는 커질 것이다. 일반적으로 교회회의는 여러 사항들에 대해서 그 구성원이 냉정하면서도 객관적으로 논의를 거듭하고 일정한 방향성을 찾고 결단을 내리는 곳이다. 종종 무엇이 올바르고 무엇이 잘못되었는지를 판단하는 것이 대단히 어려운 사항과 맞딱뜨리는 일도 있다.

그러나 교회에는 판단 기준이 있는데 그것은 성경이다. 스코틀랜드 신앙고백에서도 "여러 회의들은 기록된 하나님의 말씀이 지닌 권위에 따라서"라고 말했듯이 성경의 권위에 따라 판단한다. 꼭 다수가 옳고 소수가 잘못되었다고 말할 수는없다. 왜냐하면 교회회의의 결정권이 그 회의의 구성원에게 있는 것이 아니라, 회의의 참된 주권자이신 하나님에게 있기 때문이다.

따라서 교회회의는 거룩한 말씀의 권위에 뿌리를 내리고 판단하는 것이 불가결하다. 교회회의가 여러 사항들에 대해 구성원들 사이에서 논의하고 판결하는 곳이라는 점은 틀림없지만, 기도로 열리고 닫히는 「하나님 앞에서 개최되는 회의」라는 것을 지금 다시 한 번 확인했으면 좋겠다.

3) 신앙의 계승

신앙고백에는 교회회의가 더 나아가 "신앙고백을 다음 세대로 전하기 위해" 있다고 쓰였다. 교회회의는 신앙을 어떻게 다음 세대로 계승해야 하는지 진지하게 생각해야 한다. 교회회의는 청년층에 대한 전도나 교회학교의 조직 운영 등 다음 세대의 교회를 바라보면서 바로 지금 할 수 있는 일을 놓치지 말고 똑바로 이야기를 나누며 힘써야 할 필요가 있다. 말만 많이 하고 실제로는 아무 것도 안 하는 것만큼 무익한 것은 없다.

한국 교회들 중에는 100년 50년의 역사가 있지만 자신들이 이어받은 교회를 다음 세대로 어떻게 이어나갈 것인가라는 과제를 회의를 통해 함께 견고하게 공유하고, 성령의 도우심과 인도하심을 기도하면서 주님의 교회를 위해 이야기를 나누고 하나님의 뜻에 복종하면서 힘써 나가야 한다.

제21조 성례

"율법 아래 있던 구약 백성들에게는 제사들 외에도 두 가지 중요한 성례(즉 할례와 유월절 식사)가 있었습니다. 그리고 이것들을 거부하는 사람들은 하나님의 백성이라고 여겨지지 않았던 것과 마찬가지로, 복음의 시대인 지금 우리들에게는 오직 한 분 주 예수의 뜻으로 제정되고 주님의 몸의 구성원이 되기를 소망하는 모든 사람들을 통해 사용할 것을 명령받았습니다. 우리는 세례와 주님의 만찬이라는 두 중요한 성례가 있다는 것을 승인하고 고백합니다.

이런 성례는 구약성경과 신약성경 어디에서도 하나님의 백성들과 하나님과 계약하지 않은 사람들 사이에 가시적인 구별을 하기 위함이었을 뿐만 아니라, 하나님의 자녀들의 신앙을 시험하기 위함이었습니다. 그리고 이런 성례에 참여하는 것으로 하나님의 약속이 얼마나 확실한지 그리고 선택받은 자들이 받게 되는 자신들의 머리인 그리스도 예수와 함께 하는 가장 축복으로 넘치는 연합과 일체성 그리고 교통의 확실성을 자신들의 마음에 봉인하기 위해 하나님의 뜻대로 확정된 것입니다.

따라서 우리는 성례가 평범한 증표일 뿐이라고 주장하는 사람들의 무가치화(vanity)를 완전하게 물리칩니다. 오히려 우리는 세례를 통해서 그리스도 예수에게 접목되어 그리스도 예수의 의 안에 들어간 자로 여겨지고 그것에 따라 우리들의 죄가 대속되고 사함받는다는 것 (더 나아가 올바르게 집행되는 주님의 만찬에서 주님이 우리들의 영혼의 양식이 되어주실 만큼 그리스도 예수가 우리들과 연합되어 주신다는 것)을 굳게 믿습니다.

우리들은 로마 가톨릭 신자들이 심각하리만치 유해하게 가르치고 잘못 믿어지게 하듯이, 빵이 그리스도의 몸으로 그리고 포도주가 이 분의 진짜 피로 변한다는 오해를 하는 일은 없습니다. 그렇지 않고 성례의 올바른 집행으로 우리들이 받게 될 그리스도 예수의 몸과 피의 일체성, 결합은 성령의 권능을 통해 찾아옵니다. 성령은 참된 신앙을 통해서 가시적이고 내적이고 지상적인 모든 것을 뛰어넘은 곳으로 우리들을 인도해 주시고 우리들을 위해 찢기고 넘겨가긴 했지만, 지금은 하늘에 계시고 우리들을 위해서 성부 앞에 모습을 나타내시는 그 그리스도 예수의 육신과 피로 우리들을 먹여 주십니다.

하늘에 계신 그리스도의 영광스런 몸과 지상에서 썩어가는 인간 사이에 있는 단절에도 불구하고, 여전히 우리들이 먹을 빵은 그리스도의 몸과 나누는 교통이고 우리들이 마시는 잔은 이 분의 피와 나누는 교통이라고 굳게 믿습니다. 그러므로 신자는 주님의 식탁의 올바른 집행 속에서 주 예수의 몸을 먹고 그의 피를 마시는 것을 통해 주님이 그들 안에 또 그들도 주님 안에 머무르는 것을 의심없이 고백하고 믿습니다. 그들은 주님의 몸 안에 있는 몸이고 주님의 뼈 안에 있는 뼈라고 여겨짐으로써 본래는 썩어 없어질 그리스도 예수의 몸에 이미 영원한 신성이 갖춰져 있기 때문에 그리스도 예수의 살과 피를 먹고 마시는 것은 우리들에게 그와 같은 것을 불러옵니다.

이것은 우리들에게 그 때만 주어지는 것도 아니고, 또 성례의 고유한 힘과 효능을 통해 주어지는 것도 아니라는 것을 인정합니다. 신자는 주님의 식탁이 올바르게 행사되면서 타고난 인간의 힘으로는 느낄 수 없는 「그리스도 예수와의 결합」을 갖는다고 말합니다. 그 뿐만 아니라 우리는 나태함이나 인간적인 연약함에 의해 방해받고 있는 신자가 그 만찬에 참여할 때 당장 많은 이득을 받지 않지만 좋은 땅에 뿌려진 씨앗처럼 나중에 결실을 맺게 된다고 말합니다. 왜냐하면 주 예수가 올바르게 제정하신 것에서 결코 분리할 수 없는 성령은, 그런 신비로운 사역의 성과를 신자로부터 빼앗아가는 일이 전혀 없기 때문입니다.

그러나 이 모든 것은 그 성례를 우리들에게 효과적인 것으로 만드는 유일하신 분 그리스도 예수를 느끼는 참된 신앙으로부터 찾아옵니다, 우리는 또 다시 다음과 같이 주장합니다. 우리들이 성례는 증표 그 이상이 아니라고 말하거나 믿고 있다고 호소하면서 누군가가 우리들을 비방한다면, 그 사람들은 중상을 좋아하고 명백한 진리에서 등을 돌렸다고 말하겠습니다. 그러는 한편 우리는 그 영원하신 실체에서 드러나는 그리스도 예수와, 성례의 징표인 물질들을 구별할 것을 쉽게 승인합니다.

그러므로 우리는 그 물질을 그것들이 보여주는 것 대신에 예배하는 것도, 증표를 가볍게 여기거나 그것들에 참여하기 전에 스스로를 깊이 음미하고 경의를 담아 그것들을 사용해야 합니다. 왜냐하면 "누구든지 주의 떡이나 잔을 합당하지 않게 먹고 마시는 자는 주의 몸과 피에 대하여 죄를 짓는 것이니라... 주의 몸을 분별하지 못하고 먹고 마시는 자는 자기의 죄를 먹고 마시는 것이니라"(고전 11:27, 29)는 사도 바울의 말을 확신하기 때문입니다."

제18조 이후로 「참된 교회」에 관한 사항이 스코틀랜드 신앙고백의 중요한 주제가 되기 시작했다. 여기서 살펴볼 제12조. 제22조. 제23조에서 성례에 대한 이야기가 논의된다. 「참된 교회」의 두 번째 징표인 성례를 둘러싸고, 이만한 분량과 문자를 할애해서 이야기하는 것은, 스코틀랜드 개혁자들이 이 성례를 둘러싼 여러 문제들을 대단히 중시하고 있었다는 증거다. 제21조의 요점을 세 가지(세례와 주님의 만찬, 성령을 통한 그리스도와의 연합, 자기음미)로 한정해서 확인해 나가고자 한다.

1) 세례와 주님의 만찬

오늘날의 개신교 교회에 소속된 신자들의 입장에서 성례는 「세례와 성찬(주님의 만찬)」을 가리킨다는 것은 자명한 것일지도 모른다. 그러나 로마가톨릭 교회에서는 성례(비적)는 일곱 가지로 정해져 있다. 이와 대조적으로 개신교 교회에는 왜 「세례와 성찬」 두 가지인 것일까.

종교개혁자들이 성경에서 교리의 근거를 찾을 때, 예수 그리스도 그 자신의 뜻으로 제정되고 제자들에게 하라고 명령하셨다고 여겨지는 성례는 「세례와 성찬」 두 가지 뿐이었다. 그래서 개신교 교회에서는 오직 성경에 근거하여 위의 두 가지만 「중요한 성례」로 인정했다.

2) 성령을 통한 그리스도와의 연합

각 교회에서는 각각 소속된 교회 단체가 공식적으로 정한 예식문에 입각하여 성찬식이 집행되고 있다. 성찬식에서는 신앙에서 각 신자가 빵과 포도주(또는 포도액)을 입에 머금고 먹는다.

이 성찬식에서 무엇이 일어나고 있는가. 스코틀랜드 신앙고백은 성찬식에서 「예수 그리스도와 영적으로 연합하는 일」이 신자들에게 일어난다고 천명했다. 이 영적인 결합은 신자가 어느 정도 실감할 수 밖에 없는데도 불구하고, 성령의 권능을 통해 믿음으로 성찬에 참여하는 자들에게 찾아오는 영적인 신비다.

성찬식은 이에 참여하는 참가자들의 행위인 것 이상으로 삼위일체 하나님의 행위다. 특히 성찬에서 드러나는 성령의 역사를 중시한다는 것은, 칼뱅 이후로 이어져온 개혁교회와 장로교회의 전통에서 공통된 특징이 되어 있다. 성령의 역사라는 중요한 측면에서 성찬식을 재인식하는 것으로, 성찬에 따라 한층 더 풍요로운 의의를 증식시키게 된다.

3) 자기음미

스코틀랜드 신앙고백은 성찬에 참여하는 신자에게 「자기음미」를 요청한다. 스코틀랜드 종교개혁기의 성례론의 토대를 쌓았던 로버트 블루스는 성찬에 참여하는 데에 「회개의 마음」을 음미할 필요성을 외쳤다. "그리스도를 십자가로 몰아넣은 우리들의 죄, 그리스도가 십자가에 못박혀서 사해주신 죄, 그런데도 불구하고 지금도 여전히 하나님에게 등을 돌리고 계속 범하는 죄."

그리스도의 몸과 피를 상징하는 빵과 포도주(액)라는 성찬의 물품을 받아먹을 때, 자신이 이에 참여하는 게 당연하다고 자랑할 수 있는 신자는 한 사람도 없다. 우리는 하나님에 대한 응답이라는 자신의 신앙을 확인하면서, 회개하는 마음을 품고 성찬에 참여하는 것이다.

제22조 성례의 올바른 집행

“성례의 올바른 집행을 위해서는 두 가지가 필요불가결합니다. 첫 번째는 성례가 정당한 목사들을 통해 집행되어야 한다는 것입니다. 여기서 정당한 목사들은 말씀의 설교를 위해 임명되고 복음을 설교하기 위해 하나님이 힘을 주시고, 어떤 교회로부터 합법적으로 초빙받은 사람들이라고 우리들은 단언합니다. 두 번째는 하나님이 정하신 물품과 방법으로 성례가 올바르게 집행되어야 한다는 것입니다. 만약 그렇지 않다면 그것들은 그리스도 예수의 올바른 성례가 아니게 됩니다.

우리들이 로마 교회의 가르침을 물리치고 그 여러 성례를 끌어 내린 것은 이런 이유 때문입니다. 즉 가장 먼저 로마 교회의 봉사자들은 그리스도 예수의 참된 봉사자들이 아니기 때문이고, 두 번째로 그들은 두 성례에 그리스도에게서 비롯된 원초의 행동에 전혀 없는 자기 자신들의 첨가물을 섞었기에 그 원초적인 순수성을 간직하지 않고 있기 때문입니다. 세례시의 기름, 소금, 타액같은 것들은 인간의 첨가물일 뿐입니다.

성례를 예배하든 숭경하든 그것을 길가나 마을에서 줄을 짓고 옮기거나 특별한 상자에 담아서 그것을 보관하는 것은 그리스도의 성례를 오용한 것으로 적절한 방법이 아닙니다. 그리스도 예수는 “이것(떡)은 너희를 위하여 주는 내 몸이라 너희가 이를 행하여 나를 기념하라”(눅 22:19)고 말씀하셨고, 사도 바울은 그리스도 예수의 말씀을 인용하면서 “이 잔은 내 피로 세우는 새 언약이니 이것을 행하여 마실 때마다 나를 기념하라”(고전 11:25)고 말했습니다.

그리스도 예수가 이런 말씀이나 명령으로 빵과 포도주를 자신의 거룩한 몸과 피의 예전으로 삼기 위해 성별하셨고, 그 결과 한쪽을 먹어야 하고 또 모든 사람이 다른 한쪽을 마셔야 하는 것으로 로마 교인들이 하듯이 우리들이 그것들을 예배하거나 숭경하기 위해 유지해야 하는 것은 아닙니다. 뿐만 아니라 그들은 사람들로부터 성례의 일부(축복받은 잔)를 빼앗아 감으로써 신성모독에 가담하고 있는 것입니다.

그런데다 만약 성례가 올바르게 집행되는 경우에는 성례의 제정 목적이나 의도가 목사들 뿐만 아니라 그 수령자들을 통해 이해되는 것이 불가결합니다. 왜냐하면 만약 수령자들이 무엇이 이루어지고 있는지 모른다면, 구약성경의 제물 사례에서 볼 수 있듯이 그 성례는 올바르게 집행되고 있지 않기 때문입니다.

마찬가지로 만약 가르치는 자가 하나님의 뜻에 따라 미워해야 하는 잘못된 교리를 가르친다면, 비록 성례가 그 자신이 정하신 것이라고 해도 사악한 자들은 그것을 하나님이 명령하신 것이 아닌 다른 목적을 위해 그것을 쓰기 위해 올바르게 집행하지 않은 것입니다. 우리들은 이것이 로마 교회에서 이루어지는 성례에서 행해지고 있다고 단언합니다. 왜냐하면 거기서는 형식이나 의도 그리고 의미에서, 주 예수의 행위 전체의 순도가 약화되어 있기 때문입니다.

4복음서(마 26;26-30, 막 14:22-26, 눅 22:15-20)와 바울 서신(고전 11:23-29)으로부터 그리스도 예수가 하셨거나 하라고 명령하신 것은 명백합니다. 성찬식에서 사제가 제단에서 무엇을 행하는 것을 우리들이 말할 필요가 없습니다. 그리스도가 성찬식을 제정하신 목적이나 의도 또 무엇을 위해 그것이 쓰이는가가 중요합니다; "이것을 행하여 나를 기념하라... 너희가 이 떡을 먹으며 이 잔을 마실 때마다 주의 죽으심을 그가 오실 때까지 전하는 것이니라"(고전 11:24-26).

이와 대조적으로 사제들은 미사에서 그리스도와 그 교회의 중보자로서, 살아 있는 자와 죽은 자들의 죄를 위한 제물을 성부 하나님께 바쳐야 한다고 주장합니다. 이 교리는 그리스도 예수에 대한 모독입니다. 그것은 성별된 사람 전부를 정결케 하기 위해서 십자가 위에서 단 한번 바쳐진 유일한 제물로부터 그 충분성을 빼앗게 됩니다. 그래서 우리들은 그 교리를 혐오하고 거부합니다."

제22조에서는 주로 성례를 집행하는 쪽의 관점에서 올바르게 집행하는 의의와 필요성이 명시된다. 제22조의 요점을 세 가지(집행자, 하나님이 정하신 물품과 방법, 제정의 목적과 의도를 이해한다)로 한정해서 확인해 나가도록 하겠다.

1) 집행자

누가 성례를 집행하는가, 이것은 성례가 「올바르게」 집행되고 있는가 아닌가를 구분하는 한 가지 기준이라고 할 수 있다. 먼저 집행자가 질문받는다. 스코틀랜드 신앙고백은 「정당한 목사들」이 집행할 필요성을 명시한 후에 그 정당한 목사들이 어떤 인물인가가 제시된다. 그것은 정당한 절차를 거치고 합법적으로 교회에 봉사하는 말씀의 설교자다. 당연하게도 세속 권력에 따르는 임명같은 것은 해당 교회가 알 수 없는 과정으로, 일방적으로 인사가 결정되었을 경우 그것은 부당한 절차에 따른 비합법적인 인사로 부당한 목사다.

교회에 따른 초빙이나 목사에 따른 수락이라는, 교회와 목사 사이의 계약관계가 성립되어 있어야 한다. 왜냐하면 성례는 예수 그리스도와 거기에 참여하는 사람들 사이에서 맺어지는 「새로운 계약」으로서 집행되기 때문이다. 목사는 하나님의 말씀(설교)을 전하기 위해 부름받은 동시에, 「눈에 보이는 말씀」이라는 성례를 집행하기 위해서도 부름받았다. 이것은 하나님의 말씀을 진실되게 섬기는 목사가 설교하고 성례를 집행하는 데에 적절할 뿐만 아니라 말씀을 말씀답게 하는 데에 불가결하다.

2) 하나님이 정하신 물품과 방법

먼저 성례에서 사용되는 물품에 대해서는 종교개혁 이전의 로마 가톨릭 교회에서는 전통적으로 화체설이라고 불리우는 이해에 입각하여 신자는 빵과 포도주라는 물질로 참여해 왔다. 화체설이란 예수 그리스도가 제정하셨을 때 말씀하신 “이는 내 몸이다”를 문자 그대로 받아들여서, 빵과 포도주의 형태는 그대로일지라도 그 실체는 예수 그리스도 그 자체로 변한다는 이해다.

성체 배령에서 집행자인 사제의 기도를 통해, 빵과 포도주라는 물질은 이제 빵과 포도주가 아니라 예수 그리스도 그 자신으로 변하고 성화된다는 것이다. 따라서 신자는 사제의 기도에 의해 성화된 이런 물품들을 예수 그리스도 그 자신으로 존숭하고, 당시의 스코틀랜드에서도 반드시 무릎을 꿇고 경건하게 성찬 물품들을 받아드는 것이 관습이었다.

종교개혁자 낙스는 로마 가톨릭 교회의 화체설이라는 가르침과 사용 물품에 대한 근엄한 관습을 혹독하게 비판했다. 성례의 물품들(물, 빵, 포도주)은 예수 그리스도의 실체 그 자체도 아니고, 예배 대상도 아니라고 화체설을 물리쳤던 것이다. 여기서 성례는 그 참된 집행자이신 예수 그리스도의 말씀에 입각하여 집행될 필요성이 명시되고, 또 거기에 성례의 「올바름」의 근거가 놓인다. 여기에는 인간이 나중에 무엇인가 추가하거나 뺄 수 있는 여지는 남아 있지 않다.

여기서 요구되는 오직 말씀에 대한 복종과 순종이다. 교회에서 성례를 집행하는 사람은 어디까지나 참된 집행자인 그리스도의 대리로서 집행하는 것이고, 자신이 집행자라고 오해해선 안 된다. 그러므로 성례를 집행하는 자는 자기 멋대로 그 목적이나 의도를 왜곡해선 안 된다. 목사는 성례를 참된 집행자이신 예수 그리스도의 제정 의도를 잘 새기고 공경하면서 집행할 필요가 있다.

3) 성례를 제정한 목적과 의도를 이해한다

성례는 그것을 집행하는 사람만 세례와 성찬의 목적과 의도를 이해하고 있으면 되는 게 아니다. 거기에 참여하는 신자 한 사람 한 사람이 성례에 대해 올바르게 이해할 필요가 있다. 세례 지원자는 세례의 의미나 목적을 올바르게 이해하지 않으면 세례받을 수 없을 것이다. 성찬에 참여하는 사람도 마찬가지다. 집행자인 목사는 수령자에게 성례의 의미나 목적을 올바르게 전해야 한다. 따라서 세례받기를 희망하는 사람은 준비 교육에서 성례의 의의를 배우고 이해할 필요가 있다.

또 교회에서 정기적으로 치러지는 성찬식에서도 성찬을 받을 신자는 성찬의 의미나 목적을 올바르게 이해한 후에 여기에 참여할 필요가 있다. 그렇지 않으면 성찬식은 평범한 빵과 포도주(액) 음식 모임일 뿐이게 되고 주님의 만찬이 아니게 된다. 집행하는 목사와 수령하는 신자는 모두 성례의 참된 집행자이신 예수 그리스도가 이것을 제정하신 의미나 목적을 성경에서 올바르게 이해해야 비로소 성례의 풍요로운 은혜 안에 들어갈 수 있게 된다.

제23조 성례는 누구에게 적절한 것인가

"우리는 세례가 성인이 된 분별있는 사람들에게 적절하다는 것과 마찬가지로 신자인 유아들에게도 적절하다고 생각합니다. 따라서 유아들은 신앙과 이해력을 갖추기 전에 세례를 주어서는 안 된다고 해서 이것을 거부하는 재세례파의 오류를 단죄합니다. 그러나 주님의 만찬은 신앙의 가족 구성원이고 자신의 신앙에서도 또 이웃에 대한 자신들의 의무에서도 자기 자신을 심사하고 음미할 수 있는 사람들만 적절하다고 생각합니다.

신앙을 갖지 않은 채로 또는 자신의 형제에 대한 화해나 선의를 갖지 않고 거룩한 식탁에서 먹고 마시는 사람들은 자격이 없는 상태로 먹고 마시고 있습니다. 우리들 교회의 목사들이 주님의 식탁에 참여하려고 하는 사람들에게, 공적인 심사나 개별적인 심사를 행하는 것은 그때문입니다."

여기서는 어떤 사람이 성례(세례, 성찬)에 참여할 수 있는가가 논점이라고 할 수 있다. 제23조의 요점을 세 가지(유아세례, 자기음미, 심사를 거쳐서 참여한다)로 한정해서 확인해 나가고자 한다.

1) 유아세례

16세기의 종교개혁기에 개신교 진영 내부에서도 쟁점이 되어 결별 사태를 불러왔던 것 중 하나가 유아세례라는 문제였다. 당시 급진적인 개혁운동이라고 여겨졌던 「재세례파」(anabaptist)는 세례에 참여하기 위한 필수조건으로, 세례받기 전에 성경의 가르침을 충분히 이해하고 예수를 그리스도(구세주)라고 믿는 신앙을 공적으로 고백할 것을 결정했다.

그 때문에 그들은 성경을 충분히 이해할 수 있는 성인(成人)들만 참된 세례에 참여할 수 있다고 주장했던 것이다. 따라서 생후 얼마 지나지 않은 젖먹이 아이나 어린 아이들에게 베풀었던 세례(유아세례)는, 비합법적이고 부당한 것이라고 하면서 이것을 부인했던 것이다.

이와는 대조적으로 칼뱅 등 주류파 종교개혁자들은 유아세례를 「신앙의 가족(교회)」의 구성원으로 추가하기 위한 「하나님의 계약 증표」로 여기고, 유아세례를 옹호하고 이것을 계속 실천했던 것이다. 성례인 세례의 중점은 선택과 마찬가지로, 이것에 참여하는 인간쪽에 있는 것이 아니라 그 참된 집행자이신 예수 그리스도 그 자신에게 있다.

애초에 유아든 성인이든 주님의 세례에 들어가기에 적합한 사람은 하나도 없다. 스코틀랜드 신앙고백을 기초한 종교개혁자들도 유아세례를 지지했다. 세례받은 사람들은 모두 남녀노소, 인종, 국적에 관계없이 하나님의 「신앙의 가족」의 일원이 되는 것이다.

2) 자기음미

이미 제21조에서도 주장되고 있었던 성찬받을 때의 「자기음미의 필요성」이 여기서 다시 강조되고 있다. 주님의 만찬(성찬)이라는 성례에 참여할 자격이 있는 사람은, 세례받는 신자일 뿐만 아니라 「자기 자신을 심판하고 음미할 수 있는 사람」이라고 명시되어 있다. 앞에서 보았던 유아세례와 관련해서 논해지고 있는 이상 여기서는 가장 먼저 유아세례를 받은 어린아이들이 상정되어 있고, 유아세례를 받은 것만으로는 성찬에 참여할 자격이 있다고 말할 수 없는 것이다.

그러나 두 번째로 유아 뿐만 아니라 교회원의 의무를 게을리하는 형식적인 신자일 뿐인 성인 회원들도 상정되어 있다. 그런 사람들을 상대로 신앙으로 다시 한 번 자기를 음미할 것을 요구하고 있다. 평범한 빵과 포도주(혹은 액)라는 물질을 먹는다는 외견상의 사항 뿐만 아니다. 빵은 십자가에 못박히신 그리스도의 몸을 상징하고, 포도주는 십자가에 못 박혀 흘리신 그리스도의 피를 상징하고 있다.

즉 주님의 만찬을 받는다는 것은 주 예수 그리스도의 수난과 십자가에 못박힌 자기 희생을 통해 우리들을 위해 준비된 구원의 은혜를 받는 것이며, 신앙에서 그리스도와 하나로 맺어진다는 영적으로 대단히 황송한 사건이다. 오늘날의 우리들이 이것을 얼마나 진지하게 받아들이고 있는가가 물음받고 있다. 지금 다시 한 번 성찬을 받을 때 이런 주님의 자기 희생을 통해서 준비되고 있는 구원의 은혜를 얼마나 자각하고 있는지 자기음미를 해야 한다.

3) 심사를 거쳐서 참여한다

종교개혁 이후로 스코틀랜드 장로교회에서는 성찬식은 한 해에 한 번 실시되어 왔다. 이전엔 성찬에 참여하기 위해서 「커뮤니언 시즌」(communion season)이라 불리우는 약 1주일 동안의 준비 기간(구체적으로 교회에서 하는 저녁 예배나 기도회)이 실시되고, 신자들은 준비하는 기간을 똑바로 보내고 장로를 통한 심사의 면담을 거쳐서 준비 기간을 준수했다는 것을 증명하는 증거를 받아야 했다.

장로들을 통한 이런 「공적인 심사」 관습은 18세기까지 이어졌는데, 이것은 참여하는 쪽의 자격을 객관적으로 검증하고 신자들에게 자기음미를 시키기 위한 절차였다. 이제 와서는 이 관습자체는 사라졌으나 성찬에 참여하는 쪽이 해야 할 「신앙의 준비」가 대단히 중시되어 왔다는 전통은 현재에도 계승되어서 보수적인 장로교회에서는 「커뮤니온 시즌」이 유지되고 있다.

한 가지 예를 들어본다면 성찬식이 치러지는 주일 전에 수요일부터 토요일까지, 매일 저녁 예배를 열어서 그리스도의 수난에 관련된 성경 구절들을 바탕으로 행해지는 설교에 귀를 기울이고 회개와 감사의 기도를 계속 드린다. 설교자의 부담이 크지만 매일 올 수 있는 사람도 있는가 하면 매일 올 수 없는 사람도 있다.

어쨌든 성찬식에 임하기 위해서 이 저녁 예배에 출석할 것이 권장된다. 이런 준비 기간을 거쳐서 주님의 수난을 충분히 마음에 담으면서 성찬식에 임하는 것이다. 다른 한편으로 부활절 이전의 수난주간이나 수난절 등 특히 교회력에 입각한 교회생활이 중시되지 않는 측면이 있다.

스코틀랜드 신앙고백은 신앙을 갖지 않은 채 성찬에 참여하는 것은 적절하지 않다고 말했다. 신앙의 증거로서 세례를 받았다는 것 자체가 전제라고 할 수 있는데, 중요한 것은 세례를 받았는지 안 받았는지라는 단순한 형식의 문제가 아니다. 신앙의 유무와 함께 화해와 선의의 유무도 추가되어 있다. 신앙의 내실이라는 화해는 상대를 용서하는 마음이다.

예수 그리스도가 십자가에 못 박혀 아버지 하나님에게 죄인의 용서를 소망했던 마음을 그려보는 것이 중요하다. 또 아무 댓가도 바라지 않고 십자가에 못박혀서 죄인을 대신하여 하나님의 심판을 받으신 예수 그리스도의 선의를 그려보는 것이 중요하다.

성례에 참여하기 위한 「적절함」은 신자의 입장에서 또 주 예수의 제자로서 자신의 마음이나 행동을 돌아보고 음미하는 것 이상으로, 십자가에 못박힌 예수 그리스도에게 마음을 보내면서 "예수는 나의 주님이시고 그리스도(구세주)이시라"는 소박하고 순수한 신앙이 자신의 신앙 내용물인지 아닌지를 음미하고 확인하는 것에 있다.

제24조 국가의 위정자

"여러 제국이나 왕국들, 영방이나 도시 등은 하나님의 뜻으로 정해졌고, 또 그곳에 존재하는 권력자나 권위자들(즉 여러 제국의 황제들, 여러 국왕들, 여러 영방의 영주나 제후들, 여러 도시의 시장들)은 하나님 자신의 영광이 나타나기 위해서 그리고 모든 사람의 복리를 위해서 하나님의 거룩한 작정에 의해 정해져 있다고 우리들은 고백하고 승인합니다. 우리는 정당하게 세워진 국가의 권력자들에게 반기를 들거나 전복을 준비하는 자는, 인류에 대한 적대자일뿐만 아니라 하나님의 뜻에 대한 반역자라고 생각합니다.

그뿐만 아니라 우리는 권위의 자리에 앉아있는 사람들은 사랑받고 예우받고 경외받고 최대의 존경으로 경애받아야 한다고 고백하고 승인합니다. 왜냐하면 그들은 하나님의 대리자로 하나님 자신께서 그들의 회의에 동석하시고 심판하시기 때문입니다. 그들은 선행하는 자들을 칭송하고 보호하기 위해서, 그리고 공공연하게 사악한 일을 하는 자들을 벌하기 위해서 하나님으로부터 검을 받은 재판관들이자 제후들입니다.

더 나아가 종교의 보전과 정화는 특히 왕들, 제후들, 영주들 그리고 행정관들의 의무라고 언명합니다. 그들은 단지 국가의 정치를 위할 뿐만 아니라 참된 종교를 지키기 위해 또 온갖 우상예배나 미신을 억제하기 위해서 임명되었습니다. 이것은 다윗이나 히스기아나 여호수아 그리고 그들을 위해 열심히 일했기 때문에 칭찬받은 다른 사람들 안에서 찾아볼 수 있을 것입니다.

그러므로 우리는 위에 있는 권위자들이 자신들의 본분대로 활동한다면, 그들을 거역하는 사람들은 하나님의 명령을 거역하게 되고 죄없다고 여겨지는 일은 없다고 고백하고 언명합니다. 우리는 더 나아가 제후나 영주들이 자신들의 직무를 빈틈없이 수행하기만 한다면, 그들에게 원조나 조언 혹은 봉사 정신을 거부하는 사람은 누구든지 하나님의 대리자를 통해서 그들에게 그리할 것을 간절히 원하시는 하나님에 대해 그것을 거부하고 있다고 언명합니다."

여기서는 세상의 위정자들이 쟁점이라고 할 수 있다. 스코틀랜드에서는 「교회와 국가」의 관계에서 교회에 대한 왕권의 개입이나 지교회 목사의 임명권과 성직록 수여권에 그 지방 권력자들의 개입이 빈발하는 등 신앙의 「영적인 독립성」(spiritual independence)은 역사적으로 되풀이되었고, 당시 교회에서 세상의 위정자들을 어떻게 정의해야 하는가는 대단히 조심스럽고 긴급한 과제였다. 여기서 살펴볼 요점을 세 가지(하나님의 거룩한 결정에 따라, 하나님의 대리자, 권위자의 본분)로 한정해서 확인해 나가도록 하겠다.

1) 하나님의 거룩한 결정에 따라

스코틀랜드 종교개혁은 「회중의 귀족들」이라고 불리우는 제후들이 중심이 되어 개최된 의회의 승인을 얻어 성립되었다. 그 배후에 「반프랑스, 반영국」을 모색하는 정치적인 역학이 작용하고 있었다고 하지만, 유력한 귀족들이 종교개혁의 도입을 적극적으로 촉진했던 것이다. 따라서 스코틀랜드 종교개혁의 달성 과정이 소위 말하는 「세속권 연계형」이었다는 것은 명백하다.

스코틀랜드의 왕위계승자 메리 여왕은 6세였던 1548년부터 1561년까지 파리의 궁정에서 생활했기 때문에, 실제로는 국왕이 부재 중이던 상황에서 종교개혁이 실시되었다. 교회의 입장에서 국왕을 비롯한 세속권의 「위정자」들과 어떤 관계성을 지녔는지가 중요했다. 이웃나라 잉글랜드의 종교개혁에서는 국왕이 교회의 최고 통치자가 될 것을 정한 「수장령」이 발표되었다. 스코틀랜드의 국왕과 위정자들은 이 신앙고백에서 어떤 위치를 차지하게 되었는가.

위정자들은 먼저 "하나님 그 자신의 영광이 나타나기 위해서, 또 모든 사람의 복리를 위해서" 하나님의 뜻에 따라 특별하게 권력을 부여받은 존재들이라고 정의되었다. 구약성경에서 하나님이 왕으로 사울과 다윗을 세웠듯이, 스코틀랜드의 위정자들도 "하나님의 거룩한 결정에 따라" 세워진 존재라고 인식하고, 따라서 위정자들의 권력은 권력자 자신을 위한 것이 아니고 또 자신의 혈육·파벌·친구·동료들을 위한 것도 아니고, 하나님과 모든 사람을 위해 행사해야 하는 공적인 힘이라고 정의된다.

2) 하나님의 대리자

위정자는 하나님과 모든 사람들을 위해 자신에게 맡겨진 권위를 행사하기 때문에 "최대의 존경을 받으면서 대우받아야 한다"고 언명되었다. 이 신앙고백은 최대한의 경의를 담아서 위정자들을 「하나님의 대리자」라고 표기하였다. 위정자를 이렇게 인식했기 때문에 낙스는 역설적으로 「저항권」을 날카롭게 주장했던 것이다. 또 위정자들에게서 비롯되는 부정한 교회 개입에 대한 철저한 저항은, 종교개혁 이후의 스코틀랜드 교회사에 특징을 부여하는 중요한 일면이 되었다.

3) 권위자의 본분

스코틀랜드 신앙고백이 작성된 당시의 유럽에는, 오늘날과 같은 「정교분리」라는 가치관은 없었으며 정치와 종교는 혼연일체라고 여기고 있었다. 따라서 위정자들의 권력을 기독교의 관점에서 어떻게 정의할 것인지는 각 국가에서 교회의 중요한 과제였다. 이 신앙고백은 위정자는 "참된 종교를 유지하고 온갖 우상예배나 미신을 억제하는" 존재이기 때문에 하나님으로부터 특별하게 권위가 주어진 것이라고 여겼다. 국가 안녕을 위해서 「하나님의 대리자」라는 「본분」을 수행해야 국민은 위정자에게 경의를 보내는 것이다.

교회는 위정자에게서 비롯되는 권력의 행사방법에 관심을 보내 왔다. 오늘날의 보도 프로그램에서도 국내외에서 남용되는 정치 권력에 주목한다. 신자는 현대의 「정교분리」라는 가치관 안에서도 정치에 무관심해서는 안 된다. 신자는 어느 정당을 지지하고 어느 정치가에게 투표하든, 그 직무에게 특별히 맡겨진 권력이 공정하게 행사되도록 주시할 필요가 있다.

제25조 교회에 무상으로 내려진 여러 선물들

"우리는 진실되게 설교되는 하나님의 말씀, 올바르게 집행되는 성례, 그리고 하나님의 말씀에 따라 실시되는 교회 규율은, 참된 교회의 확실하고 오류없는 증표이지만 그 한 무리에 속한 모든 개개인이 그리스도 예수의 뜻으로 선택받은 일원이라고 말하고 싶은 것이 아닙니다. 왜냐하면 많은 잡초나 독보리가 밀에 섞여 뿌려져 그대로 쑥쑥 자라나고 그리고 하나님에게서 버림받은 자가 선택받은 자와의 교통 속에서 발견되는 일이 있고, 게다가 표면상으로는 선택받은 자와 함께 말씀과 성례의 은혜에 들어갈 수 있다는 것을 인정하고 고백하기 때문입니다.

그러나 그들은 하나님을 자신의 입으로 아주 잠깐 고백했을 뿐 마음이 따라가지 않기 때문에, 그들은 신앙을 버리고 마지막까지 머무르는 일은 없습니다. 그러므로 그들이 그리스도의 죽음과 부활 그리고 승천의 성과를 나눠가지는 일은 없습니다. 하지만 겉보기 뿐만 아니라 진심으로 믿고 자신의 입으로 주 예수를 담대하게 고백하는 자는 틀림없이 이 분의 여러 선물을 받을 수 있을 것입니다.

가장 먼저 그들은 이 세상에서 보내는 생애에서는 죄사함을 받게 되는데, 이것은 그리스도의 피를 믿는 신앙에서 비롯되는 것입니다. 왜냐하면 죄는 우리들의 썩어 없어질 몸에 머무르고, 계속 깃들어 있는데도 불구하고 그것이 우리들에게 불리하다고 여겨지는 일은 없고 오히려 반대로 사함받고 그리스도의 의로 뒤덮이기 때문입니다.

두 번째로 최후의 심판에서는 모든 남녀에게 몸의 부활이 주어질 것입니다. 바다는 그 죽음을 내던지고, 대지는 거기에 장사지내진 사람들을 던져 버립니다. 그야말로 영원하신 우리 하나님은 그 먼지 위에 자신의 손을 뻗어 주시고, 그리고 죽은 자는 모든 인간이 지금 몸에 두르고 있는 자신의 몸을 자기 자신의 행동에 따라 영광 또는 징벌을 받기 위해 썩지 않는 자로 되살아날 것입니다.

지금 허영이나 잔인, 비열함이나 미신 또 우상숭배를 기뻐하는 사람들은 꺼지지 않는 불 선고를 받을 것입니다. 그리고 온갖 혐오해 마땅한 사항에서 지금 악마를 섬기고 있는 자들은 그 불 속에서 육체적으로나 정신적으로 영원한 고통을 받을 것입니다. 그러나 마지막까지 건전한 행동을 오롯이 하고, 주 예수를 계속 담대하게 고백하고, 이 분이 선택하신 모든 사람은 그리스도 예수가 심판 자리에 재림하시어 그 자신의 성부이신 하나님께서 그 천국을 받으실 때에는 그 분의 영광스럽게 된 몸처럼 다시 만들어지고, 영원한 생명 속에서 그리스도 예수와 함께 영원히 지배하기 위해 영광과 영예 그리고 불멸 안에 들어가게 된다.

또 그 때 하나님은 모든 것에서 전부가 되시고, 그 뒤에도 계속 전부이신 영원히 찬양받을 하나님이라고 계속 믿습니다. 지금도 미래도 그 하나님께, 성부와 성자와 성령이신 하나님께 영예와 영광이 영원하기를. 아멘."

스코틀랜드 신앙고백은 총25조로 이루어졌기 때문에 이것이 최종장이라고 할 수 있다. 제25조는 「교회에 내려진 선물」이 논점이다. 사도신조의 마무리에 호응하듯이 제25조의 요점을 세 가지(죄사함, 몸의 부활과 영생, 보답의 선물)로 한

정해서 확인해 나가도록 하겠다.

1) 죄사함

루터는 「95개조의 논제」 처음 부분에서 「회개」가 신자가 전생애를 바쳐서 풀어나가야 할 과제라고 지적했다. 그가 지적한 대로 회개는 전생애에 걸쳐 해야 할 행동이다. 신자에게는 예배도 전생애에 걸친 불가결한 행동이다. 신자는 예배와 교회를 통해서, 하나님으로부터 가장 먼저 「죄사함」이라는 선물을 받는 것이 명시된다. 신자는 전생애에 걸쳐서 하나님으로부터 여러 번 죄사함 받을 필요가 있다. 왜냐하면 신자인데도 불구하고 죄사함 받고도 여전히 죄를 되풀이하는 연약함과 어리석음을 끌어안고 있기 때문이다.

그러나 신자는 이미 십자가에 못박혀 돌아가신 예수 그리스도에게서 비롯되는 결정적인 유일회적인 죄사함 안에 들어가 있다. 이 결정적인 십자가의 죄사함이 여기서 「그리스도의 피를 믿는 신앙」이라고 표현되고 있다. 말하자면 「십자가의 신앙」이다. 십자가의 신앙 아래서 그리스도의 죽음에서 비롯되는 속죄를 "진심으로 믿는" 사람에게, 하나님은 댓가없이 선물로서 죄사함을 내려주시는 것이다.

2) 육신의 부활과 영원한 생명

두 번째로 신자가 선물로 받게 되는 것이 「육신의 부활」이다. 스코틀랜드 신앙고백은 그리스도가 재림하실 때 참된 신자는 "영광스럽게 된 육신처럼 다시 만들어진다"고 말한다. 성경에서는 종종 「육신」이라고 표현되는 인간의 육체가 그리스도가 재림할 때에는, 죄에 대한 하나님의 승리와 하나님의 영원한 지배 안으로 완전히 들어가고 「영광스럽게 된 육신」으로 부활된다는 소망과 확신을 표명한다. 이리하여 참된 신자는 최후의 심판을 거쳐서 영원하신 하나님의 통치 안에서 하나님과 함께 「영원한 생명」을 살아갈 수 있는 것이다.

3) 「보답」의 선물

스코틀랜드 신앙고백은 제18조에서 「참된 교회와 거짓된 교회」를 식별할 「증표」를 언급하고 있다. 이에 호응하듯이 여기서는 「참된 신자와 거짓된 신자」가 논점이라고 할 수 있다. 하나님은 「참된 교회」를 통해서 「참된 신자」에게 댓가없이 영의 선물을 내려 주신다. 누구도 신앙을 거짓되게 하거나 하나님의 은혜를 빼앗아 갈 수 없다. 왜냐하면 사람의 눈은 속여도 하나님의 눈은 속일 수 없기 때문이다.

신자의 기도에 응답하고 신앙에 보답해 주시는 하나님은, 거짓된 신자에게도 「보답」으로서 댓가없이 고통의 선물을 내려 주신다고 명언되었다. 신자는 「참된 교회」를 형성하고, 그리하여 하나님과 함께 참된 신자를 키워 나가기 위해서 예배를 통해 설교를 올바르게 이야기하고 듣고, 성례를 올바르게 집행하고 참여하고, 그리고 「신앙 훈련」(규율)을 거듭하면서 참된 하나님의 은혜로운 선물을 받는 것이다.

맺음 : 기도와 날짜

"주님, 부디 떨쳐 일어나시어 당신의 적을 깨부셔 주소서. 부디 당신의 이름을 더럽히는 그들을 당신 앞에서 쓸어 주소서. 부디 당신의 종들에게 힘을 내려 주시고, 당신의 말씀을 담대하게 이야기할 수 있게 해 주소서. 모든 국민을 당신의 진정한 인식으로 인도해 주소서."

스코틀랜드 신앙고백에는 본문 앞에 「서문」이 있고, 본문의 맺음에 「기도」가 있다. 마지막으로 이 「기도」를 살펴 보고 본문을 마무리 하겠다. 여기서 살펴볼 요점을 네 가지(떨쳐 일어서시는 하나님, 말씀을 담대하게 전한다, 모든 국민, 1560년)로 한정해서 확인해 나가도록 하겠다.

1) 떨쳐 일어서시는 하나님

16세기의 종교개혁 운동에는 항의(protest)해야 할 적대자가 있었다. 낙스 이전의 스코틀랜드에서는 그 항의 때문에 종교개혁 지지자들은 잇달아 숙청 당하고 목숨을 빼앗겼다. 종교개혁은 문자 그대로 「목숨을 건 싸움」이었던 것이다. 만약 주님의 뜻에 따르는 것이 아니라면 이 싸움은 패배로 돌아갔을 것이다. 종교개혁자들은 이 최후의 기도를 통해서, 이 싸움이 단지 자신들의 주장을 밀어붙이기 위한 싸움만은 아니라는 것을 나타내고 있다.

"주님, 부디 떨쳐 일어나시어"라는 기도는 종교개혁이 신자들의 싸움이 아니라, 하나님 그 자신의 싸움이라는 것을 명백히 한 것이다. 교회의 개혁이나 형성에는 신자 한 사람 한 사람의 거듭된 이해나 노력을 빼놓을 수 없지만, 무엇보다 빼놓을 수 없는 것이 주님이신 하나님 자신에게서 비롯되는 힘과 지탱과 인도다. "주님, 부디 떨쳐 일어나시어"라는 기도는, 신자의 교회개혁 운동의 원점으로 돌아가게 만든다.

2) 하나님의 말씀을 담대하게 전한다

교회의 개혁이나 형성에는 확실히 지도자의 지도력(leadership)을 빼놓을 수 없는 것이 사실이다. 루터·칼뱅·낙스는 모두 지도력을 발휘한 개혁자였다. 그러나 교회의 개혁과 형성에서 발휘되어야 할 힘은 인간적인 매력이나 적대자를 타도할 권력이나 무력에서 나타나는 것이 아니라 복음의 말씀 안에서 그 힘이 발휘된다. 그 힘은 성령의 힘이다. 복음이 흐려지고 약하게 이야기되는 곳에서는, 교회의 개혁과 형성이 일어나지 않는다.

그러므로 우리는 하나님께 "당신이 하신 말씀을 담대하게 전할 수 있게 해주소서"라고 기도하지 않고는 못배기는 것이다. 스코틀랜드 종교개혁은 "주님의 말씀이라는 복음을 전하고 올바르게 그리고 담대하게 기도하는 것에 집중하는 개혁을 촉진했다. 그것은 교회를 살리는 참된 생명은 복음의 말씀을 통해서 성령이 주시는 생명이라는 확신에서 비롯되는 것이다.

3) 모든 국민

스코틀랜드 종교개혁은 제네바나 취리히같은 주요 도시를 범위에 넣은 대륙의 개혁과 달리, 스코틀랜드의 전지역을 범위로 삼았던 전국 규모의 개혁운동이었다. 교회가 복음을 이야기하고 전해야 할 대상은 교회에 모이는 「일부 국민」(교회원) 뿐만 아니라 「모든 국민」이다. 「국민전체」(nation)에 대한 전도(mission)의 정열(passion)을 강하게 느끼게 해 주는 것이 스코틀랜드 종교개혁이다.

그리고 그것은 실제 행동(action)으로 전개하기 위해서 이 신앙고백이 갖춰졌다. 그 뒤에 교회는 1560년에 도입한 「감독제」를 폐지하고, 개혁의 시행착오를 거쳐서 제도상의 반성이나 개량을 거듭해서 형성되어 나갔던 것이 「장로제」였다. 장로교회의 전도 활동은 「모든 국민」에게로 전개되어 나가는 것이다.

교회가 개교회주의가 되고 전도가 「내향」으로 변해선 안 되는 것일까. 전도에 열정은 있는 것일까. 낙스를 포함한 여섯 명의 「존」(Jone)을 통해 의회에 제출된 이 신앙고백은, 마지막으로 교회의 개혁과 형성에서 드러나는 여섯 명의 「존」의 의의를 상기하게 해 준다.

4) 1560년

이리하여 스코틀랜드 신앙고백은 스코틀랜드 의회에서 승인되고 「1560년」에는 공식적으로 종교개혁이 수립된 기념비적인 해가 되었던 것이다.

제3장 결론

마지막으로 스코틀랜드 신앙고백 전체를 다시 한 번 돌아보면서 구조적으로 정리해 나가도록 하겠다. 누군가가 스코틀랜드 신앙고백 전체는 사도신조의 순서에 따라 "신론으로 시작되어 약속의 계시와 그리스도론이 이어진다"고 말했듯이, 그 신앙고백에서 종종 사도신조와 구조상의 유사성을 지적받아 왔다.

즉 그 신앙고백은 사도신조의 구성 순서를 따라 총25조로 이루어진 신조라는 것이다. 순서라는 점에서 신론, 그리스도론, 성령론, 교회론이라는 대략적인 흐름은, 확실히 사도신조와 비슷하게 나아간다고 말할 수 있겠지만 조금 더 조심스럽게 볼 필요가 있다.

이런 점에 대해 다루고 싶은 구조상의 특징은, 사도신조와의 유사성 보다 66권 성경 정경의 순서로 전체가 구성되어 있다는 점이다. 제1조(「하나님」에 관한 교리)로부터 시작되어, 제2조와 제3조(「인간」에 관한 교리)로 나간 후, 제4조와 제5조(「약속의 계시와 교회의 계승, 증가, 유지」에 대한 교리)로라는 식으로, 그리고 제6조(그리스도에 대한 고백 앞에 인간에 관한 고백)가 놓여 있다.

특히 제4조와 제5조에서 이야기되는 것은 아브라함, 이삭, 야곱 같은 창세기에 등장하는 선조들과 출애굽기 이후부터 끊임없이 이어지는 이스라엘이라는 구약성경에 나오는 「언약의 백성」이다. 하나님으로부터 시작되고 그 후 아담을 비롯한 구약성경의 등장 인물을 다룬 다음에 그리스도론으로 나아가는 순서는, 사도신조의 순서와 어떻게 정합되는가 보다 명백하게 66권의 성경정경 순서에 따라 구성되어 있다고 말할 수 있다.

바로 그렇기 때문에 제1조에 하나님을 두고 제2조에 인간을 둔다는 전개는 창세기의 이야기 진행에 입각한 자연스러운 흐름이다. 그리고 성경 마지막에 요한계시록이 놓여 있듯이, 이 신앙고백도 마지막인 제25조에서 그리스도의 재림과 영생이라는 교리로 귀착되어 나간다.

구조적인 특징에 관한 또 다른 견해로서 총25조를 전반부(제1조~제11조)와 후반부(제12조~제25조)로 분류하여, 전반을 「고대교회 이후 내려오는 공동적인 근본 교리의 전통」이라는 골조 그리고 후반은 전반부를 종교개혁 신학의 논의 안에서 다시 파악하면서 후반부에서는 신앙, 성화, 성경, 교회회의, 성례, 세속 권력 등 개신교적인 과제가 전개되었다.

단 이 전후반이라는 2층 구조는 사도신조보다 오히려 십계나 주기도문의 구조와의 유사성이나, 성경의 구조와의 유사성이 더 친화성이 높게 될지도 모른다. 또 제12조로부터 시작되는 성령론이 전반부의 「고대교회 이후의 공동적인 근본 교리」가 아니라, 후반부의 「개신교적인 과제」라는 틀 안에 들어가게 되기 때문에 이런 점은 수정이 요구되지 않을까라고 생각된다.

구성에 관해서는 교리의 특징마다 10개로 분류할 수 있다.

1	서문	
2	하나님에 관한 교리	제1조
3	인간에 관한 교리	제2조~제3조
4	약속의 계시와 교회의 존속, 성장, 유지에 대한 교리	제4조~제5조
5	그리스도에 관한 교리	제6조~제11조
6	성령에 관한 교리	제12조~제15조
7	교회에 관한 교리	제16조~제20조
8	성례에 관한 교리	제21조~제23조
9	세속의 권위에 관한 교리	제24조
10	최후의 심판에 관한 교리	제25조

그리고 사도신조에서는 그리스도론에 가장 많은 분량이 할애되어 있는데, 스코틀랜드 신앙고백에서는 교회에 관한 교리가 많다. 제16조부터 제20조까지 다섯 조항들 외에도, 교회의 계승·증가·유지의 교리도 합한다면 여섯 혹은 일곱 조항이 교회에 할애되어 있다. 그것은 숫자상으로는 그리스도론의 여섯 조항(제6조-제11조)과 동등하거나 그것을 웃돌아 최다라고 할 수 있다.

그런 점을 돌아본다면 스코틀랜드 신앙고백이 큰 논점으로서 상술하고 있는 것이 「교회」라는 특징도 떠 오른다. 어쨌든 이렇게 이 신앙고백 전체를 구조적으로 다시 바라봄으로써, 이 신앙고백의 특징이나 강조점도 새로 다시 생각할 수 있을 것이다.